Corée du Sud

Détail de la toiture du temple de Sinheung, parc national de Seoraksan.
Ch. Boisvieux/hemis.fr

Les régions du guide :
(voir la carte à l'intérieur de la couverture ci-contre)

SOMMAIRE

gutarphotoghaphy/age fotostock

NOS INCONTOURNABLES

NOS COUPS DE CŒUR

NOS ITINÉRAIRES

DÉCOUVRIR LA CORÉE DU SUD

POUR CHAQUE SITE, RETROUVEZ NOS ADRESSES

COMPRENDRE LA CORÉE DU SUD

ORGANISER SON VOYAGE

NOS INCONTOURNABLES

★★★ Vaut le voyage ★★ Mérite un détour ★ Intéressant

★★★

Séoul

Séoul, cette immense capitale, vitrine de la Corée, vous emporte de jour comme de nuit dans un tourbillon énergisant d'émotions et de découvertes. **Voir p. 27.**

M. Borchi/Sime/Photononstop

Topic Photo Agency In/age fotostock

★★★

Haein-sa

C'est ici, dans ce temple niché entre les arbres et les cascades, qu'est protégé le plus précieux des trésors coréens : les 80 000 tablettes du « Tripitaka Koreana ». **Voir p. 225.**

★★★

Parc national de Seoraksan

Les forêts colorées et pics du plus spectaculaire parc national de la péninsule s'arpentent le long de sentiers enchanteurs. **Voir p. 197**.

Topic Photo Agency In/age fotostock

★★★

Gyeongju

L'ancienne capitale du royaume de Silla, avec ses temples, ses musées et ses tumuli, fait la fierté de tous les Coréens. **Voir p. 237**.

nold Images/hemis.fr

★★★

Hahoe Folk Village

Ce village préservé, entouré de rizières, reflète la culture confucéenne des premiers siècles de la dynastie Joseon. Un véritable voyage dans le temps ! **Voir p. 231**.

J. Garcia/hemis.fr

★★

Busan

Le touriste urbain est aux anges dans cette ville-port cosmopolite qui s'immisce entre les baies et les reliefs : plages, festivals, marchés colorés, architecture… et cure de fruits de mer. **Voir p. 258.**

SeanPavonePhoto/Fotosearch LBRF/age fotostock

★★

Parc national maritime de Hallyeo

Il compte 400 îles, des confettis aux littoraux spectaculairement sculptés. Habitées par des communautés de pêcheurs, elles se parcourent à pied, à vélo, en voiture et bien sûr en bateau. **Voir p. 280.**

TOPIC PHOTO AGENCY IN/age fotostock

opasin Wongchum/iStock

SangJin/iStock

★★

Île de Jeju

Avec une culture unique, des plages, une végétation tropicale et des volcans à gravir… Jeju est une destination à part entière! **Voir p. 334**.

★★★

Baie de Suncheon

Vasières, roselières, marées qui (re)dessinent le paysage : les oiseaux migrateurs ont fait de Suncheon leur paradis coréen entre terre et mer. **Voir p. 317**.

georgeclerk/iStock

★

DMZ

C'est en approchant, étroitement surveillé, de cette zone tampon dite… démilitarisée, que l'on matérialise les décennies de division de la péninsule coréenne. **Voir p. 172**.

NOS COUPS DE CŒUR

Plantation de thé Daehan Dawon à Boseong.

TOP 5 Architecture contemporaine

1. Dongdaemun Design Plaza (p. 115)
2. Busan Cinema Center (p. 266)
3. Ewha Woman's University (p. 142)
4. Asia Culture Center (p. 291)
5. Seoul Plaza (p. 85)

Dongdaemun Design Plaza à Séoul, par l'architecte Zaha Hadid.
P. Brown/age fotostock

❤ **Suivre les ondulations** des grosses chenilles vertes des plantations de thé vert manucurées de Daehan Dawon. Puis, en profiter sous toutes les déclinaisons possibles (chaud, froid, en glace, en gâteau)… et même en bain relaxant ! **Voir p. 311**.

❤ **Regarder, humer, identifier**, bref goûter la très variée *streetfood* coréenne au marché de Gwangjang, du matin jusque tard dans la nuit – une rencontre inoubliable avec les Séoulites autour de saucisses, d'abats et de bières fraîches. **Voir p. 118**.

❤ **S'enduire de boue bienfaitrice** lors du festival de Boryeong, en compagnie d'une foule joyeuse et cosmopolite qui danse, s'amuse et se vautre en dansant au rythme des derniers tubes de K-Pop. **Voir p. 379**.

❤ **Trouver la sérénité**… ou tout simplement un sommeil réparateur en passant une nuit dans le temple de Jikji. Et si la nuit ne vous y porte finalement pas conseil, une balade dans la forêt alentour et le long des torrents vous ressourcera efficacement. **Voir p. 224**.

❤ **Prendre un bain de mer** (et de foule parfois) sur la plage de Daecheon. Ou en découvrir d'autres plus tranquilles. **Voir p. 377**.

L. De Simone/age fotostock

Cheonggyecheon Stream à Séoul.

❤ Serpenter le long de la rivière Cheonggye, remarquablement aménagée en promenade urbaine à travers le centre de Séoul, et pédaler sur les larges berges du fleuve Han. Ces deux symboles de l'attention récente des Coréens pour l'environnement et la qualité de vie ont depuis été copiés par toutes les grandes villes du pays. **Voir p. 86 et p. 148**.

❤ Valider un ticket *one day pass* du métro de Busan pour aller… de plage en plage ! Chaque quartier à la sienne, bordée de restaurants,

Plage Gwangalli à Busan.

TOP 5 Randonnées

1. Parc national de Seoraksan (p. 197)
2. Ascension du Hallasan sur l'île de Jeju (p. 338)
3. Ligne de crête du Jirisan (p. 298)
4. Bukhansan à Séoul (p. 159)
5. Jeju Olle Trail de U-do (p. 352)

Le parc national de Seoraksan.
Henn Photography/Cultura/Photononstop

de marchés, de musées, de parcs… Impossible de choisir, il faut collectionner les ambiances, suivre la foule, s'en éloigner... **Voir p. 258**.

❤ **Slalomer entre les spectaculaires formations minérales** de l'immense grotte de Hwanseongul. Stalactites, stalagmites, elles sont toutes là, mises en scène façon « son et lumière ». **Voir p. 212**.

❤ **Changer d'échelle** en visitant le chantier naval de Ulsan où l'on se sent minuscule à la vue des montagnes de métal que sont les supertankers. Bien plus que du tourisme, une plongée instructive au cœur d'une Corée travailleuse et compétitrice. **Voir p. 251**.

❤ **Traverser les siècles** et l'histoire coréenne en parcourant Gyeongbokgung-Bukchon à Séoul, de temples en palais, de *dong* en demeures traditionnelles… Tout en vous mêlant à une joyeuse foule de touristes et écoliers locaux en visite « obligatoire » ! **Voir p. 45**.

❤ **Être digéré par le long tunnel de lave Manjanggul** sur l'île de Jeju. La marche dans cet étonnant tube minéral et souterrain vous rappelera une scène effrayante bien connue des amateurs de la « Guerre des Étoiles »… **Voir p. 340**.

Quartier de Bukchon à Séoul.
J. Arnold Images/hemis.fr

La muraille de la forteresse Seonggwak à Séoul

❤ **Faire le mur** ou plutôt la muraille en suivant l'ancienne enceinte qui protégeait Séoul, aujourd'hui aménagée en formidable promenade urbaine et naturelle… de quartiers populaires en jungles de béton, de mini-montagnes en portes photogéniques.
Voir p. 117.

Dolmen sur l'île de Ganghwa.
TOPIC PHOTO AGENCY IN/age fotostock

❤ **Cultiver sa connaissance de l'insam** (commerce, variétés, propriétés), le ginseng coréen, en parcourant l'Insam Yakchoro à Geumsan, la capitale de cette racine « pas du tout carrée » qui fait la fierté de la pharmacie traditionnelle locale.
Voir p. 364.

❤ **Comparer les dolmens** bretons à leurs nombreux cousins coréens en parcourant la région de Gochang et l'île de Ganghwa. Près de 500 – classés au Patrimoine mondial de l'Unesco – se trouvent au Gochang Dolmen Museum.
Voir p. 184 et p. 297.

TOP 5 Marchés

Marché aux poissons de Jagalchi à Busan.
G. mereghetti/age fotostock

❤ **Exploser ses papilles** en goûtant – en groupe pour s'entraider – au célèbre et très relevé poulet ***dak-galbi*** autour d'une table chauffante d'un restaurant du centre-ville de Chuncheon. Un plaisir. **Voir p. 192**.

❤ **Côtoyez la jeunesse de Séoul** en plongeant dans l'animation diurne (shopping, pique-nique) et nocturne (clubs, bars) du quartier de Hongdae le week-end. Leur énergie y est communicative ! **Voir p. 139**.

❤ **S'isoler dans une des îles du parc national Dadohae Haesang.** La parcourir à pied, à vélo, sans se presser surtout. Bref, vivre, sans tarder, un fantasme insulaire à la coréenne avant que l'urbanisation ne franchisse la mer…. **Voir p. 305**.

Le parc national maritime de Dadohae Haesang, vue du phare de Noksan.
V. Prevost/hemis.fr

Les toits des maisons traditionnelles de Jeonju Hanok Maeul

❤ **Remonter le temps** en parcourant les désormais très touristiques rues bordées de 800 maisons traditionnelles du Jeonju Hanok Maeul. Découvrez l'artisanat, et passez la nuit dans une maison *hanok*. **Voir p. 323**.

❤ **Faire son jogging** matinal sur les remparts de la forteresse de Hwaseong à Suwon. La vue, l'élan des retraités qui pratiquent leur échauffement quotidien, font oublier le moindre effort... néanmoins conseillé si vous avez craqué pour le fameux poulet frit local. **Voir p. 165**.

❤ **Caresser les pentes** douces et herbeuses (et tellement photogéniques de jour comme de nuit) des tumuli de Gyeongju. Admirer le travail du préposé à la tonte… et plus sérieusement les « comprendre » en visitant les musées de la capitale du royaume de Silla. **Voir p. 238**.

❤ **Vibrer au contact de l'énergie culturelle de Gwangju**, ses musées, sa biennale et sa vie nocturne. **Voir p. 290**.

❤ **Immortaliser** en peinture, en dessin, en photographie ou tout simplement en contemplation, les forêts du parc national de Songnisan, magnifiquement colorées par l'automne. **Voir p. 366**.

TOP 5 **Festivals**

1. Fête de la boue de Boryeong (p. 379)
2. Festival des lanternes de lotus à Séoul (p. 89)
3. Festival de Baekje à Buyeo et Gongju (p. 387)
4. Festival des danses masquées d'Andong (p. 236)
5. Festival international du film de Busan (p. 262)

Festival des lanternes de Séoul.
Henn Photography/Cultúra/Photononstop

Le temple Beopju dans le parc national de Songnisan.
Eye Ubiquitous/age fotostock

Préparez votre voyage en retrouvant tous nos coups de cœur sur notre site internet ***voyages.michelin.fr***

Retrouvez-nous également sur Facebook®
fr-fr.facebook.com/MichelinVoyage

NOS ITINÉRAIRES

La Corée royale
en 12 jours

En bref : 1 000 km pour découvrir les anciennes capitales.

• J-1 Suwon
Faites le tour des remparts de la superbe forteresse de Hwaseong (**p. 165**).

• J-2 & 3 Gongju
Découvrez cette belle et ancienne capitale du royaume de Baekje (**p. 380**). Partez en excursion vers les temples de Magok et de Gap.

• J-4 Buyeo
Une autre capitale du royaume de Baekje (**p. 371**).

Gyeongju.
J. Arnold Images/hemis.fr

• J-5 Daecheon
Profitez de la plage de cette petite ville balnéaire (**p. 377**).

• J-6 & 7 Jeonju
Partez pour un voyage dans le temps au village Hanok (**p. 323**) avant d'en voir de toutes les couleurs au Jaman Mural Village (**p. 327**).

• J-8 Maisan
Montagne, lac, temple… vivez la magie de ce parc national (**p. 327**).

• J-9 à 11 Gyeongju
Prenez la direction de la riche capitale du royaume de Silla. Consacrez une journée au Yangdong Folk Village (**p. 250**) avant de remonter sur Séoul le lendemain.

Conseils : Itinéraire bien desservi en bus ou train, mais si vous avez peur de manquer de temps, mieux vaut louer une voiture.

La Corée maritime
en 15 jours

En bref : 950 km de plaisirs maritimes variés.

● J-1 & 2 Gwangju

Profitez du bouillonnement culturel de Gwangju : musées, événements et programmations (**p. 290**).

● J-2 & 3 Mokpo

Humez l'air du large et des étals de poissons dans cette ville portuaire (**p. 303**). Excursion dans une île.

● J-4 Boseong

Visite de la plantation de thé Daehan Dawon (**p. 311**).

● J-5 Suncheon Bay

Observez la faune et la flore de cette zone humide exceptionnelle (**p. 317**).

● J-6 à 8 Yeosu

Parcourez les nombreuses attractions sur le thème de la mer (**p. 312**).

● J-9 Namhae-do

Tombez sous le charme de cette charmante île rurale (**p. 280**).

● J-10 à 12 Busan

Collectionnez les quartiers et les plages de cette fascinante ville portuaire (**p. 258**).

● J-13 à 15 Gyeongju

Rentrez à Séoul *via* l'ancienne capitale du royaume de Silla (**p. 237**).

Conseils : Privilégiez les déplacements en voiture pour profiter de la côte. Si vous êtes pris par le temps, sacrifiez Yeosu au profit de Busan.

Le port de Mokpo.
CSP_aidasonne/Fotosearch LBRF/age fotostock

Une Corée nature
en 14 jours

En bref : 950 km de beautés naturelles en trésors culturels.

• J-1 Séoul

Profitez d'un superbe panorama depuis Namsan Park et sa vue panoramique sur la ville (**p. 95**).

• J-2 DMZ

Visite guidée de cette zone « naturellement » bien gardée... (**p. 172**).

• J-3 à 5 Seoraksan

Arpentez les chemins fabuleux de ce parc fait de pics photogéniques, de forêts et de cascades (**p. 197**).

Montagnes du Seoraksan.
tupikov/Fotosearch LBRF/age fotostock

• J-6 & 7 Donghae/ Samcheok

Explorez les grottes spectaculaires de Hwanseongul (**p. 212**) et Daegeumgul (**p. 213**).

• J-8 & 9 Andong

La ville et ses environs (**p. 229**) regorgent de sites culturels majeurs dans un environnement rural.

• J-10 à 13 Gyeongju

Musées, temples, tumuli, village folklorique : parcourez le musée à ciel ouvert qu'est Gyeongju (**p. 237**).

• J-14 Retour à Séoul

Conseils : En voiture. On peut rester plusieurs jours dans le parc national de Seoraksan. N'oubliez pas de réserver pour la visite de la DMZ.

Une Corée insolite
en 18 jours

En bref : 950 km de plaisirs variés dans le sud du pays.

• J-1 à 4 Gyeongju

Voir les jours 10-13 de l'itinéraire précédent (**p. 237**).

• J-5 à 7 Busan

Collectionnez les quartiers et les plages... (**p. 258**).

• J-6 à 9 Île de Jeju

Marchez, plongez (y compris sous terre !), nagez, grimpez à travers cette île riche et unique (**p. 334**).

• J-10 Boseong

Visitez la plantation de thé Daehan Dawon (**p. 311**).

• J-11 & 12 Mokpo

Humez l'air du large et des étals de poissons dans cette ville portuaire (**p. 303**). Excursion dans une île.

• J-13 Gwangju

Profitez du bouillonnement culturel de Gwangju (**p. 290**).

• J-14 Parc du Jirisan

Prenez l'air dans ce beau parc national et visitez le temple de Hwaeom (**p. 298**).

• J-15 & 16 Jeonju

Voir les jours 6 & 7 de l'itinéraire *La Corée royale* (**p. 16**).

• J-17 & 18 Daejeon

Musées et spa au programme dans la 5e ville du pays (**p. 358**). Retour à Séoul.

Conseils : À faire idéalement pendant l'été.

Colonnes de basalte sur l'île de Jeju.
CSP_jipen/Fotosearch LBRF/age fotostock

Une Corée multiple
en 4 semaines

En bref : 1 350 km pour un panorama complet.

• J-1 à 5 Séoul

Découvrez les multiples facettes des l'immense capitale (**p. 27**).

• J-6 & 7 Gongju

Voir les jours 2 et 3 de l'itinéraire *La Corée royale* (**p. 16**).

• J-8 & 9 Buyeo, Jeonju et Maisan

Voir les jours 4, et 6 à 8 de l'itinéraire *La Corée royale* (**p. 16**).

• J-10 Gochang

Apprenez l'histoire des dolmens coréens (**p. 297**).

• J-11 & 12 Gwangju

Profitez du bouillonnement culturel de Gwangju (**p. 290**).

• J-13 & 14 Mokpo

Voir les jours 2 et 3 de l'itinéraire *La Corée maritime* (**p. 17**).

Plage de Gwangalli à Busan.

• J-15 Boseong

Visitez la plantation de thé Daehan Dawon (**p. 311**).

• J-16 & 17 Yeosu

Parcourez les nombreuses attractions sur le thème de la mer (**p. 312**).

• J-18 à 20 Busan

Collectionnez les quartiers et les plages… (**p. 258**).

• J-21 à 23 Gyeongju

Voir les jours 9 à 11 de l'itinéraire *La Corée royale* (**p. 16**).

• J-24 Andong

Voir les jours 8 et 9 de l'itinéraire *Une Corée nature* (**p. 18**).

• J-25 Samcheok

Voir les jours 6 et 7 de l'itinéraire *Une Corée nature* (**p. 18**).

• J-26 & 27 Seoraksan

Voir les jours 3 à 5 de l'itinéraire *Une Corée nature* (**p. 18**).

• J-28 Retour à Séoul

Conseils : Les mois de septembre ou d'octobre peuvent être idéaux.

Le Parc national de Seoraksan.
TOPIC PHOTO AGENCY IN/age fotostock

DÉCOUVRIR LA CORÉE DU SUD

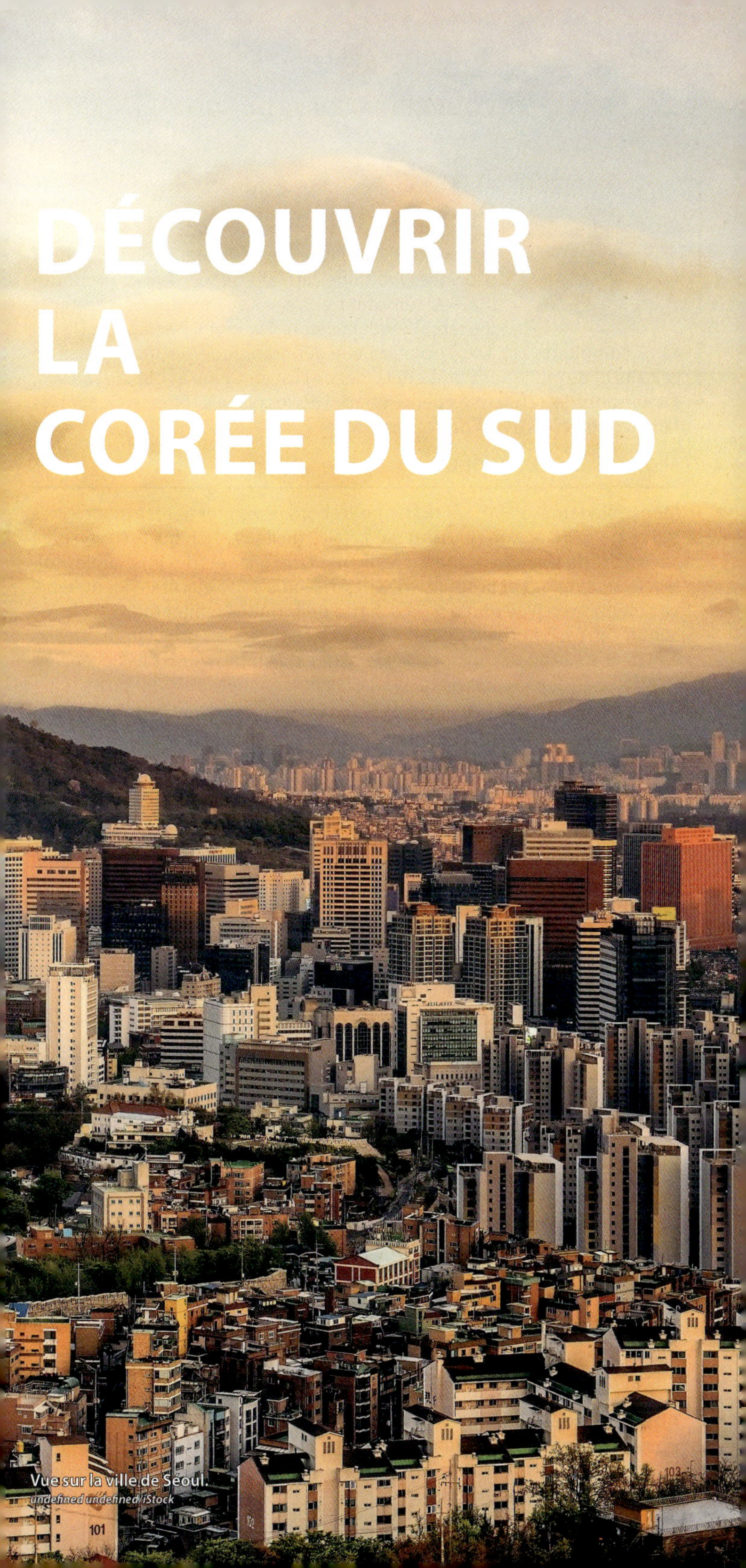

Vue sur la ville de Séoul.
undefined undefined/iStock

Présentation des régions

Administrativement, la Corée du Sud se divise en neuf provinces (*do*) ; une capitale, Séoul ; 6 villes métropolitaines comptant entre 1,5 et 2 millions d'habitants (Busan, Daegu, Incheon, Gwangju, Daejeon et Ulsan) et 77 communes (*si*). D'un point de vue géographique, les montagnes de calcaire et de granit surplombent la mer de l'Est tandis qu'à l'ouest et au sud, les versants descendent en pente douce vers les plaines côtières. Ce sont les fameux « greniers à riz » de la Corée.

SÉOUL ET LE GYEONGGI-DO

Mégapole tentaculaire, Séoul frappe d'abord le visiteur par les montagnes qui se trouvent en son centre et par la taille du fleuve Han qui la traverse. La spécificité de son urbanisme est également marquante : des immeubles collectifs, rationalisés et produits en série, chacun d'entre eux étant identifiable par un numéro *(voir photo p. 399)*. Cette uniformité architecturale, indexée sur un carroyage urbain pensé aussi pour contrôler les populations civiles, devait répondre à une incroyable demande d'habitats. Au fil des décennies, ils prirent de plus en plus de hauteur. Si dans les années 1970, 90 % des logements de Séoul étaient des maisons individuelles, ils ne seraient plus que 20 % aujourd'hui. En outre, en l'espace de cinquante ans, la population séoulite est passée de 2,4 millions en 1960 à plus de 10 millions aujourd'hui et près de 25 millions avec son agglomération (Incheon et la province de Gyeonggi), ce qui équivaut à la moitié de la population sud-coréenne. D'une superficie de 11 000 km^2, l'agglomération est la région la plus peuplée du pays bénéficiant de flux migratoires provenant d'une capitale trop chère et sur-saturée. Centre économique majeur, elle possède quelques beaux sites comme la forteresse Hwaseong *(Voir Suwon, p. 164)*.

LE GANGWON-DO

Bien que modelée à 82 % par des paysages montagneux, cette région du nord-est de la Corée du Sud, la deuxième plus grande province du pays (16 631 km^2 ; 1,5 million d'habitants) présente une topographie et une nature tellement variées qu'elle est la première destination des Séoulites, été comme hiver, selon que l'on fréquente ses plages ou ses stations de ski. Le parc national de **Seoraksan** est considéré comme l'une des plus belles régions montagneuses de Corée. Ses sommets de granit, magnifiques pics enneigés pendant l'hiver, toisent de multiples plages frangeant la belle mer de l'Est. Plus au nord, les chicanes rappellent que cette région est partagée entre le Sud et le Nord depuis presque soixante ans.

LE GYEONGSANG-DO

La région du Centre est composée dans sa partie septentrionale de la province du Gyeongsangbuk-do (20 023 km^2, 5,1 millions d'habitants) et au sud de celle du Gyeongsangnam-do (10 521 km^2, 3,2 millions d'habitants). Elle est la région coréenne la plus visitée. Le bassin de la rivière Nakdong cerné par les chaînes de montagnes Sobaek et Taebaek est la terre d'élection de l'ancien **Royaume de Silla** (57 av. J.-C.–668 apr. J.-C.) qui, après son alliance avec la Chine, est devenu le Royaume du Grand Silla (668-935). Le Gyeongsang-do hérite ainsi de l'ancienne capitale du royaume, **Gyeongju**, véritable musée à ciel ouvert. La ville fourmille de réalisations artistiques dominées alors par le bouddhisme et l'amidisme (culte d'Amitabha), dans lequel se reflète tout particulièrement l'esthétique chinoise. Il faut attendre les années 1960 pour que le Gyeongsang-do, à mesure que les dictateurs qui en sont originaires se trouvent au pouvoir, troque sa rente historique contre un avenir économique. Soumise à une rapide industrialisation à force d'investissements qui font aujourd'hui sa fortune, la région, bien qu'étant la plus éloignée de la capitale, rassemble les deux plus grandes villes coréennes après Séoul : la ville portuaire de **Busan** et **Daegu**, deux piliers de l'économie coréenne.

LE JEOLLA-DO

Le Jeollabuk-do, province du Nord (8 055 km^2, 2 millions d'habitants), et le Jeollanam-do, province du Sud (12 073 km^2, 3,4 millions d'habitants), composent le très fertile sud-ouest de la péninsule. Région rizicole et grenier à riz de la Corée, le Jeolla-do est une terre des plus attachantes. Ses ressources d'une très grande diversité (céréales du Honam, légumes sauvages des montagnes, fruits de mer de la côte) produisent l'une des cuisines les plus variées de la péninsule. Cette terre nourricière qui comble les estomacs n'assoupit pas pour autant les esprits. Le Jeolla-do a de tout temps été un terreau de jacqueries provoquées non seulement parce qu'on y envoyait alors tout ce que la péninsule comptait de réprouvés, contestataires ; mais aussi par les discriminations qu'entretenait le pouvoir central à l'égard de ces habitants éloignés de la capitale.

JEJU-DO

La plus grande des îles coréennes (1 848 km^2 ; 660 000 habitants), la plus méridionale aussi, s'est développée à l'écart de la péninsule. *Jeju*, qui signifie « terres éloignées », est pour les Coréens le lieu de dépaysement par excellence, une terre noire et volcanique où s'est cristallisé un imaginaire exotique porté par une langueur subtropicale. Palmiers luxuriants, mandariniers (la grande spécialité de Jeju), poneys (héritage de la conquête mongole) courant sur les prairies du volcan Hallasan (le plus haut volcan de Corée du Sud avec 1 960 m) et sable blanc composent un univers géographique et historique propice à l'évasion. À tel point que Jeju, première destination touristique des Coréens, est desservie par un terminal international comme si l'île était en dehors des eaux territoriales du pays. Jeju-do est d'ailleurs le lieu où convolent tous les jeunes Coréens pour leurs noces. C'est tout le paradoxe d'une île qui cultive avec succès mais non sans excès l'exotisme dans la norme de l'industrie des loisirs.

LE CHUNGCHEONG-DO

Peu visitée, cette province centrale du sud-ouest de la Corée, dont la ville principale **Daejeon** (la cinquième du pays) ne se trouve qu'à 50mn de train de Séoul, est une région des plus contrastées, moderne et conservatrice. La partie nord, Chungcheongbuk-do (7 431 km^2 ; 1,5 million d'habitants), la seule région coréenne sans littoral maritime, est au cœur de la péninsule et des nœuds routiers. Celle du sud, le Chungcheongnam-do (8 601 km^2 ; 2 millions d'habitants) est le fief de l'ancienne dynastie du **Royaume de Baekje** qui vit se succéder une trentaine de monarques entre 18 av. J.-C. et 660 apr. J.-C. Dans un premier temps, la région s'est développée autour de **Buyeo** et de **Gongju**, les anciennes capitales du royaume, deux petites villes aujourd'hui assoupies mais dont les musées regorgent de précieux témoignages.

Vianni
ON AIR HAIR
쭈꾸미
1588-6329
PROFESSIONAL
エステ
ミナミ
UNDER WEAR CLEARANCE SALE
モンピーラ/ハンバン
営業時間 24時
マッサージ
사주
카페
カフェ
cosmetic
タレント
관리 전문점
-8688

Séoul 1
서울

★★★

10 122 700 habitants

Quartier de Myeong-dong à Séoul.
J. Arnold Images/hemis.fr

Séoul signifie « capitale » en coréen, mais cette vieille cité a porté bien d'autres noms : Wiryeseong, Hanseong, Hanyang, Gyeongseong... Elle est capitale, et certains disent qu'elle est bien plus encore : toute la Corée y serait résumée et amplifiée. Si c'est trop vite expédier la province, riche en découvertes et particularismes régionaux, moins « mondialisée » que Séoul, il faut bien avouer que cette ville gargantuesque phagocyte le pays. Elle compte plus de 10 millions d'habitants sur une population totale de 50,5 millions... Un chiffre pourtant en recul par rapport aux années 1990 où la population intra-muros a pu atteindre les 12 millions ! Mais il ne s'agit pas de retour à la terre natale, ou si peu : plutôt d'une décroissance relative, beaucoup de Séoulites ayant été attirés par les villes satellites en plein développement. Ainsi, on ne peut comprendre le phénomène Séoul sans le Gyeonggi-do, la province qui l'entoure comme une corolle quasi ininterrompue de conurbations... En effet, la Région capitale occupe 12 % du territoire national mais concentre 46 % de la population, ce qui en fait une des plus denses métropoles mondiales. Séoul est donc une ville géante qui semble en perpétuel mouvement, quasi organique, se renouvelant sans cesse, mais tout aussi capable de recréer de l'ancien quand le besoin de racines se fait sentir... C'est la vitrine de la Corée, une ville de plus en plus cosmopolite. Les touristes sont chaque année plus nombreux, et on compte 255 000 citoyens étrangers, soit 2,4 % de la population totale. Au premier abord, c'est un agrégat complexe de béton et de bitume, mais très vite, on se rend compte que la ville est construite sur un site merveilleux, une plaine longée par le large fleuve Han et protégée par un cirque de montagnes augustes. Il ne faut donc pas s'arrêter à la première impression et aller à la rencontre de cette méconnue, de ses parcs, de ses habitants, et surtout de ses multiples couches d'histoire qui en font un site incontournable depuis l'Antiquité.

NOS ADRESSES PAGE 34 ET PAR QUARTIER
Hébergement, restauration, achats, activités, etc.

S'INFORMER

Voir Séoul pratique p. 34.

SE REPÉRER

La capitale sud-coréenne est coupée d'est en ouest par le fleuve Han, en deux mondes aux sensibilités différentes. Au nord, adossé aux monts Bugak, Bukhan et Inwang, le centre-ville administratif et historique avec ses palais, ses îlots de maisons traditionnelles et les premiers bâtiments à l'architecture occidentale. Au nord-est, les marchés populaires de Dongdaemun ; au nord-ouest, les quartiers estudiantins de Hongdae, Sinchon et Ewha. Le très central parc de Namsan, avec sa célèbre « N Seoul Tower » visible de fort loin, sert d'excellent point de repère. On y trouve trace de la limite méridionale de la muraille d'antan. Au sud du fleuve, des quartiers d'affaires s'imposent de Teheran-no à Yeouido et s'articulent autour de zones branchées, alliant sorties et commerces, ainsi que d'habitations luxueuses... avant de se fondre dans les banlieues tentaculaires et plus modestes, au-delà des montagnes de Gwanak.

À NE PAS MANQUER

Les palais Changdeok – avec le jardin Huwon (Unesco) – et Gyeongbok, le sanctuaire Jongmyo (Unesco), le musée national de Corée et le musée

Leeum. Le quartier de Bukchon. Le Dongdaemun Design Plaza. Et tous les marchés de la capitale coréenne !

AVEC LES ENFANTS

Palais Gyeongbok et musée folklorique, Namsan Folk Village, musée de l'Agriculture, balade à Bukchon (maisons traditionnelles et petits musées), parc d'attractions de Lotte World et son musée folklorique, aquarium du COEX, croisière sur le fleuve Han, la N Seoul Tower, piscine sur les bords du fleuve en été ou patinoire extérieure de City Hall en hiver, Tour 63 Square de Yeouido ou l'Olympic Park, shopping jeux vidéo à Yongsan, spectacle Jump ou Nanta ou *samulnori*, spa ou *mogyoktang*, restaurants coréens peu épicés (*samgyetang*, *bibimbap*, *mandu* ou barbecue…).

PRÉSENTATION DES QUARTIERS

Les quartiers sont présentés par ordre d'intérêt touristique, des curiosités du centre historique vers les zones plus récentes et modernes du Sud pour finir par le parc de Bukhansan, belle escapade en pleine nature.

Plan I p. 30-31, plan II p. 32-33, plan du métro p. 38-39
Plan Gyeongbokgung-Bukchon p. 51
Plan Gwanghwamun-Jongno p. 64
Plan Insadong p. 74
Plan Cheonggyecheon-City hall p. 81
Plan Jung-gu p. 91
Plan Itaewon p. 100
Plan Gangnam-gu/Apgujeong p. 105
Plan Gangnam-gu/Teheran-no p. 109
Plan Dongdaemun p. 116
Plan Hyehwa p. 129
Plan Seodaemun p. 134
Plan Mapo et Yeouido p. 140
Plan Sud-ouest de Hangang p. 149
Plan Songpa-gu - Jamsil p. 155
Plan Parc national de Bukhansan p. 160

AGENDA

Yeongdeungpo Yeouido Spring Flower Festival - *www.ydp.go.kr* - avril.
Seoul Fashion Week - *www.seoulfashionweek.org* - mars-avr.
Jongmyo Daeje, *voir p. 66.*
Lotus Lantern Festival - *www.llf.or.kr/eng/*– mai.
Seoul International Cartoon & Animation Festival - *sicaf.org* - mai.
Sajik Daeje- septembre.
Sidance, Seoul International Dance Festival - *www.sidance.org* - septembre à octobre.
Seoul Performing Arts Festival - *www.spaf.or.kr* - sept.-oct.
HI Seoul Festival (Seoul Street Art Festival) - *www.festivalseoul.or.kr* -octobre.

SÉOUL EN 5 JOURS	
Jour 1	**Jung-gu** *(p. 90)* et son panorama sur Séoul.
Jour 2	**Gyeongbokgung-Bukchon** *(p. 45)* avec, en fin d'après-midi, la visite de galeries d'art contemporain.
Jour 3	**Dongdaemun** *(p. 114)* pour l'architecture du Dongdaemun Design Plaza. Après-midi : visite des marchés sans oublier de dîner en début de soirée au marché de **Gwangjang**.
Jour 4	Le quartier royal de **Gwanghwamun-Jongno** *(p. 62)* avec en soirée une visite dans les quartiers animés de Itaewon ou de Hongdae.
Jour 5	Visite guidée de la **DMZ** *(p. 172)*, excursion à **Suwon** *(p. 164)* ou balade (à pied, à vélo ou en bateau) le long du fleuve Han. Le soir, profiter de l'animation (et du style) de Gangnam : cafés, restaurants, clubs, shopping haut de gamme ; autre option : l'immense marché de **Namdaemun** *(p. 90)* pour faire les derniers achats.

SÉOUL

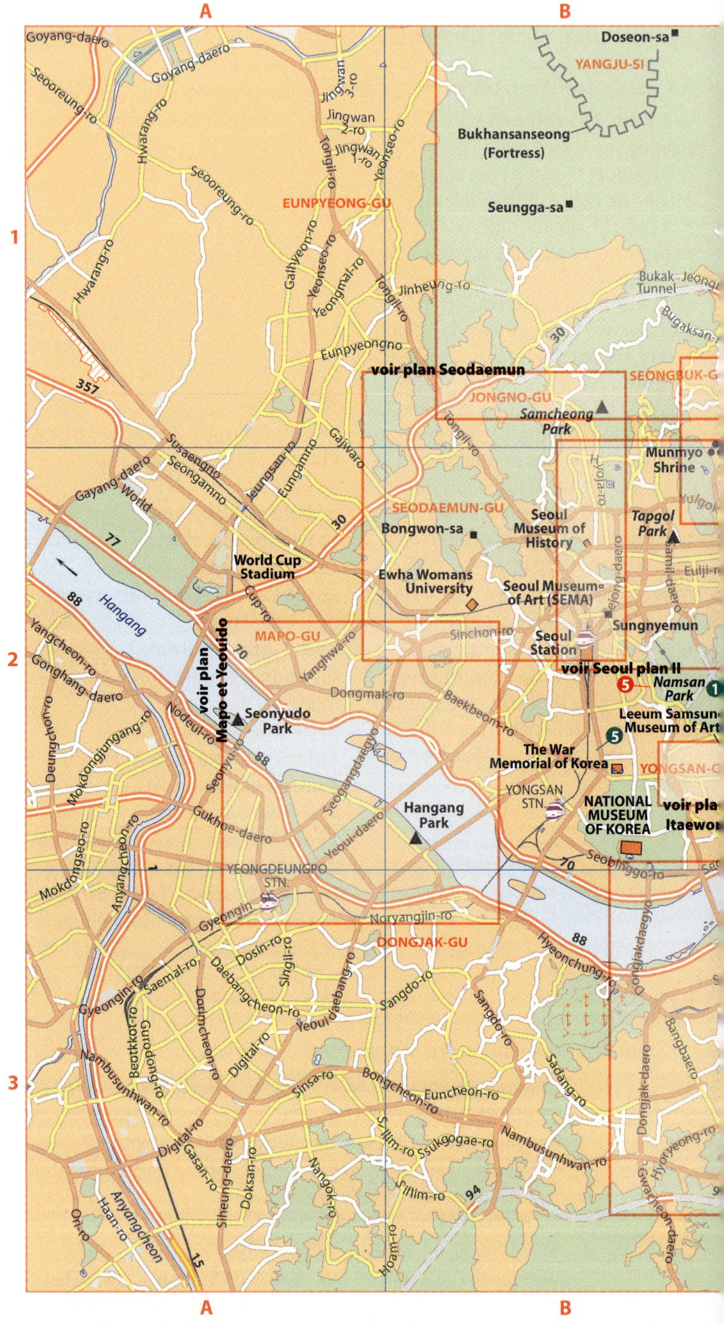

SE LOGER

Banyan Tree Club & Spa Seoul 1

Hotel Rainbow ....

VISTA Walkerhill Seoul ....

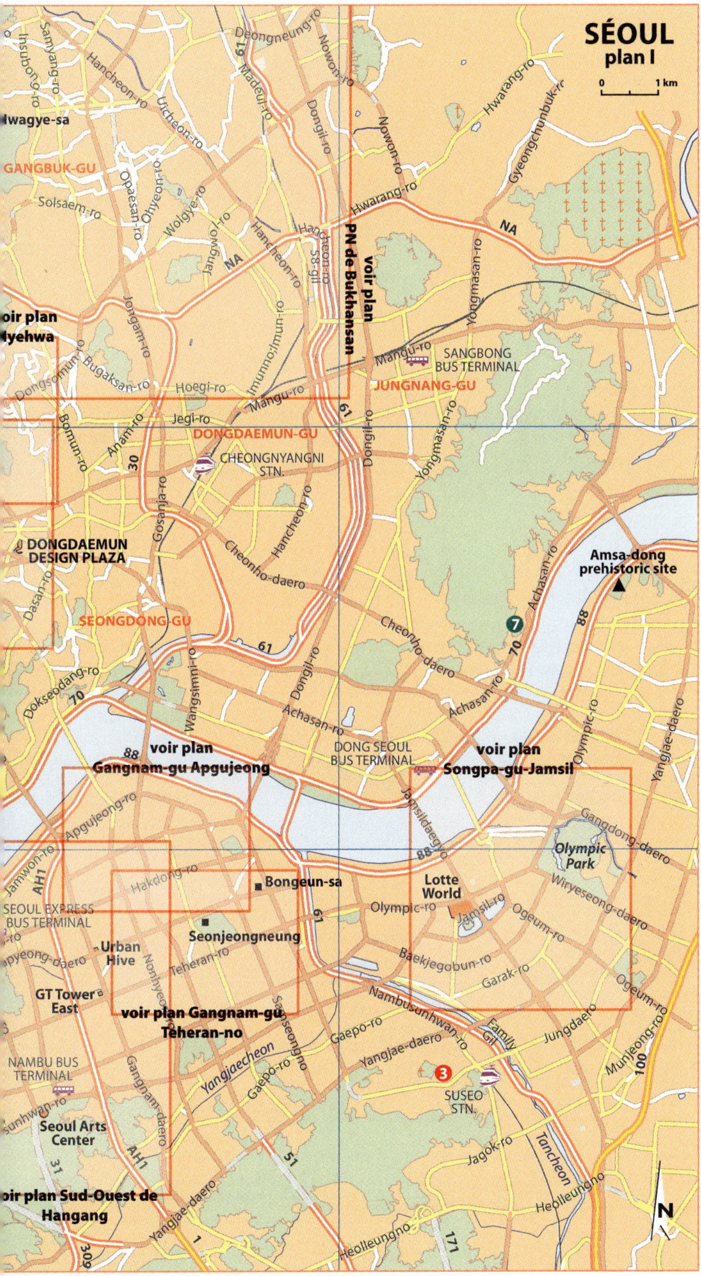

E RESTAURER

- 'kyongjae 3
- oom Seoul 5

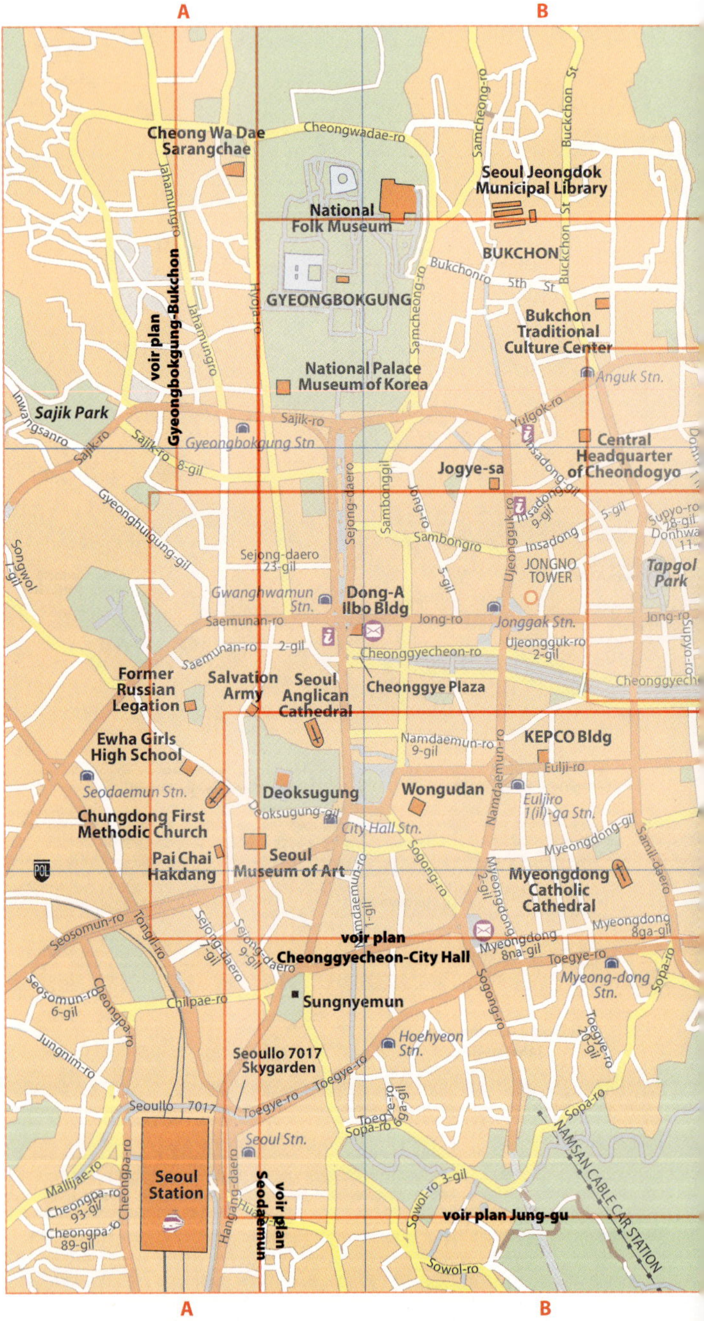

SE LOGER
The Shilla Seoul 1

SE RESTAURER
Pildong Myeonok.............................. 5

rmer Main Hall of Seoul
National University/Arko Art Center ...... D

1

SÉOUL PRATIQUE

INFORMATIONS UTILES

Offices de tourisme, Korea Tourism Organization (KTO)

Office du tourisme principal 한국관광공사 *40 Cheonggyecheon, Jung-gu - ☎ (02) 729 9497/99 et 02 1330 - french.visitkorea.or.kr - 9h-20h.* Nombreuses antennes dans la capitale (*voir Nos adresses par quartier*) et dans les deux aéroports. Multiples brochures, plans, cartes, service « Agence de voyage » – visites guidées, circuits organisés, billets d'avion et de train notamment et le K-Style Hub *(voir p. 86)*. Site Internet en français très complet.

Bon à savoir – Goodwill Guide – Korea Tourism Organization. Le service Goodwill Guide offre l'assistance d'un guide bénévole – en anglais et même en français – lors de votre voyage. Il n'est pas interprète professionnel mais vous accompagnera tout au long de votre séjour. À prendre en charge : ses frais de transport, de visite, de restauration et, le cas échéant, d'hébergement. Réservation indispensable 10-30 jours au préalable auprès de la **Korea Tourist Organization** - *french. visitkorea.or.kr/, rubrique « Préparer vos voyages ».*

Informations touristiques de la mairie de Séoul 서울시청

La mairie de Séoul dispose d'un réseau de centres d'informations touristiques à différents endroits de la capitale (*voir Nos adresses par quartier*). Certaines mairies d'arrondissement ont également ouvert leurs propres points d'information.

Seoul Tourism Organization
Service détaillé sur le tourisme dans la capitale coréenne. Site Internet *www.visitseoul.net* très intéressant. Autre site d'informations, celui du **Seoul Metropolitan Government** : *english.seoul.go.kr..*

Bon à savoir – Des informateurs, vêtus de vestes rouges, sont présents en journée dans les endroits les plus touristiques pour renseigner les voyageurs *(Bukchon 9h30-18h30 été (18h hiver) ; Gwanghwamun, Samcheongdong 9h30-18h30 ; Myeongdong : 9h30-19h30 ; Sichon, Insadong, Itaewon, Sinsadong Garosu-gil 10h-19h ; Dongdaemun et Hongdae 12h-20h).*

Traduction et interprétariat

Pan Trans Net 팬트랜스넷 – *☎ (02) 778 2028 -pantrans.net/.*

BBB – *☎ (02) 725 9108 - www.bbbkorea.org.* Service d'assistance et de traduction proposé par 4 000 volontaires (en 19 langues).

École supérieure d'interprétation et de traduction d'Ewha 이화여대 통번역대학원 – *☎ (02) 3277 3662/63 - www.ewha.ac.kr/mbs/ewhaen*

Banques et change

Chaque quartier touristique compte son lot d'agences bancaires (KB, Shinhan Bank et Woori Bank principalement) disposant d'un guichet de change (*Exchange* clairement indiqué en vitrine) et de distributeurs automatiques acceptant les cartes étrangères (Global ATM).

Poste centrale

Central Post Office – 서울중우체국 *- 70 Sogong-ro, Chungmuro 1-ga, Jung-gu - M° Myeong-dong, ligne n° 4, sortie n° 5 - ☎ (02) 6450 1114 - www.koreapost.go.kr - lun.-vend.*

9h-18h, sam. 9h-16h30. Possibilité d'acheter des timbres de collection.

Urgences/Santé

Soonchunhyang University Hospital 순천향병원 – *657 Hannam-dong, Yongsan-gu - M° Hannam, ligne n° 1, sortie n° 1 - ✆ (02) 709 9158 (9h-17h)/urgences (02) 709 9119 (24h) - www.schmc.oc.kr/seoul/international/index.do.* Localisé près d'Itaewon, offre un service international.

Samsung Medical Center 삼성서울병원 – *50 Irwon-dong, Gangnam-gu - M° Irwon, ligne n° 3, sortie n° 1 - ✆ (urgences (02) 3410 0200 - www.samsunghospital.com* ou *french.samsunghospital.com.* Hôpital très moderne disposant d'un service international.

Severance Yonsei Hospital 연세대학교 세브란스병원 – *50 Yonsei-ro, Seodaemun-gu - M° Sinchon, ligne n° 2, sortie n° 3 - ✆ (02) 2228 5800 - www.yuhs.or.kr.* Très grand hôpital avec service international.

Médecin parlant anglais – *✆ 1339 depuis tél. fixe/(02) 1339 depuis mobile.* Service avec médecin parlant anglais qui vous aide dans toutes les situations d'urgence de santé.

Service de traduction des services de police et de secours – *✆ 112 - lun.-vend. 8h-23h, w.-end 9h-18h.* En cas d'accident, ce service vous permet de joindre un officier de police ou traducteur et d'obtenir immédiatement de l'aide en anglais et même en français.

Secours international coréen – *✆ (02) 3140 1700 - 24h/24.* Service de secours pour les étrangers, qui permet d'établir un lien avec les hôpitaux. Service payant.

Téléphone

Vous pouvez louer des téléphones portables et acheter des cartes internationales prépayées en ville, dans les nombreuses boutiques des opérateurs de téléphonie : KT (Olleh), LG U Plus, SK. Mais le plus simple demeure l'achat ou la location dès l'aéroport d'Incheon, où tous les services de téléphonie sont proposés dans le hall des arrivées.

REPRÉSENTATIONS DIPLOMATIQUES

Voir p. 462.

TRANSPORTS : ARRIVER/PARTIR

En avion

Incheon International Airport 인천국제공항 – *✆ (032) 1577 2600 - www.airport.kr - 24h/24.* Superbe aéroport construit sur une île, à 52 km à l'ouest du centre de Séoul (un deuxième terminal a été inauguré en janvier 2018). Connexions en bus et train express vers l'aéroport de Gimpo, pour les vols intérieurs, vers Séoul et toutes les grandes villes.

Pour rejoindre le centre-ville

Train AREX 코레일 공항철도 열차 – *✆ 1599 7788 - www.arex.or.kr/.* Train express entre l'aéroport et Séoul, de loin la meilleure solution *(dép. réguliers 5h30-23h40).* Deux lignes : l'une **Express** *(43mn - 8 000 à 14 800 ₩)* effectue le trajet direct entre l'aéroport et Seoul Station. La seconde dite **All stop train** *(56mn - 4 250 ₩)* dessert notamment les stations suivantes : Seoul Station, Gongdeok, Hongik University, Digital Media City et Gimpo Airport.

Cette ligne est donc également idéale si vous devez effectuer le tronçon Incheon Airport-Gimpo

1

Airport *(dép. ttes les 10mn - 28 à 33mn)*. Achats des tickets au guichet AREX ou aux bornes automatiques. Le plus simple est d'acquérir une carte de transport (T Money, Mpass) qui vous servira par la suite pour les transports urbains *(voir p. 40)*.

Bus Airport Limousine – *Nombreux comptoirs d'information et d'achat des billets à l'intérieur du hall des arrivées et à l'extérieur.* Les bus quittent l'aéroport de 5h à 23h, ttes les 10 à 30mn, pour un trajet de 45mn à 1h30, selon les destinations (et le trafic…). Plateformes de départ très bien indiquées – mais il peut y avoir la queue. Ils s'arrêtent dans les différents quartiers de la ville et, notamment, devant les hôtels de standing, pour un coût de 10 000 à 15 000 ₩. Détail des parcours sur le site Internet de l'aéroport.

Pour le trajet retour centre-aéroport, *voir Jung-gu p. 96*.

BusKAL Limousine KAL 리무진 버스 – *www.kallimousine.com.* Le service de bus de Korean Air dessert les grands hôtels de la capitale avec cinq lignes pour 16 000 ₩. Possibilité d'acheter un billet aller-retour aux guichets KAL de l'aéroport. Départ de tous les grands hôtels, possibilité de consulter les horaires de passage sur le site.

Taxi – *Entre les portes n° 4 et 8 du hall des arrivées.* Comptez entre 40 000 et 60 000 ₩ pour rejoindre Séoul, selon le trafic et la destination auxquels s'ajoutent 7 100 ₩ de péage à la charge du passager. Attention, les taxis noirs avec signe jaune sur le toit sont les véhicules de luxe (de 50 000 à 100 000 ₩).

Gimpo International Airport 김포공항 – *☏ (02) 1661 2626 - www.airport.co.kr/gimpoeng/main.do/.* Plus proche du centre-ville, cet aéroport comprend deux terminaux : un pour les vols internationaux (vers la Chine et le Japon) et l'autre pour les vols intérieurs. Navettes et trains express vers Incheon International Airport.

Pour rejoindre le centre-ville

Métro – M° Gimpo Int. Airport, lignes n° 5/9 - 30-60mn, selon les destinations.

Train AREX – Dessert Séoul centre (*voir Aéroport international d'Incheon*).

Bus Airport Limousine – Service de bus, qui dessert l'ensemble des quartiers de Séoul. Départs fréquents.

Taxi – Comptez 15 000 à 40 000 ₩, en taxi standard, selon la destination et le trafic.

En train

Seoul Station 서울역 – Plan I B2 - *122 Bongnae-dong 2-ga, Jung-gu - M° Seoul Station, lignes n° 1/4, sortie n° 2 - ☏ (02) 1544 7788 - www.letskorail.com.* Agréable et bien organisée. Départs de trains et de KTX vers tout le pays. Et terminus de la ligne AREX de/vers l'aéroport.

Yongsan Station – Plan I B2 - *56-20 Cheongpa-ro, Yongsan-gu - M° Yongsan, lignes n° 1 et Gyeongui Jungang - ☏ (02) 1544 7788 - www.letskorail.com.* Trains et KTX pour le sud du pays.

Cheongnyangni Station – Plan I C2 - *588-1 Jeonnong-dong, Dongdaemun -gu - M° Cheongnyangni, ligne n° 1 et ligne Jungang, sortie n° 1 et 4 - ☏ (02) 1599 777.* Essentiellement pour les trains à destination de l'est du pays.

En bus longue distance

Seoul Express Bus Terminal – 강남고속터미널 – Plan I C3 - *Gangnam Gosok Terminal – 19-4 Banpo-dong, Seocho-gu - M° Express Bus*

Terminal, lignes n° 3/7/9, sorties n° 1 ou 2 - ✆ (02) 1688 4700 ou 536 6460 - www.kobus.co.kr. Le site comprend deux gares routière qui desservent toutes les grandes villes du pays : **Central City Terminal** (*sorties n° 4 ou 8* - départs pour le sud du pays) et **Gyeongbu Line Terminal** (*sorties n° 1/2* - pour l'est du pays).

Dong-Seoul Bus Terminal 동서울 버스터미널 – Plan I D2 - *546-1 Guui-dong, Gwangjin-gu - M° Gangbyeon, ligne n° 2, sortie n° 3 ou 4 - ✆1688 5979.* Pour tout le pays, particulièrement l'est, avec moins de départs qu'Express Bus Terminal.

Sangbong Bus Terminal 상봉버스터미널 – Plan I D2- *83-1 Sangbong-dong, Jungnang-gu - M° Sangbong, ligne n° 7, sortie n° 2 - ✆ (02) 323 5885 - www.kobus.co.kr.* Bus pour Cheongju, Chuncheon, Daejeon, Jeonju et Gwangju.

Nambu Bus Terminal – Plan I C3 - *292 Hyoryeong-ro - Seocho-gu - M° Nambu Bus Terminal, ligne n° 3, sortie n° 5 - ✆ (02) 1688 0550.* Bus pour le sud de Séoul.

En bateau

La ville portuaire d'Incheon *(accès depuis Séoul par la ligne 1 du métro - 1h10)*, compte deux terminaux de ferries.

Lignes maritimes intérieures – Terminal de ferry 1 d'Incheon 인천연안부두 여객터미널 국내선 - *Yeonan Budu - M° Dongincheon, ligne n° 1, puis taxi 10-15mn ou bus - ✆ (032) 880 3300.* Bateaux pour les îles proches de Séoul, idéales pour leurs plages telle Deokjeok-do, ou plus éloignées comme la fameuse Jeju-do.

Lignes maritimes internationales – Terminal de ferry 1 d'Incheon 인천연안부두 여객터미널 국제선 - *Yeonan Budu - voir ci-dessus pour l'accès - ✆ (032) 885 0180.* Bateaux pour Dandong, Dalian, Yingkou, Qinhuangdao, Yantai et Shidao en Chine.

International Ferry Terminal 2 – *✆ (032) 880 3300 - M° Dongincheon, ligne n° 1, puis taxi 5mn ou bus.* Bateaux pour Weihai, Qingdao et Tianjin en Chine.

TRANSPORTS : CIRCULER À SÉOUL

En métro

Le réseau de métro, géré par quatre compagnies, couvre très bien la ville et la lointaine banlieue *(voir plan p. 38-39)*. Il est rapide, propre, sécurisé et fort bon marché *(1 350 ₩ les petits déplacements/1 250 ₩ avec la carte T-Money - 5h30-6h à 23h30-1h)*. Il est très facile de s'y repérer : des plans de quartiers et de lignes sont disponibles à chaque station et, dans la rame, les arrêts et les changements possibles sont annoncés en coréen, japonais et en anglais. Le réseau est également équipé pour les personnes à mobilité réduite. L'achat de billets, pour ceux qui ne possèdent pas la carte T-Money, se fait à des guichets automatiques qui rendent la monnaie. Le site *www.smrt.co.kr*, très pratique, vous permet, en cliquant sur *Subway map* de la page d'accueil en anglais, de préparer votre déplacement sur un plan interactif. Si les rames peuvent être bondées aux heures de pointe, le métro reste le meilleur moyen pour circuler dans la capitale, surtout si on est pressé. Attention : il faut également savoir qu'en Corée le métro ferme plus tard en semaine que le week-end.

1

LIGNES MÉTROPOLITAINES DE SÉOUL

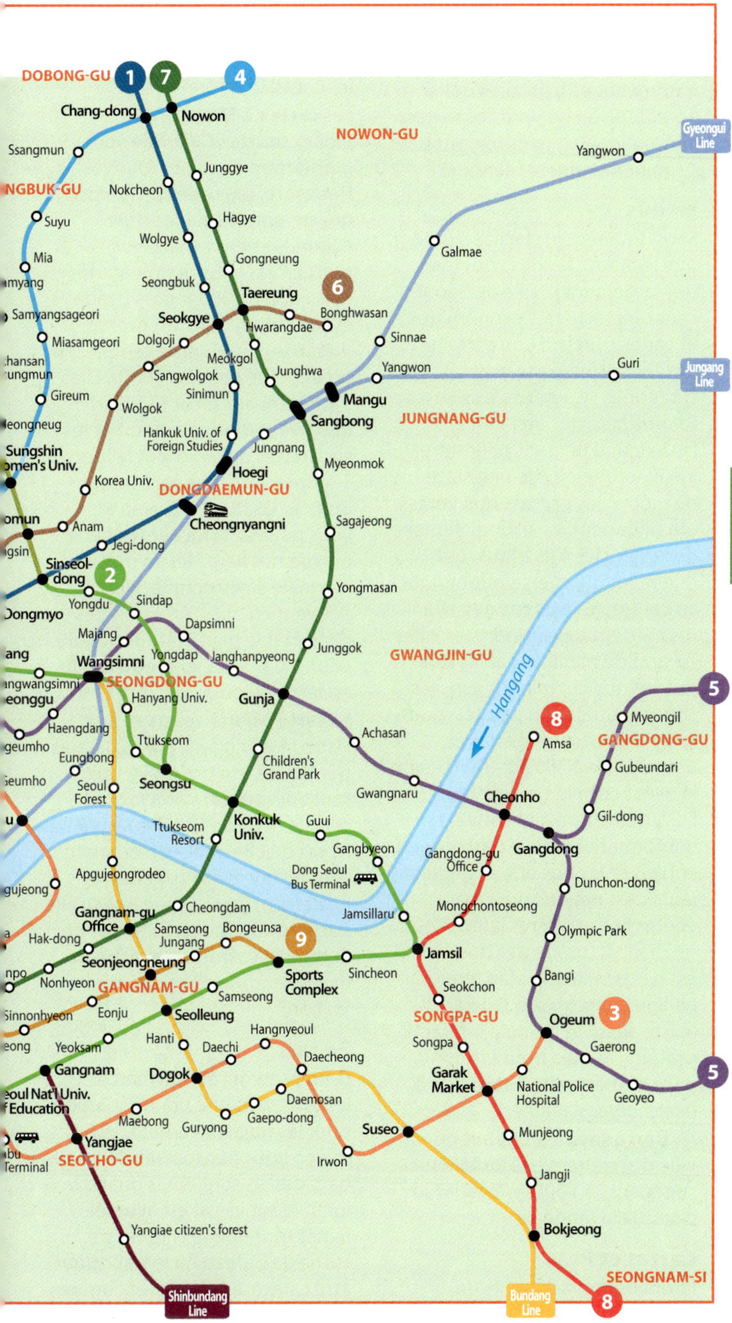
DOBONG-GU
1
7
4
Chang-dong
Nowon
NOWON-GU
Gyeongui Line
Yangwon
Ssangmun
Junggye
Nokcheon
Hagye
Suyu
Wolgye
Galmae
Mia
Gongneung
Seongbuk
Taereung
6
Bonghwasan
Seokgye
Hwarangdae
Miasamgeori
Dolgoji
Sinnae
Meokgol
Sangwolgok
Junghwa
Yangwon
Guri
Jungang Line
Gireum
Sinimun
Mangu
Wolgok
Sangbong
JUNGNANG-GU
Hankuk Univ. of Foreign Studies
Jungnang
Myeonmok
Hoegi
Korea Univ.
DONGDAEMUN-GU
Cheongnyangni
Anam
Sagajeong
Jegi-dong
Sinseol-dong
2
Yongdu
Sindap
Yongmasan
Dapsimni
Majang
Junggok
GWANGJIN-GU
Wangsimni
Yongdap
Janghanpyeong
SEONGDONG-GU
Hanyang Univ.
Gunja
Hangang
5
8
Myeongil
Haengdang
Achasan
Amsa
GANGDONG-GU
Ttukseom
Eungbong
Children's Grand Park
Gubeundari
Seongsu
Seoul Forest
Gwangnaru
Cheonho
Gil-dong
Ttukseom Resort
Konkuk Univ.
Guui
Gangdong
Gangbyeon
Gangdong-gu Office
Dunchon-dong
Apgujeongrodeo
Dong Seoul Bus Terminal
Mongchontoseong
Cheongdam
Jamsillaru
Gangnam-gu Office
Olympic Park
Samseong Jungang
Bongeunsa
9
Hak-dong
Jamsil
Seonjeongneung
Sincheon
Sports Complex
Seokchon
Bangi
Nonhyeon
GANGNAM-GU
Samseong
SONGPA-GU
Ogeum
3
Eonju
Seolleung
Sinnonhyeon
Hangnyeoul
Gaerong
Yeoksam
Hanti
Daechi
Songpa
Daecheong
Garak Market
5
Gangnam
Dogok
National Police Hospital
Geoyeo
Daemosan
Maebong
Guryong
Gaepo-dong
Suseo
Munjeong
Yangjae
SEOCHO-GU
Irwon
Jangji
Terminal
Yangiae citizen's forest
Bokjeong
SEONGNAM-SI
Shinbundang Line
Bundang Line
8

1

Bon à savoir – Les stations de métro disposent de toilettes propres et de guichets automatiques bancaires qui acceptent, en général, les cartes internationales, mais ne sont pas systématiquement bilingues.

En bus

Sans doute moins faciles à utiliser que le métro, les bus couvrent très largement la ville de Séoul. Leur tarif reste très économique et varie au-delà d'une certaine distance. Il en existe cinq catégories : les **petits bus verts** *(shuttle bus)*, qui circulent à l'intérieur d'un petit périmètre, idéal pour rejoindre une station de métro ; les **grands bus verts**, qui sillonnent les arrondissements de la ville ; les **bus bleus**, qui relient les quartiers périphériques au centre ; les **bus rouges**, qui permettent de rejoindre les villes de grande banlieue ; et les **bus jaunes**, qui cheminent dans les zones centrales restreintes, pour relier les quartiers d'affaires. Comptez de 1 300 à 2 400 ₩ selon la distance et le type de bus. Les arrêts disposent souvent d'informations sur le parcours en anglais et les bus ont en général leurs destinations principales écrites en caractères latins. Pour un meilleur usage des bus, l'idéal est de consulter le plan interactif en ligne english.seoul.go.kr/. Il existe aussi un module interactif gratuit très utile pour Iphone en anglais, appelé **Seoul Bus 3** *(télécharger sur Itunes)*.

Bon à savoir – Les bus de ville n'acceptent pas les billets supérieurs à 1 000 ₩. Il vous faut donc de la monnaie !

Cartes et Pass

Pour vos déplacements en métro ou en bus, il est vivement conseillé d'utiliser une carte ou pass plutôt que des tickets individuels. Bien plus pratiques, ils permettent également de réduire les coûts.

Les **cartes T-Money** *(www.t-money.co.kr)* et **Cashbee** vous permettent de régler tous vos transports (bus, métro…), ainsi que les entrées sur les sites culturels et des achats *(voir p. 470)*. Elles vous octroient une réduction de 100 ₩ par voyage et surtout un transfert gratuit, du bus au métro par exemple, s'il est effectué dans les 30mn. Elles s'achètent aisément *(2 500 ₩)* dans les stations de métro et les supérettes qui affichent le logo T-Money ou Cashbee, comme les Cou, GS25 ou 7-Eleven et vous pourrez la recharger, dans ces mêmes lieux, tel un porte-monnaie électronique. Elles peuvent en outre être utilisées dans tout le pays et l'argent non dépensé pourra vous être rendu en fin de séjour.

La **carte MPass**, réservée aux visiteurs étrangers, offre 20 trajets quotidiens (métro, AREX, bus - sauf bus rouges) selon la durée choisie *(1/7 j, de 10 000 à 59 500 ₩)*. Notez qu'elle peut se recharger, comme une carte T-Money, et également être utilisée à Jeju. Elle s'achète aux Tourist Information Centre de l'aéroport d'Incheon, de Myeong-dong et de Seoul Station.

En taxi

Omniprésents et bon marché, les taxis sont une bonne solution pour les trajets alternatifs ou quand vous transportez de lourds bagages. Ils sont libres quand la lumière sur le toit est allumée. Évitez toutefois les heures de sortie de bureau où le trafic peut être catastrophique… et l'heure de la fermeture du métro où ils risquent d'être pris d'assaut.

Il en existe différentes catégories, mais tous ont un compteur, que les chauffeurs mettent en route sans discuter. Les paiements s'effectuent en cash et, pour beaucoup, aussi avec une carte de crédit ou une carte T-Money.

Taxis ordinaires 일반택시 – *3 000 ₩ de prise en charge pour 2 km puis 100 ₩ ts les 142 m (ou 35 s en cas de ralentissement) - de 0h à 4h, les prix augmentent de 20 %.* Taxis de couleur orange, gris ou blancs. Les chauffeurs parlent rarement anglais mais la plupart disposent du service **Free Interpretation** *(7h-22h - 7 langues dont le français et l'anglais - autocollant portière arrière côté droit).* Un interprète sera alors appelé au téléphone. Pour réserver un taxi ordinaire (rarement utile tant ils sont nombreux), **Kind Call Taxi** – *✆ (02) 1588 3382* ; **KT Powertel** – *✆ (02) 1588 0082 - 1 000 ₩ de surcharge.*

Taxis de luxe 모범택시 – Noirs avec signe jaune sur le toit - *✆ (02) 1588 2255 - 5 000 ₩ de prise en charge pour 3 km puis 200 ₩ ts les 164 m ou 39 s.* Voitures plus luxueuses, service de qualité. Réservation possible.

Taxis Jumbo 택시점보 – Vans noirs - *✆ (02) 499 5633.* Même prix que les taxis de luxe. Spacieux, ils permettent de transporter jusqu'à huit passagers. Réservation possible.

International Taxis 인터내셔널 택시 - *✆ (02) 1644 2255 - www.internationaltaxi.co.kr - voitures ordinaires, 3 600 ₩ de prise en charge pour 2 km puis 120 ₩ ts les 142 m (ou 35 s en cas de ralentissement) ; voitures supérieures, 5 000 ₩ pour 3 km puis 200 ₩ ts les 164 m ou 39 s.* Service spécialisé dans l'accueil des touristes. Ils parlent anglais. Réservation possible par mail : reserve@intltaxi.co.kr.

Taxis pour personnes à mobilité réduite – *✆ 02) 2024 4200/1588 4388.*

Bon à savoir – Pour appeler un taxi, possible aussi de passer par la **Korea Travel Hotline** ✆ (02) 1330 ou le **Daesan Call Center** ✆ (02) 120.

En vélo

Le trafic routier et les distances importantes n'invitent pas vraiment à parcourir Séoul à vélo… Mais pédaler sur de courtes distances, dans des quartiers calmes, dans des parcs et, surtout, le long du fleuve Han, est très agréable. Les vélos blancs et vert **Seoul Bike** peuvent être loués *(1 000 ₩/j.)* au départ de 400 stations et ce toute l'année. Des points de locations sont également proposés dans nombre de parcs de la ville. Informations sur : www.bikeseoul.com.

VISITES

Forfaits

Le **Discover Seoul Pass**, valable 24h ou 48h, permet d'accéder à 21 attractions majeures (et ce, sans file d'attente) et de bénéficier de réductions. Liste des lieux d'achats et des avantages sur le site Internet. Tarif 39 900 ₩/24h, 55 000 ₩/48h. La carte peut également être employée comme *transit card* (T-Money), donc rechargée et utilisée dans les transports durant tout votre séjour. Une applicaction à télécharger sur le site offre nombre d'informations.
discoverseoulpass.com

Visites guidées

De nombreuses options dans ce domaine, à découvrir sur le site Internet de l'office du tourisme. Signalons des marches guidées

1

(2-3h) très intéressantes, ciblant des quartiers ou thèmes précis, recensées sur le site english.visitseoul.net/walking-tour (détails et inscription).

HÉBERGEMENT/RESTAURATION

Voir Nos adresses par quartier.

EN SOIRÉE

Spectacles

Nanta – 난타 – *26, Myeongdong-gil, Jung-gu - Unesco Bldg., 3e ét. - M° Euljiro 1-ga, ligne n° 2, sorties n° 5/6 - ✆ (02) 739 8288 - nanta.i-pmc.co.kr - lun.-vend. 17h-20h, sam. 11h-14h, 17h-20h, dim. 14h, 17h-20h - CC - 40 000/70 000 ₩ (enf. -20 % avec passeport, de 36 mois à 19 ans).* Spectacle non verbal de percussions, *samulnori* contemporain, à partir d'ustensiles de cuisine. En tête d'affiche depuis 1997 ! Autres théâtres à Hongdae et Chungjeongno *(voir le site).*

Jump – 점프 – *47, Mareunnae-ro, Jung-gu - Myungbo Art Hall, 3e ét. - M° Euljiro 3-ga, lignes n° 2/3, sortie n° 8 ou M° Chungmuro, lignes n° 3/4, sortie n° 7 - ✆ (02) 722 3995 - www.hijump.co.kr - lun. 20h, mar.-sam. 17h-20h, dim. et j. fériés 14h-18h - CC - P 3000 ₩/3h (parking possible pour véhicule inférieur à 2 000cc) avec le ticket, Cho-dong Parking lot - 5000 ₩/3h (achat du ticket paking au bureau de Jump) - 40 000/60 000 ₩.* Spectacle populaire et non verbal, qui incorpore de façon créative les arts martiaux coréens, dans un tourbillon d'acrobaties et de bonne humeur.

Jeongdong Theater – *Voir p. 89.*

LG Arts Center – **LG 아트센터** – *508, Nonhyeon-ro, Gangnam-gu - M° Yeoksam, ligne n° 2, sortie n° 7 - ✆ (02) 2005 0114 - www.lgart.com - guichet. lun.-vend. 9h-18h. fermé w.-end.et j. fériés - CC - P gs tower 3000 ₩/4h (avec le ticket) - ♿.* Superbe complexe culturel au design réussi, avec une acoustique d'exception. Tourné vers les productions contemporaines, il accueille également des spectacles internationaux réputés.

Dongsoong Art Center – 동숭아트센터 – *122, Dongsung-gil, Jongno-gu - M° Hyehwa, ligne n° 4, sortie n° 1 - ✆ (02) 766 3390 - www.dsartcenter.co.kr - pas de spectacle lun. - CC - P 3000 ₩/3h (20 pl.).* Du théâtre à la danse, en passant par la comédie musicale, la musique, les expositions et le cinéma, tout est revisité dans un esprit « art et essai ». Cet espace privé dispose également d'un petit musée de *kokdu*, statuettes traditionnelles en bois, hautes en couleur, qui décoraient les cercueils lors des funérailles. Programmation à consulter sur le site.

Autres grandes salles de la capitale : Théâtre national au pied de Namsan et Seoul Arts Center au sud du fleuve Han *(p. 148)*.

Dîner-spectacle

Korea House – 한국의집 – *10, Toegye-ro 36-gil, Jung-gu - M° Chungmuro, lignes n° 3/4, sortie n° 3 - ✆ (02) 2266 9101 - www.koreahouse.or.kr - spectacles lun.-vend. 18h30-19h30, w.-end 20h30-21h30 - fermé 3e lun., Chuseok et Nouvel an lunaire - CC P - 50 000 ₩. Rest. 12h-14h, 17h-18h30, 19h-20h30 - déj. 15 000/45 000 ₩, dîner 70 000/150 000 ₩.* Centre culturel, restaurant et boutique aux prestations de qualité. Cuisine royale de la dynastie Joseon et spectacles des meilleurs artistes traditionnels coréens, dont certains Trésors nationaux vivants, de la danse de cour au *pansori*, en passant par les percussions et la musique des chamans. Propose également des activités culturelles comme la cuisine locale, les arts martiaux, la danse… *Réservation nécessaire pour le dîner-spectacle.*

Karaoké

Omniprésents dans les quartiers « nocturnes », ils demeurent une des activités préférée des jeunes Coréens.

Su Noraebang – 수노래방 – *67, Eoulmadang-ro, Mapo-gu - M° Hongik, ligne n° 2, sortie n° 5 - juste à côté du complexe Sangsang Madang, dans la rue du parking - ✆ (02) 322 3111 - www.skysu.com - 24h/24 - 10 000-25 000 ₩ pour 1h.* Un des karaokés les plus amusants avec ses cabines vitrées sur plusieurs étages visibles depuis la rue et la décoration soignée de ses salons. Chaîne présente dans différents quartiers de Séoul.

Bars et clubs

Karaoké, concerts, fête, bars…. aucun moyen de s'ennuyer à Séoul. **Gangnam** *(voir p. 104)*, le quartier chic et branché est celui des clubs où il faut être vu. À **Hongdae** *(voir p. 139)*, les étudiants se ruent dans les bars et salles de concerts. Tandis que depuis des décennies, à **Itaewon** *(voir p. 98)* la cosmopolite… la bière coule à flot.

Voir Nos adresses par quartier.

ACTIVITÉS

Programmation culturelle, loisirs en plein air… et attractions typiquement coréennes (e-sport, taekwondo, saunas…) : les opportunités pour passer un séjour actif à Séoul ne manquent pas. Vous pourrez aussi bien assister à des combats virtuels qu'à des spectacles de danse traditionnelle.

Profitez aussi de l'interconnection de la ville et de son environnement naturel, enfin mis en valeur. Faites le tour des murailles *(voir p. 117)*, partez à l'assaut des reliefs de Bukhansan *(voir p. 159)*, pédalez le long du fleuve Han *(voir p. 150)*… à moins que vous ne préferiez voguer sur ses eaux grises *(voir p 44)*.

Institut francais de Séoul – 주한 프랑스문화원 – *42, Chilpae-ro, Jung-gu - Woori Bldg., 18e ét. - M° Seoul Station, lignes n° 1/4, sortie n° 3 - ✆ (02) 317 8500 - www.institutfrancais-seoul.com - médiathèque - lun.-sam. 11h-18h (mar. 21h), fermé dim. et j. fériés - P après 30mn(gratuit), 1 000 ₩/10mn.* Inscrit en bonne place dans la vie culturelle et artistique de Séoul depuis 40 ans, il concentre ses activités sur la culture et l'éducation. Dispose d'une riche médiathèque en plein centre-ville. Consultez le site pour les événements du moment.

Activités traditionnelles

Yoo's Family – 유스 패밀리 – *19, Yulgok-ro 10-gil, Jongno-gu - M° Anguk, ligne n° 3, sortie n° 4 ou M° Jongno 3 ga, lignes n° 1/3/5, sortie n° 7 - non loin du sanctuaire Jongmyo - ✆ (02) 3673 0323 - www.yoosfamily.com - tlj sf dim. sur réserv. - 20 000/55 000 ₩.* La famille Yoo ouvre les portes de sa maison traditionnelle pour vous faire vivre, pendant quelques heures, une expérience culturelle coréenne. Programmes de cuisine mais aussi de calligraphie, peinture et jeux traditionnels. Groupe de deux personnes au minimum.

Spectacles en journée

National Gugak Centre – 국립국악원 – *2364, Nambusunhwan-ro, Seocho-gu - M° Nambu Bus Terminal, ligne n° 3, sortie n° 5 - à côté du Seoul Arts Center - ✆ (02) 580 3300 - www.gugak.go.kr - tlj sf lun. - spectacle recommandé, sam.*

1

15h - 10 000/20 000 ₩ (enf.-30 %) - CC P ♿. Le complexe comprend un musée *(9h-18hsf lun. et 1e janv., gratuit)*, deux scènes intérieures et une extérieure. Il propose un spectacle de qualité tous les samedis, ainsi que d'autres manifestations et ateliers, selon programmation.

Seoul nori madang – 서울놀이마당 *– 136, Samhaksa-ro, Songpa-gu - M° Jamsil, lignes n° 2/8, sorties n° 3 - derrière le Lotte World - ✆ (02) 412 3410 - avr.-juin et août-oct. - w.-end 15h - gratuit.* Scène extérieure qui propose des spectacles traditionnels allant de la musique aux danses folkloriques, en passant par des démonstrations de sports de combat. Rendez-vous dans l'amphithéâtre, au bord du lac Seokchonhosu.

Relève de la garde – Au palais Gyeongbok *(voir p. 45)*.

Croisières

Des croisières sont organisées sur le fleuve Han et permettent d'avoir un aperçu différent de la ville, même si on peut regretter la musique hors de propos… À essayer plutôt avec l'éclairage de la tombée du jour…Embarcadère de Yeouido – *Situé sur l'île, au niveau du pont Wonhyogyo - M° Yeouinaru, ligne n° 5, sortie n° 3 - ✆ (02) 3271 6900.* Croisières circulaires - durée : 40mn/1h10 - de 11h à 19h30 - 12 000/15 000 ₩. Départs ttes les heures environ, entre les différents parcours.

Sports

Vous pouvez partager l'engouement des Séoulites pour leurs équipes sportives en assistant à des rencontres de **base-ball** *(programme sur eng.koreabaseball.com)* ou de **football** *(programme sur eng.kleague.com/eng)*.

Combats virtuels

Les Coréens sont les maîtres de l'e-sport. Assistez à des combats par claviers interposés à la **Nexon Arena** *(54 Seocho-daero 77-gil - Seocho-gu - M° Sinnonhyeon, ligne n° 9)* et au **Yongsan E-Sport Stadium** *(55 Hangang-daero 23-gil, Yongsan-gu - M° Yeouinaru, ligne n° 1 - mar.-sam. 10h-23h)*.

Gyeongbokgung-Bukchon

경복궁 - 북촌

★★★

C'est « le » quartier historique, où habitait la noblesse de cour, situé entre les deux principaux palais royaux : Gyeongbokgung, que certains n'hésitent pas à comparer à la Cité interdite pékinoise, même si sa taille est plus modeste et Changdeokgung, classé par l'Unesco. Bukchon comprend plusieurs « dong » (quartiers) où se trouve un ensemble exceptionnel de maisons anciennes dont certaines ont été transformées en minuscules musées, restaurants, bars à vin, cafés, boutiques… La promenade, incontournable, vous permettra de découvrir les charmes de la Corée d'hier à travers la saisissante beauté des demeures traditionnelles, dans des lieux préservés d'une circulation intense par un lacis de venelles étroites malgré tout très fréquentées par les touristes.

NOS ADRESSES PAGE 59
Hébergement, restauration, achats, activités, etc.

S'INFORMER

Office de tourisme – *1-56 Sejong-no, Jongno-gu - dans l'enceinte du palais, en face de la porte Gwanghwamun - M° Gyeongbokgung, ligne n° 3, sortie n° 5 - ✆ (02) 738 9171 - 9h-16h à 18h selon la saison.*

SE REPÉRER

Plan II AB1 p. 32 - Plan de quartier p. 51 – Entre le palais Gyeongbok à l'ouest et le palais Changdeok à l'est.

À NE PAS MANQUER

Le superbe palais Gyeongbok ; le National Palace Museum of Korea et le quartier traditionnel de Bukchon.

ORGANISER SON TEMPS

La balade avec arrêt dans les galeries et musées et un déjeuner vous prendra une journée complète. On peut la faire en une demi-journée en se contentant des sites principaux. Le quartier est agréable à toute heure de la journée, et même en soirée pour un dîner ou un verre. En revanche, il est quasi mort après 22h.

AVEC LES ENFANTS

Découvrir le palais Gyeongbok et son musée folklorique. Profiter du spectacle de la relève de la garde.

Découvrir Plan de quartier p. 51

★★★ Gyeongbokgung (Gyeongbok Palace) 경복궁 A1-2

161 Sajikno, Jongno-gu - M° Gyeongbokgung, ligne n° 3, sortie n° 5 - ✆ (02) 3700 3900 - www.royalpalace.go.kr - ♿ - tlj sf mar. et 1er janv., mars-mai : 9h-18h ; juin-août : 9h-18h30 ; sept.-oct. : 9h-18h ; nov.-fév. : 9h-17h - dernière entrée 1h av. fermeture - visite guidée (1h-1h30) en anglais gratuite 11h, 13h30 et 15h30 - 3 000 ₩ - possibilité d'acheter un Pass mensuel qui donne accès à tous les palais pour 10 000 ₩.

Le palais Gyeongbok propose des reconstitutions de la **cérémonie de relève de la garde**, présentées comme fidèles à l'étiquette de la période Joseon par une cinquantaine de soldats aux costumes chatoyants. *Porte principale de Gwanghwamun et de Heungnemun - tlj sf mar. 10h-16h ttes les heures piles - gratuit.*

L'histoire du palais remonte à 1395, sous le règne de Taejo, trois ans après la fondation de la dynastie Joseon suite au déplacement de la capitale du royaume, précédemment située à Gaeseong (Corée du Nord), vers le site actuel (*voir p. 107*). L'emplacement, adossé au mont Bugak et face à Namsan, la montagne du Sud, fut choisi selon les théories géomantiques en usage et le nom Gyeongbokgung, « palais profondément béni par le Ciel », lui fut donné. Il occupait, avec le quartier des ministères qui l'entourait, le centre de la capitale et représentait la souveraineté de la dynastie Joseon. Le palais fut rasé lors des invasions japonaises menées par Toyotomi Hideyoshi en 1592-1598 (l'incendie aurait été initié par les esclaves de la cour cherchant à détruire les archives contenant leur état civil). Le roi se déplaça au palais Changdeok *(voir p. 62)* et l'ancienne résidence royale fut délaissée pour 250 ans. Il fut finalement reconstruit, en 1868, par le régent Daewongun, sensiblement différemment de l'original, en alliant harmonieusement des principes architecturaux de la Chine ancienne aux traditions de la cour de Joseon. On dénombrait alors 330 bâtiments formant une réelle cité sur plus de 40 ha. La famille royale n'y demeura que brièvement puisque le roi Gojong dut se réfugier, 23 ans plus tard, à la légation russe, suite à l'assassinat de sa femme, la reine Min, par les occupants japonais. Il s'établit ensuite au palais Deoksu *(voir p. 80)*. Les Japonais s'installèrent au palais Gyeongbok, déplacèrent et détruisirent une grande partie des bâtiments et construisirent le siège de leur gouvernement colonial à cet emplacement hautement symbolique. Depuis le début des années 1990, le gouvernement coréen, après avoir détruit les bâtiments édifiés par les occupants japonais, redouble ses efforts pour restaurer le palais dans sa gloire originelle et les chantiers se succèdent.

L'accès principal au palais, **Gwanghwamun** ou **Porte de la mutation lumineuse**, est composé d'une structure en bois à double toiture assise sur une solide base en pierre qui comprend trois arches de passage. Celle du centre, plus imposante, était réservée au monarque. Les accès latéraux permettaient l'entrée des princes et officiels de haut rang. Les personnes de rang inférieur devaient utiliser d'autres portes. Cette porte fut déplacée par les occupants japonais dans le mur est, lors de la construction du siège de leur gouvernement colonial, et détruite par les bombardements de la guerre de Corée (1950-1953). On la reconstruisit – très rapidement – sur son site initial en 1968 et elle vient à peine d'être rebâtie dans son style 19e s. De part et d'autre de l'entrée, deux *haetae*, animaux mythiques en pierre, protègent le palais. Trois autres portes permettaient de pénétrer dans le palais : **Geonchunmun**, que l'on peut toujours utiliser à l'est, date de 1865, **Yeongchumun**, à l'ouest, restaurée en 1975, et **Sinmumun**, au nord ajoutée à la structure initiale en 1475 et restaurée en 1865. Des deux tours de garde, qui surveillaient le sud du palais, seule demeure **Dongsibjagak**, sise autrefois au coin sud-ouest et aujourd'hui située en plein milieu du carrefour. Son homologue à l'ouest fut démolie par les autorités japonaises en 1923.

Le palais Gyeongbok regroupe un ensemble de bâtiments, cours intérieures, couloirs, halls, portes formant un véritable labyrinthe où l'on ne pénétrait qu'en fonction de son rang ou de ses attributions. Cet ensemble cloisonné protégeait l'intimité du monarque, quasiment inaccessible au commun des mortels, reclus dans ses appartements privés au fond du complexe.

Dans le prolongement de l'entrée principale, la **porte Heungnyemun** permet l'accès à la première cour intérieure. Celle-ci est séparée en deux par la rivière Geumcheon. Lors de certaines cérémonies officielles, tenues sous la **porte Geunjeong**, au fond, qui mène à la salle du trône, les officiels de 2e rang se plaçaient au nord du pont, au plus près du monarque, alors que ceux de

Une entrevue au palais en 1894

L'INVITATION DE LA REINE

« Ce fut donc avec un réel plaisir que je reçus une invitation de la reine à une audience privée, à laquelle je fus accompagnée par Mme Underwood, une missionnaire américaine, médecin et amie précieuse de Sa Majesté (...). Je suis allée en tout six fois dans ce palais, et toujours avec émerveillement quant à sa complexité, et admiration pour son pittoresque et sa beauté (...). »

SA MAJESTÉ, LE ROI ET LE PRINCE

« Dans une pièce simple tapissée de soie jaune, nous fûmes servies de manière fort courtoise une collation de café et de pâtisseries à notre arrivée, puis par la suite un dîner dressé sur une table très joliment décorée (...) Après cette longue attente, nous fûmes autorisées à pénétrer, accompagnées seulement de l'interprète, dans une petite salle d'audience, au bout de laquelle le roi, le prince couronné et la reine se tenaient sur une estrade en face de trois sièges de velours cramoisi, sur lesquels, après que je fus présentée par Mme Underwood, ils se rassirent, et nous invitèrent à nous asseoir sur deux sièges qui nous furent offerts.

Sa Majesté, qui avait alors un peu plus de quarante ans, était une femme très belle et svelte, avec des cheveux noir de jais brillants et une peau très pâle, dont la pâleur était accentuée par l'application de poudre de perle. Le regard était perçant et froid, et son expression générale révélait une intelligence brillante. Elle portait une très belle, très large et très longue jupe de brocart bleu azur, fort plissée, portée haut sous les bras, et un corsage de brocart bleu et pourpre à manches longues, fermé à la gorge d'une rosace corail, et ceinturé de six cordons bleus et pourpres, chacun étant lié par une rosace corail, avec une pampille de soie cramoisie qui y pendait (...). Aussitôt qu'elle commença à parler, et surtout quand elle devint intéressée par la conversation, sa face s'illumina d'un air très proche de la beauté.

Le roi est trapu et cireux, assurément un homme commun, portant une fine moustache et un bouc. Il est nerveux et tremble des mains, mais son maintien et ses manières ne sont pas sans dignité. Son visage est agréable, et sa gentillesse de tempérament bien connue. Pour la conversation, la reine lui en soufflait une bonne partie. Lui et le prince couronné étaient habillés de manière identique, portant des chaussures de cuir blanc, des chaussettes matelassées de soie, et des pantalons blancs matelassés immenses (...).

Le prince couronné est gras et flasque, et quoique hélas doté d'une très mauvaise vue, l'étiquette lui interdit de porter des lunettes, et à ce moment-là il produisit sur tout le monde comme sur moi l'impression d'être complètement infirme. C'était le seul fils et l'idole de sa mère, qui vivait dans une anxiété permanente à propos de sa santé, et dans l'angoisse que le fils d'une concubine ne soit déclaré héritier du trône. À quoi doivent être attribués plusieurs de ses actes dénués de scrupules, son recours continuel à des sorciers, et ses bienfaits sans cesse croissants aux moines bouddhistes. Pendant la plupart de l'audience, la mère et le fils restèrent assis main dans la main. »

Extraits du livre d'Isabella Bird Bishop, « Korea and Her Neighbours » (1898) décrivant l'atmosphère d'intrigues du palais sous le règne du roi Gojong, de la reine Min et du futur roi Sunjong (trad. B. Joinau).

3e rang devaient rester au sud. Vous pénétrez ensuite dans une deuxième cour intérieure, où se trouve le bâtiment de la salle du trône **Geunjeongjeon**. Le roi y tenait ses audiences officielles et y recevait les envoyés des puissances étrangères. La grande cour pavée comprend deux rangées de bornes en pierre, indiquant le placement des officiels selon leur rang. Le superbe escalier en pierre menant à la salle du trône présente d'intéressantes sculptures, tels des phénix chinois. De part et d'autre se trouvent des *haetae* protecteurs et, sur les fondations et parapets, les gardiens des quatre points cardinaux et les douze signes du zodiaque chinois. Le bâtiment est assis sur une double terrasse en pierre. Le trône, surélevé, est situé au nord de la pièce sous un dais sculpté, devant le paravent offrant la représentation traditionnelle du *Irwol-oakdo* avec ses cinq montagnes, sa lune et son soleil, porteuse d'espoir et de prospérité pour la nation. Vous noterez les dragons au plafond, symboles du pouvoir royal.

Dans le prolongement de la salle du trône, la cour suivante héberge le pavillon **Sajeongjeon** qui accueillait le Conseil royal. Le monarque y discutait quotidiennement des affaires du royaume.

Une porte, au nord, vous permettra de quitter cette cour pour pénétrer en enfilade vers **Gangnyeongjeon**, qui abritait les appartements du roi. Vous noterez la finesse de la décoration des plafonds. Dans la cour suivante, à l'arrière des appartements de la reine, **Gyotaejeon**, près de la colline artificielle **Ami-san**, les cheminées sont décorées de bas-reliefs utilisant briques et tuiles, matériaux réservés à l'aristocratie.

À l'est de cette succession de cours se trouvent les appartements du prince héritier, **Jaesongdae** et, plus au nord, **Jagyeongjeon**, ceux de la reine Cho, mère adoptive du roi Gojong avec ses murs d'enceinte richement décorés.

À l'ouest, s'avançant sur une pièce d'eau, l'immense pavillon sur pilotis **Gyeonghoeru** abritait les fêtes et réceptions organisées par le roi pour les officiels et envoyés étrangers.

Derrière les appartements de la reine et de la reine mère, le complexe de palais s'ouvre sur des jardins. Sur la droite se trouve le **Musée du Folklore (National Folk Museum)**, dans un ensemble de bâtiments hétéroclites, construits dans les années 1960 sur le modèle des temples Bulguk et Geumsan, dénaturant le palais.

National Folk Museum 국립민속박물관 A1

35 Samcheong-dong-gil, Jongno-gu - situé à l'intérieur du palais Gyeongbok - M° Gyeongbokgung, ligne n° 3, sortie n° 5 - ☏ (02) 3704 3114 - www.nfm.go.kr - ♿ - tlj sf 1er janv., mars-mai : 9h-18h ; juin-juil. : 9h-18h30 (9h-19h sam., dim., j. fériés en mai-août) ; sept.-oct. : 9h-18h ; nov.-fév. : 9h-17h - dernière entrée 1h av. fermeture - visite guidée en anglais gratuite à 10h30 et 14h30, audioguide 1 000 ₩ - gratuit, inclus dans l'entrée du palais. Musée du Folklore et du Mode de vie traditionnel coréen, présentés chronologiquement dans trois halls. Le premier offre un regard de la préhistoire à l'époque des Trois Royaumes et du Silla unifié. Le deuxième retrace l'activité des hommes, notamment dans le monde agricole rythmé par le cycle des saisons. Le dernier fait part des événements et cérémonies majeurs des classes favorisées de la société coréenne à l'époque de la dynastie Joseon. La muséographie comprend mises en scène, maquettes et reconstitutions particulièrement adaptées aux enfants. Des expositions temporaires variées sont également organisées (les animaux de la mythologie coréenne, les Jeux olympiques de Pyeongchang…). Par ailleurs, des ateliers d'artisanat traditionnel sont régulièrement ouverts pour les étrangers ainsi que de danses, musiques et arts martiaux (*voir site Internet pour le programme et le calendrier*).

Le palais de Gyeongbok.
Cultura/hemis.fr

Sur la gauche, au fond, **Hyangwonjeong** est un superbe pavillon hexagonal situé au cœur d'un étang, relié à la berge par un magnifique petit pont. Il vaut le détour.

Au nord de ce site se trouve une résidence royale détachée, **Geoncheonggung**, construite par le roi Gojong dans l'esprit architectural d'une maison de lettré pour lui permettre de trouver paix et sérénité avec sa femme. C'est ici que la reine Min fut assassinée par les occupants japonais en 1895.

À sa gauche, le pavillon **Jibokjae** a servi de salle des arts et de bibliothèque. L'influence architecturale chinoise est assez marquée. Plus à l'ouest encore se trouvent différents sanctuaires, éloignés du palais. **Honjeon** abritait les tablettes des rois avant qu'elles ne rejoignent le sanctuaire Jongmyo. **Taewonjeon** contenait le portrait du roi Taejo, fondateur de la dynastie.

Plus au nord, de l'autre côté de la Cheongwadae-ro, on peut également découvrir (si la visite a été préparée à l'avance) la Maison bleue **Cheong Wa Dae** *(décrite plus bas). Pour ce faire, l'entrée étant située au sud du Gyeongbokgung* (A2), vous passerez invitablement à côté du **National Palace Museum**.

★★ National Palace Museum of Korea 국립고궁박물관 A2

34 Sajikno, Jongno-gu - M° Gyeongbokgung, ligne n° 3, sortie n° 5 - ✆ (02) 3701 7500 - www.gogung.go.kr - ♿ - 9h-18h, w.-end et j. fériés 9h-19h - visite guidée à 11h et 14h30 en anglais (selon disponibilité du guide, vérifier à l'avance) - gratuit, audioguide anglais 1 000 ₩. Musée détenteur d'une collection d'environ 40 000 pièces relatives à la vie des monarques et de la cour de la dynastie Joseon (1392-1910). Il propose une présentation sur trois niveaux des symboles, objets et rites de cette monarchie imprégnée de philosophie confucéenne, à son ouverture au monde extérieur, en passant par le raffinement de la vie de cour, l'architecture et le mobilier des palais, le protocole lié à l'éducation des princes, la culture des lettrés, les palanquins royaux, jusqu'aux superbes peintures de cour, effectuées par les artistes les plus renommés de leur temps.

Cheong Wa Dae (Blue House) 청와대 A1
1 Sejongno, Jongno-gu - départ parking est du palais Gyeongbok - M° Gyeongbokgung, ligne n° 3, sortie n° 5 (marcher environ sur 600 m jusqu'à la porte de l'est où se trouve le Cheong Wa Dae Tour Information Booth. Départ en navette - ☎ (02) 730 5800 - www.president.go.kr - ♿ - 4 visites/j. mar.-vend. (et les 2e et 4e sam. du mois) 9h-18h - gratuit sur inscription 3 sem. av. (voir site Internet). Ne pas oublier son passeport une fois sur place (30mn avant le début de la visite). La visite dure 1h. Visite organisée du complexe présidentiel de Cheong Wa Dae, qui vous permettra de voir le jardin de Nokjiwon, le site originel du palais présidentiel, le bâtiment central de la Maison bleue, du nom de la couleur de sa toiture, et Yeongbingwan, hall des banquets et de réception pour les hôtes d'État, ainsi que Chilgung, le pavillon des Sept Concubines, construit en 1725 et qui contient les tablettes de sept royales compagnes dont le fils a régné.
À noter, juste en face de la Maison bleue (*de l'autre côté de la Cheongwadae-ro*), un petit musée-galerie **Cheong Wa Dae Sarangchae** (*45 Hyoja-ro 13-gil - cwdsarangchae.kr/eng - mar.-dim. 9h-18h - gratuit*) dédié à la résidence présidentielle et à ses augustes occupants.

Se promener

★★★ BUKCHON 북촌

Départ : M° Anguk, ligne n° 3, sortie n° 3. La plus jolie balade dans le Séoul historique, à ne pas manquer pour ses maisons anciennes et ses ruelles pittoresques, peut se faire au pas de course sans visiter les innombrables musées et galeries (d'ailleurs d'un intérêt inégal) – vous compterez alors 2h – ou au contraire, in extenso, sur une demi-journée, voire une journée.
Hanok Homestay Information Center – B2 *Bukchon Jae-dong Tourist Information Center, face à l'école élémentaire de Jaedong, au carrefour de la Bukchon-gil et de la Gahoe-ro. M° Anguk, ligne n° 3, sortie n° 2 - ☎ (02) 742 9987 - 10h-18h). Également quelques infos touristiques.*
Ce quartier est appelé Bukchon ou village du Nord par opposition à Namchon, le village du Sud dans Cheonghak-dong près de Namsan. Cette opposition peut rappeler le rive droite-rive gauche parisien : Bukchon, coincé entre deux palais, accueillait les demeures des puissants fonctionnaires de la cour ; Namchon, les lettrés et artistes. Bukchon comprend une dizaine de *dong* (quartiers) administratifs, les plus connus étant Gahoe-dong, Samcheong-dong et Gye-dong. Sous Joseon, il ne comptait que trente propriétés mais à partir du début du 20e s., avec la pression démographique, la démocratisation de la société et la chute de l'ancienne aristocratie de cour, au chômage sous l'occupation japonaise, le quartier fut lentement loti. Il accueille désormais 2 300 maisons, dont 924 sont des *hanok* ou maisons traditionnelles. Mis à part de rares exemples, la plupart montrent un style de transition typique de la *hanok* urbaine des années 1920-1930, au plan plus ramassé, les différentes ailes (*-chae*) se soudant pour devenir des « pièces » (*bang*) autour d'une cour selon un plan souvent carré. Parmi ces maisons, 411 sont inscrites sur une liste de protection, la ville de Séoul ayant enfin compris la valeur de ce patrimoine et aidant à la rénovation de beaucoup d'entre elles ; elle en a également acquis certaines pour différents programmes culturels (*guest houses*, musées, etc.). Cependant, dans tout Séoul, la destruction continue, puisque de 20 000 *hanok* en 2005, on est passé à seulement 14 000 en 2009… Bukchon fait l'objet depuis 2001 d'un projet de rénovation qui, à terme, risque de le transformer en un deuxième Insadong (cafés, boutiques, quartier purement touristique)…

GYEONGBOKGUNG-BUKCHON

La balade commence à la sortie n° 3 du métro : tout droit sur la Yulgok-ro, vous tombez sur l'immeuble Hyundai, avec devant une tour en pierre, **Gwansanggamgwancheondae**, datant de Joseon (1434) et qui servait d'observatoire astronomique. *La visite peut commencer par la découverte du musée Arario.*

★ Arario Museum in Space 아라리오 뮤지엄 B2

83 Yulgok-ro, Jongno-gu - M° Anguk, ligne n° 3, sortie n° 3 - ✆ (02) 736 5700 - www.arariomuseum.org - 10h-19h (dernière entrée 1h avant) - 10 000 ₩ - audioguide gratuit ; visites guidées en semaine 14h et 16h.

Ce musée inauguré en septembre 2014 est un projet de Kim Chang-il, le célèbre collectionneur d'art contemporain (une collection estimée à 3 700 pièces) et fondateur des galeries Arario (Séoul, Cheonan, Pékin). Ce personnage influent ouvre donc pour la première fois un espace non marchand (mais non sans impact sur la cote des œuvres qu'il possède en jouant quasiment le rôle d'une institution muséographique). Situé dans l'emblématique atelier d'architecture du *Space Groupe*, le musée a été réalisé par Kim Swoo-geun (1931-1986), l'un des plus influents créateurs dans l'histoire architecturale sud-coréenne. Quelques 200 œuvres réalisées par une quarantaine d'artistes internationaux se suivent sur cinq étages au fil d'un parcours assez original quoique non sans liens avec les principaux artistes adoubés par la logique spéculative du marché mondialisé de l'art contemporain. Au-delà des notoriétés médiatiques (Damien

SE LOGER
- Bukchon Guest House 1
- Hide & Seek GH 4
- Rak Ko Jae 3

SE RESTAURER
- Baeknyeon Tojong Samgye-tang 7
- Dugahun Wine Restaurant 1
- Jihwaja 3

- **Art Sonje Center** .... A
- **Go Hui-dong's House** .... D
- **Han Sang-soo Embroidery Museum** .... F
- **Former Residence of KDB** .... K
- **National Museum of Contemporary History** .... N

Hirst, Subodh Gupta, Tracey Emin….), le parcours parfois exigu (on trépigne en période d'affluence) réserve de vraies surprises comme ces sculptures animalières stupéfiantes du Japonais Kohei Nawa ou ces œuvres intrigantes des deux Philippines Leslie de Chavez et Geraldine Javier. Indépendamment du contenu, l'ensemble architectural mérite le détour. Ses façades végétalisées et ses murs transparents se répondant de part et d'autre des fondations d'une vieille maison *hanok*, composent un espace à taille humaine d'une belle sensibilité. N'hésitez pas à prendre un verre dans la cafétéria de cette maison de verre située à l'étage (vue panoramique).

Un musée Arario a également été inauguré à Jeju en 2014 - *voir p. 336*.

Revenez sur vos pas et prenez tout de suite à droite (la Gyedong-gi) et remontez la rue jusqu'au Bukchon Traditional Culture Center.

Bukchon Traditional Culture Center 북촌문화센터 B2

37 Gye-dong, Jongno-gu - M° Anguk, ligne n° 3, sortie n° 3 - ✆ (02) 3707 8388/8578 - bukchon.seoul.go.kr - 9h-18h (w.-end 10h-17h) - gratuit.

Ce centre, situé dans une maison construite en 1921, rachetée par la ville et rouverte en 2002, sera une excellente introduction à la promenade. L'architecture de la maison y est très bien expliquée et l'aile transformée en musée offre une introduction historique au quartier. Vous trouverez aussi une excellente carte-brochure en anglais pour vous aider à vous repérer dans le lacis de ruelles. Des démonstrations et cours d'artisanat traditionnels sont proposés. Voir le site Internet pour la programmation.

Poursuivez tout droit, prenez la deuxième ruelle à gauche après le carrefour. Vous passerez devant la guest house **Rak ko jae** *(Rakgojae) située dans une magnifique maison ancienne (voir Nos adresses). Continuez vers l'ouest pour atteindre une rue plus large. En remontant sur la droite, prenez la deuxième ruelle sur la droite (cul-de-sac).*

Former Residence of KDB 한씨가옥 B2

178 Gahoe-dong, Jongno-gu - M° Anguk, ligne n° 3, sortie n° 3 - ✆ (010) 8666 2182 - sur RV uniquement - gratuit. Cette grande maison aussi appelée **Han Family House** fut construite dans les années 1920 et entièrement rénovée. Son style particulier oscille entre la *hanok* coréenne, la maison japonaise et le style occidental (portes, fenêtres, matériaux). Elle a appartenu à la famille Han, avant de devenir propriété de la Korea Development Bank qui l'utilise pour des réceptions privées et des invités de marque. Elle est parfois ouverte selon certains événements (se renseigner auprès de l'OT).

Revenez sur la grande rue, prenez la ruelle longeant la maison sur la droite et repartez vers l'est. Arrivé dans la rue du Bukchon Traditional Culture Center précédemment empruntée, tournez à gauche, puis de suite à droite.

Inchon Memorial Hall 인촌기념회 B1-2

132 Gye-dong, Jongno-gu - M° Anguk, ligne n° 3, sortie n° 3 - ✆ (017) 310 0556 - www.inchonmemorial.co.kr (en coréen seult) - sur RV uniquement - gratuit. Cette autre très belle maison du début du siècle a été achetée en 1918 à Kim Sa-yong par **Kim Seong-soo**, alias **Inchon** (1891-1955), un éducateur-entrepreneur-patriote très important dans l'histoire du 20e s. coréen. Fondateur de la compagnie de textile Gyeongseung, il a acheté et développé le lycée Jungang (*voir p. 53*) en 1915, l'université de Koryo en 1932 pour y former des élites locales, le quotidien *Dong-A Ilbo* en 1920, etc. Il est aussi célèbre pour ses activités anti-japonaises durant la colonisation, et cette maison aurait été le lieu où protestants, catholiques et bouddhistes se seraient retrouvés avant d'aller manifester pour l'indépendance le 1er mars 1919. Un premier bâtiment carré abritait le quartier des femmes et des enfants, une aile plus occidentale avait un bureau vitré en arrière pour le maître de maison, devant un bassin aux lotus surmonté d'un pavillon.

Pour avoir un aperçu du complexe, allez au bout de la ruelle, et pénétrez dans le **Daedong Taxation High School**, un lycée fondé en 1925, dont la cour offre une vue plongeante sur la maison et les quartiers de Gye-dong et Gahoe-dong. *Ressortez par l'autre porte sur la droite et descendez tout droit jusqu'à une rue plus grande (axe ouest-est). Partez sur la gauche vers le palais Changdeok. Prenez sur la gauche pour longer le palais jusqu'au prochain musée (facultatif si vous voulez faire le circuit en 2h).*

Museum of Korean Buddhist Art 한국불교 미술박물관 B1

108-4 Wonseo-dong, Jongno-gu - M° Anguk, ligne n° 3, sortie n° 3 - ✆ (02) 766 6000 - tlj sf lun., w.-end, 1er janv. et j. fériés, mars-sept. : 10h-18h ; oct.-fév. : 10h-17h - 5 000 ₩. Ce petit musée possède une belle collection d'œuvres d'art bouddhiste coréen, des instruments de musique aux statues en passant par les objets de culte et les peintures : une très bonne introduction.

Poursuivez jusqu'au bout de la ruelle. Vous remarquerez au passage sur la droite l'**Institut de la cuisine royale coréenne (Institute of Korean Royal Cuisine)**, (*34 Wonseo-dong - ✆ (02) 3673 1122 - www.food.co.kr)* un centre de recherche et d'enseignement tenu par un Trésor national vivant (possibilité d'expérimenter quelques recettes traditionnelles).

Tout au bout de la rue, un ruisseau passe sous la muraille du Jardin secret (**Huwon**), un ancien lavoir pour les femmes du quartier. Sur la gauche en hauteur, dans l'enceinte d'un cabinet d'architectes mêlant le style moderne au style coréen traditionnel, la **Maison de Baek Hong-beom**. Cette *hanok* des années 1910-1920 fut construite sur le site de la maison d'une courtisane, la mère biologique du roi Gyeongjong (1688-1724). Elle est à la transition entre la *hanok* traditionnelle et la *hanok* commerciale des années 1930.

En redescendant la ruelle en épingle à cheveux, vous tomberez sur la **Maison de Go Hui-dong**, artiste célèbre (1886-1965) pour avoir été le premier peintre coréen à adopter un style occidental dans ses œuvres.

Remontez la rue sur la droite au coin, passez la colline et profitez de la vue sur Gahoe-dong et la « mer » de toits traditionnels de tuiles. Après une descente et une nouvelle montée, la rue vous mène à l'entrée, sur votre droite, du lycée Jungang. Ceux qui n'ont que deux heures peuvent sauter cette visite et les musées proposés.

Jungang High School 중앙고등학교 B1

1 Gye-dong, Jongno-gu - M° Anguk, ligne n° 3, sortie n° 3 - ✆ (02) 2148 4160 - gratuit. Ce lycée est intéressant à plusieurs titres. À gauche de la porte d'entrée, un ginkgo vieux de 500 ans, arbre sacré, est l'objet depuis longtemps d'un culte populaire. On pénètre dans le campus avec pour objectif le **Museum of Humanities** situé sur la gauche (*plutôt un prétexte si le garde vous demande où vous allez*). Celui-ci ne présentant pas grand intérêt, partez à la découverte du lycée droit devant vous, en toute discrétion puisqu'il s'agit d'une école. Le premier lycée fondé en 1908 fut racheté en 1915 par Kim Seong-soo (*voir ci-contre, Inchon Memorial Hall*). Sur l'esplanade avant, le bâtiment principal date de 1937 et a été construit par l'architecte coréen Park Dong-geon dans un style gothique Tudor. Si vous en faites le tour, vous verrez deux édifices de brique rouge se faisant face. Au fond se trouvait à l'origine un bâtiment construit en 1917 par les occupants japonais, mais détruit en 1934 (remplacé maintenant par un bâtiment gris). L'aile de gauche fut édifiée en 1921 par l'architecte japonais Nakamura Yoshikei, le même qui fit les plans de la Banque de Corée et de l'église de Cheondogyo à Insadong *(voir p. 72)*. On retrouve son style néo-baroque typique du Japon colonial. Le bâtiment de droite date de 1923 et fut conçu par le même architecte. Derrière cet ensemble, vous trouverez un terrain de foot, et sur la droite vous découvrirez une vue plongeante sur un coin du Jardin secret (*Huwon, voir p. 65*) rarement ouvert au public : il s'agit de **Sinseonwonjeon**, le pavillon qui abritait les portraits des rois de Joseon, qui brûlèrent lorsqu'ils furent transportés à Busan pendant la guerre. Le lycée Jungang, en plus de ses bâtiments anciens d'un style devenu rare à Séoul, est connu comme un haut lieu de l'insurrection contre les occupants japonais : c'est d'ici que partirent les étudiants pour les manifestations pour l'indépendance de 1926 lors des funérailles du roi Sunjong.

Sortez du lycée et prenez la ruelle qui part en diagonale sur la droite. Vous traverserez un joli quartier de maisons anciennes rénovées et arriverez sur le musée de la Broderie.

Han Sang-soo Embroidery Museum 한상수 자수박물관 B1

11-32 Gahoe-dong, Jongno-gu - M° Anguk, ligne n° 3, sortie n° 2 - ✆ (02) 744 1545 - www.hansangsoo.co.kr – tlj sf lun. et 1er janv. 10h-17h - 2 000 ₩.

Petit musée privé dédié à la broderie et à l'art du textile coréen situé dans une jolie *hanok* rénovée qui fait surtout l'intérêt de la visite. Il a été fondé par Mme Han Sang-soo, Trésor national vivant (patrimoine culturel immatériel n° 80). Profitez d'être dans la cour pour jeter un coup d'œil sur le quartier en contrebas de l'autre côté de la rue. Vous aurez une bonne vue sur les *hanok*.

Plus bas dans la ruelle, le Gahoe (Minhwa) Museum vaut le détour.

Gahoe Minhwa Museum 가회 민화박물관 B1

11-103 Gahoe-dong, Jongno-gu - M° Anguk, ligne n° 3, sortie n° 2 - ✆ (02) 741 0466 - www.facebook.com/gahoemuseum - tlj sf lun. 10h-18h (déc.-fév. 17h) - adultes 2 000 ₩. Situé dans une jolie *hanok*, ce petit musée privé créé en 2002 est dédié à la culture populaire de Joseon : amulettes (*bujeok*) et talismans, ouvrages anciens et objets divers liés aux pratiques chamaniques, divinations, rituels mais aussi nombre de peintures populaires dites *minhwa* et chamaniques appelées *musindo* ; au total 1 700 pièces la plupart de grande qualité.

Continuez à descendre la ruelle, passez le coude, et en descendant, sur la gauche, vous verrez le petit musée du Nœud coréen.

Donglim Maedup 동림 매듭박물관 B1

11-7 Gahoe-dong, Jongno-gu - M° Anguk, ligne n° 3, sortie n° 2 - ✆ (02) 3673 2778 - shimyoungmi.com - tlj sf lun. 10h-18h – 2 000 ₩. Ce tout petit musée dédié à l'art de la passementerie, du macramé et des nœuds décoratifs du vêtement (*maedeup*) ressemble plus à une boutique faisant des démonstrations.

Une fois sur la grande rue, tournez sur votre gauche (laissez face à vous, sur votre droite, l'église catholique de Gahoe-dong) et traversez au passage piéton ; montez la ruelle en pente, la Bukchon-ro 11-gil, que vous allez désormais suivre en compagnie de quelques touristes, car elle mène au cœur du Bukchon Hanok Village. Magnifiques points de vue panoramiques sur les hanok.

Arrivé à une intersection signalée par la présence de la Mium Gallery, **point de vue magnifique** courtisé par les photographes, prenez sur votre droite pour découvrir la **Maison de Lee Jung-gu**. Une autre demeure intéressante, fermée au public, mais dont vous aurez une bonne vue du musée des Arts asiatiques (*voir ci-dessous*). Construite en 1938, elle présente une architecture occidentale typique de l'époque, des murs en pierre de granit de Gaeseong et un toit aux formes variées utilisant des tuiles françaises, un luxe à l'époque. Elle appartenait à Min Dae-ik, membre d'une puissante famille de l'époque

Les belles maisons traditionnelles du quartier de Bukchon.
KTO

riche en terrains dans le quartier et qui avait construit d'autres maisons occidentales à Séoul, mais qui semble avoir acheté celle-ci en l'état lors du lotissement du quartier.

Passez la maison, et profitez de la vue pittoresque sur les ruelles bordées de hanok en contrebas, alors qu'à l'horizon se profilent Namsan et le centre moderne. Revenez ensuite à l'intersection et prenez cette fois la ruelle située sur votre gauche ; elle vous mènera au musée des Arts asiatiques situé dans la première venelle partant sur votre droite et se terminant par un cul-de-sac.

Asian Art Museum 북촌 동양문화박물관 B1

35-91 Samcheong-dong, Jongno-gu - M° Anguk, ligne n° 3, sortie n° 2 - ✆ (02) 486 0191 -www.dymuseum.com - tlj sf j. fériés 10h-18h (dernière entrée 17h) - 5 000 ₩.

Ce petit musée éclectique et légèrement kitch vaut surtout pour son agréable jardin offrant une vue imprenable sur Bugaksan, et derrière, sur la maison de Lee Jung-gu. À l'arrière, sur votre droite, un petit café avec terrasse offre un havre de paix particulièrement séduisant.

Laissez le musée derrière vous et continuez tout droit (on peut jeter un coup d'œil en haut de l'observatoire ; 9h-20h - 3 000 ₩), signalé par de multiples pancartes) puis, arrivé à la rue en corniche, prenez à droite jusqu'au prochain petit musée.

Bukchon Old Fragrance Museum 북촌 생활사박물관 B1

35-177 Samcheong-dong, Jongno-gu - M° Anguk, ligne n° 3, sortie n° 1 - ✆ (02) 736 3957 - tlj sf lun. mars-oct. : 10h-18h ; nov.-fév. : 11h-18h - 5 000 ₩.

Ce petit musée privé aussi appelé Everyday Life Museum est très très éclectique. Il est situé dans une maison sans intérêt, mais peut se visiter pour s'initier aux objets de la vie quotidienne de la fin du 19e s. et du 20e s. (dynastie Joseon) amassés pêle-mêle dans les pièces.

Prenez à droite, suivez le chemin jusqu'au bout sur la droite pour contourner le haut du Korea Banking Institute. Vous rejoignez une route plus large longeant un parc. Prenez sur votre gauche, en direction de la corniche, la Samcheong-dong, itinéraire agréable bordé de restaurants et de maisons traditionnelles (Samcheong-dong

PRENEZ DE LA HAUTEUR

Le **Samcheong Park**, étiré sur les pentes du **mont Bugak (Bugaksan)**, mérite un détour et même une promenade. Ses sentiers filent vers la montagne qui était, jusqu'il y a peu, fermée au public pour des raisons de sécurité depuis que des agents nord-coréens s'y étaient infiltrés en 1968 pour tenter d'assassiner le président dans la Maison bleue. Vous pouvez désormais aller, par le chemin de crête, jusqu'à Buam-dong et la porte Jaha (*Jahamun*) à l'ouest, de l'autre côté du palais Gyeongbok, en empruntant la Kim Shin-jo Route : prenez tout d'abord la direction de l'observatoire Malbawi. Vue imprenable sur le centre-ville, avec différents pavillons pour faire halte le long de l'ancienne forteresse. Vous y verrez Sukjeongmun *(voir seoulcitywall.seoul.go.kr et l'encadré sur les parcours le long du Seoul City Wall)*, la moins accessible des quatre portes de Séoul. *Attention, vous devez présenter votre passeport à l'entrée (zone militaire) et pénétrer avant 15h. Samcheong-dong, Jongno-gu - M° Anguk, ligne n° 3, sortie n° 2 - tlj sf lun. (mar. si lun. férié) avr.-oct. : 9h-15h ; nov.-mars : 10h-15h - gratuit.* Plan I B1

Culture Street). Continuez à descendre sur la gauche, puis à l'intersection, à nouveau à gauche. Plus bas sur la gauche s'ouvre le grand Korea Banking Institute. Pénétrez à l'intérieur après vous être enregistré auprès du gardien.

Beonsachang Armory 번사창 A1

28-1 Samcheong-dong, Jongno-gu - M° Anguk, ligne n° 3, sortie n° 1 - tlj sf dim. et j. fériés 10h-18h - gratuit. Allez sur la gauche, au fond du complexe du Korea Banking Institute, puis tournez à droite vers le bâtiment ancien. Cet édifice fut construit en 1884 par des ingénieurs chinois (d'où les éléments sinisants de l'architecture : maçonnerie en brique, forme des fenêtres, toit sans auvent – et cependant un plafond allemand !) pour servir d'arsenal où fabriquer et entreposer des armes modernes. C'était à l'époque l'une des quatre armureries royales, les trois autres ayant plus tard disparu. On peut la considérer comme la première « usine » moderne de Corée. Sous l'occupation japonaise, ce bâtiment fut utilisé comme laboratoire bactériologique puis, après la libération, comme centre de recherche sur les armes bactériologiques par l'armée américaine… *Revenez sur la grande rue, descendez-la vers la gauche. Vous allez passer un quartier de cafés, restaurants et galeries connu sous le nom de Samcheong-dong (les « trois bleus » ou trois éléments purs : la montagne, l'eau, les gens, disent les habitants du quartier – en fait, trois esprits qui y étaient adorés).*

★★ PARCOURS ART CONTEMPORAIN : LES GALERIES AUTOUR DU MMCA

Samcheong-dong a pris la relève d'Insadong et de Pyeongchang-dong comme quartier de l'art contemporain ; cette artère regorge de galeries, parmi les meilleures de Séoul. La plupart sont situées de part et d'autre du musée d'Art contemporain. Comptez au minimum une demi-journée (dont 2h pour le MMCA. *La promenade commence à l'intersection de la Samcheong-dong avec la Cheongwadae-ro, presque à hauteur du National Folk Museum* (A1).

Kukje Gallery 국제 갤러리 A1

54 Samcheong-ro, Jongno-gu - M° Gyeongbokgung, ligne n° 3, sortie n° 5 - ✆ (02) 2735 8449 - www.kukjegallery.com - lun.-sam. 10h-18h (dim. et j. fériés 17h) - gratuit.

Une adresse incontournable, ouverte principalement aux grands noms de la scène internationale avec des thématiques dignes d'un traitement muséographique à l'instar de cette exposition consacrée en 2014 au *Dansaekhwa*, peinture monochrome coréenne, un courant important issu des années 1970 avec des artistes comme Lee Ufan, Yun Hyong-keun. Comprend aussi un restaurant franco-italien humblement appelé *The Restaurant*, mais excellent, un bon café-bistrot aux délicieuses pâtisseries et un bar à vin très agréable.

Sun Contemporary Gallery 선갤러리 A1

66 Samcheong-ro, Jongno-gu - M° Anguk, ligne n° 3, sortie n° 1 - ✆ (02) 720 5789 - www.suncontemporary.com - tlj sf w.-end 10h-18h30 - gratuit.

Juste après Kukje, en descendant la même rue, Sun Contemporary, qui est l'annexe art contemporain « jeunes talents » de la Sun Gallery d'Insadong, est l'une des plus intéressantes.

Hakgojae Gallery 학고재 갤러리 A2

48-4 et 50 Samcheong-ro, Jongno-gu - M° Anguk, ligne n° 3, sortie n° 1 - ✆ (02) 720 1524 et 739 4937 - www.hakgojae.com - tlj sf lun. 10h-18h - gratuit.

Une belle galerie en deux parties dont l'une dans une maison traditionnelle rénovée, qui propose des expositions de qualité, d'art traditionnel autant que d'art contemporain, surtout en provenance de Chine avec des artistes comme Ma Liuming.

Pour ceux qui sont tentés de faire un petit détour, prenez à droite à la galerie Hakgojae, et allez tout droit jusqu'à la bibliothèque Jeongdok (à gauche).

Seoul Jeongdok Municipal Library 정독도서관 AB1

19 Bukchon-gil, Jongno-gu - M° Anguk, ligne n° 3, sortie n° 1 - ✆ (02) 2011 5799 - jdlib.sen.go.kr - tlj sf 1er et 3e merc. du mois et j. fériés coréens mars-oct. : 7h-23h (7h-22h sam. et dim.) ; nov.-fév. : 8h-23h (8h-22h sam. et dim.) - gratuit.

Cette bibliothèque occupe depuis 1981 la Kyunggi High School, le lycée le plus chic du pays qui fut déménagé à Gangnam en 1976 pour inciter les familles à s'installer au sud du fleuve. Le bâtiment principal révèle son style moderniste. Datant de 1938, il était à l'époque l'édifice scolaire le plus moderne et avait même le chauffage central. Le parc est agréable pour se reposer et pique-niquer. Il abrite aussi le Jongchinbu, un des trois ministères de l'époque de Joseon encore debout. C'est dans ce beau bâtiment en deux parties qu'étaient conservés les registres généalogiques de la famille royale. Vous verrez aussi dans le parc de très vieux arbres et derrière le Jongchinbu, une vue intéressante sur des **hanok** anciennes fermées au public.

Revenir sur vos pas.

Arario Gallery 아라리오갤러리 A2

84 Bukchon-ro 5-gil, Jongno-gu - M° Anguk, ligne n° 3, sortie n° 1 - ✆ (02) 541 5701 - www.ararioseoul.com - tlj sf lun. 10h-19h - gratuit.

L'une des galeries les plus dynamiques, innovantes et puissantes du moment. Son propriétaire ouvert les musées Arario à Séoul *(voir p. 51)* et Jeju *(voir p. 336)*. Une galerie représentée à Cheonan *(voir p. 385)* mais aussi en Chine. Un statut presque institutionnel.

Art Sonje Center 아트선제미술관 A2

87 Yulgok-ro, Jongno-gu - M° Anguk, ligne n° 3, sortie n° 1 - ✆ (02) 733 8949 - artsonje.org/en - tlj sf lun. 12h-19h - audio guide à l'entrée - visites guidées 14h et 16h (+ 12h le w.-end) - 5 000 ₩.

Face à la bibliothèque Jeongdok, ce complexe qui comprend au sous-sol une cinémathèque, un café-boutique et un restaurant indien Dal au rez-de-chaussée, n'a plus l'aura de ses débuts. Il continue cependant de présenter de jeunes plasticiens, avec plus ou moins de discernement.

Leehwaik Gallery 이화익 갤러리 A2

Yulgok-ro 3-gil, Jongno-gu - M° Anguk, ligne n° 3, sortie n° 1 - ✆ (02) 730 7818 - www.leehwaikgallery.com - tlj sf lun. 10h-18h. Ouverte depuis 2001, cette puissante galerie présente des artistes coréens singuliers comme Shin Sang-ho, Ham Myung-su ou les très épurées installations-sculptures de Won Kyung-hwan.

PKM Gallery 갤러리 A2

40 Samcheong-ro-7-gil, Jongno-gu - M° Anguk, ligne n° 3, sortie n° 1 (à 500 m)- ✆ (02) 734 9467 - www.pkmgallery.com - tlj sf dim. et j. fériés 10h-18h - gratuit.
Née en 2001, cette galerie est une institution qui défend surtout des artistes coréens, omniprésente dans les foires internationales.

★ **National Museum of Modern & Contemporary Art (MMCA)** 국립현대미술관 A2

30 Samcheong-ro, Sogyeok-dong - M°Anguk, ligne n° 3, sortie n° 1 (compter 15mn à pied) - ✆ (02) 3701 9500 - www.mmca.go.kr/eng/- 10h-18h (21h vend. et sam.) - 4 000 ₩ (gratuit merc. et sam. 18h-21h) - 4/j. une navette gratuite dessert les deux autres MMCA de la capitale (Deoksugung et Gwacheon).
Relevant autrefois de la défense nationale et site de triste réputation (lieu d'interrogatoires musclés lors des dictatures…), ce bâtiment qui fut aussi un hôpital militaire devint à partir de 1998 l'annexe intra-muros du musée national d'Art moderne et contemporain installé hors de Séoul à Gwacheon. À force d'expositions, de recherches, d'études sur l'art moderne et contemporain, le musée s'affirme rapidement comme un pôle de compétences à part entière. Ses espaces doivent être repensés. Le chantier d'un nouveau musée est lancé dès 2009. Son cahier des charges entend conceptualiser autrement l'interactivité avec le public. Fin 2013, le National Museum of Modern and Contemporary Art (MMCA) ouvre au public. Il est aujourd'hui la seule institution coréenne travaillant à la fois sur l'art moderne et l'art contemporain. Centre de ressources, ateliers, théâtre, galeries occupent les quatres étages du musée pensé dans un style très épuré. Les expositions temporaires, impressionnantes par leur nombre et leur éclectisme, répondent aux demandes des publics les plus larges, initiés ou non. Le jardin extérieur, régulièrement animé et mis en scène par un artiste contemporain, offre un bon terreau de sociabilisation (environnement ludo-artistique et aire de pique-nique sur les hauteurs du jardin). Librairie et café.

Kumho Museum of Art 금호미술관 A2

18 Samchung-ro, Jongno-gu - M° Anguk, ligne n° 3, sortie n° 1 - ✆ (02) 720 5114 - www.kumhomuseum.com - tlj sf lun. 10h-18h - gratuit. Juste après le MMCA en remontant la rue qui longe le palais Gyeongbok, cet espace sur plusieurs niveaux, propose des expositions d'art contemporain, coréen la plupart du temps, variables en qualité.

Hyundai Gallery 갤러리현대 A2

14 Samchung-ro,, Jongno-gu - M° Anguk, ligne n° 3, sortie n° 1 (à 500 m) - ✆ (02) 2287 3500 - www.galleryhyundai.com - tlj sf lun., 1er janv. et j. fériés coréens 10h-18h - gratuit. La plus ancienne galerie de Séoul comprend aujourd'hui un ensemble de plusieurs lieux d'exposition séparés de quelques mètres : Hyundai New Space, Hyundai Main Space et un peu en retrait Dugahun Gallery. Propriétés du célèbre conglomérat hyundai (qui signifie « moderne »), ces galeries figurent parmi les meilleures galeries privées de Séoul. Expositions temporaires d'art contemporain plutôt dédiées aux jeunes talents coréens, mais pas seulement. Elles comptent également dans leur fonds des artistes prestigieux tels Zeng Fanzhi, Ai Weiwei ou Nam June Paik, le grand précurseur des installations à base de vidéo.

Si vous avez encore le courage, pour ceux qui s'apprêtent à reprendre le métro Anguk sur l'avenue Yulgok-ro, vous pouvez faire un détour par la **Maison de Yun Bo-seon** (B2 - *8-1 Anguk-dong, Jongno-gu - M° Anguk, ligne n° 3, sortie n° 1 - fermée au public)*, superbe et immense maison traditionnelle en bois noir qui fut la résidence du deuxième président de la République, Yun Bo-seon (1960-1962). Elle comprend trois ailes complètement séparées. Au milieu d'un beau parc, l'aile des hommes ou *sarangchae* est un bijou architectural alliant esthétique de la *hanok* et confort moderne (vitres, électricité, etc.). Cette maison ne se visite hélas pas, sauf lors de concerts ou autre événement exceptionnel.

On peut également prolonger ce parcours par la visite du **Savina Museum** – B2 - *159 Anguk-dong, Jongno-gu- M° Anguk, ligne n° 3, sortie n° 1 (à deux pas) - ☎ (02) 736 4371 - www.savinamuseum.com - tlj sf lun. et j. fériés coréens. 10h-19h - expo. temporaire payante.* Cet espace, une ancienne galerie en voie d'institutionalisation, présente une programmation originale et éclectique qui fait la part belle aux expériences formelles les plus contemporaines tout en exposant régulièrement des artistes coréens moins confirmés (ils sont généralement à mi-carrière) mais qui auront, selon les conservateurs du musée, toutes chances d'entrer demain dans l'histoire de l'art coréen. Un lieu d'exposition innovant et prospectif.

1

GYEONGBOKGUNG-BUKCHON

HÉBERGEMENT

BUDGET MOYEN

Bukchon Guest House – 북촌 게스트하우스 – B1 - *20-17, Bukchon-ro, Jongno-gu - prendre la 1re à g. à la sortie du métro, marcher 5mn, se trouve sur la gauche - M° Anguk, ligne n° 3, sortie n° 2 - ☎ 010 6711 6717 - www.bukchon72.com - wifi - 3 ch. 90 000 ₩ (+ 10 000 ₩ pour vend. et sam.)*. Cette petite pension installée dans une adorable maison traditionnelle rénovée avec le confort moderne (chauffage et salle de bains avec eau chaude) est gérée par la mairie de quartier. C'est une bonne occasion de dormir « à la coréenne » (sur le sol) pour un prix abordable, dans un quartier plein de charme. Peut venir vous chercher à l'aéroport.

Hide & Seek GH – A2 - *35-68 Tongui-dong, Jongno-gu - M° Gyeongbokgung, sortie n° 3 - ☎ (02) 6925 5916 - www.hidenseek.co.kr - 5 ch. - 70 000/100 000 ₩*. Située à quelques pas (à l'ouest) du palais de Gyeongbokung, dans un quartier attachant, cette pension très *hipster* a tout pour elle. Des chambres gaies, modernes et confortables. Un café très agréable pour se détendre et prendre le petit-déjeuner. Et nombre d'équipements (terrasse, laverie) et d'attentions qui rendent le séjour agréable. Une bonne adresse !

UNE FOLIE

Rak Ko Jae – 락고재 – B2 - *49-23, Gyedong-gil, Jongno-gu - M° Anguk, ligne n° 3, sortie n° 2 - ☎ (02) 742 3410 - www.rkj.co.kr - wifi - 4 ch. 302 500/330 000 ₩ - dîner seult*

33 000/55 000 ₩ sur réserv. Superbe *hanok*, maison traditionnelle, restaurée par un charpentier Trésor national vivant. Un lieu parfait pour découvrir les charmes et l'élégance des traditions coréennes, en profitant du calme de ce quartier préservé. L'établissement, avec son jardin agréable, tient plus du complexe culturel que de la chambre d'hôtes et offre une palette d'activités (concerts et préparation du *kimchi*, etc.). Propose sauna et massages et dispose aussi d'un service de restauration réputé.

RESTAURATION

BUDGET MOYEN

Baeknyeon Tojong Samgye-tang – 백년토종삼계탕 – B2 - *41 Buckchon-ro, Jongno-gu - M° Anguk, ligne n° 3, sortie n° 1 - ✆ (02) 747 5535 - 100samgyetang.modoo.at - 10h-21h - 15 000-45 000 ₩.* Dans le quartier de Bukchon, cette enseigne est spécialisée dans le *samgye-tang*, une fameuse soupe au poulet farci de ginseng et de riz qui, selon les Coréens, aide à supporter la canicule estivale. Voici l'adresse idéale pour déguster ce mets parfumé.

POUR SE FAIRE PLAISIR

Dugahun Wine Restaurant – 두가헌 레스토랑 – A2 - *14, Samcheong-ro, Jongno-gu - M° Anguk, ligne n° 3, sortie n° 1 ou M° Gyeongbokgung, ligne n° 3, sortie n° 5 - ✆ (02) 3210 2100 - www.dugahun.com - lun.-sam. service midi 12h-14h30 (dern. commande 13h30), goûter 14h30-17h, service soir 18h-22h (dern. commande 20h30) et dim. goûter 12h-17h - CC P - déj. 39 000/66 000 ₩, dîner 99 000/119 000 ₩.* Restaurant italien de prestige, dans un petit palais princier rénové. L'agréable jardin abrite également une habitation russe du début du siècle dernier. Excellente cuisine et fabuleuse carte des vins (*60 000/4 500 000 ₩*). Assez onéreux mais le cadre, le repas et le service valent le détour.

Jihwaja – 지화자 – B2 - *125, Jahamun-ro, Jongno-gu - M° Gyeongbokgung, ligne n° 3, sortie n° 3 - puis taxi ou bus n° 1711, 7016, 7018, arrêt Gyeong-gi Commercial High School - ✆ (02) 2269 5834 - www.jihwajafood.co.kr - tlj sf mar. début service midi 11h30, début service soir 17h30 - fermé Chuseok et Nouvel an lunaire - CC P - formule déj. 28 000 ₩, 54 000/195 000 ₩.* Ce restaurant de cuisine royale sert des mets raffinés préparés sous la houlette de Han Bok-ryeo, Trésor national vivant, qui a appris la gastronomie de cour de Joseon de Hwang Hye-seong, qui elle-même avait recueilli le savoir-faire de la dernière cuisinière de la cour, Han Hee-sun. C'est donc une cuisine d'exception que l'on vous sert – dans un cadre hélas impersonnel.

À proximité

Samcheonggak – 삼청각 한식당 – Plan Bukhansan p. 160 - *3, Daesagwan-ro, Seongbuk-gu - M° Hansung Univ., ligne n° 4, sorties n° 5/6 ou M° Anguk, ligne n° 3, sortie n° 1 - puis taxi ou service de navette (consulter sur le site internet) - ✆ (02) 765 3700 - www.samcheonggak.or.kr - 12h-15h, 18h-22h - CC P ♿ - 52 800/209 000 ₩.* Depuis le métro, le plus simple est de prendre un taxi, car excentré. Ce grand complexe perché dans la montagne au-dessus de Bukchon fut construit pour les pourparlers intercoréens de la Croix rouge de 1972, avant de devenir l'un des trois restaurants les plus en vue de Séoul. Racheté par la ville en 2000, c'est désormais un centre culturel avec un salon de thé (vue superbe depuis la terrasse) et un restaurant servant une cuisine coréenne de qualité.

PETITE PAUSE

Wood and Brick – *5-2 Jae-dong, Jongno-gu - M° Anguk, ligne n° 3, sortie n° 1 - ✆ (02) 747 1134 - www.woodnbrick.com - 8h-22h - 7 000 ₩.* Aménagé à la fois dans une maison traditionnelle et un édifice moderne, ce vaste et chaleureux café est connu dans tout le quartier pour son excellent pain et les diverses douceurs sucrées ou salées faites sur place.

BOIRE UN VERRE

Romanée Conti – 로마네 꽁띠 와인바 – *83-6, Bukchon-ro 5na-gil, Jongno-gu - M° Gwanghwamun, ligne n° 5, sortie n° 1 - puis bus n° 11, arrêt Samcheong Jumin Center (Samcheong-dong Community Service Center) - ✆ (02) 722 1633 - lun.-sam. 11h-1h, dim. 17h30-21h30 - CC - déj. 16 000/50 000 ₩, dîner 26 000/100 000 ₩, vin à partir de 35 000 ₩.* Cette jolie maison coréenne avec baies vitrées, sur les hauteurs de Samcheong-dong, abrite un charmant bar à vins.

ACHATS

Photographie

Gallery Lux – 갤러리 룩스 – *12, Pirundae-ro 7-gil, Jongno-gu - M° Gyeongbokgung, ligne n° 3, sortie n° 2 - ✆ (02) 720 8488 - www.gallerylux.net - tlj sf lun. 11h-18h - gratuit.* L'une des meilleures galeries de photographie contemporaine est installée dans le quartier de Okin-dong à l'ouest de Gyeongbokgung.

Livres

Seoul Selection Bookshop – 서울 셀렉션 북카페 – *6, Samcheong-ro, Jongno-gu - M° Anguk, ligne n° 3 sortie n° 1 - ✆ (02) 734 9565 - www.seoul selection.com - 9h30-18h30 - fermé w.-end et j. fériés (sam. variable).* « La » librairie à visiter pour trouver livres, films et musiques sur la Corée. Un véritable espace culturel pour les touristes et les expatriés qui permet d'appréhender autrement le pays hôte, sa culture et ses traditions. Publie une revue mensuelle *Seoul, Maps and Guides* et propose un site Internet riche en informations.

Céramiques

Yido Pottery – 이도 도예 갤러리 – *191, Changdeokgung-gil, Jongno-gu - M° Anguk, ligne n° 3, sortie n° 2 - ✆ (02) 722 0756 - www.yido.kr - 10h-19h - fermé 3e dim.* Cette très belle boutique sur plusieurs étages avec café et galerie propose des céramiques créées par l'artiste potière et maîtresse des lieux, Yi Yoon-shin, et des pièces venues des meilleurs fours coréens, aux formes d'une grande beauté. Prix assez raisonnables par rapport à la qualité des pièces.

Mode, accessoires, design

Heartist – 룩스갤러리 – *89 Samcheong-ro, Jongno-gu - M° Anguk, ligne n° 3, sortie n° 1 - ✆ 070 7130 9281 - blog.naver.com/heart_ist - 11h-20h.* Beaucoup de belles choses – vêtements, objets du quotidien – dans cette agréable boutique faisant la promotion de jeunes créateurs et artistes. Sur plusieurs étages, le fil conducteur de cette enseigne-concept est l'*éco-friendly*.

Gwanghwamun-Jongno

광화문 - 종로

★★★

Gwanghwamun désigne le quartier devant la porte du même nom qui ouvre sur le palais Gyeongbok, au bout de l'avenue Sejong : c'est le centre historique, politique, symbolique de Séoul. L'avenue Jongno (ou Jong-ro), vieille artère commerçante partant vers l'est et la porte séculaire Dongdae, tient son nom du beffroi de la cité, Boshingak. Ce quartier du centre historique de la capitale offre des complexes royaux prestigieux, tels le palais Changdeok et ses somptueux jardins, ou le sanctuaire Jongmyo avec son architecture confucéenne d'exception, pour ne citer que ceux faisant officiellement partie du Patrimoine de l'humanité. Bien d'autres curiosités valent le détour et les palais « mineurs » sauront, sans doute aucun, vous charmer dans une atmosphère plus paisible car moins visités.

NOS ADRESSES PAGE 71
Hébergement, restauration, achats, activités, etc.

S'INFORMER

Office de tourisme – *215 Sejongno, 1-80, Jongno-gu (devant l'immeuble Donghwa Duty Free) - M° Gwanghwamun, ligne n° 5, sortie n° 6 - ☎ (02) 735 8688 - 9h-20h.*

SE REPÉRER

Plan II BC1 p. 32 - Plan de quartier p. 64 – Dans la ville historique, entre le métro Gwanghwamun, Tapgol Park, puis Jongmyo, et plus au nord, les palais Changdeok et Changgyeong. Le quartier d'Insadong, qui se trouve dans ce périmètre, est traité à part *(voir p. 72)*.

À NE PAS MANQUER

Le palais Changdeok avec ses jardins et le célèbre sanctuaire Jongmyo.

ORGANISER SON TEMPS

On pourra organiser son emploi du temps autour des horaires des visites guidées du palais Changdeok. Les autres palais sont agréables pour une balade, mais ne prennent pas plus d'une heure si on se contente des bâtiments.

AVEC LES ENFANTS

Se divertir avec le spectacle Jump et son approche des arts martiaux *(voir Séoul pratique p. 42)* ; découvrir le palais Changgyeong avec son large parc ; faire du patin à glace en hiver sur la place de Gwanghwamun et s'y rafraîchir dans les fontaines et jeux d'eau à la belle saison…

Se promener Plan de quartier p. 64

★★★ Changdeokgung (Changdeok Palace) 창덕궁 B1

99 Yulgok-ro, Jongno-gu - M° Anguk, ligne n° 3, sortie n° 3 - ☎ (02) 3668 2300 - eng.cdg.go.kr - tlj sf lun. fév.-mai et sept.-oct. : 9h-18h ; juin-août : 9h-18h30 ; nov.-janv. : 9h-17h30 (fermeture des guichets 1h av.) - visite guidée en anglais 10h15 et 13h15, mais vous pouvez vous joindre à un groupe d'une autre langue - audioguide et application pour smartphone (à télécharger sur le site) gratuits - 3 000 ₩ - jardin Huwon, billets à part mais l'entrée se situe dans le complexe du palais dont il faut également acheter le billet (palais + jardin : 8 000 ₩).

Le palais Changdeok et son Jardin secret.
Ch. Boisvieux/hemis.fr

Construit en 1404 par le roi Taejong, en tant que palais secondaire, ce complexe royal adossé à une veine du mont Bugak est une parfaite illustration de la recherche de l'harmonie entre la nature, la géographie du site et les aménagements de l'homme avec ses palais et ses jardins. Cette perfection et l'émotion qu'elle provoque sont perceptibles par le promeneur, comme elles furent ressenties par le roi Seongjong lui-même, ainsi qu'en témoignent ses dires : « Même si le palais Gyeongbok est magnifique et splendide, la place idéale en cette capitale est simplement Changdeokgung ». Le palais « de la vertu prospère » fut détruit par le feu lors des invasions japonaises de 1592-1598 et reconstruit, pour devenir la résidence royale principale dès 1610. Le roi Gojong décida cependant de retourner vivre au palais Gyeongbok, nouvellement rénové en 1868 *(voir p. 45)*. Le palais Changdeok redevint brièvement siège du gouvernement du roi Sunjong – dernier souverain de la dynastie Joseon – en 1907, après l'abdication forcée de Gojong, son père. La cour y demeura en résidence surveillée jusqu'à la mort de Sunjong en 1926. La famille royale revint y vivre à son retour du Japon, en 1963, mais elle n'utilisait qu'une petite partie du palais. La dernière reine Yun y vécut jusqu'en 1966 et la princesse Deokhye y demeura jusqu'à sa mort en 1989 avec d'autres membres de la famille. Changdeokgung a été inscrit au Patrimoine de l'humanité par l'Unesco en février 1997.

La porte principale, **Donhwamun** ou « Grandes vertus qui réconfortent le cœur des hommes », fut construite en 1412. Même si l'actuelle structure date de 1609, elle reste la plus ancienne du genre en Corée. Construit en 1411, le **pont Geumcheongyo**, qui permet ensuite de rejoindre l'intérieur du palais, présente des caractéristiques intéressantes. Vous noterez, au bas des piliers centraux, les sculptures de tortues, au nord, et de *haetae*, animaux mythiques, au sud, qui sont les dieux protecteurs du palais. De même, au-dessus de chacun de ces animaux, remarquez les génies censés repousser les esprits malfaisants.

On pénètre dans le palais par la porte Jinseon, **Jinseonmun**, à trois vantaux, qui s'ouvre sur une première cour intérieure. Plusieurs cérémonies

SE LOGER	SE RESTAURER	
Hostel Korea 11th 4	Cheongjinok 3	**National Museum of Korean Contemporary History .... N**
Somerset Palace............ 1		

de couronnement y ont été organisées, dont celle du roi Gojong. Le protocole spécifiait que seuls les rois pouvaient pénétrer dans le pavillon principal ; il fallait donc être sacré à l'extérieur. À gauche, la porte Injeong, **Injeongmun**, s'ouvre sur la cour de la salle du trône, **Injeongjeon**. C'est ici que le roi tenait ses audiences officielles et recevait les émissaires étrangers. C'était le centre du pouvoir royal. La salle du trône fut construite en 1405 et restaurée par la suite. On y admirera les parquets de style occidental et le plafond décoré. La cour présente une allée dallée pour le passage du souverain avec de part et d'autre des bornes en pierre. Celles de l'est permettaient aux officiels civils de prendre place selon leur rang – les plus élevés dans la hiérarchie étant les plus proches du trône – et celles de l'ouest étaient réservées aux militaires.

À l'est, le pavillon **Seonjeongjeon** abritait les appartements du roi et son cabinet de travail. Plus loin, le bâtiment **Huijongdang** hébergeait les appartements de la famille du monarque. Le site fut détruit par le feu en 1917 et reconstruit avec des éléments du palais Gyeongbok, en partie démantelé par les occupants japonais. On notera la salle de réception meublée à l'occidentale et électrifiée. Autre effet de la modernisation qui atteignit la Corée avec son ouverture au monde extérieur, la porte principale fut aménagée pour permettre le passage des automobiles. Un peu plus loin, on peut voir le garage royal, ancien bureau des hauts fonctionnaires royaux reconverti à dessein par les occupants japonais. Vous y découvrirez les automobiles et palanquins de l'époque.

Le pavillon **Daejojeon** abritait la chambre de la reine. On remarquera également la cuisine royale réorganisée à l'occidentale à la fin de l'ère Joseon.

Plus loin, **Nakseonjae** est un superbe complexe de bâtiments, construit en 1847 pour accueillir les concubines royales et ainsi établi loin des appartements de la reine. En ces lieux, le monarque échappait au protocole pour s'adonner aux plaisirs. Les descendants de la famille royale s'y installèrent de 1963 à 1989 à leur retour du Japon. Le dernier fils du roi Gojong y mourut. Le pavillon **Sangnyangjeong** mérite le détour avec sa porte d'accès circulaire, qui représente côté est, le soleil, et côté ouest, la lune.

★★★ Huwon Garden 후원 B1

« Ongnyucheon tour », visite guidée obligatoire, anglais : 10h30, 11h30, 14h30 et 15h30 (sauf déc.-janv.) - 5 000 ₩.

C'est la partie unique propre à ce palais : le **Jardin secret**. Il regroupe des pavillons, pièces d'eau, ponts construits en harmonie totale avec l'environnement préservé de cet immense parc aux bosquets nombreux et aux bois agréables. Il vous fera découvrir un exemple rare de jardin royal traditionnel coréen. La famille du souverain venait s'y ressourcer, peindre, écrire des poésies, donner des banquets… et les jeunes princes s'y initiaient à leur fonction, apprenaient à monter à cheval, à tirer à l'arc, à élever leur esprit…

Le site de l'étang **Buyongji** dévoile un paysage émouvant dominé par de superbes pavillons. C'est ici que les princes étudiaient. Le bassin a été dessiné de forme carrée, avec une île circulaire ; conformément au concept d'origine taoïste Cheonwonjibang, le carré représente la Terre et le cercle, le Ciel. Vous remarquerez le poisson sautant hors de l'eau, sculpté dans la pierre à l'angle sud-est, et profiterez de la quiétude qui se dégage de l'endroit. Le pavillon **Buyeongjeong** (1792), qui s'avance sur l'eau, mérite attention avec sa forme polygonale particulière… En face domine **Guyanggak** (1777) : la bibliothèque royale. Dix mille ouvrages y étaient conservés. Vous noterez la jolie petite porte **Eosu** qui y mène. À droite, le hall **Younghwadang** fut construit en 1692 comme havre de méditation et de repos du monarque. Plus tard, il hébergera les concours de recrutement des hauts fonctionnaires.

Plus loin, la porte Bulro (**Bulromun**), près du bassin **Aryeonji**, est taillée dans un seul bloc de pierre d'une épaisseur remarquable. Elle souhaite bonne santé et longue vie au roi.

Le complexe de bâtiments de **Yeongyeongdang** et **Seonhyangjae** reste un endroit extrêmement intéressant. Il n'est actuellement ouvert au public que les mardi et mercredi. Il fut édifié par le prince Hyomyeon en 1828, selon l'architecture classique d'une maison de noble coréenne avec ses différents quartiers réservés aux hommes, aux femmes et aux domestiques. Il comprenait 120 pièces. Le roi pouvait y expérimenter le mode de vie de ses sujets. Quand il y séjournait, il y adoptait leurs habitudes et y étudiait également, comme les gens de cette caste de lettrés.

Vous admirerez, dans la visite spéciale de la partie intérieure du jardin, le joli pavillon hexagonal **Jondeokjeong**, édifié en 1644. Il comporte un somptueux toit à double niveau et se reflète dans un bassin aux lotus de pierre. Non loin, le pavillon **Gwallamjeong**, en forme d'éventail, est une curiosité.

Enfin, dans la partie la plus éloignée du parc, le ruisseau **Ongnyu** coule dans un sillon circulaire taillé en 1636 dans la roche. Le roi et ses proches y composaient des poèmes et s'amusaient en buvant dans ce paysage agréable.

★★ Jongmyo Shrine 종묘 B1

157 Jongno, Jongno-gu - M° Jongno 3-ga, ligne n° 1, sortie n° 11 et ligne 3/5, sortie n°8 - ✆ (02) 765 0195 - jm.cha.go.kr - tlj sf mar. fév.-mai et sept.-oct. : 9h-18h ; juin-août : 9h-18h30 ; nov.-janv. : 9h-17h30 (dernière entrée 1h av. fermeture) - visite guidée en anglais 10h, 12h, 14h et 16h - 1 000 ₩.

1

LES RITES ET RITUELS DE JONGMYO

Les rites revêtent un caractère important dans toute société, en ce sens qu'ils permettent de maintenir l'ordre social. Ce sont les symboles d'une nation qui assoient l'autorité du souverain et le succès de son règne. À Jongmyo étaient effectués les rituels pour les défunts rois, alors qu'au parc Sajik *(voir p. 136)*, à l'ouest du palais Gyeongbok, on rendait les hommages aux dieux de la Terre et des Moissons. Le site de Jongmyo était donc au premier plan de la grandeur du royaume. Le rituel lui-même était accompagné du *Jongmyo Jeryeak*, pièces de musique de cour, tous les deux ont également été désignés chefs-d'œuvre du Patrimoine oral et immatériel de l'humanité par l'Unesco. On peut, aujourd'hui encore, en admirer la beauté, une fois l'an, le premier dimanche de mai, lorsque le service pour les défunts rois, *Jongmyo Daeje*, est effectué. Les descendants du clan royal Yi sont présents pour la circonstance.

Le sanctuaire fut construit en 1395, vers le début de la dynastie Joseon, lorsque la capitale fut transférée à Hanyang, actuelle Séoul. Il contenait alors un seul hall de sept pièces. Chacune était prévue pour accueillir les tablettes d'un roi et d'une ou plusieurs de ses reines. Le quatrième roi de la dynastie, Sejong, fit construire un bâtiment supplémentaire pour les défunts successifs. On ajouta ensuite des pièces de l'ouest vers l'est, pour arriver à un total de dix-neuf. Le complexe fut incendié en 1592, lors des invasions japonaises et les actuels bâtiments datent de la reconstruction de 1608. Le site, fabuleux exemple d'architecture confucéenne de l'ère Joseon, a été déclaré Patrimoine de l'humanité par l'Unesco en 1995.

À l'entrée se trouvent **deux bassins aux lotus**. Sous Joseon, la présence d'une pièce d'eau et d'une montagne était très importante. Elle représentait un monde harmonieux et vertueux. À droite, un premier complexe regroupe quelques bâtiments. Le **sanctuaire du roi Gongmin** héberge les tablettes du dernier monarque de la dynastie Goryeo, qui a précédé Joseon ; c'était une manière d'asseoir la légitimité de la nouvelle dynastie. Le pavillon central, **Hyangdaecheong**, était une réserve pour les objets du rituel.

Plus loin, le site principal, **Jeongjeon**, présente un espace saisissant. Le sanctuaire est d'une longueur démesurée, au fond d'une cour dallée surélevée. Une impression de solennité se dégage de l'ensemble. Les dix-neuf oratoires sont alignés. Ils conservent les tablettes des monarques de la dynastie Joseon, depuis Taejo et ses reines Han et Kang, jusqu'à Sunjong et ses reines Min et Yun. L'intérieur du bâtiment est un long couloir que n'obstrue aucune colonne. Les tables des offrandes y étaient déployées. La décoration du lieu est sobre et limitée. À droite de l'entrée, dans la cour du sanctuaire, le hall **Gongsindang** accueille les 83 tablettes de sujets de grand mérite dont de nombreux ministres.

Au fond du parc, **Yeongnyeongjeon** est un second sanctuaire plus modeste, construit initialement en 1421 mais dont les bâtiments actuels datent de 1608. La partie centrale héberge les tablettes des ancêtres de Taejo, premier roi de la dynastie Joseon, et sur les côtés se trouvent notamment celles de sept rois d'importance secondaire.

Une passerelle relie Jongmyo au palais Changgyeong.

★★ Changgyeonggung (Changgyeong Palace) 창경궁 B1

2-1 Waryongdong, Jongno-gu - M° Hyehwa, ligne n° 4, sortie n° 4 - ✆ (02) 762 4868 - jikimi.cha.go.kr - tlj sf lun. fév.-mai et sept.-oct. : 9h-18h ; juin-août : 9h-18h30 ;

Palais de Changgyeong.
L. Vallecillos/age fotostock

nov.-janv. : 10h-17h30 (dernière entrée 1h avant la fermeture) - visite guidée en anglais 11h et 16h - 1 000 ₩.

Un premier palais fut construit à cet emplacement en 1104, par le roi Sukjong de la dynastie Goryeo, comme palais de la capitale du Sud. Ainsi, le pavillon Myeongjeong et les portes Honghwa et Myeongjeong sont orientés vers l'est et non vers le sud, comme il sera d'usage sous Joseon. Le lieu fut occupé par le roi Taejo, fondateur de la dynastie Joseon, lors de l'établissement, en 1394, de la capitale du royaume à Séoul, en attendant que le palais Gyeongbok soit construit. Par la suite, le roi Sejong fit édifier sur ce site en 1418 un nouveau palais destiné à son père, le roi Taejo, qui venait d'abdiquer en sa faveur. Il était en effet de coutume que les anciens rois demeurent loin des palais du souverain régnant. On l'agrandit en 1484 pour accueillir les veuves du roi Sejo. Détruit lors des invasions japonaises de 1592-1598, il fut reconstruit en 1616, puis à nouveau en 1834, après un important incendie. Il servait sous la dynastie Joseon de palais auxiliaire pour les reines ou le père du roi. En 1907, le colonisateur japonais transforma le site en parc zoologique et jardin botanique. En 1983, le zoo a déménagé et le gouvernement coréen a fait le nécessaire pour redonner au site son caractère passé. Du parc japonais, il reste le jardin botanique, de belles promenades et les cerisiers plantés à dessein, nous rappelant que les colons savaient user des symboles.

L'entrée du palais se fait par la porte **Honghwa (Honghwa-mun)**, belle porte en bois composée de trois arches de passage. Elle date de la reconstruction de 1616. Le roi Yeongjo y a rencontré ses sujets pour discuter d'allègement fiscal en 1750. Cet événement rarissime fit forte impression sur le peuple… Vous traversez ensuite le pont **Okchon-gyo**, qui date de 1484, dont vous admirerez la structure en pierre, les sections de balustrades taillées dans des blocs d'un seul tenant et les animaux fantastiques protecteurs qui décorent l'ensemble.

La porte **Myeongjeong (Myeongjeong-mun)** permet ensuite l'accès à la spacieuse cour intérieure où siège la salle du trône. Comme dans les autres palais royaux, la voie principale de la cour dallée était réservée au monarque. Les bornes en pierre, sur les côtés, indiquaient les stations où devaient se tenir

les officiels, selon leur rang. La salle du trône **Myeongjeong-jeon** date de 1616, elle est la plus ancienne du genre en Corée et siège sur une structure à double terrasse en pierre. L'escalier, quoique moins imposant que dans d'autres palais, n'en est pas moins finement travaillé. Vous noterez les sculptures de phénix sur des nuages et des *haetae*, animaux mythiques protecteurs. La salle elle-même possède un plafond finement travaillé. À l'arrière, le pavillon **Sungmun-dang** servait de salle d'étude.
Plus loin, le hall **Tongmyeong-jeon** accueillait les appartements de la reine. On profitera du charme du bassin qui jouxte le bâtiment.
Dans le parc, on découvrira deux observatoires en pierre de l'époque Joseon. L'un permettait l'étude du mouvement du ciel et l'autre, qui comprenait un drapeau, l'observation du vent.
Au nord, l'étang **Chundang-ji** a été créé pendant l'occupation japonaise en 1909, à l'emplacement d'une rizière cultivée par le roi lui-même, pour attirer les bons augures sur l'agriculture et les récoltes du royaume. Enfin, un **petit jardin botanique** d'intention japonaise demeure en ces lieux. Soulignons que la réalisation de cette première serre coréenne fut commanditée aux Français. On peut encore y admirer de superbes fleurs.

★ Unhyeongung (Unhyeon Palace) 운현궁 B1

114-10 Unnidong, Jongno-gu - M° Anguk, ligne n° 3, sortie n° 4 - ✆ (02) 766 9090 - unhyeongung.or.kr - tlj sf lun. avr.-oct. : 9h-19h ; nov.-mars : 9h-18h (dernière entrée 30mn av. fermeture) - gratuit - voir le site Internet pour le programme de concerts, cérémonies traditionnelles, démonstrations, etc.
Ce palais de taille modeste fut la résidence privée du redoutable régent conservateur Daewongun, qu'il aménagea alors qu'il gérait les affaires du royaume de 1863 à 1873. Le complexe ressemble davantage à la demeure traditionnelle d'un noble de haut rang, mais reste un superbe ensemble de bâtiments en bois, restauré en 1996. Le fils de Daeweongun, le roi Gojong, y passa son enfance jusqu'à l'âge de 12 ans, avant son accès au trône. Une petite exposition retrace la vie du régent et ceux qui le souhaitent peuvent louer des costumes traditionnels (*hiver : 9h-17h ; été : 18h - 3 300 ₩*) pour sentir davantage l'ambiance de l'époque.
La visite débute par **Noan-dang**, appartements des hommes, et se poursuit vers la partie centrale du complexe, **Norak-dang**, où se déroulèrent de nombreuses cérémonies de la famille royale, notamment le mariage du roi Gojong et de la reine Min. Enfin, vous découvrirez le magnifique pavillon des femmes. Vous y noterez la beauté de la galerie qui surplombe une porte d'accès vers l'arrière du site.
Yanggwan, en hauteur derrière le palais Unhyeon, fut construit en 1912 pour le petit-fils de Daewongun et afin d'accueillir les hôtes de l'ancienne famille royale coréenne. L'abdication forcée de Sunjong en 1910 marqua la fin de la dynastie. Ce bâtiment à l'architecture occidentale est un bel exemple de l'influence étrangère de cette période de fin de monarchie coréenne (*accès par l'école juste à côté du palais*).

Gwanghwamun Square 광화문 광장 A2

M° Gwanghwamun, ligne n° 5, sorties n° 1/2/8. Si le projet de construire une place au beau milieu de la plus large avenue de Séoul pouvait laisser dubitatif, il faut reconnaître que c'est plutôt une réussite avec la porte du palais de Gyeongbok et la montagne Bukhan en arrière-plan. Les enfants viennent s'y amuser dans les fontaines en été et la foule se presse à la patinoire en hiver… entre la statue du **roi Sejong** et celle de l'amiral **Yi Sun-sin** (*voir encadré p. 305*), figures emblématiques de l'histoire coréenne. Deux espaces intéressants dédiés à ces illustres personnages sont situés en sous-sol, l'entrée est cachée derrière la statue du roi Sejong (*(02) 399 1114 - - www.sejongstory.or.kr/eng - tlj sf lun. 10h-20h - audioguide en anglais - gratuit*). Le premier complexe présente le bien-aimé roi Sejong (1397-1450), le plus grand des règnes de la dynastie Joseon dans les domaines littéraire, scientifique et artistique tout comme agricole et militaire. Il promut l'invention du *hangeul*, système d'écriture coréenne qui à terme favorisa l'accès du peuple à la culture… Le second hall nous fait découvrir l'amiral Yi Sun-sin (1545-1598), un des plus grands héros de Corée, inventeur du « bateau-tortue », un redoutable navire de guerre à carapace de métal. Il affronta notamment l'armée japonaise de Toyotomi Hideyoshi lors des invasions de 1592 et détruisit une grande partie de sa flotte même s'il ne put repousser définitivement l'envahisseur. Soulignons que ces expositions ont un caractère interactif idéal pour les plus jeunes.

★ National Museum of Korean Contemporary History A1-2
대한민국역사박물관

198, Sejong-daero, Jongno-gu - M° Gyeongbokgung, ligne n° 3, sortie n° 2 - (02) 3703 9200 - www.much.go.kr/en/- 9h-18h (21h merc. et sam.) ; dernière entrée 1h av. fermeture - gratuit.

Ce musée, inauguré en 2012, propose sur quatre niveaux une **exposition chronologique et thématique** qui n'évite pas une certaine forme de patriotisme mais qui s'avère aussi instructive que distrayante. L'histoire récente du pays y est racontée à l'aide de documents (certains audio ou vidéo) et d'objets variés. Vous y découvrirez la naissance de la République de Corée, son développement, sa modernisation et ses relations tissées avec le reste du monde. De la création de l'hymne et du drapeau à la première voiture produite par Hyundai, de la guerre de Corée en passant par l'évolution de l'habitat et les Jeux olympiques d'hiver de Pyeongchang, tout y est brièvement mais clairement exposé.

Juste au nord du musée, à l'angle de Sejong-daero et de Gwanghwamun Intersection, est réalisée l'excavation de **Uijeongbu** (A1), site majeur du pouvoir politique de la dynastie Joseon. À terme, les vestiges et objets mis au jour devraient être présentés ici même au public.

Jogye-sa 조계사 A2

45 Gyeonji-dong, Jongno-gu - M° Anguk, ligne n° 3, sortie n° 6 - (02) 768 8523.

Jogye-sa est le centre de l'ordre Jogye du bouddhisme coréen, le mieux implanté dans le pays. Le temple est récent puisqu'il n'a été construit qu'en 1910, sous le nom de Gakhwang-sa, par le moine Manhae Hanyongwun, à l'emplacement du parc Suson. Sous la dynastie Joseon, les temples bouddhistes ont longtemps été interdits dans la capitale. Son nom fut modifié après guerre. On visitera le bâtiment principal, riche en émotions car des rituels y sont menés quasiment tout le temps. Vous pouvez pénétrer dans le temple, en respectant le lieu et la ferveur des pratiquants. À l'extérieur, on notera **la pagode en pierre à sept niveaux** (abritée sous un coffrage de verre) et le traditionnel **pavillon des cloches**. Même s'il n'est pas ancien, le site reste intéressant et assez agréable car le temple est très fréquenté par les fidèles. La période de l'anniversaire de Bouddha *(voir p. 471)* est particulièrement haute en couleur et c'est un moment propice pour programmer une visite. La boutique du temple propose des objets religieux et profanes et un centre d'information pour les étrangers (*(02) 2031 2000 - 9h-20h*), qui se situe non loin du pavillon des cloches. On y répond à toute question sur le temple et le bouddhisme en général, et on y donne des renseignements sur les visites guidées organisées gratuitement par des volontaires. Le temple propose

1

enfin des activités de découverte et de pratique du bouddhisme ouvertes aux étrangers - *programme sur eng.templestay.com - à partir de 30 000 ₩.*

À voir aussi

Bigak 비각 A2

Gwanghwamun - au carrefour, devant la librairie Kyobo - M° Gwanghwamun, ligne n° 5, sortie n° 4. Petit pavillon édifié en 1904 pour célébrer le quarantième anniversaire de l'accession au trône du roi Gojong. La stèle a été calligraphiée à cette occasion par le prince Sunjong. L'ensemble fut restauré après guerre, en 1954, puis à nouveau en 1979.

Boshingak 보신각 A2

M° Jonggak, ligne n° 1, sortie n° 4 - 10 m à dte de la sortie de métro. Il s'agit du **beffroi** de l'ancienne cité. Le son de la cloche annonçait, matin et soir, l'ouverture et la fermeture des portes et rythmait la vie de la ville. Le bâtiment est situé sur une des artères principales de la capitale, Jongno ou avenue de la Cloche, qui rejoint Dongdaemun, grande porte de l'Est *(voir p. 117)*. La construction fut menée en 1395, lors de l'édification de la nouvelle capitale de la dynastie Joseon. Le bâtiment actuel date de 1979. La cloche originale fondue en 1468 est conservée au Musée national, l'actuelle date de 1985. Aujourd'hui, à l'occasion du nouvel an, la foule se rassemble pour assister au spectacle des notables qui font retentir la cloche et marquent ainsi de solennité l'entrée dans l'an neuf.

Tapgol Park 탑골공원 B2

Pagoda Park - 38-1 Jongno 2-ga, Jongno-gu - M° Jongno 3-ga, lignes n° 1/3/5, sortie n° 1 - 9h-18h - gratuit. Le parc tient son nom de la célèbre **pagode à dix niveaux** qui y demeure. Ce trésor d'art bouddhiste – aujourd'hui « sous verre » – est une construction en pierre de 12 m de haut qui présente de très belles sculptures. Vestige du temple Wongak, elle date de 1466. Ce dernier fut construit par le roi Sejo et fut le centre de l'ordre Jogye du bouddhisme coréen. Il fut détruit au début du 16e s., le pouvoir royal étant alors opposé au bouddhisme. Le **parc** en lui-même fut le premier de genre occidental à Séoul. John Mc Leavy Brown, Britannique conseiller du roi Gojong, se chargea de son aménagement. Dès son ouverture au public en 1913, les notables de la ville vinrent s'y promener et y écouter des concerts. Il est également particulièrement célèbre en tant que symbole de la résistance contre l'occupant japonais. Le **1er mars 1919**, étudiants et intellectuels y lurent une déclaration d'indépendance sous le pavillon octogonal, qui provoqua un mouvement de manifestation populaire violemment réprimé par les forces d'occupation japonaises. Une cérémonie commémorative a lieu tous les 1er mars. Le parc a aujourd'hui perdu sa splendeur passée, mais reste le rendez-vous des personnes âgées qui viennent y discuter ou jouer au go.

Ujeongchongguk Post Office 우정총국 A1

45 Gyeonji-dong, Jongno-gu - à côté du temple Jogye-sa - M° Anguk, ligne n° 3, sortie n° 6. Petit pavillon qui hébergeait la première administration postale coréenne, à deux pas du temple Jogye. Le roi Gojong, de la dynastie Joseon, décida en 1884 de doter le royaume d'un service postal moderne, dans la logique de l'ouverture du pays au monde extérieur. Le bâtiment prit feu dix jours après son inauguration, ce qui arrêta le projet pour quelques années. En 1900, le service postal du royaume fut confié aux Français et les premiers timbres coréens ont été imprimés en France.

GWANGHWAMUN-JONGNO

HÉBERGEMENT

PREMIER PRIX

Hostel Korea 11th – 호스텔코리아 11th : 창덕궁 – B1 - *140 Waryong-dong, Jongno-gu - M° Anguk, ligne n° 3, sortie n° 4 - ✆ 070 4705 1900 - www.cdg.hostelkorea.com -de 22 000 à 100 000 ₩* . Bien placé, entre Insadong et le palais de Changdeokgung, cette auberge de jeunesse moderne et colorée, dispose de dortoirs et de chambres, simples ou doubles, compacts mais bien conçus. Café chaleureux au sous-sol et superbe terasse panoramique sur le toit.

POUR SE FAIRE PLAISIR

Somerset Palace – 서머셋 팰리스 호텔 – A1 - *7, Yulgok-ro 2-gil - M° Anguk, ligne n° 3, sortie n° 6 - ✆ (02) 6730 8888 - www.somerset.com - - wifi - 400 ch. 198 000/396 000 ₩* . L'emplacement, la qualité du service, le confort de la formule, tout est là pour faire de cet hôtel d'appartements une des adresses les plus plébiscitées de Séoul. Chambres équipées de kitchenette comme une résidence mais nettoyées tous les jours comme un hôtel. Parfait pour les séjours de moyenne et longue durées. Sur le toit, grande terrasse pour soirées BBQ et petite piscine.

RESTAURATION

PREMIER PRIX

Cheongjinok – 청진옥 – A2 - *32, Jong-ro 3-gil, Jongno-gu - M° Gwanghwamun, ligne n° 5, sortie n° 3 ou M° Jonggak, ligne n° 1, sortie n° 1 - ✆ (02) 735 1690 - www.cheongjinok.com - 24h/24 - CC - 10 000/50 000 ₩*. Restaurant ouvert en 1937, célèbre pour son *haejangguk*, soupe à base de bouillon d'os de bœuf, de sang coagulé et d'intestins. Cadre simple et agréable, à la décoration rétro, clientèle d'habitués.

FAIRE UNE PAUSE

Beautiful Coffee Changdeokgung – 아름다운커피 창덕궁점 – *88 Donhwamun-ro, Jongno-gu- M° Anguk, ligne n° 3, sortie n° 3 - ✆ (02) 747 5004 - 9h-17h*. À quelques pas du palais, le petit café d'une marque coréenne spécialisée dans le commerce équitable. Idéal pour attendre la visite guidée !

Pour boire un bon café aux environs de Gwanghwamun voir **Café Namusairo** *(p. 138)*.

BOIRE UN VERRE

Top Cloud – 탑 클라우드 – *51, Jong-ro, Jongno-gu, - Jongro Tower, 33e ét. - M° Jonggak, ligne n° 1, sortie n° 3 - ✆ (02) 2198 3300 - www.topcloud.co.kr - 12h-14h30, 18h-24h - déj. 41 800(buffet)/55 000 ₩, dîner 59 000(buffet)/118 800 ₩*. Au 33e étage, idéal pour prendre un verre et jouir à loisir d'une vue exceptionnelle sur la ville. L'endroit fait aussi restaurant. En soirée, animation musicale.

ACHATS

Kyobo – 교보 – *1, Jong-ro, Jongno-gu - Sous-sol du Kyobo Life Bldg. - M° Gwanghwamun, ligne n° 5, sortie n° 3 ou accès direct au magasin par le couloir du métro - ✆ (02) 1544 1900 - www.kyobobook.co.kr - 9h30-22h - fermé Chuseok et Nouvel an lunaire*. Première librairie de Corée, avec un large secteur d'ouvrages étrangers. Nombreux livres, en anglais, sur les arts et la culture coréens. Billetterie où l'on peut acheter des places pour les spectacles des principales scènes séoulites.

1

Insadong 인사동

★★

Ce quartier fut pendant longtemps le repaire des artistes et de la bohème séoulite. Il avait son charme avec ses ruelles parsemées de hanok, ses boutiques vénérables de pinceaux, papiers, antiquités, etc. C'est désormais devenu un centre touristique de masse même si ses galeries ne sont pas les meilleures de la ville… Mais il reste des perles dans le quartier, et beaucoup sont ceux qui l'apprécient comme une première fenêtre sur la culture coréenne traditionnelle et le shopping de souvenirs, comme par exemple dans le complexe de Ssamziegil.

NOS ADRESSES PAGE 75
Hébergement, restauration, achats, activités, etc.

S'INFORMER

Office de tourisme – *130-4 Gwanhoon-dong, Jongno-gu - au nord de la rue d'Insadong – M° Anguk, ligne n° 3, sortie n° 6 - ✆ (02) 734 0222 - www.hiinsa.com - 9h30-18h (19h en été).* Autre bureau – *19 Insadong 11-gil, Jongno-gu - près du Temple Stay Bldg - M° Anguk, ligne n° 3, sortie n° 6 - ✆ (02) 737 7890 - 9h30-18h30 la semaine, 10h-18h le w.-end.*

SE REPÉRER

Plan II BC1-2 p. 32 - Plan de quartier p. 74 – Le quartier se déploie dans le centre historique, autour de la rue principale Insadong-gil qui part du nord (métro Anguk) vers le sud (Tapgol Park et avenue Jongno).

À NE PAS MANQUER

Faire son shopping de souvenirs et d'artisanat et se balader dans les ruelles traditionnelles…

ORGANISER SON TEMPS

Une demi-journée suffit amplement. Le quartier est doté de bons restaurants, mais attention, tout ferme très tôt (21h30-22h). Le week-end, Insa-dong, l'axe principal, est réservé aux piétons.

Se promener Plan de quartier p. 74

Mokin Museum 목인박물관 A1

Cheongseok-gil, Insadong - M° Anguk, ligne n° 3, sortie n° 6 - ✆ (02) 722 5066 - www.mokinmuseum.com - tlj sf lun. 10h-18h - 5 000 ₩.

Très joli petit musée qui possède une collection de 8 000 *mok-in* (ou *kokdu*) – de Joseon à la période contemporaine –, statuettes en bois utilisées pour la décoration des cercueils, lors des funérailles. Sculptées et peintes par des artisans populaires dans un style naïf et coloré, elles ont beaucoup de charme et font partie intégrante du folklore coréen. Elles illustrent bien le rapport particulier des Coréens à la mort et à l'au-delà.

Central Headquarter of Cheondogyo 천도교 중앙총부 B1

88 Gyeongun-dong, Jongno-gu - M° Anguk, ligne n° 3, sortie n° 5 - ✆ (02) 732 3956 - 9h-18h - gratuit.

Temple principal de la secte Cheondogyo, construit en 1918-1921 dans une architecture de style baroque, d'inspiration allemande, par un architecte japonais, un comble pour un bâtiment symbole du nationalisme coréen. Le bâtiment en brique rouge et granit était l'un des trois plus hauts de Séoul à

Le complexe de Ssamziegil.
KTO

l'époque de son édification, avec la cathédrale catholique de Myeong-dong et le siège du gouvernement colonial japonais. Le grand maître Choe Che-u, aussi appelé Su-un, fonda le mouvement Cheondogyo (*voir p. 409*) en 1860. La philosophie, un syncrétisme du bouddhisme et du christianisme, était alors en opposition avec les idées conservatrices de la dynastie Joseon, et avec celles tracées par les Occidentaux. Elle proposait de trouver une voie d'évolution moderne propre à la Corée. Le dogme principal reste que Dieu est en chacun de nous. La secte est célèbre pour son rôle dans la résistance à l'occupant japonais et particulièrement lors de la déclaration populaire d'indépendance du 1er mars 1919.

Seungdong Church 승동교회 B2

137 Insa-dong, Jongno-gu - M° Jonggak, ligne n° 1, sortie n° 11 - gratuit.

Ce temple est l'un des plus anciens bâtiments protestants du pays. L'église presbytérienne (*voir p. 408*) fut établie en Corée en 1893, notamment par le pasteur **Samuel Moore**, missionnaire américain. L'édifice en brique rouge est un bel exemple d'architecture occidentale au début du 20e s. à Séoul. L'église protestante joua un rôle important dans la lutte contre le colonisateur japonais. Les étudiants se retrouvaient en ces murs pour distribuer des pamphlets indépendantistes. C'est notamment en ce lieu qu'aurait été rédigée la déclaration d'indépendance lue le 1er mars 1919 dans le parc voisin (*voir Tapgol Park p. 70*).

PLUIE D'ÉTOILES

Attestant de l'excellence de la gastronomie séoulite, la deuxième édition du **Guide Michelin Séoul** en 2018 compte au total 175 restaurants dont 24 étoilés et 48 restaurants Bib Gourmand, comme le *Busan Sikdang (voir Nos adresses p. 75)*. Tous les types de cuisine sont représentés, de la cuisine royale coréenne aux cuisines française, chinoise, japonaise ou encore italienne.

guide.michelin.co.kr/en/

SE LOGER
Hotel Sunbee.............. 1

SE RESTAURER
Balwoo..................... 1
Busan Sikdang............. 4
Doorei..................... 3
Gaeseong mandu Gung 5
Newijo..................... 7

À voir aussi

Les galeries d'art

Insadong fut le centre des arts pendant longtemps, aussi bien anciens que modernes. Vous y trouverez encore des magasins d'antiquités, qui, bien que relativement chers, peuvent pour certains mériter le détour, au moins pour admirer les objets en vente. Quant aux galeries d'art moderne et contemporain, la plupart sont devenues commerciales, louant leurs espaces aux artistes qui peuvent se les offrir, sans réelle programmation. Le phénomène s'amplifie. D'où un ensemble éclectique et souvent décevant, même s'il reste encore quelques adresses intéressantes.

(Gana) Insa Art Center 인사갤러리 – *188 Gwanhun-dong, Jongno-gu* (AB1) - *M° Anguk, ligne n° 3, sortie n° 6 - ✆ (02) 736 1020 - www.insaartcenter.com - 10h-19h - gratuit*. Grand centre dépendant du groupe Gana qui a ses quartiers à Pyeongchang-dong, il offre le meilleur et le pire selon les artistes qui y exposent dans un espace sur quatre niveaux en plein milieu de la rue d'Insadong.

Kwanhoon Gallery 관훈갤러리 – *195 Gwanhun-dong, Jongno-gu* (A1-2)- *M° Anguk, ligne n° 3, sortie n° 6 - ✆ (02) 733 6469 - www.kwanhoongallery.com - 10h30-18h30 (fermeture irrégulière) - gratuit*. Une galerie avec plusieurs sections dans une ancienne clinique de l'époque japonaise. Même si la programmation est irrégulière, elle reste une des meilleures galeries privées du quartier.

INSADONG

HÉBERGEMENT

BUDGET MOYEN

Hotel Sunbee – 호텔 썬비 – AB2 - *26, Insadong 7-gil, Jongno-gu - M° Anguk, ligne n° 3, sortie n° 6 ou M° Jonggak, ligne n° 1, sortie n° 3 ou M° Jongno 3-ga, ligne n° 5, sortie n° 5 - (02) 730 3451 - www.hotelsunbee.com - CC P - wifi - 42 ch. dim.-jeu. 120 000/140 000 ₩ et vend.-sam. 140 000/160 000 ₩ - 7 000 ₩.* Situé dans une venelle au cœur du quartier touristique traditionnel d'Insadong, cet hôtel allie des prix modestes et un emplacement idéal, au calme, tout en restant à deux pas des rues animées. Les chambres, sans charme particulier, offrent une décoration assez classique mais sont relativement spacieuses et disposent d'un ordinateur avec accès Internet et d'un bain à remous. Vous pouvez également tenter l'expérience d'une chambre avec couchage traditionnel. Bonne solution pour les petits budgets.

RESTAURATION

PREMIER PRIX

Gaeseong Mandu Gung – 개성 만두 궁 – B1 - *11-3, Insadong 10-gil, Jongno-gu - M° Anguk, ligne n° 3, sortie n° 6 - (02) 733 9240 - www.koong.co.kr - lun.-sam. 11h30-21h30 (dern. commande 21h) et dim. 11h30-20h - fermé 1er janv., Chuseok et Nouvel an lunaire - CC - 10 000/15 000 ₩.* Vous verrez certainement une grand-mère chenue s'affairant inlassablement dans l'entrée à préparer des raviolis selon la recette si prisée de Gaeseong, ville de Corée du Nord d'où elle est originaire. Les *mandu* se mangent à la vapeur ou en soupe. Une très bonne adresse pour le déjeuner.

Busan Sikdang – 부산식당 – A1 - *12 Insadong 11-gil, Jongno-gu -M° Anguk, ligne n° 3, sortie n° 6 - (02) 733 5761 - tlj sf dim. 11h30-21h- 10 000/15 000 ₩.* Restaurant ouvert en 1976 où l'on sert notamment de délicieux ragoûts de poisson, délicatement parfumés.

BUDGET MOYEN

Balwoo – 발우공양 – A1 - *56, Ujeongguk-ro, Jongno-gu - Temple Stay Bldg., 5e ét. - M° Anguk, ligne n° 3, sortie n° 6 - (02) 733 2081 - www.balwoo.or.kr - tlj sf dim. 11h30- 13h20 (1er service), 13h30-15h (2e service), 18h-21h30 (dern. commande 20h) - fermé Chuseok et Nouvel an lunaire - CC P - 30 000/95 000 ₩ - réserv. conseillée.* Ce restaurant propose une expérience culinaire particulière : celle de la cuisine des temples. Des produits cultivés et choisis avec soin par les moines, des recettes éprouvées, qui révèlent de subtiles saveurs, le tout bien sûr végétarien… Formules de 10 à 15 plats qui se succèdent en surprenant et ravissant le palais. Proche du temple Jogye, au 5e ét. de l'immeuble du Temple Stay.

Newijo – 뉘조 – B1 *-27, Insadong 14-gil, Jongno-gu - M° Anguk, ligne n° 3, sortie n° 5 - (02) 730 9301 - www.newijo.com - 11h30- 15h, 17h-21h30 - fermé Chuseok et Nouvel an lunaire - CC - formule déj. 18 000 ₩ - 27 500/88 000 ₩.* Une bonne adresse pour la cuisine coréenne, traditionnelle et inventive à la fois. La propriétaire a gardé l'idéal d'une gastronomie centrée sur les plantes sauvages et les saveurs oubliées, dessinant un nouveau chemin possible pour la haute cuisine coréenne tout en évitant les écueils de la fusion. Les menus

1

incluent cependant aussi viandes et poissons.

POUR SE FAIRE PLAISIR

Doorei – 두레 – B2 - *5-24, Insadong 4-gil, Jongno-gu - M° Anguk, ligne n° 3, sortie n° 6 - ✆ (02) 732 2919 - www.foodsidae.com/dure - 12h-16h, 17h30-22h - CC - déj. 27 500/55 000 ₩, dîner 66 000/137 500 ₩.* Un des grands classiques du *hanjeongsik* ou repas coréen à multiples services. Fréquenté depuis longtemps par les artistes coréens du quartier (avec un peu de chance vous entendrez dans la pièce voisine un petit concert improvisé) et les ambassadeurs étrangers, ce restaurant au cadre raffiné mérite ses prix élevés, même si le service – rançon du succès ? – est parfois un peu sec.

PETITE PAUSE

Yetchajip, Old Tea Shop – 옛차집 – *10, Insadong 10-gil, Jongno-gu - M° Anguk, ligne n° 3, sortie n° 6 - ✆ (02) 722 5332 - 10h-23h - 7 000/10 000 ₩.* Célèbre maison de thé du quartier d'Insadong. Décoration chaleureuse et ambiance égayée par des oiseaux qui volettent en liberté. Délicieux thés et infusions froids ou chauds. Idéal pour se relaxer et faire une parenthèse dans le shopping. Tentez le *mogwa-cha*, parfumé au coing, ou, en hiver, le *yuja-cha*, citronné et vitaminé.

Caffe Themselves – *388 Samil-daero, Gwancheol-dong, Jongno-gu - M° Jonggak, ligne n° 1, sortie n° 12 - ✆ (02) 2266 5947 - 10h-22h.* Ceux qui préfèrent le café au thé ne pourront être déçus par les breuvages servis dans ce lieu bien connu des *baristas*. Situé au sud d'Insadong, c'est un espace moderne très agréable et souvent bondé.

ACHATS

Pâtisserie coréenne

Nakwon tteokjip – 낙원떡집 – *25, Insadong-gil, Jongno-gu - M° Jongno 3-ga, ligne n° 5, sortie n° 5 ou M° Anguk, ligne n° 3, sortie n° 6 - ✆ (02) 733 9009 - 9h-21h30 - assortiment 3 000/6 000 ₩.* « La » référence en matière de pâtisseries coréennes depuis 90 ans environ, quand, vers la fin de la dynastie Joseon, certaines femmes de cour se sont reconverties dans ce commerce. Large variété de gâteaux de riz (*tteok*) cuits à la vapeur, dans la plus stricte tradition. N'hésitez pas à vous faire plaisir avec ces friandises, qui émaillent toutes les fêtes traditionnelles coréennes. Premier assortiment à 3 000 ₩.

Calligraphie et sceaux

Myungsindang Brush Store – 명신당필방 – *34, Insadong-gil, Jongno-gu - M° Anguk, ligne n° 3, sortie n° 6 - ✆ (02) 722 4846 - 9h-20h.* Maison spécialisée, depuis deux générations, dans la vente du matériel de calligraphie. Vous y trouverez des pinceaux de différentes tailles et factures, ainsi que l'encre et les pierres nécessaires pour utiliser cette dernière. Possibilité, d'autre part, de faire réaliser un sceau personnalisé en 30mn (*30 000/2 000 000 ₩, selon le matériau choisi*).

Artisanat

KCDF Gallery Shop – 한국공예디자인문화진흥원 갤러리숍 – *8, Insadong 11-gil, Jongno-gu - M° Anguk, ligne n° 3, sortie n° 6 - ✆ (02) 733 9041 - www.kcdfshop.kr - tlj sf lun. 10h-19h.* Fondation, qui dépend du ministère de la Culture, des Sports et du Tourisme, pour la promotion de l'artisanat coréen. Des laques, aux bijoux, en passant par les céramiques, la boutique du rez-de-chaussée vous proposera de nombreuses pièces réalisées par des maîtres coréens et des Trésors nationaux vivants. Des expositions sont également organisées dans l'immeuble.

Nabchung Brass – 납청놋전 – *39, Insadong-gil, Jongno-gu - M° Anguk, ligne n° 3, sortie n° 6 - ✆ (02) 736 5492 - napcheong.com - tlj sf dim. 10h-19h30.* Superbe choix d'artisanat traditionnel en cuivre et laiton. Objets religieux et du quotidien. La production est réalisée par Lee Bong-joo, Trésor national vivant.

Talbang – 탈방 – *48, Insadong-gil, Jongno-gu - M° Anguk, ligne n° 3, sortie n° 6 - ✆ (02) 734 9289 - talbang.modoo.at - 10h30-19h - fermé Chuseok et Nouvel an lunaire.* Petite boutique, qui présente un bel assortiment de masques coréens en bois, réalisés à la main. Jung Sung-am, qui en sculpte depuis vingt ans, est considéré comme un maître en la matière. On retrouve les grandes figures classiques de cette discipline de la tradition coréenne.

Jang ji bang – 장지방 – *22, Insadong 11-gil, Jongno-gu - M° Anguk, ligne n° 3, sortie n° 6 - ✆ (02) 723-0457 - 11h-19h - fermé Chuseok et Nouvel an lunaire.* Jolie variété de *hanji*, papier traditionnel coréen. Famille au service de la fabrication de ce produit depuis quatre générations. L'actuel propriétaire, artisan d'exception, a été déclaré Trésor national vivant.

The store from Tong-In – 통인가게 – *32, Insadong-gil, Jongno-gu - M° Anguk, ligne n° 3, sortie n° 6 - ✆ (02) 733 4867 - www.tonginstore.com - 10h30-22h - fermé 1er janv., Chuseok, Nouvel an lunaire et vac. 1er-3 août.* Immeuble de cinq étages proposant cadeaux, souvenirs, artisanat et, à ne pas manquer, une galerie d'antiquités au 4e étage. Vous y découvrirez, notamment, de magnifiques meubles anciens coréens.

Thés

O'sulloc Tea House – 오설록 – *45-1, Insadong-gil, Jongno-gu - M° Anguk, ligne n° 3, sortie n° 6 - ✆ (02) 732 6427 - www.osulloc.com - 10h-22h.* Le magasin du rez-de-chaussée présente un riche choix de thés verts et noirs, torréfiés, fermentés, parfumés… Celui à l'orchidée rencontre un franc succès. Le salon de thé du premier étage et l'espace VIP, à l'agréable design, méritent d'y faire une pause.

Mode, design, accessoires

Insadong Maru – 마루소개 – *35-4, 6 Insa-dong-gil, Jongno-gu - M° Anguk, ligne n° 3, sortie n° 6 - ✆ (02) 2223 2500 - www.insadongmaru.co.kr - 10h30-20h30 (sam. 21h).* Ce complexe moderne et vertical regroupe plusieurs dizaines de boutiques de mode, design et artisanat ouvertes par des créateurs coréens.

Urbanisme capitale

Avec une population de plus de 10 millions d'habitants, en croissance constante, la ville de Séoul réunit à elle seule plus de 21 % de la population totale du pays sur à peine 0,6 % du territoire national. Si l'on se place à l'échelle de la Région capitale qui inclut la province du Gyeonggi (territoire englobant Séoul) et la métropole voisine d'Incheon, on parle alors de la moitié de la population nationale, soit plus de 24,7 millions d'habitants.
Ces chiffres à eux seuls donnent un premier aperçu du poids démographique mais aussi économique de Séoul et de sa région. Ils permettent de comprendre l'urbanisme d'une région et d'une capitale sans cesse en évolution.

UNE MARÉE DE TOURS

Lorsque l'on vient de l'aéroport par la route, une des premières visions à l'entrée de Séoul est un alignement de barres et tours de logements le long du fleuve Han. Selon leurs dates de réalisation, ces constructions comptent 5 niveaux (années 1960 et 1970), 15 niveaux (1980 à 1990), voire 30 niveaux (les plus récentes). Elles affichent des façades monotones, souvent identiques, derrière lesquelles se cachent des appartements de tous standings. Sans linge, plantes, ni paraboles, elles paraissent presque… inhabitées. Sur les murs pignons sont peints en grand les noms des constructeurs, Hansin, Hyundai, Samsung, etc., qui impriment ainsi leur marque sur tout le paysage urbain.
Ces ensembles appelés **danji** sont devenus en cinquante ans la forme d'habitat la plus répandue en Corée du Sud. Tout à la fois symboles de modernisation du pays et de développement économique, ils ont été adoptés sans concession par une grande part des familles coréennes en quête d'accession à la propriété. L'État en a été l'initiateur, organisant les premières vagues de construction sous l'égide de plans nationaux ambitieux et mettant en place un environnement financier incitatif. Le secteur privé a rapidement pris la suite, profitant du sillon tracé par les organismes publics pour édifier des immeubles de logements, souvent destinés aux couches moyennes et supérieures de la population, au gré des extensions urbaines de la capitale, comme en témoignent les quartiers Apgujeong ou Socho. Ces ensembles côtoient des quartiers de maisons basses (2 à 3 niveaux tout au plus), parfois bien plus denses, structurés autour de ruelles sinueuses contrastant avec le dessin régulier des *danji* ou la trame orthogonale des grands axes urbains de Séoul.

LES QUARTIERS D'AFFAIRES

Si les quartiers résidentiels se déploient partout dans la capitale, le monde des affaires se concentre principalement en deux endroits : **Gangbuk**, littéralement « nord du fleuve », et **Gangnam**, « sud du fleuve ». Le premier est le centre ancien. Les immeubles de bureaux s'érigent non loin des anciens palais royaux, notamment le long de deux axes, Sejong-ro et Jong-no. Le second est né du développement urbain des années 1980, sous l'impulsion de la qualification de Séoul pour accueillir les Jeux olympiques de 1988. Les deux centres rivalisent en sièges sociaux d'entreprises nationales et internationales, mais Gangnam se distingue néanmoins par son plus grand nombre de buildings contemporains qui ont bien souvent remplacé des bâtiments de première génération plus trapus. Ils se dressent toujours plus hauts, entre autres le long de Teheran-ro. Toutefois, de nouveaux secteurs tertiaires émergent désormais dans un principe de multipolarité, développé par la municipalité de Séoul, et l'on observe aujourd'hui des groupes de gratte-ciel s'ériger tels des orgues basaltiques. Il s'agit notamment du quartier Digital Media City à l'ouest, près du stade de football construit pour la Coupe du monde 2002, du quartier Yongsan, spécialisé dans le commerce des produits électroniques et en complet renouvellement, et du « Techno Mart » de Gwangjin-gu. Mais c'est désormais dans le quartier « olympique » de Jamsil que se dresse la plus haute tour du pays, la très svelte **Lotte World Tower** (555 m) inaugurée en 2017.

UNE VILLE À VIVRE

Parmi les changements urbains récents de Séoul, on peut noter le travail sur l'espace public et le développement de grands équipements culturels et de loisirs. En effet, l'aisance économique dans laquelle le pays s'est installé dans les années 1990 a eu des répercussions sur les habitudes des Coréens et sur les villes, à commencer par Séoul. À cela se sont ajoutées nombre de mesures visant à attirer les investissements étrangers et les touristes, suite à la crise économique asiatique de 1997, fortement ressentie dans le pays. Quatre exemples en témoignent : l'aménagement des berges du fleuve Han, la rénovation du quartier Insadong, la réhabilitation de la rivière Cheonggye et la construction du Dongdaemun Design Plaza and History Park (DDP).

Bien avant Paris-Plage, la municipalité de Séoul a en effet décidé, dans les années 1990, de rendre les **berges du fleuve** accessibles et de les transformer en espace de loisirs. Passé la barrière de la voie rapide 88 (comme l'année des J.O.), on peut s'y détendre en pique-niquant, en faisant du sport, etc. Plus récemment, le **quartier Insadong**, quartier des antiquaires, a connu l'inévitable piétonisation des centres des grandes villes. Les voitures y sont rares, les boutiques toilettées et les chalands nombreux. Cependant, le charme originel de cette partie du centre ancien a été altéré par la politique urbaine d'embellissement. Autre projet du début des années 2000, le maire de l'époque Lee Myung-bak a entrepris de réhabiliter la **rivière Cheonggye**, recouverte dans les années 1950 pour des raisons de salubrité et d'urbanisation (*voir p. 86*). Au bout de cette coulée verte et bleue s'ouvre depuis 2014 le nouveau centre du design **Dongdaemun Design Plaza and History Park**, conçu par la célèbre architecte anglo-irakienne Zaha Hadid. Ce nouvel espace de 85 000 m^2 entend positionner Séoul comme capitale asiatique du design. Il témoigne, une fois de plus, du mariage indissociable entre développement économique et développement urbain qui caractérise si bien l'urbanisation en Corée et que l'on observe à l'échelle de la Région capitale avec des projets tels que la ville nouvelle Songdo près de la métropole d'Incheon ou encore le centre international de culture et de tourisme de Goyang, dans la province Gyeonggi.

Aujourd'hui, Séoul offre un paysage et un espace urbain contrastés, construits au fil des projets publics ainsi que des initiatives privées. Ses montagnes naturelles avoisinent les montagnes artificielles d'immeubles. La monotonie des ensembles d'appartements est défiée par la qualité architecturale – voire parfois l'audace – de constructions de plus en plus nombreuses, dont certaines sont désormais signées par des architectes de renommée internationale. Les quartiers au rythme effréné, irrigués par de larges avenues, offrent des moments de respiration aux formes diverses : places, pistes cyclables, parcs… De plus en plus d'espaces oppressants se muent en lieux de promenade. Un pont urbain devient jardin suspendu (**Skygarden** - *voir p. 92*). Une ligne ferroviaire attire aussi bien les badauds que les amateurs de pique-nique (**Gyeongui Line Forest** - *voir p. 140*). Et un parc étonnant est dessiné sur une île-usine (**Sonyudo Park**).

Il en résulte une ville active et dynamique, mais aussi rude et parfois ingrate. Toutefois, elle ne peut être pleinement appréhendée et appréciée qu'en se dégageant des références esthétiques occidentales qui sont les nôtres. Si notre regard sait être curieux et désireux, Séoul saura en retour être généreuse, une fois passé l'obstacle des murs de béton.

Cheonggyecheon-City Hall
청계천 - 시청

★★

Dans cette partie du centre historique se déployant autour du City Hall (mairie) et de la Seoul Plaza se concentrent transports en commun, galeries marchandes souterraines, hôtels, bureaux, grands magasins luxueux, nombreuses boutiques et aussi sites historiques d'importance. C'est en effet à l'ouest de ce quartier que se trouvaient les premiers établissements étrangers arrivés dès la fin du 19e s. (légations, églises, écoles, etc.). Depuis que Lee Myung-bak, alors maire de Séoul, y a « restauré » la rivière Cheonggye dans son cours original, ce quartier fait aussi se rencontrer l'ancien et le moderne autour de cette nouvelle coulée verte.

NOS ADRESSES PAGE 87
Hébergement, restauration, achats, activités, etc.

S'INFORMER

Office de tourisme – *110 Sejondaero, Jung-gu 1-ga - dans le City Hall, au 1er sous-sol - M° City Hall, lignes n° 1/2, sortie n° 4 - ☏ (02) 739 7755 - 9h-20h.*

Office du Tourisme et K-Style Hub - *40, Cheonggyecheon-ro, Jung-gu - M° Euljiro 1(il)-ga, ligne n° 2, sortie n° 2 ou M° Jonggak, ligne n° 1, sortie n° 5 - ☏ (02) 729 9497 - 9h-20h.*

SE REPÉRER

Plan II AB2 p. 32 - Plan de quartier p. 81 – Au cœur de la ville historique, autour du palais Deoksu situé sur la place de la mairie.

À NE PAS MANQUER

Le palais Deoksu. La « vague » du City Hall. La balade le long de la rivière de Cheonggye. Jeter un coup d'œil à la programmation du SEMA, toujours décapante.

ORGANISER SON TEMPS

S'il ne faut pas manquer la visite du Deoksugung, le temps à consacrer à ce quartier dépend des centres d'intérêt. Les mordus d'histoire accorderont quelques heures à la promenade dans Jeong-dong, tandis que les *fashion victims* pourront passer sans problème quelques heures dans les grands magasins comme le Lotte.

AVEC LES ENFANTS

Profiter de la coulée verte de la rivière de Cheonggye ; se divertir en découvrant le spectacle Nanta *(voir Séoul pratique p. 41)*. La relève de la garde fascinera les enfants.

Se promener Plan de quartier ci-contre

★★ Deoksugung (Deoksu Palace) 덕수궁 A2

5-1 Jeong-dong, Jung-gu - M° City Hall, lignes n° 1/2, sorties n° 2/12 - ☏ (02) 771 9955 - www.deoksugung.go.kr - tlj sf lun. 9h-21h - possibilité de visite guidée en anglais (gratuit - infos ☏ 02 751 0734), mar.-dim. 10h30 et 16h30 - 1 000 ₩.

Ce palais fut construit au 15e s., pour servir de résidence au fils du roi Sejo, le prince Wolsan, qui fut écarté du trône au profit de son frère le roi Yejong. Lors des invasions japonaises menées par Toyotomi Hideyoshi en 1592, la famille royale dut fuir à Uiju, à la frontière manchoue. À son retour en 1593, le roi Sonjo s'établit en ces murs, les palais royaux de la capitale ayant été dévastés. Une

CHEONGGYECHEON-CITY HALL

SE LOGER
- Ibis Ambassador Seoul Myeong-dong 1
- Koreana Hotel 3
- Lotte Hotel Seoul 5
- Metro Hotel 7
- Small House Big Door....... 10
- The Westin Chosun Seoul ... 9

SE RESTAURER
- Arirang..................... 2
- Chamsookgol 1
- Ganga...................... 3
- Nampo Myeonok............ 5
- Pierre Gagnaire............ 7

- **Chongdong First Methodic Church**..................... B
- **Jeongdong Theater** .... A
- **National Museum of Contemporary Art**......... C
- **Seokjojeon** .... D

fois le palais Changdeok reconstruit en 1615, le roi Kwanghaegun s'y installa et quitta le palais Deoksu. Les monarques n'y vécurent plus pendant une fort longue période… Il fallut attendre la fin du 19e s. pour que le roi Gojong revienne y habiter, après avoir fui le palais Gyeongbok – suite à l'assassinat de la reine Min par les forces d'occupation japonaises – et s'être réfugié treize mois dans la légation de Russie voisine. Il s'y installa en 1897. Même après son abdication en faveur de son fils Sunjong, il continua à résider en ce palais jusqu'à sa mort en 1919. Les occupants japonais ont réduit la superficie du site des deux tiers et limité ses bâtiments à 1/10 de l'ensemble d'origine. Le nom du palais a été changé à de nombreuses reprises et le roi Sunjong, dernier de la dynastie, le nomma Deoksugung, « palais de longévité vertueuse », une fois que son père eut abdiqué. Soulignons que le séjour des monarques en ces lieux fut bref et toujours lié à des événements malheureux…

On accède au site par la porte Daehan, **Daehanmun**, qui est orientée vers l'est, alors que les portes des palais royaux de la dynastie Joseon faisaient traditionnellement face au sud. Elle date de 1906, comme la majorité des bâtiments du palais, reconstruits après un incendie cette année-là. Elle a été reculée de son emplacement d'origine pour permettre l'élargissement de l'avenue principale de Séoul. À l'intérieur de l'enceinte, vous remarquerez le ruisseau et le pont **Geumcheongyo**, qui sont toujours présents dans les palais royaux séoulites pour purifier l'esprit des officiels au service du roi et du peuple et marquer une limite entre le lieu de vie du souverain et celui du commun des mortels.

La porte Junghwa, **Junghwamun**, mène à la cour du bâtiment principal. Elle fait face à l'est, comme l'exigeait le protocole sous Joseon. Les murs d'enceinte qui la prolongeaient pour former une cour intérieure ont disparu. On remarquera les sculptures sur l'escalier : le dragon royal et les *haetae*. Seul le monarque pouvait emprunter l'arche centrale de la porte. Le hall du trône, **Junghwajeon**, siège sur une double terrasse en pierre au fond d'une cour qui présente, comme dans les autres palais, l'allée pavée réservée au souverain et les bornes en pierre, indiquant l'emplacement des fonctionnaires selon leur rang. Le pavillon d'origine comprenait deux étages, ce qui ajoutait encore à sa majesté. À l'intérieur, on remarquera les attributs royaux : le trône, la représentation traditionnelle du *Irwol-oakdo* avec ses cinq montagnes, sa lune et son soleil, porteuse d'espoir et de prospérité pour la nation, ainsi que les dragons au plafond.

À l'arrière, admirez le superbe pavillon **Seogodang** à deux étages. Le roi Seonjo s'y installa en attendant la reconstruction de son palais détruit lors des invasions japonaises à la fin du 16e s. En écho aux difficultés vécues par son peuple, il le souhaita très sobre, sans peinture, ce qui en fait un pavillon d'une beauté particulière. À droite, le hall **Deokhongjeon** permettait au roi Gojong de recevoir les envoyés étrangers. Il date de 1911 et est équipé de l'électricité. Enfin, le pavillon **Hamnyeongjeon** servait de chambre à coucher à Gojong et c'est là qu'il mourut en 1919. Au fond, on verra la première construction de style européen dans un palais royal, le pavillon **Jeonggwanheon** avec sa structure métallique. Il fut édifié en 1900 par un architecte russe. Le roi y prenait le café (qu'il avait appris à aimer lors de son séjour dans la légation de Russie), écoutait de la musique ou y donnait des réceptions.

En revenant à l'arrière de la salle du trône, vous découvrirez les pavillons **Jeukjodang**, qui servait de bureau à Gojong et de lieu pour vénérer ses ancêtres, ainsi que **Junmyeongdang**, où le roi recevait les invités de marque. À gauche de ces bâtiments s'élève **Seokjojeon**, le palais moderne du roi Gojong. Il fut bâti entre 1900 et 1910 par un architecte britannique, G.R. Harding, dans un style occidental néo-classique, mais fut peu utilisé. Le second étage comprenait les appartements de l'empereur ; le premier, des salles de réception ; et le rez-de-chaussée, les communs pour le personnel. On l'utilisa lors de la fin de la guerre de Corée pour les négociations russo-américaines. Il devint ensuite le Musée national puis royal (avant son déménagement). Rénové de 2009 à 2014, il abrite désormais le **Daehan Empire History Museum** (*plusieurs visites guidées de 45mn par jour, gratuites, autorisées après enregistrement à la réception ; audioguides en anglais*) qui permet d'admirer la reconstitution à l'identique des chambres impériales et des salles de réception.

Plus loin, un second bâtiment moderne, qui date de 1936, héberge aujourd'hui le **National Museum of Modern and Contemporary Art 덕수궁 미술관** (A2) - *(02) 2022 0650 - www.mmca.go.kr - mar., jeu., vend. et dim. : 10h-19h, merc. et sam. : 10h-21h - fermé lun. - tarif entrée variable*. C'est l'annexe intra-muros du musée MMCA *(voir p. 58)*. Très classiques, lieu oblige, ses expositions temporaires sont de qualité mais ici l'art contemporain est bien sage. Pour des choses plus percutantes, voir le SEMA, tout proche *(voir ci-contre)*.

Enfin, en sortant, vous remarquerez un pavillon avec une horloge à eau qui date de 1536 et une cloche du temple bouddhiste Heungcheon, fondue en 1462.

Comme au palais Gyeongbok, vous pourrez assister à une **reconstitution de la cérémonie de relève de la garde sous la dynastie Joseon** - *porte principale Daehanmun - tlj sf lun. et j. de pluie 11h, 14h et 15h30 - de 40mn à 1h - www.royalguard.kr - gratuit.*

★ JEONG-DONG 정동

Durée : 2h (sans la visite du SEMA) - Départ dans la rue Doldam-gil, qui longe le palais Deoksu par la gauche, quand on fait face à la porte principale - M° City Hall, lignes n° 1/2, sorties n° 2/12.

Ce quartier particulier fut le lieu de résidence de la majorité des Occidentaux lors de l'ouverture du pays. Les légations étrangères, églises missionnaires et écoles modernes y furent construites par les Européens et les Américains autour du palais Deoksu, où le roi Gojong tenta de sauver sa dynastie en menant des réformes d'ouverture au monde extérieur, en dépit de ses difficultés avec les autorités japonaises. Les bâtiments fin 19e et début 20e s., premières constructions modernes en terre coréenne, témoignent avec un certain charme de cette période…

Avant d'entreprendre la découverte du quartier, vous pouvez en avoir un **aperçu panoramique** de l'**observatoire Jeongdong** situé au 13e étage du Seoul Metropolitain Council Annex (*suivre les panneaux « Jeongdong Observatory 13F » - 15, Deoksugung-gil, Jung-gu (A2) - 9h-18h - gratuit*).

Pai Chai Hakdang, East Bldg 배재학당 A2

34-5 Jeong-dong, Jongno-gu - (070) 7506 0073. Construit en 1916, ce bâtiment faisait partie d'un complexe voué à l'éducation moderne établi par le missionnaire méthodiste américain Henry Gerhard Appenzeller, dès 1885. Le roi Gojong avait donné son aval au projet par un édit. La construction en brique reste représentative de cette période d'ouverture aux influences étrangères. Le petit **Appenzeller Noble Memorial Museum** (*tlj sf lun. 10h-17h - gratuit*) est hébergé dans l'édifice. Il offre un regard sur les premiers missionnaires et leur œuvre en Corée.

Seoul Museum of Art (SEMA) 서울시립미술관 A2

61 Deoksugung-gil, Jung-gu, (37 Seosomun-dong) - M° City Hall, lignes n° 1/2, sorties n° 1/11/12 - (02) 2124 8800 - sema.seoul.go.kr - ♿ - tlj sf lun. et 1er janv. 10h-20h (mars-oct. : w.-end et certains j. fériés 10h-19h ; nov.-fév. : 10h-18h) - gratuit ou prix variable selon expo.

Ce bâtiment en bordure de la Doldam-gil abritait autrefois un tribunal et comme le chemin longeant le palais qui y menait était emprunté par les futurs divorcés, une superstition tenace engage les jeunes couples à ne pas l'emprunter… Désormais rénové (seule la façade a été conservée), cet édifice abrite non pas un musée comme le dit son nom, mais des expositions temporaires d'art moderne et contemporain aussi bien coréen qu'étranger. La programmation est probablement l'une des meilleures de Séoul. Les sujets sont éclectiques mais toujours traités avec profondeur et une grande subtilité. Attention, peut être pris d'assaut le week-end.

Chongdong First Methodic Church 정동제일교회 A2

34 Jeong-dong, Jongno-gu - (02) 753 0001. Cette construction, édifiée en 1897 par les méthodistes américains, est le premier temple protestant coréen de style occidental. Bâti en brique rouge avec son clocher typique, il témoigne de cette période où les missionnaires catholiques puis protestants vinrent répandre le christianisme en Corée. On notera leur vif succès, tant la ferveur chrétienne est maintenant bien ancrée en ce pays.

Jeongdong Theater 정동극장 A2

43 Jeongdong-gil, Jung-gu - (02) 751 1500 - jeongdongtheater.com.

Ce théâtre ouvert depuis 1995 propose des performances traditionnelles de *miso* (*miso* signifie « beau sourire » en coréen), sorte de comédie musicale et synthèse performative des arts traditionnels du pays. L'occasion de marquer une pause dans votre itinéraire si vous êtes synchrone avec les horaires *(voir Nos adresses)*.

Ewha Girls High School (Ewha Hakdang) 이화고등학교 A2

32-1 Jeong-dong, Jung-gu - ✆ (02) 052 3353. Première école ouverte en Corée pour les filles des classes populaires. De la structure d'origine, seul demeure le Hall Simpson, construit en 1905 et qui accueille maintenant un petit musée. Mary Scranton, missionnaire méthodiste protestante, décida dès 1886 que les jeunes Coréennes avaient autant droit d'accéder à l'éducation que leurs frères. Si les débuts furent difficiles, cette idée bousculant des habitudes séculaires fit son chemin et le projet prospéra jusqu'à la création d'une université féminine du même nom fort réputée, établie sur un autre site *(voir p. 142)*.

Former Russian Legation 구 러시아공사관 A1

15-1 Jeong-dong, Jongno-gu. Au-dessus d'un petit square, on observera les vestiges de l'ancienne légation russe. La tour de trois étages, encore debout, faisait partie d'un important building de style Renaissance édifié en 1890, par le Russe Aleksey Seredin-Sabatin. Le bâtiment fut détruit lors de la guerre de Corée et très partiellement reconstruit en 1973. C'est en ces murs que le roi Gojong et son fils, le prince héritier, se réfugièrent après s'être enfuis du palais Gyeongbok en 1895, suite à l'assassinat de la reine Min par les occupants japonais. Ils y demeurèrent un an. Lors de la réfection, une chambre secrète qui reliait la légation au palais Deoksu fut retrouvée dans le sous-sol de la tour. Dans le parc en contrebas, on notera un monument commémoratif en l'honneur des sœurs de Saint-Paul de Chartres dont une des maisons d'origine s'établissait en ces lieux. Ces Françaises furent les premières femmes missionnaires catholiques en Corée, dès 1888. Le couvent paulinien séoulite est désormais situé à Myeong-dong, derrière la cathédrale.

Jungmyeongjeon 중명전 A2

1 Jeong-dong, Jongno-gu - tlj sf lun. 10h-17h - gratuit. En revenant sur vos pas, en direction du palais Deoksu, vous trouverez le Jungmyeongjeon, au fond d'une venelle sur votre gauche. Cette zone de résidence des missionnaires occidentaux fut incorporée dans le palais Deoksu, lors de son expansion de 1897. Le bâtiment de type occidental en brique à deux étages fut construit par l'architecte russe Aleksey Seredin-Sabatin. Il servit notamment de bibliothèque royale. L'installation de la légation américaine derrière ce site le coupa du complexe du palais Deoksu et il devint une annexe. La Corée y ratifia le douloureux traité de protectorat avec le Japon en 1905 qui officialisait sa colonisation. C'est ce que donne à voir aujourd'hui ce petit musée qui vaut moins par son contenu (tout est en coréen) que par son architecture.

Salvation Army Headquarters 구세군 본관 A1

1-23 Jeong-dong, Jongno-gu - ✆ (02) 720 9494. En retournant vers le palais Deoksu, vous prendrez la rue qui longe la muraille, à votre gauche. Ce chemin est très joli. Entre les murs séculaires du palais royal et ceux de l'ancienne légation américaine – aujourd'hui résidence de l'ambassadeur – on se sent transporté à une autre époque… Le bâtiment de l'Armée du Salut a été édifié en 1926-1928 avec les briques rouges habituelles aux constructions occidentales de cette époque et fut restauré en 2003. L'architecte s'inspira du Clapton Congress Hall de Londres pour réaliser cet ensemble néo-classique. Il servit à l'éducation des officiers de l'Armée du Salut et de maison principale pour leur activité missionnaire, qui débuta à Séoul en 1908. Un petit musée gratuit vous présentera l'histoire coréenne de cette organisation.

Poursuivez la route puis tournez deux fois de suite à droite, pour arriver à la cathédrale anglicane de Corée, qui jouxte l'ambassade d'Angleterre.

Seoul Anglican Cathedral (Seonggonghoe) 서울 성공회성당 A2

3 Jeong-dong, Jongno-gu - ✆ (02) 730 6611 - tlj sf dim. 11h-16h. La cathédrale de style néo-roman fut construite en granit en 1922, par Arthur Dixon, architecte britannique, sous la supervision de Mark Trollope, troisième évêque anglican de Corée. Elle fut consacrée le 2 mai 1926. Son édification ayant eu lieu sous l'occupation japonaise, il ne fut pas permis de respecter les plans d'origine de construction en forme de croix. Le transept ne fut complété que beaucoup plus tard, en 1926. En sortant, vous remarquerez les bâtiments du diocèse anglican composés de jolies constructions coréennes traditionnelles. On note même un bâtiment détaché du palais Deoksu, le Yangijae, qui date de 1905.

Vous pouvez terminer la promenade ici et vous diriger vers l'avenue Sejong pour trouver la station de métro City Hall (lignes nº 1/2) et, de Seoul Plaza, admirer le City Hall (voir ci-après) ou encore traverser l'avenue et remonter vers le nord, en direction de Gwanghwamun, jusqu'au Dong-A Ilbo Bldg.

Dong-A Ilbo Bldg 동아일보빌딩 A1

152 Sejongdae-ro, Jongno-gu - ✆ (02) 2020 2050. Le building fut construit en 1926 pour héberger le siège du journal *Dong-A Ilbo*. On utilisa brique et béton et l'architecte agrémenta la façade extérieure de larges fenêtres ouvertes sur l'avenue. Ce design est représentatif des constructions de type occidental en Corée, à partir des années 1920. L'immeuble héberge maintenant la **galerie d'Art contemporain Ilmin Museum of Art** (*www.ilmin.org - tlj sf lun. 11h-19h - 3 000 ₩*) qui propose des expositions variées.

1

★★ **City Hall et Seoul Plaza** 서울광장 A2

Mº City Hall, lignes nº 1/2, sortie 5º.

Vaste espace circulaire et en partie couverte de gazon, la **Seoul Plaza** accueille aussi bien les foules joyeuses (une victoire de l'équipe nationale de football par exemple) que les manifestations culturelles, sportives (patinoire en hiver) ou grèves en tous genres. S'y dresse au nord l'ancien hôtel de ville édifié en 1926 (aujourd'hui une bibliothèque) que menace d'avaler depuis 2013 une immense et lumineuse **vague de verre**. Ce nouveau **City Hall**★★ (*english.seoul.go.kr - 7h30-18h ; w.-end 9h-18h - une à deux visites guidées en anglais tlj sf lun., réserv. et horaires sur le site Internet*), imaginé par l'architecte Yoo Kerl est dénué d'angles droits. Il semble que l'on ait tiré la place vers le haut pour la prolonger, juste assez pour qu'elle ne retombe pas. Inspiré par les traditions coréennes, l'édifice éco-conçu marque durablement le visiteur. N'hésitez pas à parcourir le lobby, à lever les yeux sur le mur végétal intérieur le plus haut du monde. Vous pouvez aussi vous rendre au café situé au 9e étage pour profiter de la **vue** sur Seoul Plaza

Sous la place, de vastes espaces ont été aménagés en **Seoul Citizens Hall** (*seoulcitizenshall.kr - 9h-21h*). Un lieu d'interaction entre habitants de la capitale, symbolisé par une oreille. On peut s'y relaxer, récolter des informations touristiques, profiter d'une exposition ou encore faire le tour du **Gungisi Relics Exhibition Hall** qui montre des objets et fondations d'édifices de la période Joseon découverts lors de la construction du site.

Wongudan Sky Temple 원구단 A2

87-1 Sogong-dong, Jung-gu - Mº City Hall, lignes nº 1/2, sortie nº 6 - derrière le Westin Chosun Hotel - gratuit. Situé à l'est de Seoul Plaza et égalementi orthographié Hwangudan, c'est un très joli petit sanctuaire octogonal à trois étages, construit en 1899. Le roi **Gojong** se proclama empereur le 2 novembre 1896 et ainsi rompit le lien de vassalité qui le liait au monarque chinois. L'édification de cet autel, dont l'architecture est d'inspiration chinoise, en découle puisque le souverain coréen pouvait désormais offrir directement des sacrifices au Ciel à l'instar de son homologue de Pékin. Traditionnellement, les rois de Joseon menaient leurs rituels au sanctuaire Sajik *(voir p. 136)*, à l'attention des dieux de la Terre et des Moissons, plus quelques rites agraires secondaires, mais ne pouvaient pas honorer le Ciel. Le site de Wongudan comportait d'autres édifices qui furent détruits par les occupants japonais en 1910 pour réaliser la construction du Joseon Gyeongseong Railroad Hotel, premier hôtel de standing de type occidental en Corée, qui occupait la place de l'actuel Chosun Hotel.

★★ Cheonggyecheon Stream et Cheonggye Plaza
청계천 & 청계광장 A1

Cheonggyecheon, Jongno-gu - M° Cheonggyecheon, ligne n° 5, sortie n° 5 - (02) 2290 7111.

Cette place, avec *Spring*, œuvre pop art colorée de Claes Oldenburg et Coosje van Bruggen, marque l'entrée sur les berges de la **rivière Cheonggye**, symbole d'une prise de conscience et d'une nouvelle politique urbaine.

Quiconque a vu ce cours d'eau dans les années 1990, un cloaque malodorant recouvert de bitume en 1955, plus tard coiffé d'une nouvelle couche de voies aériennes tentaculaires, ne le reconnaîtrait pas. Le président de la République, Lee Myung-bak, dans sa politique urbaine écologique et spectaculaire, lança le projet d'une « restauration » de la rivière initiale, alors qu'il était maire de Séoul. Un aménagement qui a servi de modèle à bien d'autres villes à travers le pays. Le résultat est impressionnant si l'on fait abstraction du coût financier et énergétique pour alimenter ce filet d'eau (120 000 t d'eau sont pompées chaque jour du fleuve Han, la rivière originelle étant asséchée). 10,9 km ont ainsi été restaurés dans un environnement qui donne envie de se balader loin, enfin presque, du tumulte urbain.

Un vrai succès populaire : des centaines de millions de visiteurs s'y pressent depuis l'ouverture en 2005, écoutent les oiseaux, regardent les enfants sauter de rocher en rocher, trempent les pieds dans l'eau. N'hésitez pas à vous y promener et à découvrir le centre-ville sous cet angle particulier, même si d'un point de vue écologique, il n'égale pas la réussite de Yangjaecheon au sud de Séoul et que le tout manque encore probablement d'interactivité avec les quartiers traversés. Vous les rejoignez néanmoins facilement à chaque pont (tous différents), grâce à des escaliers, des portes. Une bonne façon de parcourir la ville en évitant les passages piétons et la circulation. Il est en effet fort agréable en fin de journée de relier par exemple Cheonggye Plaza au quartier de Dongdaemun à l'est *(env. 5 km, voir p. 114)* en faisant, pourquoi pas, une pause repas au marché de Gwangjang.

Rens. sur les parcours et les manifestations parfois organisées : *www.sisul.or.kr*

K-Style Hub 케이스타일허브 B1

40 Cheonggyecheon-ro, Jung-gu - (02) 729 9496 - french.visitkorea.or.kr - 10h-20h - gratuit. Cet espace spécialement aménagé pour les visiteurs étrangers regroupe à la fois un point d'informations touristiques et diverses expositions-promotions de la culture locale. La K-pop, la cuisine, le tourisme médical… Particulièrement intéressante, l'exposition *(3e étage)* sur les traditions de fermentation des aliments. En réservant à l'avance, vous pourrez même prendre des cours de cuisine. Cafés et restaurants sur place.

CHEONGGYECHEON–CITY HALL

HÉBERGEMENT

BUDGET MOYEN

Metro Hotel – 메트로 호텔 – B2 - *14, Myeongdong 9ga-gil, Jung-gu - M° Euljiro 1-ga, ligne n° 2, sorties n° 5/6 - (02) 752 1112 - www.metrohotel.co.kr - - wifi - 78 ch. 77 000/143 000 ₩ .* Business hôtel du centre-ville, à prix doux. La décoration orientée vers le design se veut assez soignée et les chambres sont fonctionnelles, propres et agréables. Séjournez si possible dans les étages supérieurs pour une meilleure luminosité. Une réservation par Internet peut vous offrir 5 % de réduction.

Small House Big Door – 스몰하우스빅도어 – B2 - *6 Namdaemun-ro 9-gil, Jung-gu - M° Euljiro 1-ga, ligne n° 2, sorties n° 1/2 - (02) 2038 8191 - smallhousebigdoor.com - 25 ch. à partir de 120 000 ₩ .* Bistro, galerie et boutique-hôtel au design minimaliste, aussi agréable que fonctionnel. Les chambres offrent différents niveaux de confort. Le blanc et les matériaux bruts dominent. L'emplacement est idéal, dans une ruelle au cœur de la ville. Une excellente adresse au nombre de chambres limitées, qui offre une convivialité et une intimité rares dans le quartier.

Ibis Ambassador Seoul Myeong-dong – 이비스호텔 앰배서더 명동 – B2 - *78, Namdaemun-ro, Jung-gu - M° Euljiro 1-ga, ligne n° 2, sortie n° 6 - (02) 6272 1101 - www.ambatel.com/myeongdong - - wifi - 280 ch. 148 500 ₩ - 19 800 ₩ - buffet déj. 28 000 ₩, buffet dîner 37 000 ₩.* Emplacement en centre-ville pour cet établissement qui accueille surtout des hommes d'affaires. Les chambres des derniers étages, tout comme le bar, offrent une vue très agréable sur Namsan et le quartier de Myeong-dong. Bains chauds, salle de sport et business center.

UNE FOLIE

Koreana Hotel – 코리아나호텔 – A1 - *135, Sejong-daero, Jung-gu - M° Gwanghwamun, ligne n° 5, sortie n° 6 ou M° City Hall, lignes n° 1/2, sortie n° 3 - (02) 2171 7000 - www.koreanahotel.com - - wifi - 337 ch. 326 700 ₩ - 23 000 ₩.* Hôtel moyenne gamme, qui jouit d'un emplacement central de premier ordre, proche de la mairie de Séoul et des palais Gyeongbok et Deoksu. Les chambres, plutôt spacieuses, sont confortables et bien équipées. Plusieurs restaurants, bar, boutiques, business center, salle de sport et sauna.

Lotte Hotel Seoul – 롯데호텔 서울 – B2 - *30, Eulji-ro, Jung-gu - M° Euljiro 1-ga, ligne n° 2, sorties n° 7/8 - (02) 771 1000 - www.lottehotel.com/seoul/en - - wifi - 1120 ch. à partir de 242 000 ₩ - 59 300 ₩.* Au cœur du centre-ville, cet énorme hôtel propose des chambres luxueuses et toute une gamme de services : bars, restaurants – tel celui de Pierre Gagnaire –, boutiques hors taxes, spa, fitness, business center, et a même prévu un étage réservé aux femmes. François Mitterrand y séjourna, comme de nombreux autres dignitaires étrangers.

The Westin Chosun Seoul – 웨스틴조선호텔 – AB2 - *106, Sogong-ro, Jung-gu - M° City Hall, lignes n° 1/2, sortie n° 6 ou M° Euljiro 1-ga, ligne n° 2, sortie n° 7 - (02) 771 0500 - www.echosunhotel.com - - wifi - 442 ch. 532 400 ₩ - 55 000 ₩.* Plus ancien hôtel international de Corée, fondé en 1914, cet établissement de luxe se situe dans le peloton de tête du réseau hôtelier. Vous y trouverez un accueil et des services personnalisés, une atmosphère relaxante, des chambres confortables. Profitez de votre passage pour visiter Wongudan, situé juste derrière l'hôtel.

RESTAURATION

PREMIER PRIX

Nampo Myeonok – 남포면옥식당 – B2 - *24, Eulji-ro 3-gil, Jung-gu, - M° Euljiro, ligne n° 2, sortie n° 1 - ✆ (02) 777 3131 - lun.-vend. 11h30-22h, w.-end 11h30-21h - fermé Chuseok et Nouvel an lunaire - CC - carte 11 000 ₩, formules 60 000/80 000 ₩.* Plus de 40 ans à servir des nouilles froides (*naengmyeon*) à la manière nord-coréenne ont fait de ce restaurant un des classiques de la capitale. Cette adresse a accueilli présidents et célébrités qui se pressent aux côtés des habitués dans un cadre vieillot mais sympathique.

BUDGET MOYEN

Chamsookgol – 참숯골 식당 – A1 - *16, Mugyo-ro, Jung-gu - M° City Hall, lignes n° 1/2, sorties n° 4/5 - ✆ (02) 774 2100 - www.chamsookgol.com - 11h-22h (dern. commande 21h30) - fermé Chuseok et Nouvel an lunaire - CC - 12 000/64 900 ₩.* Cette maison réputée, située à l'angle d'une rue derrière le Seoul Financial Center, propose les meilleures parties du bœuf coréen dont l'excellent *hanu*, particulièrement tendre, avec une cuisson au barbecue. Décoration intérieure sans charme spécial, mais le plaisir réside au bout des baguettes.

Arirang – 아리랑 – B2 - *23 Namdaemun-ro 7-gil, Jung-gu - M° City Hall, lignes n° 1/2, sortie n° 6 - ✆ (02) 752 1342 - www.arirangcook.com - 11h30-23h - carte 10 000 ₩/75 000 ₩.* Une adresse phare pour déguster « le » plat coréen le plus populaire auprès des touristes étrangers : le barbecue. Ici préparé avec une viande et des marinades de grande qualité.

POUR SE FAIRE PLAISIR

Ganga – 강가레스토랑 – A1 - *136, Sejong-daero, Jung-gu - Seoul Financial Center, 2e sous-sol - M° City Hall, lignes n° 1/2, sortie n° 4 - ✆ (02) 3783 0610 - 11h30-15h (dim. 15h30), 17h30- 22h (dim. 17h-21h30) - fermé Chuseok et Nouvel an lunaire - CC P ♿ - déj. 29 000/50 000 ₩, dîner 29 000/65 000 ₩.* Spécialités indiennes, du tandoori aux différents curries, en passant par les samossas… Le tout est accompagné par les délicieux *nan* et le *lassi* de circonstance pour se désaltérer. Cadre à l'élégance des tons bleus, relevé d'un joli mobilier du pays.

UNE FOLIE

Pierre Gagnaire – 피에르 가니에르레스토랑 – B2 - *30, Eulji-ro, Jung-gu - Lotte Hotel, 35e ét. - M° Euljiro 1-ga, ligne n° 2, sorties n° 7/8 ou M° City Hall, sorties n° 5/6 - ✆ (02) 317 7181 - www.pierregagnaire.co.kr - 12h-15h, 18h-22h - fermé dim., Chuseok et Nouvel an lunaire - CC P - déj. 85 000/140 000 ₩, dîner 250 000/340 000 ₩, menu végétarien 250 000/340 000 ₩.* Premier chef étoilé à Séoul, Gagnaire a apporté l'esprit de la haute gastronomie et du moléculaire en Corée. Une expérience unique, à des prix parmi les plus élevés de Séoul, justifiés mais élitistes. Propose cependant des formules découvertes plus « légères », comme au déjeuner. Le bar Pierre's dans le même immeuble est aussi une belle adresse avec une formule apéritif dînatoire qui plaît beaucoup.

PETITE PAUSE

Cafe Mamas City Hall – 카페마마스 – *19 Mugyo-dong, Jung-gu - M° City Hall, lignes n° 1/2, sortie n° 4 - ☎ (02) 318 1230 ou 712 1250 - cafemamas.co.kr - 8h-21h (w.-end 9h).* La branche City Hall de cette petite chaîne de café-brunch de la capitale permet dans un cadre agréable de déguster cafés, thés, jus de fruits et d'excellents sandwichs ou salades. Seul inconvénient, le lieu est parfois bondé.

ACHATS

Lotte Main Department Store – 롯데백화점 본점 – *81, Namdaemun-ro, Jung-gu - ☎ (02) 771 2500 - store.lotteshopping.com - lun.-jeu. 10h30-20h, vend.-dim. (j. fériés) 10h30-20h30.* Grand magasin classique sur quatorze étages, avec *duty-free shop (9h30- 21h)* aux 9e-12e étages, comptoir de détaxe et service d'interprétation, au 1er sous-sol. Le 1er sous-sol offre la possibilité de goûter certains produits asiatiques ; **Lotte Avenue** - *10h30-20h* - regroupe les boutiques de grand luxe ; **Lotte YouthPlaza** - *11h30-21h30* - centre commercial de vêtements et articles de mode pour les jeunes.

ACTIVITÉS

Jeongdong Theater – 정동극장 – *43, Jeongdong-gil, Jung-gu - M° City Hall, lignes n° 1/2, sorties n° 1/12 - ☎ (02) 751 1500 - www.jeongdong.or.kr - tlj sf lun. 16h et 20h - CC - 80mn - 40 000/60 000 ₩ (enf.-24 ans : -20 %).* Danse traditionnelle, *pansori*, *samulnori*, *gayageum* (harpe coréenne à 12 cordes), etc.

AGENDA

Festival des Lanternes - *Du 1er vend. au 3e dim. de nov.* Sur près d'1 km, entre Cheonggye Plaza et le Supyogyo, des lanternes multicolores illuminent la rivière et ses environs, attirant 3 millions de spectateurs.

Jung-gu 중구

★★

Autrefois, toute arrivée à la capitale se faisait à la gare de Séoul, tout près de la grande porte du Sud, Sungnyemun ou Namdaemun, symbole si fort de la ville qu'il est le Trésor national numéro 1. Près de cette porte se développa dès le début du 20e s. un marché vivant et central où l'on trouve de tout : Namdaemun Market. Ce quartier est avant tout celui du shopping, puisqu'il comprend aussi Myeong-dong, qui fut la zone branchée de la mode jusque dans les années 1980. N'oublions pas, à l'est, le village folklorique de Namsangol situé dans Cheonghak-dong, un quartier qui fut sous la dynastie Joseon un des plus pittoresques de Séoul avec ses ruisseaux sur les pentes de Namsan. Chungmu-ro était le quartier de l'industrie du cinéma, et s'il n'est plus le Korean Hollywood d'antan, il reste intéressant pour les amateurs de photographie à la recherche de matériel.

NOS ADRESSES PAGE 96
Hébergement, restauration, achats, activités, etc.

S'INFORMER

Office de tourisme – *21 Namdaemunsijang 4-gil, Jung-gu - dans le marché de Namdaemun - Mo Hoehyeon, ligne no 4, sortie no 5 - (02) 752 1913 – 10h-19h.* Autre bureau – *66, Eulji-ro, Jung-gu - Mo Euljiro 1-ga, lignes no 2 et 4, sortie no 6 - sur la rue entre Lotte Dpt Store et la cathédrale, devant la banque Woori - (02) 774 3238 - 9h-21h.*

SE REPÉRER

Plan II ABC2-3 p. 32 -Plan de quartier p. 91 – Au nord est du Namsan Park, au sud du Dongdaemun Market.

À NE PAS MANQUER

Se balader dans le marché de Namdaemun, passer une soirée dans les *meokjalgolmok*, découvrir l'atmosphère vibrante du quartier de Myeong-dong et goûter au charme traditionnel du village folklorique de Namsangol. Une visite idéale en famille que l'on peut compléter par la vue panoramique sur Séoul du haut de Namsan Park.

ORGANISER SON TEMPS

Réservez deux heures pour la visite de Namsangol et de ses belles demeures. Si la nature vous tente, comptez 2/3h pour le Namsan Park. Réservez la fin d'après midi pour le marché de Namdaemun avec un dîner dans l'une de ses échoppes.

AVEC LES ENFANTS

Le village folklorique de Namsangol. Le téléphérique pour gagner le sommet de Namsan Park avec en sus la tour de Séoul.

Se promener Plan de quartier ci-contre

★ NAMDAEMUN

★ Namdaemun Market 남대문 시장 A2

Namchang-dong, Jung-gu - Mo Hoehyeon, ligne no 4, sorties no 5 ou 6 - www.namdaemunmarket.co.kr - tlj 24h/24 pour certaines sections, 5h-17h sf dim., pour d'autres. L'un des plus grands si ce n'est le plus important de Corée. Quelques

SE LOGER
Hotel Manu 10
Hotel Prince 6
L7 Hotel 7
Millennium Seoul Hilton .. 1
Pacific Hotel 3

SE RESTAURER
Myeongdong Kyoja.................... 7

National Museum of Contemporary Art.....C
Seokjojeon...............D

chiffres : 10 000 échoppes, 50 000 vendeurs, 1 800 t de marchandises livrées chaque jour, 400 000 clients. Prenez un plan à l'office de tourisme, situé dans le marché à l'intersection de la 3e et 1re porte ou de la 5e et 7e porte. Vous découvrirez de quelle manière le marché est segmenté, divisé en 8 portes organisées par secteurs et par thèmes : appareils photo, produits électroniques (2e et 3e porte), vêtements et chaussures, linge de maison, vaisselle, matériel de sport, bijoux, jusqu'aux souvenirs... et même du ginseng. Particulièrement fréquenté par les touristes, pour faire des emplettes à bon prix ou simplement ressentir l'atmosphère exotique du lieu. Le soir, les *meokjagolmok*, « les allées de la nourriture », ouvrent leurs guinguettes *(17h-21h en règle générale)* vendant mille petits plats. Les spécialités du marché sont le *kalguksu* (soupe de pâtes, faite à base de farine de blé mélangée à de la farine de soja cru) et le *galchi jorim*, poisson-sabre braisé et épicé. *À 5mn de la sortie n°5 du M° Hoehyeon, si vous ne venez que pour vous restaurer.*

★ Sungnyemun 숭례문 ou Namdaemun 남대문 A2

Namdaemun-ro 4-ga, Jung-gu - M° Seoul Station, lignes n° 1 et 4, sorties n° 3/4 ou M° Hoehyeon, ligne n° 4, sortie n° 5 - tlj sf lun. 9h-18h (juin-août 18h30 ; nov.-fév. 17h30). Construite en 1398, la porte de Namdae – « porte des bienséances élevées » ou grande porte du Sud – était la plus importante des neuf portes qui permettaient l'accès à la cité, à travers le mur d'enceinte qui courait sur 17 km. Reconstruite en 1448 sous le roi **Sejong**, sa superbe structure en bois, très ancienne, subit une rénovation en 1962. Classée Trésor National numéro 1, la porte part en fumée le 10 février 2008. Le pays découvre alors avec stupéfaction que la plus vieille construction en bois de Séoul a été incendiée par un retraité de 69 ans se vengeant pour avoir été exproprié sans compensations financières équitables. Elle a depuis été reconstruite.

BÂTIMENTS DE LA PÉRIODE DE L'OCCUPATION JAPONAISE

Dès 1876, l'empire japonais imposa un traité d'amitié au royaume de Corée, suivi d'un protectorat en 1905 qui aboutit à l'annexion pure et simple de 1910 à 1945. La présence japonaise s'intensifia progressivement et le quartier de Jung-gu devint le centre de l'activité commerciale et des milieux d'affaires nippons. Quelques bâtiments témoignent encore de cette période avec leur architecture coloniale moderne…

Seoul Station 서울역 A2 en dir. - Plan II A3 p. 32

Bongnae-dong 2-ga, Jung-gu - M° Seoul Station, lignes n° 4 et 1, sortie n° 2.
La première petite gare de Namdaemun fut édifiée en ces lieux en 1900, pour relier la capitale au port d'Incheon, principale porte d'accès au pays. L'actuelle construction fut réalisée de 1922 à 1925 par Tsukamoto Yasushi, architecte japonais, sur le modèle de celle de la ville allemande de Paderborn. On utilisa des briques rouges, comme fréquemment en Corée pour les constructions modernes de cette époque. L'ensemble, avec son dôme central, présente un style néo-Renaissance mâtiné d'éléments baroques. L'édifice abrite depuis 2012 le **Culture Station Seoul 284** *(1 Tongil-ro, Jung-gu - ✆ (02) 3407 3500 - en.seoul284.org - tlj sf lun. 10h-19h - gratuit)*, un complexe artistique pluridisciplinaire (lectures, arts expérimentaux, performances,…) qui ne manque pas d'audace et ce, sur deux étages.
En 2004, l'arrivée du KTX – le TGV coréen – initia la construction de la **gare hyper-moderne** qui jouxte l'ancienne, doublée d'un vaste centre commercial. Désormais desservie par l'AREX (la ligne entre la ville et les aéroports), c'est d'ici que nombre de touristes étrangers entament leur découverte de Séoul.

★ Seoullo 7017 Skygarden A2

M° Seoul Station, lignes n° 1 et 4, sortie n° 2.
L'immense et intimidant carrefour qui fait face à la gare, longtemps écrasé par une très laide autouroute aérienne, vit une renaissance spectaculaire. Le pont routier et ses embranchements se sont mués en **jardin suspendu**, en une promenade plantée longue de 938 m *(ouvert 24h/24)*. Imaginée par le cabinet néerlandais MVRDV et inaugurée fin 2017, elle rappelle la coulée verte parisienne ou la High Line new-yorkaise. Elle facilite le déplacement des piétons grâce à des passerelles desservant les rues et (parfois directement) des immeubles qui la bordent. Elle allège le paysage urbain, tout en offrant un espace vert et un lieu de détente (cafés, squares,…) très agréables.

Bank of Korea Museum 한국은행화폐금융박물관 A1

39 Namdaemun-ro, Jung-gu - M° City Hall, lignes n° 1 et 2, sortie n° 7 ou M° Hoehyeon, ligne n° 4, sortie n° 7 - ✆ (02) 759 4881 - museum.bok.or.kr/eng - tlj sf lun. 10h-17h - audioguides anglais 500 ₩ - gratuit.
Construit de 1907 à 1912, par l'architecte japonais Tatsuno Kingo, le site devait accueillir la Dai Ichi Ginko, First National Bank of Japan. Il hébergea finalement la Joseon Bank, fondée en 1911, et devint le siège de la Banque de Corée dès 1950. Cet immeuble néo-Renaissance de trois étages est représentatif de l'ère coloniale japonaise. On utilisa des techniques composites pour édifier l'ensemble symétrique en forme de H dont les murs extérieurs comprennent des blocs de granit. On notera les tours circulaires coiffées de dômes, dans les angles.

Le Seoullo 7017 Skygarden et la gare de Séoul.
artran/iStock

Pour découvrir l'intérieur de l'édifice, qui a conservé sa splendeur passée, visitez le Bank of Korea **Money Museum** *(voir les horaires ci-dessus)*, qui raconte l'histoire de la Banque de Corée, explique ce qu'est une monnaie et expose les pièces et billets (de diverses époques) de plus de 170 pays.

Shinsegae Former Bldg 구 신세계백화점본점 A1

52 Chungmuro 1-ga, Jung-gu - M° Hoehyeon, ligne n° 4, sortie n° 7 - ✆ (02) 1588 1234 - english.shinsegae.com/english/main.asp - 10h30-20h (20h30 w.-end et jours fériés).
Ce bâtiment, construit en 1930, accueillait le grand magasin moderne japonais Mitsukoshi, premier du genre en Corée. Il fut renommé Shinsaegae (« nouveau monde » en coréen) en 1963. Malgré sa récente restauration radicale, l'édifice a conservé ses caractéristiques architecturales de la période coloniale japonaise.

Former Korea First Bank Bldg 구 제일은행본점 A1

53-1 Chungmuro 1-gan Jung-gu - à côté du grand magasin Shinsegae - M° Hoehyeon, ligne n° 4, sortie n° 7. Construit en 1933 par l'architecte japonais Hirabayashi Kingko, sur un projet qui répondait pour la première fois à un appel d'offres, le building hébergea la Chosun Saving Bank à l'ère japonaise puis devint le siège de la First Bank, aujourd'hui Standard Chartered Bank. L'édifice néo-baroque aux colonnes imposantes, comprend cinq étages et une structure en acier. Il reste représentatif de la période de l'occupation nipponne.

QUARTIER DE MYEONG-DONG

Ce quartier en grande partie réservé aux piétons et particulièrement vivant – c'est son principal intérêt – présente deux aspects très différents. Sa partie nord (*M° Euljiro 1-ga)* concentre les enseignes internationales qui le font ressembler à bien d'autres quartiers à travers le monde. Mais on y trouve aussi de grands magasins (Migliore, *M° Myeongdong, sortie n° 5)*, des cinémas (Lotte cinema, *M° Euljiro 1-ga, sortie n° 7*), des restaurants et échoppes de rue en tous genres. Sa partie sud *(M° Myeongdong, sorties n° 2 et 3)* aligne de nombreux logements bon marché où converge toute la jeunesse asiatique. Une aubaine quand on ne sait où aller (*voir Nos adresses*).

Myeong-dong Theatre 명동예술극장 A1

54 Myeong-dong 1-ga, Jung-gu - M° Euljiro 1-ga, ligne n° 2, sortie n° 6 - ✆ (02) 1644 2003 - www.ntck.or.kr/en (pour voir la programmation).

Le théâtre Myeong-dong fut un des cinémas construits par les occupants japonais dans le quartier. Le bâtiment baroque date de 1936 et fut utilisé comme Théâtre national de 1957 à 1973. Sa rénovation réussie dans les années 2000 lui a permis de rouvrir les portes pour accueillir des œuvres variées des arts de la scène.

Myeongdong Catholic Cathedral 명동성당 B1

1 Myeong-dong 2-ga, Jung-gu - M° Euljiro 3-ga, lignes n° 2 et 3, sortie n° 12 - ✆ (02) 774 1784 - www.mdsd.or.kr - messe en anglais dim. 9h.

La cathédrale de Séoul fut édifiée de 1892 à 1898 et consacrée en mai 1898. Le père français Eugène-Jean Coste dessina les plans de cette belle construction néogothique en briques rouges et grises de 68 m de long, sur 29 m de large et 23 m de haut (46 m avec le clocher). On fit appel à des ouvriers chinois, qui avaient mené des constructions similaires, pour la réalisation des travaux. On y admirera notamment les représentations originales des saints de l'église de Corée dont dix Français des Missions étrangères de Paris, martyrisés près de Séoul, lors des vagues de persécution de 1839 et 1866. Une crypte contient une chapelle pour l'adoration des martyrs. Autour de la cathédrale, vous noterez les bâtiments d'époque de l'archevêché et le couvent des sœurs de Saint-Paul de Chartres. Vous pouvez y entrer pour visiter leur **petit musée** - *✆ (02) 3706 3200 - tlj sf mar. 10h-11h30, 13h30-16h30.* C'est l'occasion de découvrir l'ancienne chapelle du couvent, élevée en 1930, qui héberge le musée. Soulignons que deux religieuses françaises accompagnées de sœurs chinoises vinrent établir la congrégation en Corée, dès 1888. L'Église de Corée – et particulièrement le complexe de la cathédrale – joua un rôle non négligeable dans la bataille pour la démocratie, lors du gouvernement militaire qui dirigea le pays après la guerre de Corée. Aujourd'hui encore se tiennent régulièrement sur le vaste parvis de la cathédrale les manifestations sociales (grèves ouvrières) et les *sit-in* contestataires les plus remarqués (manifestations anti-américaines, pro-écologiques, etc.).

KEPCO Bldg 한국전력공사빌딩 A1

5 Namdaemun-ro 2-ga, Jung-gu - M° Euljiro 1-ga, ligne n° 2, sortie n° 6 - face à la sortie de métro.

Il fut édifié pendant l'occupation japonaise en 1927-1928, pour abriter le siège de la Keijo Electric Company. Même si l'ensemble est assez triste, il reste un exemple d'architecture moderne japonaise utilisant le béton et une structure métallique. Il comprenait un ascenseur et était censé résister au feu, ainsi qu'aux tremblements de terre. Il héberge toujours des bureaux de la KEPCO, compagnie coréenne d'électricité.

NAMSAN ET SES ENVIRONS

★ **Namsangol Hanok Village** 남산골 한옥마을 B2

84-1 Pildong 2-ga, Jung-gu - M° Chungmuro, lignes n° 3 et 4, sortie n° 3 - ✆ (02) 2264 4412 - hanokmaeul.seoul.go.kr/ - tlj sf mar. avr.-oct. : 9h-21h ; nov.-mars : 9h-20h - possibilité de visite guidée en anglais, sur réservation - gratuit.

Ce village, installé de 1993 à 1998, présente **cinq superbes résidences traditionnelles coréennes** de la fin de la période Joseon, qui furent déplacées en ce lieu pour la création du parc. Toutes sont d'authentiques beautés architecturales, rénovées pour le public. On notera particulièrement la demeure du prince Park Young-hyo, représentative de l'habitat de la noblesse avec les appartements des hommes, *sarangchae*, séparés de ceux des dames, *anchae*. Le logis de jeunesse de la reine Yun, avant son mariage avec le dernier roi de Corée, offre également le charme et l'élégance indéniables des habitations des castes favorisées, comme celles de Yun Taek-yeong, son père, et du général Kim Chun-yeong. Yi Seung-up était maître charpentier lors de la reconstruction du palais Gyeongbok, sous le régent Daewongun. Sa maison présente un style très élaboré pour l'habitation d'un roturier dans une société cloisonnée confucéenne, même s'il était illustre artisan. Le village propose par ailleurs des jeux traditionnels, des animations culturelles et un parc agréable. Il est situé dans le quartier de Pil-dong, autrefois nommé Cheonghak-dong ou « quartier des grues bleues », qu'on y voyait régulièrement. La noblesse coréenne y avait ses habitudes estivales en raison de la beauté du lieu et de la fraîcheur de son torrent. Ce quartier de lettrés et d'artistes était aussi nommé Namchon, ou village du Sud, par opposition à Bukchon (celui du Nord), le quartier des hauts fonctionnaires royaux *(voir p. 50)*.

Non loin du village *(même sortie de métro - suivre les panneaux « Street Museum »)*, des ruelles du quartier de Pil-dong ont été colonisées par des artistes qui y ont installé des œuvres plus ou moins éphémères et quelques galeries.

1

★ Namsan Park 남산공원 et N Seoul Tower

M° Myeong-dong, sortie n° 4 ou Hoehyun sortie n° 1. Env. 10mn à pied. Passez à droite de l'hôtel Pacific pour atteindre le téléphérique (www.cablecar.co.kr - 10h-23h - 6 000 ₩ AS, 8 500 ₩ A/R). Il est aussi bien sûr possible de grimper à pied jusqu'à la tour via de très agréables sentiers partant de toutes les faces du relief.

De Myeong-dong, vous pouvez aussi rejoindre la base du parc de Namsan en empruntant Zaemiro Street (*M° Myeong-dong, ligne n° 4, sorties n° 2 et 3*) dédiée via quelques attractions et fresques au *manhwa* (BD coréenne). Et passer un moment au **Seoul Animation Center** (*126, Sopa-ro, Jung-gu - tlj sf lun. 10h-18h - gratuit*) consacré à l'animation coréenne et internationale.

Le mont Nam (265 m au-dessus du niveau de la mer) est d'abord un site historique comme en atteste le **bonghwadae** (monticule d'où étaient transmis les messages) à son sommet. Ce tertre était au cœur de la défense de la capitale durant la dynastie Joseon (1392-1910), lorsque Séoul s'appelait Hanyang. Les murs de la forteresse qui protégeaient la ville couraient sur les quatre monts principaux la dominant : Bugaksan, Inwangsan, Naksan et Namsan ; ce dernier étant symboliquement le plus important des quatre puisque situé au centre de Séoul. Du sommet, on jouit d'un **panorama magnifique**★★ sur la cité. Les touristes asiatiques ne manquent jamais d'accrocher un « cadenas d'amour » aux barrières avant de se prendre en photo et de repartir. Un phénomène spectaculaire. Ceux qui veulent un point de vue plus élevé encore se rendront en haut de la **N Seoul Tower** qui culmine à 236,7 m *(www.nseoultower.co.kr - 9h-23h, sam. 0h - 9 000 ₩)*.

JUNG-GU

INFORMATIONS UTILES

À deux pas du *M° Myeong-dong, ligne n° 4, sortie n° 8* (B1-2) se trouve l'arrêt du bus (**Airport Bus stop**) menant à l'aéroport : *n° 6015 - 4h50-20h35 - 1h de trajet - 15 000 ₩*).

HÉBERGEMENT

BUDGET MOYEN

Hotel Prince – 호텔 프린스 – B1 - *130, Toegye-ro, Jung-gu - M° Myeong-dong, ligne n° 4, sorties n° 1/2 - (02) 752 7111 - www.princeseoul.co.kr - - petit déj.et déj. - - 100 ch. 80 000/100 000 ₩ - 14 000 ₩.* Situé à 2mn de la station de métro, cet hôtel conjugue pragmatisme et confort avec, pour certaines chambres, une belle vue sur le parc Namsan. Une adresse sérieuse plébiscitée par les hommes d'affaires. Bar, ordinateurs dans les espaces communs…

Hotel Manu – A2 - *19 Toegye-ro, Jung-gu - M° Seoul Station, lignes n° 4 et 1, sortie n° 7 - (02) 777 0100 - www.hotelmanu.com - 90 ch à partir de 130 000 ₩*. Situé à quelques pas de Seoul Station (et de Namdaemun Market), avec accès direct par la promenade Seoullo 7017 Skygarden, cet établissement aménagé dans une tour au design original vaut pour ses chambres modernes, fonctionnelles et abordables.

POUR SE FAIRE PLAISIR

L7 Hotel – L7 명동 – B1 - *137 Toegye-ro Jung-gu - M° Myeongdong, ligne n° 4, sortie n° 8 - (02) 6310 1000 - www.lottehotel.com/l7/myeongdong - 250 ch. à partir de 140 000 ₩.* L'animation de Myeongdong est toute proche, le mont Nam est en vue depuis les étages supérieurs : voici une adresse moderne bien placée et agréable. Imaginées par la marque Lotte, les chambres (taille variable) au design et confort modernes y sont irréprochables.

Pacific Hotel – 퍼시픽호텔 – B2 - *2, Toegye-ro 20-gil, Jung-gu - M° Myeong-dong, ligne n° 4, sortie n° 3 - (02) 777 7811 - www.thepacifichotel.co.kr - - wifi - 181 ch. 110 000/132 000 ₩ - 22000 ₩ (-50 % pour réserv. en avance du petit déj.).* Mitoyen du parc de Namsan et non loin des zones de shopping de Myeong-dong et Namdaemun. Cet hôtel, la référence locale dans ce type de prestations, est idéalement situé en retrait de l'artère principale Toegye-ro mais au cœur de ce quartier très vivant. Demandez une chambre avec vue sur le parc.

UNE FOLIE

Millennium Seoul Hilton – 밀레니엄서울힐튼호텔 – A2 - *50, Sowol-ro, Jung-gu - M° Seoul Station, ligne n° 1, sortie n° 8 ou M° Hoehyeon, ligne 4, sortie n° 4 - (02) 753 7788 - www.hilton.co.kr - - wifi - 680 ch. à partir de 350 000 ₩ - 47 000 ₩.* Luxueux établissement du centre-ville, établi au pied de l'îlot de verdure de Namsan, proche de la gare de Séoul et du marché de Namdaemun. Vous bénéficierez de tous les services offerts par un palace et du confort de chambres dont la plupart jouissent d'une superbe vue. Spa, piscine. Casino.

RESTAURATION

PREMIER PRIX

Namdaemun Market – 남대문시장 – A2 - *21, Namdaemunsijang 4-gil, Jung-gu - M° Hoehyeon, ligne n° 4, sorties n° 5/6 - (02) 753*

2805 - namdaemunmarket.co.kr - tlj sf dim. 00h-23h (consulter le site pour les horaires). Ne pas oublier d'aller dîner dans les fameuses *meokjagolmok*, « les allées de la nourriture ». *M° Hoehyeon, ligne n° 4, sortie n° 5 (voir p. 90).*

Myeongdong Kyoja – 명동교자 식당 – B1 *-10, Myeongdong 10-gil, Jung-gu - M° Myeong-dong, ligne n° 4, sortie n° 8 - ☏ (02) 776 3424 - www.mdkj.co.kr - 10h30-21h30 (w.-end 10h) - fermé Chuseok et Nouvel an lunaire - CC - 8 000/10 000 ₩.* Établissement populaire, célèbre pour ses *kalguksu*, nouilles coréennes. Le nom signifie littéralement « pâtes coupées au couteau ». Cadre très simple, service rustique, mais le plat, très couru en été, est appréciable et le repas reste très bon marché. Un second restaurant du même propriétaire est installé un peu plus loin dans le quartier.

Pildong Myeonok – 필동면옥 – Plan II C3 *- 26 Seoae-ro, Jung-gu - M° Chungmuro, lignes n° 3 et 4, sorties n° 1/2- ☏ (02) 2266 2611 - tlj sf dim. 11h-21h- 10 000/28 000 ₩.* Non loin du Namsangol Hanok Village, cet établissement sert depuis des décennies des *Pyeongyang-style naengmyeon* réputés. Voici l'adresse idéale pour déguster cette spécialité à base de nouilles de sarrasin, servies froides, plus parfumée qu'épicée.

PETITE PAUSE

Coffee Libre – 커피리브레 – *74 Myeong-dong-gil, Jung-gu - M° Euljiro 3-ga, lignes n° 2 et 3, sortie n° 12 - ☏ (02) 774 0615 - www.coffeelibre.kr/- 12h-21h.* Situé à deux pas de la cathédrale, cet établissement appartenant à une micro-chaîne séoulite est réputée pour servir des cafés rares, stylés, inoubliables. N'hésitez pas !

EN SOIRÉE

Voir **Nanta** *(p. 41)* et **Korea House** *(p. 42).*

ACTIVITÉS

Seoul Global Cultural Centre – B1 - 서울글로벌문화체험센터 – *27 Myeongdong 8-gil, Jung-gu - M° Myeongdong, ligne n° 4, sortie n° 8 - ☏ (02) 3789 7961-seoulculturalcenter.com - 10h-19h.* Ce lieu conçu pour les visiteurs étrangers permet de récolter de précieuses informations pour son séjour. Propose aussi des services de traduction et l'opportunité de participer à divers programmes culturels (artisanat, cuisine, *hallyu*…).

ACHATS

Parmi les innombrables enseignes internationales, vous trouverez ici des grands magasins et quelques boutiques intéressantes comme **Åland** *(30, Myeongdong 6-gil - voir Mapo et Yeouido p. 147)*, pour ses vêtements et accessoires design.

Shinsegae Main Department Store – 신세계본점 – *Sogongno 63, Jung-gu - M° Hoehyeon, ligne n° 4, sortie n° 7 - ☏ (02) 1588 1234 - english.shinsegae.com/english/main.asp - lun.-jeu. 10h30-20h, vend.-dim. (j. fériés) 10h30-20h30.* Le plus ancien grand magasin de Corée, établi en 1930, qui abrite les luxueuses boutiques des grandes marques internationales, dans un bâtiment à l'architecture de l'époque coloniale japonaise. L'annexe de 2005 héberge le grand magasin classique, très agréable avec ses grands espaces.

1

Itaewon 이태원

★

Dans ce quartier mythique qui accueille les étrangers depuis des lustres, le voisinage de la base américaine et de ses milliers de GI's a fait disparaître dès les années 1960 les champs de poiriers qui lui avaient donné son nom, et ce pour faire pousser à la place maisons closes et bars interlopes. Avec le temps, Itaewon s'est refait une image et est devenu plus « cosmopolitiquement correct » en accueillant toutes les communautés étrangères de la ville, Coréens désireux de s'encanailler inclus. On peut s'y rendre pour les deux exceptionnels musées installés à ses abords. Et/ou pour fréquenter les bars et restaurants étrangers, incontournables de la vie nocturne, avec une faune unique et bigarrée les samedis soir. Entre les pentes sud de Namsan abritant de grandes fortunes coréennes comme la famille Lee (Samsung) et nombre d'ambassades, et le quartier populaire de la mosquée sur l'autre colline, où cohabitent chamans, et travailleurs immigrés d'Asie ou d'Afrique, Itaewon et ses enseignes aux multiples alphabets, pourrait être vu comme un intéressant condensé de Séoul, voire de notre monde globalisé.

NOS ADRESSES PAGE 101
Hébergement, restauration, achats, activités, etc.

S'INFORMER

Office de tourisme – *177 Itaewon-dong, Yongsan-gu - M° Itaewon, ligne n° 6 - ✆ (02) 3785 2514 ou 3785 0942 - 9h-20h.*

SE REPÉRER

Plan I B2 p. 30 - Plan de quartier p. 100 – Au sud du parc Namsan.

À NE PAS MANQUER

Les œuvres exceptionnelles du Musée national et du Leeum Samsung Museum of Art.

AVEC LES ENFANTS

Faire un shopping de jeux vidéo au Yongsan Electronic Market (*voir Nos adresses*) ; goûter au plaisir des bains traditionnels au Dragon Hill Spa *(voir p. 473)*.

Se promener Plan de quartier p. 30

De part et d'autre d'Itaewon-ro AB2-B1

Entre les stations M° Noksapyeong, Itaewon et Hangangjin, ligne n° 6.

Itaewon ne vous dépaysera sans doute pas autant que le reste de la ville, mais ses couleurs (enseignes, graffitis), son animation (fêtes, lendemains de fête…) et ses ambiances changeantes (rues bondées ou calmes ruelles où dorment des chats) valent une petite halte. Bordé d'enseignes écrites en divers alphabets, le long boulevard **Itaewon-ro**, en équilibre à flanc de relief, s'avère particulièrement « exotique » pour les touristes coréens et asiatiques. Un peu Ibiza, un peu Barbès, les ruelles du quartier brillent de mille néons et voient leurs trottoirs envahis de toutes sortes de marchandises. Au nord, les mots *Beer, Happy hour* et *All you can eat* dominent dans un amas de **bars et restaurants** servant une cuisine internationale souvent standardisée. Au sud, aux abords de la **mosquée** (inaugurée en 1976, B2), les boutiques de téléphonie, les pâtisseries orientales et les bars fréquentés par la communauté LGBT se côtoient. En filant vers l'est, le quartier se gentrifie rapidement et radicalement.

Le musée et le mémorial consacrés à la guerre de Corée.
A. Pistolesi/AGF Foto/Photononstop

★★★ National Museum of Korea 국립중앙박물관

A2 en dir. - Plan I B2 p. 30

168-6 Yongsan-dong 6-ga, Yongsan-gu - M° Ichon, lignes Jungang et n° 4, sortie n° 2 - ✆ (02) 2077 9000 - www.museum.go.kr - ♿ - lun., mar., jeu. et vend. : 9h-18h, merc. et sam. 9h-21h, dim. et j. fériés 9h-19h - possibilité de visite guidée en français (2e sam. du mois 11h-12h - ✆ (02) 2077 9685) et en anglais (tlj sf. lun. après-midi 10h-12h et 14h-15h) - audioguide 1 000 ₩ ; vidéoguide 3 000 ₩ - gratuit. Hébergé dans une construction d'avant-garde, qui se veut être une interprétation moderne de l'architecture traditionnelle coréenne, mais ressemble surtout à un blockhaus, le spacieux Musée national de Corée possède une riche collection de 135 000 pièces. L'exposition, qui n'en présente qu'une partie, est organisée à travers six galeries. Les deux premières vous proposeront des œuvres représentatives de chaque période historique, des origines de la culture coréenne – paléolithique – aux temps modernes – fin de la dynastie Joseon. La troisième offre de superbes calligraphies et des peintures profanes et religieuses. La suivante concerne les sculptures bouddhistes, les laques et œuvres en bois, métal, ainsi que les réputées céramiques. La cinquième galerie vous permettra d'appréhender la diversité des cultures asiatiques. Enfin, la dernière présente les donations : 800 pièces coréennes et étrangères. Vous ne manquerez pas d'admirer le bodhisattva coréen en position de méditation, bronze d'exceptionnelle finesse, le célèbre encensoir doré de la période Baekje, la couronne en or de Silla, originale et raffinée, les somptueux céladons de Goryeo et les peintures remarquables de la période Joseon.

Le **Children Museum** permettra aux plus jeunes de découvrir les arts et la culture coréens de façon fort ludique. Le complexe comprend également un hall pour les expositions temporaires.

★★ Leeum Samsung Museum of Art 리움삼성박물관 B1

747-18 Hannam-dong, Yongsan-gu - M° Hangangjin, ligne n° 6, sortie n° 1 - ✆ (02) 2014 6901 - leeum.samsungfoundation.org - tlj sf lun., 1er janv. et j. fériés

SE LOGER

Grand Hyatt Seoul 3
Imperial Palace Boutique Hotel 7
Itaewon G Guesthouse...................... 2

SE RESTAURER

Maple Tree House 1
The Flying Pan Blue 5

coréens 10h30-18h (dernière entrée 17h30) - visite guidée en anglais le w.-end à 15h; digital guide 1 000 ₩ - 10 000 ₩.

C'est le musée privé le plus prestigieux de Corée dont les collections, comprenant plusieurs Trésors nationaux, sont (avec le musée Kansong, *voir p. 130*) parmi les plus riches après celles du Musée national. Elles sont issues de la collection privée du fondateur de Samsung, Lee Byung-chul, d'où le nom du lieu : Lee + (Mus)eum : Leeum. Ouvert en 2004, il a pris la relève de l'ancienne galerie Hoam dans le centre-ville. Trois bâtiments reliés composent un ensemble original, chacun étant signé par un des plus célèbres architectes mondiaux : Jean Nouvel, Mario Botta, Rem Koolhaas. Un pavillon est dédié aux expositions temporaires, un autre à la superbe collection d'art traditionnel coréen et le dernier à l'art contemporain. Cette troisième section est bien représentative de l'histoire de l'art moderne occidental, mais rien à voir avec la section coréenne qui recèle des pièces uniques. On commence la visite par le dernier étage et la galerie des céladons où les chefs-d'œuvre sont superbement mis en scène. Les audio-guides interactifs sont très utiles. Puis, on redescend par l'**escalier en colimaçon**★★ façon Guggenheim pour les peintures, le mobilier, etc.

The War Memorial of Korea 전쟁기념관 A1 en dir. - Plan I B2 p. 30

8 Yongsan-dong 1-ga, Yongsan-gu - M° Samgakji, lignes n° 4 et 6, sortie n° 1, 11 et 12 - ✆ (02) 709 3139 - www.warmemo.or.kr - tlj sf lun. 9h-18h - gratuit.

Ce gigantesque bâtiment abrite un musée dédié à la guerre et un mémorial. Les différents espaces présentent la guerre à travers l'histoire coréenne, de la préhistoire à nos jours, et proposent un éclairage circonstancié sur la guerre de Corée (1950-1953), les corps expéditionnaires coréens à l'étranger, l'armée nationale et les équipements militaires variés. À l'extérieur, vous pourrez également observer une large panoplie de véhicules des forces armées. Une visite fort instructive et toute légitime dans ce pays qui a souffert de nombreux conflits.

ITAEWON

HÉBERGEMENT

PREMIER PRIX

Itaewon G Guesthouse – G게스트하우스 – B2 - *131-11 Itaewon-dong, Yongsan-gu - M° Itaewon, ligne n° 6, sortie n° 4 - (02) 795 0015 ou 010 8774 7767- en.gguest.com - 65 ch. 17 000/75 000 ₩* . Cet *hostel* ultra-moderne et très bien conçu se situe au cœur d'Itaewon. Les dortoirs agréables ou chambres privées sont répartis dans un édifice quelconque totalement relooké – une vraie réussite ! Autres atouts : la qualité de l'accueil, la laverie, le petit-déjeuner et le toit terrasse convivial.

Hotel Rainbow – 레인보우호텔 – Plan I B2 - *48, Hangang-daero 71-gil, Yongsan-gu - M° Namyeong, ligne n° 1, sortie n° 1 - (02) 792 9993 - www.rainbowinseoul.com - - wifi - 70 ch. 60 000/70 000 ₩.* Hors des quartiers touristiques, ce petit hôtel est cependant établi au centre de la capitale, à deux pas d'une station de métro. Son intérêt réside dans le prix de ses chambres, à la portée des budgets serrés.

POUR SE FAIRE PLAISIR

Imperial Palace Boutique Hotel – 아이피부띠끄호텔 – B2 - *221, Itaewon-ro, Yongsan-gu - M° Itaewon, ligne n° 6, sortie n° 2 - (02) 3702 8000 - www.ipboutiquehotel.com - - wifi - 133 ch. 266 200/284 350 ₩ - 15 730 ₩.* Hôtel très récent, au design frais et original, en centre-ville, dans le quartier d'Itaewon à la riche vie nocturne. 35 % de réduction sur le prix des nuitées pour les réservations par téléphone ou Internet.

UNE FOLIE

Grand Hyatt Seoul – 그랜드하얏트 서울 호텔 – B1 - *322 Sowol-ro, Yongsan-gu - M° Itaewon, ligne n°6, sortie n° 2 ou M° Hangangjin, sortie n° 1 - (02) 797 1234 - seoul.grand.hyatt.com - - 10 000 ₩/nuit - - wifi - 601 ch. 266 200/484 000 ₩ - 45 000 ₩.* Un classique parmi les grands hôtels séoulites. On préférera les chambres rénovées, plus tendance. Seule ombre au tableau, l'éloignement de toute station de métro.

Banyan Tree Club & Spa Seoul – 반얀트리클럽 스파 서울 – Plan I B2 - *60, JangChungdan-Ro Jung-Gu - M° Dongguk Univ., ligne n° 3, sortie n° 6 - (02) 2250 8000 - www.banyantree.com/en/seoul - - wifi - 50 ch. 429 000/759 000 ₩* . Véritable sanctuaire du luxe, cet hôtel permet de profiter d'une vue superbe sur le mont Nam et le fleuve Han. Chambres spacieuses avec de somptueuses salles de bains, au design inspiré par les quatre saisons et les cinq éléments asiatiques : eau, feu, métal, bois et terre. Fabuleuse piscine, terrains de golf et de tennis, spa réputé, etc.

RESTAURATION

PREMIER PRIX

Maple Tree House – 단풍나무집 – B2 - *26, Itaewon-ro 27ga-gil, Yongsan-gu - bâtiment annexe de Hamilton Hotel, 2e ét. - M° Itaewon, ligne n° 6, sortie n° 1 - ✆ (02) 790 7977 - www.mapletreehouse.co.kr - 11h30-22h30 (vend.sam. 0h) - CC P - formules déj. 11 900/17 500 ₩, carte 8 900/34 900 ₩.* C'est l'équipe gagnante du Ho Lee Chow en face qui a ouvert cette petite chaîne de grills coréens particulièrement populaires auprès des expatriés. Viande de qualité et cadre agréable.

BUDGET MOYEN

The Flying Pan Blue – 더플라잉팬블루 – B2 - *13 Itaewon-ro 27ga-gil, Yongsan-gu- M° Itaewon, ligne n° 6, sortie n° 2 - ✆ (02) 793 5285 - 8h-23h - 15/20 000 ₩.* Expatriés (anglo-saxons) et Coréens se pressent dans ce lieu bien connu pour son brunch généreux et de qualité. Si vous aimez les œufs Benedicte ou brouillés richement garnis, les sandwiches qui débordent, les salades copieuses ou encore les pancakes dégoulinant de sirop, vous êtes à la bonne adresse.

UNE FOLIE

Poom Seoul – 품 서울 – Plan I B2 - *49, Duteopbawi-ro 60-gil, Yongsan-gu - Daewon bâtiment annexe, 4e ét. - juste après le Goethe Institute, sur la corniche de Namsan - bus n° 402 ou 405, arrêt Huam Spring (huamyaksuteo) - ✆ (02) 777 9007 - www.poomseoul.com - 12h-15h, 18h-22h - fermé dim., anniversaire du Bouddha, Chuseok et Nouvel an lunaire - CC P - déj. 80 850/115 500 ₩, dîner 173 250/231 000 ₩.* Ce restaurant coréen ouvert par une « food stylist » de renom est très en vue pour son cadre, l'attention portée à la vaisselle et au service, et aussi, tout de même, pour sa cuisine. Elle n'est ni la plus inventive ni la plus authentique, mais fort savoureuse et enchantera les palais occidentaux. À noter un menu spécial pour les diabétiques et un spécial végétariens. Réservation au minimum la veille.

PETITE PAUSE

Passion 5 – 패션파이브 5 – *272, Itaewon-ro, Yongsan-gu - M° Hangangjin, ligne n° 6, sortie n° 3 - ✆ (02) 2071 9505 - 7h30-22h - CC - 2 200/58 000 ₩.* Pâtisserie et salon de thé de grand luxe au design bien senti. L'architecture de l'immeuble, l'éblouissante farandole de douceurs, en font une pause intéressante, même si les prix restent dans le ton.

BOIRE UN VERRE

Magpie Brewing Co. – 맥파이 브루잉 컴퍼니 – *244-1 Noksapyeong-daero, Yongsan-gu - M° Noksapyeong, ligne n° 6, sortie n° 2 - ✆ (02) 749 2703 - www.magpiebrewing.com - tlj sf lun. 15h-1h - bières à partir de 6 000 ₩.* L'un des tous premiers acteurs coréens sur la scène des bières artisanales (en plein boom). Vous y trouverez une dizaine de bières au fût – renouvellement constant – produites par la marque. Une grande variété de breuvages de qualité à déguster avec quelques plats (salades excellentes, pizzas…) dans un cadre moderne et agréable. Concerts de temps en temps.

B1 Lounge Club – 비원 라운지 클럽 – *179, Itaewon-ro, Yongsan-gu - Hamilton Hotel, 2e sous-sol - M° Itaewon, ligne n° 6, sortie n° 2 - ✆ (02) 749 6164 - www.b1loungeclub.com - merc. et dim.*

21h-4h, jeu. 22h-4h30, vend. et sam. 22h-5h30 - entrée 10 000 ₩ (avant 0h), 20 000 ₩ (après 0h) - fermé lun. et mar. - CC - P 4 000 ₩/2h - cocktails 10 000/15 000 ₩. Le bar lounge club à la mode depuis quelques années. Bondé le week-end, plus calme et sympa pour un verre en semaine. Clientèle internationale.

EN SOIRÉE

Cakeshop – *Itaewon-ro 134, Yongsan-gu - M° Noksapyeong, ligne n° 6, sortie n° 3 ✆ (02) 754 2202 - www.cakeshopseoul.com - mar.-sam. 22h-5h - entrée 10 000 ₩.* Club, aussi petit par la taille que grand par l'ambiance et la réputation. Musique électro et hip hop, DJ's et *clubbers* locaux et internationaux.

All That Jazz – 올댓재즈 – *3F, 112-4 Itaewon-dong, Yongsan-gu - M° Itaewon, ligne n° 6, sortie n° 2 ✆ (02) 795 5701 - www.allthatjazz.kr - 18h-1h (vend.-sam. 2h30).* Bar et club de jazz implanté depuis 40 ans au cœur d'Itaewon. Musique live tous les soirs.

ACHATS

Eden Pottery – 에덴포트리 – *159-1, Itaewon-ro, Yongsan-gu - M° Itaewon, ligne n° 6, sortie n° 1 - ✆ (02) 793 0828 - 10h-19h30 - fermé merc., Chuseok et Nouvel an lunaire.* Très jolie boutique de poteries coréennes, située en sous-sol. Large choix de céladons et d'autres pièces dans le style de la dynastie Joseon ou au design plus contemporain.

Yongsan Electronic Market – 용산전자상가 – *M° Yongsan, ligne n° 1, sortie n° 3 - derrière la gare de Yongsan - 10h00- 19h30 (w.-end 20h), selon magasins.* Quartier qui rassemble une kyrielle de boutiques proposant des produits électroniques : ordinateurs et produits informatiques variés, smartphones, téléviseurs, matériel audio… Les prix sont franchement intéressants. Voir par exemple : **Etland**– 용산전자랜드 – *www.etland.co.kr.* Centre commercial, de forme cylindrique, en bout de rue.

Line Friends – 라인프렌즈 이태원 – *200 Itaewon-ro, Itaewon-dong, Yongsan-gu - M° Itaewon, ligne n° 6, sortie n° 3 - ✆ (02) 790 0901 - www.linefriends.com - 11h30-23h.* La branche Line Friends du quartier de Itaewon (on trouve d'autres boutiques dans tout le pays) est l'une des plus grandes. Sur plusieurs niveaux, les mascottes de la messagerie en ligne japonaise, très populaire en Asie, sont déclinés en de multiples jouets, ustensiles, objets de déco, etc. pour de bonnes et mignonnes idées cadeaux. Café au dernier étage.

Vinyl & Plastic – *248 Itaewon-ro, Yongsan-gu- entre M^os^ Itaewon et Hangangjin, ligne n° 6 - ✆ (02) 2014 7800 - vinylandplastic.hyundaicard.com - 12h-21h (dim. 18h) - 15/20 000 ₩.* Ouvert par la compagnie Hyundai Card dans un édifice très soigné de la partie chic d'Itaewon, ce lieu ravira les amateurs de musique. Vous y trouverez des milliers de CD et vinyls, des espaces d'écoute et de relaxation, un café. Un lieu à fréquenter autant pour l'architecture que le son.

1

Gangnam-gu

Rural avant les années 1970, l'arrondissement de Gangnam est devenu le quartier de la finance (le long de Teheran-no) et le repère des « happy few » qui y mènent des vies dorées. Ils s'y retrouvent dans les boutiques de luxe d'Apgujeong, les restaurants branchés et… les cliniques de chirurgie esthétique. Une atmosphère et un style de vie internationalement connus grâce au « Gangnam Style », ce refrain entêtant produit par l'industrie de la K-pop en 2012 et vu en quelques semaines par plus de deux milliards de visiteurs sur Internet. Un record mondial !

NOS ADRESSES PAGE 110
Hébergement, restauration, achats, activités, etc.

S'INFORMER

Gangnam Tourist Information Center – *161, Apgujeong-ro, Gangnam-gu - M° Apgujeong, ligne n° 3, sortie 6 - (02) 3445 0111 - tour.gangnam.go.kr/en/- 10h-19h.* Information touristique, tourisme médical, K-Wave Experience Zone.

SE REPÉRER

Plan I C2-3 p. 30 - Plans de quartier p. 105 et 109 – Au sud-est du fleuve Han et de la ville historique. Autour du Dosan Park.

À NE PAS MANQUER

L'atelier Hermès ; le quartier du luxe de Cheongdam-dong ; se balader dans Garosu-gil, la rue à la mode.

Se promener Plans de quartiers ci-contrer et p. 109

★ APGUJEONG 압구정

Chic et cher, telle pourrait être la devise de ce quartier nord de Gangnam. Pour un œil non aguerri, rien ne distingue les barres d'appartements et autres immeubles du reste de la ville. Mais si vous vous y promenez, surtout en soirée, vous sentirez le pouls de ces avenues battant au rythme des modes, de la célébrité et de l'argent. Les cliniques de chirurgie esthétique y sont aussi nombreuses que les cafés, et si vous n'êtes pas venu pour du tourisme médical, vous pourrez toujours vous régaler de lèche-vitrines, de bonne chère dans un des excellents restaurants du coin, ou d'un cocktail à siroter dans un des bars « in ». Depuis quelques années, des galeries de renom ont aussi ouvert pour donner un vernis de culture à ce temple de la superficialité.

★ Garosu-gil 가로수길 A2

Sinsa-dong, Gangnam-gu - M° Sinsa, ligne n° 3, sortie n° 8 - tout droit en sortant du métro, à gauche à 200 m. Une rue à la mode pour la jeunesse bobo séoulite. C'est l'endroit où aller prendre un café l'après-midi et déguster quelques pâtisseries avant de flâner dans les boutiques. Le quartier reste agréable en soirée, pour grignoter ou prendre un verre… Mais le spectacle demeure dans la rue, celui des passants qui déambulent, tellement représentatifs du quartier huppé d'Apgujeong. N'hésitez pas à vous enfoncer dans les rues adjacentes.

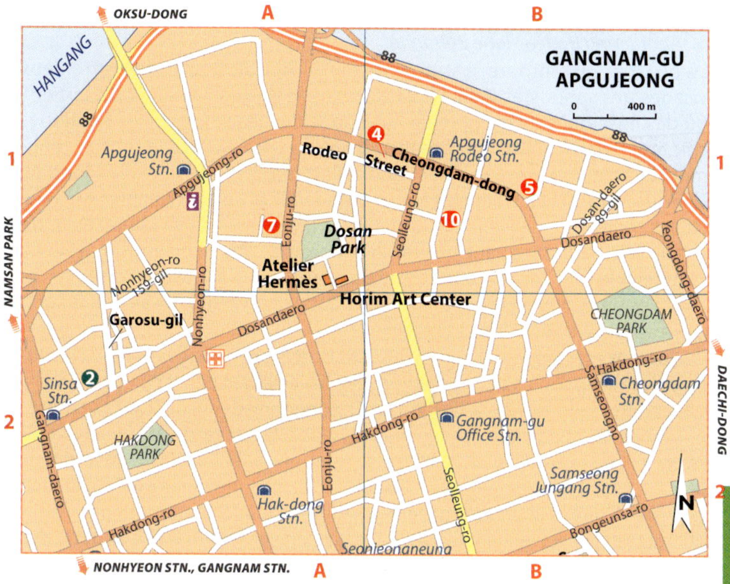

SE LOGER	SE RESTAURER	
Dormy inn Garosugil 2	Jungsik........ 10	Palais de Gaumont 5
	Mandujip 4	Samwon Garden........ 7

★ Galeries d'art du quartier de Dosan Park A1

Ce petit parc nommé d'après Ahn Chang-ho, un patriote coréen tué par les occupants japonais et qui abrite sa tombe, ne vaut pas le détour en soi. Mais tout autour se trouve un des quartiers les plus branchés de la capitale, avec restaurants fusion, bars, cafés et galeries.

★ Atelier Hermès – **메종에르메스** - *630-22 Sinsa-dong, Gangnam-gu - sur la gauche en allant au Dosan Park depuis le carrefour Hakdong - M° Sinsa, ligne n° 3, sortie n° 2, puis bus 145/4212, arrêt Horim Art Center (ou M° Apgujeong Rodeo, ligne Bundang, sortie n° 5 puis 10mn à pied) - ✆ (02) 3015 3248 - maisondosanpark.hermes.com - tlj sf merc. 11h-20h (dim. à partir de 12h) - gratuit.* Cette superbe boutique de la célèbre maison parisienne mérite le détour, car elle abrite l'**atelier Hermès**, une galerie (3e *étage*) proposant des expositions d'art contemporain. En outre, une fois par an, trois artistes coréens sélectionnés pour le prix Missulsang (remis par la Fondation Hermès) sont exposés. Book café au sous-sol.

Horim Art Center – **호림아트센터** - *135-897 Buk 33-gil 6, Dosandaero, Gangnam-gu - M° Sinsa, ligne n° 3, sortie n° 1, puis bus 145/4212, arrêt Horim Art Center (ou M° Apgujeong Rodeo, ligne Bundang, sortie n° 5 puis 10mn à pied) - ✆ (02) 541 3523/25 - horimmuseum.org/sinsa-en/- tlj sf dim. et j. fériés 10h30-18h, merc. 20h (sur réservation) - 8 000 ₩.* Ce complexe culturel à l'architecture particulièrement réussie comprend un café, **Artisée**, une galerie d'art, un restaurant et un excellent musée de céramiques coréennes, dont les collections de céladons et certaines poteries pourraient rivaliser avec celles du Leeum. Collections permanentes et expositions temporaires. À signaler la galerie d'exposition de Seoul Auction, la salle des ventes de Pyeongchang-dong, dans le même complexe.

Autour de Apgujeong Rodeo 압구정 로데오 B2

M° Apgujeong Rodeo, ligne Bundang.

Le quartier qui entoure la station de métro Apgujeong Rodeo offre deux visages très contrastés. Au sud-ouest se trouve **Rodeo Street** *(par la sortie 5)*, où des enseignes de shopping internationales sans surprise, des boutiques chic, des *outlets*, des bars et des restaurants se côtoient, colonisant des bâtiments à l'architecture très éclectique. À l'est *(par les sorties 1 et 2)*, le long de **Cheongdam-dong**, s'alignent les boutiques des **grandes marques du luxe**. Ici, les marques rivalisent par architectes interposés. D'où la présence de beaux vaisseaux clinquants : la cascade dorée de Miu Miu, le cube ciselé de Givenchy, la tour comme tatouée de Burberry, les courbes façon empreintes digitales de la boutique Omega… Voici donc une version locale (mais *light*) de l'avenue Omotesando, à Tokyo.

Le quartier est également connu des fans de **K-Pop**. Plusieurs bureaux et studios des compagnies de production les plus célèbres (SM, JYP, Cube, FNC) y ont en effet leurs bureaux. Le long de Cheongdam-dong, quelques vedettes ont laissé leurs empreintes façon Hollywood Boulevard sur la Hallyu Star Avenue. Ceux que le sujet intéresse se rendront aussi au SM Townland près du COEX Mall *(voir p. 109)* et au Gangnam Tourist Information Center *(voir plus haut* S'informer*)* qui propose de nombreuses informations et des visites du quartier sur cette thématique. S'y trouve également **K-Wave Experience** *(10h-19h)*. Vous pourrez vous transformer en vedette de K-pop et acheter des produits dérivés *(fermée pour rénovation lors de la rédaction du guide, l'attraction pourrait avoir depuis évolué)*.

K-POP POWER

K pour *Korea*. **Pop** pour… *pop*. Ce terme un peu fourre-tout désigne l'ensemble des musiques populaires coréennes, allant du RnB au hip-hop ou à l'EDM. Les vedettes y sont nombreuses : chanteuses, chanteurs et beaucoup de groupes dans le genre *girls* ou *boys band* (populaires dès les années 1950). Si le succès est souvent aussi soudain qu'éphémère, de grands noms perdurent : Seo Tai-Ji & Boys Super Junior, Wonder Girls, BoA, Big Bang, Girls'Generation, BTS, etc. Bien des artistes se distinguent par leur inventivité et leur engagement (la scène musicale coréenne est vaste et variée). Mais la norme de la K-pop va à la légèreté des thèmes, des sons et des tenues. Dans une société hyper-concurrentielle, la plastique parfaite (naturelle ou artificielle) des idol(e)s est un but à atteindre. La K-pop dans son ensemble est cependant bien plus qu'un phénomène de mode. C'est un énorme marché, une composante majeure de la puissante **industrie du divertissement**, avec ses produits dérivés, ses concerts *hype* orchestrés et ses médias spécialisés…

Durant votre séjour, vous entendrez forcément le ou les titres du moment, dans les bars, dans la rue, dans les commerces, partout ! Et pas seulement en Corée. Tout comme la J-pop (japonaise), depuis les années 1990, la K-pop s'exporte avec succès dans toute l'Asie de l'Est et du Sud-Est (et dans une moindre mesure sur d'autres continents). Une vague culturelle – comprenant non seulement la K-pop mais aussi les séries TV, le cinéma, les jeux vidéos… – appelée **Hallyu**. Outre son importance économique (tournées, productions), ce phénomène est un ambassadeur de choix pour la Corée. Un *soft power* bien vu et largement soutenu et financé par les gouvernements successifs d'un pays très soucieux de son image et de son rang.

Parmi les sites français consacrés à la K-pop : *www.kpoplife.fr*

Séoul au fil des siècles

UN SITE FAVORABLE

Au centre de la péninsule, le long d'un large fleuve en partie navigable, non loin de la mer Jaune, bordé par une plaine fertile au sud, et une chaîne de montagnes protectrices au nord, le site réunissait toutes les qualités pour jouer un rôle capital dans l'histoire du pays. C'est surtout au néolithique (après 8000-7000 av. J.-C.) *(voir Amsa-dong p. 157)*, que les premières communautés s'y sédentarisent. Autour de 1300 av. J.-C., les petites cités-État qui se constituent vont s'installer sur les collines. On trouve à l'époque des Trois Royaumes les traces d'une cité d'une tout autre dimension, toujours sur la rive sud du fleuve (aujourd'hui Songpa), et qui fut apparemment la première capitale du royaume de Baekje (18 av. J.-C.), d'abord nommée **Wiryeseong** puis connue à l'apogée du royaume sous le nom de **Hanseong**. Cependant Baekje, pressé par les royaume voisins, déménage vers l'actuelle Gongju (475), puis vers Buyeo (538), abandonnant Hanseong à l'envahisseur. Pendant quelques siècles qui verront le bassin du Han se transformer en champ de bataille, Goguryeo puis Silla occupent vaguement la zone, en particulier de l'autre côté du fleuve, construisant des forteresses pour garder l'entrée vers l'intérieur du pays. Une fois le pays « unifié », la ville est désertée mais la région, stratégique, reste occupée. La dynastie de Goryeo (918-1392) la renomme **Yangju** et y établit une capitale du Sud (Namgyeong 1067, puis 1101). En 1308, la ville est rétrogradée au rang de « préfecture » (Hanyang-bu), mais reste un terrain de chasse et de villégiature des rois. Les rois de cette dynastie pensent en fait dès le 12ᵉ s. y déménager leur capitale de l'actuelle Gaeseong (Corée du Nord), tant la théorie géomantique alors en faveur trouvait le site excellent. Les tentatives continuent pendant tout le 14ᵉ s. et l'échec du déménagement sera une des causes qui précipitera la chute de Goryeo.

UN NOUVEAU DÉPART

Le fondateur du royaume de Joseon (1392-1910), Yi Seong-gye, trouvant que l'ancienne capitale a épuisé toute son énergie, pense à donner à sa dynastie un site « vierge » : c'est donc tout naturellement qu'il décide d'installer sa nouvelle capitale sur les bords du fleuve Han. Les premiers bâtiments à être édifiés seront le palais royal Gyeongbok, l'autel aux dieux de la Terre et des Moissons, Sajikdan, l'académie confucianiste Seonggyungwan, le sanctuaire aux ancêtres de la famille royale Jongmyo, puis les murs de la forteresse. La cour déménage dans la ville en construction fin 1395 et pendant 515 ans, elle résidera dans **Hanseong** (ou **Séoul** c'est-à-dire « capitale » en coréen). Développée selon un plan hérité de la Chine des Tang, plan géométrique cependant fortement adapté à la situation géographique locale, Séoul se développe entre ses quatre portes principales, ses quatre portes secondaires et ses quatre montagnes, dans la cuvette du centre-ville actuel. Au début du 20ᵉ s., les occupants japonais donnent un nouveau nom à la ville (**Gyeongseong** en coréen) mais la conservent comme capitale. Ils changeront cependant radicalement sa configuration en y construisant des bâtiments modernes, achevant la modernisation commencée à la fin du 19ᵉ s. Tramway, murailles de la forteresse en partie détruites, gare ferroviaire, nouveaux marchés et quartiers de périphérie, la ville entre dans le 20ᵉ s. de manière assez violente, bouleversant son ancien équilibre urbain. La guerre puis le développement économique à partir des années 1970 produiront d'autres transformations majeures *(voir p. 78)*.

TEHERAN-NO 테헤란로

De part et d'autre de la grande artère de **Teheran-no**, les urbanistes et promoteurs des années 1970 ont tracé un plan quadrillé à la manière des villes américaines. C'est le centre de la finance et des affaires, un des endroits du monde où le mètre carré est le plus cher, à deux pas des tombes royales de Seonjeong et du temple Bongeun, autrefois situés en rase campagne. S'y trouve le gigantesque « shopping mall » souterrain du COEX, doublé d'un immense centre d'expositions, foires et conventions.

★ Samneung Park 삼릉공원 et Seonjeongneung 선정릉 AB1

47 Gil 5 Seonneungro-dong, Gangnam-gu - M° Seolleung, ligne n° 2, sortie n° 8 - ✆ (02) 568 1291 - www.cha.go.kr - tlj sf lun. mars-oct. : 6h-21h ; nov.-fév. : 6h30-21h - 1 000 ₩.

Ces **trois tombes royales**, connues sous le nom de Seonjeongneung, sont situées dans le **parc Samneung** composant un paysage insolite et rafraîchissant dans la forêt de béton, bitume et acier environnante. Outre la promenade agréable et les vues sur le quartier, ce site inscrit au Patrimoine mondial de l'Unesco constitue une rare introduction aux tombes royales de Joseon dans Séoul intra-muros. Après avoir visité les bâtiments destinés aux rites funéraires, on trouvera au nord-ouest la **tombe double de Seolleung du roi Seongjong** (1457-1494), un prince qui confirma le néo-confucianisme comme fondement du système royal, chercha un équilibre entre les fonctionnaires de la cour et les lettrés et soutint la publication de nombreux ouvrages importants. C'est sa troisième reine Jeonghyeon, la mère du prince couronné, qui est enterrée à ses côtés sur une colline au nord-est. Sa tombe est d'une composition plus humble. Leur fils, connu sous le nom de règne de Jungjong (1488-1544), tenta aussi (mais sans succès) de stabiliser le régime et de contrebalancer le pouvoir des fonctionnaires royaux par celui des lettrés de province. Il fut d'abord enterré dans le Gyeonggi-do mais sa reine Munjeong décida de déplacer la sépulture en ce lieu en 1562 dans l'espoir de reposer aux côtés de son mari. Malheureusement, ce ne fut pas possible, et **Jungjong** est un des trois rois de Joseon qui reposent seuls loin de leurs femmes… La structure de sa tombe, appelée Jeongneung, est similaire aux précédentes, dotées de statues assez imposantes.

★ Bongeun-sa 봉은사 B1

73 Samseong-dong, Gangnam-gu – en sortant du métro, tout droit et prochain bd à gauche - M° Samseong, ligne n° 2, sorties n° 6 - ✆ (02) 3218 4800/1 - www.bongeunsa.org - gratuit.

Le temple Bongeun fut fondé par le moine Yeonhu en 794 sous la dynastie de Silla, non loin de son actuel et vaste emplacement. Il déménagea sur les pentes du mont Sudo en 1562. Détruit, reconstruit puis rénové plusieurs fois, il présente des pavillons assez récents. Centre principal de la branche zen (*seon*) du bouddhisme coréen du 16e au 19e s., il mérite largement le détour pour observer l'organisation traditionnelle d'un temple coréen et découvrir la culture bouddhiste dans l'enceinte de la capitale. Un service de volontaires – *à gauche, en entrant* – répondra à toutes vos interrogations sur le bouddhisme et pourra vous guider pour la visite des lieux. Il vous renseignera également sur les programmes de découverte de la vie au temple *(jeu. 14h-16h30 ; mieux vaut se faire préciser les horaires à un office du tourisme au préalable - 20 000 ₩)* comprenant méditation et cérémonie du thé et les retraites d'une durée de 24h pour vous recentrer, réfléchir et vous revitaliser. *Vous pouvez également assister aux offices de 4h30, 10h, 18h (oct.-fév.) ou 18h30 (mars-sept.).*

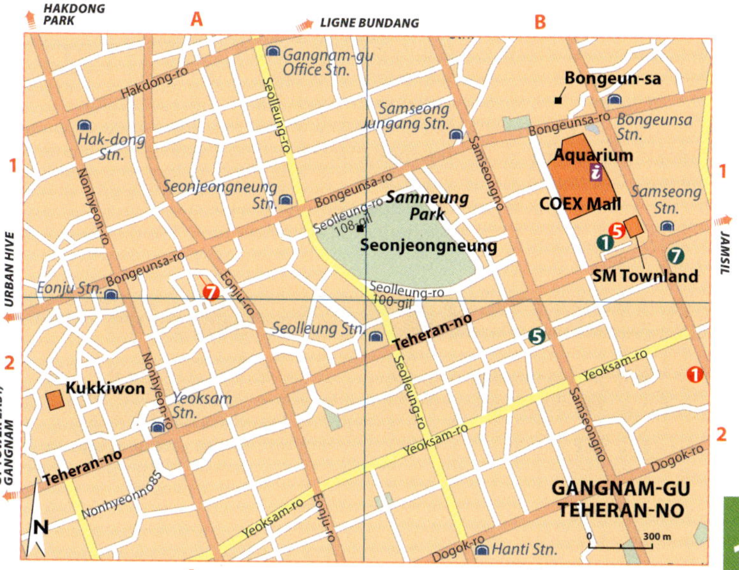

SE LOGER
Grand InterContinental Seoul Parnas 1
Ibis Styles Ambassador Seoul Gangnam 5
Park Hyatt Seoul 7

SE RESTAURER
Chaegeundaam 1
Neung Ra Do 7
Table 34 (Grand InterContinental) .. 5

COEX Mall 코엑스몰 et COEX Aquarium 아쿠아리움 B1

Samsung-dong, Gangnam-gu - M° Seongjeongneung, ligne Bundang, sortie n° 3. CO pour *convention*, EX pour *exhibition*, voici un immense complexe comprenant un parc d'expositions, des infrastructures de loisirs (cinémas notamment) et le plus grand centre commercial sous-terrain d'Asie – le **COEX Mall** *(www.coexmall.com - 10h-22h)*. Dédale infini de boutiques, de vêtements, aux accessoires de mode, en passant par la cosmétique et les articles de sport, on y trouve aussi nombre de restaurants. Une « monumentale » sortie shopping et loisirs très à la mode chez les jeunes. Et pour le touriste européen, un lieu aussi fascinant que déroutant.

Aquarium – *dans le COEX Mall - M° Samseong, ligne n° 2, sorties n° 5/6 - ✆ (02) 6002 6200 - www.coexaqua.co.kr - 10h-20h (dernière entrée 19h) - 25 000 ₩.* Avec 2 500 t d'eau et 40 000 plantes et animaux marins de 650 espèces… ce fabuleux aquarium vous fera découvrir la vie sous-marine depuis les torrents de montagne au plus profond des océans et voyager aux quatre coins de la planète. Le tunnel de 72 m de long vous permettra une vue à 180° dans un des aquariums. L'ensemble propose un véritable parcours pédagogique pour le plus grand plaisir des enfants et des moins jeunes.

SM Townland B1

513 Yeongdong-daero, Gangnam-gu près du COEX Mall - M° Samseong, ligne n° 2, sorties n° 5/6 - ✆ (02) 6002 5811 - www.smtownland.com - 11h-22h. Inauguré en 2016 par l'une des plus grandes maisons de production de K-pop du pays, ce complexe moderne et flashy regroupe studio, scène, boutique, café… pour contenter et faire rêver tous les fans des groupes et vedettes du moment.

Architecture contemporaine A2 en dir. - Plan I C3 p. 30
Les amateurs d'architecture contemporaine pourront lever les yeux sur la tour **Urban Hive** *(476 Gangnam-daero, Gangnam-gu - M° Sinnonhyeon, ligne n° 9, sortie n° 3)*, grande râpe à fromage pour les uns, façade en émulsion pour d'autres, dessinée par l'architecte Kim In-cheurl et inaugurée en 2009. Autre phare vertical de la modernité coréenne, la **GT Tower East** *(au croisement de Teheran-no et Gangnam-daero - M° Gangnam, ligne n° 2, sorties n° 9 ou 10)* imaginée par le cabinet néerlandais ArchitectenConsort. Ses spectaculaires ondulations font le bonheur des photographes et vous marqueront durablement.

GANGNAM-GU

Plans de quartier d'Apgujeong p. 105 et de Teheran-no p. 109.

HÉBERGEMENT

Apgujeong

BUDGET MOYEN

Dormy inn Garosugil 도미인 프리미엄 서울 가로수길 – A2 - *119, Dosan-daero, Gangnam-gu - M° Sinsa, ligne n° 3, sortie n° 8 - ✆ (02) 518 5489 - www.hotespa.net/hotels/garosugil/en - 210 ch. à partir de 130 000 ₩ - 27 500 ₩* ☕. La chaîne japonaise, connue pour ses *business hotels* bien conçus, a intégré des éléments de décoration coréens à son concept pour créer des chambres et espaces communs (lobby, spa, sauna) réussis. Bon rapport qualité-prix à proximité immédiate de Garosu-gil.

Teheran-no

BUDGET MOYEN

Ibis Styles Ambassador Seoul Gangnam – 이비스 스타일 앰배서더 서울 강남 – B2 - *431, Samseong-ro, Gangnam-gu - M° Seolleung, lignes n° 2/Bundang, sortie n° 2 ou M° Samseong, sorties n° 3/4 - ✆ (02) 3454 1101 - ibisstyles.ambatel.com/gangnam - wifi - 317 ch. 99 000/220 000 ₩ ☕ (1 pers.). Business hotel* à prix modérés dans ce quartier onéreux de la capitale. Chambres simples mais fonctionnelles. Sauna avec bains chauds. Bonne solution pour budgets limités. Des navettes gratuites permettent de rejoindre le CALT, terminal des bus assurant la liaison avec l'aéroport.

UNE FOLIE

Grand InterContinental Seoul Parnas – 코엑스인터컨티넨탈 호텔 – B1 - *521 Teheran-ro, Gangnam-gu - M° Samseong, ligne n° 2, sortie n° 5 - ✆ (02) 555 5656 - www.grandicparnas.com : 444 - - wifi - 515 ch. 332 750/423 500 ₩ - ☕ 49 500 ₩.* Hébergement idéal pour les hommes d'affaires et touristes, à côté du World Trade Center et à 2mn de l'immense centre commercial COEX. Toute la panoplie des services des hôtels de prestige et des chambres particulièrement spacieuses et agréables. Spa confortable du Metropolitan Fitness Club. Le **COEX InterContinental Hotel**, qui partage le même site Internet, se situe à l'autre bout du pâté de maisons. Les clients peuvent utiliser les équipements proposés par les deux établissements.

Park Hyatt Seoul – 파크 하얏트 서울 – B1 - *606, Teheran-ro, Gangnam-gu - M° Samseong, ligne n° 2, sortie n° 1 - ✆ (02) 2016 1234 - seoul.park.hyatt.com - - wifi - 185 ch. 346 500/704 000 ₩ - ☕ 45 000 ₩.* Un hôtel luxueux au cœur du quartier d'affaires. Des chambres au design très réussi, avec de somptueuses baies vitrées et des salles de bains d'exception. Centre spa et fitness de 570 m² au dernier étage. La piscine a une vue fabuleuse sur la ville.

RESTAURATION

Apgujeong

BUDGET MOYEN

Samwon Garden – 삼원가든 – A1 - *835, Eonju-ro, Gangnam-gu - M° Apgujeong, ligne n° 3, sortie n° 2 - depuis le métro, allez vers Cheongdam-dong, puis tournez dans av. du pont Seongsu, env. 500 m sur dr. - ✆ (02) 548 3030 - www.samwongarden.com - 11h50-22h - CC - P service de voiturier, 1 000 ₩ - carte 11 000/35 000 ₩, viande grillée 43 000/143 000 ₩*. Le restaurant le plus connu du sud du fleuve pour la viande grillée façon coréenne. Une institution, immense (1 200 couverts !) mais ayant su préserver la qualité. Portions de viande pour une personne 24 000/54 000 ₩. Réservation recommandée.

Mandujip – 만두집 – B1 - *338 Apgujeong-ro, Gangnam-gu - M° Apgujeong Rodeo, ligne Bundang, sortie n° 6 - ✆ (02) 544 3710 - mandoojip.modoo.at -12h-21h - carte 9 000/55 000 ₩*. Depuis trois décennies, ce restaurant attachant régale ses clients avec ses soupes garnies de *mandu*, les goûteux raviolis coréens. Farcis de tofu, de bœuf et de pousses de haricots mungo, ils baignent dans un excellent bouillon de bœuf. Un plat ausi copieux que délicieux.

POUR SE FAIRE PLAISIR

Jungsik – 정식당 서울 – B1 - *11, Seolleung-ro 158-gil, Gangnam-gu - M° Apgujeong Rodeo, ligne Bundang, sortie n° 4 - ✆ (02) 517 4654 - jungsik.kr/seoul - 12h-15h (dern. commande 14h), 17h30-22h (dern. commande 21h), fermé 1er janv., Chuseok et Nouvel an lunaire - CC - déj. 60 000/150 000 ₩, dîner 100 000/180 000 ₩*.Un établissement phare de la gastronomie séoulite, pour sa cuisine coréenne moderne.

UNE FOLIE

Palais de Gaumont – 팔레드고몽 – B1 - *21, Dosan-daero 81-gil, Gangnam-gu - M° Apgujeong Rodeo, ligne Bundang, sortie n° 2 - dans la rue du magasin Omega - ✆ (02) 546 8877 - 18h-23h (dern. commande 21h) - fermé 1er janv., Chuseok et Nouvel an lunaire - CC - P service de voiturier 3 000 ₩ - 135 000/180 000 ₩*. Une adresse qui à sa grande époque fut pionnière dans la haute gastronomie européenne et fut la meilleure table de Séoul. Un écrin de luxe et de raffinement pour une cuisine du même acabit.

Teheran-no

BUDGET MOYEN

Chaegeundaam – 채근담 – B2 - *23, Yeoksam-ro 98-gil, Gangnam-gu - Dongwon 2 Bldg. - M° Samseong, ligne n° 2, sortie n° 3 - tout droit depuis le métro, marcher environ 600 m, 1er à droite - ✆ (02) 555 9173 - www.chaegundaam.com - 11h30-15h (dern. commande 14h30), 17h30-22h (dern. commande 20h30) - fermé 1er janv., Chuseok et Nouvel an lunaire - CC - déj.(sem.) 27 000/43 000 ₩, déj.(w.-end) et dîner 47 000/88 000 ₩*. Excellent restaurant végétarien qui exprime l'essence de cette cuisine devenue célèbre pour ses barbecues de viandes alors que ses racines sont plutôt végétariennes.

Neung Ra Do – 능라도 – A1 - *7 Eonju-ro 107-gil, Gangnam-gu - M° Eonju, ligne*

1

n° 9, sortie n° 4 - ✆ (02) 569 8939 - neungrado.modoo.at/- 11h-21h - 11 000/120 000 ₩. Récemment installée à Gangnam, ce restaurant au décor agréable et moderne est spécialisé dans les soupes froides de nouilles de sarrasins et raviolis (Pyeongyang-style). L'excellence des produits utilisés en fait une adresse prisée.

POUR SE FAIRE PLAISIR

Table 34 – 테이블 34 – B1 - *521 Teheran-ro, Gangnam-gu - Grand InterContinental Seoul Parnas Hotel, 34e ét. - M° Samseong, ligne n° 2, sortie n° 5 - ✆ (02) 559 7631 - www.grandicparnas.com - déj. 12h-15h (lun.-vend.), dîner 18h-22h, brunch 11h-14h30 (w.-end et vac.) - CC P ♿ - carte 32 000/160 000 ₩, menu déj. 60 000/97 000 ₩, menu dîner 120 000/300 000 ₩.* Restaurant de cuisine française raffinée au service impeccable avec une vue imprenable sur les quartiers environnants. La salle spacieuse permet d'isoler les tables et les salons privés en font un lieu prisé pour les rendez-vous d'affaires ainsi que les repas romantiques. Très belle carte des vins.

PETITE PAUSE

Apgujeong

Le quartier est connu pour ses multiples cafés où s'attarder pour une pause (bien méritée !) lors d'une journée shopping.

Coffee Smith – 커피스미스 – *13, Dosan-daero 13-gil, Gangnam-gu - M° Sinsa, ligne n° 3, sortie n° 8 - ✆ (02) 3445 3372 - www.coffeesmith.co.kr - 9h-2h (vend.-sam. 3h) - CC P - 5 000/10 000 ₩.* Les cafés de cette petite chaîne présente dans plusieurs villes du pays sont toujours installés dans des volumes hors du commun. Lieu branché au design réussi. Clientèle jeune qui se retrouve pour partager cafés et desserts, en profitant à loisir de l'ambiance de la rue. Pause bienvenue pour sentir l'atmosphère de ce quartier.

BOIRE UN VERRE

Apgujeong

Goshen – 고센 – *18, Seolleung-ro 158-gil, Gangnam-gu - M° Apgujeong Rodeo, ligne Bundang, sortie n° 4 - ✆ (02) 515 1863 - www.i-goshen.com - 10h-18h.* En après-midi, en soirée ou au petit matin, un espace agréable pour prendre un verre dans cette partie sud-est de la capitale. Terrasse pour la belle saison. Prix des consommations plutôt élevés, en rapport avec la clientèle aisée de Cheongdam-dong…

EN SOIRÉE

Apgujeong

Once In A Blue Moon – *824 Seolleung-ro, Gangnam-gu - M° Apgujeong Rodeo, ligne Bundang, sortie n° 4 - ✆ (02) 549 5490 - www.onceinabluemoon.co.kr - 18h-1h (merc.-sam. 2h) - boissons 20 000 ₩.* Un club pionnier (tardif) du jazz en Corée. Le lieu, feutré, est souvent choisi comme décor de film. Mais il est surtout réputé pour la qualité des concerts proposés et son vaste choix de vins et cocktails. Entrée gratuite mais boissons coûteuses.

Autour de Gangnam Station

Le quartier qui s'étend au nord de la station Gangnam *(par la sortie n° 10)* est un haut lieu des nuits séoulites : clubs branchés, hip-hop, musiques électroniques…

Club Octagon – *645, Nonhyeon-ro, Gangnam-gu - M° Hakdong, ligne n° 7, sortie n° 4 - ✆ (02) 3396 5411 - www.octagonseoul.com - jeu.-sam. 22h-6h - 30 000 ₩.* Depuis des années ce club est « la » référence en matière de musique électronique. L'un de ceux où les meilleurs DJ's internationaux se produisent. Plusieurs niveaux, piscine…

LG Arts Center – *Voir p. 42*

ACHATS

Apgujeong

Pour résumer : des enseignes « jeune et fashion » sur et autour de **Garosu-gil** et de luxe sur **Cheongdam-dong**.

Galleria Department Store – 갤러리아 백화점 – *343 et 407, Apgujeong-ro, Gangnam-gu - M° Apgujeong Rodeo, ligne Bundang, sortie n° 7 - ✆ (02) 3449 4114 - dept.galleria.co.kr - 10h30-20h (vend.-dim. 20h30).* Célèbre grand magasin sur deux bâtiments : East, qui concerne uniquement les marques de prestige, et West, un peu moins luxueux. La façade, très réussie, de ce dernier est composée de 4 330 disques qui jouent avec la lumière du jour et l'éclairage, la nuit. Très fréquenté par la clientèle aisée de ce quartier huppé. Loin du métro.

Lee Young-hee – 이영희 한복 – *3, Seolleung-ro 155-gil, Gangnam-gu - M° Apgujeong Rodeo, ligne Bundang, sortie n° 5 - ✆ (02) 544 0630 - www.leeyounghee.co.kr - tlj sf dim. 10h-19h (sam. 17h) - CC - réserv. conseillée.* Lee Young-hee est la grande prêtresse du *hanbok* façon haute couture. Vous pourrez admirer et acheter dans sa boutique des habits coréens féminins traditionnels mais revus par la créatrice, aussi bien que des « *hanbok* modernes », adaptés au goût du jour, avec une touche d'Occident, et toujours beaucoup de goût et de raffinement. Pour un vêtement sur mesure, prendre rendez-vous.

10 Corso Como – 10 꼬르소 꼬모 –*416 Apgujeong-ro, Gangnam-gu - M° Apgujeong Rodeo, ligne Bundang, sortie n° 3 - ✆ (02) 3018 1010 - 11h-20h.* Inspiré d'un mall milanais qui a exporté son concept à New York ou encore Shanghai, cette boutique est à la pointe des tendances en matière de mode, d'accessoires, de mobilier… Une plongée fascinante dans un monde coloré et design ! Café et librairie.

Teheran-no

COEX Mall – *Voir p. 109.*

National Intangible Cultural Heritage Association – 국가무형문화재기능협회 – *406, Bongeunsa-ro, Gangnam-gu - M° Seongjeongneung, ligne Bundang, sortie n° 3 - ✆ (02) 569 2329 - www.kpicaa.co.kr - 10h-18h (sam. 17h) - fermé dim. et j. fériés.* Magasin, à côté de l'hôtel Ramada, qui distribue uniquement les œuvres des artisans nommés **Trésor national vivant**. De part et d'autre de la porte d'entrée de l'immeuble, deux salles exposent ces pièces uniques de l'artisanat coréen : céramiques, objets en bois et en métal, instruments de musique, meubles, sceaux, bijoux…

ACTIVITÉS

Apgujeong

Les amateurs d'E-Sport iront à la **Nexon Arena** *(voir p. 44).*

Kikkuwon – 국기원 – *32 Teheran7gil, Gangnam-gu - M° Gangnam, ligne n° 2, sortie n° 12 - ✆ (02) 567 1058 - www.kukkiwon.or.kr - lun.-vend. 9h-11h30, 13h-17h30.* L'épicentre de la planète taekwendo. On peut assister à des démonstrations ou des compétitions de cet art martial coréen. Petit musée. Programme sur le site ou, plus sûr, à l'OT.

Dongdaemun

동대문

★★

Ce quartier populaire, ouvrier et longtemps miséreux a peu à peu fermé ses ateliers, symbole de l'époque du « made in Korea » dans les années 1970, pour les remplacer par de gigantesques marchés qui font de Dongdaemun une immense zone commerçante s'étirant le long de la rivière Cheonggye « restaurée ». L'activité et l'animation 24h/24 y sont fascinantes ! Depuis 2014, un nouvel espace architectural y a pris place. D'une modernité stupéfiante, le DDP incarne et concentre en ses murs tout ce qui fera demain les modes et tendances du design coréen. Ce complexe bouscule les représentations traditionnelles que l'on avait de ce quartier que colonise une jeunesse séoulite à l'affût des toutes dernières nouveautés.

NOS ADRESSES PAGE 120
Hébergement, restauration, achats, activités, etc.

S'INFORMER

Dongdaemun Tourist Information Center – *18-21 Euljiro 6-ga, Jung-gu - face au Good Morning Shopping Centre - M° Dongdaemun History & Culture Park, lignes n° 2/4/5, sortie n° 14 - ✆ (02) 2236 9135 - 10h-1h.*

DDP Tourist Information Center – *281 Eulji-ro, Jung-gu - M° Dongdaemun History & Culture Park, lignes n° 2/4/5, sortie n° 1 - ✆ (02) 2153 0407 - 10h-19h.*

SE REPÉRER

Plan II CD2 p. 32 - Plan de quartier p. 116 – Autour du Dongdaemun Market, à l'est de la ville historique. Le long de la Cheonggyecheon s'étirent des marchés aux noms divers et tous spécialisés. Le mieux est de faire un saut dans un office de tourisme pour en connaître le détail. À l'est de la porte Dongdae, le sanctuaire Dongmyo. Pour le marché aux puces couvert, il faut encore aller plus à l'est, dans la direction du quartier des antiquaires et du marché excentré de la pharmacopée traditionnelle. Au sud du ruisseau, les *malls* comme le Doota, Lotte Fitin ou Hyundai City Outlet entourent le parc historique et culturel de Dongdaemun.

À NE PAS MANQUER

Le Dongdaemun Design Plaza et un dîner au marché de Gwangjang, deux expériences qui vous marqueront à coup sûr ! Le détour au marché de la pharmacie vaut la peine. Les amateurs d'antiquités seront enchantés par les belles pièces de Janganpyeong et, dans une moindre mesure, par les marchés aux puces… Pour les noctambules, se laisser tenter par l'ambiance insolite du shopping en pleine nuit dans les complexes commerciaux comme Doota Mall.

ORGANISER SON TEMPS

Les antiquaires sont en général fermés le dimanche. Les boutiques du Migliore, Doota, etc., ouvrent jusqu'au petit matin. Surveillez la programmation du DDP pour voir vibrer le complexe.

L'étonnante architecture du Dongdaemun Design Plaza.
GoranQ/iStock

1

Se promener Plan de quartier p. 116

DU DONGDAEMUN DESIGN PLAZA AU GWANGJANG MARKET

Comptez une demi-journée, à faire de préférence l'après-midi pour profiter le soir de l'ambiance du marché de Gwangjang - départ : M° Dongdaemum History and Culture Park, lignes n° 2/sorties n° 1/2.

★★★ Dongdaemun Design Plaza (DDP) 동대문디자인플라자 and History Park 역사공원 AB2

Euljiro 7-ga, Jung-gu - ✆ (02) 2153 0408 - www.ddp.or.kr - 10h-21h - fermé lun. - auprès du DDP Tourist Information Center, visite (1h20) en prenant part à un groupe mar.-vend. 10h-18h (horaires et inscriptions sur le site Internet) 8 000 ₩ - visite individuelle (tlj sf lun. 10h-19h) avec audioguide ou application à télécharger 4 000 ₩ - expositions payantes - 9 000 ₩ pour l'entrée générale. Demandez un plan à l'accueil.

Dongdaemun Design Plaza, aussi connu sous le sigle **DDP**, est devenu depuis mars 2014 le nouveau point de convergence de tous les amateurs d'architecture et de design. Cette construction totalement asymétrique est l'œuvre de l'une des principales figures du déconstructivisme : l'architecte irako-britannique, **Zaha Hadid** (1950-2016), première femme architecte couronnée par le prestigieux Pritzker Price (2004). Construit en partie sur l'ancien stade de de Dongdaemun, ce complexe, où tout angle droit et toute surface rectiligne sont bannis, nous plonge dans l'imaginaire voluptueux d'une savante modélisation en trois dimensions, avec ses puissants volumes, tout en courbes et spirales (jusqu'aux fenêtres et escaliers) découpées comme ces structures polygonales qui organisent l'image de synthèse à venir. Un édifice comme un paysage, sur lequel on monte, sous lequel on passe.

Derrière ces atours métalliques (40 000 plaques), ce curieux vaisseau de la taille d'une aérogare (86 000 m^2 répartis en 3 niveaux au sous-sol et 4 en surface) mais d'une rationnalité de bijou somptuaire – 500 millions de dollars – s'ouvre sur un univers blanc, lisse, immaculé, une épure sans autre aspérité que celle d'un vide absorbant par son esthétisme très dépouillé. Aucune enseigne, aucune publicité, aucun néon… le contraste est saisissant avec le quartier environnant.

Le complexe compte différents halls d'exposition consacrés au design, des laboratoires de recherche et centres de ressources pour les designers, une salle de conférence spectaculaire tapissée de diodes lumineuses où se font et se défont les tendances à venir. Un espace est consacré à des expositions temporaires, le **Design Museum** *(tlj sf lun. 10h-21h)* auquel on accède par la porte de l'Ouest via le pont Miraero. Différentes boutiques *(voir Achats dans Nos adresses)* proposent les œuvres de créateurs émergents.

Le complexe est enveloppé dans un petit écrin de verdure : **Dongdaemun History & Culture Park** (B2). Les pelouses, les larges allées et les doux reliefs sont colonisés par les promeneurs, les amateurs de pique-nique, les *food trucks* parfois. Une vallée est fleurie de milliers de roses artificielles dont les LED illuminent la nuit *(19h-0h)*. Le parc est parsemé de vestiges archéologiques (n'oublions pas que nous sommes à deux pas de la porte Heunginjimun, l'une des huit portes qui protégeaient la capitale de la dynastie Joseon). Deux musées sont abrités dans des structures évoquant des collines. Le **Dongdaemun History Museum 1398** *(tlj sf lun. 10h-18h - gratuit)* raconte l'histoire du site à travers des cartes et des pièces archéologiques (de la période Joseon jusqu'à

SE LOGER
Euljiro CO-OP Residence 1
Ibis Ambassador Seoul Dongdaemun 4
Ibis Budget Ambassador Seoul Dongdaemun 5
K Hostel 9
KY-Heritage Hotel 7
WESTERN CO-OP Residence 3

SE RESTAURER
Buchon Yukohe 5
Jinokwha halmae wonjo darkhanmari 1
Wooraeoak 2

nos jours) découvertes pendant son excavation. Le **Dongdaemun Stadium Memorial** *(tlj sf lun. 9h-19h - gratuit)* évoque lui le stade qui se dressait ici de 1925 à 2008. Notez les deux pylones d'éclairage conservés en souvenir à l'angle nord-est du parc.

Filez tout droit sur la Design Avenue (au pied de l'immeuble Migliore) en direction de la porte de l'Est (environ 400 m, voir ci-après).

Juste avant de traverser le pont Ogansugyo, on peut faire une halte – de part et d'autre de l'avenue – dans les divers bâtiments du **Pyeonghwa Market** (A2, marché cinquantenaire qui concentre des milliers boutiques de vêtements pour hommes et femmes) et du **Shin Pyeonghwa Fashion Town**. Dans d'étroites allées, on déambule entre des amoncellements impressionnants, ici de chaussettes, là de t-shirts ou de culottes, etc.

Dongdaemun 동대문 ou Heunginjimun 흥인지문 B1

M° Dongdaemun, lignes n° 1/4, sorties n° 6/7. Construite en 1398, lors de la fortification de la cité, la **grande porte de l'Est** ou « porte de la magnanimité », était le point de passage habituel des voyageurs à destination du Gangwon-do et des trois provinces du Sud. C'était, par ailleurs, le chemin emprunté régulièrement par les derniers monarques, les rois Gojong et Sunjong, pour se rendre sur la tombe de la reine Min, au site de Hongneung. La structure actuelle date de 1869 (mais la partie en bois fut détruite pendant la guerre). Elle comprend une imposante base en pierre et une double toiture sur deux niveaux. Comme dans la forteresse de Suwon, la structure en demi-lune, du côté extérieur de la porte, renforçait la défense, en évitant un accès direct à la ville et en favorisant les contrôles. On peut apercevoir des vestiges du mur d'enceinte de Séoul sur la colline qui jouxte la porte de Dongdae. Un chemin le longe et rejoint Naksan Park à Daehangno *(voir encadré ci-dessous).*

En traversant le passage piéton situé à l'est de la porte, dirigez-vous vers le parc aménagé le long de la muraille, et suivez les panneaux « Seoul City Wall Museum ».

FAIRE LE MUR

Voici l'une des plus belles **randonnées urbaines★★** (et pas seulement) du monde ! En parcourant, en partie ou dans sa totalité, le mur d'enceinte qui fait le tour de la ville sur 18,6 km (aujourd'hui 13 km sont réellement aménagés en attendant la totalité du circuit), vous découvrirez Séoul sous bien d'autres angles. Vous passerez de portes monumentales en montagnes miniatures, traverserez des quartiers-villages ou des zones touristiques, frôlerez des autoroutes et des rues à l'animation frénétique, voyagerez dans le passé, le présent et l'avenir de Séoul. Et vous collectionnerez des panoramas urbains inoubliables. Ainsi durant les passages par les beaux reliefs rocheux et verdoyants de Inwangsan (338 m, *voir p. 135*) ou Bugaksan (342 m, *voir p. 159*). La partie nord du parcours – de Dongdaemun à Iwangsan – est sans nul doute la plus intéressante et variée.

Pour préparer votre randonnée ou choisir une ou plusieur sections qui vous intéresse, consultez le site **seoulcitywall.seoul.go.kr**. Vous pourrez y télécharger un plan, noter les points d'accès, la distance à parcourir pour chaque étape, les horaires de fermetures éventuelles, calculer le temps de marche nécessaire. Comptez environ 11h pour la totalité du circuit, avec quelques dénivelés marqués mais modérés. Votre passeport vous sera demandé pour traverser le site – stratégique – de Bugaksan.

1

Seoul City Wall Museum 한양도성박물관 A1

283, Yulgok-ro, Jongno-gu - M° Dongdaemun, lignes n° 1 et 4, sortie n° 1 - ✆ (02) 724 0243 - tlj sf lun. 9h-19h (w.-end nov.-fév. 18h) - gratuit.

Cette exposition, interactive et bien conçue, raconte l'histoire du **mur d'enceinte** construit à partir du 14e s. autour de Hanyang (l'un des anciens noms de Séoul) tout juste désignée comme capitale par le roi Taejo. Long de 18,6 km et haut de 6 à 8 m, le **Hanyangdoseong** franchit courageusement les reliefs qui cernent la ville : Namsan, Inwangsan, Naksan, Bugaksan. Des huit portes qui le perçaient seules six demeurent aujourd'hui, dont Namdaemun (*voir p. 90*) et la toute proche Heunginjimun.

Il est possible aujourd'hui de faire le tour du mur en grande partie restauré *(voir encadré p. 117)* et en attente de classement par l'Unesco. Si vous n'avez pas le temps d'entreprendre la randonnée, une visite de ce musée vous permettra de découvrir – vus du ciel notamment – les quartiers et paysages très variés qu'il traverse. Avant de reprendre l'itinéraire de découverte, profitez du panorama depuis les fortifications et rejoignez les ruelles du proche Ihwa Mural Village *(voir Hyehwa p. 127)*.

Pour poursuivre la promenade, revenez vers Heunginjimun et traversez le carrefour par le passage piéton situé face à la porte, en direction du bâtiment Dongdaemun Shopping Center.

Dongdaemun Shopping Center 동대문 쇼핑센터 A1

En pénétrant dans cet immeuble, vous entrez dans le marché des tissus, du linge de maison et de la mercerie. Vous y trouverez en particulier les tissus traditionnels, soie de *hanbok* et ramie au rez-de-chaussée. Traversez-le de part en part, tout droit, en profitant de l'ambiance. La sortie débouche à l'arrière du bâtiment. Face à vous, de l'autre côté de la route et à gauche d'une allée de restaurants de rue, se trouve une **petite venelle**. En l'empruntant, vous retournez dans le Séoul d'un temps révolu, à l'exotisme assuré, surtout en fin de journée. Elle regroupe des petits restaurants de poisson grillé et de délicieuse poule au pot *(voir Nos adresses)*. Les commerçants et livreurs des marchés environnants avaient ici leurs habitudes. Aujourd'hui, tout un chacun vient s'y régaler et il n'est pas rare d'attendre son tour dans la rue, devant les plus célèbres maisons.

Continuez, toujours tout droit, en direction du marché Gwangjang de la soie et des vêtements traditionnels. Chemin faisant, vous croiserez, à la perpendiculaire, une autre allée de guinguettes animées, avant d'entamer un tronçon, déconcertant alors que l'on est en plein centre-ville, d'une bonne centaine de mètres d'échoppes d'outillage et autres appareillages, suivies de quelques magasins d'articles de sport. Vous débouchez sur une rue et apercevez, en face, le fameux Gwangjang Market.

★ Gwangjang Market 광장시장 A1

6-1 Yeji-dong, Jongno-gu - M° Jongno 5-ga, ligne n° 1, sortie n° 8 - ✆ (02) 2267 0291- tlj sf dim. 9h-19h boutiques, 23h restaurants (ouv. tlj). Ce marché, le premier marché permanent de Corée, fut fondé en 1905 par les commerçants coréens, alors que les occupants japonais avaient pris le contrôle du marché de Namdaemun *(voir p. 90)*.

Environ 2 000 personnes travaillent dans 5 000 boutiques : soie, *hanbok* (vêtements traditionnels), textiles, les produits sont innombrables et singuliers comme ces plats *ibaji* (amuse-gueules, plats d'accompagnements, *tteokbokki* (gâteaux de riz), etc. que la jeune mariée apporte dans la maison de sa belle- famille après sa lune de miel). Car ce qui fait surtout la particularité de ce marché, ce sont ses commerces de bouche, ces **mokjalgolmok**, littéralement « allées de restaurants », dont certains sont tenus depuis trois générations : idéal pour découvrir les fameux *sundae*, sortes de boudins coréens d'une couleur de jais, bouillis ou cuits à la vapeur, concoctés à base d'abats de porc ou de bœuf et de pommes de terre (noter que les prix sont fonction de la qualité des produits qui les composent ; on peut ainsi avoir des *sundae* à base de fruits de mer !) ; les délicieuses *bindaetteok*, galettes coréennes fourrées avec des légumes et de la viande, les *gimbap* qui enveloppent dans une feuille d'algue, riz, navet jaune mariné et carottes, et les *jokbal*, jarret de porc que l'on savoure avec le *ssamjang*, une pâte fermentée. Ambiance garantie dès le soir venu. Une expérience inoubliable !

LES MARCHÉS DE DONGDAEMUN 동대문시장

Comptez 3h environ - Départ : M° Sindang, lignes n° 2/6, sorties n° 1/2. Regard particulier sur ce quartier de marchés, entre Asie d'hier et de demain, au détour du sanctuaire Dongmyo et de la porte séculaire de Dongdae. Si vous avez le temps, la balade complète permet de voir davantage de marchés et de vous laisser tenter par un en-cas ou un dîner aux couleurs locales, dans une ambiance populaire décontractée. Évitez le dimanche car la plupart des échoppes sont fermées, sauf autour de Dongmyo où, au contraire, l'ambiance bat son plein.

1

La promenade débute par la visite du **petit marché alimentaire de Jungang** (B2). Tout au long de l'allée couverte principale, vous entrerez dans le monde des couleurs, bruits et odeurs de l'Asie du Nord-Est. Fruits et légumes de saison, ambiance populaire et chaleureuse des marchés de quartier.

Une fois sorti, après avoir traversé le marché en ligne droite, vous arrivez à une intersection. Une rue s'élance face à vous, vers les logements modernes de la tour Lotte Castle, que vous apercevez au loin. Préférez-lui la minuscule venelle parallèle, qui part à sa gauche, devant la bouche d'entrée d'un escalier souterrain.

Cette ruelle, au charme particulier, est une rue marchande où le temps semble s'être arrêté dans sa course. On voyage au siècle dernier en redécouvrant les échoppes insolites d'un autre âge : boutiques d'œufs, de *tteok* (pâtisseries de riz), de petits meubles traditionnels, de poudre de piment, torréfacteur, pharmacie orientale et quincaillerie où l'on peine à entrer, tant l'abondance de marchandises laisse peu de place aux clients… Elle se termine par des gargotes de rue spécialisées dans la patte de poulet (très épicée)…

Poursuivre tout droit, sur la route. À votre droite, des stands de tripes à la mode locale font tache au pied de Lotte Castle qui héberge des appartements de grand luxe. Les toits exotiques de quelques maisons traditionnelles qui font de la résistance nous permettent d'imaginer ce qu'était ce quartier il y a peu encore. À gauche, le **marché de l'occasion de Hwanghak-dong** (B2) propose des appareils électroniques d'occasion entre moteurs et outils. Il ne présente guère d'intérêt particulier, sauf la ruelle qui part à gauche, devant une pharmacie, où une dizaine d'antiquaires aux magasins poussiéreux permettent parfois de faire de bonnes affaires…

Traversez la rivière Cheonggye, sur le pont Yeongdogyo et poursuivez tout droit, vers le sanctuaire Dongmyo et le marché aux puces qui l'entoure.

Dongmyo Royal Shrine 동묘 B1

M° Dongmyo, lignes n° 1 et 6, sortie n° 3. Sanctuaire construit en 1601, en l'honneur du général chinois Gwan Yu (ou Guang Yu, 160-219) de la fin de la dynastie Han (220 apr. J.-C.), divinisé peu après sa mort comme dieu de la Guerre et très célèbre comme héros du roman des *Trois Royaumes*. Après les invasions japonaises de 1592-1598, l'empereur de Chine, qui avait envoyé ses troupes en aide à la Corée, demanda qu'on élève des autels à la mémoire de l'illustre dieu-général qui aurait aidé à la victoire. Il participa même aux frais. Des cinq sanctuaires élevés à Séoul, trois subsistent mais celui de Dongmyo est le plus imposant. Des sacrifices y étaient régulièrement offerts et de nos jours, des chamans viennent toujours y rendre un culte. Le bâtiment comprend des éléments d'architecture chinoise comme le mur en brique grise. On peut y admirer des représentations de Gwan Yu, une statue rouge représentant la forme historique et une blanche la forme divinisée, ainsi que des statues de ses officiers et des objets de culte anciens (armes).

Dongmyo Flea Market 동묘벼룩시장 B1

Autour du sanctuaire Dongmyo - M° Dongmyo, lignes n° 1 et 6, sortie n° 3 - surtout le w.-end, de 10h (14h en sem.) au coucher du soleil - fermé 2e et 4e mar. du mois. Joyeux bric-à-brac dans les venelles autour du sanctuaire où tout et n'importe quoi se vend à des prix dérisoires. Quelques boutiques comme **Antique Gallery** *(rue principale - 10h-18h)* : charmant propriétaire, qui vous offrira un thé. Au-delà des achats, l'intérêt du quartier demeure dans l'ambiance de la rue, aux couleurs d'une autre époque.

Retournez sur vos pas et descendez le long de la rivière Cheonggye, par l'escalier situé au niveau du pont. En vous dirigeant à droite, longez le cours d'eau vers l'amont et profitez du charme insolite de la nature au cœur de la mégalopole séoulite. Belle réussite que ce projet d'aménagement urbain. Ressortez en ville, par l'escalier du 3e pont que vous rencontrez (Ogansugyo).

Vous pouvez soit vous promener le long de la Cheonggyecheon et vous rendre jusqu'au marché de Gwangjang ; soit vous rendre à la porte séculaire de **Heunginjimun**, à une centaine de mètres sur votre droite *(voir le premier itinéraire)*.

DONGDAEMUN

HÉBERGEMENT

L'animation permanente des abords du DDP et les nombreux marchés en font un quartier très agréable où résider quelques nuits.

PREMIER PRIX

K Hostel – 케이호스텔 – B1 - *200-25 Sungin-Dong, Jongno-Gu- M° Dongmyo, lignes n° 1/4, sortie n° 2 - ✆ (02) 2233 9155 - www.khostel.net - 242 ch. - lit en dortoir et ch. avec sdb en commun 20 000 ₩ et 30 000 ₩ à 50 000 ₩ ; ch. double 55 000 ₩* ☕. Auberge de jeunesse basique mais moderne, colorée, bien tenue et conviviale. Elle se situe à 15-20mn à pied du DDP.

BUDGET MOYEN

Ibis Ambassador Seoul Dongdaemun – A2 - *359 Dongho-ro, Jung-gu - M° Dongdaemun History Culture Park, lignes n° 2/4/5, sortie n° 12 ou M° Eujiro-4(sa)-ga, lignes n° 2/5, sortie n° 7 - ✆ (02) 2160 8888 - www.ibis.com - 242 ch. à partir de 70 000 ₩/16 000 ₩* ☕. Bien situé à 7mn à pied du DDP, cet hôtel très récent est aménagé dans une tour au design élégant, offrant de belles vues des derniers étages. Chambres un peu petites (mais vastes salles de bains), fonctionnelles et très agréables à vivre. Tarifs très fluctuants selon la saison.

Ibis Budget Ambassador Seoul Dongdaemun – A2 - *334 Toegye-ro, Jung-gu - M° Dongdaemun History Culture Park, lignes n° 2/4/5, sorties n° 4/3 - ✆ (02) 2079 8888 - www.ibis.com - 195 ch. à partir de 60 000 ₩.* Plus proche encore du DDP, vous trouverez cet établissement, tout aussi moderne que l'Ibis Ambassador Seoul Dongdaemun (prestations plus basiques).

Euljiro CO-OP Residence – 을지로 코업레지던스 – A2 - *246, Eulji-ro, Jung-gu - M° Dongdaemun History Culture Park, lignes n° 2/4/5, sortie n° 12 - ☎ (02) 2269 4600 - residences.co-op.co.kr* - ▤ CC P - *wifi - 250 ch. 100 000 ₩ - ☕ 8 800 ₩.* Location de studios équipés avec tous les services offerts par un hôtel standard. Des chambres simples, à prix doux, avec TV et Internet. Vous bénéficierez d'un emplacement intéressant, à proximité du marché tentaculaire de Dongdaemun.

Mêmes prestations dans le **Western CO-OP Residence** à deux pas de là *(même site Internet)* - A2 - *228 Eulji-ro, Euljiro-dong.*

POUR SE FAIRE PLAISIR

KY-Heritage Hotel – KY헤리티지호텔 – A2 - *226 Jangchungdan-ro, Jung-gu - M° Dongdaemun History Culture Park, lignes n° 2, 4 et 5, sorties n° 4/9 - ☎ (02) 2198 1212 - www.ky-heritagehotel.com - 215 ch. 143 000 à 300 000 ₩ /16 500 ₩ ☕.* L'hôtel, vertical, donne directement ou presque sur le DDP. Chambres sans surprise mais vastes, confortables et aux tons chauds reposants.

UNE FOLIE

The Shilla Seoul – 신라 서울 호텔 – Plan II D3 - *249, Dongho-ro, Jung-gu - M° Dongguk University, ligne n° 3, sortie n° 5 - navette depuis le métro - ☎ (02) 2233 3131 - www.shilla.net/seoul* - ▤ ✕ CC P ≋ ♿ - *wifi - 464 ch. 726 000/968 000 ₩ - ☕ 59 000 ₩.* Cet hôtel de haut rang à la qualité de service légendaire a accueilli de nombreux dignitaires étrangers. Le souhait de la maison est de vous amener à goûter au charme authentique, combiné au luxe et à la technologie moderne. Restaurants de renom et célèbre buffet au Parkview. Chambres avec vue sur ville ou parc. Essayez la piscine ou refaites-vous une santé au superbe spa Guerlain.

RESTAURATION

Les plus pressés pourront aussi, en pleine séance de shopping, profiter de la vaste et agréable *food court* du Hyundai City Outlets *(voir Achats)*. Nombreux types de cuisine au choix (B1F).

PREMIER PRIX

Gwangjang Market – A1 - *Voir p. 118.* Soirée inoubliable dans l'une des *mokjagolmok*, allées de restaurants très populaires.

Buchon Yukohe – 부촌육회 – A1 - *200-12 Jong-ro, Jongno-gu - M° Jongno 5(o)-ga, ligne n° 1, sortie n° 8 - ☎ (02) 2267 1831- bcyukhoe.modoo.at - 9h-22h30 - 12 000/25 000 ₩.* Petit restaurant de la *raw beef alley* du marché de Gwangjang. On y déguste depuis 1965 un bœuf tartare excellent en versions « seul ou accompagné » (en *bibimbap* par exemple).

Wooraeoak – 우래옥 – A2 - *62-29, Changgyeonggung-ro, Jung-gu - M° Euljiro 4-ga, lignes n° 2/5, sortie n° 4 - 1re rue à droite après sortie métro - ☎ (02) 2265 0151 - 11h30-21h30 - fermé lun., Chuseok et Nouvel an lunaire* - CC P ♿ - *13 000 ₩/55 000 ₩.* Un classique de la cuisine nord-coréenne spécialisé en viandes grillées ouvert depuis 1946, qui a une branche à Gangnam et deux aux États-Unis. Le décor est délicieusement suranné, mais propre et confortable. Au menu : viande grillée dont *bulgogi*, 33 000 ₩ la part, côtes de bœuf, 49 000 ₩, nouilles froides

1

naengmyeon, 13 000 ₩, soupe *galbitang*, 14 000 ₩. Assez cher mais de qualité.

Jinokwha halmae wonjo darkhanmari – 진옥화 할매 원조 닭한마리 – A1 - *18, Jong-ro 40ga-gil, Jongno-gu - M° Dongdaemun, lignes n° 1/4, sortie n° 9 - tout droit en sortant du métro, 1re rue à gauche, puis 1re venelle à droite - ✆ (02) 2275 9666 - www.darkhanmari.co.kr - 10h30-1h (entrée jusqu'à 23h30) - 20 000 ₩ pour 2/3 pers.* Restaurant très populaire, établi dans une ruelle exotique de ce quartier de marchés. Cuisine simple, plat unique de poule au pot coréenne mais franchement délicieux. Ne pas oublier de demander les pâtes de riz, *guksu*, une fois la volaille engloutie. Seul bâtiment rénové de la venelle. Dans les venelles attenantes, délicieux poissons grillés sur la braise. Comptez 10 000 ₩ pour une sole avec ses accompagnements.

ACHATS

Marchés

En plus de ceux décrits dans *Se Promener…*

Kyungdong Oriental Medicine Market ou Yangnyeong Market – 경동약재시장 - 약령시장 – *(Kyungdong Market) 3, Gosanja-ro 36-gil, Dongdaemun-gu/(Yangnyeong Market) Yangnyeongjungang-ro, Dongdaemun-gu - M° Jegi-dong, ligne n° 1, sortie n° 2 - ✆ (02) 967 8721 - www.kyungdongmart.com/www.seoulya.com - Kyungdong Market : 7h-19h - fermé dim. et j. fériés, selon les boutiques/Yangnyeong Market : 9h-19h, selon les boutiques.* Marché des plantes médicinales de la pharmacopée traditionnelle coréenne, qui s'est développé dans les années 1960, sur l'ancien site de Bojewon, centre de soins créé par le roi, au début de la dynastie Joseon. Vous pourrez y acheter le célèbre ginseng et vous rassasier de la vue et des odeurs, très exotiques, des feuilles, herbes, racines et autres champignons séchés de la médecine orientale. Mitoyen, le **Jaerae Sijang** 재래시장, énorme marché de fruits et légumes, a également beaucoup de charme.

Pyeonghwa Market – 제일평화 시장 – *11, Majang-ro, Jung-gu - M° Dongdaemun, lignes n° 1/4, sortie n° 6 - ✆ (02) 2252 6744 - jeilpyunghwa.com - lun.-vend. 9h-17h30, 20h-5h, sam. 9h-17h, dim. 21h-5h.* Marché de gros en vêtements et articles de mode. Les commerçants acceptent, en général, de vendre au détail pendant la journée et c'est l'occasion de faire d'excellentes affaires.

Dapsipni Antiques Market 1 – 답십리 고미술상가 1 – *99, Gomisul-ro, Dongdaemun-gu - M° Dapsimni, ligne n° 5, sortie n° 4 - tout droit à 600 m - ✆ (02) 2244 6120 - tlj sf dim. 10h-18h30.* Marché des antiquités, composé d'une cinquantaine de magasins poussiéreux ou modernes, dans deux immeubles voisins. Meubles, peintures, céramiques, vêtements… Des pièces superbes et d'exception côtoient des objets plus courants à contempler ou acquérir. La rareté des antiquités coréennes fait que les prix sont parfois assez élevés et que de nombreux articles proviennent de Chine ou de Corée du Nord. Plus proche de la station de métro.

Seoul Folk Flea Market – 서울 풍물벼룩시장 – *21, Cheonho-daero 4-gil, Dongdaemun-gu - M° Sinseoldong, lignes n° 1/2, sorties n° 6/9/10 - ✆ (02) 2232 3367 - pungmul.or.kr - 10h-19h (22h pour rest.) - fermé 2e et 4e mar.* Ce marché aux puces propose, dans un bâtiment sur deux niveaux, toutes sortes de produits d'occasion, des objets du quotidien aux articles traditionnels, à très bons prix.

Grands Magasins

Doota, Lotte Fitin, Migliore, Hello apM, ces grands magasins qui se parent de néons multicolores attirent 24h/24 ou presque la jeunesse locale en quête des dernières tendances (mode) et des bonnes affaires.

Doota Mall – 두타몰 – *275, Jangchungdan-ro, Jung-gu - M° Dongdaemun, lignes n° 1/4, sortie n° 8 ou M° Dongdaemun History & Culture Park, lignes n° 2/4/5, sortie n° 14 (vers DDP) - ✆ (02) 3398 3000 - www.doota-mall.com - lun.-sam. 10h30-5h, dim. 10h30- 0h* - CC. Espace de shopping, réputé parmi les jeunes Coréens, pour son large assortiment et ses prix doux. Articles de confection, accessoires, chaussures, souvenirs… sur dix niveaux. L'occasion de faire ses achats en pleine nuit.

Lotte Fitin – 롯데피트인 – *264 Eulji-ro, Jung-gu - M° Dongdaemun History & Culture Park, lignes n° 2/4/5, sorties n° 11/12- ✆ (02) 6262 4000- www.lottefitin.com - 11h-2h (dim.-mercr. 0h).* Mode, accessoires, électronique…

Hyundai City Outlets – *20 Jangchungdan-ro 13-gil, Jung-gu - M° Dongdaemun History & Culture Park, lignes n° 2, 4, 5, sorties n° 14- ✆ (02) 2283 2233 - www.ehyundai.com - 11h-23h.* Inaugurés en 2016, dix niveaux de magasins (mode, vie quotidienne, sports, beauté…). Belle librairie et *food court* au sous-sol.

Design

Design Shop – *Au sein du DDP - M° Dongdaemun History & Culture Park, lignes n° 2/4/5, sorties n° 1 - ✆ (02) 2153 0685 - www.ddp.or.kr ou designlab.ddp.or.kr - 10h-21h (vac. 22h) - fermé 3e lun. du mois.* Vaste espace aménagé sur deux niveaux dans la partie sud du DDP. Y sont exposés et vendus par roulement des productions très variées de marques et designers réputés ou en devenir. Difficile de résister.

ACTIVITÉS

Randonnée – Parcours sur les remparts de la ville. *Voir l'encadré p. 117.*

Concerts virtuels de K-pop – Concerts d'hologrammes au sein du Lotte Fitin. *Voir Activités p. 44.*

AGENDA

Le DDP s'anime régulièrement grâce à nombre d'événements variés, allant de la Fashion Week à un marché paysan. Programme sur www.ddp.or.kr.

Hyehwa 혜화

Hyehwa, aussi connu sous le nom de Daehangno (orthographié parfois Daehak-ro), signifie « quartier universitaire ». En effet, il se situe à proximité de l'université de Seonggyungwan, de l'université de Hansung et de l'ancien campus de l'université nationale de Séoul. C'est le quartier des théâtres de poche, des bars « live », des arts de la scène : une sorte de quartier latin séoulite. Sympathique en soirée pour une sortie culturelle, il offre aussi une jolie promenade de jour, notamment dans les ruelles du très touristique et coloré Ihwa Mural Village. Plus au nord, le quartier de Seongbuk-dong est moins connu mais recèle des trésors, aussi bien avec ses belles maisons anciennes que ses musées, galeries et temples. À découvrir absolument pour ceux qui séjournent un peu plus longtemps à Séoul.

NOS ADRESSES PAGE 132
Hébergement, restauration, achats, activités, etc.

S'INFORMER

Tourist Information Center – *Marronier Park, Jongno-gu - M° Hyehwa, lignes n° 4, sortie n° 2 - (02) 2148 4158 - 10h-18h.* Informations, plans du Ihwa Mural Village et vente de tickets pour les spectacles dans les théâtres du quartier.

SE REPÉRER

Plan I BC1-2 p. 30 - Plan II CD1 p. 32 - Plan de quartier p. 129 – Au nord de la ville historique. À l'est et au nord du palais Changdeok.

À NE PAS MANQUER

Seonggyungwan et Munmyo ; Seongnakwon ; Suyeon Sanbang ; Ihwajang et le musée Kansong ; Ihwa Mural Village.

ORGANISER SON TEMPS

Pour ceux qui n'auraient pas le temps de faire *in extenso* la promenade proposée, nous conseillons de privilégier Munmyo et l'animation (le week-end surtout) autour de Marronnier Park. À Seongbuk-dong, on peut passer une journée sans problème, mais on ne doit pas rater Seongnakwon et surtout, à la bonne saison, le musée Kansong.

Se promener Plan de quartier p. 129

★ DAEHANGNO 대학로

Durée : Parcours 3h environ - Départ : M° Hyehwa, ligne n° 4, sortie n° 3 - demandez à l'office du tourisme (sur Marronnier Park, voir plus loin) un plan du quartier et du Ihwa Mural Village pour vous repérer dans le dédale de ruelles de ce dernier.

Quartier universitaire connu pour ses dizaines de théâtres de poche et ses bars, Daehangno offre une promenade inattendue entre reliques de Joseon et traces du tumultueux 20e s., sans oublier une escapade sur le mont Nak (Naksan), une des quatre montagnes de la Séoul historique.

Former Daehan Hospital 구대한의원본관 A2

28-2 Yeonggeon-dong, Jongno-gu - M° Hyehwa, ligne n° 4, sortie n° 3 - dans le parc de Seoul National University Hospital - gratuit. Montez la petite colline dans le complexe du Seoul National University Hospital vers le bâtiment

Seonggyungwan, l'ancienne académie confucianiste.
KTO

ancien d'architecture néo-baroque. Construit par un architecte japonais en 1907, c'était le plus grand hôpital de l'ancienne Corée. Il devint en 1926 le Keijo Imperial University Hospital et resta un hôpital universitaire jusqu'à ce que les nouveaux bâtiments soient construits derrière en 1979. Ce bâtiment est depuis devenu un musée de l'Histoire médicale coréenne.
Revenez sur vos pas et traversez l'avenue vers le parc des Marronniers.

Marronnier Park 마로니에공원 A2

Aménagé dans les années 1980 et planté de diverses essences (pas seulement des marronniers), cet agréable espace réservé aux piétons constitue le cœur du quartier. La jeunesse étudiante l'anime jour et nuit. Les touristes et les badauds se mêlent à eux le week-end, pour se détendre et écouter des artistes de rue (chanteurs, humoristes) qui se produisent librement sur les divers parvis ou sur la scène extérieure, avant d'aller envahir les centaines de restaurants, bars et dizaines de théâtres du quartier.

Former Main Hall of Seoul National University 구 서울대학교 본관 **/Arko Art Center** 아르코미술관 A2

1-130 Dongsung-dong, Jongno-gu - M° Hyehwa, ligne n° 4, sortie n° 2.
Le bâtiment conservé dans le parc des Marronniers, côté est, fut édifié en 1931 comme bâtiment administratif de la faculté des sciences humaines. C'est l'un des rares édifices du premier campus toujours visible. Il témoigne de l'architecture moderniste en vogue dans le Japon colonial, en particulier les briques qui recouvrent la façade, dessinées par le célèbre architecte américain F. L. Wright pendant son séjour nippon et importées en Corée par des architectes japonais. En 1945, ce bâtiment devint le centre administratif de l'université.
Il abrite aujourd'hui le **Arko Art Center** (*✆ 02 760 4850 - arkoartcenter.or.kr - tlj sf lun. et j. fériés 11h-19h - gratuit*) qui accueille essentiellement des expositions temporaires d'art contemporain.
Les curieux pourront trouver un édifice de même inspiration de l'autre côté de l'avenue, en face du parc, à l'entrée du complexe hospitalier : construit en

L'UNIVERSITÉ NATIONALE DE SÉOUL (SNU)

L'établissement d'enseignement supérieur le plus prestigieux de Corée fut fondée par l'administration japonaise en 1924 dans le cadre de leur nouvelle « politique culturelle » suite aux mouvements d'insurrection du 1er mars 1919. Le président Park Chung-hee, décida de son déménagement en 1972 dans le sud-ouest de Séoul, près du mont Gwanak, loin du centre-ville, pour éloigner les turbulents étudiants…

1936, c'est le centre administratif de la faculté de médecine de SNU (Main Hall of SNU College of Medicine), la seule faculté de l'université restée à Daehangno après son déménagement de 1972.

Former National Industry Institute
구공업전습소 A2

199-1 Dongsung-dong, Jongno-gu - dans l'enceinte de la Korea National Open University - M° Hyehwa, ligne n° 4, sortie n° 2 - gratuit. Juste après le parc des Marronniers, vers le sud, se trouve le campus de la Korea National Open University et à droite de l'entrée de cette dernière, vous pourrez voir l'ancien Institut national industriel, un autre monument historique lié à l'éducation. Ce bâtiment plus ancien que les précédents a été achevé en 1908. De style néo-Renaissance, c'est le seul édifice de bois toujours debout de cette époque. Sa façade de bardeaux serait de style germanique.

Lock Museum 쇳대박물관 B2

187 -8 Dongsung-dong, Jongno-gu - M°Hyehwa, ligne n° 4, sortie n° 2 - ✆ (02) 766 6494 - lockmuseum.co.kr/- tlj sf lun. 10h -18h - 4 000 ₩ - possibilité de visite guidée gratuite en anglais. En prenant la rue partant à l'est entre le parc et l'université, vous arriverez à ce **musée de la Serrure** situé dans un bel immeuble moderne. L'idée peut sembler étrange, mais la collection de portes, cadenas, clés (de Corée et d'ailleurs) n'est pas inintéressante. Certaines pièces sont superbes, comme les *key charms*, sortes de porte-clés talismans.

Poursuivez sur la droite jusqu'au bout de la rue, puis au carrefour, prenez la première rue sur la droite remontant le mont Nak. Vous arrivez à Ihwajang, une belle demeure qui mérite le détour.

Ihwajang 이화장 B2

1 Hyehwa-dong, Jongno-gu - M° Hyehwa, ligne n° 4, sortie n° 2 - ✆ (02) 741 0815/745 0758 - www.syngmanrhee.or.kr - fermé pour travaux, se rens. auprès de l'OT de l'éventuelle date de réouverture.

C'est la maison du premier président sud-coréen **Rhee Syngman** (1875-1965) qui y résida à partir de 1947 avec son épouse autrichienne Francesca Donner. La maison en soi n'est pas sans intérêt. Située sur un site connu depuis le 16e s. pour avoir été habité par un lettré puis un prince, elle date dans sa forme actuelle des années 1920 et est typique de l'architecture de la *hanok* urbaine de cette époque. Plus haute de plafond que la maison traditionnelle et occidentalisée, elle a conservé son ameublement d'origine. Le **petit musée des Affaires personnelles du couple présidentiel**, présentées telles quelles au milieu de leurs meubles, a un charme désuet et poussiéreux. Le tour extérieur de la maison présente une exposition de photographies du président, qui fut aussi le chef du gouvernement autoproclamé en exil à Shanghai puis à Hawaï pendant la période de l'occupation japonaise. Il fut amené à démissionner en 1960, après de violentes manifestations étudiantes qui critiquaient son régime autoritaire. Il mourut en exil à Hawaï. À droite de l'entrée en surplomb,

un petit bâtiment, Jogakjeong, aurait été le lieu historique où fut formé le premier gouvernement en août 1948. Le jardin avec ses rocailles est par ailleurs très beau en saison.
Les ruelles pentues qui grimpent à l'assaut du relief vous font traverser un quartier que l'on désigne désormais comme Ihwa Mural Village (Ihwa-Maeul).

Ihwa Mural Village 이화 벽화마을 B2

Ce quartier attachant, accroché au flanc du mont Nak (Naksan), a bien failli disparaître, car trop vétuste, trop pauvre. Redynamisé à partir de 2006 grâce à l'intervention d'artistes dans le cadre du **Naksan Public Art Project**, il a été sauvé pour devenir aujourd'hui une attraction touristique. Les murs des maisons, les marches des escaliers, les contreforts, sont désormais animés par des peintures et autres installations réalisées par de jeunes artistes désireux d'amener l'art dans la ville. Les jeunes Coréens s'y pressent en nombre le week-end, parfois déguisés en costume traditionnel ou en uniforme scolaire, pour se faire photographier devant les œuvres. Les galeries, les musées de poche et les cafés ont colonisé les vieilles maisons. De leurs terrasses, vous profiterez de superbes panoramas sur la ville.
Parcourir Ihwa-dong, en veillant à se perdre pour en découvrir les recoins, permet de découvrir l'organisation particulière de ces zones populaires faites de ruelles étroites, d'escaliers pentus, de petites maisons parfois flanquées de minuscules jardins. Tout un mode de vie en voie de disparition. Y venir en semaine offre la possiblité d'arpenter en toute tranquillité les lieux retournés à leurs occupants habituels, les chats du quartier et les habitants (pour qui l'« invasion » du week-end est parfois un peu difficile à vivre).
Plusieurs villes coréennes comptent désormais leur *mural village* : ainsi Jeonju *(voir p. 327)*, Suwon *(voir p. 168)* ou encore Pohang.
Rejoignez le Naksan Park en suivant la muraille.

1

Naksan Park 낙산공원 B2

9-151 Hyehwa-dong, Jongno-gu - M° Hyehwa, ligne n° 4, sortie n° 2 - gratuit.
L'espace vert couvre ce relief (125 m) dont le nom – « montagne en bosse de chameau » – se réfère à sa forme bombée. Promenade agréable le long des vieux remparts *(voir l'encadré p. 117)* avec quelques terrains de sport et de belles vues sur la ville. De l'autre côté de la colline se trouve un quartier typique avec ses maisons accrochées sur les pentes. Les curieux pourront se risquer dans ses ruelles pour rejoindre le campus de l'université Hansung, et au bout de ce dernier le parc Samseon. Sinon, redescendez vers Daehangno et Marronnier Park par l'entrée principale du parc en observant en chemin, d'autres fresques du Mural Village, puis en empruntant les rues animées bordées de **théâtres**, de restaurants et de commerces.
Après être revenu sur Daehangno, prenez sur la droite vers le Hyehwadong Rotary (carrefour). Prenez l'avenue sur la gauche, puis la troisième rue à droite.

★ Seonggyungwan et Munmyo Shrine 성균관 문묘 A2

53 Myeongnyun-dong 3 Ga, Jongno-gu - M° Hyehwa, ligne n° 4, sortie n° 4 - ☏ (02) 760 1472 - Myeongnyundang ouvert 24h, Munmyo lun.-vend. 10h-16h - gratuit. Seonggyungwan désigne l'**ancienne académie confucianiste** qui se trouve à l'entrée de l'actuelle université de Sungkyunkwan, fondée en 1953. Héritière de l'académie nationale du même nom (originellement appelée Gughak) qui formait les élites sous le royaume de Goryeo à Gaeseong (actuelle Corée du Nord), Seonggyungwan fut l'un des premiers édifices officiels érigés dans la nouvelle capitale Hanyang (Séoul) sous la naissante dynastie Yi. Les travaux finirent en 1398 mais l'académie souffrit de nombreux dégâts, dont une destruction totale lors de l'invasion japonaise. Rebâtis à partir de 1601, la plupart des bâtiments actuels datent des 17e et 18e s. et ont subi une rénovation importante en 1869. Le site permet de comprendre l'ancienne Corée : cette université formait des cadres qui allaient passer les examens d'État ouvrant les hautes fonctions publiques ou mandarinat, mais elle était aussi garante de l'idéologie, des valeurs et des rites néo-confucianistes adoptés par le royaume de Joseon. C'est ainsi que le site s'ouvre sur une première grande cour et un ensemble de bâtiments appelé **Munmyo**, un sanctuaire et non l'école proprement dite. La porte à l'avant, Oesammun, ne s'ouvrait que lors des rites Seokjeondaeje, deux fois par an, car elle était réservée aux esprits. Ils résident à présent dans les tablettes conservées dans les bâtiments de cette cour. Celui du fond, Daeseongjeon, datant de 1602, était consacré aux cinq saints confucianistes (dont Confucius et Mencius), aux dix grands disciples, aux six grands sages des Song, et à partir de l'après-guerre, aux dix-huit sages coréens éminents. Les bâtiments latéraux, Dongmu et Seonmu, abritaient les tablettes de 112 sages chinois et coréens, avant que ces derniers n'aient été déplacés dans Daeseongjeon. C'est dans cet ensemble sacré qu'ont lieu les 1er et 15e jour de chaque mois lunaire à 10h des rituels assez simples, et deux fois par an, au printemps et à l'automne (*dates variables suivant le calendrier lunaire*), le plus impressionnant rituel **Seokjeondaeje** avec musique et offrandes. Dans la seconde cour se trouve la zone dédiée aux études. Au fond, un large pavillon, **Myeongnyundang** (1606), était « l'amphithéâtre » où les maîtres dispensaient les cours. Sur les côtés, Seojae et Dongjae, des dortoirs accueillaient les élèves (entre 100 et 200 selon les époques). Ils sont encore utilisés par les étudiants de l'université moderne se consacrant au chinois classique, ce qui, jadis, était considéré comme les meilleures études. Derrière, à l'est, un grand bâtiment servait de réfectoire. Plus haut, des bâtiments administratifs, une bibliothèque (Jongyeonggak), les cuisines servant à préparer les repas des professeurs et étudiants, logés et nourris, mais aussi des nombreux rituels, etc. On appréciera les deux ginkgos centenaires, l'arbre préféré de Confucius, et aussi des stèles augustes.

★ SEONGBUK-DONG 성북동

Parcours 2-3h qui demande une préparation, car une partie des curiosités ne sont pas en permanence ouvertes au public - départ station M° Hansung Univ., ligne n° 4 - vous pouvez aussi accéder à ce quartier en suivant le sentier du mur d'enceinte (voir l'encadré p. 117).

Une des plus jolies et peu connues promenades, dans un quartier autrefois hors des murailles, mais qui se développa après 1900 comme quartier résidentiel et qui comprend de belles maisons anciennes, de nombreux temples et un musée important.

Avant de partir à la découverte du quartier, visite optionnelle du Samgunbu Ghongmudang, plus au sud. Sinon passez à la curiosité suivante.

Samgunbu Chongmudang 삼군부총무당 B2

512-160 Donam-dong, Seongbuk-gu - à la sortie n° 3 du métro, prenez tout droit pendant 500 m le long du ruisseau jusqu'à un panneau indiquant le monument sur la droite, puis prenez la 5e rue à droite, et tout droit jusqu'au parc Samseon - gratuit. Peu visité car difficile à trouver, ce vieux bâtiment est pourtant imposant. Il s'agit d'un des trois bâtiments ayant abrité un ministère sous Joseon toujours visibles de nos jours. Construit en 1868, détruit par le feu deux ans plus tard et reconstruit, il comprenait trois pavillons dont seul le plus grand,

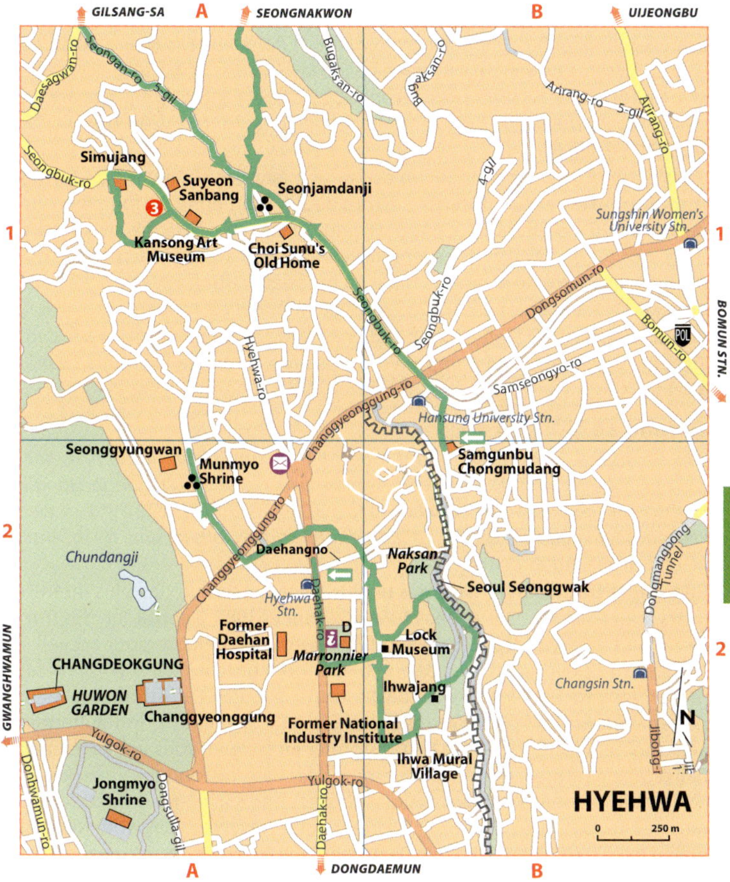

SE RESTAURER
Seongbukdong Doejigalbijip 3

Former Main Hall of Seoul National University/Arko Art Center ...... D

Chongmudang, a subsisté. Il faisait partie du complexe appelé Samgunbu, le ministère des Affaires militaires. Ce grand et beau pavillon a été déplacé en ce lieu dans les années 1930.

Revenez vers la station de métro, sortie 5, puis marchez tout droit 10-15mn.

Choi Sunu's Old Home 최순우 옛집 A1

126-20 Seongbuk -2 dong, Seongbuk-gu - ✆ (02) 3675 3401 - nt-heritage.org/choisunu - avr.-nov. : mar.-sam. 10h-16h - gratuit. À l'arrêt de bus, de l'autre côté de l'avenue, prenez la ruelle qui part du coin de la banque Shinhan. Plus loin sur la gauche se trouve une petite maison traditionnelle bien préservée que l'on peut visiter. Un joli exemple de *hanok* urbaine des années 1930, où vécut de 1976 à 1984 Choi Sunu, ancien conservateur en chef du Musée national et très important historien d'art.

Rebroussez chemin et retraversez l'avenue en diagonale vers la gauche. Remontez la ruelle et à l'intersection, montez la rue en pente sur la droite.

Seongnakwon Royal Garden 성낙원 Hors plan

2-22 Seongbuk-dong, Seongbuk-gu - 0,7 km de Choi Sunu's Old Home, de l'autre côté de l'avenue en remontant les ruelles (ou M° Hansung Univ., ligne n° 4, sortie n° 6 + bus verts n° 1111/2112 arrêt Seongbuk Cultural Center) - propriété privée, pour visiter s'adresser au bureau de Seongbuk-dong - ☏ (02) 920 34103 ou (02) 765 5092 - 2 000 ₩.

C'est un petit bijou méconnu, un des rares exemples survivants de **jardin traditionnel coréen**. Autrefois résidence de Sim Sang-eung, un fonctionnaire de la cour au milieu du 19e s., puis villa du prince royal Ui (5e fils de Gojong, qui y mourut en 1955), il comprend pavillons, bassins et espace paysagé qui respecte la liberté de la nature. Hélas, la propriété autrefois vaste a été lotie et ce jardin est maintenant coincé entre des immeubles modernes.

Redescendez jusqu'à l'intersection et prenez la rue qui monte à droite pendant 10 bonnes minutes. Cela grimpe ! Vous trouverez le temple Gilsang-sa sur la droite.

Gilsang-sa 길상사 Hors plan

323 Seongbuk 2dong, Seongbuk-gu - M° Hansung Univ., ligne n° 4, sortie n° 6 + bus verts n° 1111/2112 et descendre à la 3e stat. Hongikjungo/Hongik Highschool, puis 10mn de marche, ou taxi 3 000 ₩ - ☏ (02) 3672 5945 - www.kilsangsa.info - gratuit. Service bouddhique en anglais tous les dim. à 11h. Aussi w.-end. de méditation.

Ce **temple bouddhiste** n'est pas le plus ancien mais l'un des plus intéressants pour l'histoire. Des années 1960 aux années 1980, il abrita l'un des trois restaurants les plus réputés de Séoul, **Daewongak**. Célèbre pour accueillir les hommes politiques de la Maison bleue toute proche *(voir p. 50)*, cet établissement procurait les services de *gisaeng* *(voir p. 502)*. La patronne se retira des affaires en 1987 pour s'installer aux États-Unis, et elle fit don du terrain à un moine bouddhiste pour le transformer en temple. Vous verrez le beau hall principal, autrefois restaurant témoin de repas « historiques », désormais abritant les vénérables statues bouddhistes : une sacrée reconversion ! De plus, le site est très beau avec son torrent qui le traverse et sa petite forêt en pleine ville. *Il y a un salon de thé. On peut obtenir à l'entrée des informations en anglais sur les activités comme le Temple Stay organisé le week-end, une expérience unique (hébergement dans de jolis bungalows le long du torrent). Se rens. sur le site Internet. Pour la pratique du zen, le hall de méditation est ouvert à tous de 10h à 17h (tlj. sf. dim.).*

Redescendez et à la même intersection, prenez à droite. Au croisement de la grande avenue se trouve à gauche Seonjamdanji.

Seonjamdanji 선잠단지 A1

64-1 Seongbuk-dong, Seongbuk-gu - M° Hansung Univ., ligne n° 4, sortie n° 6 + bus verts n° 1111/2112 arrêt Seongbuk Cultural Center - gratuit.

Il n'y a pas grand-chose à voir, mais le site est intéressant puisque c'était un des autels où le roi venait faire des offrandes une fois par an (avec Seonnongdan, à Jegi-dong, où était célébré le dieu de l'Agriculture et où le roi traçait le premier sillon de la période des labours, et Sajikdan – *voir p. 107*). Ce **sanctuaire** était dédié au dieu de la Sériciculture, l'élevage du ver à soie, une technique venue de Chine et une industrie non négligeable dans le passé. Les rituels appelés *Seonjamje* eurent lieu de 1400 à 1908, le 3e jour du 3e mois lunaire, mais depuis 1993, ils sont pratiqués le 7 mai.

Prenez à droite, la prochaine ruelle à droite vous mènera vers le musée Kansong, très mal indiqué.

Kansong Art Museum 간송미술관 A1

*97-1 Seongbuk-dong, Seongbuk-gu - M° Hansung Univ., ligne n° 4, sortie n° 6 + bus verts n° 1111/2112, arrêt Seongbuk Cultural Center - ✆ (02) 762 0442 - ouvert au public pdt 15 jours en mai et oct. 10h-18h (se rens. au préalable) - gratuit - renseignez-vous avant votre visite, une période de travaux étant prévue, durant laquelle une partie des collections sera exposée au DDP (**voir p. 115**) ou en d'autres lieux.*

Ce musée privé possède la meilleure collection d'**art coréen traditionnel** du pays après le Musée national. Créé en 1938 par Jeon Hyeong-pil, un collectionneur fortuné qui, à l'époque de la colonisation japonaise, sentit l'importance de sauver ce patrimoine national qui était pillé. Il réunit une collection superbe, surtout de peintures et calligraphies, dans ce bâtiment intéressant en soi car il rappelle l'architecture Bauhaus des années 1930. Un peu vétuste mais plein de charme, il présente deux expositions par an, à ne pas manquer, car c'est la seule occasion de voir une partie de ses collections uniques. Le petit parc abrite quelques statues bouddhistes anciennes (Silla, Goryeo).

Continuez à droite sur l'avenue jusqu'au Seongbuk Museum of Art (une bonne galerie municipale), et tournez à droite, Suyeon Sanbang est juste à côté.

Suyeon Sanbang 수연산방 A1

248 Seongbuk-dong, Seongbuk-gu - M° Hansung Univ., ligne n° 4, sortie n° 6 + bus verts n° 1111/2112, arrêt Seongbuk Cultural Center - ✆ (02) 764 1736 - tlj sf j. fériés 11h30-22h30 (22h le w.-end).

Cette belle maison traditionnelle des années 1930 sise dans un petit jardin charmant fut la résidence de l'écrivain Lee Tae-jun. Sa petite-fille l'a transformée en un salon de thé (*voir Nos adresses*).

Revenez sur l'avenue, remontez vers la droite, dépassez les restaurants et traversez la rue. Prenez une miniruelle en pente qui monte vers la muraille (il y a un petit panneau indiquant Simujang). Après une volée d'escaliers, sur la droite.

Simujang 시무장 A1

222-1,2 Seongbuk-dong, Seongbuk-gu - M° Hansung Univ., ligne n° 4, sortie n° 6 + bus verts n° 1111/2112 - 3mn à pied de Suyeon Sanbang - ✆ (02) 920 3412 – tlj du lever au coucher du soleil - gratuit.

Cette petite maison ancienne fut la résidence du grand poète **Han Yong-un** (nom de plume Manhae), de 1933 à sa mort en ce lieu en 1944. Moine bouddhiste, signataire de la déclaration d'indépendance du 1er mars 1919, ce patriote fut aussi un théoricien réformateur du bouddhisme coréen. Il est surtout connu pour son très beau recueil de poèmes *Le Silence de Nim*, où Nim désigne l'aimée, la patrie, Bouddha… Construite en 1933, cette maison fait face au nord, et non au sud comme d'habitude, car, dit la légende, Manhae ne voulait pas que sa maison regardât en direction du siège du gouvernement général japonais.

Pour terminer la balade, les plus courageux monteront vers la muraille et pourront la longer et redescendre vers le début du parcours. C'est un parc avec arbres et bancs, où on jouit d'une vue intéressante sur le quartier.

HYEHWA

RESTAURATION

PREMIER PRIX

Seongbukdong Doejigalbijip – 성북동돼지갈비집 – A1 - *115, Seongbuk-ro, Seongbuk-gu - M° Hansung Univ., ligne n° 4, sortie n° 6 - puis bus n° 1111 ou n° 03, arrêt Seongbuk Cultural Center - ✆ (02) 764 2420 - 8h30-21h (dern. commande 20h40) - fermé 1er, 3e dim., Chuseok et Nouvel an lunaire - CC P - 6 000/12 000 ₩.* Un restaurant fréquenté par les chauffeurs de taxi est en général bon signe à Séoul : bonnes portions, goût, prix modérés sont attendus, comme dans cet établissement vieux de 40 ans spécialisé en barbecue de porc au charbon. La portion de côtes (8 500 ₩) ou de viande hachée (8 000 ₩) arrive toute cuite, et pour 1 000 ₩ de plus vous avez salade, soupe, sauce et riz. Pas d'alcool.

PETITE PAUSE

Dans les ruelles de l'Ihwa Mural Village, de nombreux cafés offrent d'agréables haltes « panoramiques ». Ainsi le **Travel Café**, proche de l'entrée du parc Naksan, le **Café On The Hill** (thé, gâteaux), ou encore **Gallery X Cafe Space** et sa décoration très féline.

Suyeonsanbang – 수연산방 – *8, Seongbuk-ro 26-gil, Seongbuk-gu - M° Hansung Univ., ligne n° 4, sortie n° 6 - puis bus n° 1111, n° 3, n° 2112 arrêt Seongbuk Museum of Art ou arrêt Ssangdari - ✆ (02) 764 1736 - 11h30-22h - fermé lun. et j. fériés - 8 500/21 500 ₩.* Cette maison traditionnelle propose différents espaces pour la dégustation de thés et infusions. Maison de qualité, dont un pavillon dans le jardin. Incontournable et peu connu.

EN SOIRÉE

Jazz Story – *Daehakro 12 gil 86, Jongno-gu - M° Hyehwa, ligne n° 4, sortie n° 5 - ✆ (02) 725 6537 - tlj à partir de 19h - concert 5 000 ₩.* Un café-jazz aussi discret qu'attachant où chaque soir se produisent des groupes que vient applaudir une conviviale assemblée.

ACTIVITÉS

Visites guidées – Les deux quartiers évoqués font l'objet de visites guidées en anglais. Le **Daehak-ro Buildings Course** s'attarde sur l'architecture des édifices universitaires et culturels. Le **Seongbuk-dong Course** parcourt le quartier de Seongbuk-dong. Rens. et inscriptions : english.visitseoul.net/walking-tour

Seodaemun 서대문

★

Inwangsan fut l'un des sites les plus pittoresques de Séoul. Cette montagne chargée d'histoire mais restée longtemps rurale a accueilli quelques très célèbres peintres de l'époque Joseon qui venaient y trouver repos et inspiration… S'il en reste des peintures remarquables, elle est aujourd'hui cernée par les barres d'appartements. Afin de préserver ce qu'il en reste, la municipalité a inscrit ce quartier comme « paysage protégé », une première à Séoul. Une fois les tours laissées derrière soi, on découvre un monde vibrant d'énergie et de spiritualité, la campagne en pleine ville, et c'est une des promenades que l'on ne doit pas manquer. D'autres sites d'intérêt historique parsèment Seodaemun, ainsi appelé à cause de la porte de l'Ouest qui s'y trouvait dans le passé. Enfin, les plus courageux pourront remonter par un sentier jusqu'à Buam-dong, de l'autre côté de la montagne.

NOS ADRESSES PAGE 138
Hébergement, restauration, achats, activités, etc.

SE REPÉRER
Plan I B1-2 p. 30 - Plan de quartier p. 134 – À l'ouest de la ville historique, derrière la porte Dongnimmun.

À NE PAS MANQUER
Les sanctuaires chamanistes ; se balader à Inwangsan ; visiter le Seoul Museum of History.

ORGANISER SON TEMPS
Musée d'Histoire de Séoul. Une visite de la prison de Seodaemun qui donne un éclairage poignant sur l'histoire du 20e s. coréen. Ceux qui ont peu de temps essaieront de faire notre promenade en priorité, pour l'atmosphère et la vue.

AVEC LES ENFANTS
Visiter le musée de l'Agriculture.

Se promener Plan de quartier p. 134

INWANGSAN 인왕산

Départ : Mo Dongnimmun, ligne no 3, sortie no 2. Comptez env. 3h pour la totalité du parcours, 2h sinon. Promenade sur Inwangsan, la **montagne sacrée**, qui vous mènera d'un site de sanctuaires chamanistes à la porte de Changeui, en longeant l'ancien mur d'enceinte de Séoul, superbe point de vue qui surplombe la ville.

En sortant du métro, prenez la venelle à gauche qui précède le 7 Eleven, puis, à l'intersection suivante, la seconde à droite, montant vers un escalier de béton assez pentu. Continuez tout droit, immeubles d'habitation à votre gauche. Vous apercevrez bientôt l'arche d'entrée du village des chamans du quartier de Muak-dong. Passez l'arche et poursuivez l'ascension. Vous traverserez un complexe de pseudo-temples bouddhistes, qui sont, en fait, des sanctuaires chamanistes, avant de rejoindre le plus fameux d'entre eux : Guksadang.

Guksadang Sanctuary 국사당 B1
Muak-dong, Jongno-gu. Cet important sanctuaire chamaniste était originellement situé non loin de l'actuelle N Seoul Tower, sur les pentes du mont Nam.

SE RESTAURER

Jaha sonmandu 3

Tosokchon Samgyetang 7

L'occupant japonais ayant construit en contrebas un grand temple shinto (religion autochtone du Japon), Guksadang fut transféré sur Inwangsan en 1925, car il n'était pas décent qu'il domine un lieu de culte japonais. Même si ce bâtiment bigarré est de modestes dimensions, il reste un centre mystique important et de nombreux *kut*, rituels chamanistes, continuent à y être organisés, notamment en mars et en octobre. Des offrandes y sont également faites régulièrement. Il est dédié au roi Taejo, fondateur de la dynastie Joseon, à Muhak Daesa, religieux de haut rang, alors conseiller du roi susdit, au général Cho Yong de Goryeo, ainsi qu'à différentes divinités propres au chamanisme, tels les dieux du Ciel et de la Montagne.

Juste au-dessus de Guksadang, prenez à gauche devant la source, pour arriver en quelques enjambées au rocher de Seonbawi.

Seonbawi (Zen Rocks) 선바위 B1

Muak-dong, Jongno-gu. La source qui coule au pied du rocher est un lieu de pèlerinage féminin, propice à la naissance des enfants de sexe masculin, ce qui, en Corée et plus largement en Asie, revêt une importance particulière. Le rocher en lui-même est aussi un lieu de culte. Certains y voient un moine en méditation, d'autres reconnaissent le roi **Taejo** et son conseiller Muhak. On dit qu'une querelle éclata entre les conseillers du roi lors de la construction de la muraille de la ville, pour décider si Seonbawi serait, ou non, intra-muros. Il fut finalement exclu, comme en atteste la muraille en surplomb ; dans la crainte qu'inclus dans Séoul, le bouddhisme se développât aux dépens du confucianisme. Comme souhaité, les enseignements de Confucius restèrent prépondérants dans les années qui suivirent. Un dernier petit pavillon est situé quelques mètres plus haut.

Sauf changement (qui serait signalé par des panneaux vous invitant à poursuivre sur cette voie vers le sommet de Iwangsan), inutile de poursuivre l'ascension sur ce sentier de montagne, la muraille entourée de grillages militaires n'est ici pas accessible. Il vous faut retourner à la petite source d'où part un autre sentier, qui monte vers la droite. Vous rejoindrez rapidement la route menant au mur d'enceinte, sur votre gauche. De là, si vous optez pour le parcours de 3h, poursuivez jusqu'au sommet d'Inwangsan – les indications sont claires. Si vous souhaitez vous limiter au parcours de 2h, continuez tout droit sur la route qui amorce sa descente. Un chemin vous mènera successivement à Deunggwajeong, terrain de tir à l'arc traditionnel, puis au parc Sajik. En continuant tout droit, le long de l'avenue, vous verrez le métro Gyeongbokgung, ligne n° 3.

Sommet d'Inwangsan 인왕산 정상 B1

Du haut de ce pic de 338 m, vous jouirez d'une **vue somptueuse** sur toute la ville de Séoul et bien au-delà, sur une bonne partie des quartiers de la périphérie. Émotion assurée. La muraille a été construite en 1396, peu après le déplacement de la capitale sur son site actuel. La mégalopole tentaculaire que l'on peut contempler aujourd'hui comptait à l'époque quelque 100 000 habitants…

Poursuivez la promenade le long de la muraille, en descendant vers la porte de Changeui, direction régulièrement indiquée. Pour retourner vers le centre-ville, le plus simple reste le taxi, comptez 10mn. Vous pouvez également prendre les bus verts n° 212 ou 1020, vers la station de M° Gyeongbokgung, ligne n° 3.

Changeuimun 창의문 B1

Buam-dong, Jongno-gu. La porte de Changeui est l'une des quatre portes mineures de l'ancienne capitale fortifiée. Reconstruite en 1740 et restaurée en 1958, elle demeure la seule de cette catégorie en aussi bon état. Elle était un point de passage largement fréquenté pour les déplacements vers le nord du pays, après la fermeture d'une des portes principales.

Depuis la porte de Changeui, vous pouvez enchaîner avec la promenade vers Bugaksan *(voir Gyeongbokgung-Bukchon p. 45).*

À voir aussi

AUTOUR DE DONGNIMMUN

Dongnimmun (Independence Gate) 독립문 B2

Hyeoneo-dong, Seodaemun-gu - M° Dongnimmun, ligne n° 3, sortie n° 4.
Cette arche, aux allures d'arc de triomphe parisien, a été dressée en 1896 à la place de l'ancienne porte de Yeongeun par laquelle les envoyés de l'empereur de Chine venaient réclamer leur tribut aux monarques coréens de Joseon en vertu du lien de vassalité les unissant. L'armée japonaise ayant vaincu l'armée chinoise au terme de la guerre sino-japonaise de 1895, on édifia ce monument symbolique pour marquer la fin des relations de vassalité avec Pékin et l'indépendance de la Corée. Dans la foulée, le roi Gojong se proclama empereur en 1897.

Seodaemun Prison History Hall 서대문 형무소 역사관 B1-2

101 Hyeonjeo-dong, Seodaemun-gu - M° Dongnimmun, ligne n° 3, sortie n° 5 - ☎ (02) 360 8590/1 - tlj sf lun. et j. fériés mars-oct. : 9h30-18h ; nov.-fév. : 9h30-17h - visite guidée en anglais (sur réserv. au moins une semaine à l'avance) - 3 000 ₩.

Construite en 1908, sous la pression des colons japonais, cette prison est un symbole des souffrances endurées par les Coréens lors du protectorat et de l'annexion (1905-1945). L'occupant y a incarcéré, torturé et tué de nombreux résistants coréens. L'ensemble, passé le mur d'enceinte, comprend différents bâtiments hébergeant des cellules, salles de torture, d'isolement, d'exécution et une léproserie. La muséographie sinistre, de circonstance, met en scène de nombreuses reconstitutions et propose des documents vidéo variés pour souligner la brutalité de l'occupant japonais. Le site resta un lieu de détention jusqu'en 1987, notamment utilisé par le régime dictatorial militaire coréen. Il fut converti en musée en 1998.

AUX ENVIRONS DE SAJIK PARK

Sajik Park 사직공원 B1

1-28 Sajik-dong, Jongno-gu - M° Gyeongbokgung, ligne n° 3, sortie n° 1 - gratuit.

C'est ici que les souverains de la dynastie Joseon (1392-1910) poursuivaient une tradition de la dynastie Goryeo en effectuant au printemps et à l'automne les sacrifices à Sa, dieu de la Terre, et Jik, dieu des Récoltes. Avec les rituels aux ancêtres royaux, menés au sanctuaire Jongmyo, et plus tardivement les sacrifices effectués au temple du Ciel, quand la Corée devint un empire, on a les rites principaux, symboles de la nation, qui permettaient d'asseoir le pouvoir de la monarchie. Construits par le roi Taejo en 1394, lors de l'installation de la capitale à Séoul, alors renommée Hanseong, les sanctuaires Sajikdan ont été démantelés par les occupants japonais pour convertir le lieu en parc. L'endroit peut sembler décevant, mais on observera les terrasses des deux autels en pierre, entourées de murs d'enceinte et la grande porte d'entrée, qui date de 1720. Depuis 1988, on reproduit le rituel le 3 octobre, jour de la Fondation de la nation. Au fond du parc à gauche, un escalier vous mène à un petit sanctuaire très récent dédié à Tangun, fondateur mythique. Plus haut encore, en longeant la route, vous arrivez à **Hwanghakjeong**, le « pavillon de la grue jaune ». Il s'agit du bâtiment d'un des terrains de tir à l'arc traditionnel que comptait la capitale sous Joseon. Cet édifice fut initialement construit en 1898 dans le palais Gyeongheui et déplacé en ces lieux en 1923, durant la colonisation nipponne. On initiait les garçons de la noblesse au tir à l'arc dès l'âge de treize ans. Ce sport était utile pour la chasse, la guerre mais contribuait aussi à l'entraînement physique et spirituel. Il est toujours pratiqué à cet endroit et on y organise même des concours.

D'ici, vous pouvez poursuivre votre promenade dans la montagne en vous référant à notre promenade sur le mont Inwang (voir p. 135).

Sungkok Art Museum 성곡미술관 B2

42 KyoungHeeGoong-gil, Jongno-gu - M° Gyeongbokgung, ligne n° 3, sortie n° 7 - ☎ (02) 737 7650 - www.sungkokmuseum.org - tlj sf lun. 10h-18h - tarif variable selon les expositions.

Aménagé en 1995 sur la propriété du fondateur de la société Ssangyong, cet espace culturel est dédié aux expositions d'art contemporain de qualité. Des artistes locaux et internationaux s'y expriment à travers la peinture, la photographie, tout aussi bien que la mode ou le design. Le superbe jardin qui entoure la maison est à l'image de ce calme quartier résidentiel : un havre de paix enchanteur.

★ **Seoul Museum of History** 서울 역사 박물관 B2

2-1 Sinmuro 2-ga, Jongno-gu - M° Seodaemun, ligne n° 5, sortie n° 4 ou M° Gwanghwamun, ligne n° 5, sortie n° 7 - (02) 724 0274 - eng.museum.seoul.kr - - tlj sf lun. 9h-20h, w.-end et j. fériés 9h-19h (nov.-fév. : 9h-18h) - audioguide en anglais gratuit - gratuit. Ce musée vous propose un voyage dans l'histoire, à la découverte des racines de Séoul. On présente notamment la vie citadine sous la dynastie Joseon – qui établit la capitale en ces lieux dès la fin du 14e s. – à travers le quotidien du peuple, comme celui de la noblesse. C'est l'occasion d'apprivoiser la culture séoulite, comme de comprendre l'histoire de son urbanisme et de son envol dans le 21e s. Ne manquez pas la superbe maquette de la ville au 1/1 500e. Laissez profiter les enfants des espaces éducatifs installés à leur attention et vérifiez le programme du hall des expositions temporaires.

Gyeongheui Palace (Gyeongheuigung) 경희궁 B2

1-126 Sinmuro 2-ga, Jongno-gu - derrière le musée d'Histoire de Séoul - M° Seodaemun, ligne n° 5, sortie n° 4 ou M° Gwanghwamun, ligne n° 5, sortie n° 7 - (02) 724 0274/6 - museum.seoul.kr - tlj sf lun. et j. fériés, 9h-18h - gratuit. Le roi **Gwanghae** fit construire ce palais en 1616, sous le nom de Gyeongdeokgung, avec la fonction de palais de l'Ouest, faisant le pendant du Changdeokgung, palais de l'Est *(voir p. 62)*. Son nom fut changé par la suite en Gyeongheuigung, « palais de la félicité radieuse », car l'ancien, de mauvais augure, se rapprochait de celui d'un défunt roi. Bien que secondaire, plusieurs rois vinrent y résider. Une partie des bâtiments furent détruits par un incendie en 1829, d'autres furent déplacés vers des temples, dans le parc Sajik ou encore simplement démolis pendant l'occupation japonaise. En 1907 débuta la construction du collège Gyeongseong qui accueillit les enfants des colons et plus tard la régie des tabacs. Depuis 1988, la ville a entrepris de reconstruire le palais dont il ne restait que les fondations. La porte principale, **Heunghwamun** (structure d'origine), a retrouvé sa place, le pavillon **Sungjeongjeon** hébergeant la salle du trône a été fort bien reconstruit, ainsi que quelques autres bâtiments, mais on est loin de la splendeur passée de l'ensemble. On peine à imaginer que ce palais était important au point d'être relié au palais Deoksu par une passerelle… Il reste un endroit calme et agréable à visiter, particulièrement dans sa partie supérieure, juchée sur un rocher. À n'en point douter, les géomanciens du roi Gwanghae qui décidèrent de son lieu d'édification avaient vu juste : l'énergie dégagée par l'endroit est puissante et il nous est encore possible de la ressentir…

Agriculture Museum 농업 박물관 B2

Chungjeong-no 1-ga, Jung-gu - M° Seodaemun, ligne n° 5, sortie n° 5 – (02) 2080 5727 - www.agrimuseum.or.kr/- tlj sf lun. mars-oct. : 9h30-18h ; nov.-fév. : 9h30-17h30 - gratuit.

Petit musée qui présente les différents aspects de l'histoire de l'agriculture en Corée. On y découvre bien entendu les spécificités géographiques du genre tels la culture du riz et l'élevage de vers à soie. L'ensemble est une bonne fenêtre sur la vie rurale et reste parfaitement adapté aux plus jeunes avec mises en scène et jeux interactifs.

SEODAEMUN

RESTAURATION

BUDGET MOYEN

Tosokchon Samgyetang – 토속촌 삼계탕 – B1 - *5, Jahamun-ro 5-gil, Jongno-gu - M° Gyeongbokgung, ligne n° 3, sortie n° 2 - (02) 737 7444 - www.tosokchon.co.kr - 10h-22h* - CC P - *15 000/30 000 ₩*. Découvrez les *samgyetang*, poule au pot farcie de riz gluant, ginseng et autres épices, dans le cadre exotique d'une superbe maison traditionnelle réputée. Ambiance populaire, qui n'a pas empêché d'anciens présidents de venir profiter de l'excellence des plats.

Jaha sonmandu – 자하 손만두 – B1 - *12, Baekseokdong-gil, Jongno-gu - M° Gyeongbokgung, ligne n° 3, sortie n° 3 - puis bus n° 7212/1020/7022, arrêt Buam-dong dongsamuso - (02) 379 2648 - www.sonmandoo.com - 11h-21h30 - fermé Chuseok et Nouvel an lunaire* - CC - *carte 8 000/45 000 ₩, formule 45 000 ₩*. Restaurant très réputé pour ses raviolis faits maison (*sonmandu*), à tel point que vous ferez probablement la queue le week-end. *Mandu* bouillis *(8 000 ₩)*, en soupe *(13 000 ₩)* ou en casserole pour trois *(54 000 ₩)*.

À proximité

POUR SE FAIRE PLAISIR

Seokparang – 석파랑 – Plan Bukhansan p. 160 - *307, Jahamun-ro, Jongno-gu - M° Gyeongbokgung, ligne n° 3, sortie n° 3 - puis taxi ou bus n° 1711, arrêt Sangmyeong Univ. - (02) 395 2500 - www.seokparang.co.kr - 12h-15h, 18h-22h - fermé Chuseok et Nouvel an lunaire* - CC P - *déj. 55 000/110 000 ₩, dîner 95 000/155 000 ₩*. Au 19e s., le régent Daewongun s'était approprié une belle résidence bâtie à proximité de ce lieu, dans la montagne, par l'homme d'État Kim Heung-geun. Il l'avait renommée de son nom de plume, Seokpajeong, et il aimait venir y méditer ses plans politiques. Seokpajeong existe toujours mais est fermée au public. Un pavillon aux murs de brique, Seokparang, l'ancien *sarangchae*, ou appartements des hommes, en a été déplacé vers ce lieu en 1958 par le propriétaire d'alors. Il se trouve désormais dans l'enceinte de ce restaurant du même nom servant une cuisine royale *hanjeongsik* à plusieurs services.

PETITE PAUSE

Café Namusairo – 나무사이로 – *21 Sajik-ro 8-gil, Jongno-gu - M° Gyeongbokgung, ligne n° 3, sortie n° 7 - (02) 747 5004 - www.namusairo.com - 10h-22h*. Adresse discrète qui attire les amateurs de bons et parfois très rares (relativement coûteux donc) cafés. Le lieu, une *hanok* rénovée, est attachant et chaleureux. Bons gâteaux pour accompagner les précieux breuvages.

Mapo 마포 et Yeouido 여의도

★

Ancien petit port, Mapo a pris toute sa dimension comme arrondissement de Séoul dans la seconde partie du 20e s. avec ses nombreuses universités (Yonsei, Ewha, Hongik, Sogang) qui font vivre l'arrondissement. Hongdae est ainsi devenu le quartier de la jeunesse, qui l'anime 24h/24. On trouve aussi des traces de l'histoire tumultueuse du 19e s. à Jeoldusan, et des parcs très agréables le long des berges ou sur l'île de Seonyudo ou encore à Nanji, près du stade de la Coupe du monde, prouvant que d'anciens sites industriels (station d'épuration, décharge) peuvent devenir des espaces verts réinvestis par le public. C'est le paradis du vélo. Quant à l'île de Yeouido, elle accueillit le premier aéroport de la ville avant de devenir le centre de la vie politique (siège de l'Assemblée nationale), financière et médiatique (grandes chaînes de télé).

NOS ADRESSES PAGE 145
Hébergement, restauration, achats, activités, etc.

S'INFORMER
Office de tourisme – *20 Hongik-ro, Mapo-gu - M° Hongik Univ., ligne n° 2 (et lignes Arex et Yongsan), sortie n° 9 - ✆ (02) 323 2240 - 10h-22h.*

SE REPÉRER
Plan I AB2-3 p. 30 - Plan de quartier p. 140 – Au nord du fleuve Han, ce quartier est collé au World Cup Park.

À NE PAS MANQUER
Le temple Bongwon et son cadre champêtre ; le marché au poisson de Noryangjin ; Ewha Woman's University ; l'animation frénétique (jour et nuit) le week-end à Hongdae…

ORGANISER SON TEMPS
Le quartier n'attirera que ceux qui passent suffisamment de temps à Séoul. Cependant, Mapo est plus intéressant en soirée, sachant que les autres sites sont surtout le prétexte de promenades pour s'aérer, par exemple le week-end.

AVEC LES ENFANTS
Faire une croisière sur la rivière Han ; découvrir Séoul du haut de la Tour 63 et se balader dans un des parcs…

Se promener Plan de quartier p. 140

AUTOUR DE HONGIK UNIVERSITY

★ Hongdae 홍대 AB1

M° Hongik University, lignes n° 2 (et lignes Arex et Yongsan), sortie n° 9.

Hongdae – l'un des **quartiers phares de la jeunesse séoulite** – s'étend entre la très empruntée avenue Yanghwa-ro et l'université Hongik. Dans un environnement qui rappelle autant Ibiza, le Quartier latin que Harajuku, les rues et ruelles sont bordées de bars, cafés littéraires stylés, restaurants variés, clubs, commerces (en nombre !), ateliers et lieux de culture plus ou moins *underground*. Les néons et les enseignes criardes bardent des édifices de styles on ne peut plus éclectiques allant du bunker de béton à la maison rouillée, du pseudo-château médiéval au diamant géant. Les boutiques de marques vues et revues côtoient de petits marchés aux puces *(voir Achats*

SE LOGER
- Kensington Hotel Yoido 3
- Urbanwood Guesthouse ... 2
- 9 Brick Hotel 4

SE RESTAURER
- Chicken in the Kitchen 7
- Chuncheonjip dakgalbi Makguksu 1
- Mura 11

p. 147). Il faut s'y rendre en fin de semaine, de jour comme de nuit, pour en capter les vibrations et l'effervescence (énergie créatrice, fièvre acheteuse…). Étudiants, touristes, expatriés et *hipsters* s'y rencontrent en arpentant des rues bondées (comme Eulmadang-ro) ou des ruelles oubliées et couvertes de graffitis. On y marche aux sons et rythmes des derniers tubes K-pop et internationaux, chaque établissement crachant son titre. Vous pourrez en soirée y assister à des concerts, danser sur des rythmes électros, regarder des films de qualité *(voir* **KT & G** *dans Nos adresses)*, ou tout simplement profiter de l'ambiance du quartier.

★ Gyeongui Line Forest Park 경의선숲길 B1

M° Hongik University, lignes n° 2 (et lignes Arex et Yongsan), sorties n° 3/6/7.
Quelle bonne idée ! L'enfouissement d'une ligne de chemin de fer qui striait le quartier au nord de Hongdae a permis l'aménagement d'une **belle promenade** *(2 km)* plantée de pelouses et de ginkgos. Ça et là, du matériel ferroviaire (quai, rails, roues) a été conservé pour agrémenter l'espace vert, par ailleurs égayé de divers bassins.

La portion située à l'ouest de la station Hongik University *(sortie 3)*, qui file jusqu'à la station suivante (Gajwa), est particulièrement fréquentée par les étudiants en fin de semaine. Ils colonisent les pelouses pour y pique-niquer, se détendre, en se ravitaillant dans les nombreux cafés et restaurants qui bordent le parc. La partie est *(sorties 6 et 7)*, plus calme, rejoint le quartier de Sinchon. Y ont été aménagées de petites librairies, logées dans des structures de béton évoquant des wagons alignés, formant Book Street. Une reconversion réussie qui assure un peu plus encore le statut *green & trendy* de Hongdae.

Korea Modern Design Museum 근현대디자인박물관 B1

36, Wausan-ro 30-gil - M° Sinchon, ligne n° 2, sortie n° 7 - ✆ 070 7010 4346 - www.designmuseum.or.kr - tlj sf lun. 10h-18h - 5 000 ₩.

Ce petit musée, installé dans un édifice habillé de lattes de bois, raconte l'histoire du design en Corée à travers une émouvante collection (fin 19e s.-début 21e s.) de vieux journaux, des photographies, téléphones, affiches publicitaires, jouets, enseignes, ou encore la toute première télévision *made in Korea*.

Jeoldusan Catholic Martyrs Shrine 절두산 천주교 순교성지 A1

96-1 Hapjeong-dong, Mapo-gu - M° Hapjeong, lignes n° 2/6, sortie n° 7 - suivre les indications en direction du fleuve - ✆ (02) 3242 4434 - www.jeoldusan.or.kr - site ouvert 24h/24 (gratuit) ; musée : tlj sf lun. 9h30-17h, 1 000 ₩.

En bordure du fleuve Han, le sanctuaire de Jeoldusan est situé sur l'ancien site militaire de Saenamto qui devint un haut lieu du martyre des catholiques particulièrement en 1839 et 1866. On rebaptisa l'endroit Jeoldusan – « la colline des décapités » – à partir des grandes persécutions de la fin de la dynastie Joseon. Sous l'église, un petit musée vous présentera l'histoire des premiers jours du catholicisme en Corée dont le pape confia le développement aux pères des Missions étrangères de Paris en 1831. Ce site avec son parc, son monument aux martyrs et ses nombreux témoignages des heures noires de l'Église de Corée demeure important pour les catholiques coréens. Notons que les reliques de vingt-huit martyrs sont conservées en ce lieu, qui fut la première étape du voyage papal de Jean-Paul II en 1984. On remarquera dans les jardins la pierre de torture pour étouffer les coupables et la stèle érigée par le régent Daewongun en 1871, farouche ennemi des catholiques qui précise : « Si on ne se bat pas contre les envahisseurs occidentaux, c'est qu'on est d'accord avec eux et qu'on leur vend notre pays. »

Seoul Foreigners Cemetery Park (Yanghwajin)
양화진외국인선교사묘원 A1

143 Hapjeong-dong, Mapo-gu - M° Hapjeong, lignes n° 2/6, sortie n° 7 - suivez les indications en direction du fleuve - ✆ (02) 332 9174 - www.yanghwajin.net/- tlj sf dim. 10h-17h - gratuit.

Fondé à la fin du 19e s., quand le royaume de Corée s'ouvrit au monde extérieur en signant des traités d'amitié et de commerce avec les puissances étrangères, ce cimetière fut l'ultime résidence de plus de cinq cents Occidentaux. Les sépultures concernent en majorité des Américains et des Européens ; vous noterez celles d'une dizaine de Français. Le parc, rénové il y a peu, est agréable et se situe à deux pas du sanctuaire des martyrs catholiques de Jeoldusan.
De là, en traversant le pont Yanghwadaegyo, vous pouvez rejoindre en 7-10mn à pied le très joli parc insulaire de **Seonyudo** *(voir p. 144)*.

World Cup Stadium 서울월드컵경기장 A1 en dir. - Plan I A2 p. 30

240, World Cup-ro, Mapo-gu - M° World Cup Stadium, ligne n° 6, sorties n° 1/2 - ✆ (02) 2128 2000.

1

Construit pour accueillir des rencontres de la **Coupe du monde de football 2002** (conjointement organisée avec le Japon), ce beau complexe dont le toit évoque un cerf-volant blanc a redynamisé l'ouest de l'agglomération. Il accueille aujourd'hui les rencontres du FC Seoul. Si les supporters de l'équipe de France gardent un très mauvais souvenir de cette enceinte de 66 700 places (défaite cuisante en match d'ouverture contre le Sénégal), les amateurs de football prendront plaisir à en visiter les coulisses – tunnel d'accès, vestiaires – et tribunes (*9h-17h - 1 000 ₩*). À noter une toute nouvelle et très interactive attraction - Football Fæntasium (*8h-10h - 15 000 ₩*) - qui ravira surtout les fans coréens.

AUTOUR DE SINCHON ET EWHA UNIVERSITY

Au sud de l'arrondissement de Seodaemun, autour du très vivant et commerçant quartier de **Sinchon**, quelques curiosités valent le déplacement.

Ewha Woman's University 이화여자대학교 B1 en dir. - Plan Seodaemun A2

Daehyeon-dong, Seodaemun-gu - M° Ewha Womans Univ., ligne n° 2, sorties n° 2/3 - tout droit, en sortant du métro - ✆ (02) 3277 3277 - www.ewha.ac.kr - gratuit - visite guidée du campus : rens. et inscriptions sur le site Internet.

Ce campus de l'université féminine la plus célèbre du pays est intéressant pour plusieurs raisons. Tout d'abord, c'est un très bel exemple de campus coréen à l'anglo-saxonne, avec parcs et bâtiments anciens dans un style néo-Tudor, mais aussi immeubles modernes super-équipés montrant la richesse de ces universités. Ainsi, à ne pas manquer à l'entrée, le magnifique **Campus Center★★** qui rassemble salles de cours/bureaux/médiathèques/commerces. L'architecte français Dominique Perrault a réussi le pari d'enterrer le bâtiment, pour ne pas bloquer la perspective, sans le rendre sombre et aveugle, grâce à une rampe centrale faisant puits de lumière. Il faut absolument traverser le « canyon » qui perce cette construction topographique, pour, de l'autre extrémité, embrasser une superbe vue sur le complexe, avant de redescendre par les jardins fleuris. À voir de jour et de nuit. L'université possède de plus un très bon petit **musée privé** *(tlj sf dim. et j. fériés 9h30-17h - gratuit)* présentant des antiquités coréennes.

Le quartier qui s'étend entre le campus et la station de métro est entièrement colonisé par des commerces 100 % dédiés aux étudiantes : mode, accessoires, cafés… Beaucoup de bonnes affaires à faire.

Bongwon-sa 봉원사 B1 en dir. - Plan Seodaemun A2

Bongwon-dong, Seodaemun-gu - M° Sinchon, ligne n° 2, sortie n° 3 - de la station de métro, prenez un taxi ou le bus n° 7024 - ✆ (02) 392 3007/8 - bongwonsa.or.kr - gratuit.

Maison mère de l'ordre Taego du bouddhisme coréen, ce **monastère** qui abrite une cinquantaine de moines est dirigé par Kim Gu-hae, Trésor national vivant. Fondé en 889 à l'emplacement de l'université Yonsei par maître Do Seon (827-898), le complexe a déménagé à son emplacement actuel en 1748. La plupart des bâtiments sont assez récents et datent de reconstructions qui suivirent la guerre de Corée et plus proches de nous, dans les années 1990. Il reste cependant quelques jolis pavillons anciens et l'ensemble du site mérite largement le déplacement pour la quiétude qui se dégage du lieu et son superbe environnement naturel. N'hésitez pas à pousser votre balade sur un des sentiers qui partent dans la montagne. En été, les cultures de lotus, plante chère aux bouddhistes, sont exceptionnelles… Le monastère

Balade le long de Yunjungo Street, sur l'île de Yeouido.
J. Arnold Images/hemis.fr

est également dépositaire du *Yeongsanjae*, cérémonie offerte à Bouddha pour qu'il guide vivants et défunts. Ce rituel, qui célèbre le Sermon du lotus délivré par Bouddha, remonte à la période Goryeo (918-1398) et a été classé Patrimoine culturel intangible par le gouvernement coréen.

ÎLE DE YEOUIDO ET SES ENVIRONS

Yeouido Park 여의도공원 et Saetgang Eco Park 샛강 생태공원 AB2

Mº Saetgang, ligne nº 9, sortie nº 4 - hangang.seoul.go.kr - gratuit.

Le centre de ce qui fut l'île de Yeouido était le site du premier tarmac de Séoul avant l'ouverture de l'aéroport de Gimpo. Cette grande artère d'asphalte fut conservée comme piste d'atterrissage d'urgence en cas de conflit. On venait y faire du vélo au milieu des tours jusque dans les années 1990. Puis, cette travée digne d'un urbanisme soviétique fut transformée dès 1999 en un long parc façon Hyde Park étirant sa bande de verdure au milieu des buildings de banques et de studios de télévision. Divisé en trois sections, ce parc mérite une balade, à pied, en roller ou à vélo. La section sud-ouest est plus particulièrement dédiée à la recréation d'un écosystème aquatique, tout comme, au sud, les zones humides des berges de l'île appelées Saetgang Eco Park qui proposent des sentiers sur caillebotis au-dessus des fonds marécageux.

Hangang River Citizen's Park (à Yeouido) 여의도 한강 시민공원 AB2

Rive nord de l'île de Yeouido - Mº Yeouinaru, ligne nº 5, sorties nº 2/3 - hangang.seoul.go.kr - gratuit.

Parmi la suite ininterrompue de parcs qui bordent les berges réaménagées du fleuve Han, celui-ci mérite un détour spécialement en mars-avril lors de la floraison des cerisiers. Beauté des pétales flottant dans l'air comme une neige de printemps sur des hordes de promeneurs à la queue leu leu : à ne pas manquer. Les cerisiers sont surtout plantés le long de la digue-promenade qui longe l'Assemblée nationale (Yunjungno Street).

Plus bas, le parc des berges est plus calme. Il propose différents sports nautiques, une piscine extérieure en saison, et aussi un des points de départ des bateaux-mouches.

Yeouido Full Gospel Church 여의도 순복음 교회 A2

11 Yeouido-dong, Yeongdeungpo-gu - M° National Assembly, ligne n° 9, sortie n° 2/3 - tout droit en sortant du métro, dernier pâté de maison à droite - ✆ (02) 785 4851 - english.fgtv.com - offices réguliers : dim. 7h, 9h, 11h, 13h,14h40, 17h et 19h et merc. 10h30, 14h et 17h30. Pour le reste se renseigner.

Construit en 1973, cet immense temple protestant (*voir photo p. 407*) est le siège du mouvement pentecôtiste fondé par le pasteur David Yonggi Cho en 1958, qui regroupe environ 800 000 croyants. Sept services sont nécessaires le dimanche pour satisfaire le flot de fidèles et l'organisation est digne des plus grandes manifestations avec écrans géants et vibrante ambiance. Sous-titrage de la messe en différentes langues.

63 Square 63빌딩 B2

Yeouido-dong, Yeongdeungpo-gu - M° Yeouinaru, ligne n° 5, sortie n° 4 puis navette gratuite ou 300 m à pied - ✆ (02) 789 6363 - www.63.co.kr - 10h-22h (dernière entrée 21h30) - 63 Sky Art combinant observatoire et expo. 13 000 ₩, aquarium 25 000 ₩, cinéma IMAX 12 000 ₩ ; Pass observatoire et aquarium 30 000 ₩.

Cette tour dorée de 249 m et 63 étages (dont 3 étages souterrains) fut une fierté nationale quand elle fut achevée en 1985, car c'était le plus haut building d'Asie. Elle est restée la tour la plus élevée de Corée jusqu'en 2002. Chacun trouvera à s'occuper avec ses attractions récemment rénovées : l'aquarium (Aqua Planet 63), le cinéma IMAX, le shopping mall. Mais on prendra surtout plaisir à visiter l'observatoire à son sommet d'où s'offre une vue magnifique sur Séoul, surtout au coucher de soleil. Elle possède aussi un restaurant panoramique, recommandable avant tout pour la vue.

★★ **Noryangjin Fish Market** 노량진수산시장 B2

M° Noryangjin, lignes n° 1/9, sorties n° 1/7 (modifications possibles selon les aménagements en cours) - ✆ (02) 814 22 11/2 - tlj 24h/24 sf j. fériés.

Fondé en 1927 mais installé sur les bords du fleuve en 1971, ce marché de poissons en gros où transitent 450 t de produits par jour est le plus important du pays. Des requins aux raies, en passant par les crabes et les concombres de mer, vous trouverez toutes les espèces locales de poissons frais, vivants, séchés, découpés ou entiers. Atmosphère unique, un univers humide de bassines, de bottes et de cirés. Les lève-tôt s'y rendront à l'aube (de 4h à 6h) pour assister à la criée. N'hésitez pas à choisir un poisson et à le consommer sur place : à l'étage, des restaurants préparent vos achats comme vous le souhaitez, frits, pochés, grillés… Déambulez aussi au milieu des marchandes de fruits et légumes odorants qui colonisent les abords du site.

Sachez cependant que le marché vit une mue plutôt brutale. Une partie des stands est désormais installée dans une structure ultra-moderne rappellant un aéroport – un déménagement qui a suscité de vives protestations des vendeurs. Au moment de la rédaction de ce guide, le Noryangjin montrait encore deux visages, le nouveau marché jouxtant l'ancien. Deux cadres et ambiances bien différents. Le dernier aura-t-il disparu au moment de votre visite ? À suivre…

★ **Seonyudo Park** 선유도 공원 A1

700 Nodeulgil, Youngdeungpo-gu - île dont l'accès se fait par le pont Yanghwa, l'idéal étant de prendre un taxi depuis le métro - M° Hapjeong, lignes n° 2/6, sorties n° 7/8 puis traverser le pont ; ou Dangsan, ligne n° 2, sorties n° 3/13 ou M° Seonyudo, ligne n° 9, sortie n° 2/3/4 ; de chaque station 7-10mn à pied - 6h-0h - gratuit. Le plus inspiré parmi les nombreux espaces verts de Séoul : cette ancienne usine de traitement des eaux sur l'île de Seonyudo a été transformée à partir de 2000 en parc dont le thème écologique est approprié : la flore aquatique. Les édifices industriels (bassins, aqueducs, silos) n'ont pas été détruits mais judicieusement utilisés pour créer un labyrinthe d'eau, de verdure, de bois et de béton. On peut aussi s'allonger sur les pelouses, pique-niquer, les tout-petits peuvent se baigner dans un ruisseau aménagé. À noter le pont piéton à l'arc gracieux reliant l'île à la berge sud, construit par l'architecte français Rudy Ricciotti.

MAPO ET YEOUIDO

HÉBERGEMENT

Hongdae

Bonne nouvelle, le quartier compte un grand nombre d'agréables guesthouse.

BUDGET MOYEN

Urbanwood Guesthouse – B1 - *5 Wausan-ro 29ma-gil, Mapo-gu - M° Hongik University, ligne n° 2 (et lignes Arex et Yongsan), sorties n° 7/8 - (070) 8613 0062 - www.urbanwood.co.kr - 3 ch. 80 000/100 000 ₩.* Petite pension aux chambres modernes et parées de couleurs acidulées. Si la salle de bains est à partager, l'accueil est sympathique et la situation, entre l'animation de Hongdae et Book Street, idéale. Lounge-terrasse sur le toit, excellent café et petit-déjeuner très sain.

POUR SE FAIRE PLAISIR

9 Brick Hotel – A1 - *32 Hongik-ro 5-gil, Mapo-gu - M° Hongik University, lignes n° 2 (et lignes Arex et Yongsan), sortie n° 9 - (02) 3141 8800 - 9brickhotel.com - 94 ch. à partir de 120 000 ₩.* La tour étroite aux parois de brique évoque une ville de la côte Est américaine. Inauguré au printemps 2017, ce boutique-hôtel chic et design (qui comme tous les hôtels coréens est très fréquenté par les couples de passage) est une réussite. Vastes chambres aux tons chaleureux (chocolat, taupe, vert amande, violet), mobilier élégant, parquet. Un confort douillet. Demandez une chambre aux étages supérieurs pour profiter de la vue.

Yeouido

POUR SE FAIRE PLAISIR

Kensington Hotel Yoido – 켄싱턴호텔 여의도 – A2 - *16, Gukhoe-daero 76-gil, Yeongdeungpo-gu - M° National Assembly Bldg, ligne n° 9, sorties n° 1/3 - (02) 6670 7000 - www.kensingtonyoido.co.kr - CC P - wifi - 225 ch. 200 000/280 000 ₩.* Hôtel de style new-yorkais dont la philosophie est de permettre aux clients de se sentir comme chez eux et de faciliter leurs démarches professionnelles.

RESTAURATION

PREMIER PRIX

Chuncheonjip dakgalbi Makguksu – 춘천집 닭갈비 막국수 – B1 - *1, Yonsei-ro 5ga-gil, Seodaemun-gu - M° Sinchon, ligne n° 2, sortie n° 1 - derrière le Hyundai Department Store - (02) 325 2361 - 10h-6h - CC - 7 500 ₩ la part de poulet désossé.* Un grand classique des quartiers étudiants : du poulet sauté sur une plancha installée dans

1

un bidon, avec légumes et sauce épicée. Le tout est par la suite mélangé à du riz et sauté (*supplément*). Simple, bon, pas cher, et l'ambiance estudiantine bruyante est joyeuse.

Chicken in the Kitchen – 치킨인더키친홍대본점 – B1 - *4-42 Wausan-ro 29-gil, Mapo-gu - M° Hongik University, ligne n° 2 (et lignes Arex et Yongsan), sortie n° 8 - 4h-0h.* Le quartier ne manque pas d'enseignes spécialisées dans les déclinaisons de poulet frit (après avoir été mariné et épicé) à consommer sur place ou à emporter. Plat préféré des étudiants et des noctambules, il est ici de qualité et se consomme en généreuses portions et presque 24h/24.

Mura – 무라 – A1 - *411-15, Seogyo-dong, Mapo-gu - M° Sangsu, ligne n° 6, sortie n° 1 - ✆ (02) 326 2588 - 11h30-16h, 17h-21h.* La jeunesse locale fait la queue devant cet établissement de poche qui sert une cuisine japonaise populaire, copieuse et bon marché. Au menu : *donburi*, curry japonais, *ramen* et autres délices.

PETITE PAUSE

Cafe aA – **aA Design Museum** – 카페 aA - aA 디자인뮤지엄 – *19-18, Wausan-ro 17-gil, Mapo-gu - M° Sangsu, ligne n° 6, sortie n° 1 - ✆ (02) 3143 7312 - www.aadesignmuseum.com - 12h-23h - fermé Chuseok et Nouvel an lunaire - CC - 5 000/10 000 ₩.* Café situé au rez-de-chaussée du aA Design Museum ; complexe dont l'orientation se résume par « a », comme architecture, arts et « A » qui est le plus haut niveau sur une échelle d'évaluation lettrée. Café, musée, galerie, librairie, boutique, chaque espace concourt à la présentation de mobiliers et d'éléments de décoration occidentaux des 19e et 20e s. Prenez le temps de choisir la chaise ou le fauteuil qui vous correspond le mieux…

Anthracite – 앤트러사이트커피 – *10 Tojeong-ro 5-gil, Mapo-gu - M° Sangsu, ligne n° 6, sortie n° 4 - ✆ (070) 322 0009 - www.anthracitecoffee.com - 11h-23h.* Les rues au sud de la station Sangsu comptent nombre d'établissements où sont servis – par des baristas (voire torréfacteurs) passionnés – d'excellents cafés. Anthracite, installé dans une ancienne usine de chaussures, en fait partie.

BOIRE UN VERRE

Magpie Brewing Co. –맥파이 브루잉 컴퍼니 –*Wausan-ro 19-gil 6-15, Mapo-gu - M° Hongik University, lignes n° 2 (et lignes Arex et Yongsan), sortie n° 9 - www.magpiebrewing.com - 17h-1h (vend.-sam. 2h), dim. 15h-1h.* Même concept et excellentes bières (pizzas) que l'adresse d'Itaewon *(voir p. 102)*.

EN SOIRÉE

Les Clubs – **Club Evans** (jazz - *2F, 63 Wausan-ro - M° Sangsu, ligne n° 6, sortie n° 1 - www.clubevans.com - 19h30-0h/2h*), **M2** (électro, DJ's locaux et internationaux - *20-5 Jandari-ro - M° Hapjeong, lignes n° 2/6, sortie n° 3 - clubm2.com - vend.-sam. 22h-7h*), **Club FF** (rock indie - *407-8 Seogyo-dong - M° Hapjeong, lignes n° 2/6, sortie n° 3 - tlj sf lun. 20h-22h30, vend.-sam. jusqu'à 6h*), **Mudaeruk** (café le jour, électro indie le soir - *12 Tojeong-ro 5-gil - M° Sangsu, ligne n° 6, sortie n° 1 - www.mudaeruk.com - 11h-2h*), **Brown** (hip-hop - *21 Yanghwa-ro 6-gil - M° Hapjeong, lignes n° 2/6, sortie n° 6 - vend.-sam. 10h-6h*) et bien d'autres… il y en a pour tous les goûts à Hongdae.

Atmosphère inoubliable assurée en fin de semaine.

Jebi Dabang/Chwihan Jebi – 제비. 다방/취한. 제비 – *24 Wausan-ro, Mapo-gu - M° Sangsu, ligne n° 6, sortie n° 3 - 11h-2h.* Sympathique café le jour, Jebi Bang se mue le soir venu en Chwihan Jebi, un haut lieu de la culture alternative à Hongdae (qui en compte quelques autres). Concerts *indie* fréquents et de qualité.

Voir aussi **KT & G** *ci-après pour une sortie cinéma.*

ACHATS

KT & G SangsangMadang – KT & G 상상마당 – *65, Eoulmadang-ro, Mapo-gu - M° Hongik Univ., ligne n° 2, sortie n° 9 ou M° Hapjeong, lignes n° 2/6, sortie n° 3 ou M° Sangsu, ligne n° 6, sortie n° 1 - (02) 330 6200 - www.sangsangmadang.com - design square 11h-22h30 ; galerie 11h-20h ; café 10h30-20h30 -* CC. Complexe culturel en forme de fleur ou de flammes de béton, accueillant un magasin de design, un cinéma d'art et d'essai, une salle de spectacles, une galerie, et un café très agréable au 3e étage, idéal pour préparer sa soirée dans le quartier…

Life meet Art at HongdaeAp Artmarket « Freemarket » – 홍대 앞 예술시장 프리마켓 – *19-3, Wausan-ro 21-gil, Mapo-gu - M° Hongik Univ., ligne n° 2, sortie n° 9 - face à l'entrée de l'université Hongik - (02) 325 8553 - www.freemarket.or.kr - mars-nov. sam. 13h-18h - entrée gratuite.* Dans le square face à l'université se tient un petit marché où des jeunes étudiants et artistes viennent tenir des stands de bijoux, artisanat, etc. Le **Free Market** du samedi est plus centré sur l'artisanat, le **Hope Market** du dimanche autour des accessoires. Tout le monde peut y participer comme marchand en s'inscrivant à l'avance, renseignements auprès de la mairie de Mapo.

Åland – *357-4 Seogyo-dong, Mapo-gu - M° Hongik University, ligne n° 2 (et lignes Arex et Yongsan), sorties n° 9 - (02) 310 5882 - en.a-land.co.kr - 9h-11h.* Aménagé dans un immeuble taillé comme une pierre précieuse, l'antenne locale de cette petite chaîne coréenne (et non finlandaise comme pourrait le suggérer son nom) présente sur quatre niveaux les productions – abordables – de jeunes designers. Mode, accessoires, déco….

Gentle Monster– 홍대 젠틀몬스터 – *404-5 Seogyo-dong, Mapo-gu - M° Hongik University, lignes n° 2 (et lignes Arex et Yongsan), sorties n° 9 - (070) 3144 0864 - en.gentlemonster.com - 12h-21h.* Bien plus qu'une célèbre enseigne procurant des lunettes aux vedettes coréennes, une galerie, un showroom, une expérience…

Pensez également aux abords de l'**Ewha Womans University** pour des achats bon marché conjugués au féminin.

1

Sud-ouest de Hangang

한강남서방향

Quartier récent surtout développé depuis les années 1970, il ne présente pas un intérêt immédiat pour ceux qui sont de passage brièvement à Séoul. Au centre, la gare routière principale Seoul Express Bus comprend aussi un shopping mall, un grand magasin, un hôtel international, etc. On notera Bangbae-dong, le quartier français, autour du lycée, connu sous le nom de Seorae Maeul, pour ceux qui auraient le mal du pays. Le Seoul Arts Center, gigantesque centre culturel surtout tourné vers les arts de la scène, est une autre raison de venir ici, tout au sud du quartier. Enfin, au sud-ouest, le parc de la montagne Gwanak offre de belles promenades près de l'université nationale de Séoul.

NOS ADRESSES PAGE 152
Hébergement, restauration, achats, activités, etc.

SE REPÉRER
Plan I BC3 p. 30 - Plan de quartier p. 149 – Au sud-ouest du fleuve Han, autour du Seoul Arts Center.

À NE PAS MANQUER
Le Seoul Arts Center ; un spectacle gratuit au National Center for Korean Traditional Performing Arts. Les rives du fleuve Han.

ORGANISER SON TEMPS
Dans ce quartier, on aura parfois du mal à se déplacer sans voiture, les distances étant très grandes et l'environnement peu étudié pour les piétons. Privilégier le métro.

AVEC LES ENFANTS
À la belle saison, profiter des sentiers et des piscines du bord du fleuve Han.

Se promener Plan de quartier ci-contre

Banpo Hangang Park 반포한강공원 A1

40, Sinbanpo-ro 11-gil, Seocho-gu - M° Express Bus Terminal, lignes n° 3/7/9, sorties n° 8-1 ou 8-2, puis 650 m à pied.

Cette portion du Hangang Park *(voir p. 150)* située au niveau du pont **Banpo** (daegyo), sur la rive sud, est très fréquentée en fin de semaine. S'y trouve un complexe culturel et évenementiel sur pilotis – sortes d'îles artificielles nommées **Some Sevit** – où sont organisés expositions, concerts et beaucoup de mariages (*www.somesevit.com*). À voir de nuit surtout, tout comme le pont qui se transforme le soir venu en **gigantesque fontaine lumineuse** ! Durant cette attraction nommée **Moonlight Rainbow Fountain**★, des jets d'eau colorés par des projecteurs éjectent des gerbes de chaque côté du pont sur plus d'un kilomètre. Bien plus spectaculaire de nuit évidemment *(20mn - à midi puis à partir de 19h30 - juil.-août 5 à 6/j. ; avr.-juin et sept.-oct. 4 à 5/j. - gratuit- annulation en cas de vent trop violent)*.

Seoul Arts Center 예술의전당 B2

700 Seocho-dong, Seocho-gu - M° Nambu Bus Terminal, ligne n° 3, sortie n° 5 - ☎ (02) 580 1300/1533 - www.sac.or.kr. Immense complexe culturel dédié aux arts de la scène aussi bien coréens qu'occidentaux, il comprend aussi des galeries d'arts plastiques *(voir ci-dessous)* et le Seoul Calligraphy Art Museum.

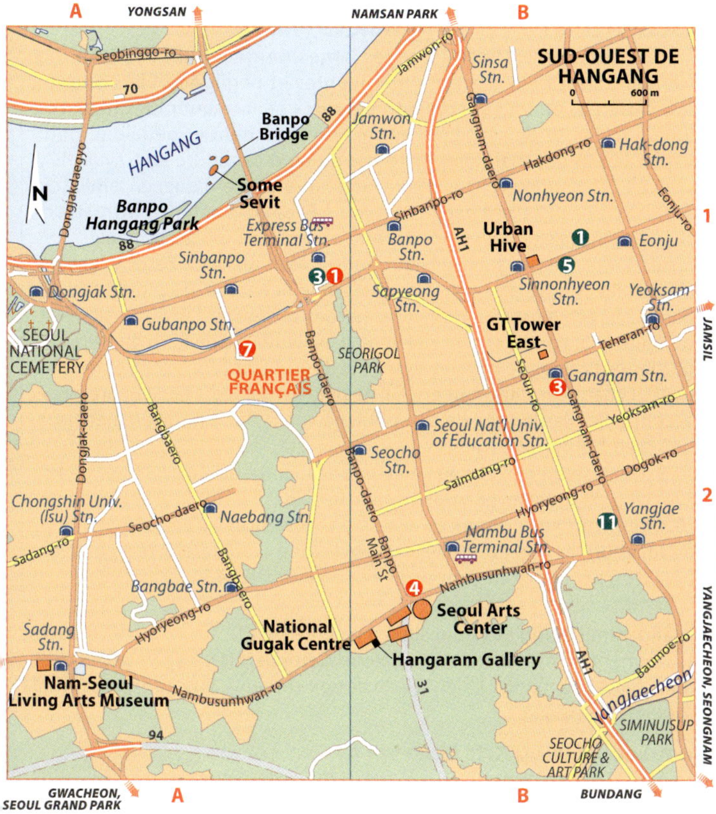

SE LOGER

Gangnam Family Hotel 1
Hotel Peyto Gangnam 11
JW Marriott Hotel 3
Novotel Ambassador Seoul Gangnam 5

SE RESTAURER

Baecnyunok 4
Nolboo Yuhwang Ori 1
Sariwon 3
Tombola 7

Outre l'immense opéra-salle de spectacles (opéras, ballets, théâtre) centrale en forme de chapeau traditionnel coréen (*gat*) accueillant trois salles, on mentionnera le Music Hall pour les concerts de musique classique et le **National Gugak Centre** dédié aux arts traditionnels de la scène à l'extrême droite de l'esplanade, qui offre d'excellents concerts traditionnels ainsi qu'un musée *(www.gugak.go.kr - 9h-18h sf lun., gratuit ; voir aussi Activités p. 43)* essentiellement consacré à l'histoire de la musique (traditionnelle, classique, contemporaine) en Corée.

Hangaram Gallery 한가람미술관 B2

700 Seocho-dong, Seocho-gu – sur le site du Seoul Arts Center - M° Nambu, ligne n° 3, sortie n° 5 - ✆ (02) 580 1300 - www.sac.or.kr/eng/Space/space_design.jsp - tlj sf dernier lun. du mois mars-oct. : 11h-20h ; nov.-fév. : 11h-19h.

La galerie Hangaram d'expositions temporaires sur le parvis central du Seoul Arts Center dédie ses six grandes salles à l'art contemporain. Aussi une boutique et un café. Elle est appelée à tort Hangaram Art Museum, tout comme

L'AXE VERT ET BLEU DU HANGANG PARK

Depuis les années 1980-1990, les larges berges du fleuve Han (ou Hangang) ont bien changé ! Intimidantes et négligées, elles ont été transformées en **une succession de parcs** ne formant plus qu'un. Les Séoulites les colonisent en nombre. Ils y marchent et pédalent, pour le plaisir, pour se maintenir en forme ou pour se rendre au travail. Ils y pêchent, profitent du gazon pour se détendre, pique-niquer en famille ou entre amis en installant nappes et tentes. Et ce en profitant d'**infrastructures nombreuses et variées** : terrains de sport, pistes cyclables, toilettes, cafés, piscines, bases nautiques... Mais aussi de zones plantées de cerisiers ou de parterres fleuris. Et, mieux encore, de prairies ou de zones marécageuses où les hautes herbes prisées des oiseaux nicheurs ou migrateurs ondulent avec le vent. Il est agréable de faire du vélo (sur plusieurs dizaines de kilomètres si on le désire) à deux pas des immeubles et des échangeurs autoroutiers. On ne peut les oublier. Mais leur présence accentue le plaisir, celui de déambuler à son rythme parallèlement aux files d'embouteillages géants.

Sur le site english.seoul.go.kr/life-information/natural-attractions-parks/hangang, chaque portion duHangang Park est précisément décrite (intérêts, infrastructures, distances, accès). On trouvera une douzaine de points de location de vélo *(3 000 à 6 000 ₩/h)* le long du fleuve, à Yeouido *(voir p. 143)* ou près du pont Banpo par exemple *(voir p. 148)*.

le Hangaram Design Museum situé à l'entrée du site sur la droite, qui n'est pas vraiment un musée mais une galerie. Cette dernière organise des expositions sur le thème de « l'identité du design coréen ». Possède aussi un café et une médiathèque.

Nam-Seoul Living Arts Museum A2

Namhyeon-dong 2076, Nambusunhwan-ro, Gwanak-gu - M° Sadang, lignes n° 2/4, sortie n° 6 - ☎ (02) 598 6247 ou 2124 8800 - sema.seoul.go.kr - tlj sf 1er janv. et lun. 10h-20h (18h w.-end et j. fériés) - gratuit.

Ce bâtiment est un des rares de cette époque à être situé au sud du fleuve, mais il était originellement dans l'arrondissement de Jung-gu. Construit entre 1903 et 1905 par des architectes japonais, il présente une architecture d'inspiration occidentale. Il fut la légation de Belgique avant que celle-ci ne déménage en 1919 à Chungmuro, et devint le siège d'une compagnie d'assurances nipponne. Utilisé par la suite par le ministère de la Marine, puis une banque, il fut classé en 1982 et déplacé ici. Il accueille l'annexe sud de la galerie d'Art moderne de Séoul et propose des expositions temporaires.

Yangjaecheon 양재천 Plan I C3

Hakdong-no, Gangnam-gu - M° Dogok, ligne n° 3, sortie n° 4/M° Daechi, ligne n° 3, sorties 6 et 7/M° Gaepodong, ligne n° 3, sortie n° 2 - www.seocho.go.kr/- gratuit.

Ce **ruisseau** qui traverse horizontalement le sud de Gangnam sur 15,6 km pour se jeter dans le Han fut dans les années 1970 et 1980 un de ces cours d'eau sacrifiés au nom de l'industrialisation. Il est désormais un des exemples les plus brillants de réhabilitation écologique. Opérée entre 1995 et 2000, elle a ramené propreté des eaux, flore et faune. L'endroit est très agréable pour une balade sur ses berges aménagées au milieu des roseaux, du chant des grenouilles et des oiseaux migrateurs. L'été, les enfants viennent s'y baigner. Une oasis de verdure au milieu des tours, un des endroits les plus pittoresques de Séoul pour les amateurs de contrastes.

Le quartier de Hangang Park.
Lisur/iStock

UN PEU PLUS AU SUD : GWACHEON Carte du Gyeonggi-do p. 162, B2

Situés au sud de la capitale, les modestes et agréables reliefs arborés de Gwacheon sont une destination prisée des Séoulites. Ils y profitent de sentiers de randonnée et de nombreuses infrastructures de loisirs.

★ National Museum of Modern and Contemporary Art (MMCA) Gwacheon 국립현대미술관 (과천관)

313 Gwangmyeong-ro, Gwancheon-si, Gyeonggi-do - M° Seoul Grand Park, ligne n° 4 puis 20mn à pied par la sortie n° 1 ou navette gratuite au dép. de la sortie n° 4 - ✆ (02) 2188 6000 - www.mmca.go.kr/eng/- tlj sf lun. et 1er janv. 10h-18h (nov.-fév. 17h), sam. 21h - 3 000 ₩.

Dans un bel environnement, ce musée (une des branches du MMCA) dédie ses huit galeries aux différents aspects de l'art contemporain coréen et international. La collection permanente – 7 000 œuvres – est présentée par roulement (Go Hui-dong, Park Su-geun, Niki de Saint-Phalle, Andy Warhol…). Les expositions temporaires,organisées parfois en collaboration avec de grands musées internationaux, sont fréquemment renouvelées et de qualité. Ne manquez pas le vaste parc environnant où des sculptures colonisent le gazon.

Seoul Grand Park 서울대공원

102, Daegongwongwangjang-ro, Gwacheon-si, Gyeonggi-do - M° Seoul Grand Park, ligne n° 4 puis quelques minutes de marche ou diverses navettes payantes - télésiège, elephant train - vers les sites) - grandpark.seoul.go.kr. Ce parc immense englobe dans ses écrins de verdure (par endroits un peu trop bien ordonnés), un **zoo** *(9h-18h/19h selon la saison - 5 000 ₩)* riche de 350 espèces, le parc d'attractions **Seoul Land** *(eng.seoulland.co.kr)* et divers jardins thématiques. Plus de 6 km de sentiers permettent aux marcheurs de sillonner la forêt.

SUD-OUEST DE HANGANG

HÉBERGEMENT

BUDGET MOYEN

Gangnam Family Hotel – 강남패밀리호텔 – B1 - *143, Bongeunsa-ro, Gangnam-gu - M° Sinnonhyeon, ligne n° 9, sortie n° 3 ou M° Eonju, sortie n° 1 - ✆ (02) 6474 1515 - www.gangnamfamilyhotel.com - ▤ CC P ♿ - wifi - 152 ch. 90 000/132 000 ₩.* Hôtel situé au cœur de Gangnam, qui propose la location de studios meublés. Accueil chaleureux, chambres assez spacieuses et confortables. Meilleure vue dans les étages supérieurs. N'hésitez pas à réserver par téléphone, les prix étant souvent moins élevés que ceux sur Internet.

Hotel Peyto Gangnam – 호텔 페이토 강남 – B2 - *259 Gangnam-daero, Seocho-gu - M° Yangjae, ligne n° 3 ou Shin Bundang, sortie n° 2 - ✆ (02) 6936 8100 - www.peytohotel.com - 189 ch. - à partir de 105 000 ☕ - ✕.* Bel établissement dont le décor a été inspiré par… le lac Peyto au Canada. Chambres modernes, lumineuses et tout confort. Une bonne adresse.

POUR SE FAIRE PLAISIR

Novotel Ambassador Seoul Gangnam – 노보텔 앰버서더강남 호텔 – B1 - *130, Bongeunsa-ro, Gangnam-gu - M° Sinnonhyeon, ligne n° 9, sortie n° 4 - ✆ (02) 567 1101 - novotel.ambatelen.com/gangnam - ▤ ✕ CC P ♒ ♿ - wifi - 332 ch. 181 500/350 900 ₩ - ☕ 37 000 ₩.* L'emplacement de cet établissement permet de rayonner entre les différents quartiers du sud du fleuve Han, Garosu-gil, Cheongdam-dong, COEX et de prendre un verre le soir dans la rue très animée de Gangnam. Hébergement de standing avec restaurants, piscine et fitness club. Réservez sur le site Internet pour avoir les meilleurs tarifs.

UNE FOLIE

JW Marriott Seoul – JW 메리어트 서울 – A1 - *176, Sinbanpo-ro, Seocho-g - M° Express Bus Terminal, lignes n° 3/7/9, sortie n° 3 - ✆ (02) 6282 6262 - www.marriott.com/seljw - ▤ ✕ CC P ♒ ♿ - wifi - 497 ch. 375 000/545 000 ₩ - ☕ 44 000 ₩.* Hôtel de luxe aux prestations de qualité, situé à côté des galeries marchandes de Central City. La plupart des spacieuses chambres s'ouvrent sur le fleuve ou les montagnes. Piscine et un des plus grands spa-fitness club d'Asie.

RESTAURATION

PREMIER PRIX

Baecnyunok – 백년옥 – B2 - *2407 Nambusunhwan-ro, Seocho-gu - M° Nambu Bus Terminal, ligne n° 3, sortie n°5 - ✆ (02) 523 2860 - tlj sf j. fériés 10h-22h - 5 000/40 000 ₩.* Restaurant spécialisé depuis 1992 dans les préparations à base d'excellent tofu fait maison. Chacun trouvera son bonheur dans cette belle variété et déclinaison de plats.

Sariwon – 사리원 – B1 - *136, Seoun-ro, Seocho-gu - M° Gangnam, ligne n° 2, sortie n° 8 - 50 m dans 1er à gauche après sortie du métro - ✆ (02) 3474 5005 - 11h30-22h - CC - 5 000/55 000 ₩.* Restaurant coréen réputé depuis trois générations pour sa viande grillée et son *bulgogi*, viande de bœuf marinée dans une sauce très liquide et braisée sur le barbecue *(32 000 ₩ la portion)*. Les nouilles froides *(11 000 ₩)* et soupes de bœuf *(13 000 ₩)* sont aussi savoureuses.

BUDGET MOYEN

Tombola – 톰볼라 – A1 - *16, Seorae-ro 7-gil, Seocho-gu - M° Express Bus Terminal, ligne n° 7, sortie n° 5 - dans la rue qui jouxte Paris Croissant - ✆ (02) 593 4660 - www.latombola.co.kr - 11h30-15h30 (dern. commande 14h30), 17h30-23h (dern. commande 21h30) - fermé 1er janv., Chuseok et Nouvel an lunaire - CC - P service de voiturier, 3 000 ₩ - carte 10 000/78 000 ₩, déj. 23 000/55 000 ₩, dîner 67 000/98 000 ₩.* Bonne adresse de restaurant italien de qualité à prix modérés. Tous les classiques du genre dont d'excellentes pizzas dans un cadre simple mais chaleureux.

POUR SE FAIRE PLAISIR

Nolboo Yuhwang Ori – 놀부유황오리 – A1 - *5, Olympic-ro 10-gil, Songpa-gu - hotel Pharos, 2e ét. - M° Jamsilsaenae, n° ligne 2, sortie n° 4 - ✆ 02 431 5292 - www.nolboo.co.kr/pages/brand/uhwang.asp - 11h30-22h - CC P - 61 000 ₩ le canard pour trois.* Restaurant spécialisé dans le canard. Ne manquez pas le *yuhwang ori jinheulk gui*, délicieux canard cuit 3h à l'étouffée, fourré de riz gluant, ginseng et autres épices. Un régal ! *La préparation étant longue, il est nécessaire de réserver. Le restaurant est reconnaissable à son logo : visage de Coréen traditionnel noir sur fond blanc.*

PETITE PAUSE

Seorae Village 서래마을 – *M° Nambu Bus Terminal, lignes n° 3/7/9, sortie n°5 puis 15mn à pied.* Le quartier français de Séoul compte nombre de restaurants, boulangeries et cafés (plus ou moins français), où les Coréens viennent chercher une atmosphère à la *Amélie Poulain*. Vous dégusterez ainsi de très bonnes pâtisseries à **Hotel Douce** *(오뗄두스 – 9, Seorae-ro 10-gil - Seocho-gu - 10h-21h - 6 000 ₩).*

1

Songpa-gu-Jamsil
송파구-잠실

Quartier récent développé pour les Jeux olympiques de 1988, il est composé de complexes d'appartements à l'infini sur un plan géométrique. Vous y découvrirez le vaste complexe Lotte autour de la plus haute tour du pays, le parc olympique qui offre de belles balades, et des traces des premiers sites d'occupation de Séoul. C'est en effet là que le royaume de Baekje a dû fonder sa première capitale, comme en témoignent des restes de forteresses et des sites de tombes. Non loin, à la limite de la ville, le site préhistorique d'Amsa-dong nous rappelle que cette zone a été de haute Antiquité un site d'habitation important. C'est donc ici que commence l'histoire de Séoul, qu'elle continue d'écrire, d'une plume de béton et de bitume désormais, la légende du fameux « miracle du Han »...

NOS ADRESSES PAGE 158

S'INFORMER
Office de tourisme – *40-1, Jamsil-dong, Songpa-gu - M° Jamsil, lignes n° 2 et 8, sorties n° 2 - (02) 3431 9472 - 10h-19h.*

SE REPÉRER
Plan I D2-3 p. 30 - Plan de quartier p. 155 – Au sud-est du fleuve Han, autour de l'Olympic Park.

ORGANISER SON TEMPS
Une visite du Lotte World peut occuper une demi-journée, tout comme l'Olympic Park et ses musées.

AVEC LES ENFANTS
Parc d'attractions Lotte World, le Musée folklorique, l'aquarium et Seoul Sky.

Se promener Plan de quartier ci-contre

En bordure de l'étang du **Seokchon Lake Park**, la tentaculaire compagnie Lotte a aménagé un vaste complexe constitué d'équipements de loisirs et d'innombrables boutiques.

Lotte World 롯데월드 A2
40-1 Jamsil-dong, Songpa-gu - M° Jamsil, lignes n° 2/8, sortie n° 4 - (02) 411 3502 - www.lotteworld.com ou global.lotteworld.com - 9h30-22h, (w.end 23h) - Pass journalier 52 000 ₩. Un peu kitsch mais célèbre **parc d'attractions** qui comprend de nombreux manèges, restaurants, boutiques et propose animations et parades sous son gigantesque dôme, comme en extérieur.
Évitez les jours fériés et week-ends où l'affluence est parfois telle que la magie peut prendre les couleurs du calvaire dans les files d'attente...

Lotte World Folk Museum 롯데월드민속박물관 A2
3F 40-1 Jamsil-dong, Songpa-gu - 3e étage du bâtiment du Lotte World, hors parc d'attractions - M° Jamsil, lignes n° 2/8, sortie n° 4 - (02) 411 3703 - www.lotteworld.com ou global.lotteworld.com - 9h30-21h (22h les w.-end) - 5 000 ₩, inclus si achat Pass journalier Lotte World.
Il propose une découverte de l'histoire et de la culture coréennes. Un premier hall présente les principales périodes historiques, de la préhistoire à la dynastie Goryeo. Vous découvrirez ensuite une maquette exceptionnelle de

SE LOGER
Lotte Hotel World 1
Signiel Hotel 2

SE RESTAURER
Byeok-je Galbi 1

la vie et du folklore sous Joseon avec 2 000 personnages et bâtiments. Pour finir, vous traverserez une rue sous l'occupation japonaise et un marché traditionnel. La muséographie est réellement prévue pour les enfants en utilisant reconstitutions, miniatures… et même dioramas.

Lotte World Tower 데월드타워 A2

Olympic-ro 300, Songpa-gu - M° Jamsil, lignes n° 2/8, sorties n° 1/2 - ✆ (02) 3213 5000 - www.lwt.co.kr.

À deux pas des autres attractions Lotte s'élève depuis 2017 la Lotte World Tower, gratte-ciel effilé, lumineux et élégant, qui dynamise (ou ringardise) tout le quartier. Avec ses 123 étages et une hauteur de 555 m, il est désormais le plus haut du pays. Il ne faut que 60 secondes pour atteindre en ascenseur l'observatoire panoramique **Seoul Sky** au 121e niveau et une galerie qui, tout en offrant une vue unique et à 360° sur la ville, vous fait marcher au-dessus du vide *(seoulsky.lotteworld.com - 9h-23h - 27 000 ₩ ; accès prioritaire : 50 000 ₩ - réserv. en ligne conseillée)*.

Le complexe ouvert tous les jours de l'année comprend par ailleurs de vastes et luxueux centres commerciaux thématiques, un **impressionnant aquarium**

(10h-20h, w.-end 22h - 29 000 ₩), le plus grand cinéma d'Asie ou encore une superbe salle de concert. Des lieux superlatifs rassemblés sous le nom de **Lotte World Mall** *(horaires et tarifs sur le site Internet).*

Baekje Tombs 백제고분 AB2

Si, comme le pensent les historiens, cette partie de la ville a accueilli pendant 500 ans la capitale de l'ancien royaume de Baekje, Hanam-Wiryeseong, il est normal de retrouver à proximité des nécropoles. Du grand nombre de sépultures mises au jour dans la région, quelques-unes seulement ont été préservées. Les amateurs d'archéologie visiteront avec intérêt les deux parcs ci-dessous, aujourd'hui noyés entre les blocs d'immeubles, motels et restaurants.

Voir aussi plus loin Seoul Baekje Museum et Mongchotoseong.

Seokchon-dong Tombs *(248 Seokchon-dong, Songpa-gu - M° Seokchon, ligne n° 8, sortie n° 6* (A2)*- 5h-0h - gratuit)* est un ensemble de 89 tombes à tumulus ou empilement et 12 fosses de terre… dont il ne reste que huit tombes. Certaines ont été entièrement restaurées. Sans rentrer dans le détail très complexe des catégories de tombes, on trouvera des sépultures intéressantes car présentant des styles différents de transition entre le style autochtone à tumulus de terre et le style apporté par les élites venues de Goguryeo au nord, caractérisé par des empilements de pierres formant des terrasses presque pyramidales. Les tombes 3, 4 et 5 comprennent les deux styles combinés. On trouve aussi des fosses rectangulaires, certainement de style autochtone et appartenant aux basses classes de la société, alors que les grands tertres auraient accueilli des membres de l'aristocratie, et peut-être même des monarques.

Bangi-dong Tombs *(47-4 Bangi-dong, Songpa- gu - M° Bangi, ligne n° 5, sortie n° 3* (B2) *- ✆ (02) 2147 2000 - 6h-20h – gratuit)* est un autre ensemble comprenant 8 tombes sur les 33 originales. Il présente des sépultures appartenant au style postérieur de Baekje (comme on en trouve à Gongju et Buyeo) : tombes avec chambre funéraire de pierre et couloir d'entrée, sous un tumulus de terre. On peut en outre distinguer deux styles en Asie : les tombes de plaines dites style du Nord et tombes de collines ou style du Sud. Celles de Goguryeo et Silla appartiennent au premier, comme les tombes de Seokchon-dong, tandis que celles de Bangi, comme celles de Buyeo et Gongju, sont sur une éminence, montrant la transition des sépultures de Bangi vers le style méridional. Ces tombes sont certainement les tombeaux de membres de l'aristocratie.

★ **Olympic Park 올림픽공원** B1

426 Olympik-no, Jamsil-dong, Songpa-gu - M° Olympic Park, ligne n° 5, sortie n° 3 ou M° Mongchontoseong, ligne n° 8, sortie n° 1 (notez que la ligne 9 desservira bientôt le site) - ✆ (02) 410 1114 - www.olympicpark.co.kr/- 5h-22h - gratuit.

Ce site – à ne pas confondre avec celui de Jamsil *(M° Sports Complex, lignes n° 2/9, sortie n° 6)* où se trouve le stade olympique – fut construit à partir de 1985 pour accueillir les installations sportives des Jeux olympiques de 1988. Il fut transformé en parc public, comprenant, outre stades et gymnases, des musées, les restes d'une forteresse, une salle de concerts K-pop, des restaurants, de vastes pelouses égayées de sculptures monumentales et de beaux sentiers qui serpentent entre les collines et les étangs. On y pénètre par la **World Peace Gate**, imposante structure ailée signée Kim Chung-up, et entourée des drapeaux des pays ayant participés aux Jeux olympiques de 1988.

SOMA Museum of Art 소마미술관 – *✆ (02) 425 1077 - soma.kspo.or.kr - tlj sf lun. et j. fériés 10h-18h - 3 000 ₩.* Ce beau vaisseau de béton, bois, pierre et verre, abrite des salles d'expositions temporaires dédiées à l'art contemporain. La visite complète la découverte des plus de **200 sculptures et installations★** essaimées à travers le parc olympique *(gratuit)*, œuvres d'artistes venus du monde entier, inspirés par les Jeux.

★ **Seoul Baekje Museum** 한성백제박물관 – *℘ (02) 2152 5800 - baekjemuseum.seoul.go.kr - tlj sf lun. 9h-21h (w.-end 19h) - gratuit.* Aménagé dans un bel édifice évoquant autant une colline que l'ancienne forteresse, ce musée très bien conçu raconte Séoul, capitale du royaume Baekje. Les reliques exposées, les reconstitutions impressionnantes et les activités interactives présentent chronologiquement et thématiquement l'histoire de la ville, son évolution et le quotidien des habitants. Des expositions temporaires complètent la découverte.

Mongchontoseong – *Au nord du parc.* Les restes d'une forteresse datant de l'époque du royaume de Baekje (18 av. J.-C.-660 apr. J.-C.) fouillée entre 1983 et 1989. Elle serait d'après les historiens sur le site de la première capitale de ce royaume connue sous le nom de Wiryeseong. Elle aurait accueilli une forteresse militaire (peut-être celle connue dans les textes sous le nom de Saseong ou bien Namseong), alors que non loin de là, plus près du fleuve, la **forteresse Pungnap** (dont il ne reste que le tracé des murs de terre) aurait accueilli la cité royale. Cependant, avant les découvertes importantes des fouilles plutôt récentes de Pungnap (1997 à nos jours), certains savants plaçaient cette cité dans la forteresse Mongchon ou même ailleurs. Même si Pungnap a révélé une superficie et un nombre d'objets uniques validant la thèse, le mystère demeure. La forteresse Mongchon, d'une circonférence de 2,2 km, profite de la topographie naturelle du site, une colline dont les flancs ont été transformés par endroits en falaises pour composer un rempart. Les parties basses ont été habillées d'épais murs de pisé de 13 à 18 m de haut à l'origine. Ils étaient entourés d'un fossé et d'une palissade de bois qui a été en partie reconstituée. La forteresse daterait du 3ᵉ s. Un petit musée *(***Mongchon Museum of History** *– tlj sf lun. 9h-18h - gratuit)* expose les objets découverts lors de fouilles. Sur la colline, un site ancien d'habitation comprenant douze maisons enterrées à 30 cm et datant du début de Baekje a été fouillé et préservé sous un dôme. Le site a été utilisé durant toute la période de Hanseong Baekje (jusqu'au moment du transfert de la capitale plus au sud), puis par l'envahisseur de Goguryeo. Par la suite, pendant plusieurs siècles, il fut oublié, même si sous Joseon il accueillit de petits villages et fut la résidence de lettrés célèbres, dont Kim Gu (17ᵉ s.) dont on peut voir la tombe.

Site préhistorique d'Amsa-dong 암사동선사유적지

B1 en dir. - Plan I D2

139-2 Amsa-dong, Gangdong-gu - Mº Amsa, ligne nº 8, sortie nº 4 - ℘ (02) 3425 6520 - tlj sf lun. 9h30-18h - visite guidée sur réserv. une semaine à l'avance - 500 ₩. Le site préhistorique d'Amsa-dong, situé au bord du fleuve Han, date du néolithique et fut découvert suite aux grandes inondations de 1925. Le parc comprend des habitations circulaires et carrées enterrées et couvertes de paille, qui ont été reconstituées à partir des fouilles effectuées. Elles permettent de bien visualiser le mode de vie ancestral. Un hall d'exposition présente le site d'origine de ces « premiers Séoulites » ainsi que différents ustensiles et outils de leur quotidien.

SONGPA-GU - JAMSIL

HÉBERGEMENT

POUR SE FAIRE PLAISIR

Lotte Hotel World – 롯데월드 호텔 – A2 - *240, Olympic-ro, Songpa-gu - M° Jamsil, lignes n° 2/8, sorties n° 3/4 - (02) 419 7000 - www.lottehotel.com/world/ko - - wifi - 469 ch. à partir de 278 300 ₩ - 30 250 ₩.* Établissement haut de gamme jouxtant le parc olympique. Avec des enfants, vous pouvez louer une *Character room* à la décoration magique… Outre les restaurants, bars et boutiques, un ensemble de cliniques dentaire, médecine orientale et chirurgie plastique démontrent le développement du tourisme médical en Corée.

UNE FOLIE

Signiel Hotel – A2 - *76F-101F, 300 Olympic-ro, Songpa-gu - M° Jamsil, lignes n° 2 et 8, sorties n° 1/2 - (02) 3213 1000 - www.lottehotel.com/signielseoul - 235 ch. à partir de 430 000 ₩.* Établissement très haut de gamme, et très haut placé aux étages supérieurs de la nouvelle Lotte World Tower. Toutes les chambres, au design contemporain remarquable, offrent un excellent niveau de confort et, bien sûr, un panorama exceptionnel. Spa, piscine, bars restaurant STAY *by Yannick Alléno.*

VISTA Walkerhill Seoul – 비스타 워커힐 서울 – Plan I D2 - *177, Walkerhill-ro, Gwangjin-gu - M° Gwangnaru, ligne n° 5, sortie n° 2 - (02) 465 2222 - www.walkerhill.com/vistawalkerhillseoul - - wifi - 250 ch. 454 053 ₩ - 25 000 ₩.* À l'écart du centre-ville, cet établissement, situé dans l'écrin de verdure du mont Acha, surplombe le fleuve Han. Classé dans les hôtels hyper branchés, il mérite une visite. Laissez-vous surprendre par les différents espaces de ce lieu au design fabuleusement innovant, le temps d'un séjour ou simplement pour prendre un verre, dîner ou aller jouer au casino du Walkerhill, hôtel situé sur le même site. Prix compétitifs pour ce niveau d'hôtellerie.

RESTAURATION

BUDGET MOYEN

Byeok-je Galbi – 벽제갈비 – B2 - *1-4, Yangjae-daero 71-gil, Songpa-gu - M° Bangi, ligne n° 5, sortie n° 4 - (02) 415 5522 - www.bjgalbi.com - 11h30-22h - - carte 13 000/97 000 ₩, formules 43 000/170 000 ₩.* Une adresse qui vaut le détour pour le barbecue coréen. La viande, exceptionnelle, fond dans la bouche… Formules à 43 000/170 000 ₩ avec de nombreux *banchan*. En été, les *sun-myeon*, nouilles froides, sont indiquées.

UNE FOLIE

Pilkyongjae – 필경재 – Plan I D3 - *205, Gwangpyeong-ro, Gangnam-gu - M° Suseo, ligne n° 3, sortie n° 1 - (02) 445 2115 - www.philkyungjae.co.kr - 12h-15h, 18h-22h - fermé Chuseok et Nouvel an lunaire - - service de voiturier - 54 000/240 000 ₩.* Cette très belle maison de noble est un fleuron de l'architecture traditionnelle. Elle a été transformée en un restaurant de cuisine royale à *hanjeongsik* ou multiples services. Mérite le détour surtout pour le charme de ses petites pièces individuelles et le cadre digne d'un film d'époque.

Bukhansan 북한산

★

Montagne majestueuse qui figure la « queue du dragon » de la chaîne traversant la péninsule, c'est la source de l'énergie tellurique qui nourrit la capitale… Ses habitants, fous d'escalade et de randonnée, viennent y retrouver forces morales et physiques par hordes. Le week-end, les sentiers balisés peuvent être congestionnés et il faut réserver dans les abris. En revanche, en semaine, cela vaut vraiment la peine de venir profiter des paysages splendides et de la nature aux portes de Séoul. Comme toute montagne coréenne, elle est parsemée de temples bouddhistes séculaires et a aussi une grande forteresse, Bukhansanseong, qui protégeait la capitale et devait servir de refuge au roi en cas d'invasion.

NOS ADRESSES PAGES 59 ET 138
Hébergement, restauration, achats, activités, etc.

S'INFORMER

Bukhansan National Park Office – *San 1-1, Jeongneung-dong, Seongbuk-gu - ✆ (02) 909 0497/8.*
Bukhansan National Park Northern Office - *Uijeongbu-si, Gyeonggi-do - ✆ (31) 873 2791.*

SE REPÉRER

Plan I B1 p. 30 - Plan du parc p. 160 – Le parc de Bukhansan présente une superficie de 80 km^2 sur deux massifs : Dobong au nord et Bukhan au sud. Il est situé administrativement en partie dans la ville de Séoul et dans le Gyeonggi-do. Le tout est de choisir l'entrée du parc qui vous amènera où vous le souhaitez dans la montagne en fonction de votre but et du temps dont vous disposez. La plupart des grandes entrées sont à proximité de stations de métro et il vous suffira de suivre les promeneurs équipés du matériel de randonnée dernier cri pour trouver votre chemin !

À NE PAS MANQUER

Découvrir le superbe parc national, la forteresse Bukhansanseong et le temple Hwagye.

Se promener Plan du parc p. 160

Avec ses gorges nombreuses, ses pics granitiques, ses torrents limpides et la **beauté des paysages** qui varie au fil des saisons, le parc de Bukhansan est particulièrement séduisant. Classé Parc national en 1983, il est très largement visité. Au-delà de ses atouts écologiques, il comporte des **trésors historiques**, comme les vestiges de la forteresse Bukhansanseong. La situation de Bukhansan au nord de Séoul en fit naturellement un site stratégique de défense de la ville. Sous la dynastie Joseon, la montagne était hérissée de murailles pour stopper les envahisseurs. On peut toujours observer ces fortifications le long des différents sentiers de randonnée et de nos jours encore, certaines zones du parc demeurent territoire militaire et sont interdites au public. Enfin, la quiétude de l'endroit attira de nombreux temples et monastères qui s'établirent en ces lieux propices à la méditation…

★ Randonnées à Bukhansan 북한산 둘레길

Bukhansan National Park Office - San 1-1 Jeongneung-dong, Seongbuk-gu - ✆ (02) 909 0497/8 - english.knps.or.kr - avr.-oct. : 4h-17h ; nov.-mars : 10h-15h et

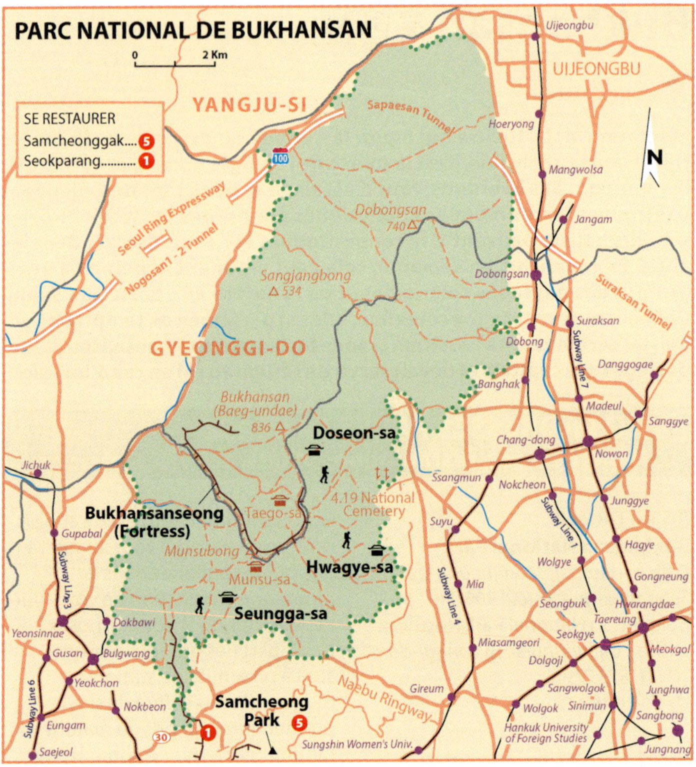

fermeture du site à 17h - de mi-fév. à mi-mai, certaines zones peuvent être interdites d'accès (maintenance, risque d'incendie etc).

Bukhansan pratique – Le site Internet, très bien fait, détaille les différents sentiers, leur durée et niveau de difficulté, tout en les plaçant sur le plan général du parc. La plupart mènent vers les pics dont le plus élevé, Baeg-undae, culmine à 836 m. Il n'est pas possible de présenter les chemins de randonnée en détail tant ils sont nombreux. En général, les voies ouvertes sont bien balisées et proposent des balades d'une à cinq heures. Attention, les montagnes sont assez escarpées et les montées plutôt rudes ! Ceux qui veulent prendre leur temps peuvent envisager de passer la nuit dans un des refuges *(5 000 à 8 000 ₩, couverture 2 000 ₩)* mais il vaut mieux prévoir son sac de couchage – places limitées, réserver auprès du bureau du parc. Il est conseillé de prévoir son pique-nique, même si on trouve en général des restaurants au niveau des différentes entrées du parc. Il est interdit de se déplacer hors des sentiers et de camper ou fumer en dehors des endroits prévus à cet effet. On dénombre une cinquantaine de points d'accès officiels, situés généralement non loin d'un métro ou d'un arrêt de bus… Vous pouvez acquérir une carte du parc aux points infos situés au niveau de la plupart des entrées.

À voir, à faire – Pour accéder au **pic Baeg-undae**, sommet de Bukhansan, une des nombreuses possibilités est de partir du **Bukhansanseong Hiking Support Center** - *M° Gupabal, ligne n° 3, sortie n° 2/3 puis taxi (4 600 ₩) ou bus n° 7723/7211 jusqu'à l'arrêt Hana Highschool.*

Une balade peu fréquentée et très agréable reste celle qui part au sud-ouest, depuis l'**accès Iljimun** ou temple Jinwang – *M° Gupabal, ligne n° 3, sortie n° 3 puis taxi ou bus n° 7723 jusqu'au temple.* Après avoir découvert le temple, vous pourrez remonter la vallée bucolique vers le pic Bibong et redescendre de l'autre côté de la montagne, aux sorties Bibong ou Seungga (où se trouve le **temple Seungga**, abritant une très célèbre statue bouddhiste).

Pour rejoindre le **pic Jaunbong** du massif nord, rendez-vous à l'entrée Dobong – *M° Dobongsan Station, lignes n° 1/7 puis taxi ou marche de 15-20mn en suivant la rue bordée d'échoppes d'équipements de montagne.*

Enfin, au sud-est, les **entrées Hwagye et Naenggol** permettent également de jolies randonnées - *voir accès au temple Hwagye.*

Bukhansanseong Fortress 북한산성

Bukhan-dong, Deokyang-gu, Goyang-si, Gyeonggi-do - M° Gupabal, ligne n° 3, sortie n° 2 puis taxi ou bus n° 704 jusqu'à l'arrêt Bukhansanseong - ✆ (02) 357 9698. À l'époque des Trois Royaumes (Ier s. av. J.-C.-668), on notait déjà la présence de Hansanseong, construction fortifiée, en ces lieux. Suite aux invasions japonaises de 1592-1598 et manchoues en 1636, il devint nécessaire de construire une nouvelle forteresse qui protégerait le nord de la capitale et offrirait un lieu sûr de retraite pour le souverain et ses proches tout en étant totalement autonome. La construction fut réalisée en 1711, sous le règne du roi Sukjong. Quinze portes et une muraille d'une dizaine de kilomètres gardaient l'accès du site qui tirait un avantage stratégique de la nature du terrain. L'ensemble comprenait un palais pour le roi, de nombreux temples – dont certains de moines guerriers –, des bâtiments militaires, puits et autres hangars. Les appartements royaux étaient certes plus modestes qu'à Séoul mais suffisants pour faire office de résidence secondaire. Le site a souffert lors de la guerre de Corée mais reste, avec son cadre exceptionnel, une visite conseillée. C'est aussi le point de départ de nombreuses balades.

1

Doseon-sa 도선사

163 Ui-dong, Ganbuk-gu - M° Suyu, ligne n° 4, sortie n° 4 puis taxi ou bus n° 120/130 pour Uji-dong ; ensuite, navette jusqu'au temple ou 40mn. de marche - ✆ (02) 993 3161 - 6h-19h. Fondé en 862 par le célèbre moine Doseon, ce temple assez fréquenté le week-end est sans doute le plus réputé de Bukhansan. Particulièrement spacieux, il vous permettra de découvrir les différents éléments du bouddhisme coréen. On notera, derrière le hall principal, une superbe représentation de bodhisattva qu'on dit avoir été sculptée par Doseon en personne… L'anniversaire de Bouddha (*voir p. 471*) est un moment parfait pour venir en ces lieux. Non pour le calme et la méditation car il y aura du monde, mais pour profiter des myriades de lanternes colorées et de l'ambiance festive de circonstance. Vous pouvez poursuivre votre promenade sur les sentiers de montagne.

Hwagye-sa 화계사

487 Suyu 1-dong, Gangbuk-gu - M° Suyu, ligne n° 4, sortie n° 3 puis bus n° 2. Descendez au niveau de l'université Hanshin et remontez la petite route vers la montagne jusqu'au bout (600 m environ) - ✆ (02) 900 4326 - www.hwagyesa.org. Si le temple fut établi en 1523, les bâtiments d'aujourd'hui datent d'une reconstruction de 1866 et ne sont pas exceptionnels. L'environnement naturel reste néanmoins tout à fait propice aux activités mystiques. Le principal intérêt de l'endroit est qu'il héberge le **Seoul International Zen Center**, qui offre différentes activités pour les étrangers portés sur la pratique du bouddhisme zen. *Tous les dimanches, vous pouvez suivre gratuitement le Sunday Dharma dès 12h30. Une méditation précède les enseignements. Le centre organise également des programmes de découverte et de retraite pouvant aller de 2 jours à plusieurs mois - informations sur le site Internet et au ✆ (02) 900 4326..*

GYEONGGI-DO
0 10 km
N
A
B
1
2
3
SEOUL ★★★ Vaut le voyage
Suwon ★ Intéressant
Everland À voir
NORTH KOREA
Demilitarized Zone
Panmunjeom
Infiltration Tunnel n°3
Dora Observatory
Imjingak
Paju
Ganghwa Peace Observation Deck
Imjingang
Gyodong-do
Ganghwa Dolmen
Odusan Observatory
Ganghwa-eup
Bomun-sa
Ganghwa-do
Oepo-ri
Seongmo-do
Jeondeung-sa
Mont Manisan
Jumun-do
Dongmak Beach
Gyeonggiman Bay
Jangbong-do
Sin-do
Yeongjongdaegyo
Yeongjong-do
Incheon International Airport
Gimpo International Airport
Gimpo
Hangang
Goyang
Incheon
Incheondaegyo
Songdo
Muui-do
Yeongheung-do
Shihwaho
Jawol-do
Daebu-do
Jebu-do
Daenanji-do
Asanman Bay
Seohaean Expressway
CHUNGCHEONGNAM-DO
Cheonan
Sanjeong
Jeongok
Gamaksan
Soyosan
Uijeongbu
Bukhansan
Bukhansan National Park
Namyangju
CHUNCHEON
SEOUL
1
Gwacheon
MMCA Gwacheon
Seoul Grand Park
Gwangju
World Cup Stadium
HWASEONG FORTRESS
Suwon
Everland
Korean Folk Village
Hyangnam
Osan
KTX (Railroad)
Asanho
Pyeongtaek
Gyeongbu Expressway
7
JEONJU, DAEJEON

Gyeonggi-do 2

Suwon 수원

★

1 231 200 habitants

En parcourant les étroites ruelles du marché alimentaire de Ji-dong, difficile d'imaginer que l'on se trouve au cœur d'une cité de plus d'un million d'habitants. Reconstruite à la fin du 18e s. par le roi Jeongjo, en conformité géomantique avec la tombe de son père martyr, la cité alors rebaptisée du nom fleuri de Hwaseong doit sa célébrité à sa formidable forteresse, devenue aujourd'hui l'une des plus agréables promenades urbaines du pays. Si la ville est célèbre pour son équipe de football, ses fraises et ses fameuses préparations de viande de bœuf marinée (galbi), elle est avant tout connue des Coréens comme la ville du groupe Samsung.

NOS ADRESSES PAGE 170
Hébergement, restauration, achats, activités, etc.

S'INFORMER

Suwon Information Center– *Gare ferroviaire (en sortant à gauche) - ✆ (031) 228 4672 - www.swmtc.or.kr/- 9h-18h - tlj sf fêtes nationales.*

Hwaseong Information Center – *Haenggung Plaza - ✆ (031) 290 3625 - english.swcf.or.kr - 9h30-18h (nov.-févr. 17h).*

Aussi des kiosques entre Paldalmun et le marché ainsi qu'à la gare ferroviaire.

Informations régionales sur : **english.gg.go.kr**

SE REPÉRER

Carte de région B3 (p. 162) – Suwon se situe à 30 km au sud de Séoul. La forteresse se dresse à 2 km au nord-est de la gare ferroviaire. Le quartier des commerces, hôtels et bureaux, se trouvant lui à 2 km au sud-est.

SE GARER

Le parking à l'entrée du Hwaseong Haenggung est le plus pratique.

À NE PAS MANQUER

Suivre les remparts de la forteresse de Hwaseong. Goûter un plat de *galbi* (bœuf) dans un restaurant de la ville.

ORGANISER SON TEMPS

Si seule la forteresse vous intéresse, une journée d'excursion à partir de Séoul suffit. Pour explorer les environs, mieux vaut en revanche passer la nuit sur place. La ville est particulièrement animée en octobre lors du festival culturel Hwaseong.

AVEC LES ENFANTS

Le côté « château fort » de Hwaseong ; les activités du Korean Folk Village et l'immense parc d'attractions d'Everland…

Se promener

LA FORTERESSE

On se rend avant tout à Suwon pour faire le tour des remparts ondulant sur les collines. Le site, inscrit sur la liste du **Patrimoine mondial de l'Unesco**, se découvre plus volontiers tôt le matin, quand les retraités font leur jogging ou leurs étirements, ou le soir, pour suivre le rythme lent des couples d'amoureux.

La forteresse Hwaseong.
M. Runkel/Robert Harding Picture Library/age fotostock

À aucun moment la promenade n'est monotone, égayée de courbes, voire de côtes parfois raides, d'arbres bien taillés, de pelouses impeccables et de drapeaux qui claquent. Le regard porte sur les maisons basses aux toits de tuiles luisantes et aux terrasses colonisées par les pots de *kimchi*. Elles se serrent comme jadis autour du palais à cours multiples de Haenggung. Hors les murs, la grande ville se hérisse de tours d'habitation imposantes, clonées à l'infini et qui semblent à peine sorties de terre. Les ailes de la tribune principale du stade de football *(voir p. 168)* et les clochers d'église aux styles indéterminés (dont la très massive église *Jae-il*) se démarquent.

★★★ Hwaseong Fortress 화성

☏ (031) 228 4410/4672 - english.swcf.or.kr - ouv. 24h/24 - 1 000 ₩. Entrée possible en divers points du parcours long dans sa totalité de 5,7 km. Guichets (mars-oct. : 9h-18h ; nov.-fév. : 9h-17h) au niveau de Seojongdae et Janganmun. Une brochure en anglais détaille très précisément les différentes étapes de sa construction. Comptez 1h30 à 2h30 pour en faire le tour, selon votre rythme et centres d'intérêt.

Cette forteresse, l'une des plus belles d'Asie, fut **achevée en 1796** lorsque Jeongjo (1776-1800), 22e roi de la dynastie Joseon, décida de déplacer la tombe de son père Sado Seja, de Yangju à la région de Suwon. Ce dernier avait été condamné par son propre père, afin de l'écarter du pouvoir, à mourir de faim et d'épuisement en étant enfermé dans un coffre à riz. Jeongjo fit de son père un roi à titre posthume. Ainsi, la forteresse, outil commercial et politique, est aussi considérée comme un hommage d'un fils à son ancêtre, une vertu majeure de la philosophie orientale.

Malgré « l'aura » de la construction, Suwon ne parviendra pas à concurrencer durablement Séoul. **Bijou d'architecture militaire** pouvant résister aux flèches comme aux armes à feu, sa fonction défensive fut finalement secondaire. Les techniques de pointe employées, l'utilisation combinée de pierre et de brique et les dimensions impressionnantes des portes sont remarquables pour l'époque, tout comme la rapidité des travaux (moins de trois ans) et l'état de conservation de l'ensemble. Grâce à l'existence d'annales très précises,

on sait que la forteresse fut rénovée et très largement reconstruite dans les années 1970 pour réparer les dégâts occasionnés lors de la guerre de Corée… d'où cet aspect peut-être un peu trop neuf aux yeux des Européens, toujours plus émus par la patine du temps.
Quatre portes et plusieurs bastions se dressent en divers points des remparts. 41 des 50 constructions d'origine sont visibles. **Paldalmun**, la porte du Sud proche du marché, et **Janganmun**, la porte du Nord, marquent les extrémités de l'axe parallèle à la rivière Suwoncheon qui coupe la ville en deux. La première, haute de 19,5 m, est notamment équipée d'un réservoir à eau destiné à éteindre les incendies provoqués par les éventuels assaillants. En partant de Paldalmun (*suivre les flèches*) dans le sens des aiguilles d'une montre, vous attaquez la promenade par une côte en escaliers sur les flancs du **Paldalsan** (143 m). Le chemin passe diverses constructions défensives dont Namporu, bastion de brique destiné à supporter des canons; Seonam Ammun, porte secrète facilitant la circulation discrète des hommes et des marchandises en période de conflit, et enfin Seonodae, une tour octogonale d'où les archers pouvaient protéger tout le côté ouest de la cité. Si vous avez le temps, n'hésitez pas à descendre côté ville nouvelle pour contempler les remparts d'en bas et comprendre leur imposante efficacité. Et n'oubliez pas de taper trois grands coups (*1 000 ₩*) porte-bonheur sur la **cloche de Hyowon**, lourde de 12 t…
Du point le plus haut, dit **Seojangdae**, la **vue★** est superbe et porte sur plusieurs dizaines de kilomètres. Les joggeurs aiment s'y arrêter pour effectuer leurs étirements en dominant la ville à l'architecture hétéroclite. Fort logiquement, le poste de commandement se dresse ici… Voir certes, mais aussi être vu : on y hissait des drapeaux porteurs de messages. Passé Hwaseomun, la porte de l'Ouest, vous descendez doucement vers Janganmun, caractérisé par un double toit reposant sur une imposante structure percée d'une arche. Remarquez l'espace clos en demi-lune qui faisait office de sas de protection. Là où les remparts rencontrent la rivière s'élève **Hwahongmun**, la « porte de l'eau du Nord » (celle du Sud a disparu), un pont fortifié de sept arches coiffé d'un élégant pavillon. Plus loin, **Banghwasuryujeong**, un beau et complexe pavillon perché fait de brique, de pierre et de bois, se reflète dans l'étang du Dragon. Ce tableau coloré affole les appareils photo des touristes locaux. On atteint ensuite la pointe nord de la forteresse, une zone très fréquentée (boutiques, parking, cafés, office de tourisme) entourant Dongjangdae (**Yeonmudae**), alors zone d'entraînement des militaires. Cette fonction perdure de manière plus pacifique… les touristes étant invités à pratiquer le **tir à l'arc** (*9h30-17h30 - 2 000 ₩*) au pied des remparts. N'espérez pas rivaliser avec les collégiens qui vous entourent; ce sport très prisé est en effet grand pourvoyeur de médailles olympiques dans le pays. Les tirs pointent droit vers **Dongbuk Gongsimdon**, une tour de brique posée sur un socle de pierre de forme ovale très inhabituelle. Enfin, en descendant vers le sud et le marché (*voir plus bas*), vous passez **Bongdon, la tour des signaux**, identifiable grâce à ses cinq cheminées de brique. Les flammes (de nuit) ou la fumée (de jour) qui en jaillissaient permettaient d'envoyer des signaux aussi loin que Yong-in, au sud-est. Un feu signalait un danger, deux feux « l'ennemi repéré », trois, quatre et cinq feux traduisaient la progression de l'adversaire.
Le **Hwaseong Royal Train** (petit train de Hwaseong) tiré par une voiture rétro promène les touristes au départ de Yeonmudae *(10h-17h30; durée 40-50mn - 3 000 ₩)*. Plusieurs **visites guidées** sont par ailleurs organisées *(de nuit, avec un guide bénévole - mai-oct. - 20 000 à 48 000 ₩ - gratuit - se rens. english.swcf.or.kr ou s'inscrire auprès du Hwaseong Information Center).*

★ Hwaseong Haenggung 화성행궁

☎ (031) 228 4677 - mars-oct. : 9h-18h ; nov.-fév. : 9h-17h - 1 500 ₩.
Annoncé par une place un peu trop vaste et vide, Haenggung est malheureusement l'unique édifice digne d'intérêt qui demeure. Gravement endommagé durant l'occupation japonaise, ce **palais occasionnel** également utilisé comme siège gouvernemental a été rénové il y a peu. Achevé en 1796 par le roi Jeongjo en hommage à son père défunt, il comptait au total 576 pièces. Le visiter consiste à passer de grandes cours en petites cours, à jeter un coup d'œil aux diverses pièces, simples alcôves ou chambres royales. Le vert et l'ocre dominent. Derrière des vitrines sont exposés des uniformes, d'impressionnants plateaux d'offrandes et des instruments de musique aux silhouettes animales (*bang hyang, ulla*). Le week-end, de mars à novembre, le lieu s'anime lors de la relève de la garde (*dim. 14h*) égayée de diverses démonstrations auxquelles les visiteurs peuvent prendre part (*10h-17h*) : fabrication de gâteaux traditionnels, de céramiques, déguisements, danses…

Aux abords de Hwaseong Haeggung

Pour en savoir plus sur le palais, son passé et sa reconstruction, visitez l'intéressant **Suwon Hwaseong Promotion Hall** ou **Suwon Cultural Foundation** *(dans l'édifice moderne au sud de la place - ☎ (031) 290 3601 - nov.-fév. : 9h30-17h ; mars-oct. : 9h30-18h - gratuit - explications en anglais).*
La partie nord de la vaste esplanade Haeggung Plaza est fermée depuis 2015 par l'élégant édifice du **Suwon IPark Museum of Art** *(*수원시립아이파크 미술관 *SIMA - ☎ (031) 228 3800 - sima.suwon.go.kr/eng/index.do- tlj sf lun. 10h-19h, nov. févr. 18h - gratuit)* et ses larges baies colorées. Poussez les portes pour profiter d'expositions d'art contemporain dans ses belles galeries aux murs de béton brut. Terrasse panoramique.
À 5mn à pied en allant vers la rivière – que vous traversez par le pont Maehyang-gyo – vous trouverez le **Suwon Hwaseong Museum** *(*수원화성 박물관 *21 Changnyong-daero, Paldal-gu - ☎ (031) 228 4242 - tlj sf 1er lun. du mois 9h-18h - 2 000 ₩).* Dans ce bâtiment dont l'architecture s'inspire des murs de la forteresse, une exposition raconte à l'aide de maquettes les techniques de construction qui ont permis de bâtir Hwaseong. Une immense maquette permet d'en apprécier l'étendue.

LA VILLE

Du haut des murailles, la *skyline* de Suwon apparaît très variée – la ville offre en effet plusieurs ambiances. Intra-muros, là où les rues suivent encore le schéma urbain d'origine, elle évoque une grosse bourgade de province. Mais, autour de la gare moderne et agréable, et plus à l'est dans le quartier administratif et commerçant (autour de la station Suwon City Wall sur la ligne Bundang) animé par une jeunesse atteinte de fièvre acheteuse, elle « porte » bien son million d'habitants.
En suivant les remparts dans le sens des aiguilles d'une montre, vous arrivez en bordure de la rivière Suwoncheon aménagée en promenade. Ses deux rives sont occupées par **le marché de Paldalmun★** qui, comme tous les marchés coréens, distille odeurs, goûts et couleurs. **Ji-dong**, le marché alimentaire, exhibe des produits de saison dont les fameuses fraises de Suwon que l'on trouve à la fin du printemps. Humez les préparations bouillies ou frites, les herbes et racines surprenantes proposées par des *ajumma* (vieilles marchandes) assises en tailleur. Prenez votre déjeuner au ras du sol ou presque dans les gargotes aménagées à l'arrière des vitrines de bouchers. Il n'y a pas

à être intimidé, juste à regarder ce que dégustent les clients et montrer du doigt que l'on souhaite commander la même chose ! De l'autre côté du pont, place également aux montagnes de bassines et aux kilomètres de tissus. Dans ce labyrinthe, on surprend parfois une future mariée hésitant longuement devant de beaux *hanbok* colorés (costume traditionnel).

Du marché, vous pouvez rejoindre le quartier de Ji-dong, ses rues calmes et ses ruelles pentues, bordées de petites maisons. Les murs y sont par endroit décorés (**Ji-dong Mural Alley**) de fresques naïves, colorées et fleuries.

Deux kilomètres plus à l'est, le **World Cup Stadium** *(228 Uman 1-dong - ✆ (031) 202 2002 - www.suwonworldcup.or.kr)* semble prêt à s'envoler. Fruit d'une coopération franco-coréenne, construit pour accueillir les rencontres de Coupe du monde de football 2002, il est une vraie source de fierté. Près de 44 000 personnes y avaient pris place et assisté à une cascade de buts. Aujourd'hui, ils sont un peu moins nombreux à suivre les matchs de l'équipe locale des Suwon Bluewings, l'une des meilleures d'Asie.

À proximité Carte de région p. 162

★ Korean Folk Village 한국민속촌 B3

Environ 20 km à l'est de Suwon. Quittez Suwon en suivant la route 42, dir. Yong-in. Bus gratuit entre l'office du tourisme de Suwon (gare ferroviaire - sortie n° 4 de la station de métro) et le village folklorique. 30mn - dép. 10h30, 12h30, 14h30 ; retour 13h50, 16h (mieux vaut se renseigner sur d'éventuels changements sur le site Internet du KFV). Sinon bus n° 37 (à prendre à 50 m de la sortie n° 5 de la station de métro de la gare) pour le même trajet (1h - 1 000 ₩) mais des horaires plus souples et départs toutes les 20mn.

Minsokchon-ro, Giheung-gu, Yongin-si - ✆ (031) 288 000 - www.koreanfolk.co.kr - mai-sept. : 9h30-18h30 (w.-end 19h) ; fév.-avr. et oct. : 9h30-18h (w.-end 18h30) ; nov.-janv. : 9h30-17h30 (w.-end 18h) - 18 000 ₩/27 000 ₩ avec les musées. Le billet peut être acheté à l'office du tourisme de Suwon.

Le parking où s'alignent des dizaines de bus ordonnés par couleurs peut effrayer. Tout comme les silhouettes de manèges qui hérissent la colline… Il est vrai que le Korean Folk Village peut parfois plus évoquer un parc d'attractions qu'un hommage au monde paysan. Il faut néanmoins prendre ce lieu pour ce qu'il est, un **exposé ludique de la Corée rurale** d'hier destiné à ceux qui n'auront pas le temps de sillonner la péninsule à la recherche de plus d'authenticité. C'est ainsi qu'on le présente aux hordes d'élèves qui prennent possession des lieux à coups de rires, cris, pique-niques géants et bousculades.

Entouré de collines boisées, fleuries au printemps et flamboyantes en automne, aménagé autour d'un point d'eau, le « village » se compose d'un peu plus de 250 édifices de la fin de la période Joseon (14e-19e s.), reconstruits et répartis selon leur fonction ou région d'origine. À première vue, les toits de chaume, murs en torchis, cours multiples et murets protecteurs sont communs à tous mais, en regardant plus en détail, bien des différences apparaissent dans la forme et la disposition des bâtiments. Ainsi, les toits de l'île de Jeju se couvrent d'un quadrillage tressé pour résister aux éléments. Des tuiles en bois protègent les maisons d'Ulleung-do. Celles de la région sud se constituent de deux bâtiments parallèles. La hiérarchie se traduit nettement dans l'architecture : nobles et dirigeants dorment et officient sous des tuiles lustrées et à l'abri de murs de pierre au cœur de vastes manoirs ou dans la maison du gouverneur provincial. Dans cette dernière, utilisée lors de tournages « en costumes », un énorme tambour servait à convoquer les foules. On détaille les jardins, passe

Spectacle proposé dans le Korean Folk Village.
KTO

de cours en cours en jetant un coup d'œil aux intérieurs reconstitués, en imaginant ce que pouvait être le quotidien des paysans, des nobles et des élèves de l'école confucéenne. On sourit devant les rictus compliqués des *jangseung*, ces totems de bois mâles ou femelles supposés chasser les mauvais esprits, une tradition sans doute née au 10e s.

2

Le lieu vit à travers de nombreuses démonstrations d'artisanat, des reconstitutions de cérémonies (mariages jalonnés d'offrandes, chamanisme) ou des temps forts traditionnels (danses, musique, nouvel an). Citons ainsi les intéressants **ateliers de fabrique de papier de mûrier et de sandales de paille**, la forge, le tailleur de bois, l'herboriste. Vous assisterez aussi au tissage de la soie, à la préparation de la pâte de haricots ou de la sauce au soja. Vous écouterez les enfants réagir aux exploits de funambules et cavaliers-acrobates (*les horaires de ces démonstrations sont affichés à l'entrée*).

Tout au bout, passé un pseudo-bazar artisanal, vous trouverez un ensemble de cuisines ouvertes à tous les vents où choisir diverses spécialités et plats régionaux : soupes (*seolleongtang*), gelée de glands (*dotorimuk*), poissons grillés, gâteaux de riz (*injeolmi*), galettes d'oignons verts (*pajeon)* et bien d'autres… Une bonne occasion de les goûter tout en assistant à leur préparation. Hormis un parc d'attractions familial et le musée des Folklores du monde, peu attrayant, vous pourrez aussi visiter un petit musée du Folklore coréen.

La Corée compte de nombreux villages folkloriques, notamment à Jeju. Pour d'authentiques villages : **Hahoe** (*p. 231*) ou encore **Yangdong** (*p. 250)*.

Everland 에버랜드 B3

De Séoul, métro ligne n° 2, station Gangnam sortie n° 6 puis bus n° 5002 (40-50mn - 2 500 ₩) ou métro ligne Bundang jusqu'à Giheung station, puis ligne Yongin Everline jusqu'à Jeondae Everland station (terminus). De Suwon également, métro ligne Bundang jusqu'à Giheung, puis ligne Yongin Everline. Des navettes bus relient aussi divers points de Séoul et Suwon à Everland (lignes, tarifs et horaires sur le site Internet d'Everland) - ✆ (031) 320 5000 - www.everland.com - 9h30-22h (sf lun., mar. et merc. hors vac. scol. : à partir de 10h).

Pour occuper vos enfants, voici le lieu idéal. Mais attention, **le quatrième plus grand parc d'attractions du monde** est si vaste que vous pourriez bien y passer plusieurs jours… Ensemble de parcs à thème *(43 000 à 54 000 ₩ selon l'âge)* : Far West, Zootopia (avec la Lost Valley, Panda World et ses pandas, Safari World et sa savane africaine…), Vikings, jardins hollandais, mille et une nuits, montagnes russes gigantesques… Mais aussi **Carribean Bay** *(10h-18h - 40 000 à 74 000 ₩ selon la saison ; 62 000 à 97 000 ₩ ticket combiné avec Everland)*, un immense parc aquatique. Et, plus calme, le musée d'art Ho Am *(✆ (031) 320 1801 - hoam.samsungfoundation.org/eng/- tlj sf lun. 10h-18h - inclus dans le pass ou 4 000 ₩)* qui compte de beaux jardins, une collection de peintures et de pièces d'artisanat coréen, et une exposition d'art moderne.

NOS ADRESSES À SUWON

TRANSPORTS

Train/métro – La **gare** des trains et métros est à 2 km au sud-ouest de Paldalmun. Bus n° 11 ou 13 (sortie 4 de la gare/station de métro) ou taxi pour s'y rendre. Les métros de la ligne n° 1 *(1h - 1 850 ₩)* partent fréquemment vers Séoul. La ligne de métro Bundang permet, elle, de rejoindre le quartier du City Hall (elle continue ensuite jusqu'à l'est de Séoul, via Gangnam). Aussi des trains plus rapides *(30mn - à partir de 4 700 ₩)* mais moins fréquents. Les KTX et trains réguliers desservent également tout le sud du pays.

Bus – De nombreux bus relient les aéroports d'Incheon *(1h20 - 12 000 ₩)* et Gimpo *(1h20 - 6 000 ₩)* à la gare ferroviaire de Suwon. De la **gare routière** *(à 1,5 km au sud de la gare, bus n° 5)*, départs pour les grandes villes du pays.

HÉBERGEMENT

PREMIER PRIX

Suwon Hostel – 수원호스텔 – *11, Haenggung-ro, Paldal-gu - ✆ (031) 254 5555 - www.swcf.or.kr - ▤ ✕ CC P - wifi - 31 ch. - ch. coréennes ou occidentales, doubles à partir de 40 000 ₩ - ☕ 7 000 ₩.* Auberge de jeunesse très accueillante et bien placée (à côté d'Haenggung). Seuls les dortoirs n'ont pas de salle de bains privée.

BUDGET MOYEN

Benikea New Suwon Tourist Hotel – 뉴수원관광호텔 – *33, 72beon-gil, Hwaseomun-ro, Paldal-gu - ✆ (031) 245 2405 - www.benikea.com - 56 ch. à partir de 70 000 ₩.* L'un des rares hôtels situés dans l'enceinte de Hwaseong. Les chambres, parfois petites mais récemment rénovées, offrent un bon niveau de confort. Design épuré et contemporain.

POUR SE FAIRE PLAISIR

Ibis Ambassador Suwon - 이비스 앰배서더 수원 – *132, Gwongwang-ro, Paldal-gu - ✆ (031) 230 5000 - ibis.ambatel.com/suwon/main.amb - ▤ ✕ CC P ♿ - wifi - 240 ch. 165 000 ₩ - ☕ 22 000 ₩.* Au milieu des *malls* de la ville nouvelle, ce gros bloc anthracite renferme de belles chambres rassurantes. Bus direct d'Incheon.

UNE FOLIE

Novotel Ambassador Suwon – 노보텔 앰배서더 수원 – *Dukyoungdaero, Maesanro 1 Ga Paldal Gu 902 - ✆ (031) 547 6600 - www.novotel.com - P - 287 ch. à partir de 150 000 ₩.* Bien placé, car accolé à la gare, cet hôtel récent offre tout le confort, la modernié et les services souhaités pour un cinq étoiles local.

Ramada Plaza Suwon – 라마다 프라자 수원 호텔 – *150, Jungbu-daero, Paldal-gu - (031) 230 0001 - www. ramadaplazasuwon.com - - wifi - 288 ch. à partir de 200 000 ₩ - 30 000 ₩.* À 1,5 km à l'est de Paldalmun, un hôtel 5 étoiles dans une tour de verre où se superposent des chambres confortables. Fitness, restaurant…

RESTAURATION

La rue piétonne face à la gare est bordée de restaurants servant la spécialité de la ville, le *galbi* (bœuf). Plus populaires encore, les gargotes du marché (*p. 167*) et, toute proche, la dénommée **Chicken Street** *(Paldallo-1ga, Paldal-gu)*, où l'on se régale de platées de poulet frit. Vous pourrez également fréquenter les nombreux bars et restaurants-terrasse de **Na Hye-seok Street**, une rue piétonne du Suwon moderne *(métro ligne Bundang, station Suwon City Hall)*.

PREMIER PRIX

Compad'or – 꽁빠도르 – *797-2, Jeongjo-ro, Paldal-gu - (031) 243 0588 - 7h-23h30 - fermé Chuseok et Nouvel an lunaire - - 1 200/6 000 ₩.* Près de Paldalmun, délicieuses préparations sucrées et salées. Sur place ou à emporter.

Jinmi Tongdak – 진미통닭 – *50 Paldalo 1-ga - (031) 255 3401 - tlj sf lun. 12h-0h - 13 000 ₩.* L'une des cantines les plus connues de la Chicken Street, où le poulet frit est proposé diversement épicé (ou non).

POUR SE FAIRE PLAISIR

Yeonpo Galbi – 연포갈비 – *56-1, Jeongjo-ro 906beon-gil, Paldal-gu - (031) 255 1337 - 11h30-21h30 - fermé Chuseok et Nouvel an lunaire - - 10 000/40 000 ₩.* Derrière cette façade verte proche de Hwahongmun se cache une grande salle avec cuisine ouverte. On s'y presse pour son fameux *galbitang*. Les menus du midi sont moins onéreux mais tout aussi délicieux.

ACTIVITÉS

Tour de la ville (Hwaseong, le World Cup Stadium, et l'original Mr Toilet House) en bus avec **Suwon City Tour** : *tlj sf lun. 10h et 14h, à partir de l'office de tourisme de la gare - 11 000 ₩ - durée 3h30 - infos : (031) 256 83000 ou www. suwoncitytour.co.kr/. - réserv. en ligne possible la veille de la date choisie.*

AGENDA

Festival culturel Hwaseong (fin sept. ou début octobre) – Il fait revivre la forteresse avec des processions, parades royales, démonstrations d'artisanat et fête gastronomique. Renseignements : *english.swcf.or.kr*

2

DMZ (Demilitarized Zone)

비무장지대

★

DMZ, trois lettres qui désignent la zone démilitarisée large de 4 km, soit 2 km de chaque côté de la ligne de démarcation, décidée à la fin de la guerre de Corée. Les prospectus des agences de voyages distribués dans les hôtels de Séoul affichent DMZ en lettres de fer et de feu cerclées de barbelés. On joue sur la menace, le spectaculaire, la curiosité malsaine pour attirer les visiteurs dans ce fossé séparant deux mondes. N'y allez pas pour cela, vous seriez peut-être déçu. Allez-y plutôt pour voir de vos propres yeux la réalité matérielle d'une division, comment coexistent en un même lieu le désir de conflit et de dialogue. Et, dans cet endroit assez surréaliste, vous apercevrez brièvement une zone naturelle préservée car… indirectement hautement protégée depuis presque soixante ans.

DMZ PRATIQUE PAGE 179
Transports, formalités, activités, etc.

S'INFORMER
www.tourdmz.com

SE REPÉRER
Carte de région AB1 (p. 162) – La DMZ s'étend sur 240 km d'est en ouest le long de la frontière entre les deux Corées. La zone décrite ci-dessous est celle se situant juste au nord de Séoul.

À NE PAS MANQUER
Panmunjeom, symbole de division et de dialogue ; l'observatoire de Dora pour voir ce que la Corée du Nord veut montrer.

ORGANISER SON TEMPS
La plupart des agences proposent des excursions d'une journée.

AVEC LES ENFANTS
Attention, Panmunjeom est interdit aux enfants de moins de 10 ans.

2

Excursion

DMZ (Demilitarized Zone), JSA (Joint Security Area), observatoires… avant de décider de vous rendre dans l'une des zones les plus militarisées du monde (malgré son nom), veuillez vous référer à *Nos adresses p. 179*. Pour information, l'option consistant à prendre part à une visite organisée au départ de Séoul est de loin la plus prisée. Si cette formule peut se révéler « pesante » dans sa forme, elle est vivement conseillée pour des raisons pratiques (l'agence s'occupe de tout) et touristiques (vous verrez tout ce qui peut être vu).

Imjingak 임진각 A1

Imjingak-ro, Paju-si. Office de tourisme - ✆ (031) 953 4744 - tlj sf lun. 10h-18h.
Cette **zone touristique** regroupe une gare, un office de tourisme, une exposition, des boutiques, restaurants, manèges… mais aussi divers monuments sur le thème de l'unification et de la réconciliation. De la plate-forme, des lunettes tournées vers le nord permettent de détailler le rail et le pont qui enjambent la rivière Imjingang dont les eaux venues du nord sont plus que surveillées. Une locomotive à vapeur bombardée pendant la guerre de Corée

Maison traditionnelle dans le Korean Folk Village.
Ginaellen/iStock

En savoir plus sur la DMZ

HISTORIQUE ET ORGANISATION

Après trois ans de conflit *(voir La guerre de Corée p. 180)*, un **armistice** est signé le 27 juillet 1953 à Panmunjeom et Munsan entre les commandants militaires des deux camps. Il suspend les hostilités sur la ligne de front et met en place un mécanisme de séparation des belligérants comprenant une ligne de démarcation partageant une zone démilitarisée terrestre de 4 km de large, matérialisée sur toute la largeur de la péninsule et prolongée dans l'embouchure du fleuve Han à l'ouest.

La zone est sous la responsabilité des délégations représentées au sein de la **commission d'armistice** (UNC-MAC, commandement des Nations unies et KPA-MAC, délégation militaire nord-coréenne).

La **ligne de démarcation terrestre** (MDL, Military Demarcation Line) est repérée par des panneaux installés sur la ligne des contacts à l'arrêt des combats en juillet 1953. Cette ligne partage une **zone démilitarisée terrestre** (DMZ, Demilitarized Zone) de 4 km de large, chaque camp étant responsable d'une profondeur de 2 km jusqu'à la MDL.

En Corée du Sud, la DMZ est physiquement délimitée par une double clôture continue (SBL, Southern Boundary Line), électrifiable et équipée de moyens d'alerte et de surveillance, patrouillée sur les 250 km de sa longueur, du fleuve Imjin jusqu'à la côte est.

Dans la DMZ, les dispositifs, opérations et équipements militaires, à défaut d'être strictement prohibés, sont limités en effectifs et armements. Chaque camp a installé, dans sa portion de DMZ, des **postes de garde** où des unités d'infanterie s'observent à intervalles réguliers.

Le dispositif est complété dans l'estuaire du fleuve Han par une **zone démilitarisée fluviale** (le fleuve Han à partir de la confluence avec le fleuve Imjin) et une courte ligne de démarcation maritime à l'embouchure (A-B Line). Il existe également une **limite maritime** *(voir p. 181)*.

Le camp militaire de **Panmunjeom**, situé dans la zone démilitarisée, bénéficie depuis 1951 d'un statut particulier de zone neutre, partagée par la ligne de démarcation, sur laquelle sont installés les baraquements servant aux réunions de la commission d'armistice et de la commission des neutres. Il est accessible aux visiteurs sous certaines conditions *(voir p. 177)*.

UN ESPACE NATUREL PRÉSERVÉ

Quasiment coupée de toute présence humaine depuis presque soixante ans, la DMZ constitue aujourd'hui une réserve naturelle précieuse pour le pays et au-delà, pour l'Asie du Nord-Est : près de 3 000 espèces rares de plantes et d'animaux, certaines en passe de disparaître, y prospèrent. Ainsi, les grues de Sibérie y font étape en hiver au cours de leur migration vers le sud du Japon *(voir photo p. 177)*.

Conscient de cette dimension exceptionnelle, le gouvernement sud-coréen multiplie les projets de mise en valeur de la zone, et les restrictions d'accès à l'ensemble de la zone se sont assouplies. Des agences spécialisées y proposent des visites thématiques et les autorités locales commencent à y organiser des circuits permanents de randonnée, cyclotourisme, tourisme vert et éducatif.

UN LIEU DE MÉMOIRE

La France, ayant participé à la guerre de Corée dans le cadre de la force multinationale *(pour le détail des engagements français, voir La guerre de Corée p. 180)*, a installé dans la DMZ deux de ses dix sites commémoratifs, réalisés sur les lieux de combat du bataillon français, dans le cadre du programme bilatéral de valorisation de la mémoire. Ce « **Chemin de la mémoire français** » en Corée comprend la valorisation de la mémoire et de l'histoire communes, la promotion de la francophonie, de l'éducation civique pour les élèves des deux pays, dans un cadre qui privilégie la préservation de l'environnement et l'éco-tourisme (oiseaux migrateurs à Arrow Head).
Ces sites français sont intégrés à deux des sept portions de DMZ qui seront à l'avenir préservées par les autorités coréennes.
Site de Crèvecœur-Yanggu :
Monument de Crèvecœur et musée du Bataillon français, côte 931.
Pierre gravée au capitaine Goupil, nord de la côte 931.
Accord de partenariat et d'échanges entre les villes de St-Mandé et de Yanggu, la 21e division d'infanterie coréenne, les Associations de mémoire.
Site de Arrow Head-Cheorwon :
Monument principal de la côte 285, sur la limite sud de la DMZ.
Stèle dans la DMZ, piton de Arrow Head, poste militaire de la côte 281.
Stèle dans la DMZ, piton de la 2e Cie du bataillon français, poste militaire de la côte 278.
Vitrine au bataillon français, musée de T-Bone, observatoire Yolsei, 5e division d'infanterie.
Partenariat avec les villes de Yeoncheon et Cheorwon, les Associations de mémoire et la 5e division coréenne.
En Corée, les activités mémorielles sont organisées au sommet par les ministères de la Défense, des Vétérans et Patriotes (MPVA), par l'Association des vétérans (KVA) et par les forces américaines sous affichage UNC.
Une Association coréenne pour la mémoire de la participation française a été créée en 2007. Elle a aidé à réaliser les sites de mémoire et les projets. Son président d'honneur est le général Paik Sun-yup, francophone, héros de la guerre de Corée, ancien CEMAT, CEMA, ministre puis ambassadeur, dont en France (1962-1965).
Autres lieux liés ou évoquant le conflit décrits dans ce guide : The War Memorial of Korea à Séoul *(voir p. 100)*, Cimetière des Nations unies à Busan *(voir p. 265)*, Mémorial aux victimes éthiopiennes de Chuncheon *(voir p. 193)*.

trône près des restes du **pont de la Liberté** (Freedom Bridge), construit en 1953 pour faciliter le passage de 12 773 prisonniers.

Notez que le vaste parking du parc Imjingak accueille chaque année en octobre une grande foire agricole durant laquelle les paysans habitant la DMZ proposent leurs produits (riz, maïs et surtout soja), réputés dans tout le pays pour leur qualité car cultivés en zone peu polluée. Certains tours incluent d'ailleurs un passage à Tongilchon où l'on vend des produits locaux.

Les trains de la ligne Gyeongui marquent l'arrêt à Imjingak avant de poursuivre leur trajet jusqu'à la très moderne **gare de Dorasan**, plus au nord du pays. Elle se situe à 30 m de la zone interdite aux civils et symbolise la volonté des Sud-Coréens de voir un jour leur réseau ferroviaire à nouveau relié à Pyongyang, la Chine et la Russie. Elle est aujourd'hui le terminus du DMZ Train *(voir Nos adresses)*. À découvrir aussi le parc pour la paix (**Dorasan Peace Park** - *✆ (031) 953 4854 - tlj sf lun.)* : sculptures, promenades…

★ Dora Observatory 도라전망대 A1

✆ (031) 940 2463 - tlj sf lun. 9h-15h. Se visite dans le cadre de tours organisés, à partir de Séoul ou de Imjingak.

Il se situe dans la DMZ et offre la « meilleure » vue possible sur le voisin du Nord, à l'œil nu ou à l'aide de jumelles (*2mn - 500 ₩*). Vous verrez ainsi le paysage rural (voire sauvage de la DMZ), de superbes montagnes, le village modèle nord-coréen de Gijeong-dong et son très **impressionnant drapeau**, quelques rues de la ville industrielle de **Gaeseong** (ou Kaesong, où de nombreux Nord-Coréens travaillent pour des firmes sud-coréennes quand la zone n'est pas fermée pour cause de tensions comme en 2013, 2016, 2017) et une statue de Kim Il-sung.

Infiltration Tunnel n° 3 (Tunnel d'infiltration n° 3) 제3땅굴 A1

Jeomwon-ri, Gunnae-myeon - ✆ (031) 940 8526 - tlj sf lun. 9h10-15h ; 4 à 6 dép./j de la navette (monorail) conduisant les visiteurs au tunnel - se visite dans le cadre de tours organisés à partir de Séoul ou Imjingak.

Découvert en 1978, ce tunnel d'invasion creusé par les Nord-Coréens mesure 1 635 m de long, 2 m de large et 2 m de haut. D'autres ont été découverts par la suite (le dernier en 1990) mais celui-ci est le plus important. Il pénètre

Les grues de Sibérie font étape dans la DMZ pendant leur migration vers le Japon.
A. Nass/MICHELIN

sur 435 m au-delà de la ligne de démarcation à une profondeur maximum de 73 m. Trente mille soldats auraient pu l'emprunter. Ceux qui ne sont pas claustrophobes auront le temps de noter la peinture noire sur la roche, destinée à maquiller le tunnel en mine de charbon.

★ Joint Security Area (JSA) 공동경비구역 - Panmunjeom 판문점 A1

Se visite uniquement dans le cadre de tours organisés à partir de Séoul.
D'Imjingak, les bus d'excursion franchissent la rivière Imjingang en slalomant entre les blocs de béton du pont de la réunification (**Unification Bridge**) construit par le président de Hyundai, originaire du Nord. La route passe ensuite diverses structures antichars, puis de belles rizières avant d'atteindre l'entrée de la base américaine de Camp Bonifas (du nom d'un des deux soldats américains tués lors d'un accident frontalier en 1976). Les drapeaux des nations ayant aidé le Sud pendant la guerre y flottent et le slogan « In front of them all » s'affiche. Après une présentation de la zone, des règles de sécurité (*notamment quand et où prendre ou ne pas prendre de photos, les gestes à éviter*) et l'attribution d'un badge, vous êtes transféré dans un bus militaire qui vous mènera dans la JSA et à Panmunjeom, un lieu que son statut de destination touristique rend surréaliste.
Au centre de la JSA (Joint Security Area) commune à l'ONU et aux Nord-Coréens, **Panmunjeom**, et ses baraquements de couleur bleu ciel, disons « bleu ONU », est sans doute le site coréen le plus connu à travers le monde. Dans ce qui était alors un modeste hameau rural débutèrent les discussions de paix du 25 octobre 1951 avant la signature de l'armistice le 27 juillet 1953. Dans ce lieu symbolisant le dialogue et la confrontation nord-sud ont été prises les célèbres photos de soldats nord-coréens et sud-coréens figés de chaque côté d'une ligne, se faisant face sans se regarder. Dans la salle de conférences MAC (Military Armistice Commission), où les réunions bilatérales ont lieu, vous êtes invité à vous photographier quelques centimètres au-delà de la frontière. De l'autre côté de la ligne se dresse le bâtiment nord-coréen, parfois désert,

parfois bien gardé, abritant touristes chinois, nord-coréens… ou tout simplement un écureuil qui passe en faisant fi de la tension et des frontières humaines. Le silence est peut-être ce qui marque le plus en ce lieu. Plus loin, le **pont du Non-Retour** qui enjambe la rivière Sachon est une construction peu impressionnante (proche d'un dortoir d'aigrettes) mais un lieu fort symbolique. C'est ici qu'en 1953 on procéda à l'échange de prisonniers de guerre à qui l'on demanda de choisir définitivement leur camp. L'image du passage à pied de ce pont a été reprise et adaptée dans bien des films d'espionnage de la période guerre froide. Avant de rejoindre votre bus civil, vous êtes invité à une dernière visite… dans la petite boutique de souvenirs.

JSA, LE FILM

Sorti en 2000 dans un contexte bien particulier, celui de la *sunshine policy*, le film *JSA* du réalisateur Park Chan-wook demeure l'un des plus grands succès du cinéma coréen. Il mêle histoire d'amitié transfrontalière, fait divers et imbroglio diplomatique, avec pour cadre cette zone si particulière qu'est la JSA.

Daesung-dong 대성동 et Gijeong-dong 기정동

Vous ne visiterez pas ces deux villages, vous les apercevrez tout au plus. Les immenses drapeaux qui les dominent permettent de les désigner avec certitude. Ces deux localités sud-coréenne et nord-coréenne sont distantes de 800 m. Les paysans de Daesung, côté sud, sont enviés pour les nombreux avantages fiscaux et matériels dont ils bénéficient. Gijeong, surnommé « village de propagande » par les Américains et les Sud-Coréens, serait vide et destiné à offrir une image paradisiaque des villages du Nord aux touristes à jumelles du Sud. Des acteurs l'animeraient en journée. En réalité, le village est désormais habité et sert de village dortoir pour la main-d'œuvre du parc industriel conjoint de Gaeseong tout proche. Ce qui marque avant tout sont les drapeaux dominant ces deux localités, objets durant des années d'une course folle à « qui aura le plus grand ». L'immense drapeau à étoile rouge de 300 kg flotte ainsi au sommet d'un mât de 160 m !

Plus à l'ouest, plus à l'est…

La zone décrite ci-dessus est la plus visitée car proche de Séoul ,mais la DMZ se déroule bien sûr tout le long des 241 km de frontière. Divers sites permettent d'observer le voisin du Nord ainsi que la flore et la faune de cette zone préservée. Ainsi l'observatoire d'**Odusan** *(A2, ✆ (031) 956 9600 - www.jmd.co.kr - tlj sf lun. nov.-fév. 9h-16h30 et mars-oct. : 9h-17h) - 3 000 ₩)*, aussi appelé Unification Hill, à la confluence des rivières Hangang et Imjingang, est accessible en bus de Séoul *via* Geumchon. Le nord des régions de Cheorwon et Yanggu, zone fortement touchée par le conflit coréen, mérite également le détour : tunnels, sites de batailles, observatoires, zones naturelles… Informations sur : *eng.ygtour.kr.*

Pour l'observatoire de **Goseong**, le plus à l'est – *voir p. 205* - et le **Ganghwa Peace Observation Deck** (A1-2), le plus à l'ouest – *voir p. 185*.

LA DMZ PRATIQUE

Les excursions étant l'unique moyen de visiter Panmunjeom, la majorité des touristes se rendent dans la DMZ à partir de Séoul.

VISITES

Formalités

Un **passeport** est obligatoire pour entrer dans la DMZ, zone par ailleurs interdite aux citoyens de certains pays africains, moyen-orientaux ou communistes (*liste sur www.uso.org/korea*). Les enfants de moins de 10 ans ne sont pas admis. Il est demandé de porter une tenue décente : pas de short, de minijupe ou de sandales par exemple. Attention, selon le contexte politique, les tours peuvent être écourtés voire annulés.

Excursions au départ de Séoul

Nombre d'agences se disputent le marché des *tours DMZ*. Comparez les prix, les programmes (*demi à une journée*) et évitez ceux qui insistent trop sur les arrêts shopping.

United Service Organization (USO/Koridoor Tours) – *Yongsan, Séoul - ✆ (02) 724 7003 ou 795 3028 - M° ligne n° 1 Namyeong, sortie n° 2 - www.koridoor.co.kr - lun.-sam. : 8h-17h*. Cet organisme de l'armée américaine offre de loin l'excursion la moins chère et la plus complète *(tlj sf lun. autour de 100 000 ₩)* à Panmunjeom, Dora et le Troisième Tunnel. Réservez à leur bureau, par téléphone ou sur leur site au moins une semaine à l'avance.

D'**autres agences** proposent diverses formules (Panmunjeom seul ou avec Dora et le Troisième Tunnel). Elles offrent l'avantage de pouvoir être réservées au plus tard la veille (mais 4 jours avant est préférable) et de partir du centre-ville. Ainsi **Tour DMZ** (*3F Hotel President - 16 Euljiro, Jung-gu -M° ligne n° 2 Euljiro 1-ga, sortie n° 8 - ✆ (02) 755 0073 - www.tourdmz.com - mar.-sam. - pour Panmunjeom 85 000 ₩*). Aussi : **Panmunjom Travel Center** (*8F, Koreana Hotel Office Bldg., 135, Sejong-daero, Jung-gu - M° ligne n° 5 Gwanghwamun, sortie n° 6 - ✆ (02) 771 5593 - www.panmunjomtour.com - 77 000/85 000 ₩*).

Excursions au départ d'Imjingak

Des bus partent pour Dora et le Troisième Tunnel (*tlj sf lun. - 10h-18h - durée 3h ou 3h30 - 10 000 ₩*).

DMZ Train

Depuis 2014, **deux lignes** de trains spéciaux (très) touristiques rejoignent, au départ de Séoul, des sites aux abords de la DMZ. Vous voyagez à bord de wagons spécialement décorés sur la thématique de la paix, de l'harmonie entre les pleuples, de la nature.

La **Gyeongui Line** *(tlj sf lun. - AS 9 200 ₩)* rejoint la gare de Dorasan (via les abords de Imjingak notamment). De là, un Travel Package vous permettra de visiter le Tunnel n° 3.

La **Gyeongwon Line** *(tlj sf mar. - AS 12 800 ₩)* dessert, elle, Baengmagoji, près de Cheorwon (*via* le Korean Workers'Party Headquarters et le Seungilgyo bridge). De ces deux terminus, des tours peuvent être combinés pour approfondir la découverte.

Informations, parcours, horaires et réservations (jusqu'à un mois à l'avance) sur www.letskorail.com.

2

La guerre de Corée

LE CONTEXTE

Lors de la capitulation du Japon le **15 août 1945, la Corée est partagée en deux** à hauteur du 38e parallèle, sur proposition du commandement américain en Extrême-Orient. Il propose aux forces soviétiques, entrées peu auparavant dans le conflit contre le Japon (9 août 1945), d'occuper la partie nord de la péninsule et d'y recevoir la reddition des troupes japonaises installées jusqu'en Mandchourie. Les Américains se chargeront de le faire au sud du 38e parallèle.

À partir de 1945, le 38e parallèle devient une **frontière de fait** entre les deux entités coréennes créées par la séparation. Cette situation se renforce à partir de 1948 avec la création de la République de Corée au sud du 38e parallèle, sous influence américaine et occidentale, et de la République populaire démocratique de Corée, sous influence soviétique, au nord.

Cette ligne de partage est le théâtre de nombreux accrochages et incidents à partir de 1945.

La guerre de Corée, sur fond de cristallisation de la **guerre froide** et de tensions de blocs en Europe, constitue le premier conflit de cette période et l'un des premiers exemples d'intervention multinationale sous mandat des Nations unies confiés à un pays, les États-Unis.

LES GRANDES PHASES DU CONFLIT

La guerre commence sans déclaration initiale le 25 juin 1950 par l'offensive nord-coréenne en Corée du Sud, concentrée sur les axes principaux menant à Séoul, la capitale, qui est prise le 28 juin. Les forces nord-coréennes poursuivent leur action vers le sud de la péninsule, occupant presque tout le pays, et repoussant les unités sud-coréennes jusqu'aux derniers contreforts autour de la ville de Busan, sur les berges du fleuve Nakdong établies en ultime ligne de défense (réduit de Busan) à partir de mi-juillet 1950.

Engagement des Nations unies

Les résolutions 82 (25 juin 1950), 83 (27 juin 1950) et 84 (7 juillet 1950) du Conseil de sécurité, toujours en vigueur actuellement, condamnent l'intervention nord-coréenne, réclament l'arrêt de l'offensive puis mandatent les États-Unis pour constituer et commander une force multinationale, sous drapeau des Nations unies, afin de rétablir la situation initiale.

Le 5 juillet, les États-Unis engagent une unité d'infanterie (Task Force Smith). Le Commandement des Nations unies (UNC) est établi au Japon sous les ordres du général MacArthur le 7 juillet. Le président sud-coréen rattache ses forces nationales à l'UNC, qui dirige également l'ensemble des détachements multinationaux (seize pays ont déployé des unités combattantes, cinq des unités médicales).

Le 15 septembre, le général MacArthur commande un débarquement de grande ampleur à Incheon (grand port situé à l'ouest de Séoul), sur les arrières de l'armée nord-coréenne, brisant l'encerclement de Busan et permettant la contre-offensive des forces des Nations unies vers Séoul, reprise le 28 septembre. Un autre débarquement est effectué en octobre sur la côte est, permettant la progression vers le nord sur deux fronts.

Le Commandement des Nations unies est autorisé à franchir le 38e parallèle le 10 octobre et à poursuivre les opérations vers le nord. La Force multinationale et ses unités sud-coréennes entrent dans Pyongyang le 19 octobre et atteignent la frontière chinoise (fleuves Yalou et Tumen) le 24 octobre 1950. Une armée de volontaires chinois (Chinese People's Volunteer Army) est rassemblée depuis plusieurs semaines au nord de la frontière. À la mi-octobre, elle franchit le Yalou puis intervient en masse dans le conflit, en deux temps (31 octobre puis 26 novembre).

L'ensemble du dispositif des Nations unies s'effondre et le terrain gagné doit être évacué dans l'urgence. Pyongyang est perdue le 4 décembre, une opération d'évacuation à grande échelle, militaires et civils, est organisée sur la côte est à Heungnam-Hamheung (golfe de Wonsan). Le 38e parallèle est franchi vers le sud le 31 décembre 1950, Séoul est reperdue le 4 janvier 1951.

Le Commandement américain des Nations unies (général Ridgway) parvient à arrêter la retraite au sud de Séoul (ligne est-ouest Osan-Jecheon-Samcheok) à partir de fin janvier-début février 1951, grâce entre autres à son succès lors des combats décisifs de Chipyong-ni et Wonju. Les forces des Nations unies peuvent reprendre la progression vers le nord dès mars 1951, Séoul est reprise le 14 mars. Peu après, le président américain Truman, qui envisageait la négociation et voulait éviter l'extension du conflit, annonce le 11 avril le remplacement du général MacArthur, qui réclamait l'emploi de l'arme nucléaire et l'intervention de la Chine nationaliste, par le général Ridgway.

À partir de mi-1951, après les mouvements militaires de grande ampleur, le conflit devient une guerre de positions, et le front commence à se stabiliser à hauteur du 38e parallèle.

Des combats prolongés et particulièrement meurtriers (fleuve Imjin, Inje, Crèvecœur, Punchbowl, Arrow Head, T-Bone, etc.) se poursuivront néanmoins jusqu'en juillet 1953, les forces des Nations unies gagnant du terrain au nord du 38e parallèle, essentiellement dans les zones montagneuses du centre et de l'Est.

L'armistice de 1953

Les pourparlers commencent à Gaeseong, en zone neutre, le 7 juillet 1951, et se poursuivront à Panmunjeom jusqu'à la signature. Les négociations seront toutefois entrecoupées de ruptures et reprises autour de la question difficile de la restitution croisée, volontaire ou forcée des nombreux prisonniers de guerre. Signé le **27 juillet 1953** à Panmunjeom et Munsan entre les commandants militaires des deux camps, l'**armistice** suspend les hostilités sur la ligne de front et met en place un mécanisme de **séparation** des belligérants comprenant une ligne de démarcation (MDL) et une **zone démilitarisée (DMZ)**, matérialisées sur toute la largeur de la péninsule et dans l'embouchure du fleuve Han à l'ouest *(voir p. 174)*.

En mer de l'Ouest, l'accord d'armistice rattache à la Corée du Sud cinq « îles du Nord-Ouest », proches du territoire nord-coréen.

L'accord instaure également un **mécanisme de surveillance et de supervision de son application**, *via* une Commission militaire d'armistice (MAC, Military Armistice Commission), avec sa représentation nord-coréenne et des volontaires chinois (ces derniers n'y siègent plus) et sa représentation au nom des Nations unies (UNCMAC).

Une Commission des nations neutres (NNSC, Neutral Nations Supervisory Commission) est chargée de superviser l'application de certaines modalités de l'armistice. Initialement constituée de quatre pays (deux mandatés par chaque camp belligérant) dont la Suisse, la Suède et la Pologne, toujours membres.

En 1953, hors accord d'armistice, le commandement des Nations unies s'est donné vers le nord une **limite maritime** à ne pas dépasser (NLL, Northern

Limit Line), qui prolonge en mer, à l'ouest et à l'est, la MDL terrestre. Cette limite n'est pas reconnue par la Corée du Nord et a été le théâtre de fréquentes infiltrations et, depuis 1999, en mer de l'Ouest, de quatre incidents navals intercoréens meurtriers.

En 1954, la conférence de Genève consacrée à la recherche d'une solution politique au conflit échoue, prolongeant jusqu'à nos jours la situation d'armistice sous le contrôle des commandants militaires. Les dispositions essentielles de l'accord d'armistice de 1953 sont toujours valides, de même que les structures de suivi créées.

LA PARTICIPATION FRANÇAISE À LA GUERRE DE CORÉE

Au déclenchement du conflit et se fondant sur les résolutions du Conseil de sécurité, la France, sixième pays à engager des forces combattantes au sein du Commandement des Nations unies, a d'abord déployé un bâtiment de la Marine, l'aviso *la Grandière* (180 membres d'équipage), du 29 juillet au 25 novembre 1950. Cet aviso a fait de l'escorte de convois depuis le Japon, a participé au débarquement d'Incheon (15 septembre 1950), puis aux opérations de débarquement de Wonsan-Hamheung (mer de l'Est, octobre 1950), avant de repartir pour l'Indochine.

Le 22 juillet, bien que déjà engagée en Indochine, la France annonce qu'elle s'associera avec un **bataillon de volontaires à la force multinationale** chargée de rétablir l'intégrité territoriale de la Corée du Sud.

Le **général de corps d'armée Monclar**, inspecteur de la Légion étrangère, propose de prendre la tête de cette unité dont les délais de préparation seront réduits au minimum. À cet effet, le vainqueur de Narvik, dix-sept fois blessé au cours des deux guerres mondiales, accepte de reprendre les galons de lieutenant-colonel.

Arrivé à Busan le 29 novembre 1950 et regroupé à Suwon, le bataillon est placé sous le commandement de la 2e division d'infanterie de l'armée des États-Unis. Grâce à une succession de coups d'éclat, les volontaires français gagnent l'estime des forces des Nations unies et du général Ridgway, commandant la 8e armée.

En janvier 1951, le bataillon français participe à la bataille de **Wonju** où il stoppe l'élan chinois par une charge décisive à la baïonnette. Cet épisode sera suivi des combats des **Twins-Tunnels** et de **Chipyong-ni** (février 1951), au cours desquels le bataillon résistera aux assauts de quatre divisions chinoises, permettant une contre-offensive victorieuse de la 8e armée.

Trois semaines plus tard, le même bataillon (déjà gratifié de deux citations présidentielles américaines) est engagé dans les combats pour la **côte 1037** (est de Wonju). La conquête de 1037, par un froid de -30°, ouvre la route du 38e parallèle. Elle coûtera 40 hommes et fera 200 blessés.

Au printemps 1951, le bataillon franchit le 38e parallèle dans la région de **Hwacheon**. Le sacrifice de la section du génie permet de stopper une nouvelle offensive chinoise, fait d'armes qui lui vaut sa troisième citation présidentielle américaine.

À l'automne 1951, les volontaires français participent à la bataille de **Crèvecœur** (Heartbreak), où ils s'illustrent encore une fois par une attaque de nuit. Ces combats feront 60 tués et 200 blessés parmi les Français.

À l'automne 1952, après une guerre de positions meurtrière qui rappelle les tranchées de Verdun, le bataillon arrête à **Arrow Head** (Cheorwon), en Corée du Nord, une offensive chinoise vers Séoul. Cette résistance lui coûtera 47 tués et 144 blessés. Les pertes chinoises, en face du bataillon français, sont estimées à 2000 hommes. Le président des États-Unis décerne aux forces françaises une quatrième citation.

En hiver 1952 puis au printemps 1953, le bataillon participe encore aux combats qui interdisent l'accès vers Séoul.

À la signature de l'armistice, le bataillon aura perdu 262 hommes dont 9 officiers et 26 sous-officiers sur un total de 3421 Français venus combattre en Corée. Quarante-quatre d'entre eux sont encore enterrés au cimetière international de Pusan, 7 volontaires ont été portés disparus, 1008 ont été blessés.

Le bataillon a participé aux combats parmi les plus importants et les plus connus (Wonju, Chipyong-ni, Crèvecœur, Arrow Head, etc.).

Il a été remarqué pour son courage; son taux de pertes est le plus élevé des unités UNC, des actions décisives, le charisme de ses chefs (général Monclar, médecin-commandant Jean-Louis, capitaine Goupil, etc.), mais aussi parce qu'il est la première formation UNC à avoir intégré les Coréens en unité combattante.

Les Coréens du bataillon français

La République de Corée a par ailleurs affecté en renfort aux unités du Commandement des Nations unies des nationaux coréens chargés du soutien logistique (porteurs, brancardiers, etc.).

La France a intégré son premier contingent de 71 Coréens fin décembre 1950. Plus de 150 Coréens intégreront le bataillon français, 18 d'entre eux seront tués. Formés comme combattants à leur arrivée, les Coréens ont constitué une unité de combat sous encadrement français (compagnie dite ROK, devenue 2e compagnie), engagée dès Twin-Tunnels et Chipyong-ni (janvier-février 1951). Ils ont progressivement occupé l'ensemble des grades et fonctions d'encadrement. Plusieurs ont été décorés de la médaille militaire. Le général Monclar a envoyé deux d'entre eux à St-Cyr mi-1951).

QUELQUES CHIFFRES POUR TROIS ANS DE CONFLIT

La Corée du Sud a mobilisé 1 269 349 combattants : plus de 137800 seront tués, plus de 32000 ont disparu ou été faits prisonniers.

En trois ans, la participation des Nations unies (États-Unis et 20 autres pays) s'est élevée à 1 940 498 militaires (1 789 000 pour les États-Unis) : 40670 sont morts au combat (36940 pour les États-Unis), plus de 104000 ont été grièvement blessés. 5815 soldats, dont 4439 Américains, sont toujours portés disparus.

Source : Ministère coréen des Vétérans et Patriotes (MPVA) - plaquette des commémorations 2010.

Ganghwa-do 강화도

★

68 785 habitants

Destination-excursion prisée des habitants de la capitale, la cinquième île du pays par sa superficie (302 km²) peut être abordée comme un concentré de Corée. Au menu donc : des vestiges historiques, des temples colorés, des paysages littoraux, montagneux et ruraux (rizières, plantations de ginseng, vignes, maraîchage…), des spécialités gastronomiques et une forte pression touristique en fin de semaine.

NOS ADRESSES PAGE 187
Hébergement, restauration, achats, activités, etc.

S'INFORMER
www.ganghwa.go.kr
Offices de tourisme – Au Ganghwa Bus Terminal (*Ganghwa-eup - ✆ (032) 930 3515 - 9h-18h*) ; au site Ganghwa Dolmen (*Dolmen Ticket Office - ✆ (032) 933 3624 - tlj sf merc. 9h-18h*) ; sur le port d'Oepo-ri (*quai des ferries - ✆ (032) 934 5565 - 9h-18h*).

SE REPÉRER
Carte de région A2 (p. 162) – À l'extrême nord-ouest du pays, à 50 km de Séoul.

À NE PAS MANQUER
Bomun-sa. Le Mont Manisan.

ORGANISER SON TEMPS
Avec une voiture, une journée… au pas de course ! Comptez plutôt deux jours surtout si vous dépendez des transports en bus. Au départ de Séoul, la densité du trafic peut être extrêmement chronophage.

Se promener

AU NORD DE L'ÎLE

Quand on aborde Ganghwa-do par le pont Ganghwa, au nord-est de l'île, l'accueil est un peu… piquant, avec des rubans de barbelés qui rappellent la proximité du voisin du nord. Mais bien vite, les reliefs et paysages ruraux prennent le dessus sur cette première impression.

Ganghwa-eup 강화읍

En parcourant la **principale localité**, peu attrayante, de l'île, vous trouverez un marché, au sein du Bus Terminal, et découvrirez des portions de l'ancienne muraille **Ganghwasanseong** qui défendait le centre de l'île des invasions mongoles avant d'être détruite par les Français. 2 km et trois portes – dont la Porte Sud proche du Terminal – ont été restaurés. Voyez aussi, à 20mn de marche au nord du terminal, le site du **Goryeogunji Palace** établi par la dynastie Goryeo au 12e s. (*42 Bungmun-gil - 9h-18h - 900 ₩*). Et, non loin, la **Ganghwa Anglican Church** (*10 Gwancheong-gil 27beon-gil - ✆ (032) 930 3627*) construite en 1900 dans un style coréen traditionnel tout en étant adapté au culte protestant. Une étonnante combinaison !

Ganghwa Dolmen Site 강화 고인돌 유적

À 4 km à l'ouest de Ganghwa-eup - ✆ (032) 933 3624 - 24h/24 - gratuit. Accès : bus 1, 2, 24, 26 ttes les 15mn, arrêt Dolmen Site.

Temple Jeondeung.
TOPIC PHOTO AGENCY IN/age fotostock

Ganghwa-do compte une centaine de dolmens datant de l'âge de Bronze, en partie classés par l'Unesco. Ici, sur le site de Bugeun-ri, se trouve le plus imposant d'entre eux : sa dalle de couverture pèse en effet 50 t ! Il est aussi question de dolmen dans le tout proche **Ganghwa History Museum** *(✆ (032) - 934 7887 - tlj sf lun. 9h-18h - 1 500 ₩).* L'histoire de l'île est longue et riche, l'exposition bien conçue de ce musée l'est donc également. Vous y verrez des objets mis au jour lors de fouilles sur des sites préhistoriques et dans les tombes royales de la période Goryeo. Ou encore des reconstitutions de batailles, comme l'attaque de la marine américaine de 1871.

Ganghwa Peace Observation Deck 강화평화전망대

797, Jeonmangdae-ro - ✆ (032) 930 7062 - 9h-18h (déc.-févr. 17h) - 2 500 ₩. Accès bus n° 1 et 2.

Il suffit de regarder une carte – ou les barbelés – pour réaliser que l'île ne se trouve qu'à quelques brasses du voisin du Nord. Passées les boutiques et l'exposition, vous atteindrez l'observatoire d'où vous pourrez scruter la rive opposée, ses champs, ses montagnes et… quelques installations militaires.

AU SUD ET À L'OUEST DE L'ÎLE

★ Jeondeung-sa 전등사

À 14 km au sud de Ganghwa-eup - ✆ (032) 937 0125 - www.jeondeungsa.org - 7h30-18h30 (ou coucher du soleil) - 3 000 ₩. Accès : bus n°1, 4, 40, 60. Une colline boisée, autrefois protégée par une forteresse, sert d'écrin à ce temple bouddhiste considéré comme l'un des plus ancien du pays (reconstruit sous sa forme actuelle au 13ᵉ s.), où des milliers de tablettes du *Tripitika Koreana* *(voir p. 225)* furent gravées. En parcourant ses halls et pavillons, vous admirez des piliers richement décorés ou encore une belle cloche fondue en Chine au 11ᵉ s. et que les aléas de l'histoire ont portés jusqu'à Ganghwa.

Le programme *templestay* permet d'y résider *(voir Nos adresses).*

QUELLE HISTOIRE !
Avec ses dolmens attestant d'un habitat constant durant l'âge de Bronze et des traces de la présence de Dangun, « petit-fils du ciel » et fondateur légendaire de la Corée, Ganghwa-do se trouve depuis des millénaires aux avant-postes de l'histoire du pays. **Stratégiquement située** à l'embouchure du fleuve Han, elle fut souvent attaquée, farouchement protégée – en témoignent les fortifications visibles sur le littoral et les hauteurs de l'île. C'est ici que s'installa au 13e s. la cour Goryeo fuyant les troupes mongoles qui balayaient la péninsule. Elle devient au 19e s. un verrou que les puissances occidentales cherchèrent à forcer. Le christianisme y fut introduit par des missionnaires français. La répression menée par l'armée coréenne entraîna en 1866 une expédition punitive française qui se solda par un échec. Quelques années plus tard, l'armée américaine puis une expédition japonaise contraignirent les Coréens à signer des traités commerciaux – objectifs réels de ces diverses incursions.

★ Mont Manisan 마니산 강화
À 18 km au sud de Ganghwa-eup - 9h-18h - 2 000 ₩. Accès : bus n° 1, 4, 40, 60. Le point culminant de Ganghwa (470 m) offre de son sommet *(1h par le sentier « Stairway Trail » en partie composé de marches)* une **vue superbe★★** sur le sud de l'île et au-delà. S'y trouve un autel de pierre sacrificiel – le **Chamseongdan** (*10h-16h*) – dont l'érection est attribuée à Dangun, le fondateur légendaire de la Corée. Chaque année, autour du 3 octobre, une cérémonie chamanique y est organisée (Gaecheon Grand Festival).
Les amateurs de plages – et d'impressionnantes étendues vaseuses à marée basse, propres au littoral nord-ouest coréen – pourront se rendre à la proche **Dongmak Beach** (*de Ganghwa Bus Terminal, bus n° 1 et 2*) à la pointe sud de l'île.

Oepo-ri
À 14 km à l'ouest de Ganghwa-eup - accès : de Ganghwa Bus Terminal, bus n°31 (20mn - 1 250 ₩). Cet agréable et calme **village de pêcheurs** est connu pour son intéressant marché spécialisé dans les poissons et crustacés séchés (nombreux restaurants). C'est d'ici, sous les cris des mouettes, que vous prendrez le ferry pour l'île voisine de Seongmo-do.

SEONGMO-DO 석모도

Accès : du port de Oepo-ri, ferry, dép. ttes les 35mn de 7h à 20h30 (déc.-fév. 17h30), durée 10mn - 2 000 ₩. Réplique miniature de Ganghwa-do – en plus rurale et moins peuplée – cette île est agréable à parcourir à vélo *(location au débarcadère - 2h30 pour faire le tour de l'île)*. Parmi les destinations phare : la plage de **Minmeoru** *(près de la pointe sud de l'île - accès en bus de Seokpori dock, ttes les 2h (1 250 ₩), arrêt Minmeoru Beach, puis 20-25mn de marche).*

★ Bomun-sa 보문사
44 Samsannam-ro 828beon-gil, Samsan-myeon - ✆ (032) 933 8271 - 9h-18h - 2 500 ₩. Accès : de Seokpori dock, bus ttes les h (30mn le w.-end) de 7h15 à 18h30 - 1 250 ₩. Situé sur la ligne de reliefs qui coupe l'île dans le sens de la longueur, et entouré par une pinède odorante, ce temple aurait été fondé par la reine Seondeok (ère Silla). On y accède par une longue volée de marches. Au bout de l'effort, une **vue splendide sur le littoral** et la découverte de **pavillons richement décorés**. Gravé dans le roc, un Bouddha de 10 m de haut voisine avec une « tribune » qu'occupent plusieurs centaines de ses disciples montrant des visages et expressions variés.

NOS ADRESSES À GANGHWA-DO

ARRIVER/PARTIR

En bus au départ de Séoul – De la station de métro Sinchon (*ligne n° 2*), sortie n° 1, marchez jusqu'à l'arrêt de bus devant le GS25 et le Paris Baguette. Bus n° 3000 (*ttes les 15mn, durée 1h30 à 2h selon le trafic - 2 100 ₩)* jusqu'à Ganghwa Bus Terminal.

Plusieurs lignes de/vers Incheon. Voir *Transportation* sur *www.ganghwa.go.kr.*.

TRANSPORTS

Des **bus** (bleus) sillonnent l'île au départ du Ganghwa Bus Terminal, faciles à utiliser mais roulant à une fréquence peu élevée. Demandez les horaires (en anglais) à l'office du tourisme. Les lignes circulaires 1 et 2 desservent les sites majeurs.

HÉBERGEMENT

PREMIER PRIX/BUDGET MOYEN

Ganghwa-eup compte son lot de **motels** aux architectures variées. Vous pouvez aussi passer la nuit dans le temple **Jeondeung** (*(010) 3789-0152 - eng. templestay.com - 65 000 ₩ repas et activités d'initiation inclus)* dans le sud de l'île.

POUR SE FAIRE PLAISIR

Hotel Everrich – 호텔 에버리치 *–Hwaseong-gil, Ganghwa-eup - (031) 934 1688 - www.hoteleverrich.com - P - 70 ch. à partir de 100 000 ₩ - 13 200 ₩ - réserv. conseillée le w.-end.* Le seul hôtel 4 étoiles de l'île. Situé dans un environnement agréable sur une hauteur à l'écart de Ganghwa-eup, il dispose de chambres confortables, dans un style défini comme *modern-vintage*.

Namchidang – 攬翠堂 – *Route 1066, Haean Namro, Hwado-meon - (010) 9591 0226 - www.kyl3850.com - P - 6ch. à partir de 100 000 ₩.* Au sud de l'île, cet établissement de type *hanok eco-friendly* offre un très bon niveau de confort et une belle expérience d'hébergement traditionnel

RESTAURATION

Parmi les spécialités locales, citons le navet, la patate douce, l'anguille, l'alose, les crevettes et les poissons séchés. Les villages côtiers (comme Oepo-ri par exemple) comptent chacun leur marché où des restaurants permettent de goûter aux spécialités. Pour déguster des anguilles grillées (*jangeo-gui*), rendez-vous en priorité dans le petit village de **Deorimi** juste au sud du pont Ganghwa, le long de la côte. Ainsi le restaurant **Palpal Yeonjangeo** (*(031) 932 88 81 - 10h-21h30 - 50 000 ₩*). Autres adresses : Haeseong *(9, Deorimi-gil13beon-gil)* et Beodeul *(16, Deorimi-gil)*.

ACTIVITÉS

Ganghwa-do est une destination prisée des **randonneurs** qui profitent de sentiers sillonnant les reliefs. Les cyclistes pourront longer les côtes et même relier les sites majeurs en vélo grâce à des **pistes cyclables** (souvent parallèles aux routes). Location (*10 000 ₩*) possible près du pont Ganghwa, ou à l'arrivée du bateau sur l'île de Seongmo-do.

AGENDA

Salted Shrimp Festival – En oct. à Oepo notamment, on célèbre la crevette séchée !

2

Gangwon-do 3

Porche du temple de Sangwon.

V. Prevost/hemis.fr

GANGWON-DO

SEORAKSAN NATIONAL PARK
★★★ Vaut le voyage
Naksan-sa
★★ Mérite un détour
Seongyojang
★ Intéressant
Donghae
À voir
Ville de départ du circuit
N
A
B
1
2
3
4
Geumgang
NORTH KOR
Demilitarized
Zone
Road 4
Eulj Observat
Victory Observatory
Chilseong Observatory
Cheorwon
Dongsong
Gwangdeoksan 1046
Sanjeong
Hwacheon
Paroho
Yanggu
Inje
Cheongpyeong-sa
Soyang Lake
Soyang Dam
Chuncheon
Samaksan 645
Garisan 1050
Gangchon
Seoul Chuncheon Expressway
HONGCHEON
Balgyosa 995
SEOUL
Bukhangang
GYEONGGI-DO
Yeongdong Expressway
SUWON
Namhangang
Yeoju
Wonju
Everland
Icheon
Jungang Expressway
Jungbu Expressway
Jechec
CHUNGCHEONGBUK-DO
1
2
7

GANGWON-DO
0
11 km
De Chuncheon à Sokcho
Entre Sokcho et Donghae
Des ports, une vallée, une grotte
À l'intérieur des terres
Goseong Unification Observatory
Geojin
Ganseung
Lake Yeongnang
SEORAKSAN NATIONAL PARK
Sokcho
Ulsan Bawi
Daepohang
Sinheung-sa
Naksan
Naksan-sa
Yangyang
Osaek
Osan Prehistoric Museum
Dongho
Hajodae Pavilion
Hangyeryeong Pass
EAST SEA
Jumunjin
Odaesan National Park
Gyeongpo
Odaesan 1563
Sogeumgang
Gangneung
Chamsori Museum, Gyeongpodae Pavilion
Birobong
Seongyojang
Sangwon-sa
Ojukheon
Unification Park
Woljeong-sa
Korea Botanic Garden
Haslla Art World
Jeongdongjin
Donghae Expressway
Okgye
Daegwallyeong
Mangsang
Donghae
ULLEUNG-DO
Auraji
Samcheok
Maengbang
Jeongseon
Hwaamgul
Mureung Valley
Pyeongchang
Road 424
Yonghwa
Hwaam
Hwanseongul
Mandugsan 1118
Daegeumgul
Jangho
Sinnam
Haesindang Park
Dogye
Yeongwol
Sabuk
Wondeok
Taebaek
Road 35
Sangdong
Taebaeksan Provincial Park
Taebaeksan 1567
Coal Museum
4
C
D
1
2
3

Chuncheon 춘천

222 549 habitants

Situé à la confluence de deux rivières, entre lacs artificiels et montagnes, Chuncheon s'étend dans un beau site naturel qui compense l'absence d'édifices dignes d'intérêt. Cette ville animée située entre Séoul et la côte peut constituer une halte agréable. Vous y trouverez nombre de restaurants, des balades péri-urbaines et des infrastructures de loisirs. Les Coréens connaissent Chuncheon pour son piquant mais délicieux dak-galbi, ses festivals et la série télévisée « Winter Sonata », célèbre dans toute l'Asie et en partie tournée à Chuncheon et sur l'île de Nami. En poursuivant la route vers l'est, vous traverserez des collines rurales durement touchées par la guerre de Corée, des reliefs propices aux sports extrêmes et, enfin, les formidables pics du Seoraksan méridional.

NOS ADRESSES PAGE 196
Hébergement, restauration, achats, activités, etc.

S'INFORMER

Offices de tourisme – City Hall (au carrefour principal du centre-ville) - 9h-18h ; annexes à la gare de Chuncheon et au terminal des bus, mêmes horaires. Informations : *(033) 250 3600 - tour.chuncheon.go.kr/eng/.*

SE REPÉRER

Carte de région B2 (p. 190) – Chuncheon se situe à 89 km à l'est de Séoul et à 170 km à l'ouest de Sokcho.

À NE PAS MANQUER

Le *dak-galbi* de Chuncheon ; la route 44 au sud de Seoraksan.

Se promener dans Chuncheon

Le centre-ville

Séparé du lac Uiam par une base militaire, le quartier est dépourvu d'édifices marquants mais s'avère agréable à parcourir grâce à ses marchés et ses rues commerçantes. Un **carrefour** pris entre cinq avenues (dont Jungang-no et Geumgang-no) entouré d'immeubles bardés de publicités fait office de « centre du centre ». Au sous-sol, un insoupçonnable *mall* fait de deux rues souterraines permet le lèche-vitrines par temps de pluie. Les commerces ne manquent pas en surface non plus. La jeunesse se réunit à **Myeong-dong** (*au sud-ouest du carrefour*), une copie miniature de son cousin de Séoul où se concentrent les boutiques, les fast-foods et les cinémas… Une partie de la série à succès *Winter Sonata* (*voir encadré ci-contre*) y a été tournée. Le samedi, des soldats en uniforme rejoignent les adolescents. Ils sont en goguette, en groupe ou au bras de leurs petites amies. À ce monde tendance de vitrines colorées succède un marché traditionnel… une tout autre Corée. Si les familles fréquentent massivement les Lotte et autres E-Mart de la périphérie, ce type de marché continue heureusement d'exister avec nombre de vêtements pour les plus anciens et force herbes, poissons, abats. On trouve également tous les ingrédients nécessaires aux *kimchi* mêlant les odeurs d'épices, de cuisson, de torréfaction…

Au cœur de Myeong-dong, une ruelle piétonne surnommée **Dakgalbi Geori** *(qui débute près du Benetton sur Geumgang-no)* fait la fierté de la ville. Une

vingtaine de restaurants numérotés et ornés de coqs souriants y servent la spécialité de la ville, le **dak-galbi**. On fait la queue avant de trouver une place dans l'un des restaurants les plus prisés. Les ingrédients (poulet mariné, chou, épices…) sont empilés sur la grande plaque chauffante au centre de la table, surveillés et retournés par les serveuses. Assis par terre, vous regardez le tout prendre une belle couleur. Patience… c'est délicieux. *Voir Nos adresses p. 196.*
Le **Musée national** (*Seoksa-dong - ✆ (033) 260 1500 - chuncheon.museum.go.kr - tlj sf lun. 9h-18h(w.-end et vac. 19h, sam. avr.-oct. 21h) - gratuit, sf certaines expositions temporaires*), dans l'est de la ville, vaut le détour plus pour le bâtiment que pour les bijoux, armes et ustensiles répartis dans des salles thématiques (préhistoire, Joseon…).

Lac Uiam 의암호 et île Jung 중도

À l'extrémité sud de Jungang-no, des sculptures dans un parc à fleur d'eau attirent les promeneurs qui poursuivent ensuite leur balade le long du lac grâce à un agréable parcours pédestre et cycliste. On peut louer des vélos (*9h-19h - 3 000/15 000 ₩*), parcourir le lac en cygne-pédalo et se restaurer. Un curieux édifice à triple toit conique attire l'attention. Il s'agit du **Mémorial aux victimes éthiopiennes** de la guerre de Corée (*✆ (033) 254 518 - tlj sf lun. 9h-17h*). Sous ces toits rappelant l'architecture éthiopienne, vous verrez une petite exposition (*en coréen*) sur l'Éthiopie, l'implication de ses soldats et le jumelage entre Chuncheon et Addis Abeba depuis 2004 *(voir encadré p. 194).*
L'essentiel des infrastructures de loisirs se concentre sur la belle **île Jung** (Jung-do). Piscines, terrains de sport, location de vélos, bateaux, jet-skis, restaurants, campings et autres occupent familles et touristes en été. On s'y rend depuis un embarcadère au sud de la ville (*bus 74*). Le ferry ne met que 5mn à effectuer le trajet *(9h-18h - 6 200 ₩ AR - supplément de 1 000 ₩ pour un vélo).*
Attention néanmoins, le projet (en cours mais retardé ?) de construction d'un vaste parc d'attractions Legoland pourrait fortement modifier les conditions de visite : pont, accès payant…
Au nord de Chuncheon, les belles régions de Cheorwon (*www.cwg.go.kr*) et Yanggu (*www.ygtour.kr*) bordent la **DMZ**. Moins touristiques que Panmunjeom (*voir p. 177*) mais aussi intéressantes, on peut y visiter des tunnels d'infiltration, des mémoriaux et des observatoires. Cette zone tout en collines fut fortement touchée par la guerre de Corée et compte de nombreux sites de batailles.

SONATE D'HIVER - LARMES D'ÉTÉ

La série **Winter Sonata** (*Gyeoul yeonga*) est sans doute le plus grand succès télévisé coréen de ces dernières années. Créée par Oh Soo-yeon et diffusée en 2002, elle fut en grande partie tournée aux alentours de la ville de Chuncheon. L'intrigue débute par une histoire d'amour entre un lycéen et une lycéenne, un couple bientôt brisé par un accident de voiture. Dix années ont passé quand l'héroïne rencontre un homme marié ressemblant étrangement à son amour de jeunesse… un célèbre architecte immigré aux États-Unis qui a tout oublié de son passé coréen.
L'Asie s'est passionnée pour les vingt épisodes de cette romance. Elle fera des principaux acteurs, Choi Ji-woo, **Bae Yong-jun** et Park Yong-ha, des stars internationales. Au Japon, ce dernier devint également vedette comme danseur et chanteur de Japanese Pop. Son suicide en juin 2010, à l'âge de 32 ans, a surpris ses fans qui depuis des années déjà se rendent en nombre sur les lieux de tournage, comme la très romantique allée bordée de cèdres de l'île de Nami ou la station de ski de Yongpyong.

Circuit conseillé Carte de région p. 190

DE CHUNCHEON À SOKCHO

Circuit de 180 km tracé en vert à effectuer en une journée. Quittez la ville en suivant la direction de Soyang Dam.

Soyang Lake (Lac Soyang) 소양호 B2

Accès par le bus n° 11, que l'on prend en centre-ville (Jungangno, à côté de la tour KB). Le bus termine sa course au barrage.

La route grimpe vers le **barrage de Soyang (Soyang Dam)** où divers parkings permettent de contenir tant bien que mal le flot des automobiles du week-end. De là, la vue sur le plus long lac artificiel du pays (65 km) entouré de reliefs boisés est intéressante. La beauté du site dépend énormément de la lumière et du niveau des eaux du lac. Vous pourrez donc être enchanté… ou déçu. Bordée de stands de maïs bouilli et de pommes de terre, la route descend ensuite vers l'embarcadère. Divers trajets sont proposés : 1h autour du lac *(9h30-17h - 10 000 ₩), speed boat (30 000 ₩ pour 4 km)* et surtout 15mn vers les abords du temple de Cheongpyeong *(9h30-17h - 6 000 ₩ - puis 30mn à pied vers ce temple)* pour une agréable combinaison bateau-promenade. Le temple est également accessible en voiture en suivant l'itinéraire décrit ci-dessous.

En route vers Inje 인제 B2

Reprenez la route 46 direction Yanggu. Elle grimpe dans un paysage montagneux puis passe un col où, en fin de semaine, des bus déversent nombre de randonneurs partant à « l'assaut » du Majeoksan (605 m). Au bas de la descente, au feu, prenez à droite direction Cheongpyeong-sa. Les plus pressés, ou ceux qui ont visité le temple en s'y rendant par bateau (voir ci-dessus), continueront par la route 46.

La route, tout en courbes, grimpe puis redescend vers le lac Soyang et le site de **Cheongpyeong-sa** *(entrée 2 000 ₩)*, populaire auprès des locaux pour quelques balades en forêt menant à des cascades, des restaurants et le modeste temple de style Joseon bien que fondé au 10e s. Reprenez la route partant du fond du parking n° 3. Elle serpente horizontalement et verticalement. Vous croiserez de beaux panoramas avant d'atteindre une vallée isolée où quelques fermes et cultures composent un beau tableau rural. À Ohang, prenez à gauche pour rejoindre la route 46, direction Inje. L'obscurité des tunnels alterne avec les paysages de reliefs boisés ou cultivés. La route passe à proximité du « centre exact de la péninsule ». Plus loin, la ville d'**Inje** ne

DES ÉTHIOPIENS EN CORÉE

Lorsque l'ONU décide de former une armée de coalition pour repousser les attaques nord-coréennes *(voir p. 180)*, l'empereur d'Éthiopie Hailé Sélassié (ardent défenseur d'une force de sécurité collective) envoie le 1er bataillon d'infanterie Kagnew. Ces soldats d'élite appartenant à l'armée impériale débarquent à Busan le 7 mai 1951. Rattachés au 32e régiment d'infanterie américain, ils prennent part à de nombreuses batailles, dont les victoires de Sam-Hyon, Tokan-ni et Pork chop hill. Si aucun des 3 518 soldats n'est fait prisonnier, 121 perdent la vie durant le conflit. Leur courage sera reconnu et salué par les autorités américaines et coréennes. Une partie des troupes reste sur place après l'armistice dans le cadre du maintien de la paix. Le dernier soldat quitte la péninsule le 3 janvier 1965.

Paysage d'automne à Osaek.
KNTO

présente d'intérêt que pour les amateurs d'activités en plein air : escalade, saut à l'élastique, rafting, VTT…
Avant Inje, prenez la direction de Yangyang (route 44).

★★ Au sud du parc national de Seoraksan (Nam-Seorak) 남설악 C2

La **route 44** longeant le sud du parc national de Seoraksan (Nam-Seorak) avant d'atteindre la côte s'avère bien plus belle et sauvage que ses cousines 46 et 56 passant au nord. Cette dernière suit la vallée encaissée de la Hangyeryeong et permet de contempler les reliefs si particuliers de Seoraksan. Au gré des saisons, les pentes boisées flamboient ou se parent d'arbres fleuris se détachant dans la verdure. Au-dessus de la végétation, des pics nus et spectaculaires surgissent, striés par des torrents plus ou moins impétueux selon les mois. À **Jangsudae**, un petit chalet marque l'entrée de chemins de randonnée *(en été seulement - parking 2 000 ₩)*. L'un d'eux mène à **Daeseung Pokpo** *(1,8 km AR - 45mn)* une belle cascade de 88 m tombant d'une paroi rocheuse. Le sentier se poursuit jusqu'au Daeseungnyeong *(1 210 m - 2h AS)*.

La route passe ensuite le **col de Hangyeryeong (Hangyeryeong Pass)** à près de 1 000 m d'altitude. S'y trouvent un parking, une boutique et des points de « photo-obligatoire » sur un superbe relief évoquant la crête dentelée d'un dragon. Un panneau rappelle que la mer n'est qu'à 34 km, pour prouver la richesse touristique de la région. La route qui descend en lacets très serrés y mène directement. Mais vous pouvez aussi faire une halte à **Osaek** (« cinq couleurs »), une station thermale en pente noyée dans les arbres fleuris. Sources d'eau chaude (30°), restaurants, hébergements, temple… tout y est. Là débute le chemin partant à l'assaut du mont Seorak par le sud (*Daecheongbong - 1 708 m - 7h AR*).

Passé Yangyang, la route 7 vous conduit rapidement vers Naksan, Sokcho (voir p. 204) ou les parties centrale et nord du parc de Seoraksan (voir p. 197).

NOS ADRESSES À CHUNCHEON

TRANSPORTS

En bus

Gares routières Express et Intercity à l'entrée sud de la ville, près du magasin E-Mart - *(033) 256 1571.* Bus vers Séoul *(1h20 - 6 800 ₩)*, Daegu *(4h - 18 500 ₩)*, Sokcho *(2h - 13 500 ₩)* mais aussi pour les aéroports de Séoul ainsi que les grandes villes du pays.

Métro et train

La ville compte deux gares (sur la même ligne) : **Chuncheon** à l'ouest et **Namchuncheon** au sud. **Trains ITX** pour Séoul-Yongsan *(1h15- 7 300 ₩)* et Séoul-Cheongnyangni *(54mn- 6 400 ₩)*. Ligne de **métro** Gyeongchun, de Chuncheon à la station Sangbong, à Séoul *(80mn - 2 850 ₩)*.

HÉBERGEMENT

Chuncheon

BUDGET MOYEN

Chuncheon Sejong Hotel – 춘천세종호텔 – *31, Bonguisan-gil, Chuncheon-si - du carrefour, suivez Provincial Office puis les flèches indiquant l'hôtel - (033) 252 1191 - www.chunchonsejong.co.kr* - - wifi - *61 ch. 108 000 ₩ - 9 000/1000 ₩*. De belles chambres vastes avec vue. Une cascade qui s'arrête la nuit. L'hôtel accueille les fêtes de famille et propose un petit-déjeuner *(10 000 ₩)* au son de *Tombe la neige*.

La station de **Gangchon** (A3), à 21 km au sud de Chuncheon, avec des pensions et une auberge de jeunesse *(033) 262 1204)*, peut être aussi une étape.

Osaek

BUDGET MOYEN

Osaek Greenyard Hotel – 오색그린야드호텔 – *34, Daecheongbong-gil, Osaek-ri, Seo-myeon - 25033 Yangyang - (033) 670 1000 - www. greenyardhotel.com* - *- wifi - 155 ch. 90 000/250 000 ₩ - 15 000 ₩*. Complexe hôtelier et thermal.

RESTAURATION

PREMIER PRIX

Dans **Dakgalbi Geori** – 닭갈비 거리 – *(voir p. 192)*, une vingtaine de restaurants servent toute la journée LA spécialité de la ville. Parmi eux, les n° 14 et 9 et particulièrement le n° 7 *(au croisement - (033) 256 6448)*, au point qu'il faut souvent y faire la queue. *Comptez 9 000 ₩*.

ACTIVITÉS

Aux alentours de Chuncheon – Les marcheurs grimperont le **mont Samak** pour contempler Chuncheon et ses lacs *(bus n° 3 ou 5, 1 300 ₩, 15mn - entrée 1 600 ₩ - 2h de marche pour le sommet à 645 m)*. Quant à la **station touristique de Gangchon**, lovée dans un site superbe, elle attire familles et étudiants : randonnées, **ski**, escalade...

Sports d'eau dans la région – En été, les rivières sont prisées par les sportifs aguerris pour le **rafting** et le **kayak**. Les agences et points de départ se situent à Inje et Cheolwon. Informations : *www. hanleisure.com*.

AGENDA

Festival international du mime – *www.mimefestival.com*. A lieu courant mai au centre-ville.

Festival du dak-galbi – En août.

Festival de marionnettes – *www.cocobau.com*. Fin sept.-début oct.

Parc national de Seoraksan
설악산 국립공원

★★★

Considéré comme le plus beau parc national coréen, Seoraksan – « la montagne aux pics enneigés » – enchante les promeneurs. Divers chemins permettent aux (très nombreux) randonneurs du dimanche comme aux plus aguerris de découvrir ses pics de granit mais aussi ses torrents, vallées luxuriantes et autres temples. Les pins, bouleaux, cerisiers sauvages, frênes et chênes abritent nombre d'oiseaux (dont des pics très rares) que les plus patients parviendront à surprendre. À la floraison du printemps ou sous les feuillages flamboyants de l'automne, les reliefs aux formes étranges, ronds et lisses ou en crêtes de dragon, lancent des défis aux grimpeurs et inspirent peintres d'estampes et poètes.

NOS ADRESSES PAGE 203
Hébergement, restauration, achats, activités, etc.

S'INFORMER
Informations – (033) 636 7700 - english.knps.or.kr/Knp/Seoraksan.

SE REPÉRER
Carte de région C2 (p. 190) – Situé dans le nord-est du pays, le parc national couvre une surface de 354 km², sur 40 km de long entre Sokcho et Inje.

SE GARER
Des parkings payants sont aménagés à chaque entrée du parc.

À NE PAS MANQUER
La randonnée vers Ulsan Bawi ; les couleurs de l'automne.

ORGANISER SON TEMPS
L'automne, lorsque les arbres composent un tableau vert, rouge et or, est conseillé pour visiter Seoraksan. Le printemps fleuri est aussi un bon moment. Durant l'hiver glacial, en périodes de fortes pluies ou de sécheresses avec risques d'incendies, des chemins ferment. Le week-end, l'affluence peut devenir gênante. Les chemins du parc sont ouverts deux heures avant le lever du soleil et jusqu'à deux heures après le crépuscule.

AVEC LES ENFANTS
Le téléphérique vers Gwongeum.

Découvrir Plan du parc p. 198-199

Le parc national se divise en trois zones : Oe-Seorak (« l'extérieur ») à l'est, Nae-Seorak (« l'intérieur ») à l'ouest, et Nam-Seorak au sud. Les deux premières sont séparées par la ligne de crête nord-sud de Madeungnyeong.

OE-SEORAK (SEORAK EXTÉRIEUR) 외설악

En voiture de Sokcho, suivez la route 7 direction Naksan puis tournez à droite aux panneaux Seoraksan/Seorak-dong. Sinon, suivez la route nationale indiquée à partir du centre de Sokcho, via Cheoksan Spa. Des gares routières Express et Intercity de Sokcho, les bus n° 7 et 7-1 (30mn - 1 200 ₩) desservent Seorak-dong.

Le parc compte des chemins pour les promeneurs du dimanche comme pour les randonneurs aguerris. Vous devrez vous équiper de bonnes chaussures, d'une

réserve d'eau et d'un coupe-vent imperméable si vous comptez aller au-delà du périmètre du temple de Sinheung.

La partie dite « extérieure » de Seoraksan, à l'est du parc, englobe des reliefs spectaculaires, falaises, pics, cascades. Elle est de loin la plus fréquentée.

Seorak-dong 설악동 C1

Il s'agit de la principale porte d'entrée de Seoraksan, à 12 km au sud-ouest de Sokcho. Avant de pénétrer dans le parc lui-même, on trouve sur quelques kilomètres un ensemble d'hébergements, de restaurants, de parkings et de services. Ainsi, le **Visitor Center** (*✆ (033) 636 7700 - tlj sf lun. 10h-17h*), aménagé dans un bel édifice moderne en bois, où vous trouverez des informations, une exposition, des cartes et des guides.

Au-delà, un ruban d'asphalte lisse et ombragé par des arbres à fleurs mène à l'entrée du parc. Le paysage est déjà superbe. La route s'arrête au niveau d'un grand parking à voitures *(4 000/5 000 ₩)* où les bus n° 7 et 7-1 achèvent leur course. Après le guichet d'**entrée du parc** *(3 500 ₩)*, vous dépasserez un petit office de tourisme. Là débute une vaste esplanade d'où partent des chemins de randonnée. L'impression « parc d'attractions » avec ses stands de maïs bouilli et de larves de vers à soie, ses restaurants et ses boutiques de souvenirs peut d'abord inquiéter. On est cependant vite rassuré par le très prometteur paysage alentour. D'ailleurs, mis à part en haute saison, il est possible de se retrouver rapidement seul avec les écureuils, les oiseaux et le murmure d'une rivière.

PARC NATIONAL DE SEORAKSAN

Depuis l'entrée du parc, l'une des marches les plus courtes mène à la **cascade Yukdam (Yukdam Pokpo)**, à 2 km. De la station de téléphérique (*voir ci-dessous*), le chemin longe un beau torrent impétueux. La balade est particulièrement agréable au petit matin, lorsque vous êtes le premier à surprendre les oiseaux. Plus en aval, les chutes d'eau vertigineuses de **Biryong** et **Towangseong** sont spectaculaires.

Parmi les autres curiosités proches de l'entrée du parc, citons la **grotte de Geumganggul**, qui s'ouvre sur les pentes du pic triangulaire de Mireukbong, à 600 m d'altitude. Des moines bouddhistes l'utilisaient comme lieu de retraite… On les comprend tant la vue sur la vallée Cheonbuldong est superbe. La grotte se situe à 2,9 km du temple de Sinheung (*voir ci-dessous*). Les plus aguerris continuent ensuite vers Daecheong-bong.

★ Gwongeum 권금 C1

Cette montagne s'élève au sud de Seorak-dong. La solution la plus rapide et la moins fatigante pour s'y rendre est le **téléphérique** *(www.sorakcablecar.co.kr - été : 7h -8h, hiver : 8h30-17h - 5mn - AR 10 000 ₩)*. La montée peut être annulée à tout moment en cas de grand vent. Sachez que le week-end en haute saison, vous devrez faire la queue.

Là-haut, passé l'inévitable cafétéria, vous grimpez vers une belle esplanade rocheuse et profitez du panorama sur l'ouest du parc. Un petit pic où flotte un drapeau coréen fait office de sommet… qui s'écroulera sans doute un jour sous le pas des innombrables visiteurs ! À voir également les quelques restes

d'un fort (**Gwongeumseong**) construit en 1253 et servant de refuge lors de l'invasion mongole.

★★ En route vers Ulsan Bawi 울산바위 C1

Le **temple de Sinheung★** s'élève au calme au bord d'un beau torrent, à 500 m de l'entrée du parc. Fondé en 652 par le moine Jijang, le temple de « l'Inspiration divine » serait l'un des plus anciens du pays mais il occupe son site actuel depuis 1642 seulement. Il abrite notamment une cloche vieille de 1 400 ans. Notez également l'*Allégorie du bouvier* (la voie menant à la sagesse) en dix tableaux sur les murs extérieurs du hall principal. Du temple partent les chemins vers Daecheong (*voir plus loin*) et le mont **Ulsan Bawi★★**. Cette dernière destination est l'une des plus populaires. Composé de six pics, ce relief dresse sa grosse tête rocheuse à 873 m et domine les environs. Il vous faudra environ 2h pour effectuer les 4,3 km de ce chemin bucolique et spectaculaire. Vous passerez près du rocher photogénique de **Heundeul Bawi**, « le rocher qui se balance ». Attention, les derniers mètres vers Ulsan Bawi, un escalier raide de plus de 800 marches, peuvent être difficiles à effectuer par grand vent. De là-haut, la **vue★★** sur la côte est extraordinaire.

Daecheong-bong 대청봉 C2

Point culminant de Seoraksan et troisième sommet du pays, il culmine à 1 708 m avec des pics complexes et déchiquetés. On peut le gravir par deux voies différentes, longues de 10 km (*6h*) et 14 km (*7/8h*). La montée la plus directe s'effectue par le sud, à partir d'Osaek (*voir p. 195*). Quatre **refuges** permettent aux randonneurs de passer la nuit sur place (*en prenant équipement et nourriture*). Attention, ils peuvent être rapidement complets en été. Celui de Jungcheong accepte les réservations (*english.knps.or.kr/Knp/Seoraksan)*.

En revenant de Seorak-dong vers Sokcho, tournez au panneau marron sur la droite indiquant « Hangmujeong », vous découvrirez un petit pavillon peu intéressant mais surtout un hameau dont chaque maison s'entoure de murs de pierres rondes.

NAE-SEORAK 내설악 (SEORAK INTÉRIEUR)

En voiture de Sokcho, via les routes 46 et 56, direction Chuncheon et Séoul. De Sokcho, des bus marquent l'arrêt à l'entrée de Yongdae-ri/Baekdam (6 800 ₩) puis Namgyo-ri (7 200 ₩), cinq fois par jour.

Les routes 46 et 56 passant au nord de Seoraksan sont plus rapides mais aussi plus fréquentées. Moins spectaculaires que la route 44 passant au sud

Les pics du parc national de Seoraksan.
TOPIC PHOTO AGENCY IN/age fotostock

(*voir p. 195*), elles permettent néanmoins d'atteindre Nae-Seorak. Avec ses crêtes, ses vallées et ses splendides forêts, cette partie du parc, très spectaculaire en automne, ravira les amoureux de la nature.

Yongdae-ri 용대리 B1

Ce village où tournent de belles éoliennes regroupe des fermes faisant parfois office de *minbak* (hébergement chez l'habitant). Le lieu, très touristique, peut être bondé en fin de semaine. La route qui mène au temple de **Baekdam** est d'ailleurs fermée. Garez votre véhicule (ou quittez le bus) au niveau du parking (*5 000 ₩*) où l'on trouve restaurants et boutiques de souvenirs. Les premiers servent des *pajeon* et diverses préparations à base de truites et de champignons. Ces derniers, parfois énormes, se vendent « séchés » dans les boutiques à côté de pots de miel délicieux. Du parking, une navette (*15mn - 1 800 ₩ AS*) dessert le temple et le point de départ pour les chemins de randonnée à 7 km de là.

SAVEURS DES CHEMINS

La cuisine des temples et des communautés agricoles du passé a aujourd'hui sa place dans les restaurants chic de Séoul. Végétarienne, saine et colorée, elle se caractérise par des saveurs subtiles et des préparations à base de **produits de saison** : herbes, champignons, légumes voire fleurs de montagne. Certains mets correspondent à des **coutumes vernaculaires**, ainsi à la première pleine lune de l'année lunaire, mange-t-on traditionnellement un *megeun namul* de douze plats à base de légumes tels que la racine de campanule, mais aussi de noix de ginkgo ou de marron. Pour *Chuseok* (fête des moissons et journée d'actions de grâce), on servira une soupe de taro et des gâteaux de riz aux chrysanthèmes ou fourrés de graines de sésame cuites sur des aiguilles de pin.

Les Coréens aiment consommer les produits de saison sur leurs lieux de vacances, tels les *sanchae bibimbap* (riz accompagné d'herbes et légumes régionaux), les galettes d'oignons verts et autres jeunes pousses au printemps ou, en été, le thé *boyangcha* (jujube et châtaigne). À Seoraksan, on est fier des **champignons de pin** qu'on surnomme « diamant des forêts ». La ville de Yangyang en est la capitale et leur consacre même un festival. Utilisé en cuisine comme en médecine, il est offert alors en présent aux rois et se retrouve dans sa version « séchée » sur les étals. Les meilleurs, au fort arôme de pin, poussent sous les pins de trente ans.

Baekdam-sa 백담사 et Suryeomdong Valley 수렴동 계곡 B1

Yongdae 2-ri - ✆ (033) 462 6969 - www.baekdamsa.org - ouvert du lever au coucher du soleil. Le temple des « cent points d'eau » fut fondé au 7e s. mais maintes fois reconstruit depuis. Son nom proviendrait du nombre de points d'eau existant entre le site et le mont Daecheong-bong… un recensement effectué, selon la légende, par un moine au 16e s. Les Coréens connaissent également ce temple comme le lieu de retraite du poète et indépendantiste Han Yong-un (1879-1944), qui y écrivit quelques-uns de ses plus beaux textes.

Du temple, une petite marche au sein de la belle **vallée de Suryeomdong** est fortement conseillée. Du refuge de la vallée *(✆ (033) 462 2576)*, un chemin de 14 km rejoint Nam-Seorak à Jangsudae. *Comptez 7h de marche soutenue. Un autre chemin mène à Seorak-dong en 6/7h de marche.*

Plus à l'ouest encore, au départ de **Namgyo-ri** *(accès par la route 46)*, un chemin dessert la superbe et peu visitée vallée de **Sibiseonnyeotang** (qui suit un beau torrent), la cascade Dumun Pokpo *(2h30 de marche)* et, après 2h de marche supplémentaires, le mont **Ansan** (1 430 m). Pour les randonneurs aguerris, il est possible de rejoindre Nam-Seorak à Jangsudae.

NAM-SEORAK

La région sud du parc national est desservie par la route 44 qui relie Inje à Naksan. De la gare Intercity de Sokcho, bus pour Osaek (4 000 ₩) et Jangsudae (5 700 ₩).

S'y trouvent notamment la station thermale d'**Osaek**, la cascade de **Daeseung Pokpo** et le **col de Hangyeryeong**. Ces curiosités sont décrites dans le circuit *De Chuncheon à Sokcho* (*voir p. 194*).

NOS ADRESSES À SEORAKSAN

TRANSPORTS

Sokcho *(voir p. 204)* est la ville la plus proche de Seoraksan. À partir de là, les différents sites du parc sont desservis par des bus. Voir la rubrique *Nos adresses* de cette ville *p. 209*. En haute saison, des bus relient Séoul à Osaek.

INFORMATIONS UTILES

Informations auprès de l'**office de tourisme** ou des **rangers** – *(033) 636 7700.*

HÉBERGEMENT

À Seorak-dong

Nombreux hôtels et *yeogwan.*

POUR SE FAIRE PLAISIR

The Kensington Stars Hotel – 켄싱턴 스타호텔 – *998, Seoraksan-ro - 24903 Sokcho - (033) 635 4001 - www.kensington.co.kr* - - *wifi - 108 ch. 121 000/176 000 ₩ - 25 900 ₩.* Les bus rouges à impériale, les boiseries et autres moquettes épaisses annoncent le thème *old england*. Une partie des très confortables chambres affichent néanmoins un décor zen ou « célébrités ». Vous êtes ici à deux pas de l'entrée du parc et bénéficiez de panoramas, boutiques et restaurants.

Ailleurs dans le parc

À **Yongdae-ri**, les *minbak* ne manquent pas *(comptez 20 000 ₩ par pers.)*. À **Osaek**, vous trouverez un hôtel *(voir p. 196)* et des *yeogwan (35 000/65 000 ₩)* tous reliés à la source d'eau chaude. Pour les refuges au sein du parc *voir english.knps.or.kr/Knp/Seoraksan.*

RESTAURATION

Les restaurants sont nombreux autour des entrées du parc (Seorak-dong, Yongdae-ri, Osaek). Ils proposent des menus en photo bien pratiques. Les galettes *(pajeon)*, les poissons d'eau douce et les préparations incluant **herbes et champignons de montagne** sont les plus populaires. Sinon, prenez des forces en avalant un gobelet de larves de vers à soie…

ACTIVITÉS

Outre les **randonnées**, le **thermalisme** est prisé à Seoraksan. On trouve des stations à Osaek *(voir p. 472)* et à **Seorak Waterpia** *(Jangsa-dong -www.seorakwaterpia.com ou www.hanwharesort.co.kr - 6h-20h30 - 65 000 ₩ la journée)* avec un spa et un parc aquatique situé autour d'une source à 49°, entre Sokcho et Seorak-dong. *Voir aussi p. 473.*

AGENDA

Song-hi Festival – Dans la ville de Yangyang (*au sud-est du parc*) fin sept. Festival consacré aux champignons.
Salmon Festival – Mi-oct. à Yangyang. Festival des saumons.
Infos : *tour.yangyang.go.kr*

3

Sokcho 속초

★

82 670 habitants

Sokcho, à l'extrême nord-est du pays, s'étend entre la mer, deux lacs et les montagnes. Vous pourrez donc y bronzer sur le sable, déguster des fruits de mer ultra-frais et muscler vos mollets sur les reliefs de Seoraksan. Tout un programme ! Attachante, la petite ville qui sent les embruns ne compte pas d'édifices exceptionnels, mais son marché et ses gargotes animent les rues et le port. Un port d'où partent des ferries pour Vladivostok… le « bout du monde ». En longeant la côte sud, vous découvrirez des villages de pêcheurs animés, des temples et des demeures anciennes. Quant à la proximité du voisin du Nord, elle s'exprime notamment à travers des kilomètres de barbelés enroulés le long des plages.

NOS ADRESSES PAGE 209
Hébergement, restauration, achats, activités, etc.

S'INFORMER

Offices de tourisme – Bureaux à Sunrise Park *(5 km au sud de la ville sur la route 7 ✆ (033) 635 2003 - 9h-18h).* Terminal des bus Intercity *(✆ (033) 639 2830).* Terminal des bus Express *(✆ (033) 639 2689).* Sites utiles : *www.sokcho.gangwon.kr, www.sokchotour.com.*

SE REPÉRER

Carte de région C2 (p. 190) – Sokcho se situe dans le nord-est du pays, à 175 km de Chuncheon et 239 km de Séoul. La ville s'organise autour d'un lac au nord duquel se trouve le centre. La plage est au sud.

À NE PAS MANQUER

Le calamar de Sokcho ; Naksan-sa et le festival Dano de Gangneung ; Skier sur les pistes olympiques de Pyeongcheang.

AVEC LES ENFANTS

Les plages de Sokcho et Naksan. Le destroyer de l'Unification Park.

Se promener

La ville Carte du parc national de Seoraksan D1

La ville s'étend entre les **lacs Cheongcho** et **Yeongnang**. Le petit centre-ville se situe à l'est du premier, directement relié au port. La principale rue qui le traverse est **Jungang-ro**, aux trottoirs bien dallés bordés des commerces et services (*banques, poste*). Le principal intérêt du quartier reste le **marché de Jungang**★. Pour y accéder, tournez à gauche face à la statue des enfants portant un poisson. On s'enfonce dans un dédale de rues et d'allées où se succèdent les étals : immenses poissons, légumes, épices, etc. Parasols colorés et arcades abritent clients et vendeuses, certaines assises à même le sol devant quelques herbes aromatiques.

À deux pas de Jungang-ro, les bateaux se balancent sur les **quais de Gaetbae** et de vieilles femmes discutent en rafistolant des filets de pêche. Pour y accéder, descendez au niveau de la statue du taureau. Les quais sont bordés de restaurants de fruits de mer, simples mais très courus. En repérant leurs numéros de téléphone, choisissez par exemple le n° 88 *(✆ (033) 633 8892)* ou celui en terrasse *(✆ (033) 631 4279)*. Au menu, *mixed grill* et accompagnements

Le port de Sokcho.
Won-Ki/iStock

multiples. Depuis les quais, un petit **bac** tiré à la main *(4h30-23h - 200 ₩ AS)* rejoint le quartier d'**Abai**. Malgré la construction d'un grand pont et d'un port de passagers, l'ensemble des gargotes de fruits de mer gardent là un caractère « villageois ». Les locaux n'hésitent pas à y faire la queue pour y manger les fameux calamars farcis *(ojing-eo sundae)*, l'adresse la plus prisée étant au n° 15. Le nom *Abai* signifie « grand-père » dans le dialecte de Hamgyong-do, une région du Nord. Le village est en effet né de l'afflux de réfugiés nord-coréens en 1951. Le quartier est prolongé par Cheongcho-dong, ses maisons basses, ses épiceries à l'ancienne et ses ruelles menant à la plage.

3

Sur le port, au nord de Jungang-ro, les stands de poissons de **Dongmyeong** où l'on venait faire ripaille en famille le dimanche sont désormais abrités dans un bâtiment. Dommage… Mais la balade digestive sur la jetée, jusqu'au phare où les amoureux gravent leurs noms, reste une tradition. Pour dominer la ville, on peut monter dans un autre phare perché sur la colline. Au sud du **lac Cheongcho** et de Abai ont poussé des motels aux formes un peu farfelues qui annoncent la **plage**. Au bord du lac, étape pour les oiseaux migrateurs, l'étrange tour « dansante » **Expo Tower** attise la curiosité. Elle a été construite en 1999 pour une exposition internationale. Haute de 74 m, on peut y monter *(9h-21h30, merc. 18h - 1 500 ₩)* pour profiter de la vue sur la ville et les montagnes.

Au nord de Sokcho Carte de région p. 190, C1

La route 7 qui part vers le nord longe des plages hautement surveillées et « décorées » de bigoudis de barbelés. Après 50 km, la visite du **DMZ Museum** *(✆ (033) 681 0625 - www.dmzmuseum.com - 9h-17h30, nov.-fév. 17h - 2 000 ₩)* et de ses intéressantes expositions, complètera celle de l'**observatoire de l'Unification de Goseong** (**Unification Observatory** - *✆ (033) 682 0088 - tongiltours.com - 9h-16h, juil.-août 17h30 - 3 000 ₩ - passeport obligatoire*), quelques kilomètres plus au nord. On y propose des jumelles *(500 ₩)*, pour « voir » le nord et Geumgangsan, les monts Diamant (1 639 m) vénérés par les Coréens.

Circuit conseillé Carte de région p. 190

ENTRE SOKCHO ET DONGHAE

Circuit de 190 km en orange à effectuer en une journée et demie en passant la nuit à Gangneung. Les bus se « contentent » eux de suivre la route 7. Mais on peut également emprunter le train touristique côtier entre Gangneung et Samcheok.

Quittez Sokcho vers le sud, par la route 7 direction Naksan.

Après quelques kilomètres, vous atteignez le petit port de **Daepohang**★ *(de Sokcho, bus 1, 1-1, 1-7, 7-1, 9 - 15mn - 1 200 ₩)* très connu pour son alignement de stands de fruits de mer. Cet univers de bassines colorées où toutes sortes de créatures attendent d'être dévorées par les passants est on ne peut plus pittoresque. Y règne une armée d'*ajumma* (vieilles marchandes) aux cheveux teints. L'endroit est idéal pour, assis à la dure sur un tabouret, tester le calamar farci de riz et légumes *(4 000 ₩)*, les ragoûts de poissons, les coquillages qui se tordent de douleur sur le grill… le tout arrosé de *soju*.

La plage et le temple de Naksan 낙산해수욕장과낙산사 C2

Voici l'une des plages les plus connues du pays, un ruban de sable blanc où les motels et restaurants de poissons sont légion. Les amateurs de tourisme balnéaire et d'attractions ludiques en tous genres s'y sentiront fort bien. Le soir, l'horizon marin brille de mille feux… celui des lampes des bateaux de pêche qui hypnotisent les calamars. Une colline s'élève au nord, constituant à elle seule le parc provincial de Naksan *(✆ (033) 670 2518)*. Une jolie forêt de pins, malheureusement victime d'un incendie en 2005, entoure le beau **temple Naksan**★★ *(5h-19h - 3 000 ₩)*. Fondé en 671, il est dominé par la haute et blanche statue d'Avalokitesvara (bodhisattva de la Compassion) dressée sur un lotus. Les différents halls, endommagés par le feu, ont été rénovés. Notez **Wondongpo**, le plus ancien, ainsi que la pagode à sept niveaux datant de 1468. La proximité du temple avec la mer est un fait quasi unique en Corée. La vue est ici superbe, autant sur les vagues que sur les sommets de Seoraksan.

De Naksan, avant de reprendre la route 7, suivez **Osan Prehistoric Museum** *(9h-18h - 1 000 ₩)*, un musée thématique au milieu des joncs qui présente quelques-uns des plus anciens témoignages de la préhistoire trouvés en Corée. La route continue vers le sud, offre un bref panorama sur la plage de **Dongho**, rejoint la route 7 et passe à proximité du pavillon d'**Hajodae** perché au-dessus des flots. Si les routes 418 et 59 sont ouvertes, vous pouvez alors rejoindre directement le parc d'Odaesan. Sinon, poursuivez par la côte et découvrez **Jumunjin**, un port de pêche actif qui possède un **marché**★ coloré et des restaurants populaires.

Reprenez la route 7 puis tourner à droite par la route 6 direction Odaesan.

Parc national d'Odaesan (Odeasan National Park) 오대산 국립공원 C2

La route suit la rivière Yeongokcheon et se laisse avaler par de beaux reliefs couverts par les forêts odorantes du **parc national** *(✆ (033) 332 6417 - english.knps.or.kr)*. En prenant à gauche vers **Sogeumgang**, on atteint un village où l'on peut randonner vers de belles cascades. Informations auprès des *rangers*, près du pont bleu. Les gourmands pourront aussi goûter les spécialités de champignons des montagnes dans l'un des restaurants.

Reprenez la route qui grimpe fort, passe un col, puis redescend vers un embranchement où vous attraperez, à gauche, la route 44 direction Woljeong-sa. Passé le guichet d'entrée du parc *(9h-19h - gratuit - 2 000 à 7 500 ₩ en voiture - carte du parc - 1 000 ₩)*, vous atteignez **Woljeong-sa** *(accès en bus au départ de Jinbu - ✆ (033) 339 6800 - woljeongsa.org - du lever au coucher du soleil ; fermé mar. nov.-mars - 3 000 ₩)* – soit le temple de « la Lune attentive » –, un vaste complexe entouré de cyprès et aménagé au creux d'une courbe de la rivière. On le rejoint par deux ponts de pierre. Hors saison, le chant des oiseaux couvre même le bruit du torrent. Fondé en 643 par le moine Jajang, il comprend une belle **pagode octogonale** à neuf niveaux datant de la période Goryeo (10e s.) et un rare bodhisattva agenouillé du 11e s. La culture bouddhiste des époques Goryeo et Joseon est présentée dans un petit **musée** *(tlj sf mar. 9h30-16h30, pause à midi)*.

La route devient piste et continue sur 9 km pour atteindre le **temple de Sangwon** *(accès en bus au départ de Jinbu - ✆ (033) 332 6666 - du lever au coucher du soleil - 3 000 ₩)*. La vallée est superbe avec son torrent à rochers lisses et marbrés, ses écureuils peu farouches et son odeur de résine. À flanc de relief, le petit complexe est avant tout connu pour son énorme cloche de bronze sculpté, la plus ancienne du pays (725 t). Divers chemins sont proposés à partir du temple, dont l'aller-retour *(3h - 6,5 km)* vers **Birobong** (1 563 m), le plus haut pic de la région.

Reprenez ensuite la route 6.

Au-delà du très visible hôtel Kensington, tournez à gauche par la route 456. On passe là non loin de la station de ski de Yongpyong. La région est en effet connue des amateurs de sports d'hiver et la ville voisine de **Pyeongchang** a été choisie pour accueillir les Jeux olympiques d'hiver de 2018 *(voir encadré ci-dessous)*. Des éoliennes annoncent bientôt le **col de Daegwallyeong** où, en découvrant le panorama… on réalise que l'on se trouve beaucoup plus haut que prévu ! Les villageois le franchissaient jadis pour se rapprocher des dieux. La descente tout en courbes offre de superbes points de vue sur les reliefs et la mer.

Parvenu aux abords de Gangneung, prenez à gauche la route 7 (direction Sokcho) puis très vite à droite direction Ojukheon.

3

★ Gangneung 강릉 D3

www.gn.go.kr (office du tourisme à la gare routière - 9h-18h).

Surnommée la « cité des pins », cette ville de 220 000 habitants située à 75 km au sud de Sokcho est connue pour son site hôte des Jeux olympiques d'hiver 2018, pour ses résidences *yangban*, sa plage et son **festival chaman de Dano★★**. Ce dernier, une tradition séculaire, commémore le « double cinq » (cinquième jour du cinquième mois lunaire) et rend honneur à *Daegwallyeong*

MONTS OLYMPIQUES

En 2011, à Durban, le Comité International olympique désigne Pyeongcheang pour organiser les **Jeux olympiques d'hiver 2018**. Un essai enfin transformé après deux candidatures rejetées pour ceux de 2010 (Vancouver) et 2014 (Sotchi). Les infrastructures qui accueillent les compétitions (102 disciplines), pour certaines temporaires, sont regroupées dans les stations de Alpensia et Yongpyong (village olympique, ski alpin, ski de fond…), ainsi qu'à Gangneung (hockey, curling…). Et une nouvelle ligne de train KTX, reliant l'aéroport d'Incheon et Séoul à Gangneung (ligne Wongang) a été inaugurée fin 2017. La Corée espère *via* cet événement faire connaître ses montagnes au monde entier et attirer les skieurs étrangers – chinois notamment – sur ses pistes.

www.pyeongchang2018.com

APAISER LES ESPRITS

Dano, aussi appelé Surit-nal, est une fête se déroulant le cinquième jour du cinquième mois de l'année lunaire. Férié au nord comme au sud, ce jour est depuis des siècles associé à des rites spirituels chamans mêlant danses, chants et alcool. Ils marquaient la fin des semailles et devaient chasser les mauvais esprits pour l'année à venir. Le formidable **festival Dano de Gangneung** (classé par l'Unesco) est aujourd'hui le lieu idéal pour voir revivre ces croyances. Les plus grands chamaniques du pays communiquent avec les esprits lors du rituel du *kut*, entrent en transe au son de crécelles, au rythme des tambours. Les gens se vêtent de bleu et de rouge, les femmes se lavent les cheveux à l'eau d'iris, les hommes portent des ceintures de racines d'iris. Des drapeaux colorés flottent sur les mâts d'embarcations anciennes. On déguste des gâteaux de riz. Danses des masques, parade de lanternes, lutte masculine (*ssireum*), concours de balançoires entre femmes… le spectacle est coloré et étonnant.

sansin (divinité protectrice) à travers de très spectaculaires danses masquées et divers rituels *(voir encadré ci-dessus)*.

Le bus n° 202 part de la gare routière (*dir. Gyeongpo - 10mn - 1 200 ₩*) et dessert la résidence d'**Ojukheon** (*✆ (033) 640 4457 - 8h-18h, hiver 17h30 - 3 000 ₩*), entourée d'un petit jardin soigné et de bosquets de bambous noirs. C'est un bel exemple de construction de la période Joseon, avec un chauffage au sol annoncé par les cheminées de pierre. Ici, l'artiste Shin Saimdang (1504-1551), mère modèle dans la tradition néo-confucéenne, donna le jour au philosophe et homme politique Lee Yul-gok, dit Yi-Yi (1536-1584). Le visage de la première orne les billets de 50 000 ₩ ; son fils figure sur ceux de 5 000 ₩.

Revenez en arrière et suivez Gyeongpo/Seongyojang. Ne manquez pas la visite de **Seongyojang★** (*✆ (033) 640 5119 - 9h-18h, nov.-fév. 17h - 5 000 ₩*), une vaste résidence de *yanbang*, élites confucéennes de la période Joseon (15e-19e s.). Tout en cours harmonieuses, murs blancs, charpentes en bois et tuiles grises, le lieu est fréquemment utilisé pour des tournages de séries historiques. La route atteint ensuite le lac Gyeongpo-ho, propice aux balades à vélo. Il est modestement dominé par l'élégant **pavillon Gyeongpodae** (1326), perché sur un tertre et caché dans les pins. Très prisé par les groupes, le proche **Chamsori Museum★** (*✆ (033) 655 1130 - www.edison.kr - 9h-17h - 7 000 ₩*) propose une étonnante et précieuse collection internationale de gramophones, boîtes à musique et objets liés à la vie d'Edison, tous rassemblés par un passionné. Vous atteignez ensuite la belle **plage** de sable clair de **Gyeongpo**, bordée de restaurants et motels aux noms romantiques, un lieu pour les familles, les amis et les amoureux… Non loin, quelques restaurants sous les pins constituent le « **village de Chodang** » (*suivez ce nom depuis le lac*) où l'on sert des spécialités de *chodang sundubu*, un tofu crémeux préparé à base d'eau de mer (*5 000/8 000 ₩*) à essayer chez To Dam (*✆ (033) 652 0336*) et Halmeoni (*✆ (033) 652 2058*).

Un **train panoramique** spécial, le **Seatrain**, effectue le trajet côtier (58 km) entre Gangneung et Samcheok (*✆ (033) 573 5473 - www.seatrain.co.kr - 3/j - 1h20, 13 000/16 000 ₩*) *via* Donghae et la gare de bord de mer de Jeongdongjin.

Vers Jeongdongjin 정동진가는길 D3

Quittez Gangneung en prenant la direction du centre-ville (City Hall) puis Jeongdongjin. Suivez l'indication « Unification Park » dès que possible. On retrouve la côte, découpée et grillagée, avant d'atteindre un gros navire de guerre

Temple de Naksan.
KTO

définitivement immobilisé à terre à **Unification Park**★ (*de Gangneung accès en bus n°111 et 112, 20mn, 1 200 ₩ - ✆ (033) 640 4469 - 9h-17h, hiver 16h30 - 3 000 ₩ avec parking*). La visite du navire américain de 1945 vous fait passer de cuisines en cabines jusqu'au poste de pilotage. Le **sous-marin**, présenté à côté, échoua sur cette côte le 8 septembre 1996 avec 25 agents nord-coréens à son bord. Il fallut plusieurs semaines aux autorités du Sud pour les retrouver. Le traverser montre qu'il ne faut être ni claustrophobe ni méfiant pour s'y enfermer, tant il évoque une construction mécano. Quant au bateau en bois, il a permis à onze réfugiés du Nord d'atteindre ces côtes en 2009.

3

La route côtière passe ensuite au bas du **Haslla Art World**★ (*✆ (033) 644 9411 - www.haslla.kr - 8h-22h en été, 8h30-19h30 en hiver - musée et parc 10 000 ₩; parc seulement : 6 000 ₩*), un bel ensemble de sculptures en plein air sur une colline dominant la mer. S'y trouvent un **musée** et un hôtel design intéressant *(voir Nos adresses)*. Vous rejoignez ensuite **Jeongdongjin**, station touristique dominée par… un hôtel réplique de paquebot (*Sun Cruise Resort*) perché en haut d'une colline. Dans Jeongdongjin, suivez *Sun Cruise Resort* sans vous y engager. La route longe ensuite la côte découpée et charmante. Vous atteindrez finalement Donghae et Samcheok *(voir chapitre suivant)*.

NOS ADRESSES À SOKCHO

TRANSPORTS

Bus – **Terminal Express** proche de la plage - *✆ (033) 631 3181*, bus pour Séoul Gangnam *(3h - 18 200 ₩)*. **Terminal Intercity** en centre-ville - *✆ (033) 633 2328*, bus pour Dong-Séoul *(3h30 - 17 500 ₩)*, Chuncheon *(2h -13 700 ₩)* et Gangneung *(1h - 7 100 ₩)*. Les bus n° 7, 7-1 et 9, 9-1 relient les deux gares. Les 7 et 7-1 filent vers Seorak-dong *(terminus, 1 200 ₩)*, les 9 et 9-1 vers Naksan *(1 500 ₩)*.

Aux **terminaux de Gangneung** - *(033) 643 6093*, bus pour Dong-Séoul *(2h30 - 15 000 ₩)*, Samcheok *(1h - 5 400 ₩)* et toute la région.

Train – De la gare de Gangneung, outre le **Seatrain** *(voir p. 208)*, partent des trains *Mugunghwa* et KTX *(à partir de 2017-2018 - ligne Wongang)* pour Séoul Cheongnyangni.

HÉBERGEMENT

À Sokcho

PREMIER PRIX

The House Hostel – 더 하우스 호스텔 – *5, Jungang-ro 205beon-gil - (033) 633 3477 - www.thehouse-hostel.com - wifi - 23ch. 35 000/60 000 ₩*. Maison calme à façade de bois tenue par un gentil gérant. Chambres simples ou doubles, laverie, Internet, cuisine et vélos.

Goodmorning Family Hotel Sokcho – 속초 굿모닝 가족호텔 – *204, Haeoreum-ro - (033) 637 9900 - wifi - 85 ch. 60 000/80 000 ₩ - 13 000/15 000 ₩*. Établissement balnéaire équipé de chambres avec cuisine et balcons.

Sur la côte

BUDGET MOYEN

Naksan Beach Hotel – 낙산비치호텔 – *73, Naksansa-ro, Ganghyeon-myeon - 25008 Yangyang - (033) 673 0601 - petit déj. et déj. - wifi - 124 ch. 200 000/250 000 ₩ - 23 000 ₩*. Grand confort à deux pas de la plage et deux pas de l'entrée du temple.

POUR SE FAIRE PLAISIR

SEAMARQ Hotel – 씨마크호텔 – *2, Haean-ro 406beon-gil - 25460 Gangneung - (033) 650 7000 - www.seamarqhotel.com - wifi - 150 ch. 616 000/682 000 ₩*. Sur la colline paysagée au sud de la plage de Gyeongpo, voici l'option la plus confortable.

Haslla Museum Hotel – 하슬라뮤지엄호텔 – *1441, Yulgok-ro, Jeongdongjin-ri, Gangdong-myeon - 25631 Gangneung - (033) 644 9411 - www.haslla.kr - wifi - 24 ch. 280 000/2 000 000 ₩ - 18 500 ₩*. Un ovni dans le paysage hôtelier. L'immeuble de métal et de couleurs abrite des chambres ultra-design (lit-coquille, œuvres d'art). Restaurant et vue sur la mer.

À Odaesan

Kensington Flora Hotel – 켄싱턴 플로라 호텔 – *231, Jingogae-ro, Ganpyeong-ri, Jinbu-myeon - 25322 Pyeongchang - (033) 330 5000 - www.kensingtonflora.com - wifi - 306 ch. 440 000/495 000 ₩ - 33 000 ₩*. Un monstre en béton planté dans la vallée, au milieu des cultures maraîchères. Kitch mais confortable.

RESTAURATION

Entre les fruits de mer de **Sokcho**, **Daepohang** et **Jumunjin** ou le *chodang sundubu* de **Gangneung**, les possibilités ne manquent pas.

AGENDA

Dano Festival à Gangneung – De fin mai à début juin, un festival exceptionnel classé par l'Unesco (*Voir p. 208*) - *www.danojefestival.or.kr*

De Donghae 동해 à Samcheok 삼척

★

93 958et 40 732 habitants

Ces deux villes littorales à visage urbain sont scandées de ports, plages et rues animées. Même si la seconde s'avère plus agréable, l'intérêt touristique est limité. Considérez-les avant tout comme des bases bien pratiques pour s'attarder sur la côte est. Si la charmante vallée de Mureung offre une escapade bucolique, la principale attraction régionale est l'immense grotte perchée de Hwanseongul, dont la visite enchantera à coup sûr les plus jeunes. Les amateurs de routes rurales et tranquilles se perdront eux dans les reliefs de l'arrière-pays.

NOS ADRESSES PAGE 214
Hébergement, restauration, achats, activités, etc.

S'INFORMER

Offices de tourisme – Gare routière de Samcheok - ✆ *(033) 575 1330 - eng.samcheok.go.kr - 9h-18h*; Donghae - *Mangsang Beach- ✆ (033) 530 2800 - www.dh.go.kr/english/- 9h-18h.*

SE REPÉRER

Carte de région CD3-4 (p. 190) – Donghae et Samcheok, les deux villes principales, se situent à 100 km au sud de Sokcho et à 15 km l'une de l'autre.

À NE PAS MANQUER

La grotte de Hwanseongul et la charmante vallée de Mureung.

AVEC LES ENFANTS

La grotte de Hwanseongul, ses stalactites, cascades, ponts suspendus…

3

Circuits conseillés Carte de région p. 190

DES PORTS, UNE VALLÉE, UNE GROTTE…

Circuit de 110 à 140 km tacé en violet - à effectuer en une petite journée.

Donghae 동해 D3

Cette ville, dont le nom signifie « mer de l'Est », est connue des Coréens car elles est citée au début de l'hymne national coréen. Très étendue, faite de blocs d'habitations et de centres commerciaux, elle n'enchante guère les visiteurs étrangers. On pourra tout de même se promener sur la longue plage de Mangsang au nord de la ville, déambuler dans le vaste marché de Bukpyeong et passer quelques heures dans les **grottes de Cheongok Donggul** (✆ *(033) 532 2806 ou 539 2630 - 8h30-18h30 (hiver 17h) - 3 000 ₩*) en attendant le départ du ferry pour Ulleung-do (*voir p. 212*).

★ Vallée de Mureung (Mureung Valley) 무릉계곡 D3

De la ville, suivez la route 42 et « Mureung Valley ». Bus nº 12/4 de 6h30 à 21h.
Exagérément surnommée le « Grand Canyon » de Corée, Mureung vous accueille avec une énorme cimenterie ! Mais passé les guichets *(6h-20h ;*

nov.-fév. 8h-17h - entrée 2 000 ₩ - parking 2 000 ₩), on découvre une vallée enchanteresse semée de chemins de balades fleuries ou de sentiers de marche plus sérieux menant à des cascades (Ssangpok et Yongchu) ou à d'étranges formations rocheuses. La plupart des visiteurs se contentent de pique-niquer sur le vaste rocher plat de Mureung (4 500 m^2), veillé par le discret pavillon Geumnanjeong. Mais, au-delà du temple de Samhwa (bâti à partir d'un ermitage du 7e s.), la vallée rétrécit et traverse une belle forêt de feuillus et d'épineux. Au vert foncé permanent se mêlent le vert tendre des feuillages de printemps, puis le rouge et l'or de l'automne. Vous trouverez près du parking une vingtaine de restaurants servant des *sanchaebaekban* - riz aux légumes parfumés des montagnes.

Revenez vers la route 42, puis route 7 en direction de Samcheok.

Samcheok 삼척 D3

Plus compacte que sa voisine Donghae, la ville se divise en deux zones distinctes. Le centre, situé à 1 km à l'intérieur des terres, compte de longues rues commerçantes ombragées et toujours animées, un marché central couvert et le pavillon de **Jukseoru** (*Seongnae-dong - 9h-19h, hiver 18h*) qui inspire les poètes depuis 1402. Quant au littoral, très découpé, entre la **plage** au nord (*bus de la gare routière - 15mn - 1 200 ₩*) et le très pittoresque **port de pêche** au sud (*courte course en taxi*), il est bordé de nombreux restaurants.

★★ Les grottes Hwanseongul 환선굴et Daegeumgul 대금굴 D4

À 27 km au sud-ouest de Samcheok, suivez la route 38 direction Taebaek et Hwanseongul Cave. Sur place, parking 1 000 ₩. En bus n° 60 de Samcheok : 4/j - 50mn - 2 900 ₩.

La jolie route étroitement surveillée par une armée de radars serpente entre de belles collines et des hameaux entourés de champs cultivés. Après avoir tourné à droite en direction de Hwanseongul, le paysage devient plus sauvage autour des reliefs du Deokhangsan. Le piton rocheux très photogénique qui émerge au-dessus de la forêt lance un défi aux amateurs d'escalade.

Pour parvenir à **Hwanseongul** *(☏ (033) 570 3255 - 8h-17h, hiver 8h30-16h - 4 500 ₩)*, vous grimperez une côte très raide mais bien aménagée sur 1,3 km. Il est aussi possible d'emprunter un lent monorail *(AS 4 000 ₩, AR 7 000 ₩)*.

Immense, impressionnante, longue de 6,2 km, cette grotte est l'une des plus grandes d'Asie. Les formations spectaculaires que l'on contemple le long des 2 km du parcours évoquent des animaux fantastiques et la plus grande salle (100 x 30 m) s'apparente à une cathédrale. On regrettera un peu la mise en scène « parc d'attractions » et les lumières criardes qui éclairent bassins et cascades.

L'ÎLE ULLEUNG 울릉도

Située à 135 km au large du littoral oriental, Ulleung-do offre aux touristes (*nombreux en été, rares le reste de l'année*) de beaux paysages marins faits de falaises, criques, ports de pêche et rochers aux silhouettes étranges. Dominée par le pic Seong-inbong (984 m), l'**île volcanique** est propice aux randonnées parmi une végétation luxuriante et colorée. On y loge surtout dans des chambres traditionnelles à *ondol* (couchage au sol chauffant) ou dans l'un des trois hôtels, et on déguste des spécialités de calamars ou un fameux caramel à la citrouille.

On peut s'y rendre en 3h par ferry, de Donghae *(voir Nos adresses)* en été et de Pohang toute l'année. Informations : *www.ulleung.go.kr.*

Côte vers Samcheok.
TOPIC PHOTO AGENCY IN/age fotostock

La grotte de **Daegeumgul** *(mêmes horaires - visite guidée ttes les 30mn - 12 000 ₩ incluant la visite de Hwanseongul)*, du nom d'une flûte traversière traditionnelle, ne se visite que sur réservation *(voir l'office de tourisme ou eng.samcheok.go.kr)*. Plus étroite et moins impressionnante que sa voisine, elle n'en demeure pas moins spectaculaire avec ses cascades, ses énormes stalagmites et ses teintes variées.

3

De retour sur la route 38, vous pouvez continuer vers Taebaek (38 km) ou revenir vers la côte en suivant la jolie **route 424**. On peut ensuite longer le littoral. Soit pour revenir vers Samcheok, avec un arrêt sur la belle **plage de Maengbang**. Soit pour prendre la direction du sud, *via* le petit port de **Jangho** apprécié pour ses fruits de mer et **Haesindang Park** *(de Samcheok, accès en bus n° 24 (30mn), 1 800 ₩ - ☎ (033) 572 4429 - 9h-18h, hiver 17h, fermé le 18 de chaque mois - 3 000 ₩)* à **Sinnam**, pour ses étonnantes sculptures phalliques.

À L'INTÉRIEUR DES TERRES

Circuit de 145 km tracé en rouge à effectuer en une petite journée.

Ce circuit ne traverse pas de sites exceptionnels mais permet de poursuivre agréablement le voyage vers le sud, en prenant son temps.

De Donghae, suivez la route 42 direction Jeongseon. Puis faites un détour par la belle vallée de Mureung (voir p. 211).

La route 42 s'élève et offre des **panoramas** sur la vallée inondée puis sur le littoral déjà bien loin. Après le passage d'un col à 780 m, des **vallées cultivées** apparaissent autour de la bourgade agricole d'Imgye. Les reliefs ont la « coupe au bol » avec une chevelure de forêt bien droite à la base et un léger dégradé pour laisser de la place aux cultures. Bien que peu spectaculaires, les paysages de cette Corée rurale sont agréables lorsque l'on vient de la côte bardée de barbelés. On retrouve ici le plaisir simple de rouler à son rythme, de s'arrêter au bord de la route pour regarder le travail des champs, le passage d'un tracteur ou la mosaïque des cultures.

La vallée suivante est occupée par le paisible village d'**Auraji** (C3). À la sortie, à droite après le grand pont, un panneau indique *Rail Bike*. Après 7 km, vous parvenez à un petit centre touristique où l'on loue des véhicules à pédales *(25 000 ₩)* qui permettent de suivre une ancienne voie ferrée. Les enfants adorent mais on pédale parfois à la queue leu leu.

Toujours le long de la route 42, **Jeongseon** (C4), au cœur d'une région rurale et bosselée, est connue pour sa version régionale du *Arirang*, un chant traditionnel vieux de 600 ans décrivant le passage d'un col par des voyageurs. De là, suivez les routes 59 puis 421. Les villages ruraux se succèdent dans un beau paysage strié par les bâches noires des cultures maraîchères. Vous pourrez faire une courte halte à la grotte de **Hwaamdonggul** *(D4, ✆ (033) 560 3415 - www.jeongseon.go.kr - 9h-17h - 5 000 ₩)* que l'on parcourt sur 1,8 km et qui fut jadis une mine d'or. Plus loin, dans le village de Hwaam et ses murs aux peintures naïves, est proposée une source « bienfaisante », *Mineral Water*, située au milieu des arbres à fleurs. À la sortie de Hwaam, prenez la route 424. Des falaises plongent dans la rivière. Les villages comptent plus de serres que de maisons ! Retrouvez à droite la route 421 qui longe le joli Mandugsan, puis la route 38 *(direction Taebaek)* qui suit une vallée hérissée de condominiums annonçant des stations de ski. Poursuivez par la route 35 qui traverse la ville cuvette de **Taebaek** (D4), aux portes du **parc provincial de Taebaek** *(tour.taebaek.go.kr)* protégeant Taebaeksan (1 566 m), mont sacré des chamans entouré de vallées où fleurissent forsythias et azalées. En suivant *Taebaek Provincial Park/Coal Museum* (ou bus n° 7 de la ville) vous atteindrez l'entrée du parc et l'intéressant **Coal Museum (musée du Charbon** – *✆ (033) 552 7730 - 9h-18h - 2 000 ₩ pour entrée dans le parc et parking)* dont l'architecture trahit la fonction. L'activité minière est toujours d'actualité dans la région.

La belle **route 35★** *(décrite p. 234)* continue vers le sud et rejoint la région d'Andong, dans le Gyeongsang-do.

NOS ADRESSES À DONGHAE ET SAMCHEOK

TRANSPORTS

À Donghae

Gare ferroviaire – Au sud du centre-ville - *✆ (033) 521 7789* - trains pour Séoul Cheongnyangni *(4h50 - 19 300 ₩)*, Taebaek, Gangneung et Samcheok.

Gare routière – Sur la route 7 entre le centre et Mukho, bus pour Dong-Séoul et bus n° 12/4 pour la vallée de Mureung.

Ferry – Mukhohang Terminal près de la gare de Mukho à 3 km au nord, bus 32-2 et 32-4 - *✆ (033) 531 5891 ou 1577 8665*. En été, le matin, un ferry quotidien pour l'île d'Ulleung *(3h - à partir de 55 500 ₩ AS)*.

À Samcheok

Gare routière – Près du marché sur Chunam-no - *✆ (033) 572 7444*. Bus pour Séoul *(3h30 - 17 500 ₩)*, Sokcho *(3h30 - 12 000 ₩)*, Taebaek *(1h - 6 500 ₩)*, Gangneung *(1h - 5 500 ₩)*, Busan *(4h30 - 30 500 ₩)*, Donghae *(20mn - 1 800 ₩)* et Hwanseongul *(50mn - 2 900 ₩)*.

Gare ferroviaire – Seatrain, train côtier *(voir p. 208)* vers Gangneung.

INFORMATIONS UTILES

À **Donghae**, la poste, les banques et les commerces se situent au croisement de Cheongok-no et Jungang-no. Mêmes services à **Samcheok** sur Osipcheon-no.

HÉBERGEMENT

À Donghae

BUDGET MOYEN

New Donghae Tourist Hotel – 뉴동해관광호텔 – *1, Pyeongneung-gil - (033) 533 9215 - www.hotelnd.com - - wifi - 62 ch. 70 000/144 000 ₩ - 15 000 ₩ (-20 % pour réserv.).* Ne vous laissez pas décourager par le hall, les chambres refaites avec goût sont très correctes – excepté les vitres opaques… Accueil gentil.

À Samcheok

Nombreux motels près de la gare routière ou de la plage.

RESTAURATION

À Donghae

BUDGET MOYEN

Koryeo Jeong –고려정 – *5-1 Hanggol 1-gil - (033) 531 4800 - 11h-22h - fermé Chuseok et Nouvel an lunaire - - 9 000/32 000 ₩.* À l'écart de la partie haute de Cheongong-no, un bon restaurant traditionnel.

Restaurants de poissons sur le marché du port mais aussi entre la plage d'Eodal et Mukho.

À Samcheok

BUDGET MOYEN

Bonjuk – 본죽 – *32-9, Daehak-ro - Jungang bldg., rdc. - (033) 572 6281 - www.bonjuk.co.kr - 10h-22h - fermé 2e, 4e dim., Chuseok et Nouvel an lunaire - - 7 000/22 000 ₩.* Chaîne spécialisée dans les savoureux et variés porridges de riz coréens (*juk*). À l'angle opposé de la poste. Pour les fruits de mer, direction les restaurants de la plage et du port.

AGENDA

Nombre de Coréens viennent fêter la nouvelle année sur la plage de Mangsang à Donghae. Fin janvier, Taebaek vit au rythme du **Taebaeksan Snow Festival** *(tour.taebaek.go.kr)* dont le point d'orgue est le concours de sculptures de glace.

Gyeongsang-do

4

Détail du toit d'un des temples du complexe de Haein-sa.

J. Garcia/Photononstop

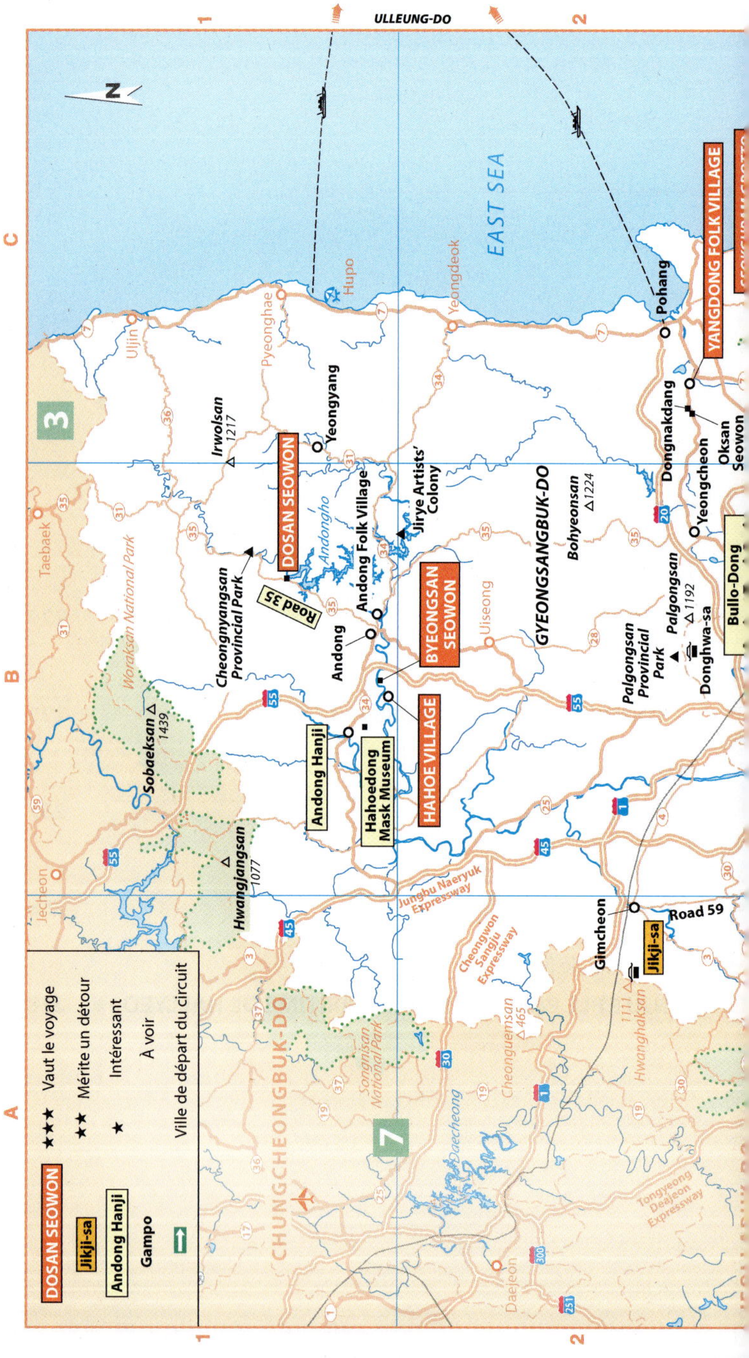
DOSAN SEOWON ★★★ Vaut le voyage
Jikji-sa ★★ Mérite un détour
Andong Hanji ★ Intéressant
Gampo À voir
Ville de départ du circuit
ULLEUNG-DO
EAST SEA
Hupo
Yeongdeok
Pohang
YANGDONG FOLK VILLAGE
Uljin
Pyeonghae
Yeongyang
Irwolsan 1217
DOSAN SEOWON
Andongho
Road 35
Jirye Artists' Colony
Andong Folk Village
Andong
Cheongnyangsan Provincial Park
BYEONGSAN SEOWON
HAHOE VILLAGE
Hahoedong Mask Museum
Andong Hanji
Uiseong
GYEONGSANGBUK-DO
Bohyeonsan 1224
Dongnakdang
Oksan Seowon
Yeongcheon
Palgongsan 1192
Palgongsan Provincial Park
Donghwa-sa
Bullo-Dong
Taebaek
Woraksan National Park
Sobaeksan 1439
Hwangjangsan 1077
Jecheon
Jungbu Naeryuk Expressway
Cheongwon Sangju Expressway
Gimcheon
Road 59
Jikji-sa
Hwanghaksan 1111
Cheonguemsan 465
Songnisan National Park
CHUNGCHEONGBUK-DO
Daecheong
Daejeon
Tongyeong Deajeon Expressway

GYEONGSANG-DO
GYEONGSANGNAM-DO
JEOLLANAM-DO
EAST SEA
HAEIN-SA
Daegu
GYEONGJU
Girim-sa
BULGUK-SA
Underwater Tomb of King Munmu
Ulsan
Iksan Jangsu Expressway
Maisan Provincial Park
Gayasan National Park
Biseulsan
△1083
Busan Daegu Expressway
Unmunho
Hwaaksan
△930
Hapcheonho
Miryang
Tongdo-sa
88 Olympic Expressway
Gyeong Expressway
Nakdonggang
Yangsan
Namwon
Jirisan National Park
Busan Ulsan Expressway
Ssanggye-sa
Yonggung-sa
Jinju
Changwon
Songjeong
Jinyeongho
Seomjin-gang
Busan
Tongyeong Deajeon Expressway
Namhae Expressway
Eulsuk-do
Honam Expressway
Namhae Bridge
Sacheon
Goseong Dinosaur Museum
Tongyeong
Geoje-do
Suncheon
Yi Sun-sin Monument
Changseon Bridge
Sebyeonggwan
Geohyeon
Jangseugpoman
Jisepo
Namhae
Namhae-do
Saryang-do
Mireuksan
Oe-do
Yeosu
Darangyi
Geumsan
Mireuk-do
Gujora
Suncheon Bay
Boriam-sa
Hansan-do
Hakdong
Sanju
Fisheries Science Museum
Sachon
Dolsan-do
Mijo
Yeonhwa-do
Haegeumgang
Route côtière du sud de l'île
Hallyeo Maritime N. P.
Promenades dans le parc maritime de Hallyeo
0
15 km
A
B
C
3
4
5

Daegu 대구

★

2 287 465 habitants – province de Gyeongsangbuk-do

Mentionnée pour la première fois en 261 sous le nom de Dalgubeol, elle est baptisée Daegu en 757. Capitale régionale dès 1601, elle devient au fil des siècles un nœud de communication majeur entre les axes Séoul-Busan et Gyeongju-Jinju avec de vastes marchés réguliers qui s'y installent à la fin de la période Joseon. Aujourd'hui réputée pour son industrie textile, sa pharmacie traditionnelle et son équipe de base-ball des Samsung Lions, la troisième ville du pays entend sortir de l'ombre de Séoul et Busan et se faire un nom à l'échelle régionale, elle a ainsi accueilli en 2011 les Championnats du monde d'athlétisme. Étouffante en été, dite dynamique mais peu attrayante, elle embellit son centre-ville (fontaines, sculptures, etc.) et multiplie les initiatives pour faciliter le séjour des visiteurs étrangers. Vous serez frappé par la frénésie commerçante de la cité avec pléthore de stands, boutiques, marchés et centres commerciaux, animés 24h/24 ou presque ! Ceux qui le désirent pourront sans mal s'y soustraire en s'échappant sur les chemins de Palgongsan ou bien, après une heure de route, dans les allées des temples de Jikji et Haein, deux des plus fascinants de Corée.

NOS ADRESSES PAGE 227
Hébergement, restauration, achats, activités, etc.

S'INFORMER

Offices du tourisme de Daegu – *(053) 1330 - tour.daegu.go.kr/eng/- 9h-17h*. À l'aéroport, la gare centrale, Dongdaegu, au marché Yangnyeongsi…

SE RÉPÉRER

Carte de région B2-3 (p. 218-219) – Daegu se situe à 280 km de Séoul et 125 km de Busan, dans une plaine fertile surchauffée en été. Le centre-ville s'étend de chaque côté de l'avenue Jungang, qui court du nord au sud entre la gare centrale et le carrefour Banwoldang (A2). L'axe est desservi par la ligne de métro n° 1, qui croise à Banwoldang la ligne n° 2. À l'ouest se trouvent les marchés de Seomun et Yangnyeong. À l'est les quartiers commerçants et festifs (restaurants, cafés) de Dongseongno et Yasigolmok. Dongdaedu, à 3 km à l'est, regroupe les gares routières et la gare des trains rapides (B1).

SE GARER

Le parking de votre hôtel est de très loin la meilleure option.

À NE PAS MANQUER

Les marchés de Daegu ; les temples de Jikji et Haein.

ORGANISER SON TEMPS

Pour Daegu seule, une journée suffit.

Se promener Plan de la ville ci-contre

Jung-gu, le centre-ville 중구시내

Daegu compte peu d'édifices historiques en son centre, à l'exception du hall Seonhwadang et du pavillon Jingcheonggak, reconstruits au cœur du **Gyeongsang-gamyeong Park** (A2 - *M° Jungangno, sortie n° 3*). C'est ici que

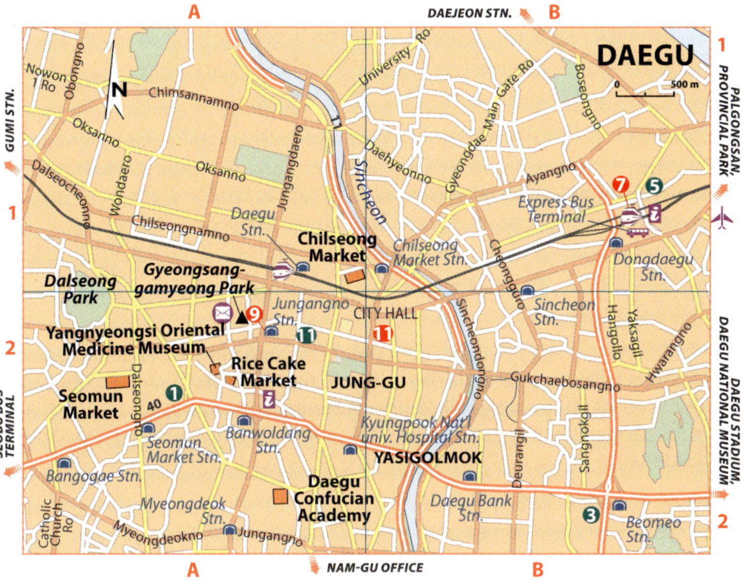

SE LOGER
Daegu Grand Hotel 3
Eldis Regent Hotel 1
Hera Motel 5
Novotel Ambassador Daegu 11

SE RESTAURER
Dongdaegu Food Court 7
Gugil Ttaro Gukbap......... 9
Jjim-galbi Street 11

s'établirent il y a 400 ans les lieux de pouvoir de la province. Peu de vieilles pierres certes, mais une impressionnante **activité commerçante**. En parcourant les rues des quartiers de Jung-gu (le centre-ville), on ne peut s'empêcher de se demander qui achète toutes ces marchandises. Boutiques de luxe, marchés populaires, enseignes internationales, échoppes perdues au fin fond de labyrinthes compliqués, *malls* qui se toisent… En surface bien sûr, mais aussi en étages et sous terre ! La ville s'organise comme **un grand bazar** avec des rues thématiques : quartier des bijouteries, des pharmacies, des boutiques de mode où les vendeuses en minijupes hameçonnent les clients, des restaurants, des tatoueurs, des scooters, des discothèques, des imprimeries et même… des chaussettes *(M° Seomun Market*, suivez *Sockets Street)* ! Bardés d'enseignes, les bâtiments disparaissent, le fonctionnel prime sur l'esthétique. Mais quelle énergie ! On lèche les vitrines, on compare, on essaye, on achète et on consomme à tout-va – les restaurants omniprésents permettent de reprendre des forces. Le quartier **Yasigolmok** (A2) concentre tout cela à la fois, version rues piétonnes. Rodeo Road avec ses clubs et bars à touche-touche le fait vivre 24h/24. Plus au sud, la rue Bongsan *(M° Banwoldang)* se veut bohème avec cafés et galeries. Au bout à droite, vous tomberez sur l'école confucéenne, la **Daegu Confucian Academy** *(A2, 753-4 Namasan 3-dong - ✆ (053) 422 8700)*, établie en 1398, un lieu de promenade agréable.

★ Marché aux herbes médicinales de Yangnyeong
약령한약재시장 A2

Yakjeon. M° Banwoldang sortie n° 4. Le marché de Daegu-Yangnyeong existe depuis 1658 suite à la décision d'un gouverneur local de regrouper en un même

4

lieu les meilleures herbes médicinales du pays (dans un premier temps à des fins privées). C'est aujourd'hui le plus grand et plus ancien de Corée. Il s'agit en fait d'une longue enfilade de pharmacies avec beaucoup à voir (fagots de bois étranges, champignons, petits sachets mystérieux, tiroirs multiples, etc.) mais surtout à sentir, chaque devanture dégageant une odeur différente. Derrière l'église Jae-il, couverte de lierre, se trouve le **Yangnyeongsi Hanbang (Oriental Medicine) Museum** *(A2 - ✆ (053) 257 4729 - tlj sf lun. 10h-17h - gratuit)*, un centre d'information sur la pharmacie orientale : histoire, plantes et animaux utilisés, le corps et les soins. Ces derniers thèmes s'avèrent les plus intéressants car bien présentés en anglais sur des écrans tactiles. Vous trouverez peut-être ainsi la décoction adéquate pour soigner les maux dont vous souffrez.
Au début de la rue, sur la gauche (en venant de Jungangno), ne manquez pas le petit **marché aux gâteaux de riz (Rice Cake Market)** (A2). Très colorés, ils sont agencés en véritables tableaux représentant souvent des plats luxueux (fruits de mer, légumes) et s'offrent, entre autres, le jour de la naissance de Bouddha.

★ Seomun Market 서문시장 A2

M° ligne n° 2 et 3, Seomun Market, sortie n° 1 - nov.-fév. : tlj sf 1er et 3e dim. du mois : 9h-18h ; mars-oct. : 9h-19h. Impressionnant ! Ce marché né en 1669 n'a plus rien « d'historique ». Mais, dans un **labyrinthe** vertical et horizontal, sur des kilomètres de rayonnages couverts ou en plein air, le long des rues et dans quelques gros immeubles, on vend à peu près tout ce qui peut se vendre. C'est une ville dans la ville où l'on peut trouver des tonnes de couvertures, des algues géantes, des bancs entiers d'anchois séchés, des tubercules étranges, des poissons vivants, morts ou un peu des deux, des robes traditionnelles, des babioles inutiles aux couleurs criardes. Et partout de petites gargotes où se restaurer en vitesse. Malgré la foule et le ballet permanent des scooters et porteurs-livreurs, les oreilles européennes ressentent comme un manque… Car ici peu de cris, d'incitations à l'achat, de bonimenteurs, mais le silence ou presque. Un peu plus au nord, la colline du **parc Dalseong** (A1-2) aurait jadis été coiffée de la plus ancienne forteresse coréenne. S'y trouvent d'agréables allées et un triste zoo.

LA BIENNALE PHOTOGRAPHIQUE DE DAEGU

Cet événement photographique – la prochaine édition aura lieu en 2018 – jouit désormais d'une réputation mondiale. Incontournable pour qui veut connaître la scène photographique coréenne (l'une des plus intéressantes aujourd'hui), cette biennale invite également les meilleurs photographes du monde entier. Près de 2000 photographies prises par 200 artistes originaires de 30 pays avaient ainsi été montrées en différents lieux de Daegu. La plupart des expositions sont présentées au Daegu Culture & Arts Center, à deux pas du Duryu Park. De nombreux autres lieux sont aussi sollicités, comme ces galeries, principalement autour du Bongsan Cultural Center, qui se mettent au diapason de cet événement pour présenter les derniers travaux de leurs photographes. Une occasion unique de participer à un événement majeur mais aussi et surtout, de partager cette vision intimiste que nous donnent les photographes coréens, connus ou moins connus, de la Corée d'hier et d'aujourd'hui.
daeguphoto.com/en/(en anglais).

Parc des tumuli de Bullo-dong.
KTO

Un marché, une gare, un stade… les autres pôles de Daegu
À deux stations de métro des boutiques de mode de Jung-gu, le **marché de Chilseong** *(Chilseong Market - A1 - M° ligne n° 1 Chilseong)* offre une version très populaire des marchés coréens. Voyez la section bricolage mais surtout les allées de poissonniers et de maraîchers, les bassines où grouillent tortues et anguilles, les étals où bouillent toutes les parties du corps du cochon exposées de la tête aux pieds. Couleurs, odeurs… Un peu plus à l'est, l'activité est incessante autour de la gare « Daegu-est » : **Dongdaegu** *(B1 - M° ligne n° 1 Dongdaegu)*. Belle, moderne, pratique et concentrant de nombreux services, elle sera un point de passage obligatoire lors de votre séjour. Un peu excentré au sud de la ville, le très intéressant **Daegu National Museum** *(B2 en dir. - ✆ (053) 768 6051 - daegu.museum.go.kr/ tlj sf lun. 9h-18h, sam.-dim. et j. fériés 19h - gratuit. Accès : bus n° 242 de la gare centrale ou bus n° 100 de la station de métro Manchon, sortie n° 3)* met à l'honneur la dynastie Silla *(voir p. 414)*. Au sud-est de l'agglomération enfin s'élève le **Daegu Stadium** (B2 en dir.), un gros coquillage ouvert construit pour la Coupe du monde de football 2002 et pouvant accueillir 65 857 spectateurs. Il a été, en 2011, au centre du monde médiatico-sportif des Championnats du monde d'athlétisme *(M° ligne n° 2 arrêt Daegongwon-Grand Park, puis navette)*.

À proximité Carte de région p. 218-219

Palgongsan Provincial Park 팔공산도립공원 B2
À 20 km au nord de Daegu. De l'échangeur Dodong, suivez la direction « Palgongsan ». Du centre-ville, suivez la direction « Airport » puis « Palgongsan ». Le bus n° 401 (1 200 ₩) effectue une boucle au départ de la gare ferroviaire de Dongdaegu et dessert l'entrée du site de Gatbawi, le temple de Donghwa et la station de téléphérique.
Le **mont Palgong** se dresse au nord de la ville et, du haut de ses 1 192 m, offre ses pentes et vallées aux marcheurs désirant échapper à l'activité frénétique

de Daegu. Montagne sacrée depuis la période Silla, son nom évoque les « huit officiers méritants » qui sauvèrent le général Wang Geon, fondateur du royaume Goryeo en 918. D'autres lieux de culte ont été construits dans les vallées environnantes. Fondé en 493, le temple de **Donghwa** *(Dohak-dong - ✆ (053) 980 7900 - www.donghwasa.net - du lever au coucher du soleil - 2 500 ₩, parking 2 000 ₩)* s'étend dans une vallée pentue noyée dans les arbres. Il se divise en deux parties, la plus impressionnante étant celle dominée par le très blanc et massif Bouddha dit « de la réunification ». Pour prendre de la hauteur sans effort, un **téléphérique Palgong-san Skyline Cable Car** *(✆ (053) 982 8801/3 - www.palgongcablecar.com - de 9h30 au coucher du soleil - AS 5 500 ₩; AR 9 000 ₩)* grimpe à 820 m d'altitude d'où la vue sur la ville est saisissante. Plus intéressante, la statue du Bouddha de la Médecine de **Gatbawi**★ (*Daehan-dong, Wachon-myeon - www.seonbonsa.org*), qui daterait de 638, attend calmement les randonneurs à 850 m d'altitude, imperturbable sous son chapeau de pierre. Belle vue sur le parc. *Comptez 2h de marche AR.*

Si vous circulez en voiture entre Daegu et Palgongsan, vous atteindrez aisément le **parc de tumuli de Bullo-dong**★ *(*Bullo-dong Ancient Tomb Park *- au nord de l'aéroport près de l'échangeur de Dodong - ✆ (053) 940 1224 - 9h-18h - gratuit)*, un vaste espace où sont alignés de beaux tertres herbeux, tombes de nobles datant du 2e au 6e s. Au nombre de 211, elles forment un paysage étonnant *(voir photo p. 223)*.

Excursions Carte de région p. 218-219

★★ Jikji-sa 직지사 A2

À 70 km à l'ouest de Daegu. En voiture : autoroute 1 direction Daejeon, sortie 23 Gimcheon puis suivez Jikji-sa. Ou route 4 direction Gumi/Gimcheon, puis suivez Jikji-sa (route 903) à gauche après cette dernière ville. Sinon, bus ou train pour Gimcheon (55mn) puis bus local nº 11 ou 111 à partir du terminal Intercity (20mn - 1 400 ₩). ✆ (053) 429 1700 - www.jikjisa.or.kr - mars-oct. : 7h-18h30; nov.-fév. : 7h-17h30 - 2 500 ₩, explications en anglais. Après avoir traversé la ville tout en longueur de **Gimcheon**, des vignes inattendues, puis un village scandé de restaurants servant des sauterelles grillées (*mettugi*), vous atteindrez ce **superbe temple**. Découvrez-le tôt le matin, quand les bus n'ont pas encore déversé leurs flots de visiteurs, quand les allées portent encore les stries des balais de branches et quand seuls les écureuils, le clapotis du torrent et le vent dans les arbres accompagnent votre visite. La forêt qui lui sert de cadre est magnifique en toutes saisons, flamboyante en automne, magique en hiver. L'ombre et la lumière jouent sur les peintures soignées et patinées des bâtiments richement ornés.

Ce temple de « la direction désignée » fut fondé par le moine Ado en 418 sur les premières pentes du mont Hwanghak (1 111 m) alors que le royaume de Silla embrassait le bouddhisme. Parmi la vingtaine de bâtiments (sur les quarante d'origine), voyez le **hall aux mille bouddhas**, du 15e s. Les statuettes en jade blanc (puis dorées) couvrent un pan de mur entier. On dit que celui qui repère en premier celle représentant un bébé nu… aura un fils ! Face au Birojeon, le hall du Bouddha de l'Incarnation, de la Vérité et de la Connaissance se dresse une petite pagode de pierre du 9e s. Dans le hall principal (Daeungjeon), notez les peintures situées à l'arrière des trois bouddhas (*Sakyamuni* au centre, *Bhaisajyaguru* à l'est et *Amitabha* à l'ouest). Ces **trois de vastes peintures** sur canevas de soie furent réalisée par seize moines en 1744. Elles sont exceptionnelles par le détail des expressions et les couleurs utilisées.

Haein-sa : les tablettes du *Tripitaka Koreana*.
IMAGE REPUBLIC INC/age fotostock

Si vous comptez relier en voiture Jikji-sa à Haein-sa, empruntez la **route 59** *(route 4 direction Daegu, puis prenez à droite la 59)*, un axe peu fréquenté qui traverse de petites localités agricoles, des vallées couvertes de serres puis de vergers, avant d'atteindre les superbes reliefs et forêts du parc national de Gayasan.

★★★ Haein-sa 해인사 A3

À 60 km au sud-ouest de Daegu. En voiture : autoroute 451 puis 12, direction Gwangju, sortie 24 Haein-sa, puis route 1033. En bus : de Seobu Intercity à Daegu, trajet en 1h30, chaque heure en journée - 7 100 ₩. Marche de 20 à 30mn à partir du parking. Gaya-myeon - ☏ (055) 934 3000/3140 - www.haeinsa.or.kr - tlj sf mar. 8h30-17h - temple + musée 5 000 ₩.

Après le péage, la route suit un beau torrent sur lequel se penchent des pins. Le temple dont le nom évoque « l'état de conscience de l'esprit » fut fondé en 802 sur les magnifiques flancs boisés et rocheux du **mont Gaya** (Gayasan - 1 432 m). Ce mont, témoin du développement du bouddhisme coréen, évoquerait la ville indienne de Bodh Gaya. Il est aujourd'hui l'un des plus visités du pays et symbolise « l'enseignement religieux ».

Après 20mn de marche dans un environnement enchanteur (arbres et cascades) et un slalom aisé entre les vendeuses d'écorces et autres produits forestiers, on parvient au Iljumun, « porte d'entrée sur le monde de bouddha ». Des escaliers très raides desservent ensuite les divers bâtiments (caractérisés par leurs massifs piliers en bois) fréquentés alors par de nombreux moines célèbres. Vous gravirez 108 marches entre Iljumun et Janggyeong Panjeon – chacune symbolisant l'abandon d'un des 108 désirs qui nous assaillent. Daegwangjeon, le **hall principal**, est daté de 1817 et dédié à Vairocana, Bouddha de la Vérité et de la Connaissance. Derrière cette statue de 1769, entourée de six autres, une peinture murale raconte la **légende du poisson de bois**, celle d'un moine paresseux transformé à sa mort en poisson portant pour l'éternité un tronc. Ayant par la suite aidé un religieux à traverser la rivière sur son dos-tronc, il

LA CORÉE AU PATRIMOINE MONDIAL

La Corée compte aujourd'hui **12 sites** inscrits au Patrimoine mondial de l'Unesco, le dernier en date ayant été sélectionné en juin 2014 : onze sites relèvent du patrimoine culturel et un site du patrimoine naturel.
Ensemble du palais de Changdeokgung *(voir p. 62)* et sanctuaire de Jongmyo *(voir p. 65)*, à Séoul ;
Forteresse de Hwaseong, à Suwon *(voir p. 165)* ;
Forteresse de Namhansanseong, à 25 km au sud-est de Séoul ;
Tombes royales de la dynastie Joseon (18 sites dont la tombe double de Seolleung à Séoul, *voir p. 108*) ;
Grotte de Seokguram et temple Bulguk-sa à Gyeongju *(voir p. 246)* ;
Sites de dolmens de Gochang *(voir p. 297)*, Hwasun et Ganghwa *(voir p. 184)* ;
Temple d'Haein-sa et les tablettes du *Tripitaka Koreana (voir ci-dessous)* ;
Villages historiques de Hahoe *(voir p. 231)* et Yangdong *(voir p. 250)* ;
Aires historiques de Baekje *(voir p. 371)* ;
Île volcanique et tunnels de lave de l'île de Jeju *(voir p. 334)*.

fut débarrassé de son fardeau. Dans ce dernier, on sculpta un *moktak*, instrument de musique orné d'une tête de poisson. Depuis, on retrouve dans tous les temples cet objet que l'on frappe avec un petit bâton pour accompagner la psalmodie des *sutras*.

Mais, la visite à Haein-sa prend tout son sens pour un trésor presque caché et classé par l'Unesco : le **Tripitaka Koreana★★★** (*Palman Daejanggyeong* en coréen). Ce nom renvoie à un mot sanscrit signifiant « les trois corbeilles », comme celles contenant les fruits de la religion bouddhiste. Ces textes rassemblés en Asie du Sud-Est au 10e s. furent gravés une première fois au 11e s., détruits par les Mongols, avant d'être gravés à nouveau de 1237 à 1251, recto-verso, sur 81 256 plaquettes de bois de dimensions et poids (3,5 kg) identiques. Le roi Gojong confia ce labeur de longue haleine aux moines du temple de Jeondeung (île de Ganghwa, *voir p. 185*). Depuis, aucune erreur n'a été décelée parmi les 50 millions de caractères chinois gravés… ce qui vaut à ce trésor de servir de modèle pour d'autres versions. Cet acte, comme une immense prière à Bouddha, devait protéger le pays des invasions mongoles. Les plaquettes de cette version chinoise, la plus ancienne intacte des textes bouddhiques, sont abritées depuis 1488 dans le **Janggyeong Panjeon** (*8h30-17h, 18h en été*), un lieu parfaitement ventilé (l'air sec et frais des montagnes y circule) et élevé dans l'unique but de les protéger. Une authentique prouesse technique à l'époque. Notez l'entrée très particulière du bâtiment. On ne peut certes qu'apercevoir entre des barreaux de bois ces trésors culturels d'une valeur inestimable, mais ces alignements fragiles sont particulièrement émouvants.

Près du parking, le **Haein-sa museum** (*✆ (055) 934 3150 - www.haeinsamuseum.com/- tlj sf lun. mars-oct. 9h-18h, nov.-fév. 9h-17h et 18h w.-end et vacances*) abrite les trésors du temple, une exposition d'art moderne et une cafétéria.

Le complexe principal est entouré de nombreux ermitages, statues et sites religieux disséminés dans les vallées, que l'on atteint par d'agréables chemins. Le plus remarquable est sans doute l'ermitage perché de **Heuirang-dae**, où le grand prêtre de la période Silla, Heuirang, atteignit l'illumination.

NOS ADRESSES À DAEGU

TRANSPORTS

Arriver/partir

Train – À l'est de la ville, la gare **Dongdaegu** (B1) accueille les trains rapides, dont les KTX : Busan *(55mn à 1h10 - 17 100 ₩)*, Séoul *(1h47 à 2h - 43 500 ₩)*, Daejeon *(45mn - 19 700 ₩)*. Mais aussi des trains *Mugunghwa* vers Andong *(2h - 8 300 ₩)*. **Daegu Station** (A1) est, elle, desservie par les trains locaux *Tonggeun* et *Mugunghwa*.

Bus – De nombreuses gares routières permettent de rejoindre toutes les villes du pays dont deux à Dongdaegu (M *Dongdaegu, sortie n° 4*) : **Terminal Intercity** *- ✆ (053) 756 0017 - pour Séoul en 4h, Gyeongju en 55mn, Busan en 2h, Jinju en 2h, Andong en 1h30* et **Terminal Express** (B1) *- ✆ (053) 743 3701, pour Gyeongju en 50mn, Andong en 1h45, Busan en 1h45, Séoul, Jinju, Daejeon*. Au sud de la ville, le **Seobu Terminal** *(A2 en dir. - M Seongdangmot) - ✆ (053) 656 2825 pour Tongyeong, Jinju, Haein-sa.*

Avion – **L'aéroport** (B1 en dir.) international est au nord-est de la ville, relié à la station de métro Ayanggyo (sortie 3) par le bus n° 101. Vols vers Séoul, Jeju et les pays limitrophes - *www.airport.co.kr/daegueng/.*

Se déplacer

Trois lignes de métro (lignes 1 et 2 en métro « classique », ligne 3 en monorail) et des bus permettent de se déplacer aisément. *Indications en anglais - tickets 1 200 ₩.*

INFORMATIONS UTILES

Poste – La poste principale se trouve près du parc Gyeongsang-gamyeong *(M Jungangno sortie n° 3) - tlj sf dim. 9h-20h, sam. 18h.*

Santé – Hôpital universitaire Kyungbuk, *50 Samdeok 2-ga - ✆ (053) 422 1141 ou 200 5114.*

VISITES

Daegu City Tour – Vaste programme d'excursions : un bus *hop on hop of* fait le tour de la ville *(tlj sf lun. 9h30-18h - 5 000 ₩).* S'y ajoutent six circuits thématiques *(tlj sf lun. - 5 000 ₩)* dont l'un à Palgongsan. Informations : offices de tourisme, *tour.daegu.go.kr* et *www.daegucitytour.com.*

Grâce au programme Daegu Vicinity Tour les plus pressés visiteront diverses curiosités de la région. Informations dans les offices de tourisme et sur *tour.daegu.go.kr.* Réservation sur *www.daegutravel.or.kr* et au *✆ (053) 746 6407.*

HÉBERGEMENT

BUDGET MOYEN

Hera Motel – 헤라모텔 – B1 *- 136, Sinamnam-ro, Dong-gu - ✆ (050) 7463 3630 - - 40 ch. 60 000/80 000 ₩.* Un motel récent et de catégorie supérieure.

UNE FOLIE

Novotel Ambassador Daegu – 노보텔 앰배서더 대구 –A2 *- 611, Gukchaebosang-ro, Jung-gu - M° Jungangno, ligne n° 1, sortie n° 3 - ✆ (053) 664 1101 - novotel.ambatel.com/daegu/main.amb - - wifi - 203 ch. 200 000 ₩ - 30 800 ₩.* Cette tour de verre, très centrale, regroupe des chambres modernes, vastes et confortables. Demandez les plus hautes pour profiter de la vue.

Daegu Grand Hotel – 대구그랜드호텔 – B2 *-305,*

Dongdaegu-ro, Suseong-gu - M° Beomeo, ligne n° 2, sortie n° 3 - ✆ (053) 742 0001 - www.daegugrand.co.kr - ▤ ✕ CC P - *wifi - 150 ch. 150 700/301 400 ₩ - ☕ 22 770 ₩*. Trônant au sud d'un carrefour hérissé de tours, l'hôtel propose un confort à l'américaine (moquettes épaisses et coussins à profusion). Spa, quatre restaurants…

Eldis Regent Hotel – 엘디스리젠트호텔 – A2 - *2033, Dalgubeol-daero, Jung-gu - M° Sinnam, lignes n° 2/3, sortie n° 9 ou M° Banwoldang, lignes n° 1/2, sortie n° 18 - ✆ (053) 253 7711 - www.eldishotel.com* - ▤ - ✕ *petit déj. et déj.* - CC P ♿ - *110 ch. 140 000/150 000 ₩ - ☕ 18 700 ₩*. Une adresse à l'européenne avec air aromatisé aux herbes de Seoraksan, chambres contemporaines, spa…

À Jikji-sa

PREMIER PRIX

Programme *Temple Stay* (*✆ (054) 436 6084 - www.jikjisa.or.kr ou eng.templestay.com* ou **Gimcheon Park Hotel** – 김천파크관광호텔 – *(35-23, Hwanghakdong-gil, Hyangcheon-ri, Daehang-myeon - 39565 Gimcheon - ✆ (054) 437 8000 - www.gimcheonpark.com* - ▤ ✕ CC P - *wifi - 39 ch. 78 000/140 000 ₩ - ☕ 10 000 ₩*) aux vastes chambres démodées.

À Haein-sa

PREMIER PRIX

Programme *Temple Stay* (*✆ (055) 934 3105 - www.haeinsa.or.kr - 30 000/50 000 ₩*), *yeogwan* à Chiinli et **Haeinsa Tourist Hotel** (해인사관광호텔 – *13-45, Chiin 1-gil, Gaya-myeon - 50200 Hapcheon - ✆ (055) 933 2000* - ▤ ✕ CC P ♿ - *wifi - 76 ch. 75 000 ₩ - ☕ 10 000/13 000 ₩*), hôtel confortable en haut de la colline.

RESTAURATION

La **Dongdaegu Food Court** (à l'étage de la gare, A1) permet aux voyageurs en transit de se restaurer. Profitez ainsi des excellents *bibimbap* du restaurant **Go Gung**. En soirée, les locaux se pressent eux dans le quartier de **Deurangil-no** (*bus n° 401 du centre et de Dongdaegu*), au sud de la ville, qui regroupe des dizaines de restaurants.

PREMIER PRIX

Gugil Ttaro Gukbap – 국일따로국밥 – A2 - *571, Gukchaebosang-ro, Jung-gu - M° Jungangno, ligne n° 1, sortie n° 3 - ✆ (053) 253 7623 - 24h/24* - CC - *7 000/8 000 ₩*. Depuis 1946, ce restaurant souvent bondé sert le *ttaro gukbap* (*7 000 ₩*), une soupe locale à base de bœuf, foie, oignons et radis, épicée juste ce qu'il faut. Service ultra-rapide.

BUDGET MOYEN

Jjim-galbi Street – 찜갈비거리 – B2 - Cette rue située 200 m à l'est du City Hall est née à partir de la gargote d'une grand-mère qui régalait les employés du coin. Elle regroupe des enseignes spécialisées dans les préparations de bœuf bouilli, dont le très local *Dongin dong galbi*. Derrière sa façade en bois, **Bongsan Jjim-galbi** (*✆ (053) 425 4203 - 10h-22h*) est le plus connu.

EN SOIRÉE

Yasigolmok et **Rodeo Road** (*A2, M Banwoldang, sortie n° 3*) concentrent clubs et bars : Bubblebar, MK, G2.

AGENDA

En mai, **Festival des herbes médicinales** de Daegu au marché de Yangnyeongsi (*tour.daegu.go.kr*).

Andong 안동 et ses alentours

★★

124 429 habitants – province de Gyeongsangbuk-do

On ne se rend pas seulement à Andong, dans le nord de la province de Gyeongsangbuk-do, pour son marché animé ou ses fameux maquereaux salés, mais pour rayonner dans la superbe région qui l'entoure. Les paysages ruraux y sont parmi les plus beaux et sereins du pays. Les collines boisées et les berges des rivières tortueuses invitent au repos et à la réflexion. Érudits, artistes et nobles gens ne s'y sont pas trompés en installant académies, retraites et beaux villages, du 16e au 19e s. Aujourd'hui, Andong est vanté par les brochures touristiques comme le berceau de la culture confucianiste, celui où perdurent des traditions séculaires et spectaculaires. L'Unesco a reconnu cette dimension historique en inscrivant en 2010 le village Hahoe sur la liste du Patrimoine mondial.

NOS ADRESSES PAGE 235
Hébergement, restauration, achats, activités, etc.

S'INFORMER

Office de tourisme – Esplanade de la gare ferroviaire - ✆ *(054) 852 6800* - *www.andong.go.kr* et *en.tourandong.com* - *9h-18h*. Personnel sympathique et carte en anglais très pratique avec horaires des bus vers les sites touristiques. Visites guidées en anglais (4/sem.)

SE REPÉRER

Carte de région B1 (p. 218-219) – Andong se situe à 80 km au nord de Daegu par l'autoroute 55. De là, le village d'Hahoe est à 25 km à l'ouest. Les curiosités alentour sont bien desservies.

À NE PAS MANQUER

Les belles allées du village d'Hahoe ; les calmes écoles confucéennes de Byeongsan Seowon et Dosan Seowon ; le maquereau d'Andong…

ORGANISER SON TEMPS

Prévoyez au moins deux jours pour visiter les environs d'Andong.

Se promener à Andong Carte de région p. 218-219

Le centre-ville

Plutôt compact, il s'étend sur la rive nord de la rivière Nakdong, entre la gare ferroviaire et l'avenue Dongmun-no. Aucun édifice marquant ne mérite de s'y attarder, mais si vous y résidez pour visiter la belle région alentour, vous apprécierez son agréable animation et ses services très accessibles (banques, poste, commerces). Vous y trouverez les mêmes ingrédients que dans les villes coréennes moyennes : la gare et ses éternels motels, les lycéens envahissant le quartier en fin de journée et croquant dans des *donuts* multicolores, etc. Le long des rues piétonnes, boutiques et restaurants sont légion. On y croise même une *food street*, mais le plus intéressant en termes d'offres gastronomiques reste le **marché couvert**. La grande spécialité locale est le ragoût à base de viande de chien. On peut aussi essayer les délicieuses *pondegi*, larves de vers à soie bouillies ou les gamelles de *tteokbokki* (pâtes de riz et légumes baignées d'une sauce rouge épicée). Beaucoup de restaurants servent des

spécialités culinaires associées au nom de la ville comme l'**Andong Jjimdak**, une préparation de poulet mariné dans des épices et de la sauce de soja, avant d'être cuit en daube ou le **maquereau d'Andong**, le meilleur dit-on du pays bien que la ville soit située à 70 km de la mer! C'est d'ailleurs ce qui explique qu'on le salait autrefois; une méthode de conservation qui lui donnait (et toujours aujourd'hui) un goût très prononcé sous sa peau dorée et craquante. Seul le **soju d'Andong** (alcool de riz ou d'autres céréales selon les marques), très alcoolisé, a droit à son **musée** *(✆ (054) 858 4541 - tlj sf dim. 9h-17h - www.andongsoju.net)*. Situé au sud de la ville *(route 5 direction, sinon bus n° 80 en face du Kyobo Building ou n° 34 et 36 du Terminal Intercity - 10mn - 1 200 ₩)*, on peut s'y restaurer; à visiter seulement si l'on a appris à reconnaître les différences subtiles entre les divers breuvages régionaux. La tradition du *soju* aurait commencé sous la dynastie Goryeo (918-1392) quand l'armée mongole, grosse consommatrice de *soju*, avait envahi Andong pour attaquer le Japon.

Sinse-dong 신세동 et Andong Folk Village 안동민속촌 B1

▶ *À 3 km au sud-est d'Andong, suivez « Andong Folk Museum ». En taxi, comptez 6 000 ₩; en bus : bus 3 ou 3-1 (14/j - 1 200 ₩), départ sur Hwarang-no, en sortant à gauche de la gare.*

Juste à la sortie d'Andong, un discret panneau indique « *7 storeys brick pagoda* ». Bien cachée derrière le pont ferroviaire, **Sinse-dong**, la plus haute et ancienne **pagode de brique** du pays possède quelque chose d'émouvant, quelque chose qui tient sans doute au peu de respect qu'on lui montre. L'ensemble est vraiment mal mis en valeur! Construite à l'époque du royaume unifié de Silla (668-918) et haute de 16,8 m, elle arbore une base est décorée de bas-reliefs représentant les douze dieux terrestres et les huit gardiens du bouddhisme. La route s'approche ensuite du barrage d'Andong. Un parking annonce le pont piétonnier menant au village folklorique. Si vous désirez vous y rendre en voiture, continuez et passez le pont. L'**Andong Folk Village** s'étend à flanc de colline dans une trouée entre les arbres. On y a regroupé quelques maisons menacées de submersion lors de la création du barrage en 1976, d'autres ont été construites pour leur tenir compagnie : maisons paysannes, demeures d'aristocrates. L'ensemble, quoique réussi, manque franchement d'authenticité et évoque plutôt un **décor de cinéma**... ce qu'il est. En effet, nombre de fictions de la chaîne KBS y sont tournées, et ce sont leurs bande-son que crachent les haut-parleurs. Le petit **musée** *(✆ (054) 821 0649 - 9h-18h, 17h en hiver - 1 200 ₩)* rassemble des pièces du folklore local : masques, reconstitutions de cérémonies, etc.

À proximité Carte de région p. 218-219

AUTOUR DU VILLAGE D'HAHOE B1-2

▶ *Hahoe se trouve à 24 km à l'ouest d'Andong. D'Andong, route 34 direction Yecheon puis, tournez à gauche à la route 916, direction Hahoemaeul. En bus : bus n° 46 (8/j - 50mn - 1 800 ₩), départ sur Hwarang-no en sortant à gauche de la gare, de l'autre côté de la rue.*

★ Andong Hanji 안동한지

▶ *À l'embranchement de la route 916, voyez sur la droite le panneau « Andong Hanji Exhibition Hall ». L'expo et l'usine sont abritées dans le bâtiment aux murs rose saumon. ✆ (054) 858 7007 - andonghanji.com - tlj sf dim. 9h-18h.* Un peu musée, un peu boutique, atelier surtout, ce petit complexe permet d'assister

Le village Hahoe et ses belles demeures traditionnelles.
KTO

à la fabrication traditionnelle du *hanji*, le papier coréen *(voir encadré ci-dessous)* et d'admirer ce que l'on peut en faire. Même la reine d'Angleterre est venue voir, ce dont on est très fier… On déambule dans les différentes salles où l'odeur et la température changent suivant l'étape de fabrication. Les ouvrières, très concentrées, œuvrent en silence. Dans le bureau, on dessine et peint des boîtes colorées, des carnets, des petits meubles. Passionnant !

★★★ Hahoe Folk Village 하회마을 B1

Situé à 5 km au sud d'Andong Hanji - ✆ (054) 852 3588 - www.hahoe.or.kr - 9h-19h en été, de 9h au coucher du soleil en hiver - 3 000 ₩ (parking 2 000 ₩). Bus n° 46 (en face du Kyobo Building, ttes les h. de 6h20 à 18h20, 40mn, 1800 ₩. Plan et audioguide disponibles à l'entrée et explications en anglais devant les principales maisons.

Après la traversée d'une plaine cultivée et l'habituel complexe restaurants-boutiques de souvenirs annonçant les lieux touristiques, rejoignez le **musée des Masques★** (Hahoedong Mask Museum - *✆ (054) 853 2288 - www.mask.kr - 9h30-18h - 2 000 ₩)* Les masques locaux, objets d'un festival *(voir p. 236)*,

4

HANJI - LE PAPIER TRADITIONNEL CORÉEN

Surnommé parfois « papier qui respire », le *hanji* est une tradition vieille de 1 600 ans. On emploie pour sa confection du **bois de mûrier**, qui est ensuite successivement trempé, bouilli, séché au soleil, battu, rincé, essoré par pression et séché à nouveau sur une plaque avant d'être transformé. Parce qu'il régule l'humidité et la température, il est employé dans la construction (fenêtres, portes coulissantes) et plus récemment, dans la confection de divers objets décoratifs : meubles, boîtes, enveloppes, papier calligraphié, papier à lettre… La surface granuleuse et les couleurs vives utilisées pour les décorer en font des objets très originaux.

À visiter : Andong Hanji (voir ci-contre).

sont le point fort de cette collection très inégale, notamment sa section « masques du monde entier ». Nombreux cartels en anglais avec quelques clefs de contextualisation ethnographique. Parmi les masques coréens, généralement en bois (aulne), papier mâché ou taillés dans une coloquinte, peu sont anciens, la plupart étant détruits après usage afin de chasser les mauvais esprits. On apprend par exemple que le plus vieux masque découvert en Corée (à Dongsam-dong, Busan) est un masque façonné dans un coquillage il y a près de 5 000 ans. Des différentes danses masquées, toujours en lien avec des traditions chamanistes, le rite chamaniste local du *Hahoe byeolsingut tallori* d'Andong est l'un des plus réputés.

La hantise du parc d'attractions s'estompe lorsque l'on marche le long de la rivière pour rejoindre le village classé par l'Unesco depuis 2010, peu de temps après la visite de la reine d'Angleterre Elizabeth II (avril 1999).

La Nakdong forme ici une courbe comme pour mieux protéger Hahoe et ses rizières. Le nom du hameau signifie d'ailleurs « encerclé par l'eau » : ha (eau) + hoe (encerclé). Préservé, restauré, mais fort différent des villages folkloriques animés par des acteurs en costumes, Hahoe vit. Peu habitué à tant d'homogénéité architecturale et d'authenticité, on ne sait pas exactement ce que l'on visite : un village (125 foyers, 250 habitants), un décor, un musée, peut-être tout cela à la fois. C'est en tout cas aujourd'hui l'un des villages les plus représentatifs de ce qui pouvait se construire à l'aune des préceptes matériels et spirituels promus pendant la dynastie Joseon (1392-1910).

Les 50 *waga* (maisons aux toits de tuiles) et les 63 *choga* (maisons aux toits de chaume), sont protégées par des murets, flanqués de jardins fleuris et de potagers soignés. Quelques petits commerces, une clinique de poche, une église animent le village. Son cœur est innervé par les racines de l'impressionnant **zelkova** trônant au centre du village. Six fois centenaire, cet arbre héberge la divinité Samsin dédiée à la fertilité. Fait inhabituel, les habitations généralement tournées vers le sud ou le sud-est, sont toutes ici orientées vers l'arbre dont les branches et les racines nouent et tissent ces liens cosmologiques et généalogiques dont ont besoin les hommes pour vivre entre eux et en sécurité avec leurs divinités.

Le village aurait été fondé à la fin de la période Goryeo (14e s.) par la famille Ryo de Pungsan, sur ce site cerclé d'eau, gage d'une céleste configuration

TOUS À VOS MASQUES !

Nées à l'époque Goryeo, favorisées lorsque le confucianisme s'imposa au dépend du bouddhisme, les **danses masquées** permettaient de parodier le quotidien et ses injustices : se moquer des puissants, appeler à l'abondance des récoltes… Chaque région a les siennes, autant de performances scandant les grandes étapes de l'année tels le Nouvel an lunaire ou l'arrivée du printemps. Ces cérémonies chamaniques souvent rythmées par des ensembles de percussionnistes (*nong-ak*) font intervenir des **personnages récurrents** comme la séductrice, le serviteur, le noble, le moine lubrique ou le boucher. Leurs masques de bois ou de papier jouent avec la position et les tailles des yeux et de la bouche et créent des visages si expressifs que l'histoire racontée devient facilement compréhensible. Les masques de Hahoe qui se composaient de douze masques humains et de deux masques d'animaux ont été fabriqués au milieu du 12e s. (dynastie Goryeo) par Hoe Doryeong. Sur les quatorze masques, onze ont survécu. Ils ont aujourd'hui le statut de Trésor national.

Festival des danses masquées (p. 236) et musée des Masques (p. 231).

L'académie confucéenne de Dosan Seowon.
KTO

géomantique. Les modestes maisons paysannes (*waga*) coiffées de chaume, de même que les demeures de nobles (*yangban*) aux toits de tuiles évasés, sont représentatives de la période Joseon. Parmi les édifices remarquables, notez la **résidence Yangjin**, la plus ancienne de la localité et « siège » de la branche Pungsan du clan Ryu ; la demeure de Ryu Jungyeong et de son fils ainé Ryu Unryong appelé Gyeomam, l'un des plus grands lettrés confucéens. La résidence Bukchon (1862) est organisée en différents « quartiers » pour les hommes, les femmes et les serviteurs. Le hall Yeongmogak abrite lui des objets personnels de Seoae Ryu Seong-ryong (1542-1607), Premier ministre Joseon pendant la guerre Imjin (invasion des Japonais, 1592-1598).

Vous pouvez contempler le village du haut de la **falaise Buyongdae**. Le chemin est accessible de l'autre côté de la rive, quand le service du petit bac fonctionne. Sachez aussi qu'un chemin suit la rivière sur 4 km jusqu'à Byeongsan Seowon *(voir ci-dessous)*.

Possibilité de résider sur place en *minbak* (chambres d'hôte) *(Voir Nos adresses)*.

Pour rejoindre le centre du pays à partir d'Hahoe, choisissez la **route 916** (direction *Sangju*). Peu fréquentée, elle traverse des bourgs ruraux animés et serpente entre les cultures et les tertres funéraires coiffés de pins.

★★★ Byeongsan Seowon 병산 서원 B1

À 4 km à l'est d'Hahoe. Route non asphaltée bien indiquée. Le bus n° 46 qui part du centre-ville d'Andong à 10h30 et 14h40 (se rens. à l'office du tourisme) continue vers Byeongsan Seowon - 50mn - 1 800 ₩. À pied : chemin de 4 km le long de la rivière, entre Hahoe et Byeongsan Seowon. (054) 858 5929 - www.byeongsan.net - 9h-18h (17h en hiver) - 1 500 ₩. Explications détaillées en anglais.

N'oubliez pas de faire un détour vers cette petite **académie confucéenne**, un lieu calme et serein sur les rives sablonneuses de la rivière Nakdong. Face à une falaise et au milieu des fleurs, elle fut fondée en 1572 par Seoae Ryu Seong-ryong (1542-1607), ministre du roi Sonjo. À sa mort, ses successeurs abritèrent ici ses tablettes funéraires avant de commencer à y enseigner en

4

1614. La salle de lecture (*mandaeru*) vaut à elle seule le détour pour sa charpente complexe et ses dimensions inhabituelles (30 m de long) – 200 personnes peuvent y méditer. L'édifice semble flotter au-dessus des piliers de bois irréguliers qui le soutiennent. Le reste du complexe regroupe les loges de lecture, les dortoirs et le *jondeoksa* (hall de culte) qui se distingue par ses couleurs vives.

AU NORD ET À L'EST D'ANDONG Carte de région p. 218-219

★★★ Dosan Seowon 도산 서원 B1

À 34 km au nord d'Andong par la route 35 direction Taebaek. En bus : bus n° 67 (4/j, 40mn - 1 800 ₩), départ sur Hwarang-no, en sortant à gauche de la gare.
(054) 856 1073 ou 840 6599 - www.dosanseowon.com - 9h-17h, 18h en été - 1 500 ₩, parking 2 000 ₩. Brochure en anglais.

Cette célèbre **académie confucéenne** trône dans un environnement naturel superbe – surtout quand les eaux du lac sont suffisamment hautes pour venir lécher la forêt de pins. Avant de la découvrir, on suit un chemin bien balayé et bordé de haies bien taillées. L'esplanade domine l'extrémité nord d'Andongho, un vaste lac artificiel. On remarque le *Sisadan* (1792), salle d'examen perchée sur un îlot de pierre, puis l'académie elle-même, étagée à flanc de colline. Elle fut fondée en 1574 en l'honneur de **Yi Hwang** (1501-1570) dit **Toegye**, fils de noble famille qui, après avoir étudié et développé sa propre théorie, introduisit le néo-confucianisme en Corée. Il occupa diverses positions importantes au gouvernement de Séoul, de ministre des constructions royales à conseiller du Premier ministre. Considéré comme l'un des plus célèbres et influents érudits de l'histoire coréenne, celui qui fut aussi poète orne aujourd'hui les billets de 1 000 wons. Durant des siècles, « son » école fut un prestigieux lieu d'enseignement et les heureux lauréats voyaient alors s'ouvrir les portes des plus hautes fonctions.

Une fois franchie la porte principale du complexe, rénovée dans les années 1970, on passe de cours en cours, découvrant un nouvel édifice, une nouvelle perspective, desservies par de petites portes basses ou des portails ouvragés. La patine du temps a œuvré sur certains bâtiments tandis que d'autres, fraîchement repeints, paraissent presque neufs. **Dosanseodang**, l'école où enseignait Toegye avant la fondation du complexe, se trouve tout de suite à droite après l'entrée. Elle se distingue par ses dimensions modestes et la simplicité de ses lignes. Les étudiants demeuraient dans les dortoirs attenants disposés en forme de H. Au niveau supérieur, la cour est fermée par les trois salles de lecture dont *Jeongyodang*, la principale, annoncée par une tablette du roi Sonjo (1552-1608). Notez la belle décoration florale. Dans une petite cour sur la droite, l'imprimerie (*Jangpangak*) abritait 2 790 plaquettes de bois aujourd'hui transférées à Séoul. Enfin, le dernier niveau est occupé par le *Sangdeok-sa*, qui renferme les tablettes funéraires de Yi Hwang. La vie de ce dernier est racontée dans une salle d'exposition.

★ La route 35 B1 35번도로

Si vous désirez continuer vers le nord à partir de Dosan Seowon, suivez la **route 35★** (direction *Taebaek*), un beau ruban d'asphalte qui épouse par endroits les méandres de la rivière Nakdong. Les reliefs boisés (forêt flamboyante en automne) s'achèvent en falaises plongeant dans les eaux de la rivière au niveau du parc provincial de **Cheongnyangsan** *(8h30-18h - en bus : bus n° 67, 4/j, 50mn - 2 000 ₩)*. De l'entrée de ce dernier, bien indiquée, diverses randonnées forestières sont possibles vers des pics, des grottes et des ermitages perchés. La route va de cols en vallées cultivées (beaux panoramas) dans une région rurale très vivante où de « grosses chenilles » de bâches noires protégeant les cultures maraîchères serpentent dans les champs. Dans les villages traversés, pick-up et tracteurs rythment la circulation, au milieu d'arbres fleuris et d'inépuisables petites grands-mères pliées en deux sur leurs cultures. En fin de parcours, on débouche sur une vallée minière annonçant Taebaek (*voir p. 214*).

Jirye Artists' Colony 지례예술촌 B2

▶ *À 37 km à l'est d'Andong. Suivez la route 34 direction Yeongdeok, puis après 25 km, tourner à droite au panneau marron indiquant le lieu à 12 km (attention panneau soudain, après un pont sur le lac). En bus prendre le bus 33 et descendre à Imdong-myeon. Prendre un taxi (environ 20 000 ₩). Bakgok-ri, Imdong-myeon - ✆ (054) 852 1913 ou (010) 2502 2590 - www.jirye.com.*

La route rétrécit peu à peu et semble mener au bout du monde… On y parvient en traversant un paysage forestier superbe et un petit hameau agricole. Puis, on descend et descend encore jusqu'à un lieu enchanteur, loin de tout. Depuis 1988, ces *yangban* (demeures aristocratiques du 18-19e s.) aux tuiles noires qui reflètent le soleil accueillent des artistes et écrivains qui exercent leur talent dans un environnement naturel exceptionnel : oiseaux, fleurs, lac en contrebas. L'odeur de résine est entêtante. Le lieu ne se visite pas vraiment, mais vous pouvez y expérimenter des ateliers culturels (cuisine, calligraphie). Ou encore résider dans une chambre traditionnelle à *ondol (14 ch. - à partir de 70 000 ₩ la nuit - transfert de la gare d'Andong sur demande)*. Idéal pour profiter de ce havre de paix où il serait dommage de ne passer qu'une nuit.

NOS ADRESSES À ANDONG

TRANSPORTS

La **gare ferroviaire** (*✆ (054) 857 8951*) sur Hwarang-ro, en bordure sud du centre-ville. Les **trains** qui desservent Daegu et Dongdaegu *(2h - 8 400 ₩)*, Séoul *(4h et 5h30 - 24 500 et 16 700 ₩)*, Gyeongju *(2h - 8 300 ₩)* sont bien moins nombreux que les bus.

La **gare routière** (*✆ (054) 857 8296*) se situe à 5 km à l'ouest du centre-ville. Pour le centre-ville, prendre les bus *(15/20mn)* n° 0, 1, 2, 11, 46, 51 et 76 (descendre à Andong Station). Compter autrement 7 000 ₩ pour gagner le centre-ville en taxi. **Bus** : Daegu *(1h30 - 9 800 ₩)*, Busan *(2h30 - 16 500 ₩)*, Daejeon *(3h - 15 000 ₩)*, Gyeongju (attention, temps de transport variable selon les horaires : *2h à 3h, 12 000 ₩* ; Dong-Séoul *(2h50 - 16 500 ₩)*.

INFORMATIONS UTILES

La **poste** et les **banques** se concentrent sur Jungang-ro, la rue principale. Les banques KB et Shinhan disposent de *Global ATM*.

HÉBERGEMENT

Un hôtel et de nombreux motels autour de la gare ferroviaire – mais pas d'options grand confort.

PREMIER PRIX

Happy Guest House – 해피 게스트 하우스 – *278-87 Anheung-dong - ✆ (010) 8903 1638 - 7 ch. 30/40 000 ₩.* À deux pas du marché, à l'intersection de la Hwarang-ro *(10mn à l'ouest de la gare ferroviaire)*, cette petite pension de famille, toute simple, est tenue par une femme très chaleureuse qui saura vous conseiller les meilleures adresses de la ville en anglais. Les chambres monacales avec *ondol* et salle d'eau attenante, vous font revenir aux choses essentielles. Petit-déjeuner typiquement coréen. Une excellente adresse.

Andong Park Hotel – 안동파크호텔 – *707, Gyeongdong-ro - ✆ (054) 853 1501 - www.andongparkhotel.com -* ▤ ✕ CC P *- wifi - 41 ch. 50 000/70 000 ₩ - ☕ 12 000 ₩.* Adresse pratique et facile d'accès avec parking. Prix très compétitifs au regard des prestations. Pas forcément original mais propre et bien tenu.

Aux alentours

Pourquoi ne pas résider dans une **maison traditionnelle** ? Le plus simple est de réserver par l'intermédiaire de l'office du tourisme d'Andong. Ainsi, à Hahoe, les *minbak* (*✆ (054) 853 0109 - de 30 000 à 100 000 ₩*) offrent des niveaux de conforts variés à des prix différents : on en compte une petite dizaine du plus simple au plus luxueux, on peut même dormir dans la *Bukchon Residence*.

Bunnam – 하회마을 번남고택 – *46, Hahoejongga-gil, Pungcheon-myeon - ✆ (054) 852 8550 -* ▤ ⊭ P *- wifi - 1 ch. 50 000 ₩.* Autre option intéressante, les belles chambres tranquilles de la colonie de **Jirye** *(voir p. 235).*

RESTAURATION

Idéal pour le déjeuner, ne manquez pas les *pojangmacha* du marché où, en hiver, vous pourrez goûter le *andong sikhye*, boisson ou soupe de riz fermentée comprenant jus de gingembre, radis et piments rouges. Andong est aussi très réputé pour ses pommes. La région en est la première productrice coréenne.

PREMIER PRIX

Mammoth Bakery – 맘모스제과 – *34, Munhwagwangjang-gil - ✆ (054) 857 6000 - mammothbakery.co.kr - 8h30-22h - fermé Chuseok et Nouvel an lunaire -* CC *- 2 300/15 000 ₩.* Dans le quartier piétonnier (à côté du Dunkin Donuts), cette pâtisserie boulangerie de qualité sert depuis 1974 des viennoiseries adaptées aux goûts locaux et d'excellents sandwichs.

BUDGET MOYEN

☺ **Andong Jjimdak Jongson** – 안동찜닭 종손 – *2, Beonyeong-gil - ✆ (054) 843 9989 - 10h-22h -* CC *- compter 25 000 ₩ pour deux.* Restaurant connu de tous les locaux ; l'adresse idéale pour déguster le fameux poulet épicé.

AGENDA

Hahoe Maskdance Drama – Formidables danses masquées, présentées à Hahoe (*près du parking) - janv.-fév. : w.-end 14h ; mars-déc. : merc., vend. et w.-end 14h (se rens. auprès de l'OT au préalable). Informations : www.hahoemask.co.kr*

Festival international des danses masquées – (Fin septembre et début octobre), Andong et Hahoe accueillent durant une semaine le folklore des masques coréens et étrangers ; *www.maskdance.com.* À la même période se tient à Hahoe le **Seonyu Julbulnori**, un festival de feux d'artifice et de bateaux illuminés.

Gyeongju 경주

★★★

279 000 habitants – province de Gyeongsangbuk-do

Une visite en Corée ne se conçoit pas sans un séjour au cœur de ce musée à ciel ouvert qu'est Gyeongju. Capitale du royaume de Silla durant 992 années (57 av. J.-C. à 935) puis capitale du tourisme culturel en Corée, la cité tranquille regroupe un grand nombre de sites classés par l'Unesco, souvent dissimulés dans de superbes écrins naturels devenus parcs nationaux. Le rayonnement de Gyeongju atteint son apogée après l'unification de la péninsule en 668. Malgré les guerres intérieures et les invasions, les arts continuent à se développer. En témoignent la finesse et le raffinement des bijoux et couronnes d'or, tuiles sculptées et objets du quotidien exposés au Musée national. Le bouddhisme y est religion d'État – on élève de formidables temples et sculpte dans la roche des dizaines de bouddhas. Cinquante-six rois se succèdent sur le trône avant de reposer dans des tombes-tumuli couvertes de gazon. Elles créent aujourd'hui des micro-paysages uniques au monde qui racontent dix siècles d'histoire coréenne.

NOS ADRESSES PAGE 253
Hébergement, restauration, achats, activités, etc.

S'INFORMER

Offices du tourisme de la ville – *guide.gyeongju.go.kr - 9h-18h.* Personnel anglophone, informations et documentation précieuses. Bureaux à la gare ferroviaire (plan II - AB1) - *(054) 772 3843*, à la gare routière (plan II - A2) - *(054) 772 9289*, à Bulguk-sa (plan I - C2) - *(054) 746 4747*; ainsi que des annexes ou des écrans tactiles dans les sites principaux.

SE REPÉRER

Carte de région C3 (p. 218-219) – Gyeongju se situe à 35 km de la côte orientale, à 65 km à l'est de Daegu et 70 km au nord de Busan. Le centre-ville est assez compact. Il est borné à l'ouest par la rivière *Hyeongsangang* (appelée aussi Seocheon) en bordure de laquelle s'étirent les deux gares routières (Express et Intercity Bus Terminals) ; et à l'est par le cours d'eau Bukcheon, à proximité duquel se trouve la gare ferroviaire. La gare du KTX a été construite à Singyeongju, à une dizaine de kilomètres au sud-ouest du centre-ville. Les principaux sites culturels se trouvent de part et d'autre de l'artère centrale – la Daejong-no – qui coupe d'est en ouest le centre-ville. Au nord de celle-ci, Noseo-dong et au-delà les rues marchandes et piétonnes ; au sud, les tombes royales de Daereung-won (parc des Tumuli et les nombreux sites culturels comme le musée national de Gyeongju). Le lac Bomun, bordé d'hôtels huppés, se situe à 5 km à l'est.

À NE PAS MANQUER

Les tombes royales de Daereung-won ; le Musée national ; le monastère de Bulguk-sa et le village de Yangdong.

ORGANISER SON TEMPS

Compter au minimum trois jours pour visiter Gyeongju.

AVEC LES ENFANTS

Les tombes royales de nuit. La grotte de Seokguram. Les balades à vélo autour de Gyerim. Les parcs d'attractions du lac Bomun.

Se promener Plan II p. 241

Le **centre-ville** de Gyeongju est typiquement celui d'une ville moyenne… à l'échelle coréenne bien sûr. Sur l'avenue **Hwarang-ro** (A1) qui part de la gare sont alignées banques et administrations. À ses extrémités, deux pittoresques marchés ajoutent quelques touches de couleurs et diffusent de bonnes odeurs de poissons séchés, d'herbes fraîches et de soupes épaisses qui mijotent. Les bassines et corbeilles de fruits bien rangés par des *ajumma* souriantes débordent largement sur les trottoirs. Au sud de l'avenue, rues et ruelles de **Nodong-dong** concentrent nombre de restaurants, boutiques de mode, cafés et cinémas. Une jeunesse souriante l'anime à l'heure de la sortie du lycée. Quelques terrasses de café accentuent cette ambiance provinciale… Le quartier s'achève subitement là où ondulent les tombes de Nodong-ri et Noseo-ri, le long de l'avenue Daejong-no qui sent bon les *gyeongju bang*, une douceur locale fourrée de pâte de haricots.

★ Parc des Tumuli de Nodong-ri 노동리 et Noseo-ri 노서리 A2

Aucune barrière ne délimite ce petit parc regroupant ces tertres funéraires de belles dimensions, mises au jour il y a quelques dizaines d'années. Les habitants circulent entre ces beaux tumuli des 4e-6e s. en allant au bureau ou en rentrant du collège. Les pelouses soignées par les très efficaces employés municipaux invitent au repos, au pique-nique.

Côté Noseo-ri, à l'ouest, quelques arbres noueux, trapus qu'on devine magnifiquement enracinés mettent parfaitement en valeur les flancs de la plus haute tombe, **Bonghwangdae** (« colline du Phénix »). D'une hauteur de 22 m et d'une circonférence de 250 m, elle est la deuxième plus grande tombe connue de la période Silla. Dans les tombes voisines de **Singnichong** et **Geumnyeongchong**, sans doute celles de princes, de nombreux bijoux, vaisselles et équipements (en or et en argent principalement) ont été découverts. Leur structure intérieure identique à celle de Bonghwangdae laisse imaginer un lien fort entre ceux qui reposent dans ces différents tumuli.

Côté Nodong-ri, à l'est, les tombeaux à chambre funéraire en bois et ceux à chambres funéraires en pierre avec accès par un tunnel (typiques de la période d'unification de Silla, 668-935) se côtoient et témoignent du changement de processus de construction qui s'est peu à peu opéré.

★★★ Daereung-won 대릉원 A2

✆ (054) 779 8796 - 9h-22h - 2 000 ₩. Deux entrées : au nord sur Daejong-no (pas de parking) et au sud au bout de Gyerim-no, près de l'entrée du parc Wolseon - grand parking - 2 000 ₩). Possibilité de visite guidée en anglais à partir du guichet proche de l'entrée de la tombe de Cheonmachong.

Ce parc regroupe quelques-unes des 200 tombes de Gyeongju, de beaux **tumuli** datant de la période précédant l'unification de la péninsule par Silla. Cet ensemble compact compose un tableau **unique au monde**. La vue aérienne de ces « bulles » vertes flottant entre ville et campagne orne les plus belles cartes postales du pays. La balade est agréable, entre les courbes lisses des tumuli aux pentes couvertes d'une douce toison verte qu'on a envie de caresser. Au creux de ces reliefs lisses, de superbes arbres d'essences variées se volent tour à tour la vedette selon la saison. Si vous en avez la possibilité, ne vous privez pas d'une promenade nocturne qui offre des sensations très différentes. L'excavation de ces tombeaux abritant les sépultures de rois et d'officiels de la cour ne date que de quelques décennies, ce qui entraîna le déplacement de nombreux bâtiments. Des dizaines de milliers d'objets aujourd'hui en partie

Le parc des Tumuli de Nodong-ri et Noseo-ri.
TOPIC PHOTO AGENCY IN/age fotostock

exposés au Musée national de la ville *(voir p. 243)* furent mis au jour par des équipes japonaises et coréennes. En pénétrant par l'entrée nord, vous verrez tout d'abord sur votre gauche la tombe de **Hwangnamdaechong** où furent découverts plus de 50 000 objets prouvant notamment des échanges importants entre la péninsule et l'Asie centrale. Cette tombe double témoigne de la présence de deux défunts unis : père et fils ou mari et femme. Plus loin se trouve **Michu-wangneung** (la tombe du roi Michu), 13e roi de Silla qui régna de 262 à 284. Il est connu pour avoir combattu à plusieurs reprises la dynastie rivale des Baekje.

La visite de l'intérieur de la tombe de **Cheonmachong** (« cheval céleste »), celle d'un roi inconnu des 5e-6e s., permet de comprendre que ces vertes collines sont de savants empilages de pierres superbement imbriquées tel un Tetris géant très réussi. De la terre et de la boue homogénéisaient la silhouette du tumuli, dont la surface était ensuite plantée de gazon. Au centre, le corps du défunt et ses biens les plus précieux reposaient dans un espace délimité par de solides rondins de bois *(voir dessin p. 433)*. Les originaux de la sépulture et les objets excavés sont à voir au Musée national, notamment la fameuse couronne d'or de Cheonmachong. Le nom du tombeau proviendrait de la peinture d'un cheval blanc volant, qui décorait une parure équestre en écorce de bouleau, destinée à protéger un tapis de selle des éclaboussures.

Le calme quartier de **Hwangnam**, juste à l'ouest du parc des Tumuli, est quadrillé de rues et ruelles agréables bordées de maisons basses pittoresques. Les voitures y sont rares, ce qui permet aux promeneurs de concentrer leur regard sur les cours intérieures, les petits ateliers, les restaurants, les épiceries et le marché de poche.

4

★ Autour de la forêt de Gyerim 계림숲 AB2

Immédiatement au sud du parc des Tumuli, face à l'alignement des restaurants de *ssambap*, les zones de Gyerim et Wolseong regroupent diverses curiosités reliées par d'agréables chemins en partie forestiers. La première d'entre elles est l'observatoire astronomique de **Cheomseongdae**★ *(B2 ✆ (054) 772*

UN COQ SUR UN COFFRE D'OR

Une nuit de l'année 65, le roi Talhae entend chanter un coq. Intrigué, le souverain envoie son valet dans la forêt d'où provient ce chant bien trop matinal. Le serviteur trouve l'animal perché sur un petit coffre d'or suspendu à une branche. En ouvrant le coffret, on découvre un petit bébé mâle. Le roi, ravi par l'incongruité de la situation, met l'enfant sous sa protection et le nomme Kim Alji (Kim étant le caractère chinois pour l'or). Il rebaptise la forêt du nom de **Gyerim** (la « forêt du coq »). L'enfant deviendra le fondateur du clan Kim, maître de l'or.

5134 ou 779 8744 - 9h-21h - gratuit), construit au 7e s. durant le règne (632-647) de la reine **Seondeok** (606-647) et reconnu comme le plus ancien d'Asie de l'Est. Haut de près de 10 m, il impressionne moins par ses dimensions que par sa silhouette en forme de bouteille, d'une belle harmonie, en osmose avec l'objet de ses observations. Ainsi, les 361 pierres et demie utilisées pour sa construction correspondent au nombre de jours du calendrier lunaire. La base et la plate-forme du sommet, toutes deux carrées, indiquent des points cardinaux opposés. Entre les deux, les 27 rangées circulaires de pierres (granite) rappellent que la reine Seondeok, fut le 27e souverain – mais aussi et surtout la première reine – du royaume de Silla. On pénétrait autrefois à mi-hauteur de la tour, par une ouverture côté sud qui, selon son exposition à la lumière, permettait de calculer le rythme des saisons.

Une fois passé l'observatoire, le chemin propose deux itinéraires en partie fléchés :

Le premier itinéraire (indiqué par le panneau et fléchage partant sur votre droite - compter environ 2h - voir tracé sur le plan II) passe par la forêt de Gyerim, le pont de Woljeonggyo, le village de Gyochon avec un retour vers les tombes royales de Daereung-won.

En lisière de la vieille forêt de saules et de pins de **Gyerim** (la « forêt du coq », *voir encadré ci-dessus*) s'élèvent quelques tumuli joliment éclairés en soirée. Parmi eux, la tombe du roi Naemul. Certains arbres multi-centenaires de cette forêt aujourd'hui très peu étendue (un petit bois ceint en fait) auraient selon la légende vu naître le Kim Alji, fondateur du clan Kim (*voir encadré ci-dessus).*

Le bois de **Wolseong** (B2) et ses beaux cerisiers coiffent une colline où s'élevaient des remparts protégeant le palais royal. Rien ne reste de cette forteresse de Banwolseong si ce n'est une réserve du 18e s. (Seokbinggo – où l'on stockait de la glace) et quelques talus ayant supporté les murs. Deux cents mètres plus à l'ouest surgit le grand **pont couvert de Woljeonggyo** (B2). En cours de reconstruction, il fut élevé en 760 sous le règne du roi Gyeongdeok. Selon les recherches les plus sérieuses, il mesurait alors près de 61 m de long. Ce serait le plus vieux et le plus grand pont de la péninsule. Sa taille est assez révélatrice des échanges routiers qu'impulsait alors la capitale de Silla. On découvre ensuite le **village Hanok de Gyochon** (A2) où fut fondée dès le début du règne du roi Sinmun (681-692) l'académie confucéenne du Gukhak. Cette institution étatique jeta en Corée les bases d'un code moral sociétal avec ses trois étais fondamentaux : le roi est le pilier de l'État, le père est le pilier de la famille et le mari le pilier de la femme. Ce village entièrement reconstruit prend l'Histoire comme levier d'attraction touristique : les *hanok* sont pimpantes, les venelles proprettes avec des herbes folles bien tutorées autour des innombrables boutiques artisanales et culturelles (nombre d'ateliers sont organisés). La maison la plus célèbre est celle de la dynastie Choe (12 générations) connue pour sa richesse équivalant disait-on à 10 000 *seok* de riz (un *seok* étant une unité de mesure équivalente à 180 litres) et correspondant à

A B

A B

SE LOGER
Gyeongju Guest House 1
Icarus Motel 3
Sarangchae Guesthouse 5
Show Motel 2
Silla Boutique Hotel Premium 4

SE RESTAURER
Dosol Maeul 1
Kisoya...................... 5
Pyeongyang Naengmyeon Jip 2
Sookong Sikdang........... 4

4

la quantité de riz annuelle consommée par un Coréen. Une fortune abyssale pour l'époque!

Retour en direction des tombes royales de Daereung-won.

Le second itinéraire (2h sans la visite du musée) peut mener jusqu'au musée de Gyeongju.

Passé l'observatoire, traversez un **jardin champêtre** très populaire : passe-rose, petites scilles de Corée, narcisses à bouquets, campanules à grandes fleurs, chrysanthèmes, valérianes font onduler selon les saisons de belles couleurs chatoyantes dont les Coréens sont particulièrent friands; surtout quand elles servent de toile de fond à leur passion dévorante qu'est le *selfie*. Sourire en pointe. Spectacle garanti.

Au bout du chemin, dans une sorte de grand kiosque, on peut visionner (*10h-22h - 15mn ttes les 1/2h selon l'affluence - gratuit*) une reconstitution virtuelle de la splendeur urbaine et architecturale de la période Silla. Bien qu'un peu grandiloquentes, les images permettent de remettre en perspective nombre

Au temps du royaume de Silla

UNE HISTOIRE MILLÉNAIRE

Gyeongju, capitale de Silla à partir de 57 av. J.-C., raconte dix siècles d'histoire coréenne. La sienne débute avec l'émergence de trois clans qui prirent peu à peu le contrôle de cette fertile vallée : le clan Kim, maître de l'or, le clan Sok, maître du fer, et le clan Park, maître des rituels. À partir du 4e s., leurs chefs prennent le le titre de *Maripgan* et le pouvoir devient héréditaire. À leur mort, ils sont ensevelis dans les fameux tumuli. Après les victoires du roi Munmu sur Baekje (660) et Goguryeo (668), grâce à la Chine des Tang (618-907), alliée du royaume de Silla, la péninsule est unifiée. Silla devient maître de la péninsule coréenne dans sa totalité. Gyeongju est alors une puissante capitale peuplée de 200 000 habitants.

LE BOUDDHISME, RELIGION D'ÉTAT DU GRAND SILLA

Le bouddhisme qui s'est répandu pendant le règne du roi Nulji (417-458) s'impose après le martyre de Yi Chadon (?-527), sous le règne du roi Beopheung (514-540). Après l'unification des Trois Royaumes, période dite du Silla unifié (668-918), le bouddhisme domine la civilisation du Grand Silla. Religion d'État, facteur de changement économique et social, le bouddhisme structure de manière importante le Grand Silla, en particulier par le biais de ses confréries de jeunes gens – une élite connue sous le nom de *hwarang* (de *hwa-rang-do*, « *la voie des seigneurs fleuris* »). Ceux-ci s'engagent à s'exercer « spirituellement et physiquement » dans le but patriotique et altruiste d'édifier une nouvelle nation gouvernée par « l'idéal du bodhisattva ». Silla est appelé, croient alors les *hwarang,* à devenir le Pays du bouddha (Voir « Le bouddhisme en Corée », Rhi Ki-Yong dans l'ouvrage *Présence du bouddhisme*, Coll. Bibliothèque des Histoires, Gallimard, 1987).

LE CULTE D'AMITABHA, L'INFLUENCE DES TANG

Sous les Tang (7e s.), très influents au royaume de Silla, le Bouddha de la Lumière infinie commence à prendre le pas sur le taoïsme. C'est donc le culte d'Amitabha qui va se répandre. Les arts qui vont lui prêter vie doivent refléter cette lumière infinie : l'or ou le bronze doré sont les matières de prédilection pour représenter Amithabha et les deux *bodhisattva* qui l'assistent (et sont par conséquent récurrents dans l'iconographie du Grand Silla) : Avalokitesvara, le bodhisattva de la Compassion, et Mahâsthâmaprâpta, le bodhisattva de la Sagesse, de la « Lumière sans limites ». Ces arts atteignent leur apogée sous le règne du roi Gyeongdeok, ce dont atteste toujours le bouddha en granit poli (8e s.) qui trône au centre du temple-caverne de Seokguram. La statuaire coréenne est ici à son apogée, fortement marquée par l'influence artistique des Tang.

APOGÉE ET CHUTE DU GRAND SILLA

Toutefois, alors que la dynastie connaît son apogée, au 9e s., une insurrection sociale (trop de corvées) lui succède. Elle débouche sur des révoltes paysannes en 918. Un nouvel État apparaît qui sera à l 'origine du nom actuel de Corée : le Goryeo. Le Royaume du Grand Silla est détruit en 935.

de vestiges aujourd'hui épars, comme cette splendeur que fut le complexe palatial d'Anapji, que l'on retrouvera deux cents mètres plus loin après avoir traversé la voie rapide Wonhwa-ro pour accéder à l'étang.

Anapji Pond (étang d'Anapji) 안압지 B2

(054) 772 4041 - 8h-19h (au coucher du soleil en hiver) -2 000 ₩.

Selon le *Samguk-sagi* (1146), l'une des deux grandes sources historiques de la Corée, cet ensemble aurait été construit en 674 pendant la quatorzième année du règne (661-681) du **roi Munmu** (626-681), artisan du Silla unifié (668-935). Cette construction intervient donc six ans après la pacification du Royaume. La Chine, alliée du royaume de Silla, avait aidé à écraser le royaume du Baekje (660) puis celui du Goguryeo (668). S'ouvrait alors une période de réorganisation inspirée par le modèle bureaucratique chinois (dynastie Tang). Le jardin des plaisirs surnommé d'abord Wolchi (« l'étang au profil de Lune »), puis Anapji (« parc des oies et des canards ») comprenait 26 bâtiments, des étangs, une réserve de fleurs et d'oiseaux rares. Entièrement brûlé en 935, le site ne fut découvert qu'en 1974. La plupart des objets sortis du fond de l'étang sont présentés dans une salle spéciale du Musée national, ainsi qu'une maquette des lieux. Aujourd'hui, trois pavillons ont été reconstruits et le parc fleuri attire une foule impressionnante de touristes locaux motivés par le caractère romantique des lieux. La musique sirupeuse distillée par les haut-parleurs ne favorise pas vraiment la contemplation des belles fleurs de lotus *(juin-juil.)* et des oiseaux. Reste à essayer le *juryeonggu*, un jeu trouvé lors des fouilles, consistant en un cube de bois à quatorze faces sur lesquelles un gage était inscrit. Des répliques *(en coréen seulement)* sont vendues dans les boutiques de souvenirs.

Un peu plus au nord-est s'étend le site du temple de **Hwangnyong** (6e s.) (B2), le plus grand jamais construit en Corée. Rasé par les Mongols au 13e s., il était dominé par une immense pagode de neuf étages et 70 m de haut. Il ne reste que les fondations du complexe. On pourra en voir une maquette au Musée national.

Selon le temps, on peut soit revenir sur ses pas, en coupant par les vestiges de la forteresse de Banwolseong (pancarte fléchée visible au retour) et rejoindre le premier itinéraire ; soit visiter le Gyeongju National Museum accessible en une dizaine de minutes à pied.

★★★ Gyeongju National Museum 국립경주 물관 B2

Bus n° 11 à partir du centre-ville. Bus n° 10 à partir de Bulguk-sa et Bomun. 118 Iljeongno (15mn - 1 500 ₩) - (054) 740 7500/18 - gyeongju.museum.go.kr/- 9h-18h, sam. et fêtes 19h (mars-déc. 21h) - gratuit - audioguide en anglais 3 000 ₩.

Installé en ces lieux depuis 1975, ce musée rassemble des objets exhumés des différents sites de l'ancienne capitale royale. La plupart d'entre eux ont été trouvés lors de l'excavation des grandes tombes (simples ou doubles) telles Hwangnamdaechong et Cheonmachong, aujourd'hui « vedettes » du parc des Tumuli (*voir p. 238*).

Le site comprend trois bâtiments principaux plus une salle d'expositions temporaires. Les allées qui les desservent sont égayées par divers monuments, statues et autres lanternes de pierre trouvés dans les sites alentour, telle la pagode de Goseon et la cloche divine du roi Seongdeok (*voir encadré p. 244*).

Silla History Gallery – La visite chronologique court du paléolithique (8000 av. J.-C.) à l'âge du bronze (1000-300 av. J.-C.). La pierre, le bronze et le fer servaient à la fabrication de socs, d'épées, de pointes de flèches et de boucles de ceinturon en forme de chevaux **(Salle 1)**. Notez la belle dague taillée dans la pierre et les objets zoomorphes : boucles-lion, cruche-canard. Les **salles 2**

LA CLOCHE DE BRONZE DU ROI SEONGDEOK

Visible dans la cour du Musée national, elle fut commandée par son fils Gyeongdeok pour lui faire honneur. Connue pour être l'une des plus lourdes (19 t) et anciennes du monde (771), elle était suspendue dans le temple de Bongdeok. Juste effleurée, elle produit un son d'une clarté exceptionnelle, portant la voix de Bouddha à 3 km. Son surnom « Emille » est né d'une cruelle légende. On dit que la première version de la cloche ne produisit aucun son et qu'il fallut mêler le métal… au corps d'une jeune fille pour qu'elle daigne « chanter ». La fillette, avant de mourir, aurait crié « emil-le » qui, en dialecte de la période Silla, signifiait « maman ».

et 3 présentent la période Silla, dynastie qui s'étend sur près d'un millénaire scandé par 56 rois successifs (57 av. J.-C. -935). Elle prit forme au milieu du 4e s. au cours du règne du roi Naemul (356-402) du clan Kim (patronyme partagé aujourd'hui par 25 % des Coréens). Premier souverain à porter le titre monarcal de *Maripgan,* le roi Naemul fut à l'origine d'une véritable monarchie héréditaire, qui eut besoin d'attributs prestigieux pour rendre visible son pouvoir et matérialiser sa filiation. Le titre de *Maripgan* sera remplacé par celui de roi quand le royaume de Saro (nom de la plus puissante des tribus du Jinhan – plaine de Gyeongju – sera renommé Silla en 503). Les artisans/artistes rivalisent de dextérité : pommeaux d'épées au profil de griffon en bronze (5e s.), éperons, chanfreins, vaisselles, boucles d'oreilles, anneaux d'or, ceintures, et bien sûr ces pièces principales et symboles du royaume de Silla que sont ces splendides **couronnes d'or★★** (*Cheonmachong,* 6e s.; *Geumgwanchong,* 6e s.; *Gyodong,* 5e s.) découvertes dans les sépultures royales (site de Noseo-dong entre autres), remarquables pour leur finesse d'exécution. Celle de *Cheonmachong,* découverte dans la tombe du Cheval céleste – en or massif (1 262 g) avec des éléments de jade (en forme de dents de tigre) – reflète des traditions anciennes probablement héritées de la steppe des confins sibériens. Sa silhouette très particulière, en forme de trident ou d'ailes d'oiseaux stylisées, semble incarner des croyances chamaniques; auquel cas la tête couronnée consacrerait moins un roi ou prince au-dessus des vivants qu'un intercesseur entre le monde des hommes et celui des esprits. La question est en tout cas posée. Observez aussi **l'épée d'or** *(Geumjegamjangbogeom)* trouvée dans la tombe du roi Michu. Son ornementation d'influence occidentale témoignerait d'échanges avec l'Europe – *via* l'Asie centrale. Une large place est également réservée aux armes, aux équipements équestres, aux urnes funéraires et aux figurines d'argile toujours très expressives. Celles représentant les signes du zodiaque, mi-homme mi-animal, gardaient les sépultures royales. La **salle 4** est dédiée à la période du Silla unifié. Sont particulièrement mis en valeur les attributs du roi Seongdeok (8e s.) pour lequel l'or était le symbole royal. Une matière et couleur particulièrement propices (comme le bronze doré) pour représenter l'illumination de Bouddha, le bouddhisme étant devenu religion d'État en 527 sous le règne du souverain Beopheung (514-540).

Silla Art Gallery – Ce second bâtiment *(face gauche à l'arrière du Silla History Gallery)* est consacré à l'**art bouddhique.** Quelque 200 œuvres d'art★★, présentées dans le *Buddhist Art Room*, par ordre chronologique, montrent comment au fil de cette période, les artistes (bronziers, sculpteurs…) de Silla ont élaboré un style singulier. On remarque notamment le traitement formel qui met souvent en avant une tête légèrement disproportionnée par rapport au corps; la tête étant par essence le lieu où doit s'incarner le sentiment religieux. La **collection « Kukeun** », surnom du docteur et donateur Lee Yang-sun

(1916-1999), regroupe 666 objets couvrant une large période allant de la préhistoire à la dynastie Goryeo. La pièce la plus connue est une poterie du royaume de Gaya *(Gimainmulhyeongtogi)* représentant un cheval en armure et son cavalier en armes. Elle donne des indications précieuses sur l'équipement des guerriers de l'époque ; tout comme la magnifique collection d'embouts de tuiles (grès, argile…) à décor de lotus, d'*apsara* ou de monstres – dragons, lions, chimères – qui, aussi modestes soient-ils, permettent d'entrevoir l'évolution de l'architecture dans la péninsule à l'aune, en particulier, de la très forte influence chinoise impulsée sous la dynastie Tang (618-907).

Hwangnyongsa Room – De belles **maquettes de la ville** du temps de sa splendeur permettent d'en évaluer la taille et l'organisation, dont une reconstitution du temple de Hwangnyong et de sa pagode à neuf étages. Une salle est consacrée à **l'écriture**, celle qui raconte l'histoire sur les pierres tombales et les monuments commémoratifs. Sans oublier les **reliquaires de sarira**, ces concrétions cristallines que l'on retrouve dans les cendres du défunt après sa crémation s'il a mené une vie exemplaire *(voir encadré p. 375)*.

Wolji Gallery – Dans l'autre bâtiment tout en longueur *(en face de la Silla Art Gallery)* sont rassemblés divers objets trouvés au fond de l'étang d'Anapji, ce lac artificiel qui aurait été conçu par le roi Munmu (661-681) – *voir p. 243*. Les fouilles réalisées dans les années 1970 ont permis d'exhumer beaucoup d'**objets du quotidien** (datant pour la plupart du 7e s.), idéaux cette fois pour saisir la vie des habitants de la cour de Silla. Parmi ces objets, on trouve ainsi une barque, des bols laqués, des poignées de porte ou des masques… Notez les poteries décorées de motifs simplifiés récurrents – cercles, oiseaux, nuages – mais aussi les superbes tuiles et autres éléments décoratifs architecturaux représentant notamment des fleurs de lotus (influence du bouddhisme) ou des animaux fantastiques comme ces dragons ou ces *taotie* aux yeux proéminents, chimères énigmatiques sorties tout droit de la Chine immémoriale.

Bunhwang-sa 분황사 B2

À 1,5 km à l'est d'Anapji Pond et du Musée national - ✆ (054) 742 9922 - du lever au coucher du soleil - 1 400 ₩.

Il ne reste pas grand-chose de ce qui fut l'un des sept grands temples du royaume de Silla. Rien de spectaculaire donc malgré une fréquentation toujours importante. Il aurait été construit sous la reine Seondeok en 634. Au centre de la cour, les trois niveaux de la petite pagode de pierre qui en comptait neuf en constituent la principale curiosité. Elle fut la première de ce genre élevée par la dynastie Silla. Deux gardiens bouddhistes et quatre beaux lions encadrent sa base.

À proximité Plan I p. 246-247

LAC BOMUN (BOMUNHO) 보문호 C1

À 5 km à l'est du centre-ville. Bus n° 10 au départ des gares routière et ferroviaire.

Autour de cette modeste étendue d'eau artificielle, on a construit un **complexe touristique** typiquement coréen regroupant hôtels géants, parcs d'attractions, restaurants et bien d'autres équipements. Le lieu s'avère plutôt agréable lorsque les cerisiers sont en fleur. Vous y séjournerez sans doute si vous voyagez en groupe… bien loin des trésors culturels de Gyeongju certes, mais dans des hôtels de qualité. Le lieu attire les familles, les participants aux multiples congrès, les couples en lune de miel et les étudiants en « phase de décompression ». On se promène au bord de

l'eau, travaille son *swing* sur le parcours de golf, on pédale sur des tandems ou des cygnes géants flottants, frime sur des jet-skis tout en mangeant à toute heure. Les constructions multiformes des parcs d'attractions créent un curieux paysage : Gyeongju World et ses immenses manèges, le parc aquatique de California Beach ou le Shilla Millennium Park, un parc d'attractions sur le thème de la dynastie Silla. Au sud du lac, le complexe World Culture Expo est dominé par une tour de 82 m dont le centre évidé rappelle une pagode. Les amateurs d'art préféreront les expositions permanentes et temporaires du **Wooyang Museum of Contemporary Art** *(✆ (054) 745 7075 - www.wooyangmuseum.org- tlj sf lun. 10h-18h - tarif variable selon l'exposition)*, voisin et presque annexe du Hilton.

BULGUK-SA ET SES ENVIRONS Plan I

★★★ Bulguk-sa 불국사 C2

▶ À 15 km au sud-est de Gyeongju. En voiture : route 7 direction Ulsan puis à gauche au carrefour de Bulguk-sa. En bus : bus n° 10 ou n° 11 de la gare routière ou du Musée national (30mn - 1 500 ₩) - ✆ (054) 746 9913 - mars-sept. : 7h-18h ; oct. et fév. : 7h-17h30 ; nov.-janv. : 7h30-17h - 5 000 ₩.

Ce **temple** fut fondé en 535 sur les pentes du mont sacré du Toham (Tohamsan, 745 m), alors que le roi Beopheung adoptait le bouddhisme comme religion

d'État. Son aspect actuel date de sa reconstruction de 751 à 774. Réparti sur des terrasses, le complexe comptait à l'origine près de quatre-vingts bâtiments, détruits lors des invasions japonaises du 16e s. parce qu'abritant des résistants. La reconstruction partielle réalisée dans les années 1970 est une vraie réussite. Il est l'un des temples les plus visités du pays. Les groupes scolaires s'y succèdent et la foule peut être impressionnante lors du jour anniversaire de la naissance de Bouddha. Aux abords du site s'étend une vraie petite ville de restaurants, hébergements et boutiques. On les oublie vite en découvrant l'écrin de verdure qui protège le temple, en particulier quand les cerisiers sont en fleur.

Chef-d'œuvre de l'architecture bouddhique coréenne, Bulguk-sa témoigne à la fois du savoir-faire des artisans locaux et de la ferveur religieuse de l'époque Silla. Édifié conformément au *sutra* du Lotus, son but était de recréer sur terre l'idéal bouddhiste, un palais éternel pour Bouddha – d'où son nom signifiant « **temple du pays de Bouddha** ». Il est inscrit sur la liste du Patrimoine mondial de l'Unesco depuis 1995.

Deux **doubles escaliers** *(fermés au public)* desservent l'entrée du temple symbolisant le passage entre le monde terrestre et le monde céleste et ainsi considérés comme des ponts. Celui de l'ouest se compose du pont du Lotus (dix marches) et du pont des Sept Trésors (sept marches symbolisant sept trésors tels l'or ou l'argent). Il mène au hall du Paradis. Celui de l'est est divisé en pont des Nuages bleus et pont des Nuages blancs, comptant chacun 33 marches (comme les 33 mondes célestes, les 33 étapes avant l'illumination). Il dessert la porte Jaha qui fait face au hall principal.

Les sobres **galeries** qui rejoignent les différents édifices sont remarquables. Elles délimitent clairement les espaces et invitent à une promenade méditative… tout en protégeant de la pluie bien sûr. Les bâtiments semblent flotter, soulevés par les lignes courbes des toits. Le gris des tuiles et les peintures bleu-violet des superbes boiseries ont beaucoup d'allure.

Deux **pagodes** se dressent de chaque côté de la cour centrale, symbolisant le yin et le yang. Côté droit, **Dabotap** (pagode aux Trésors prolifiques) se caractérise par son style apparenté au royaume de Baekje. La plate-forme centrale était à l'origine gardée par quatre lions. Le *sarira*, périmètre sacré (*voir encadré p. 375*), est surmonté d'une corolle de nénuphar tandis qu'une fleur de lotus orne la pointe s'élevant à 10,40 m. Face à elle, **Seokgatap** (pagode de Sakyamuni), à trois niveaux et haute de 8,20 m, est d'une sobriété typique de la période d'unification (668-935). Au sein du Daeung-jeon, le hall principal (1765), les statues qui entourent Sakyamuni symbolisent le passé et l'avenir. Vous noterez les peintures exceptionnelles à l'intérieur comme à l'extérieur (avancées des toits) de l'édifice. Le hall du Paradis se dresse lui dans la cour ouest, protégeant un Bouddha Amitabha en bronze doré. À l'extrémité nord-est du complexe, le **sanctuaire Gwaneum-jeon** est dédié à Avalokitesvara représenté debout sur un lotus. La plate-forme surélevée qui supporte l'ensemble offre une belle vue sur le temple, ses cours, ses toits aux tuiles luisantes. Parmi les autres curiosités, notez un stupa Gwanghak-budo en granit rose et en forme de lanterne sculptée de bouddhas.

★★★ Seokguram Grotto 석굴암 D2

À 6 km de Bulguk-sa, bien indiqué. De Gyeongju, bus n° 10 ou 11. Du parking de Bulguk-sa, le bus n° 12 dessert Seokguram (8h40-17h20 ttes les h env. - 20mn - 1 500 ₩). À pied, chemin pentu de 3 km entre les guichets d'entrée des deux sites. ☏ (054) 746 9933 - de mi-mars à sept. : 6h30-18h ; nov.-janv. : 7h-17h ; de fév. à mi-mars et oct. : 7h-17h30 - 5 000 ₩, parking 2 000 ₩. Au-delà du guichet, une belle allée de 600 m mène au site.

Figurant sur la liste du Patrimoine mondial de l'Unesco, ce magnifique **sanctuaire** fut commandé sous le roi Gyeongdeok en 751 et achevé en 774 sous le roi Hyeong. Ce temple-caverne, en fait une cella voûtée recouverte par un tertre artificiel, abrite une imposante **statue de Bouddha** (*Bonjonbul*) considérée comme le plus grand chef-d'œuvre d'art bouddhique coréen. La statue de 3,5 m de haut, qui repose sur un lotus de granit blanc, montre l'illumination de Sakyamuni. Elle est entourée de 42 divinités et *bodhisattva* taillés dans la pierre et harmonieusement disposés – ainsi les dieux-gardiens sculptés en bas-relief qui surveillent l'antichambre et les points cardinaux. La **rotonde** et le **dôme** qui les surplombent et les enveloppent sont une véritable **prouesse architecturale**. La première symbolise le paradis bouddhique où les êtres vivants sont guidés vers le nirvana. La partie inférieure est occupée par les dix disciples de Bouddha tandis les alcôves en hauteur protègent des *bodhisattva*. Le dôme qui surplombe Bonjonbul est constitué de 360 dalles disposées sans mortier dans un équilibre remarquable – témoignant d'une grande maîtrise des mathématiques et de la géométrie. De plus, la grotte a été conçue pour que le bouddha ne reçoive la lumière du soleil de face qu'un seul jour par an, au solstice de printemps. Dommage que l'ensemble soit aujourd'hui protégé par une vitre qui « étouffe » un peu la magie du lieu et empêche d'en apprécier les détails.

Le temple Bulguk et ses doubles escaliers.
KTO

De l'esplanade précédant la grotte, la vue est superbe sur les reliefs boisés qui flamboient en automne et descendent en vagues vers le littoral. Du parking, vous découvrirez en contrebas un beau panorama sur la mosaïque de rizières et le mont Namsan.

NAMSAN PARK 남산공원 Plan I

Un grand nombre de tombes royales ondulent au sud et à l'ouest de la ville. Ainsi, celle de **Taejong-Muyeol** (B1), dernier souverain de Silla avant l'unification de 668, celui qui mit fin au royaume rival de Baekje. Si les tombes de ses successeurs se couvrirent peu à peu d'ornements, celle-ci se caractérise par sa simplicité. Non loin, les tumuli du **parc Seoak-ri Gobungun** (B1) abriteraient ses ancêtres. Mais ce sont avant tout les beaux chemins du parc de Namsan qui aimantent les visiteurs vers le sud de Gyeongju.

4

★★ Namsan 남산 B2

Du centre-ville, bus nº 11 vers l'entrée est du parc (à 2-3 km au sud du Musée national), dont l'étang de Seochulji. Bus nº 500 à 507 pour le flanc est du massif.

À quelques kilomètres au sud de Gyeongju, le parc de Namsan doit sa notoriété à ses 57 bouddhas taillés depuis le 7e s. dans les rochers (*maaebul*) de ses 35 vallées, mais aussi à ses ermitages, temples, pagodes (64), tombes et pavillons disséminés au sein de superbes paysages. On peut y pénétrer par plusieurs entrées et le parcourir quelques heures *via* de nombreux chemins plus ou moins bien indiqués. Malgré les courtes distances et le relief modeste, partez avec une bonne carte ou un compagnon coréen si vous n'êtes pas sûr de vous. Vous pouvez aussi sillonner les piémonts du parc à vélo sur des routes très calmes.

Samneung, l'entrée la plus populaire, se trouve à l'ouest et sert de point de départ à diverses randonnées au centre de Namsan *(de 3 à 7h de marche)*. À voir entre autres l'ermitage de **Sangseonam** et ses beaux panoramas, le point culminant de **Geumosan** (468 m), la vallée profonde de Yongjanggol, site du temple de **Yongjangsaji** (et son Bouddha assis), et **Chilbulam**, l'ermitage des sept Bouddhas – dont Samjonbul, une triade faisant face à la falaise. Au nord-est du parc, voyez aussi le couvent de **Bori-sa** et l'**étang Seochulji** et son pavillon « flottant » sur les lotus.

Excursions Carte de région p. 218-219

★★★ Yangdong Folk Village 양동마을 C2

À 20 km au nord de Gyeongju. En voiture, route 68 direction Angang ou route 7 direction Pohang, puis suivez les panneaux marron indiquant le site. En bus : de la gare ferroviaire ou routière de Gyeongju, les bus n° 200, 201, 202, 203 et 206 vous emmènent en 40mn à 1,3 km de l'entrée du village. La plus fréquente, la ligne 203 – départ gare routière – propose des départs presque ttes les h. entre 6h20 et 19h50 -1 600 ₩). L'office du tourisme de Gyeongju fournit un guide très complet de Yangdong en anglais.

Bienvenue dans l'un des plus beaux villages du pays, inscrit sur la liste du Patrimoine mondial de l'Unesco en 2010. Sans doute fondé aux alentours de 1400, presque noyé dans les arbres et les fleurs, il s'étend en partie dans une vallée fertile, en partie à flanc du mont Seolchang, et compte plus de 170 maisons traditionnelles pour beaucoup habitées. L'ensemble constitue un bel exemple de **village aristocratique de la période Joseon**, à l'époque un important centre de culture confucéenne. L'érudit Yi Eonjeok (1491-1533) y vit le jour et associe son nom et celui de sa famille à bien des édifices du village. Si vous avez la chance de visiter ces lieux seul(s) ou presque, vous apprécierez sans nul doute cette balade dans une Corée « disparue », tout en silence, à peine troublée par les bruits du quotidien, une balade « en odeurs et couleurs ». Vous détaillerez une à une les demeures aux toits de tuile ou de chaume qui occupent toutes un rang dans la hiérarchie nationale très compliquée des Trésors nationaux, culturels et autres… Le degré de conservation des différentes maisons est quasi unique en Corée. Parmi les demeures les plus remarquables, signalons **Hyangdan** (1543) et ses élégants toits évasés. Elle comprenait à l'origine 99 pièces ! Toutes les maisons du village sont entourées de murs de pierre et de jardins soignés. Celles coiffées de chaume abritaient les servant(e)s qui prenaient soin des intérieurs de la noblesse. Elles sont particulièrement nombreuses autour de Gwangajeong où logeait le gouverneur au début du 16e s. Outre les maisons particulières, vous verrez un pavillon, des écoles privées *(seowon)* et publiques *(hyanggyo)*. Quelques petites maisons de thé vous permettront de faire une pause.

Si vous circulez en voiture, vous pourrez faire un détour par deux sites liés à l'érudit Yi Eonjeok : l'école confucéenne d'**Oksan Seowon** construite en son honneur en 1572 et **Dongnakdang**, une belle maison de 1532 qu'il habita un temps, et que l'on peut visiter sur demande à l'office de tourisme. Ces deux sites se trouvent à quelques kilomètres à l'ouest de Yangdong par la route 28.

Vers la côte C2-3

Gyeongju ne se situe qu'à 30-40 km de la côte où quelques curiosités mineures occuperont les touristes de longue durée.

La route 7 vous mène à la dynamique ville portuaire de **Pohang** (500 000 habitants) avant tout connue pour l'usine POSCO (Pohang Steel Company), le deuxième complexe sidérurgique du monde, et le POSTECH (Pohang University of Science and Technology), l'établissement universitaire le plus réputé de

Le village de Yangdong.
KTO

Corée… financé par le groupe POSCO. Vous y trouverez des ferries pour l'île **Ulleung** *(voir encadré p. 212)* ainsi que la plage de Bukbu, au nord de la ville. Le long de cette dernière, plutôt agréable et très populaire, nombre de restaurants servent d'excellents fruits de mer.

La route 4 dessert diverses curiosités tout en filant vers le littoral. Au croisement avec la route 14, un panneau vous invite à rejoindre un peu plus au nord le **temple Girim** *(✆ (054) 744 2292 - 8h-20h - 3 000 ₩)*. Ce vaste complexe fut fondé sur les pentes du mont Hamwol en 643 sous le nom d'Imjeon-sa. S'y trouve… l'une des plus petites pagodes de pierre du pays. Faites demi-tour et suivez la route 14 (*puis 929*) jusqu'à la côte. Une « annexe » du parc national de Gyeongju protège ici une curiosité très peu spectaculaire : la **tombe sous-marine du roi Munmu** (Underwater Tomb of King Munmu). Il ne s'agit que de quelques rochers, mais ils accueillirent les cendres du roi qui espérait ainsi devenir un dragon de mer pouvant protéger la péninsule des envahisseurs. Le lieu motive parfois la tenue de cérémonies de chamanisme. Plus « visibles », les toutes proches pagodes de pierre du temple **Gameun**, hautes de 13,4 m. À 10 km plus au nord (*route 31 direction Pohang*), vous rejoindrez le petit port de **Gampo** et ses nombreux restaurants de poissons et fruits de mer.

★ Ulsan 울산 C3

À 40 km au sud-est de Gyeongju, Ulsan peut être rejointe par le rail et la route en 50mn de trajet. On peut aussi sans mal la visiter en une journée d'excursion au départ de Busan (1h en bus) et Daegu. Attention, les sites industriels ne pouvant être visités qu'une ou deux fois par semaine et en réservant, il convient de se renseigner au préalable.

En centre-ville - 308-9 Samsan-dong, Nam-gu - ✆ (052) 229 6353 - 9h-18h - tour.ulsan.go.kr/eng/. Annexes à la gare ferroviaire Taehwagang et à la gare KTX.

L'immense Ulsan (1,2 million d'habitants), n'est pas la plus belle ville du monde, ni de Corée, ni même de la région. Le centre-ville, entre les carrefours

Beonyeong et Sageori, présente peu d'intérêt. Une « mini-ville Lotte » (hôtel, centre commercial, parc d'attractions tenus par le conglomérat coréano-japonais du même nom), des restaurants et des commerces composent le quartier. Plus loin, un marché au gros fourmille d'acheteurs et de transpalettes à l'ombre des tours qui poussent à vue d'œil. Une activité incessante donc, mais rien d'impressionnant si l'on connaît déjà les villes de la péninsule. Pourquoi se rendre alors dans la capitale coréenne de l'industrie lourde, la ville du groupe Hyundai ? Justement pour ces industries qui emploient une grande partie du million d'habitants. **Ulsan City Tour** *(✆ (052) 7000 052 - www.ulsancitytour.co.kr/renewal/site_eng/main/main.php - durée 6h - 5 000/10 000 ₩)* organise six visites guidées thématiques (histoire, écologie,...) dont l'une mène aux impressionnants complexes industriels : le complexe pétrochimique SK qui fournit tout le pays en essence ; l'**usine automobile Hyundai** où 34 000 ouvriers produisent 5 600 voitures par jour et Hyundai Heavy Industry qui emploie 25 000 personnes dans **le plus grand chantier naval du monde**. De cette ville de grues gigantesques, les plus gros supertankers du monde sortent à un rythme impressionnant *(voir encadré)*.

Pour les mêmes visites industrielles au départ de Daegu, voir p. 227.

GÉANTS DES MERS « KOREAN STANDARD »

Petit pays économiquement à l'agonie il y a 70 ans, la Corée est aujourd'hui devenue l'un des leaders mondiaux des puces électroniques, des écrans plats, de l'acier et de la construction automobile et navale. Ces dernières industries lourdes bouleversent le paysage de villes comme Pohang, Ulsan ou d'îles comme Geoje (*voir p. 282*). Les touristes les fuient, à tort. Elles font désormais partie du paysage du pays, de sa réalité quotidienne, de sa prospérité et méritent pour cela que l'on s'y intéresse. La Corée produit ainsi les plus gros supertankers du monde, à une vitesse et d'une qualité qui laissent beaucoup de concurrents à la traîne. **35 % des bateaux construits dans le monde** sont *made in Korea* (37 % en Chine, 21 % au Japon, 5 % dans l'Union européenne). Compte tenu du coût – très relativement élevé selon les emplois – de la main-d'œuvre locale, c'est une interrogation. L'explication de cette performance réside donc dans le très haut niveau de la technologie coréenne et dans sa culture du travail dirigée d'une main de fer, les syndicats étant souvent réduits à la plus simple expression. Le plus grand chantier du monde est celui de la compagnie Hyundai à Ulsan, où travaillent 25 000 ouvriers et d'où sort un navire géant... tous les quatre jours. D'autres compagnies (Samsung, STX, Hanjin...) gèrent d'autres sites, voire achètent des chantiers à l'étranger. Cependant, la Chine, qui pour l'instant construit plus petit et de moins bonne qualité, rattrape vite son retard.

Visites guidées à Ulsan *(voir ci-dessus)*. Et le musée de la Construction navale à Geoje-do *(voir p. 283)*.

NOS ADRESSES À GYEONGJU

TRANSPORTS

Avion – Gyeongju est relié par bus aux aéroports de Busan Gimhae *(12/j. 6h50-18h30 - 2h15 - 11 000 ₩)* et Ulsan *(4/j. - 1h - 5 000 ₩)*.

Train – La jolie **gare centrale** (Plan II- AB1) - *(054) 743 4114* voit partir le *Saemaul* vers Séoul *(en 4h30)*, des trains pour Dongdaegu *(1h10 - nombreuses connexions)*, Pohang *(30mn)* et Ulsan *(35-50mn)*. La **gare du KTX** a été construite à Singyeong (appelé aussi New Gyeongju), à quelques km au sud-ouest du centre-ville. Comptez 20mn en bus et 1 200 ₩ pour s'y rendre via les bus n° 50, 51, 60, 61 et 70, accessibles à partir de la gare routière et ferroviaire. Trains vers Séoul *(2h - 45 500 ₩)* et Busan *(30mn - 11 500 ₩)*. Pour toutes informations consultez le site : www.letskorail.com.

Bus – Côte à côte (Plan II A2), les très pratiques terminaux **Express** (*(054) 741 4000, www.kobus.co.kr*) et **Intercity** - (*(054) 743 5599)* permettent de relier un très grand nombre de villes avec des rotations fréquentes ; prix variables selon les compagnies, le temps et le confort. Busan par exemple *(8h30-22h30 - 1h - 4 800/5 200 ₩)*, Daegu *(6h50-22h - 1h - 4 900/5 300 ₩)*, Daejeon *(3h - 17 500 ₩)*, Ulsan *(1h - 3 100 ₩)*, Pohang *(1h - 4 900 ₩)*, Séoul *(6h-24h - 4h20 - 20 500/33 300 ₩)*.

Voiture – Vous trouverez des agences en sortant à gauche de la gare ferroviaire (Plan II AB1). Les hôtels de Bomun proposent aussi ce service.

SE DÉPLACER

Les **taxis** rôdent partout et vous klaxonnent pour vous inciter à ne pas marcher. Des **bus** pratiques à utiliser desservent tous les sites. Ainsi les **bus nos 10** *(dans le sens des aiguilles d'une montre)* et **11** *(sens inverse des aiguilles d'une montre)* effectuent une grande boucle toutes les 20mn pour 1 500 ₩ : gare routière, gare ferroviaire, Musée national, Namsan (Tongiljeon), Bulguk-sa, Bomun, gare ferroviaire, gare routière. Vous pourrez aussi louer des **vélos** *(12 000 ₩/j)* et des **scooters** *(40 000 ₩/6h)* autour des différentes gares et du lac Bomun.

INFORMATIONS UTILES

Banque/change – L'avenue Hwarang-ro, qui part de la gare, regroupe plusieurs banques ainsi que la **poste** principale (Plan II A1) - *(054) 740 0114 - lun.-vend. 9h-17h.*

VISITES

Si vous ne disposez que d'une journée, vous pouvez prendre part à l'un des tours en bus organisé par **Gyeongju Tours** (*10 000/20 000 ₩ sans les entrées*) au départ de l'office du tourisme de la gare routière. Explications en coréen, mais vous aurez au moins la satisfaction d'être transporté rapidement de site en site.

L'office du tourisme de Gyeongju peut vous orienter vers de **nombreuses activités thématiques** : promenades nocturnes à travers les sites, séjour à la ferme et plantation de riz, confection de poteries, pratique de l'art martial Seonmoodo au temple de Golgul *(golgulsa.com/)*… à vous de choisir !

HÉBERGEMENT À GYEONGJU

Près de la gare ferroviaire

PREMIER PRIX

Gyeongju Guesthouse – 경주 게스트하우스 – Plan II A1-2 - *240-3, Wonhwa-ro - (054) 745 7100 - www.gjguesthouse.com -* *- wifi - 20 ch. dortoirs non mixtes de 4 et 10 pers. 10 000/20 000 ₩/pers., ch. double 35 000/50 000 ₩* . Située à quelques minutes de marche de la gare, cette *guest house* ne manque pas d'atouts : propre et bien tenue. La salle commune spacieuse et moderne est propice aux échanges. Cuisine, petite bibliothèque, ordinateurs…

Près de la gare routière Plan II

PREMIER PRIX

Show Motel – 쇼 모텔 – A2 - *29-1, Taejong-ro 685beon-gil - (054) 771 7878 - - wifi - 37 ch. 50 000/90 000 ₩.* Parmi la vingtaine de *love hotels* qui se nichent près de la gare routière, il est l'un des plus confortables et originaux à condition d'avoir une bonne tolérance au mauvais goût, ce qui reste la norme pour ce type d'établissement. Affilié à une chaîne, il propose des chambres immenses à la décoration chamarrée. Salles de bains inoubliables et autres surprises.

Icarus Motel – 이카루스 모텔 – A2 - *23, Taejong-ro 685beon-gil - (054) 777 3311 - - wifi - 28 ch. 50 000/80 000 ₩.* À deux pas du Show Motel, ce *love hotel* très prisé le w.-end peut être une excellente adresse en semaine. Accueil sympathique (on a l'habitude de recevoir des étrangers). Chambres bien tenues avec toutes les commodités d'usage liées à ce type d'établissement (ordinateur, TV, nécessaire à toilettes, etc.). Attention certaines chambres sont pour fumeurs.

Silla Boutique Hotel Premium – 신라부티크호텔 프리미엄 – A2 - *200, Gangbyeon-ro - (054) 745 3500 - www.sillaboutiquehotel.com - - wifi - 32 ch. 89 000/160 000 ₩ - 6 000 ₩.* Située dans la quartier des *love hotels*, cette *guest house* qui dispose également d'une annexe fonctionne comme un hôtel (réception, personnel) avec toutes les facilités d'une maison d'hôtes (laverie, cuisine où l'on peut préparer son petit-déjeuner, salle d'ordinateurs, consignes pour stocker les bagages, possibilité de louer des vélos *(5 000 ₩/j.)*, bar, lounge, restaurant. Excellente adresse, très bien tenue, située à deux pas des deux gares routières.

Centre de Gyeongju Plan II

PREMIER PRIX

Sarangchae Guesthouse – 사랑채민박 – A2 - *23, Poseok-ro 1068beon-gil - (054) 773 4868 - - wifi au salon - 11ch. 45 000 ₩ avec salle de bains privée* . Cette typique *hanok*, située au cœur du quartier de Hwangnam, à 3mn du Daereung-won, est une belle adresse pour tous ceux qui veulent découvrir cette architecture particulière. Les chambres à *ondol* ou lits se répartissent autour d'une cour centrale. Il est vivement conseillé de réserver !

RESTAURATION À GYEONGJU

Dans le centre-ville de Gyeongju Plan II. À l'entrée sud du parc des Tumuli, vous trouverez plusieurs restaurants de **Ssambap** (riz et viande enveloppés de laitue).

PREMIER PRIX

Pour être totalement dépaysé, rendez-vous au **marché de Jung-ang** *(7h-20h)* où vous pourrez découvrir d'innombrables plats (fruits de mer, viande…) autour d'une grande table ou dans l'un des nombreux box situés à proximité du fourneau. N'oubliez pas de goûter le **gyori kimbap** *(ou gimbap après la romanisation)*, spécialité locale qui se présente sous la forme d'un énorme *maki*. Ces rouleaux à base de riz et d'algues sont fourrés par une omelette finement émincée. Le **kimbap** est bien sûr un héritage culinaire de la colonisation japonaise. Parmi les autres spécialités locales : le **kalguksu**, plat à base de nouilles (farine de blé) faites à la main ; le **sundubu**, soupe de tofu qui peut être très épicée…

Pyeongyang Naengmyeon Jip – 평양냉면집 – A1 - *109-2, Wonhyo-ro - ✆ (054) 772 2448 - 11h-21h - CC - 8 000/14 000 ₩.* En retrait de la rue des cinémas (face au Pizza Hut), une adresse simple au fond d'une impasse transformée en cour, fraîche et délassante avec sa petite fontaine. On vient ici pour manger la fameuse soupe froide de nouilles au sarrasin épicée *(8 000 ₩)* ou le classique *bulgogi* littéralement la « viande au feu », bœuf mariné avec l'incontournable et délicieuse pâte de piment *(gochujang)* et grillé au barbecue *(14 000 ₩)*.

BUDGET MOYEN

Dosol Maeul – 도솔마을 – A2 - *8-13, Sonhyoja-gil - ✆ (054) 748 9232 - 11h-15h, 17h-21h - fermé lun., Chuseok et Nouvel an lunaire - CC P - 9 000/15 000 ₩.* Situé dans une traditionnelle *hanok* qui jouxte le parc de Daereung-won, ce restaurant, outre un cadre magnifique, sert une cuisine goûteuse et copieuse depuis plusieurs générations (sole grillée). Un vrai déjeuner dominical typiquement coréen et ce malgré l'influence de touristes toujours plus nombreux. Une adresse à ne pas manquer sur Gyeongju.

Sookong Sikdang – 숙영식당 – A2 - *60, Gyerim-ro - le long du mur et du parc des Tumuli - ✆ (054) 772 3369 - 11h-21h - fermé 2e, 4e mar., Chuseok et Nouvel an lunaire - CC - 9 000/25 000 ₩.* Dans cette vieille *hanok* transformée en restaurant depuis 1979, une fois traversée la cour puis être passé devant la cuisine, on se déchausse pour déjeuner en tailleur dans l'une des petites salles qui se suivent en enfilade. Un moment simple et authentique pour découvrir d'inoubliables *pajeon* ou autres spécialités locales, comme le riz glutineux à base d'orge et autres céréales.

Kisoya – 기소야 – A2 - *90, Wanghyo-ro - ✆ (054) 746 6020 - 10h-15h, 17h-21h - fermé 1er et 3e lun. - CC - 10 000/20 000 ₩.* Ce restaurant japonais qui dispose d'une terrasse à l'arrière donnant sur le site de Noseo-dong est assez plaisant malgré une décoration peu propice à l'évasion. Goûtez aux classiques japonais (*tempura, unagi*) agrémentés d'une touche coréenne (*udon kimchi, kimchi katsudon*).

POUR SE FAIRE PLAISIR

Yeonhwa Baru – 연화바루 – Plan I B1 - *4827, Daegyeong-ro - à 7mn en taxi de la station de bus (20mn environ à pied) et à proximité de l'école confucéenne Seoakseowon - ✆ (054) 774 5378 - 12h-21h - fermé Chuseok et Nouvel an lunaire - CC P - 7 000/18 000 ₩.* Idéal pour qui veut découvrir cette cuisine bouddhiste. Le *jeongsik* (table d'hôte) se compose d'une dizaine de plats végétariens (*bindaetteok* – à base de haricots mango, base dite ambérique verte – salade de racines de lotus, *tempura*, *bibimpap*, velouté de *Danhobak*, potiron coréen, etc.), le tout accompagné de thé et soupe sans oublier les inévitables *banchan*. Compter 18 000 ₩/pers. à condition de ne pas être trop pressé. Le moine saura toutefois vous faire patienter.

HÉBERGEMENT AUX ENVIRONS

Lac Bomun (Bomunho)

Vous serez logé dans l'un des hôtels de ce *resort* si vous voyagez en groupe. Bonnes affaires en semaine et hors saison.
À Bomun, les restaurants des hôtels dominent le marché.

POUR SE FAIRE PLAISIR

Benikea Swissrosen Hotel – 스위스로젠호텔 – Plan I C1 - *465-37, Bomun-ro - (054) 748 4848 - www.swissrosen.com* - *- wifi - 60 ch. 160 000 ₩ - 11 000 ₩.* Exilé sur les hauteurs, cet hôtel somme toute assez impersonnel propose un traditionnel confort 3 étoiles (piscine, jardin, restaurant) d'un bon rapport qualité-prix.

Commodore Hotel Gyeongju – 코모도호텔 – Plan I C1 - *422 Bomun-ro - (054) 740 8100 - www.commodore.co.kr* - *- wifi - 276 ch. 180 000 ₩.* Un immense hôtel équipé de chambres très confortables et spacieuses mais très peu dépaysantes.

UNE FOLIE

Hilton Gyeongju – 힐튼경주 – Plan I C1 - *487-7 Bomun-ro - (054) 745 7788 - www.hiltongyeongju.co.kr* - *- wifi - 330 ch. 187 550/399 300 ₩ - 33 000 ₩.* Hall rétro qu'embellit un Miró et chambres très confortables bien que sans surprises. Belle piscine et parc de sculptures contemporaines. Peut-être l'un des plus singuliers dans cette gamme de prix.

À Bulguk-sa

POUR SE FAIRE PLAISIR

Kolon Hotel – 코오롱호텔 – *289-17, Bulguk-ro* - Plan I C2 - *(054) 746 9001 - www.kolonhotel.co.kr* - *- wifi - 317 ch. 140 000/180 000 ₩ - 15 000 ₩.* Dans un écrin de verdure (forêt et golf), un hôtel calme et confortable.

À Pohang

POUR SE FAIRE PLAISIR

Commodore Hotel Pohang – 코모도 호텔 포항 – carte de région C2 - *71, Songdo-ro - 37733 Pohang - (054) 241 1400* - *- wifi - 43 ch. 60 000/120 000 ₩ - 7 700 ₩.* À 35 km de Gyeongju, dans la ville portuaire de Pohang, chambres rénovées dans un style « zen » avec vue sur la baie.

À Ulsan

UNE FOLIE

Nombreux motels et hôtels dans le centre-ville dont le luxueux **Lotte Hotel Ulsan** – 롯데호텔울산 – carte de région C3 - *282, Samsan-ro, Nam-gu - (052) 960 1000 - www.lottehotel.com/ulsan/ko* - *- wifi -200 ch. 250 000 ₩ - 38 000 ₩.*

ACHATS

Produits de bouche

Le pittoresque **marché** de Seong-dong s'étend face à la gare (Plan II A1). On peut y goûter le **soboro** (pain frit fourré d'une pâte à base d'haricots rouges). Au sud de Hwarang-ro, le quartier de Nodong-dong concentre mille et une boutiques. Dans le centre, près des tumuli, nombreux ateliers-boutiques vendant l'inévitable **gyeongju bbang** (pain de Gyeongju), connu sous le nom de *hwangnam bbang*. Depuis 1939, on fabrique à la main, sans aucun conservateur ou édulcorant, cette petite pâtisserie ronde farcie de haricots rouges. Soigneusement emballée, elle fera un cadeau singulier. Goutez également cette autre spécialité locale : le **chalborippang**, pain à base d'orge au goût de noisette.

Hwang Nam Bbang – 황남빵 – *783, Taejong-ro - ✆ (054) 749 7000 - www.hwangnam.co.kr - 8h-23h -* CC P *- 800 ₩, assortiment 16 000 ₩ (20), 24 000 ₩ (30).*

Objets artisanaux

Nombreux dans les magasins du centre, près de Bulguk-sa ou au Folk Craft Village (*Hadong - ✆ (054) 746 0618*) entre Bomun et Bulguk-sa, objets inspirés de la période Silla : céramiques, broderies, améthystes, quartz violet, répliques de bols d'argent.

AGENDA

De mai à octobre, des spectacles de **danse et musique traditionnelles** sont donnés au théâtre en plein air du lac Bomun et dans le parc Anapji (*horaires détaillés à l'office de tourisme*). Ne manquez pas le **Festival des gâteaux et boissons traditionnels** (de *fin mars à déb. avr.*) et le très coloré **Festival de la culture Silla** en octobre *(danse, musique…)* durant trois jours.

Gyeongju, Wolseong Park.
J. Arnold/hemis.fr

4

Busan 부산

★★

3 379 747 d'habitants – province de Gyeongsangnam-do

Busan est une ville dynamique, un dynamisme qu'elle revendique et répète comme si elle avait à cœur d'être sans cesse comparée à sa grande sœur, Séoul, qu'elle fit plus que seconder pendant la guerre de Corée, quand, la capitale défaite, Busan et « son périmètre » devinrent les seuls espaces non colonisés ou détruits par les Nord-Coréens. Depuis, la ville affiche une certaine fierté à être devenue cette colonne vertébrale à partir de laquelle la Corée du Sud commença à redresser la tête sous le haut commandement des Nations unies noyé par des moyens matériels et militaires américains considérables. Busan ne l'a jamais oublié. Ses marchés gigantesques en témoignent aujourd'hui. Mais elle est aussi une géographie découpée, péninsulaire, presque aussi vaste que Rio de Janeiro, affutée par cet axe maritime qui va du Japon à Singapour en passant par Hong Kong. Busan n'a pas de DMZ ; ici tout est ouvert au grand large. Le plus grand port de Corée est aussi l'un des tout premiers d'Asie pour son trafic de conteneurs. Et si tout est possible ici, chacun le fait à la mesure de sa géographie et implicitement de son quartier, selon que l'on habite au bord de la plage, sur les hauteurs ou au cœur de la cité.

NOS ADRESSES PAGE 270
Hébergement, restauration, achats, activités, etc.

S'INFORMER

Office de tourisme – Busan Station (plan II B1) - *(051) 441 6565 - 9h-20h*. Haeundae - *(051) 749 5700 - 9h-18h*. Terminal international des ferries (plan II B2) - *(051) 465 3471 - 9h-18h*. Aéroport de Gimhae (international) - *(051) 973 2800 - 6h-23h*. Aéroport, terminal domestique - *(051) 973 4607- 6h-23h*. Informations : *tour.busan.go.kr/eng/* et *english.busan.go.kr/*. Bornes U-Tour en ville, et applications à télécharger.

SE REPÉRER

Carte de région B4 (p. 218-219) – Busan se situe dans le sud-est de la péninsule, à 385 km de Séoul. La ville couvre une large superficie. Au sud, Nampo-dong (quartier « historique ») et ses marchés. Plus au nord, Seomyeon combine affaires et shopping. La gare ferroviaire se situe entre les deux. D'autres quartiers aménagés autour de plages (dont Haeundae et ses nombreux hôtels) ou de vallées complètent l'agglomération.

À NE PAS MANQUER

Le marché de Jagalchi (et un déjeuner à l'étage), le temple de Beomeo. Prendre de la hauteur pour dominer le site de Busan (collines, plages, baies…). Les falaises de Taejongdae. Le festival du BIFF et les biennales d'art contemporain. Une soirée attablée à l'une des *pojangmacha* de Seomyeon.

ORGANISER SON TEMPS

Consacrer au moins trois jours aux différentes « ambiances » de Busan. Attention, le week-end, les tarifs hôteliers grimpent en particulier aux abords des plages. Août et octobre sont les mois des festivals.

AVEC LES ENFANTS

Le fascinant marché de Jagalchi et le port. Les plages, l'aquarium d'Haeundae et le téléphérique de Dongnae.

Busan est le plus grand port coréen.
KTO

Se promener Plans de la ville p. 260, 261 et 264

Les sites décrits ci-dessous ne concernent que quelques quartiers. Si vous avez du temps, il existe bien d'autres plages et criques à visiter grâce au réseau de métro et de bus : Dadaepo, son célèbre coucher de soleil et son festival rock, Songjeong, Songdo, Ilgwang… Quant à Eulsuk-do, l'île dans l'estuaire du fleuve Nakdong, elle ravira les ornithologues. En outre, **la ville se transforme à vue d'œil** et de nouvelles attractions naissent chaque jour : immenses tours modifiant l'horizon, projets pharaoniques du port du Nord avec marinas, ville verte, front de mer attractif, commerces… À suivre.

NAMPO-DONG, GWANGBOK-DONG, JUNG-GU ET TAEJONGDAE Plan II

Compter une journée pour cette promenade. Une demi-journée pour le marché Jagalchi avec un déjeuner autour de poissons crus – la spécialité de Busan – avant de filer sur le BIFF et de jouir d'une formidable vue panoramique en haut de la tour de Busan.

★★★ Jagalchi Market 자갈치시장 A3

M° Jagalchi, sortie n° 10 - ✆ (051) 713 8000 - 5h-22h - fermé le 1er et 3e mar. de chaque mois.

Le **plus grand marché de fruits de mer** de Corée – son nom signifie « caillou » – vaut immanquablement le détour. Il a pris son essor juste après la guerre de Corée en s'appuyant surtout sur les bras disponibles, soit essentiellement féminins. Les vendeurs sont donc des *Jagalchi Ajumma*, *ajumma* désignant ces femmes entre deux âges ou mariées à ces hommes qui sont le plus souvent en mer.

Dans cette marée d'étals de fruits de mer alimentée jours et nuits par les multiples bateaux de pêche (n'hésitez pas à flaner le long du quai Suhyup Jagalki Market pour observer les déchargements incessants) se dresse depuis 2006 le nouveau bâtiment principal : Jagalchi Market Building (*voir Nos adresses*). Tout est ici placé sous le signe de l'abondance, jusqu'à la toiture du bâtiment

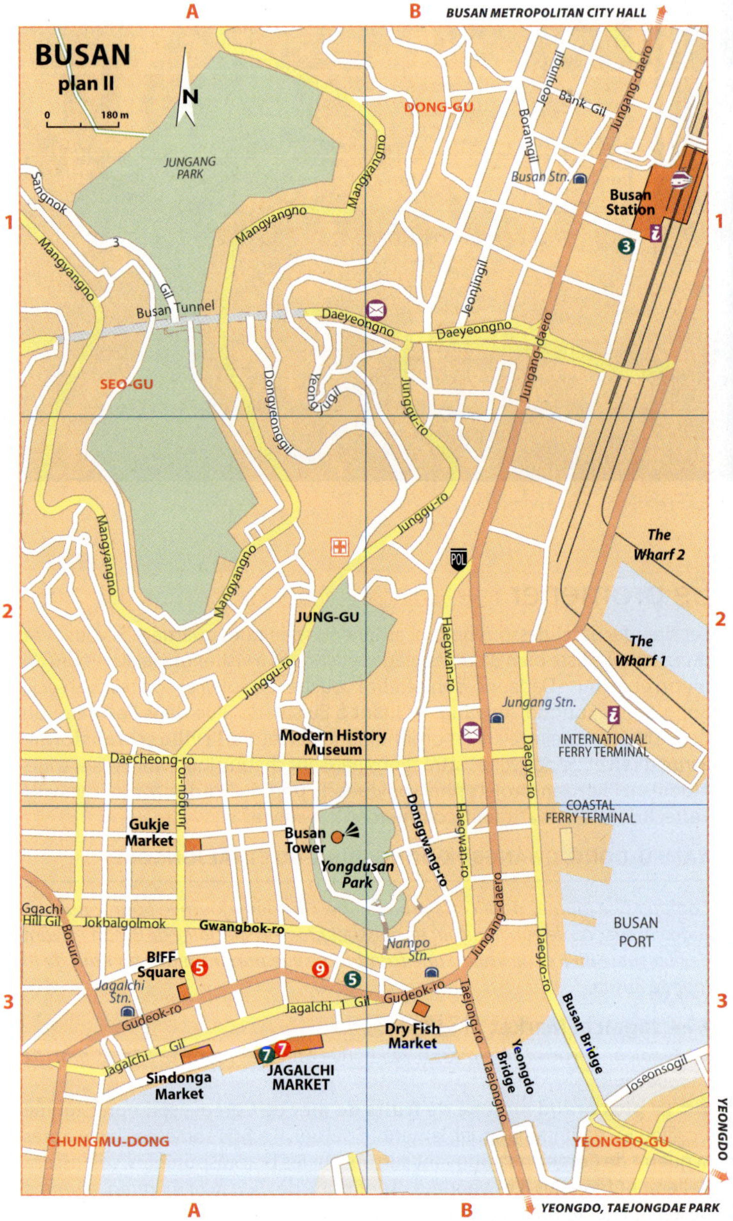

SE LOGER

Fünstay Inn Guest House 5
Terra Guest House 7
Toyoko Inn Busan Station 1 3

SE RESTAURER

Nampo Samgyetang 5
Oase Sea Food 7
Seoul Kakdugi 9

SE LOGER		SE RESTAURER			
Busan Angel Hotel	1	Lotte Department Store Busan	4	Songjung Samdae Gukbap	2
Lotte Hotel Busan	5	Mugunghwa	5	Yetnal Jjajang	3
Queens Hotel	3				
Uniqstay	2				

central qui évoque le vol des mouettes virevoltant au-dessus des chalutiers lestés par le produit de leur pêche.

Aux allées bien organisées du marché moderne s'ajoutent les multiples stands qui occupent les rues alentour, formant le pittoresque marché de **Sindonga** (A3) juste à l'ouest.

Un peu plus à l'est, le **marché aux poissons séchés** (Dry Fish Market, B3) occupe de petites maisons qui survivent à l'avancée des immeubles de verre (pour combien de temps encore ?). Les poissons y sont rangés par tailles, comme les clous d'un magasin de bricolage, aux côtés des colliers de moules, d'algues touffues ou longilignes (2 m parfois !). Des étals de filets de pêche, bouées et plantes apportent eux aussi leur touche de couleurs et d'odeurs.

N'oubliez pas d'observer le **Yeongdo Bridge,** le seul et unique pont à bascule de Corée. Il a réouvert en 2013 après plusieurs années de rénovation. Les admirateurs ne manquent jamais de s'attrouper dès qu'il se met en action.

Traverser la grande artère (Gudeok-ro, par le Nampo Underground Shopping Center pour aller en direction de Biff Square (environ 200 m).

BIFF Square (스퀘어) et Gukje Market 국제시장 A3

M° Nampo-dong ou Jagalchi.

Cette appellation renvoie au célèbre festival de cinéma (Busan International Film Festival) créé en 1996 alors que Busan s'écrivait encore Pusan… Réservée aux piétons, la rue regroupe depuis les années 1960 nombre de cinémas, théâtres et restaurants ouverts 24h/24. Mais le festival a désormais migré à Haeundae-gu (*voir p. 266*), dans une mise en espace assez spectaculaire.

La jeunesse locale et les touristes affluent au BIFF Square, notamment en fin d'après-midi, attirés par les rues commerçantes toutes proches et quelques alignements de *pojangmacha*. Sa minuscule *Walk of Fame* (marche de la célébrité) propose quelques empreintes de mains parmi lesquelles celles du metteur en scène Kim Ki-duk ou de l'actrice française Jeanne Moreau. Pour nombre de passants, c'est l'occasion de déambuler devant les différents commerces tout en dévorant une crêpe sucrée (*hotteok*) fourrée de cacahouètes concassées.

Boutiques de mode, cafés, terrasses, se succèdent le long de **Gwangbok-ro**. Ils annoncent le vaste **marché Gukje** (A3 - *tlj 9h-20h sf 1er et 3e dim. du mois*), un quartier en damier où l'on vend de tout en quantité illimitée : nœuds roses pour les cheveux, balais-brosses pour WC, kakis séchés, globes terrestres, vêtements, etc. Ce marché s'est véritablement développé pendant la guerre de Corée sous l'impulsion des Américains qui importaient en quantité astronomique les biens de consommation courante dont ils pouvaient avoir besoin. N'oublions pas qu'au début de 1951, la république de Corée est réduite au périmètre de Busan, Daegu et Masan, 52 des 55 villes ayant été dévastées par les bombardements ou prises par les Nords-Coréens. Dans les années 1950 et 1960, Gukje Market est alors le centre du commerce et de la distribution en Corée du Sud.

Quittez le marché pour prendre la direction de l'est sur quelques centaines de mètres pour arriver jusqu'à la Busan Tower. On coupe alors la Gwangbokjungang-ro qui cerne le Yongdusan Park.

Yongdusan Park 용두산 공원 et Busan Tower 부산타워 AB3

Mo Nampo-dong, sortie no 3 puis première à droite.

Ce petit parc urbain est apprécié par les anciens qui y font leurs étirements matinaux et leur promenade du soir. Bâtie en 1973 (une profonde rénovation est envisagée aujourd'hui) pour rivaliser avec la N Seoul Tower, la **Busan Tower** *(A3 - 9h-22h - 5 000 ₩)* du haut de ses 120 m de hauteur (189 m par rapport au niveau de la mer) offre une extraordinaire **vue★★★** sur la ville. C'est pour l'heure le point culminant en attendant que la tour voisine du Lotte (chaîne d'hôtellerie de luxe) soit enfin construite. La vue panoramique permet, *via* des petits cartels écrits en anglais, de comprendre cette segmentation urbaine qui caractérise Busan. Observer par exemple le projet qui, entre 2008 et 2019, doit développer la partie nord du port et ce, sur plus d'un million de m^2. Cela donne une idée de la capacité de la ville à se projeter dans l'avenir. Expositions et boutiques de souvenirs – d'un intérêt bien relatif – complètent le complexe.

BUSAN INTERNATIONAL FILM FESTIVAL

Face au Pacifique et à ses voisins japonais et chinois, le *Busan International Film Festival*, fenêtre incontournable pour qui s'intéresse au cinéma asiatique, s'impose désormais comme l'un des plus grands festivals mondiaux. Et ce, d'autant plus à l'aune de son emplacement géographique (le nouveau quartier de Centum City) et de l'architecture époustouflante qui singularise ce complexe cinématographique inauguré en 2011 *(voir p. 266)*. En 2017, le BIFF a montré sur ses 32 écrans 300 films provenant de 75 pays. Si le festival vit en journée autour du *Busan Cinema Center* – le marché du film, très important, se déroule non loin de là au palais des expositions, le Bexco –, et se déplace à la nuit tombée autour du *BIFF Village*, sur la plage de Haeundae, la Croisette coréenne. www.biff.kr

PUSAN ? VOUS AVEZ DIT BUSAN ?

Depuis 2000, suite au changement de système de transcription du *hangeul* (le nom de l'alphabet coréen en coréen) en caractères latins (à chaque signe du coréen correspond un signe de l'alphabet latin), le nom de la ville s'écrit désormais Busan (mais se prononce toujours « Poussanne »). Busan est de fait multilingue : pratique pour attirer les investissements, commode pour échafauder les projets les plus fous, comme le Busan International Film Festival, l'un des plus importants du monde. C'est là aussi l'incarnation d'une langueur contextuelle toute coréenne aussi méridionale soit-elle. Imaginez la Croisette de Cannes, son festival potentiellement fréquentable par 4 millions d'habitants sans compter bien sûr tous ses festivaliers.

En contrebas du parc, - direction nord-est - **Donggwang-ro** (B3) avec ses restaurants et antiquaires est une rue calme et agréable à parcourir. Non loin, le modeste **musée d'Histoire moderne** *(A2 - Daecheong-no - ✆ (051) 253 3845 - museum.busan.go.kr - tlj sf lun. 9h-18h, dernière entrée 17h - gratuit)* raconte l'histoire de la ville.

Le plus simple est de redescendre le parc en direction du front de mer au sud. Un escalator débouche directement sur Gwangbok-ro Shopping Street, une voie commerciale très populaire.

Vous pouvez ensuite rejoindre l'artère Gudeok-ro après avoir emprunté la galerie souterraine de la Nampo Station. *La sortie n° 10 du métro donne accès au Lotte Department Store de Gwangbok.*

Le dernier étage offre un très beau point de vue sur le front de mer et quelques découvertes insolites comme cette ferme avec poules et lapins que les clients observent à la nuit tombée à la lumière de leur portable ! Dans les grands magasins, le dernier étage est souvent réservé aux enfants pour inciter les parents à traverser le plus grand nombre de galeries marchandes…

On peut continuer sur Busan Station mais cela n'a guère d'intérêt à moins de vouloir réserver un billet pour prendre le KTX.

Busan Station 부산역 B1

Au nord de Nampo par l'avenue Jungang-daero - M° Busan Station.

Au nord de Jung-gu et de ses tours de bureaux, l'ancienne gare de brique s'est muée en un grand vaisseau de verre où les KTX terminent leurs courses. Elle regroupe un office de tourisme, des restaurants et des commerces. La vaste esplanade qui l'annonce accueille souvent des manifestations. De l'autre côté de la rue commencent Chinatown et le quartier de Texas Street. Ce mini-Chinatown décoré aussi proprettement qu'un parc d'attractions avec ses multiples lampions sagement alignés mérite à peine un détour sauf si vous cherchez un petit restaurant chinois…

★ Taejongdae Park 태종대공원 Plan I AB4 p. 264

Île Yeongdo. Bus n° 30 de Nampo-dong (côté marché de Jagalchi). Pour s'extraire un moment de la frénésie urbaine de Busan et goûter à une atmosphère plus reposante, ne manquez pas cette petite excursion dans le parc de Taejongdae, à l'extrémité de l'île Yeongdo. Un petit train touristique *(mars-oct. : 9h20-20h ; nov.-mars : 9h20-19h - 2 000 ₩)* effectue une boucle de 4 km, avec plusieurs arrêts, offrant au fil du parcours de belles vues sur les **falaises** escarpées, la mer et les grands arbres (pins, camélias, etc.) qui s'étagent sur les pentes du mont Taejong (250 m). Il est bien sûr possible d'effectuer la promenade à pied.

A
B
SEOUL
1
2
3
4
ULSAN
MIPO
DALMAJI
SEOBU BUS TERMINAL
GIMHAE AIRPORT
DADAEPO
JANGSEUNGPO
JEJU-DO
JAPAN
Geumjeongsan
Beomeo-sa
Geumjeong Sanseong
Nakdonggang
Hopo Stn.
Geumgok Stn.
Dongwon Stn.
Yulli Stn.
Hwamyeong Stn.
Gyeongbu Line (Railroad)
Sujeong Stn.
Namsanjeong Stn.
Deokcheon Stn.
Gumyeong Stn.
BUK-GU
Nopo-dong Stn.
Dongbu Bus Terminal
Beomeosa Stn.
Namsan-dong Stn.
Dusil Stn.
GEUMJEONG-GU
Guseo-dong Stn.
Jangjeon-dong Stn.
Pusan Nat l Univ. Stn.
Hoedong
N
Gochon Stn.
Dong-Busan College Stn.
Youngsan Univ. Stn.
SPA CITY
Cable Car
Oncheonjang Stn.
Banyeo Agricultural Market Stn.
Geumsa Stn.
Seokdae Stn.
DONGNAE-GU
Mandeok Stn.
Sukdeung Stn.
Subway Line 3
Myeongnyun-dong Stn.
Seodong Stn.
Dongnae Stn.
Myeongjang Stn.
Minam Stn.
Suan Stn.
Nakmin Stn.
Chungnyeolsa Stn.
Sajik Stn.
Sports Complex Stn.
Dongnae Stn.
Asiad Stadium
Busan Nat l Univ. Edu. Stn.
Jaesong Stn.
HAEUNDAE-GU
Geoje Stn.
Yeonsan-dong Stn.
Busan Museum of Art
Geoje Stn.
YEONJE-GU
Suyeong Stn.
Centum City
Busan Cinema Center
BUSANJIN-GU
Subway Line 1
City Hall Stn.
Mulmangol Stn.
Mangmi Stn.
U-dong Stn.
Busan Museum of Modern Art Stn.
Yangjeong Stn.
Baesan Stn.
Centum City Stn.
Haeundae Stn.
Suyeong Stn.
Millak Stn.
Bujeon Stn.
Bujeon-dong Stn.
SASANG-GU
SUYEONG-GU
GWANGAN
Buam Stn.
voir plan III
Dongbaek Stn.
Haeundae
Seomyeon Stn.
Gwangan Stn.
Naengjeong Stn.
SEOMYEON
Subway Line 2
Gaya Stn.
Jeonpo Stn.
Gwangalli Beach
Busan Sea Life Aquarium
Jurye Stn.
Gaegeum Stn.
Dongeui Univ. Stn.
Beomnaegol Stn.
Geumnyeonsan Stn.
Dongbaek Island
Beomil Stn.
Munjeon Stn.
Daeyeon Stn.
Namcheon Stn.
Beomil-dong Stn.
Munhyeon Stn.
Gwangan Bridge
Jwacheon-dong Stn.
Kyungsung Univ. Pukyong Nat l Univ. Stn.
Jigegol Stn.
Motgol Stn.
Busanjin Stn.
Busan Museum
Uam Stn.
DONG-GU
Choryang-dong Stn.
UN Cemetery
SEO-GU
voir plan II
NAM-GU
Seodaesin-dong Stn.
Dongdaesin-dong Stn.
BUSAN PORT
JUNG-GU
Igidae Park
Jangsan
Toseong-dong Stn.
Jagalchi Market
Daeti Stn.
YEONGDO-GU
Busanman Bay
Oryuk-do
Yeong-do
Taejongdae Park
Taejongdae Observatory
BUSAN
plan I
0
2 km

SE LOGER		SE RESTAURER	
Busan Tourism Organization ARPINA	3	Dong Nae Byel Jang	1
Novotel Ambassador Busan	9	Halmae Pajeon	3
Paradise Hotel Busan	17	Ho Jub Mong	20
Pobi Guesthouse	19	Kuromatsu Centum	19
Sunset Business Hotel	7	Millak	9
The Westin Chosun Busan	15	Shintobuli	13
Toyoko Inn Busan Seomyeon	5	Yeyije Galbi	5

SEOMYEON ET NAM-GU

Seomyeon 서면 Plan III p. 261

Centres commerciaux géants en surface et sous terre, *hub* de transports, foule, néons… Plaisant surtout autour du **grand magasin Lotte** (A1), Seomyeon est le quartier animé de Busan dès la nuit tombée. Une soixantaine de *pojangmacha* (échoppes mobiles, A2, *tlj sf lun. 17h-2h*) prennent d'assaut les trottoirs. Restaurants, bars, pubs, les adresses sont légions dans les rues adjacentes *(voir Nos adresses)*. Mais pas seulement. Si vous observez bien les enseignes lumineuses qui éclairent la majorité des façades, vous verrez qu'une grande partie d'entre elles promeuvent la chirurgie esthétique *(voir l'encadré)*.

Cimetière des Nations unies (UN Cemetery) 유엔기념공원
Plan I B3

Quartier de Nam-gu, non loin du mont Jang - M° Daeyeon sortie n° 3 - ✆ (051) 625 0625 - www.unmck.or.kr - 9h-17h (18h en été) - gratuit.

Ce cimetière commémoratif des Nations unies est unique au monde. Les drapeaux des 22 pays qui ont participé à la guerre de Corée sous le commandement des Nations unies flottent au-dessus des 2 300 sépultures de soldats tombés entre 1951 et 1954. Parmi elles, 44 tombes françaises (celles des soldats originaires d'Afrique du Nord). 11 000 dépouilles furent rapatriées aux quatre coins du monde (Europe, États-Unis, Australie, Turquie, Amérique du Sud, Éthiopie, Maghreb, etc.). Au total, les Nations unies perdirent plus de 40 000 soldats, les Sud-Coréens autour de 138 000, sans parler du nombre de soldats portés disparus ou blessés *(voir La guerre de Corée p. 180)*.

Aux alentours, le mont Jang (225 m) et le parc **Igidae** sont sillonnés par d'agréables chemins offrant tous de belles vues sur la ville et la mer. À voir aussi dans le quartier le **Busan Museum** *(✆ (051) 610 7150 - museum.busan.go.kr - 9h-18h)* qui présente la ville du néolithique à nos jours.

4

PHYSIQUE À LA CARTE

Près de 120 cliniques dédiées se concentrent dans **Seomyeon**, faisant de Busan l'une des plaques tournantes du tourisme médical à vocation esthétique pour le Nord-Est asiatique. Un marché florissant – que développe activement la Corée notamment à Séoul et Busan (les Busan Medical Tourism Guide Map font florès) – qui concernerait aussi près de deux Coréennes sur cinq selon les dernières estimations. En Corée, il n'y a pas de tabou quant à l'apparence physique. Chacun entend bien **mettre toutes les chances de son côté** pour trouver un emploi comme le répétent inlassablement les publicités, promettant réussite sociale et familiale à qui améliorera son apparence physique, projettera une meilleure image de lui-même. Une image selon un modèle véhiculé par les starlettes de K-pop. Ou par les candidates à Miss Korea… toutes quasi-identiques !

★ Asiad Stadium 아시아드 스타디움 Plan I A2

M° Sports Complex (sortie n° 9).

Construit entre 1993 et 2001, ce stade étonne par sa silhouette atypique. Son toit en téflon laisse passer la lumière qui éclaire les 53 769 sièges disposés en vagues multicolores. S'y sont déroulés les Jeux asiatiques, la Peace Cup, mais surtout des rencontres de la Coupe du monde de football 2002. La Corée, en battant la Pologne 2-0, s'était qualifiée pour les demi-finales. Aujourd'hui, le gazon est foulé par l'équipe locale des Busan I'Park.

LES PLAGES DE HAEUNDAE ET GWANGALLI Plan I p. 264

À l'est de l'agglomération. Rens. eng.haeundae.go.kr

Autour du Busan Cinema Center 영화의전당 B2

M° Centum City, sortie n° 6.

Avant de prendre la direction de la plage de Haeundae, faites un détour par ce quartier qui a récemment connu un développement spectaculaire. S'y trouve le plus grand centre commercial du monde : **Shinsegae Centum City**. Une ville dans la ville ! Grand magasin Shinsegae, restaurants en tous genres au dernier étage (*voir Nos adresses*), mais aussi patinoire, cinémas et **Spa Land** (*6h-0h - 13 000 à 15 000 ₩*), l'un des plus grands spas du monde… Mais, ce qui fait surtout l'intérêt de ce nouveau quartier en plein développement, c'est le très audacieux **Busan Cinema Center★★** dessiné par l'architecte autrichien Wolf D. Prix de l'agence Coop Himmel- b(l)au, aussi connu pour la coque architecturale très avant-gardiste du musée des Confluences de Lyon. Inauguré en septembre 2011, le bâtiment est immédiatement identifiable à sa toiture *cantilever*. Ce porte-à-faux architectural impressionnant – qui fait reposer sur un seul pilier une superficie époustouflante de 162,5 m par 60,8 m (supérieure aux 110 m x 70 m d'un terrain de football) – est illuminé de nuit par plus de 42 000 diodes électroluminescentes multicolores (LED), le tout composant une vague de lumière de l'amplitude d'un tsunami.

Le complexe s'organise autour de trois édifices principaux : le BIFF Theater, 4 000 sièges à ciel ouvert face à un écran géant de 24 m par 13 m. C'est ici que se déroulent désormais les cérémonies d'ouverture et de fermeture du festival. Un autre bâtiment, *Cinemountain*, abrite une salle de spectacles multifonction, un espace cinéma de taille moyenne, deux autres petites salles, une cinémathèque et le **café Lumière** en hommage aux frères Lumière inventeurs lyonnais du cinématographe ; le *BIFF Hill* abrite les bureaux du comité d'organisation éponyme.

Busan Museum of Art 부산 시립미술관 B2

M° Busan Museum of Modern Art (sortie n° 5) - ✆ (051) 744 2602 - art.busan.go.kr/eng/ - tlj sf lun. 10h-18h (sam. 21h) - exposition permanente : gratuit, tarifs spéciaux pour les grandes expositions temporaires.

Face à l'immense parc d'exposition Bexco, ce musée accueille des manifestations temporaires intéressantes et variées, de Picasso à l'art contemporain vietnamien. C'est aussi le lieu d'exposition principal de la biennale de Busan.

Haeundae 해운대 B3

M° Haeundae, sorties n° 3 et 5 - tour.haeundae.go.kr.

Busan compte un grand nombre de plages et Haeundae la cosmopolite en est la vedette. Cette plage de sable blond – la plus connue du pays – a attiré sur ses 1,8 km de prestigieux hôtels, nombre de restaurants et une foule de visiteurs impressionnante en fin de semaine. Le lieu est aussi connu suite au film catastrophe *Haeundae* de Yun Je-gyun (2009), qui raconte le ravage de la station par un tsunami et qui a été vu par 10 millions de spectateurs coréens. Entre la gare et la plage, les motels et un marché bien rangé se succèdent. Puis, peu à peu, les bâtiments s'élèvent pour finalement former un mur le long de la plage. La promenade plantée de pins est agréable. L'ambiance devient californienne le matin, quand les joggeurs y transpirent avant d'aller au bureau. Les terrasses aimantent les expatriés comme les locaux qui se sont mis au café (souvent le plus sucré possible...). On pourra se baigner, jouer au volley sur le sable, faire la fête dans l'un des clubs à la mode puis regarder le soleil se lever, mais aussi visiter l'aquarium en famille.

Le **Busan Sea Life Aquarium** *(✆ (051) 740 1700 - www.busanaquarium.com/en/- M° Haeundae, sortie n°s 3 ou 5 - 10h-20h, vend.-dim. et vac. 9h-22h - 29 000 ₩)* occupe sans mal un après-midi de pluie avec ses poissons exotiques, ses requins, ses loutres et ses pingouins. 40 000 espèces au total !

De l'extrémité est de la plage *(Mipo wharf)*, de petits bateaux de **croisière** jaunes ou bleus emmènent les touristes vers les baies voisines. De jour comme de nuit, Busan vu de la mer est magique *(www.coveacruise.com - 10h-22h - 22 000 ₩ environ)*. Les bateaux desservent aussi l'île d'Oryuk et de Jalgachi *(3/j)* - pratique pour revenir en centre-ville par la mer.

Le quartier de **Mipo**, voisin de l'embarcadère, est célèbre pour ses restaurants de poissons fréquentés dès le matin. Dans le *Haeundae Seafood Hall*, on mange quasiment assis dans les aquariums ! Sur les hauteurs, des galeries et cafés animent le quartier **Dalmaji** pompeusement baptisé *Art District*.

Début juin, Haeundae accueille le **Sand festival**, trois jours de concerts, sports, danses et sculptures de sable *(voir Nos adresses)*.

Le temple « marin » de Yonggung *(M° Haeundae, sortie n° 7 puis bus n° 181)* est unique par sa situation et ses rochers battus par les vagues.

Dongbaek Island 동백섬 B3

M° Dongbaek.

Cette pointe rocheuse plantée de pins et de camélias ferme l'extrémité ouest de la plage d'Haeundae. On peut en faire le tour grâce à un beau chemin côtier arboré qui part (et aboutit) de l'hôtel Westin Chosun. Parvenu à la pointe, vous jouirez de belles vues sur la baie voisine de Gwangan *(voir p. 268)*, son pont impressionnant, ainsi que sur les tours qui poussent à vue d'œil autour de la marina. Outre un petit phare, vous y verrez la **Nurimaru APEC House**, lieu de prestigieux congrès internationaux *(✆ (051) 744 3140 - 10h-17h, fermé 1er lun. du mois - gratuit)*. Ses courbes particulières rappellent un peu les pavillons traditionnels coréens.

LA BIENNALE DE BUSAN

Réputée pour ses thèmes audacieux, elle participe pleinement de la mondialisation de l'art contemporain en invitant non seulement des commissaires, mais une foultitude d'artistes étrangers parmi lesquels un grand nombre étaient, en 2014, français (il est vrai que le commissaire était aussi français) : Gérard Garouste, Vincent Corpet, Gilles Barbier, Djamel Tatah ou Fabrice Hybert... L'art français a la cote. Mais pour la majorité des Coréens, il commence et s'arrête avec les peintres impressionnistes. Ce n'est peut-être pas un hasard si les peintres français sélectionnés pour cette biennale appartiennent au registre figuratif *via* lequel il est sans doute plus facile pour le public coréen de chercher une filiation formelle entre l'impressionnisme et l'art contemporain français ; entre ce qu'il connaît et ce qu'il est prêt à reconnaître.

UN PORT, DES BATAILLES… MAIS PAS DE JEUX

Déjà connu sous la confédération de Gaya (annexé par Silla au 6e s.), l'ancêtre de Busan quitte peu à peu son statut de petit port de pêche. Très tôt, la **proximité du Japon favorise les échanges** commerciaux, régularisés au 15e s. par un traité freinant la piraterie. Mais, cette proximité place également Waegwan (son nom d'alors) aux premières loges pour subir les assauts de ses voisins. Plusieurs fois attaquée (en 1592 notamment), la ville fut dévastée malgré la défense de l'amiral Yi Sun-sin *(voir p. 305)*. Après diverses vagues d'assaut au cours des siècles, l'empire japonais annexe la péninsule en 1910 (jusqu'en 1945) et Pusan est confortée dans son rôle de tête de pont vers l'archipel. Puis, la guerre de Corée éclate et Pusan devient brièvement l'unique zone contrôlée par les alliés (**périmètre de Pusan**) lors de la grande offensive nord-coréenne. Plus de 4 millions de réfugiés y affluent. Pusan, rare espace non occupé par les Nords-Coréens, alors densément peuplé et suréquipé par les Américains, devient rapidement le **moteur économique** majeur du pays à partir des années 1960. Peuplé aujourd'hui de près de 4 millions d'habitants, ce lieu d'échanges commerciaux et culturels est aujourd'hui le cinquième port à conteneurs du monde. Pour autant, la ville n'a pas perdu toute lucidité : Pyeongchang ayant remporté l'organisation des Jeux olympiques d'hiver de 2018, elle a renoncé à sa candidature pour les Jeux olympiques d'été de 2020.

Gwangan 광안 B3

À l'est de l'agglomération - M° Gwangan ou Geumnyeonsan.

La belle plage en croissant de **Gwangalli** (B3) rivalise sans mal avec sa voisine d'Haeundae. Les hôtels de luxe y sont moins nombreux et la promenade à l'ombre des pins et des palmiers, animée par diverses sculptures, est fort agréable. Les terrasses de café se succèdent le long du boulevard qui mène au nord au **Millak Raw Fish Town**, un quartier compact entièrement consacré aux restaurants de poissons frais (disons crus). Vous n'avez là que l'embarras du choix (dont Four Seasons, au 2e étage).

Un **immense pont** ferme la baie, impressionnant la nuit lorsqu'il est éclairé, mais il gâche aussi la vue. Il joue même le rôle principal lors des feux d'artifice du **festival Eobang** (du nom d'une tradition de pêche séculaire), qui se tient chaque année au début du mois de juin.

AU NORD DE LA VILLE Plan I

La ligne de métro n° 1, direction Dongbu, dessert tous les sites de ces quartiers nord.

Dongnae 동래 et Geumjeong Sanseong 금정산성 A1-2

Dongnae s'étend dans une longue vallée au nord de la ville. Le quartier est connu pour son *pajeon* (galette aux oignons verts et fruits de mer) et son spa qui attire les touristes japonais et locaux. Autour de la station de métro Oncheonjang (B2), le quartier de la **Spa City** (*oncheon* signifie sources chaudes) développé par les Japonais regroupe de nombreux restaurants (*izakaya* japonais notamment) et se caractérise par une ambiance typique des villes d'eaux, telles ces vieilles dames prenant des bains de pieds dans le parc. Pour profiter vous aussi des eaux de Dongnae, rendez-vous au complexe **Hurshimchung** *(M° Oncheonjang, sortie n° 3 - ✆ (051) 550 2200 - www.hotelnongshim.com- 5h30-24h (dernière entrée 23h30) - 8 000 ₩,10 000 ₩ le w.-end)*, près de l'hôtel

Nongshim *(voir Nos adresses)*. Au menu : sauna, bains extérieurs et intérieurs, bassins en bois de chêne, hammam…
Les petites rues qui grimpent vers le relief aboutissent au triste parc Geumgang. De là, une **télécabine** antique (A2) *(M° Oncheonjang, sortie 1 - 9h-18h - 5 000 ₩ AS/8 000 ₩ AR)* vous aspire rapidement vers les hauteurs et la **forteresse de Geumjeong** (Geumjeong Sanseong, A1). Durant les 5mn que dure la montée, la **vue sur la ville★★** est exaltante : blocs qui poussent entre les reliefs, tours d'habitation de 50 étages, stade Asiad, mer et reliefs, pont de Gwangan… De (trop) nombreux chemins vous attendent au bout du câble. Vous pouvez vous contenter de redescendre à travers la belle forêt. Ou, comme les nombreux randonneurs, sillonner le relief boisé qu'entourent les portions des remparts (18,8 km de long) de cette **forteresse** « de la montagne dorée » élevée aux 18e et 19e s. N'attendez rien de spectaculaire de cette dernière, la beauté de la nature prend le dessus sur l'intérêt historique. Les portes sud (Nammun) et nord (Bungmun) servent de buts de promenade. De la première, un chemin de 9 km mène au temple de Beomeo, à l'autre extrémité du relief.

★★ Beomeo-sa 범어사 A1

M° Beomeo-sa - sortie 5 ou 7. Prendre ensuite après 5mn de marche (arrêt de bus Samsin) le bus n° 90 (20mn - 1 200 ₩). Il fait une boucle en passant par l'entrée du temple et des chemins de randonnée - ☎ (051) 508 3122 - www.beomeo.kr/eng_templestay/idt.php - 8h30-17h30.
Avant de pénétrer dans le complexe, le visiteur est d'abord enchanté par le **cadre naturel** : torrent, glycines, bosquets de bambous, pins odorants… Vous êtes toujours à Busan, mais bien loin de la frénésie de Seomyeon ! Le temple « du poisson Beomeo », fort intéressant malgré les incendies et pillages qui ne l'ont pas épargné, figure parmi les plus beaux temples coréens. Fondé en 678 par le moine Eusang, il s'étend sur trois terrasses. On passe tout d'abord sous les piliers trapus de l'**Iljumun** (1614). Le plafond du **Daeung-jeon** (hall principal) est décoré de fleurs symbolisant la parole de Bouddha tombant du ciel. En face, une pagode de pierre de la période Silla (9e s.) et à droite, le sanctuaire Gwaneum-jeon. À l'arrière, l'eau d'une fontaine sacrée coule de la source où vit Beomeo. Ce poisson doré qui a donné son nom au temple serait descendu du nirvana sur un nuage coloré pour vivre dans un puits d'or situé dans un rocher du massif Geumjeongsan (« la montagne dorée »). Il y coule une source intarissable. Voyez enfin la lanterne de pierre proche de la vaste salle de lecture.
Le bus redescend vers la ville en passant devant de nombreux restaurants servant entre autres d'excellents *pajeon* aux randonneurs.
Les étrangers peuvent résider au temple Beomeo, *via* le programme *Temple Stay. Informations : eng.templestay.com/*

À proximité Carte de région p. 218-219

★★ Tongdo-sa 통도사 B3

À 35 km au nord de Busan, dans la localité de Sinpyeong. Accès par l'autoroute 1, sortie Tongdo-sa. En bus : bus de Busan Dongbu, ttes les 30mn (en 25mn - 2 200 ₩ - ☎ (055) 382 7182 - www.tongdosa.or.kr - 8h30-18h - 3 000 ₩, entrée en voiture, ajouter 2 000 ₩). Sinon, parking gratuit avant l'entrée du complexe puis 1,2 km de marche.
On parvient au **plus grand temple du pays**, dit « de la Voie éclairante », par un chemin qui longe la rivière et traverse une belle forêt de pins. Tôt le matin,

le silence à peine troublé par le chant des oiseaux fait vite oublier la collection de motels de la ville. Vous passez tout d'abord devant le **musée** (*tlj sf mar. 9h30-17h30 - 2 000 ₩*), connu pour ses superbes collections d'art bouddhique comprenant un magnifique *tanka*, une peinture géante de Bouddha datant de 1792.

Mais ce qui marque avant tout en pénétrant dans le temple est son côté compact. Les bâtiments se serrent très près les uns des autres. Fraîchement repeints ou ayant subi la patine du temps, ils offrent des sensations variées. Malgré les désastres qui se sont succédé (invasions, incendies), on raconte que le **Beopdeung** (temple aux bougies) aurait été éclairé en continu.

Le complexe fut **fondé en 646** pour abriter des reliques de Bouddha rapportées de Chine par le **moine Jajang**. Pami ces reliques qui font l'objet de toutes les dévotions, les fameuses **sarira**, perles cristalines que l'on retrouve uniquement dans les cendres crématoires du défunt qui a aquis de son vivant un état de sainteté total. Ces *sarira,* très prisées pour asseoir la légitimité d'un lieu saint, sont ici tellement nombreuses (*conservées dans une pagode hors du hall*) qu'elles ont évincé jusqu'à la présence des statues de Bouddha dans le **hall principal** (Daeung-jeon, 1641). Un fait quasi unique parmi les temples bouddhiques coréens.

Pour parvenir à l'entrée du temple, il faut traverser la petite ville de **Sinpyeong**, ses motels, son marché de poche et ses rues étroites… un petit monde agréable à regarder vivre le soir si vous décidez de passer la nuit ici. Les services se concentrent autour de la gare routière (croisement de Sonpyeong-ro et Tongdo-ro). Vous y trouverez un petit supermarché et un Paris Baguette Café bien tenu. Pour la nuit, le **Nature Tourist Hotel** (*618-2 Soonji-ri - ☏ (055) 381 1010 - 52 ch. - 70/90 000 ₩*) situé à l'entrée du site est équipé de chambres fonctionnelles. Pour vous restaurer : le **Tongdo Do** (*77 Tongdo-ro - ☏ (055) 382 7070 - 10h-22h*), juste avant le péage, est une adresse sans prétention avec cuisine ouverte et classiques coréens à prix correct.

NOS ADRESSES À BUSAN

ARRIVER/PARTIR

En avion

Aéroport de Gimhae (Plan I A3 en dir.) - *☏ (051) 974 3114 - www. airport.co.kr/gimhaeeng.* À 27 km à l'ouest du centre-ville de Busan (Seomyeon). Les terminaux domestique et international sont distants de 500 m. Vols vers Séoul et Jeju, mais aussi le Japon, la Chine et l'Asie du Sud-Est. Jonction avec Busan par une ligne de métro et des City bus (*n°307 et 201 - 1 600 ₩*) ou bus Limousine vers Haeundae (*ttes les 20mn - 7 000 ₩*) et Busan Station (*ttes les 40mn - 6 000 ₩*), tous via Seomyeon. En taxi, comptez 35 000/40 000 ₩ pour Seomyeon. Bus directs du terminal domestique pour Ulsan (*7 900 ₩*), Tongyeong (*10 900 ₩*), Jinju (*7 100 ₩*) et Gyeongju (*11 000 ₩*).

En train

Busan Station (Plan II B1) - *M° Busan Station.* Terminal des KTX dans le quartier de Jung-gu. Vous y trouverez un office de tourisme et des boutiques. Trains rapides très fréquents vers Séoul (*3h - 58 800 ₩*), Daegu (*1h*), Daejeon (*1h50*). Toujours vers la capitale, trains *Saemaeul* (*4h30/5h - 42 600 ₩*) et *Mugunghwa* (*5h/5h30 - 28 600 ₩*).

En bus

Gare routière de Dongbu - *À l'extrémité nord de la ligne de métro n° 1* (Plan I B1) - *M° Nopo-dong*. Elle regroupe les terminaux Intercity (*☎ (051) 508 9966*) et Express (*☎ (051) 508 9201 ou 2088 2635*). Bus pour Gyeongju (*8h-23h - 50mn -5200 ₩*), Séoul (*0h30-2h - 4h15 - 37 600 ₩*)…

Gare routière Seobu (Plan I A3 en dir.) - *M° Sasang - ☎ (051) 322 8301 ou 559 1000*. À l'ouest de la ville. Bus pour Jinju (*1h30 - 7 800 ₩*), Tongyeong (*2h - 11 000 ₩*) et Namhae (*2h30 - 12 000 ₩*).

En ferry

Les **deux terminaux** se situent tous deux en centre-ville (*M° Jungang-dong, sortie n° 12*).

Terminal international – (Plan II B2) *☎ (051) 465 3471 ou 63 3068*. Vers le Japon : **Fukuoka/Hakata** (*ferry quotidien Camelia Line, départ 22h30, durée 9h - 90 000 ₩ ; ou hydrofoil Beetle, 3/j. durée 3h05 pour la plus rapide - 120 000 ₩*), **Shimonoseki** (*tlj 21h - durée 12 ou 13h - 95 000 ₩*), **Osaka** (*3/sem. -tlj 15h - durée 19h - 160 000 ₩*), **Tsushima** (*2-3/j. - durée 1h30 à 2h - 80 000 ₩*).

Terminal côtier – (Plan II B3) *☎ (051) 400 3399 ou 660 0117*. Vers Jeju (*3 à 6/sem. - durée 12h - à partir de 52 000 ₩*) et quotidiennement vers Gohyun, Okpo et Jangsengpo.

SE DÉPLACER

Bon réseau de bus et surtout de **métro** (6 lignes, pratiques avec bornes automatiques - *tarifs : un trajet de 1 300 à 1 500 ₩ selon la destination. Ticket 24h à 5 000 ₩, ticket 7 j. à 21 000 ₩. Infos : www.humetro.busan.kr/english/main.do*).

INFORMATIONS UTILES

Poste centrale – *Jungang-no - M° Jungang-dong sortie n° 9* (Plan II B2) - *lun.-vend. 9h-20h, sam.-dim. 13h*. Aussi des bureaux de quartier.

Argent – Bureaux de change, banques et distributeurs *Global* à l'aéroport, à la gare et dans les zones touristiques.

Santé – Busan National University Hospital - *10 1-ga Ami-dong - ☎ (051) 254 0171*.

Alliance française – *311 Chungnyeol-daero, Dongnae-gu - M° Nangmin, sortie n° 3 - ☎ (051) 465 0306 - www.afbusan.co.kr - lun.-vend. 9h-21h, sam. 9h-16h*. Expos, cinéma, concerts, DJ's.

VISITES

Outre les croisières à partir de Haeundae notamment (*voir p. 266*), notez les circuits en bus de **Busan City Tour** – *☎ (051) 464 9898 - www.citytourbusan.com - tlj sf lun. - 12 000 ₩ (-20 % si vous avez voyagé en KTX)*. Six trajets différents de jour (*16/j - de 9h30 à 17h*) au départ de Busan Station (*sortie 1*) ou de divers points desservis, et trois circuits nocturnes (*19h en hiver, 19h30 en été*).

HÉBERGEMENT

☺ Attention, les tarifs grimpent le vend. et sam. et en période estivale selon les établissements : entre le 20 et 31 déc., 1 ou 2 sem. en janv., mi-juillet-mi août, les 4 et 5 mai et quelques jours en oct. pendant le festival de cinéma.

À Seomyeon

Emplacement idéal pour profiter d'une vie nocturne dense. Restaurants, bars, étals de rue, rien ne manque !

PREMIER PRIX

Busan Angel Hotel – 부산엔젤호텔 – Plan III B2 - *46-7, Jungang-daero 692beon-gil, Busanjin-gu - M° Seomyeon,*

4

lignes n° 1/2, sortie n° 2 - (051) 802 8223 - wifi - 61 ch. 60 000/220 000 ₩. Si vous avez envie d'être au cœur de l'action (bars, restaurants et boutiques), cette adresse est pour vous. Passé la façade un peu ridicule et le salon pseudo-*old England*, vous verrez de belles petites chambres. Service de pick-up pour l'aéroport.

Queens Hotel – 퀸스 호텔 – Plan III A2 - *56, Bujeon-ro, Busanjin-gu - M° Seomyeon, lignes n° 1/2, sortie n° 7 - comptez 8mn à pied - (051) 806 8871 - wifi - 41 ch. 60 000/140 000 ₩.* Les chambres extrêmement bien tenues, modernes, élégantes, sobres et confortables (*petit-déjeuner compris et en libre service au 2e étage*) font de cet hôtel (*love hotel* pour certains) une aubaine, à condition d'éviter le w.-end car le prix des chambres double dès le samedi (*120 000/140 000 ₩*). Ordinateur et nécessaire à toilette disponibles dans chaque chambre. Certaines sont dotées d'une kitchenette.

BUDGET MOYEN

Uniqstay – 유니크스테이 – Plan III A2 - *59, Bujeon-ro, Busanjin-gu - M° Seomyeon, lignes n° 1/2, sortie n° 7 - presque en face du Queens Hotel - (051) 808 5577 - www.uniqstay.co.kr - wifi - 28 ch. dim.-jeu. 80 000 ₩, vend. 90 000 ₩, sam. et hte sais. 100 000 ₩ (-10 % pour walk in, -15 % si deux nuits consécutives).* Véritable coup de cœur pour cet hôtel tenu avec une grande élégance, et où l'on est reçu comme des rois avec une vraie courtoisie. Le petit-déjeuner est pantagruélique et soigné (produits frais). Rien ne manque (café-bar, bière pression…) jusqu'au bilinguisme (coréen/anglais) de Jay Moon le patron, d'une gentillesse et d'une humilité presque anachronique. Probablement l'une des meilleures adresses si ce n'est la meilleure adresse de Busan. Il est prudent de réserver.

Toyoko Inn Busan Seomyeon – 토요코인 부산 서면 – Plan I A3 - *39, Seojeon-ro, Busanjin-gu - M° Seomyeon, lignes n° 1/2, sortie n° 10 - puis tout droit sur 500 m - (051) 638 1045 - www.toyoko-inn.kr - 40 pl. - wifi - 308 ch. 77 000 ₩.* Chaîne japonaise populaire et sans grand charme mais pratique et confortable avec tous types de commodités : ordinateur, laverie…

UNE FOLIE

Lotte Hotel Busan – 롯데호텔부산 – Plan III A1 - *772, Gaya-daero, Busanjin-gu - M° Seomyeon, lignes n° 1/2, sortie n° 7 - (051) 810 1000 - www.lottehotel.com/busan/ko - wifi - 650 ch. 242 000/351 000 ₩ - 36 300 ₩.* Onze restaurants *(voir rubrique Restauration)* fitness, spa, piscine, casino… Le *nec plus ultra* à prix hors catégorie ! Avec une belle vue urbaine !

À Nampo-dong

PREMIER PRIX

Fünstay Inn Guest House – 펀스테이 게스트하우스 – Plan II A3 - *30, Gudeok-ro, Jung-gu - M° Nampo, ligne n° 1, sortie n° 1 - face au centre d'info touristique - (051) 254 2203 - wifi - 24 ch. 65 000 (sem.)/75 000 (w.-end) ₩.* Classique *guest house*, chambres rétros avec un mobilier un peu kitsch. Mais pratique et confortable. Bar, restaurants, salle d'ordinateurs, cuisine, lave-linge…

Terra Guest House – 테라 게스트하우스 – Plan II A3 -

52, Jagalchihaean-ro, Jung-gu - Jagalchi Market, 7e ét. - M° Jagalchi, ligne n° 1, sortie n° 10 ou M° Nampo, sortie n° 2 - ☎ 010 2843 2009 - terraguesthouse.co.kr - ▤ CC - P gratuit pdt 12h pour les clients des ch. individuelles - 4 ch. et 4 dortoirs - ch. double 90 000 (sem.)/100 000 ₩ (w.-end) ☕. Située au dernier étage du Jagalchi Market Building, cette *guest house* possède des chambres (*ondol*) avec pour certaines une vue imprenable sur la mer. Accueil sympathique, auberge très bien tenue avec toutes les facilités d'usage (ordinateurs, cuisine…). Bar-café et une magnifique terrasse donnant sur le port. À défaut d'y séjourner, prenez-y au moins un café !

Toyoko Inn Busan Station 1 – 토요코인호텔 1 – Plan II B1 - *12, Jungang-daero 196beon-gil, Dong-gu - M° Busan Station, ligne n° 1, sortie n° 8 - ☎ (051) 466 1045 - www.toyoko-inn.kr - ▤ CC - P 25 pl. - wifi - 359 ch. 68 200/79 200 ₩* ☕. Accolé à la gare, un hôtel d'excellent rapport qualité-prix, propre à la chaîne japonaise. Le prix comprend : petit-déjeuner, laverie, Internet et service efficace.

À Haeundae

Attention, bien se renseigner sur les tarifs selon les dates de festivals, car les prix peuvent être multipliés par 2 voire 4 selon l'affluence, notamment en août.

PREMIER PRIX

Motels – Ils sont très nombreux entre la gare et la plage d'Haeundae, et proposent en semaine des tarifs très corrects.

Busan Tourism Organization ARPINA – 부산관광공사 아르피나 – Plan I B2 - *35, Haeundaehaebyeon-ro, Haeundae-gu - M° BEXCO, ligne n° 2, sortie n° 3 - ☎ (051) 731 9800 - www.arpina.com - ▤ CC P - 🏊 4 500 ₩ - wifi - 110 ch. dortoir (6 lits) 29 700 ₩/pers. et ch. double 96 250/140 000 ₩ (sem.), 122 500/175 000 ₩ (w.-end.) -* ☕ *12 500 ₩*. Près de la marina, une luxueuse auberge de jeunesse.

Pobi Guesthouse – 포비 게스트하우스 – Plan I B3 - *41-1, Jungdong 1-ro, Haeundae-gu - M° Haeundae, ligne n° 2, sortie n° 1 - ☎ (051) 746 7990 - www.pobihouse.com - ▤ CC - P demander en avance - wifi - 11 ch. dortoir (4, 6, 10 lits) 20 000/28 000 ₩/pers., ch. double 60 000/100 000 ₩* ☕ *- mieux vaut réserver.* Entièrement rénovée, cette sympathique *guest house* se trouve à deux pas de la plage d'Haeundae. Accueil serviable. Idéal pour les petits budgets en quête de sable et de soleil.

POUR SE FAIRE PLAISIR

Sunset Business Hotel – 선셋 비즈니스 호텔 – Hors plan I par B3 - *46, Gunam-ro, Haeundae-gu - M° Haeundae, ligne n° 2, sortie n° 5 - ☎ (051) 730 9900 - www.sunsethotel.co.kr - ▤ ✕ CC P - wifi - 85 ch. 150 000/280 000 ₩ -* ☕ *12 000 ₩*. Les belles chambres contemporaines récemment refaites sont décorées avec goût. Personnel charmant.

POUR SE FAIRE PLAISIR

Novotel Ambassador Busan – 노보텔 앰배서더 부산 – Hors plan I par B3 - *292, Haeundaehaebyeon-ro, Haeundae-gu - M° Haeundae, ligne n° 2, sortie n° 3 - ☎ (051) 743 1234 - novotel.ambatel.com/busan - ▤ ✕ CC P 🏊 - wifi - 330 ch. 290 400/387 200 ₩ vue sur l'océan, en août -* ☕ *30 000 ₩*. Hôtel classique, très confortable, et doté d'une superbe vue sur la plage… si vous êtes du bon côté.

Paradise Hotel Busan – 파라다이스 호텔 부산 –

4

Plan I B3 - *296, Haeundae-haebyeon-ro, Haeundae-gu - M° Haeundae, ligne n° 2, sortie n° 3/5 - (051) 749 2111 - www.busanparadisehotel.co.kr/main.do - - wifi - 532 ch. 350 000/650 000 ₩ - 58 000 ₩.* Dans un beau cadre en surplomb de la plage de Haeundae, une aire de détente à base de spas et de piscines des plus relaxante. Bars, restaurants, casino… un espace propice à tous les plaisirs.

À Haeundae/Dongbaek

UNE FOLIE

The Westin Chosun Busan – 부산 웨스틴조선호텔 – Plan I B3 - *67, Dongbaek-ro, Haeundae-gu - M° Dongbaek, ligne n° 2, sortie n° 1 - (051) 749 7000 - twcb.echosunhotel.com - - wifi - 290 ch. 544 500 ₩ (vue sur le parc)/605 000 ₩ (vue sur la plage) - 42 000 ₩.* Havre des présidents et des hôtes étrangers, il est ce qui se fait de mieux à Busan. Il ferme la plage à l'ouest et s'adosse à la colline de Dongbaek. Le lobby en bois, cuir et fresques modernes annonce des chambres de goût qui sont rarement libres le w.-end. Pensez à réserver.

RESTAURATION

À Seomyeon

PREMIER PRIX

Songjung Samdae Gukbap – 송정 3대 국밥 – Plan III AB2 - *29, Seomyeon-ro 68beon-gil, Busanjin-gu - M° Seomyeon, lignes n° 1/2, sortie n° 1 - vers YBM, près de Woori Bank - (051) 806 7181 - 24h/24 - - 6 500/25 000 ₩.* Parmi la vingtaine de petits restaurants spécialisés dans le *Gamjatang* (6 000 ₩), potage à base d'os de porc avec des pommes de terre, de la pâte de soja fermentée et du riz, cette adresse est une institution locale depuis 1946 soit trois générations.

Yetnal Jjajang – 옛날 짜장 – Plan III A1 - *15, Gaya-daero 784beon-gil - M° Seomyeon, lignes n° 1/2, sortie n° 7 - au pied du Lotte Department Store - (051) 809 8823 - 11h30-22h - fermé Chuseok et Nouvel an lunaire - - 3 500/11 000 ₩.* Malgré un cadre peu enthousiasmant, la cuisine de ce restaurant, dressé au pied du Lotte en face des *pojangmacha*, est plébiscitée par tous les locaux, en particulier pour son *jajangmyeon*, un plat d'origine chinoise composé de nouilles de blé *sutamyeon* cuisinées dans une sauce de haricots noirs. Un plat de consolation obligatoirement consommé, selon la tradition coréenne, le 14 avril dit le « jour noir » (*Black Day*) par tous les célibataires habillés également en noir pour l'occasion.

BUDGET MOYEN

Lotte Department Store Busan – 롯데백화점 부산본점 – Plan III A1 - *772, Gaya-daero, Busanjin-gu - M° Seomyeon, lignes n° 1/2, sortie n° 7 - (051) 810 2500 - store.lotteshopping.com/handler/Main-Start - lun.-jeu. 10h30-20h, vend.-dim.et j. fériés 10h30-21h.* Les comptoirs variés et vivants du 1er sous-sol (sucré et salé, coréen, japonais, turc…) ou encore les restaurants plus aseptisés du 9e étage peuvent être une alternative reposante. Parmi ces derniers (*10h30-21h*), le **Osaka**, restaurant japonais appartenant à la famille des *kaiten-sushi* (les sushis défilent sur un tapis roulant), le **Gawon**, restaurant coréen, ou le **TGI Fridays**, restaurant américain avec bar.

Shintobuli – 신토부리 – Plan I A3 - *46-10, Gaya-daero 784beon-gil, Busanjin-gu - M° Seomyeon,* *lignes n° 1/2, sortie n° 7 - derrière le Lotte Department Store - ✆ (051) 817 8877 - 11h30-22h40 - fermé Chuseok et Nouvel an lunaire - CC P - 9 000/25 000 ₩.* Décor agréable (dalles, bois, tuiles) pour des spécialités de porc (*bossam*).

POUR SE FAIRE PLAISIR

Mugunghwa – 무궁화 – Plan III A1 *- 772, Gaya-daero, Busanjin-gu - Lotte Hotel Busan, 43e ét. - M° Seomyeon, lignes n° 1/2, sortie n° 7 - ✆ (051) 810 6330 - www.lottehotel.com/busan - 12h-15h, 18h-22h - fermé Chuseok et Nouvel an lunaire - CC P - déj. 49 000/97 000 ₩, dîner 135 000/250 000 ₩.* Ou comment découvrir et savourer une cuisine traditionnelle coréenne (*Banga-Style*) – en l'espèce la cuisine royale de la dynastie Joseon – dans un cadre somptueux avec des baies largement ouvertes sur la ville et le mont Bukhan.

Au marché de Jalgachi

Il y en a pour toutes les bourses : à partir de 7 000 ₩ pour une sole grillée sur l'un des innombrables étals jusqu'aux prix les plus élevés selon la qualité et la rareté des espèces.

Jagalchi Market Building – 자갈치 시장 – Plan II A3 *- 52, Jagalchihaean-ro, Jung-gu - M° Jagalchi, ligne n° 1, sortie n° 10 ou M° Nampo, sortie n° 2 - ✆ (051) 713 8000 - jagalchimarket.bisco.or.kr - 6h-21h (1er ét.), 9h-22h (2e ét.) - fermé 1er, 3e mar., Chuseok et Nouvel an lunaire - CC P.* Dans ce bâtiment, chaque étage est à explorer : au **premier étage** (rdc), plus d'une centaine de poissonniers vous attendent devant des bassines de fruits de mer et d'espèces marines en tous genres : courbines jaunes (maigre), daurades, mulets, abalones, poulpes, limaces de mer, tuniciers (urochordés), ascidies (organismes filtreurs ressemblant à des éponges pouvant être mangés crus ou cuits ou à la vapeur comme l'ascidie *Styela Clava* mixée avec du bœuf), liste non exhaustive ! Une occasion unique de découvrir des espèces vivantes – qui nous sont pour une grande partie d'entre elles peu familières – avant de pratiquer le *hwaleo hwe*, le fait de goûter des poissons crus encore frétillants. Au **second étage**, on pourra déguster poissons et fruits de mer, assis en tailleur autour de tables basses face à l'océan pour une partie (*choisissez bien*). Près d'une centaine de petits restaurateurs vous attendent (un moment à ne pas manquer). Rien de mieux qu'une assiette de *san nakji*, poulpes découpés et aussitôt avalés, pour démarrer la journée ! Les amateurs pourront goûter le fameux *bokguk*, équivalent du *fugu* japonais.

Les plus gourmets iront au **Oase Sea Food** – 오아제 씨푸드뷔페 – Plan II A3 *- 52, Jagalchihaean-ro, Jung-gu - Jagalchi Market, 5e ét. - ✆ (051) 248 7777 - www.oasebusan.co.kr - tlj sf lun. 12h-14h30, 18h-21h (sam. 12h-14h30, 17h30-19h, 19h30-21h30 et dim. 12h-14h30, 17h30-21h) - CC P - buffet déj. (sem.) 19 800 ₩, buffet dîner(sem.) 35 500 ₩, buffet w.-end 38 500 ₩.* Version luxueuse des buffets de fruits de mer avec une belle vue sur le port. Une excellente adresse. Si vous voulez prendre un verre, n'oubliez pas le café au dernier étage de l'immeuble *(voir Terra Guest House p. 272)*.

À Nampo-dong

Autour de BIFF Square, vous trouverez d'innombrables enseignes ouvertes 24h/24 mais aussi des *pojangmacha*. Idéal pour prendre un petit en-cas.

4

PREMIER PRIX

Seoul Kakdugi – 서울깍두기 – Plan II A3 - *18, Anyeon-ro, Yeonje-gu - ✆ (051) 752 7818 - 9h-21h30 - fermé Chuseok et Nouvel an lunaire - 6 500/23 000 ₩.* Cette grande cantine voit passer chaque jour des centaines de clients de tous âges qui viennent prendre des forces en avalant une *seolleongtang* (bouillon d'os de bœuf agrémenté de nouilles, de fines tranches de bœuf bouilli et de petits oignons verts).

BUDGET MOYEN

Nampo Samgyetang – 남포 삼계탕 – Plan II A3 - *16-1, Nampo-gil, Jung-gu - ✆ (051) 245 5075 - 11h-21h30 - fermé Chuseok et Nouvel an lunaire - CC - 8 000/23 000 ₩.* Le cadre sobre tranche avec les néons de la ruelle. Cette adresse propose depuis 1962 un fameux *samgyetang* : poulet farci de riz glutineux avec de l'*insam*, le ginseng coréen *(p. 363).*

À Haeundae et Gwangan

Vous trouverez de nombreuses adresses de fruits de mer autour des marchés de **Mipo** (Haeundae) et **Millak** (Gwangan, Plan I B3). *Voir p. 267.*

BUDGET MOYEN

Kuromatsu Centum – 구로마쯔 센텀 – Plan I B2 - *35, Centum nam-daero, Haeundae-gu - Shinsegae Centum City, 9e ét. - M° Centum City, ligne n° 2, accès direct au magasin par le couloir de métro - ✆ (051) 745 1950 - www.shinsegae.com - 11h-21h30 - CC P - 8 000/70 000 ₩.* Ce bon restaurant japonais situé au dernier étage du magasin Shinsegae permet d'avoir une vue plongeante sur le BIFF, spectaculaire de nuit. Idem pour le restaurant chinois mitoyen ; cuisine classique le **Ho Jub Mong** - 호접몽 *-(✆ (051) 745 1958 -11h-21h30 - 10 000/25 000 ₩).*

POUR SE FAIRE PLAISIR

Yeyije Galbi – 예이제 갈비 – Hors plan I par B3 - *24, Haeundaehaebyeon-ro 298beon-gil, Haeundae-gu - Pale De Cz, 2e ét. - ✆ (051) 746 9933 - 10h-22h - fermé Chuseok et Nouvel an lunaire - CC P - 12 000/49 000 ₩.* Belles salles boisées avec salons individuels pour déguster la cuisine coréenne traditionnelle arrosée de liqueurs locales. Menu midi avantageux.

À Dongnae

Nombreux restaurants japonais autour de la *Spa City (voir p. 268).*

POUR SE FAIRE PLAISIR

Dongnae Halmae Pajeon – 동래할매파전 – Plan I AB2 - *43-10, Myeongnyun-ro 94 beon-gil, Dongnae-gu - M° Dongnae, lignes n° 1/4, sortie n° 2 - ✆ (051) 552 0792 - www.dongnaepajeon.co.kr - 12h-22h - fermé lun., Chuseok et Nouvel an lunaire - CC - 18 000/20 000 ₩.* Quand le *pajeon* devient art… L'un des *must* est la *dongnae pajeon*, galette aux oignons verts, fruits de mer et bœuf (*20 000 ₩*). Cadre à la fois traditionnel et moderne.

UNE FOLIE

Dong Nae Byel Jang – 동래별장 – Plan I A2 - *12, Geumgang-ro 123beon-gil, Dongnae-gu - ✆ (051) 552 0157 - 12h-15h, 18h-21h - fermé lun. et j. fériés - CC P - déj. 30 000/40 000, dîner 55 000/120 000 ₩.* Construite dans les années 1940, cette maison dans les arbres abrite un restaurant coréen réputé pour ses préparations aussi belles que savoureuses.

PRENDRE UN VERRE DE JOUR OU DE NUIT

De jour, les terrasses des cafés de **Haeundae** et **Gwangalli** sont fort appréciées. Pour plus de calme et une ambiance *arty*, préférez le quartier de **Dalmaji** *(p. 267).*

De nuit, les bars et clubs se concentrent à Seomyeon (clubs taille XL), Haeundae (huppés et cosmopolites) et autour des universités (*M° Kyungsung-Pukyong*, étudiants). Pour une soirée, notre choix se porte sur **Seomyeon** pour son éclectisme. On peut ainsi prendre un verre au *Lounge & Bar* du *Lotte Hotel*, ce bel espace voluptueux porté par de bons groupes de musique est idéal pour se relaxer. On peut aussi s'encanailler dans des lieux plus simples et très amicaux comme le *Bongo Bar* (*18h-2h*) situé dans une petite venelle perpendiculaire aux **pojangmacha** *(voir p. 265)*.

EN SOIRÉE

Cinémas

Les salles de BIFF Square et des *malls* proposent une programmation attendue *M° Nampo-dong ou Jagalchi*. Celle de l'Alliance française (*www.afbusan.co.kr*) (*p. 271*) est plus ambitieuse.
En fait, c'est du côté du formidable **Busan Cinema Center** que se trouve le cœur cinématographique de Busan *(120, Suyeonggangbyeon-daero, Haeundae-gu, M° Centum City - sortie 12)*. Le BIFF *(voir p. 266)* est l'un des plus grands complexes cinématographiques du monde. Sa cinémathèque dispose d'une salle de 212 places et présente souvent des merveilles. *Comptez autour de 7 000 ₩ la place (5 000 ₩ pour la cinémathèque).*

Musique

Busan Cultural Center – 부산시 시민회관 – *1, UN pyeonghwa-ro 76beon-gil, Nam-gu - M° Daeyeon, ligne n° 2, sortie n° 5 - ✆ (051) 607 6000 - www.bscc.or.kr/eng/main - programmation à consulter sur le site.* Accueille l'orchestre philharmonique.

ACHATS

Entre le marché de Gukje et les multiples zones commerçantes, vous choisirez parmi les **articles vedettes** à Busan : vêtements, maroquinerie et bijoux.

AGENDA

Liste complète des festivals sur *english.busan.go.kr*
Sont référencés ici les plus populaires, qui se tiennent entre août et octobre.

Août :

Busan Sea Festival – Festivals des plages de Gwangalli, Haeundae, Songdo, Dadaepo, Songjeong… Pendant ce festival se tient aussi le **Busan International Rock Festival** - *sur la plage de Dadaepo.*

Septembre :

Busan Biennale *(voir p. 267)*. Prochaine biennale prévue en 2018 et généralement répartie sur plusieurs sites (comme le Busan Museum of Art) dans la ville.
www.busanbiennale.org

Octobre :

Busan International Film Festival – Le festival se tient autour de Centum City *M° Centum City ; du BIFF Village Area M° Haeundae et du BIFF Square, M° Jagalki. Voir p. 261 et 266. www.biff.kr.*

Busan Fireworks Festival – Un w.-end dédié aux feux d'artifice sur la plage de Gwangalli. Festival très prisé.

Festival Jagalchi – M *Jagalki.* Sous le slogan : *Oiso ! Boiso ! Saiso !* (« Venez ! Regardez ! Achetez ! ») avec l'accent de Busan, ce festival très populaire met à l'honneur chaque année pendant plusieurs jours le marché et les produits de la mer : célébrations, concours, dégustations, etc.

Jinju 진주 et le Parc national maritime de Hallyeo 한려 해상국립공원

★★

279 161 habitants – province de Gyeongsangnam-do

La ville de Jinju, célèbre pour ses combats de taureaux et son artisanat de la soie, est la porte d'entrée d'une région très variée. Après avoir fait le tour des remparts de la forteresse, vous pourrez visiter le beau temple de Ssanggye, noyé dans les arbres et entouré de plantations de thé. Puis, vous partirez à la découverte du littoral méridional, découpé en centaines d'îles et îlots, à parcourir en voiture ou en bateau. Les belles routes côtières serpentent entre les baies et les reliefs, desservant de charmants villages de pêcheurs vivant au rythme des marées. Peu peuplées et encore préservées, ces îles permettent de découvrir une autre Corée, bien différente de celle des grandes villes et des plaines fertiles.

NOS ADRESSES PAGE 284
Hébergement, restauration, achats, activités, etc.

S'INFORMER

Offices de tourisme – À l'entrée de la forteresse de Jinju (carte de région A4) - *(055) 749 2055 - www.jinju.go.kr - 9h-18h*. À Tongyeong (carte de région B4) - *divers bureaux, à l'entrée de la ville - eng.tongyeong.go.kr*. Au pont Chungmu et au terminal des bateaux d'excursion - *(055) 650 4681*. Namhae-do (carte de région A4) - *à 3 km au sud du pont Namhae - 10h-18h - tour.namhae.go.kr/eng/namhae-eng.web*.

SE REPÉRER

Carte de région AB4 (p. 218-219) – Jinju se situe à 85 km à l'ouest de Busan. De là, le parc national de Jirisan et le parc maritime de Hallyeo sont à 60-70 km. Tongyeong est la ville la plus pratique pour explorer ce dernier.

À NE PAS MANQUER

Les belles routes côtières de Namhae et Geoje ; le temple de Ssanggye ; les anguilles de Jinju et le *chungmu gimbap* de Tongyeong.

ORGANISER SON TEMPS

Pour profiter au mieux des routes côtières, évitez le week-end où elles sont très fréquentées.

AVEC LES ENFANTS

Prendre le bateau vers les îles et îlots du parc national d'Hallyeo. Grimper le mont Mireuk en télécabine.

Se promener à Jinju Carte de région p. 218-219, A4

Le centre-ville s'étend au pied de la forteresse, sur la rive nord de la large **rivière Nam**. On y trouve des motels, des commerces, des restaurants et le principal marché.

★ Jinjuseong 진주성

9h-18h, sam. 19h - 2 000 ₩. La forteresse occupe une colline fortifiée depuis 1379 où se déroulèrent en 1592 et 1593 trois grandes et meurtrières batailles

Le temple de Ssanggye.
KTO

contre les Japonais aboutissant à la destruction du château. À cette occasion s'est produit un épisode très connu, enseigné à tous les petits Coréens : l'histoire de **Nongae**, une *gisaeng* conviée à un banquet avec les envahisseurs japonais. Elle se précipita du haut de la falaise surplombant la rivière Nam, entraînant avec elle un des principaux généraux japonais.
Devenue à présent une calme oasis de verdure en pleine ville, on vient y contempler le fleuve et le coucher de soleil, assis sur les pelouses et à l'abri du **Chokseongnu**. Ce bâtiment, symbole de la ville, fut construit en 1241 et servait de quartier général militaire en temps de guerre et de lieu de repos ou d'études en temps de paix. En fin de semaine, près des deux portes principales (*Chokseokmun à l'est et Gongbungmun au nord*), se déroulent des reconstitutions des batailles qui firent rage en ces lieux. Au fond du parc à l'ouest, un solide édifice moderne abrite les collections du Musée national.

4

★ Jinju National Museum 진주 국립박물관

✆ (055) 742 5951 - jinju.museum.go.kr/html/en/- tlj sf lun. 9h-18h (19h le w.-end) - gratuit. Vous y verrez une exposition bien faite sur la guerre Imjin (invasion japonaise de 1592) racontée à travers des estampes, des cartes, des maquettes et des armes. Mais aussi divers objets issus des temples alentour, des bronzes de la période Goryeo (13e s.), de la porcelaine blanche de la période Joseon et divers objets de la confédération de Gaya (42-562).
Près du pont central, une série de restaurants surplombant la rivière servent des préparations d'anguilles, spécialités de Jinju avec le *bibimbap*. **Jugang-no**, la rue qui prolonge le pont, coupe le **centre-ville** en deux. À l'ouest s'étend le quartier « jeune » avec boutiques de mode et *fast-foods*. À l'est, le très animé quartier du **marché couvert,** plutôt à ciel ouvert. La clientèle y est plus âgée mais non moins dynamique. Il n'est pas rare, en fin de journée, de voir les *ajumma* (vieilles dames) danser dans les allées sur fond de musique traditionnelle sirupeuse version *dance*. Les clients des deux « rives » se retrouvent autour des stands de nourriture qui plaisent à toutes les générations. De l'autre côté de la rivière Nam, les berges sont aménagées en une longue promenade.

Excursion Carte de région p. 218-219

★ SSANGGYE-SA 상계사 A3

À 75 km à l'ouest de Jinju. Autoroute 10 (jusqu'à la sortie 17, Hadong) ou route 2 vers Hadong. Puis routes 19 et 1023 en suivant les panneaux « Ssanggye-sa ». Quelques bus directs de Jinju (1h30 à 2h - 7 500 ₩). Sinon, bus pour Hadong (1h - 5 000 ₩) puis fréquentes connexions vers le temple. Ouv. du lever au coucher du soleil - 2 500 ₩ - explications en anglais.

La route suit la rivière Seomjin puis un torrent dont les berges se couvrent peu à peu de **plantations de thé**. Ces grosses chenilles vertes épousent les formes du relief et créent un paysage très maîtrisé. Avant de visiter le temple, vous pourrez faire une halte au **Green Tea Cultural Center**, un bâtiment surmonté d'un bol géant où l'on peut déguster et acheter la production locale.

Ssanggye-sa fut fondé en 722 mais son nom, signifiant « les ruisseaux jumeaux », ne lui fut donné qu'au 9e s. et une partie des édifices actuels date du 17e s. L'intérêt du temple réside moins dans son histoire que dans son environnement. Il est construit sur des terrasses, au milieu des fleurs (magnolias, camélias) et d'arbres d'essences variées (bambous, cèdres du Japon). On gravit d'abord les marches qui passent les trois portes, avant de découvrir la haute pagode de pierre à neuf niveaux qui se dresse dans la cour principale. C'est dans le **pavillon de lecture** (*Pallyeong-ru*), typique de la période Silla (840), que le maître Jingam (774-850) donna naissance à la musique et à la danse bouddhiste coréenne (*bompae*). Il fut inspiré non pas par les *ji-ji bae-bae* (« cui-cui ») des innombrables oiseaux des lieux, mais par un poisson nageant dans le cours d'eau voisin (pour qui il écrivit *Eosan*). Du point culminant du temple, un chemin mène à l'ermitage Guksaam (500 m) et la jolie cascade de **Buril Pokpo** (2,3 km).

Voir aussi Jirisan National Park (p. 298).

Circuit conseillé Carte de région p. 218-219

★★ PROMENADES DANS LE PARC MARITIME DE HALLYEO A/B4

Le **parc national maritime de Hallyeo** (*english.knps.or.kr/Knp/Hallyeohaesang*) s'étend entre terre et mer, des abords de Busan à l'est jusqu'à Yeosu à l'ouest. Il se visite en empruntant les routes côtières des grandes îles ou par bateau, lors d'excursions vers les **400 îles et îlots**. Namhae, Geoje, Yeosu mais surtout Tongyeong sont les principaux points de départ des bateaux. Le circuit qui suit va d'ouest en est, mais peut très bien être emprunté en sens inverse si vous venez de Busan, ou partiellement si vous n'avez le temps de parcourir que l'une des deux grandes îles décrites.

★★ Namhae-do 남해도 A4

Accès à l'île par le pont Namhae qu'emprunte la route 19 accessible de l'autoroute 10, sortie Hadong.

Bienvenue sur la troisième île du pays, peuplée de 51 000 habitants. Dès le passage du **pont de Namhae**, vous aurez la sensation d'être ailleurs. Une autre époque avec ses reliefs plongeant dans la mer, ses vallées et ses pentes couvertes **d'ail** dont l'odeur se mêle à celle de l'iode. Superbes panoramas sur les rizières, les villages de pêcheurs et la mer bien sûr, où les bateaux et les supertankers zigzaguent entre les îles. La plupart des routes sont calmes – on y

dépasse de vieilles dames portant des brassées d'ail sur la tête, à moins qu'elles ne les étalent pour les faire sécher ou ne les vendent sur les trottoirs.
Trois kilomètres après le pont de Namhae par la route 19 s'élève un monument à la mémoire de l'**amiral Yi Sun-sin** *(voir encadré p. 305)* mort ici même en novembre 1598. Dans un beau bâtiment moderne rappelant son fameux bateau-tortue, une exposition et une projection racontent ses batailles navales *(Yi Sun-sin Image building - 4-6/j - 3 000 ₩)*. L'office du tourisme de Namhae *(9h-17h)* se situe sur le parking.
La ville de **Namhae** (A4) comporte peu d'intérêt si ce n'est son marché central un peu sombre et qui sent fort l'ail. En continuant quelques kilomètres par la route 19, vous trouverez le **Centre d'information sur l'ail** *(Garlic World in Treasure Island - tlj sf lun. 9h-18h - gratuit)* consacré à la gousse essentielle à la préparation des *kimchi*.
Pour rejoindre la côte à partir de la ville, prenez à droite direction Seo-Myeon, puis après 5 km à gauche direction Nam-Myeon.
Ici débute la **route côtière★★** (A4) du sud de l'île (*prenez la route 1 024 direction Sachon*). Vous passez la plage de Sachon dominée par des montagnes sculptées par les terrasses qui plongent dans la mer. Cette mosaïque verte et ocre annonce le panorama sur **Darangyi★★** (A4), dont les jardins et maisons à toits bleus descendent en un escalier de 108 marches vers la mer et ses îles.
Suivez la route 19 direction Sanju.
La **partie est de l'île** est plus escarpée avec des forêts préservées. Parmi les quelques crêtes rocheuses un peu usées qui émergent de la végétation, repérez le **Geumsan** (« montagne de soie », 681 m) (A4). On peut prendre de la hauteur en suivant la direction de l'ermitage perché de **Boriam-sa** (A4) où le roi Taejo aurait prié cent jours durant. Le panorama sur la mer est inoubliable et beaucoup s'y rendent pour assister au lever du soleil.
Revenez au niveau de la mer et longez la belle plage de sable blond de **Sanju** (A4), cachée par les pins et bordée de restaurants et motels. Pour vous restaurer, choisissez plutôt les enseignes sur les quais du petit port de **Mijo** (A4).
Longez la côte est par la route 3 direction Changseon.
Les beaux panoramas sur les îlots se succèdent. Avant le pont, dans le petit détroit de Jijok, on peut voir la reconstitution d'une installation de pêche très ancienne dite *Jukbangryeom*. Elle est constituée de centaines de piliers de chêne de 10 m de haut, formant un piège à poissons. À Changseon, continuez tout droit ou prolonger le « plaisir littoral » par la route 1 024, à gauche après le pont.
Pour rejoindre Tongyeong, prenez les agréables routes côtières 77 et 1 010.
La région compte de nombreuses traces fossiles de dinosaures et un musée thématique est consacré à ces géants disparus : **Goseong Dinosaur Museum** (B4) - *✆ (055) 832 9021 ou 670 4451 - tlj sf lun. 9h-17h, 18h en été - 5 000 ₩.*

★ Tongyeong 통영 B4

L'ancienne base de l'amiral Yi Sun-sin est aujourd'hui une agréable ville-port de 135 000 habitants – ports au pluriel plutôt : pêche, ferries, tourisme, réparation navale. Vivante, colorée et bruyante, elle vous plaira à coup sûr. Ses marchés permettent de faire le plein de sensations. Les plus pressés se rendront directement au **port de Gangguan**, un théâtre urbain perpétuellement animé avec ses restaurants, ses bateaux de pêche et sa reconstitution de bateaux-tortue. S'y trouve le **marché aux poissons de Jungang★** qui, par endroits très « rustique », fascine les touristes avec force sang, viscères, lames acérées, regards de connaisseurs, discussions animées et odeurs de friture.

Goûtez au *chungmu gimbap*, une préparation de calamar et radis en sauce épicée, accompagnée de rouleaux de riz. Non loin se dresse **Sebyeonggwan** (A4), un édifice gouvernemental à vingt piliers, considéré comme la plus belle et ancienne structure en bois de la période Joseon (1605). Il servait de quartier général de la flotte militaire.

Pour entamer un petit circuit sur l'**île Mireuk** (A4), au sud de Tongyeong, suivez *Chungmu Bridge*, puis prenez tout de suite à gauche. Face au port des bateaux d'excursion, une route (suivez *Ropeway Station*) rejoint le point de départ des **télécabines** *(9h30-17h, 18h en été - AR 10 000 ₩; AS 6 500 ₩)* pour les hauteurs du **mont Mireuk** (A4). De là, vous jouirez du plus beau **panorama** sur le parc national maritime d'Hallyeo.

Suivez ensuite la route côtière 1 021 qui fait le tour de l'île, longeant les baies où se lovent des ports de pêche. Le trafic des petits bateaux entre les îlots est incessant. Pour en savoir plus, suivez les panneaux **Fisheries Science Museum** et visitez cet intéressant musée *(A4 - ✆ (055) 646 5704 - tlj sf lun. - 9h-17h - 1 500 ₩)* consacré à la pêche. Abrité dans un gros bloc de béton posé au sommet d'une colline, il offre un **panorama★** formidable sur cette partie du parc national.

De nombreuses îles du parc national sont accessibles à partir du port de Tongyeong *(Voir Nos adresses - Transports et Activités)*. Il est vivement conseillé à ceux qui en ont le temps de s'y échapper. Quelques idées : Deungdaeseom et ses formations rocheuses, Bijin-do et sa plage, Saryang-do, l'île double, Hansan-do, théâtre de la victoire navale de Yi Sun-sin, ou Yeonhwa-do, sans doute la plus belle et isolée, un paradis pour les randonneurs.

★★ Geoje-do 거제도 B4

Pour rejoindre rapidement Geoje-do, suivez la voie rapide 14 (direction Geoje). Après 12 km et juste avant le grand pont, prenez à droite la route 1018 (direction Dondeok) qui rejoint Geoje par « la petite porte ».

La **route 1018★★** longe la côte méridionale de la deuxième plus grande île du pays, épousant les baies, contournant des reliefs plongeant dans la mer, offrant de beaux paysages et traversant de paisibles villages de pêcheurs. Le premier panorama est plutôt urbain… sur la belle collection de blocs de Tongyeong. Le paysage évolue constamment au gré des marées. Selon l'heure, vous longez des baies envahies par des eaux calmes ou vaseuses et peuplées d'armées de piquets noirs formant de grands canevas. La mer à peine retirée, des dizaines de petites mains viennent fouiller les rochers et le sable pour en retirer vers, crustacés et mollusques. Les reliefs se succèdent en vagues géantes qui se précipitent dans la mer. La météo changeante modifie le tableau à coups de lumière éblouissante ou de filets de brume. Les viviers qu'on aperçoit au large évoquent des villes flottantes.

À Seoyang, prenez la route 14 direction Haegeumgang/Myeongsa.

Vous profitez là de l'intérieur des terres et d'une vue plongeante sur la **baie de Yulpoman,** avant de retrouver la route 1018.

L'île **Haegeumgang★** (B4), hautement touristique, est connue pour ses côtes déchiquetées et ses criques aux eaux claires sur lesquelles se penchent des pins centenaires. Les abords sont gâchés par les infrastructures touristiques. Le fameux rocher étant surtout formidable vu de la mer, des tours en bateau sont proposés les jours d'affluence (*également à partir d'Hakdong ou Tongyeong*). Sinon, contentez-vous de la promenade vers la plate-forme panoramique.

Plus loin, au pied de beaux reliefs, vous longez la plage de galets de **Hakdong** (B4) et son remblai bordé de restaurants de poissons fortement conseillés.

Tongyeong.
KNTO

Les plages de Gujora et Wahyeon déploient ensuite leurs belles courbes blondes. Cette dernière, désormais écrasée par le grand hôtel Palace, marque le début de la zone urbanisée. Au large, **l'île-jardin Oe** *(B4 - www.oedobotania.com - 8h30-17h, été 8h-19h - 11 000 ₩)*, où poussent 740 plantes, fascine les Coréens qui affluent en nombre en avril, quand les azalées fleurissent. On s'y rend à partir de Hakdong ou Haegeumgang *(3h de trajet AR, visite comprise - 17 000 ₩)*.

La baie de **Jisepo** (B4) est dominée par deux édifices très visibles : le **Fishing Village Folk Museum** et le **Shipbuilding Marine Cultural Center** *(✆ (055) 639 3410 - 9h à 17h - 3 000 ₩ les deux visites)*. Tous deux présentent des expositions bien faites (*mais avec peu d'explications en anglais*) sur les deux principales activités de l'île : la pêche et la construction navale.

En poursuivant la route vers le nord, vous atteignez la ville de **Jangseugpoman** (B4). Passé le massif Geoje Art Center (et son hôtel intégré), la route franchit un col et… l'on découvre soudain les impressionnantes installations de la DSME avec leurs portiques géants sous lesquels sont construits des supertankers. Plus loin, à **Geohyeon** (Geoje), c'est Samsung qui possède le terminal. La ville principale de l'île est également connue pour avoir abrité l'un des plus grands camps de prisonniers de la guerre de Corée.

Le **pont de Geoje** relie l'île directement à **Busan** *(voir p. 258)* offrant depuis fin 2010 une liaison directe entre Tongyeong et la deuxième ville du pays en une heure.

NOS ADRESSES À JINJU ET HALLYEO

TRANSPORTS

Avion – **L'aéroport de Sacheon** *(www.airport.co.kr/sacheoneng)* est à 20 km à l'ouest (*liaison en bus - 30mn - 3 000 ₩)*, vols vers Séoul-Gimpo et l'île de Jeju.

Bus – **Terminal des bus Intercity de Bonsongno**, *en plein centre-ville*. Bus pour Busan *(1h30 - 8 000 ₩)*, Namhae *(1h30 - 5 800 ₩)*, Tongyeong *(1h30 - 5 000 ₩)* et Ssanggye-sa *(1h30 à 2h - 7 500 ₩)*. Du **Terminal Express** *(à 2 km au sud du centre-ville)*, bus longues distances pour Séoul, Gwangju, Daegu…

Train – **Gare ferroviaire** - *À 5 km du centre-ville, au sud de la rivière Nam*. KTX vers Daejeon, Dongdaegu et Séoul *(3h30 - 49 000/57 600 ₩)*, comptez 6h30 en *Mugunghwa*. Busan-Gupo *(à l'ouest de Busan, M° ligne 3 - 2h - 7 400 ₩)*, Mokpo *(1/j. - 4h10 - 16 200 ₩)*.

Se déplacer dans les îles

Route – À Namhae, Tongyeong et Geoje, les liaisons en bus concernent les grandes villes. On peut ainsi relier Tongyeong à Geoje et Busan. Même s'il existe des bus reliant Namhae à Sanju et Mijo, la voiture est préférable pour profiter des routes côtières.

Bateau – En plus des excursions (*voir Activités*), des ferries relient le port de Tongyeong *(✆ (055) 641 6181 - eng.tongyeong.go.kr)*, au nord de la baie, à un grand nombre d'îles.

INFORMATIONS UTILES

À Jinju, les services (poste, police, banques) se concentrent autour du rond-point de Jungang-no.

HÉBERGEMENT

À Jinju

PREMIER PRIX

Movie Motel – 무비모텔 – *3, Jangdae-ro 5beon-gil - derrière l'hôpital de Bonsongno, à gauche en sortant de la gare routière - ✆ (055) 743 4114* - ▤ CC P - *wifi - 20ch. 40 000/50 000 ₩*. Motel très confortable.

POUR SE FAIRE PLAISIR

JinJu DongBang Hotel – 진주동방호텔 – *103, Nongae-gil - ✆ (055) 743 0131 - www.hoteldongbang.com* - P - *100 ch. 130 000 ₩*. Au bord de la rivière et à 10mn à pied à l'est de la forteresse, l'option la plus confortable de la ville déçoit avec des chambres quelconques. Le parking, le service avenant et les belles vues compensent.

À Namhae

Nombreuses **pensions** autour de Sachon, Sanju et Mijo. L'office de tourisme en possède une liste.

UNE FOLIE

Hilton Namhae Golf & Spa Resort – 힐튼 남해 골프 & 스파 리조트 – *40-109, Namseo-daero 1179beon-gil, Nam-myeon - ✆ (055) 860 0100 - www.hiltonnamhae.com* - ▤ ✕ CC P - *wifi 5 500 ₩/j - 170 ch. 309 760/607 420 ₩ ☕ en hte sais. (14 juil.-31 août)*. Sur une colline entourée d'un golf, un ensemble d'immeubles aux balcons-vagues en ardoise. Chambres luxueuses avec vue sur la mer.

À Tongyeong et Geoje

PREMIER PRIX

Hansan Hotel – 한산호텔 – *247, Tongyeonghaean-ro - ✆ (055) 642 3384 - www.hotelhansan.com* - ▤ CC

P - *wifi - 40 ch. 65 000/130 000 ₩.* Situé entre le terminal des ferries et le port, cet hôtel propose des chambres refaites, simples mais très propres et bien équipées. Accueil sympathique.

Les **pensions** sont nombreuses autour de Haegeumgang, Hakdong et Gujora - préférez ces deux derniers sites.

RESTAURATION

À Jinju

Les restaurants d'**anguilles** se concentrent entre la forteresse et le pont, ainsi **Yoojeong Jangeo** (*25-1 Nongae-gil - ✆ (055) 746 9235 - 10h-23h*). Les cantines du marché contenteront les pressés et les petits budgets qui goûteront le *bibimbap* local.

Et si vous n'en pouvez plus des *kimchi*, laissez-vous tenter par la carte de **Omu Sweet** (*15-1 Jinnyngho-ro - ✆ (055) 742 5995 - 11h-22h30 - 9 000 ₩)* et ses omelettes très garnies.

À Tongyeong et dans les îles

PREMIER PRIX

Ddungbo Halmae Gimbap – 뚱보할매김밥 – *325, Tongyeonghaean-ro - ✆ (055) 645 2619 - 6h-0h -* CC *- 5 000 ₩.* L'enseigne figurant une vieille dame attire touristes et locaux vers cette fameuse cantine à *chungmu gimbap* épicé et nourrissant. Les amateurs de poissons se régaleront dans les restaurants des ports de Mijo et Hakdong.

ACTIVITÉS

Le terminal des **bateaux d'excursion** de Tongyeong (*✆ (055) 645 2307 ou 641 6181 - eng.tongyeong.go.kr*) se situe au sud de la baie. Durant 1h30 à 4h (*de 10 000/25 000 ₩*), vous pourrez contempler les îles depuis le large en voguant vers Haegeumgang, Maemul-do, Jeseungdang. Sur Namhae, des bateaux partent de Sanju et Mijo vers les belles formations rocheuses du sud-est de l'île (*12 000 ₩*).

AGENDA

Festival du thé de Hadong – *eng.hadong.go.kr.* À la fin du mois de mai, récoltes et dégustations…

Festival Hansan Daecheop – Au mois d'août, défilés de bateaux dans le port de Tongyeong.

Festival Namgang Yudeung – *global.yudeung.com/en.* En octobre, durant deux semaines, d'immenses lanternes flottantes descendent la rivière Namg à Jinju. Durant le même mois a lieu le principal tournoi de **combats de taureaux** de l'année.

Jeolla-do 5

Baie de Suncheon.
KTO

SUNCHEON BAY
Vaut le voyage
Jirisan National Park
Mérite un détour
Yalpo
Intéressant
Gochang
À voir
Ville de départ du circuit
De Mokpo à Daehan Dawon Tea Plantation
BUYEO
Ganggyeong
Iksan
Wanju
Unjangsan
Δ 1126
Jinan
Jeonju
JEOLLABUK-DO
Iksan Jangsu Expressway
MAISAN PROVINCIAL PARK
Deogyusan 1614 Δ
Deogyusan National Park
Gibaeksan 1331 Δ
Tongyeong Daejeon Expressway
Sancheong
Jirisan Δ 1915
Jirisan National Park
Hwaeom-sa
Seomjing
Namwon
Gurye
Imsil
88 Olympic Expressway
Okjeongho
Naejangsan National Park
Damyang
Gwangju
Honam Expressway
Gochang
Jangseong
GOCHANG DOLMEN MUSEUM
Seohaean Expressway
Byeonsanbando National Park
Bian-do
Gaeya-do
Seonyu-do
Wi-do
Sangwangdeung-do
Hawangdeung-do
WEST SEA
Anma-do
Songi-do
Sangnagwol-do
Ipja-do
Ji-do
7
4

JEOLLA-DO
SOUTH SEA
JEOLLANAM-DO
Suncheon Drama Set
Yeosu
Dolsan-do
Bangjukpo
Hyangiram
Odong-do
Dolsan
Namhae
Suncheon
Nagan Folk Village
SUNCHEON BAY
Jogyesan Provincial Park
Boseong
Daehan Dawon Tea Plantation
Yulpo
Unju-sa
Juamho
Najuho
Cheonhwangbong
Wolchulsan National Park
Gangjin
Jangheung
Gwansan
Haenam
Mokpo
Iljo
Jindo
Jin-do Mysterious Sea Road
Dadohae Haesang National Park
Deukryangman Bay
Gangjinman Bay
Goheung
Doyang
Geogeum-do
Saengil-do
Cheongsan-do
Nohwa-do
Bogil-do
Oenaro-do
Geumo-do
Yeon-do
Geomun-do
Gwang-do
Cho-do
Jeokman-do
Jeung-do
Jaeun-do
Amtae-do
Bigeum-do
Uii-do
Hatae-do
Jangsan-do
Hajo-do
Gwanmae-do
Gercha-do
JEJU-DO
HONG-DO HEUKSAN-DO
809
0
12 km
N
A
B
C
3
4

Gwangju 광주

★

1 489 134 habitants – province du Jeollanam-do

Chef-lieu de la province du Jeollanam, Gwangju est la sixième métropole du pays. La ville est l'un des symboles démocratiques les plus prégnants de la Corée d'aujourd'hui. Il suffit d'arpenter ses grandes artères comme Geumnam-no pour croiser immanquablement une sculpture commémorative de la tragédie du 18 mai 1980, terrible journée au cours de laquelle la répression militaire s'abattit sur la population civile. Ce caractère frondeur, la ville l'a toujours entretenu, à la mesure des discriminations que les autorités centralisatrices de Séoul lui faisaient subir. Des périodes sombres que ses habitants ne veulent pas oublier, bien au contraire, se servant des cicatrices du passé pour ouvrir de nouveaux chemins : la biennale des arts contemporains de Gwangju, l'une des premières d'Asie, est aujourd'hui le ferment insatiable d'une liberté d'expression qui se redéploie année après année. Et l'immense Asia Culture Center fait de Gwangju le nouveau carrefour d'échange et de compréhension des cultures asiatiques. Pierre après pierre, Gwangju se reconstruit avec pour ligne de mire un horizon toujours plus ouvert sur la démocratie.

NOS ADRESSES PAGE 299
Hébergement, restauration, achats, activités, etc.

S'INFORMER

Pour toutes informations visitez le site : *tour.gwangju.go.kr/eng/main.cs.*

Offices de tourisme *(9h-18h)* – Aéroport de Gwangju - *(062) 942 61 60*; centre du Bus Terminal (A2) - *(062) 365 87 33*; gare ferroviaire de Gwangju (B2) - *(062) 233 93 70*; gare ferroviaire de Songjeong - *(062) 941 63 01*; Asia Culture Center (B2)- *(062) 601 42 60.*

Gwangju International Center - *5, Jungang-ro 196beon-gil, Dong-gu, face au métro Geumnamno, sortie 4 - (062) 226 27 33 - eng.gic.or.kr - tlj sf dim. 9h30-12h30, 13h30-18h30.* Très utile, on peut s'y procurer le *Gwangju News*, journal mensuel écrit par les expatriés anglo-saxons toujours très au fait des différents événements ponctuant la vie de la cité. Se consulte aussi en ligne : *www.gwangjunewsgic.com*

SE REPÉRER

Carte de région B2 (p. 288-289) – La capitale du Jeollanam-do est située à 330 km au sud de Séoul.

À NE PAS MANQUER

L'Asia Culture Center ; la biennale de Gwangju en septembre ; le cimetière du 18-Mai ; le Gwangju National Museum.

ORGANISER SON TEMPS

Compter une journée à Gwangju. Une demi-journée à Gochang.

AVEC LES ENFANTS

Le Dolmen Museum de Gochang.

Se promener Plan de la ville p. 292

★ DOWNTOWN : CHUNGJANG-NO 충장로 ET GEUMNAM-NO 금남로 B2

Descendez à la station de métro de Geumnamno 5-ga. La grande artère **Geumnam-no** est à la finance ce que le quartier de **Chungjang** est à la mode

Le parc national de Jirisan.
KTO

avec pour la première ses établissements opaques teintés de vitres fumées et pour le second des magasins aux portes béantes écrasés de décibels. Au carrefour de ces deux univers, la rue **Jungang-no** et le grand magasin **NC Wave**, lieu de rendez-vous incontournable des Coréens. À la nuit tombée, entre les étals de nourriture bon marché fourmillant de *sundae* (saucisses), *twigim* (fritures) ou *tteokbokki* saturés de *gochigang* (pâtes de riz servies dans une sauce au piment rouge), voyantes et manucures se livrent à une concurrence effrénée pour saisir les paumes des Coréennes. Les rues piétonnes qui mènent à l'ACC, bordées de boutiques et de restaurants, attirent la jeunesse locale jusque très tard dans la nuit, dans un assourdissant mais grisant concert de voix, de rythmes, de néons…

★ Asia Culture Center (ACC) 국립아시아문화전당

38 Munhwajeondang-ro, Dong-gu - station de métro Culture Complex/Asia Culture Center - ✆ 1899-5566 - www.acc.go.kr/en - tlj sf lun. 10h-18h, sam. 19h (horaires selon les lieux, les événements - voir le site Internet) ; Asia Plaza et parc 8h-22h.

De la place démocratique du 18-Mai, on découvre ce vaste complexe multiculturel dessiné par l'architecte coréano-américain Kyu Sung-woo (1941), inauguré en 2015. 700 millions de dollars ont été investis dans ce qui est présenté comme le plus grand projet culturel de toute l'histoire de la Corée. Une vraie **réussite architecturale et une grande ambition** : devenir l'un des grands pôles de découverte, d'échange et de compréhension des cultures asiatiques.

Sur la place du 18-Mai, l'édifice du **Old Provincial Hall** a été conservé. Le reste du complexe – fait de verre, béton et métal – est en grande partie enterré et organisé autour d'une vaste place en pente douce (Asia Plaza). En surface, un parc très agréable permet d'admirer l'architecture du lieu. Les différentes composantes (intérieures et extérieures) accueillent des archives, des salles d'exposition, des services de promotion culturelle, des espaces de création et d'échanges… Divers événements (concerts, théâtre, danse, festivals, expos…)

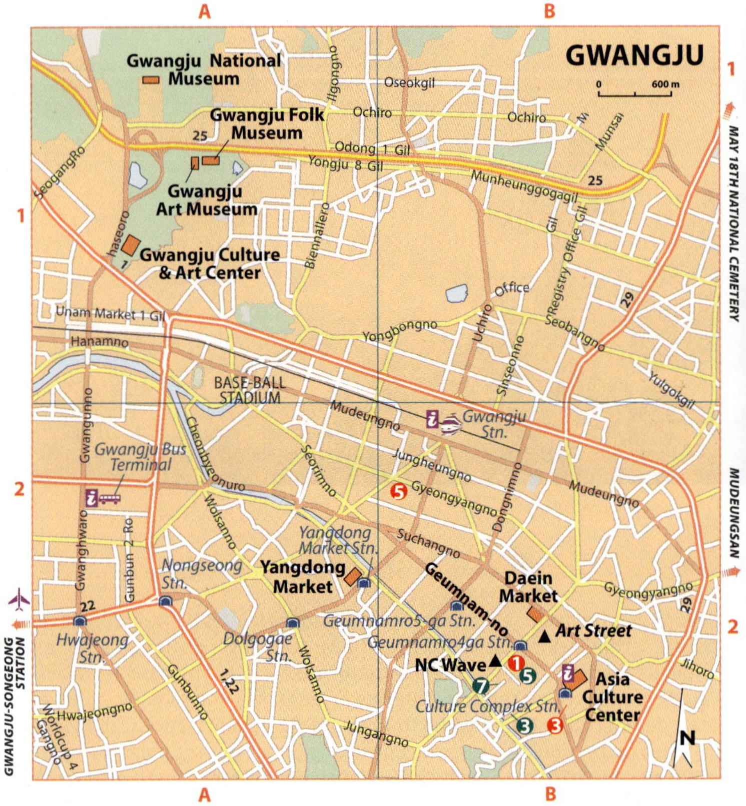

SE LOGER
Good Choice Hotel....... 3
Palace Hotel....... 5
Windmill Motel....... 7

SE RESTAURER
Minsokchon....... 3
Yeongmi Oritang....... 5
1960 Cheongwon Momil....... 1

y sont organisés – y compris à l'extérieur. Une riche programmation à découvrir sur le site Internet.
À 5mn à pied au nord-ouest de l'ACC.

Art Street (Yesuleui Geori) 예술의거리

51-6 Gung-dong, Dong-gu. Situé entre le poste de police de Dongbu et la rue Jungang-no, à 2mn à pied de la station Culture Complex.
Sur 300 m, la rue des Arts aligne galeries d'art, salons de thé, antiquaires, librairies, magasins de vêtements ou de papiers traditionnels (*hanbok*, *hanji*). Cette rue festive est assez populaire malgré la piètre qualité des œuvres et des objets d'art exposés. Point fort : les librairies d'art sont ici bien fournies et les papeteries traditionnelles vendent les fameux pinceaux en bambou de Jindari, article estampillé du label : bien culturel intangible.
Un petit marché aux puces *(Gaemi market)* se tient le week-end.
Prolongez au nord pour découvrir le quartier du poisson cru du marché Daein. Idéal pour savourer des sushi *(voir Nos adresses)*.

★ LE QUARTIER DES MUSÉES DE BUK-GU A1

★★ Gwangju National Museum 광주국립박물관

114 Bakmulgwan-ro, Maegok-dong, Buk-gu - ✆ (062) 570 7000 - gwangju.museum.go.kr/eng - 10h-18h, sam. 10h-21h entre mars et oct. - gratuit. Prendre les bus n° 29, 48, 63, 84, 85 et 95, arrêt Gwangju National Museum.

Possédant un fonds de plus de 50 000 pièces, ce musée est surtout réputé pour sa collection de céladons (*voir encadré p. 310*) d'époque Goryeo. L'art bouddhique, qui a fleuri pendant le règne du royaume unifié de Silla, présente une grande collection de reliquaires à *sarira* (*voir encadré p. 375*).

Sortez par la droite du musée pour prendre le tunnel passant sous la voie express. Comptez 15mn de marche.

★ Gwangju Folk Museum 광주민속박물관

213 Biennale 2 gil Buk-gu - ✆ (062) 613 5337 - tlj sf lun. et jours de fêtes - 9h-18h - 500 ₩. Les cartels en anglais sont très exhaustifs.

Malgré une scénographie désuète basée sur des saynètes animées par des mannequins, ce musée ethnographique se révèle extrêmement intéressant, car il donne un aperçu des différentes coutumes du peuple coréen. Tous les rituels actant les grandes étapes de la vie coréenne sont passés en revue avec une précision quasi militaire. Pour le reste, il suffit de se rappeler que le Jeolla-do était le grenier à riz de la Corée et qu'il possède la plus importante côte maritime du pays. La pêche et la riziculture tiennent donc une grande place derrière les vitrines du passé.

À 200 m à pied direction sud-ouest.

5.18 - LA TRAGÉDIE SANGLANTE DU 18 MAI 1980

C'est l'un des chapitres les plus terribles de l'histoire moderne de Corée. Tout commence le 26 octobre 1979 avec l'assassinat du président Park Chung-hee par le chef de la *Korean Central Intelligence Agency* (KCIA). Pour beaucoup de Coréens, sa disparition laisse entrevoir un espoir démocratique. Il est de courte durée. Le 12 décembre 1979, une junte militaire menée par le général **Chun Do-hwan** s'empare du pouvoir. Le 17 mai 1980, la loi martiale est renforcée. Des troupes paramilitaires prennent possession de toutes les grandes villes. Les universités sont fermées. À Gwangju, bastion politique de l'opposition, les étudiants réclament la réouverture de l'université Chonnam. Le 18 mai 1980, ils manifestent dans les rues de Gwangju. Face aux brutalités militaires, le mouvement pour la démocratie s'étoffe ; 100 000 personnes défilent. Le 21 mai, les troupes ouvrent le feu. Devant une telle violence, les habitants prennent les armes et créent l'armée des Citoyens de Gwangju. Le 27 mai, cinq divisions sont lâchées sur la ville. Quatre-vingt-dix minutes plus tard, le soulèvement démocratique est écrasé dans un bain de sang. Au total, sur 4 369 personnes blessées ou arrêtées, on dénombre 154 morts et 74 disparus. Après l'avènement de la démocratie en 1987, l'ancien président Chun a été jugé et condamné à mort. Gracié, il vit depuis 2007 en résidence surveillée.

Deux œuvres évoquent cet épisode tragique, le roman de Choe Yun *Là-bas sans bruit tombe un pétale (voir p. 487)* et le film *May 18* de Kim Ji-hun (2007).

LA BIENNALE D'ART CONTEMPORAIN DE GWANGJU

Créée en 1995 pour commémorer le cinquantième anniversaire de l'indépendance de la Corée et le 15e anniversaire du 5.18 (*voir encadré p. 293*), la biennale de Gwangju, première des biennales asiatiques, est l'une des plus importantes manifestations d'art contemporain en Asie. Ici plus qu'ailleurs, la liberté de création est pensée d'abord comme une liberté d'expression; de celles qui sont garantes du terreau démocratique dont Gwangju se veut le héraut… Elle a fêté son dixième anniversaire lors de l'édition de 2014 célébrant l'importance d'être ensemble à travers le thème de « Burning Down the House ». *Renseignements: www.gwangju-biennale.org*

Gwangju Art Museum 광주시립미술관

52 Haseo-ro Buk-Gu, 48 Bangmulgwanro Buk-gu - ✆ (062) 613 71 00 - artmuse.gwangju.go.kr/- tlj sf lun. 10h-18h - 500 ₩, 10h-20h avec entrée libre les derniers merc. du mois.

Cet espace sans grande originalité architecturale fonctionne à coups d'expositions temporaires consacrées à des artistes locaux.

Rejoingnez le district de Buk-gu, à 5 km environ au nord de Gwangju.

★★ **May 18th National Cemetery** 5,18 국립묘지 B1 en dir.

Gare ferroviaire ou le long de l'avenue Geumnam-no. Prenez le bus n° 518 (1 400 ₩ - ttes les 30-40mn - comptez 45mn à 1h) du Bus Terminal - 9h-18h - gratuit.

C'est l'un des sites les plus émouvants de Gwangju, inévitable pour quiconque veut comprendre l'histoire et l'âme de cette ville. Une tour commémorative de 40 m de haut stylisée par deux mains tendues enserrant un œuf, symbole de résurrection, domine ce site de 14 ha. Parmi les différents bâtiments, un **musée** (*photos, films, multimédia*) et un hall du souvenir – **Photographic Memorial House** –, consacrant la mémoire de tous ceux qui sont tombés durant ces journées, nous immergent avec émotion dans cette tragédie. Le nouveau cimetière a été construit en 1997, en partie pour inhumer de façon plus décente les victimes qui avaient été transportées dans des bennes à ordures par les militaires puis enterrées dans une fosse commune de l'ancien cimetière Mangwol-Dong. Ce dernier a été laissé en l'état par la ville. Il se trouve de l'autre côté de la nationale.

Mudeungsan 무등산국립공원 B2 en dir.

english.knps.or.kr - de Gwangju Bus Terminal, bus n° 09 jusqu'à l'arrêt Jeungsimsa.

Les beaux reliefs qui se dressent à l'est de Gwangju, où culmine le mont Cheonwang-bong (1 187 m), offrent de beaux paysages forestiers agrémentés de quelques lacs et des **formations rocheuses** photogéniques. Des temples (Wonhyo-sa, Jeungsim-sa) et un intéressant **musée** (Uijae Museum of Korean Art - *✆ (062) 222 30 40 - tlj sf lun. 9h30-17h - 2 000 ₩*) servent aussi de buts d'excursion. Des sentiers permettent de découvrir ces beautés naturelles et ces sites culturels. Vous trouverez sur le site Internet les informations pratiques utiles pour parcourir ce parc national.

À proximité Carte de région p. 288-289

★ **Unju-sa** 운주사 B3

▶ À 40 km au sud de Gwangju. Comptez une demi-journée. Prenez le bus n° 318 à l'arrêt situé en face du Gwangju Bus Terminal. Comptez 90mn de trajet (3 000 ₩) et

10mn de marche pour rejoindre le temple. Le dernier bus quitte Unju-sa à 19h15 - mars-oct. : 8h-18h ; nov.-fév. : 8h-17h - 3 000 ₩.
On sait très peu de choses sur ce site probablement construit sous le royaume de Silla (57 av. J.-C.-935), où l'histoire a laissé la place à de nombreuses légendes. La première raconte que ce lieu accueillait alors plus de mille pagodes et statues de bouddhas. Leur nombre permettait de contrebalancer le poids des montagnes mal réparties sur le territoire (pas assez en nombre dans le sud-ouest de la péninsule aux dires de certains géomanciens). Une explication moins poétique voudrait que ce soit une ancienne école de tailleurs de pierre. Restent aujourd'hui un peu moins d'une centaine de statues et une vingtaine de pagodes dont la plus remarquable – et Trésor national –, située à proximité de l'entrée, est la **Gucheung Seoktap★★**, pagode à neuf étages. Notez également pour la complexité de leurs motifs les deux statues de **Bouddha★** – appelés *Wabul* – couchées sur le côté un peu plus en amont du chemin.

Damyang 담양 B2

Au nord-est de Gwangju, Damyang est accessible par les bus régionaux (voir Nos adresses) au départ du Gwangju Bus Terminal. Prévoyez une demi-journée.
Région peu industrialisée (pas forcément visible de prime abord), Damyang s'est développée autour du bambou, plante originaire d'Asie qui compte environ 1 300 espèces différentes. Si la ville n'est pas à proprement parler une curiosité touristique, la région tente d'attirer les visiteurs en quête de réflexion écologique. Le village de **Sam-Ji-Cheon**, à quelques kilomètres au sud de Damyang (*facilement accessible en taxi*), a été labélisé première « slow city » d'Asie en 2007. Un label un peu insolite vu la taille du village… La petite ville de Damyang est surtout célèbre pour son Festival du bambou qui se tient chaque année au mois de mai. En dehors de cet événement, la ville, de taille modeste, flanquée d'une rivière propice aux déambulations pédestres, possède aux yeux des Coréens deux principaux centres d'intérêt : un musée et une bambouseraie situés chacun à une extrémité de la ville.
Le **Korean Bamboo Museum** *(à 15mn à pied à l'ouest du Damyang Public Terminal - 401-1, Cheonbyeon-ri, Damyang-eup - ✆ 061 380 29 01 - www.damyang.go.kr - 9h-18h - 2 000 ₩)* présente dans un espace surdimensionné tout ce que l'imaginaire rural peut tirer du bambou. En revanche, la dextérité des artisans pour reproduire les pièces traditionnelles n'étant pas commentée, la visite se révèle assez frustrante. Si vous avez peu de temps, consacrez-le à la **bambouseraie de Juknokwon** *(San 37-6 Hyanggyo-ri - ✆ (063) 380 26 80 - 9h-19h, hiver : 18h ; dernière entrée 1h avt la fermeture - 3 000 ₩)*, de préférence les 2, 7, 12, 17, 22 et 27 de chaque mois. Durant ces jours se tient en effet le **marché aux bambous★**, trois fois centenaire, l'un des plus grands et plus vieux de Corée. Dans cette bambouseraie qui s'étage à flanc de colline (*environ 15mn à pied au nord-est du Damyang Public Terminal Bus*), on déambule – *via* huit chemins thématiques – dans une fraîcheur verdoyante, particulièrement appréciable en été. La température y est en moyenne plus fraîche de 4 à 7° à ailleurs en raison des anions (ions comportant une charge négative) libérés par les bambous. Matériau d'une très grande porosité qui retient l'eau, le bambou réduit à l'état de charbon possède également des propriétés déodorantes qui font aujourd'hui sa fortune. On trouvera dans l'échoppe centrale de la bambouseraie toute une déclinaison

DAENNAMU TONGBAP

Il s'agit d'un riz à la vapeur cuit à l'intérieur d'un bambou évidé. On y ajoute des noix de ginkgo, des dattes et des marrons. Un plat typique de Damyang.

de produits obtenus à base de cette plante : thé, vin, vinaigre, etc.
Berceau de la **littérature Gasa**, Damyang tente aussi de promouvoir cette forme de poésie narrative à travers son festival annuel du mois de juillet (*Korean Words Song Cultural Hall - ✆ 061 380 31 41 - Voir Nos adresses*).

GOCHANG 고창 B2

Au nord-ouest - prendre le bus au Bus Terminal de Gwangju (6h40-20h20 - ttes les 30mn - 1h10 - 4 500 ₩).
La ville, aujourd'hui en pleine reconstruction, parie sur un avenir touristique fondé sur les expressions culturelle et cultuelle qui font aujourd'hui sa réputation : le *pansori* et le *goindol* (dolmen).

Gochang-eup Fortress (Moyangseong) 고창읍성 (모양성)

À 15mn de marche du Bus Terminal de Gochang - ✆ (063) 560 80 67 - culture.gochang.go.kr/- 4h-22h - 1 000 ₩.
Perchée sur la colline dominant la petite ville de Gochang, cette forteresse connue également sous le nom de Moyangseong a été construite en 1453 sous le règne du roi Danjong (1452-1455), 6e monarque de la dynastie Joseon. Elle devait défendre la province du Jeolla contre l'invasion japonaise qui se préparait. La muraille, longue de 1,6 km, présente de beaux points de vue sur la ville. Les différents pavillons, maisons et la prison qu'elle abrite ont tous été reconstruits. S'ils ne présentent guère d'intérêt historique, ils ponctuent une promenade assez plaisante derrière la muraille.
Sur votre gauche en sortant de la forteresse.

MOYANG FESTIVAL

Chaque année, autour du 9 septembre selon le calendrier lunaire, différents événements rappellent l'importance de cette muraille aux vertues protectrices et curatives. Ne dit-on pas qu'il suffit d'en parcourir la longueur pour avoir des jambes en bonne santé ? La parade de la lanterne permet de voir défiler sur ces remparts un joyeux cortège se coudoyant dans une fraternité aux couleurs chamarrées. *Se rens. à l'office de tourisme de Gochang.*

Gochang Pansori Museum 고창 판소리 박물관

Bus réguliers ttes les 50mn, comptez 30mn - ✆ (063) 560 80 61 - www.gochang.go.kr/pansorimuseum-en/- 9h-18h (nov.-févr. 17h) - 800 ₩.
Ce musée, construit en 2001 dans la maison de **Dongri, Shin Jae-hyo** (1812-1844), est un hommage à ce natif de Gochang qui, bercé dès son plus jeune âge par les chants rauques du *pansori*, décida de s'y adonner corps et âme. À la fois pratiquant et théoricien, Dongri (son nom de plume) écrivit un livre majeur sur le *pansori*. Pour la première fois, cet art multiforme, de tradition

LE PANSORI : UN ART MULTIPLE

C'est à partir de chants d'inspiration chamanique de la province du Jeolla que le *pansori* a pris forme au début du 17e s. *Pan* se définit comme un lieu où quelque chose prend place. *Sori* recouvre tous les bruits naturels que l'on peut entendre (eau, vent, animaux). Si au départ le *pansori* fait une large place à la satire sociale dirigée contre la classe dominante des *yangban* (aristocrates et propriétaires terriens), c'est au 19e s. qu'il devient véritablement populaire et divertissant, fort d'une maturité artistique acquise au fil d'emprunts notamment au roman et à la poésie chinoise classique.

orale forgée dans le creuset des récits et des chants populaires anonymes, fut mis à nu pour être codifié ; une mise en partition qui devait dépasser la simple notation d'une composition musicale puisque la structure du *pansori* touche à la fois au chant, à la danse, à la narration et aux improvisations des interprètes. Dongri s'attela à passer en revue le répertoire (thème et déroulement des histoires) dont il ne sélectionna qu'un certain nombre : de douze pièces, il en garda six, essentiellement les histoires en résonance avec la *doxa* confucianiste qui régnait alors. Une fois le répertoire établi, il segmenta et codifia la structure de chacun des *pansori* en différentes unités : chant, narration et gestuelle, sans consigner bien sûr l'improvisation qui en sera faite par les interprètes, l'essence même du *pansori*.
Outre différents effets personnels appartenant à Shin Jae-hyo, on découvre sur de multiples bornes multimédias les plus grands chanteurs comme Jin Chae-seon ou Kim So-hei. Seul regret : qu'il n'y ait pas davantage de cartels en anglais pour mieux nous faire partager cet art.

★★★ Gochang Dolmen Museum 고창 고인돌박물관

Accès compliqué par bus, mieux vaut prendre un taxi ; au retour, faites-vous aider par le personnel du musée dont certains membres parlent anglais - 676, Dosan-ri, Gochang-eub - ✆ (063) 560 86 66 - www.gcdolmen.go.kr - tlj sf lun. 9h-18h (17h de nov. à fév.) - 3 000 ₩.

On ignore souvent que sur les 80 000 dolmens dénombrés dans le monde, localisés essentiellement en Europe (France, Irlande, Grande-Bretagne), plus de 36 000 ont été référencés sur la péninsule coréenne et ce, principalement sur trois sites méridionaux : Hwasun, Ganghwa et Gochang. Ces sites ont été enregistrés au Patrimoine mondial de l'Unesco en 2000. À elle seule, la région de Gochang dénombre plus de 2 000 dolmens dont 447 s'égrènent sur les 2,5 km^2 enveloppant le musée. C'est donc tout naturellement qu'avec la plus grande concentration de vestiges mégalithiques du monde, elle accueille depuis 2008 le premier musée coréen entièrement dédié à ces monuments datant du Ier millénaire av. J.-C. Le musée *(légendes en anglais)* aborde sur trois niveaux les multiples questions que chacun se pose face à ces dolmens. Ces derniers, *goindol* en coréen (littéralement la pierre qui s'appuie sur d'autres pierres), pèsent entre 10 et 300 t et présentent une grande variété stylistique. À Gochang, ils se déclinent en quatre types : ceux en forme de table (une pierre plate et large posée sur deux grandes pierres dressées verticalement) ; ceux en forme de cercueil : les pierres reproduisent la structure d'un sarcophage (la pierre principale couvre une série de pierres verticales) ; ceux évoquant une planche de *baduk*, le jeu de go coréen (la pierre enveloppe quatre ou huit pierres dressées verticalement et presque inhumées) et enfin ceux qui ressemblent à une pierre tombale (la dalle est posée sur le sol). Dans ce dernier cas, le défunt était enterré, alors qu'il était peut-être seulement déposé sur le sol (et recouvert de terre ?) pour les trois autres hypothèses. Le musée aide aussi à comprendre comment ces dolmens furent construits et quelles étaient leurs destinations :

KIM YOUNG-SUNG

Né à Gwangju en 1965, Kim Young-sung appartient à cette génération de photographes questionnant l'histoire ancienne de la Corée. Sa série photographique *Dolmen* (2005), traitée en noir et blanc, est l'un des plus beaux hommages rendus à la culture mégalithique. Les musées américains ne s'y sont pas trompés en intégrant progressivement son travail dans leurs collections.

monuments funéraires, pierres de fertilité, dispositifs astronomiques et prémices d'une cosmologie indigène (qui n'était donc pas chinoise à l'origine), etc. Ces questions sont d'importance. Pendant la colonisation japonaise, les recherches archéologiques avaient été arrêtées. Un colonisé ne pouvait avoir de racines ; encore moins si elles se révélaient plus anciennes que celles du colonisateur…

À l'extérieur du musée, on découvrira un immense parc parsemé de dolmens. Une magnifique promenade qui nous permet de passer de la théorie à la pratique.

★★ JIRISAN NATIONAL PARK 지리산 국립공원 ET HWAEOM-SA 화엄사 C2

À l'est de Gwangju et à cheval sur trois régions (Jeonbul, Jeonnam et Gyeongnam), le parc dispose de trois entrées principales, chacune avec un temple. Deux d'entre eux, Ssanggye-sa (voir p. 280) et Daewon-sa, se situent dans la province du Gyeongsang. Le troisième, celui qui nous retient ici, Hwaeom-sa, est accessible par la province du Jeollanam, et à l'entrée ouest du parc.

Du Bus Terminal de Gwangju pour Jirisan National Park et Hwaeom-sa - 5 bus par jour entre 8h20 et 16h35 - 9 000 ₩ - 1h30. Informations utiles (sentiers de randonnée, faune, flore, numéros utiles) sur english.knps.or.kr/Knp/Jirisan/.

Entrée du parc gratuite. Jirisan qui signifie « la montagne des hommes sages et étranges » fait référence à ces ermites qui, en quête d'absolu, parcouraient sans relâche sa vaste superficie. Le plus vaste des parcs montagneux (470 km^2) fut aussi le premier parc (1967) à bénéficier en Corée du label de Parc national. Hérissé d'une douzaine de sommets dont la majorité dépassent les 1 000 m (le **Cheonwangbong** est le deuxième sommet coréen avec 1 915 m), le parc étire d'ouest en est une belle **ligne de crête★★** sur près de 45 km de long. Ce chemin de randonnée fait d'ailleurs le bonheur des très bons marcheurs. Avec une telle variété géographique et climatique, le parc fait prospérer une nature très variée. Côté flore, on trouve par exemple le corylopsis (noisetier d'hiver) chargé de belles grappes de fleurs jaune crème ; côté faune, le très impressionnant ours noir d'Asie.

★★ Hwaeom-sa 화엄사

Le temple est situé à 1 km de l'entrée du parc - ✆ (61) 783 7600 - www.hwaeomsa.org - ouv. 7h-19h30 - 3 500 ₩ - programme de Temple stay possible : eng.templestay.com et en.gurye.go.kr/en.

Hwaeom-sa aurait été érigé en 544 par Yeongi Josa sous le règne du roi Seong (523–554) pendant la dynastie du Silla (18 av. J.-C.-660) puis celle du Silla unifié (668-918). Si nombre d'éléments ont perduré jusqu'à nous (lanternes en pierre, stupas à cinq niveaux décorés avec les images des douze dieux zodiacaux), la majorité du temple a été reconstruite aux 16e et 17e s. suite aux destructions causées par la guerre avec le Japon (1592-1598). Passé les portes **Geumgangnum★** puis **Cheonwangmun★** abritant les gardiens célestes des quatre directions, les visiteurs découvrent rapidement le **Gakhwangjeon Hall★★**, la plus large structure bouddhiste en bois de Corée. Cet édifice à double niveau et aujourd'hui Trésor national a été reconstruit en 1703 sur les fondations en pierre datant de l'époque Silla. Sur l'esplanade, ne manquez pas d'observer la pagode de l'ouest à cinq niveaux, décorés chacun avec les images des douze dieux du zodiaque. La pagode aux quatre lions qui lui succède daterait elle du 9e s. Un petit musée est logé dans le pavillon Bojeru.

Un petit bureau d'information à proximité de l'arrêt de bus peut vous donner quelques conseils et une carte régionale. À l'arrière du temple, un chemin

conduit à différents ermitages. Il est possible de grimper jusqu'au sommet du Nogodan (1 507 m, *comptez 3h30 environ pour 7 km*).
Du temple Hwaeom, on peut aussi rejoindre *via* la ligne de crête le temple de Daewon, à l'extrême est du parc (*comptez en moyenne 3 jours pour 40 km environ. Possibilité de dormir dans des refuges aménagés*).

NOS ADRESSES À GWANGJU

INFORMATIONS UTILES

Banque/Change – Nombreux bureaux de change et distributeurs de billets **ATM** dans les rues Geumnam-no.
Poste – Central Post Office - *Chungjang-no.*

ARRIVER/PARTIR

En avion

Aéroport de Gwangju – *À l'ouest de la ville, desservi par le métro - ✆ 1661 2626 - www.airport.co.kr/gwangjueng/.* Vers Séoul Gimpo avec Korean Air et Asiana Airlines et vers l'île de Jeju avec ces mêmes compagnies et T'Ariways et Jeju Air notamment.

En train

Attention, il y a deux gares. L'une, moderne et excentrée à 8 km à l'ouest du centre-ville : **Gwangju Songjeong Station** (*métro : Gwangju Songjeong Stn*) – d'où partent les KTX (Séoul, Mokpo) et quelques trains réguliers de la ligne vers Mokpo. L'autre plus centrale, la **Gwangju Station** (B2) pour les trains Korail vers Mokpo, Suncheon, Yeosu...
Mokpo *(voir p. 303)* est joignable en train Korail (*50mn - 5 200 ₩*) ou en KTX (*35mn - 8 400 ₩*). Pour Séoul (*2h40 - 11/j - 36 900 ₩ la semaine et 39 700 ₩ le w.-end*) en KTX ou en train Korail *Mugunghwa* (*4h30 - 4/j - 22 000 ₩*).

En bus

Gwangcheon Bus Terminal (U-Square) – Square Complex (A2) - *✆ (062) 360 81 14 - www.kobus.co.kr. Accès : métro, station Nongseong, sortie n° 6 puis 15mn à pied.* Dans cette immense rotonde, les bus viennent et partent à une fréquence soutenue. Informations en anglais ; portes d'embarquement, panneaux d'affichage d'une grande lisibilité. Par ailleurs, la gare routière possède une bonne librairie, de très bons cafés et met à la disposition des voyageurs une batterie de bornes automatiques permettant d'acheter rapidement son billet. Un modèle du genre.
Pour Daejeon (*6h-22h - ttes les 30mn - 2h30 - 11 100 ₩*) ; Damyang (*5h50-22h45 - ttes les 20mn - 30mn - 2 300 ₩*) ; Jeonju (*6h05-23h - ttes les 20-40mn - 1h20 - 6 600 ₩*) ; Mokpo (*5h20-0h - ttes les 15mn - 30mn - 5 700 ₩*) ; Séoul (*presque 24h/24 - ttes les 5 à 30mn selon l'heure - 3h20 - de 17 600 ₩ pour le bus normal à 26 100 ₩ pour celui de luxe*).

TRANSPORT

En métro – *www.gwangjusubway.co.kr.* Le métro est à privilégier comme dans la majorité des grandes villes saturées de trafic. Une seule ligne, 22 stations (*5h30-0h - ticket 1 voyage 1 400 ₩ ou 1 250 ₩ avec une carte de transport tel T-Money*). S'arrête à l'aéroport et à la gare ferroviaire Gwangju Songjeong (mais ni au Gwangju Bus Terminal ni à la gare ferroviaire Gwangju Station).
En bus – Plus de 80 lignes quadrillent la ville. L'une des plus célèbres est la 518, celle du 18-Mai. Elle traverse la ville

jusqu'au cimetière. Les lignes 48, 151 et 1187 courent du Bus Terminal jusqu'à la gare ferroviaire de Gwangju Station (*30mn - 1 250 ₩*).

En taxi – Prise en charge 3 200 ₩. Comptez environ 8 000 ₩ pour aller du Bus Terminal au quartier Dong-gu (*20mn*).

HÉBERGEMENT

Outre l'hostellerie et la « motellerie » traditionnelle, on peut aussi dormir chez l'habitant *via* l'organisation **Gwangju International Homestay** – 광주 외국인홈스테이 – *Jeon-il Building 5F, Geunmanam-no - ✆ (062) 226 27 34 - eng.gic.or.kr/program/homestay.php.* Cinquante-cinq familles coréennes ont été pour l'heure sélectionnées. Il faut faire sa demande de réservation au minimum 15 jours à l'avance en précisant le quartier où l'on aimerait être hébergé. *Comptez 35 000 ₩ par personne, petit-déjeuner inclus. Gratuit jusqu'à 3 ans. 50 % de réduction pour les moins de dix ans.*

Quartier Dong-gu B2

PREMIER PRIX

Good Choice Hotel – HOTEL 여기어때 – B2 - *3, Seoseok-ro 7beon-gil, Dong-gu - ✆ (062)227 4700 - hotel.goodchoice.kr - ▤ - 50 ch. à partir de 50 000 ₩.* Motel récent, inhabituellement épuré et sobre. Les chambres, très fonctionnelles, sont agréables avec leur carrelage décoré de bambou, les grilles qui masquent la salle de bains, les tons vert, rose, et tous les petits aménagements bien pensés. Un bon rapport qualité-prix. Pour le trouver, repérez l'enseigne jaune avec une sorte de Smiley, à deux pas des commerces et de l'ACC.

Windmill Motel – 윈드밀모텔 – B2 - *150-8, Jungang-ro, Dong-gu - M° Geumnamro-4Ga, ligne n° 1, sortie n° 1 - ✆ (062) 223 5333 - www.windmillmotel.co.kr - ▤ CC P - wifi - 37 ch. 35 000/60 000 ₩.* Comme tous les établissements de la catégorie *love motel*, celui-ci propose dans un décor baroque la matérialité propice aux insomnies : écrans TV géants, ordinateurs (*sup. 5 000 ₩*), fontaines d'eaux chaude et froide, savon et dentifrice à profusion.

Palace Hotel – 팔라스호텔 – B2 - *13, Jungang-ro 160beon-gil, Dong-gu - M° Geumnamro-4Ga, ligne n° 1, sortie n° 1 - ✆ (062) 222 2525 - ▤ ✕ CC P - wifi - 30 ch. 60 000/90 000 ₩ ☕.* Le prix peut doubler en juillet et août selon l'affluence. Situé au cœur de la bouillonnante Chungjang-no (restaurants, cafés, magasins de vêtements), l'hôtel est idéalement placé pour qui aime errer dans un quartier animé. Les chambres spacieuses, confortables, très bien entretenues sont aussi bien équipées qu'un motel (TV, ordinateur, fontaine d'eau chaude). Sauna à l'accueil, boîte de nuit en sous-sol et café au rez-de-chaussée : le WaBar, qui ferme à 4h du matin. Parfait pour prendre une bière. Attention, la réception se trouve au 3e étage.

Quartier Nam-gu

BUDGET MOYEN

Hotel Prado – 프라도관광호텔 – Hors plan par A2 - *19, Dongnip-ro, Nam-gu - ✆ (062) 654 9999 - www.pradohotel.co.kr - ▤ ✕ CC P ♿ - wifi - 111 ch. 120 000 ₩ - ☕ 15 000 ₩.* À 20mn en taxi de la gare de Gwangju, cet hôtel, l'un des plus luxueux de la ville, appartient à la fameuse chaîne hôtelière Benikea (Best night in Korea). Il propose une vaste gamme de services (sauna, massages, salle de sport, restaurants chinois, japonais, business center…). Ne pas oublier de faire un tour au Sky Lounge pour siroter un cocktail au-dessus de la ville étincelante.

Quartier Seo-gu (Sangmu)

Situé entre le centre-ville et l'aéroport, ce quartier compte un grand nombre de motels, hôtels, restaurants et bars. Accès : métro station Sangmu ou Uncheon.

Hotel B – Hors plan par A2 - *6, Sicheong-ro 60beon-gil, Seo-gu - ✆ (062) 365 8300 - www.hotelb.co.kr - ▤ - 65 ch. à partir de 80 000 ₩.* Une tour moderne dans le quartier de Song-gu (et ses innombrables bars et restaurants). Chambres modernes au design scandinave épuré, typique d'un *business hotel* à la japonaise. Confort, sobritété, et bon rapport qualité-prix.

RESTAURATION

PREMIER PRIX

1960 Cheongwon Momil – 1960 청원모밀 – B2 - *174-1, Jungang-ro, Dong-gu - M° Geumnamro-4Ga, ligne n° 1, sortie n° 1 - en face du NC Wave - ✆ (062) 222 2210 - 10h30-20h30 - fermé Chuseok et Nouvel an lunaire - CC - 4 000/6 500 ₩.* Ce restaurant sert des pâtes à des prix modérés *(autour de 5 000 ₩)* depuis 1960. Autant dire une institution. La spécialité sont les *momil*, pâtes au sarrasin.

BUDGET MOYEN

Minsokchon – 민속촌 – B2 - *37-2, Munhwajeondang-ro, Dong-gu - M° Munhwajeondang, ligne n° 1, sorties n° 1/3 - ✆ (062) 224 4577 - 11h30-0h - CC P - 5 500/12 000 ₩.* Restaurant populaire pour goûter entre autres de délicieux *dwaeji galbi* (travers de porc marinés).

POUR SE FAIRE PLAISIR

Yeongmi Oritang –영미오리탕 – B2 - *126, Gyeongyang-ro, Buk-gu - ✆ (062) 527 02 49 - 11h-1h - 35 000/45 000 ₩.* Les abords de la gare de Gwangju comptent un quartier dédié à l'une des spécialités de la ville, le *oritang*, un ragoût de canard riche et parfumé. Venez le déguster dans cette adresse, populaire depuis des décennies. Un lieu aussi simple que convivial.

PETITE PAUSE

Kungjeun – 궁전제과 – *93-6, Chungjang-ro - ✆ (062) 222 34 77- 8h30-22h.* Cette boulangerie quarantenaire fait le plein grâce à ses multiples préparations qui comblent tous les appétits. Les spécialités ? Des douceurs feuilletées et surtout le *gongnyong alppang*, un pain évidé garni de salade de pomme de terre (le tout évoquant une « patate au four »).

PRENDRE UN VERRE

Coffee Smith – 커피스미스 – *Seoseok-ro, Dong-gu-gu - coffeesmith.co.kr - 9h-22h.* La franchise locale de cette petite chaîne coréenne très en vue est aménagée dans un édifice à étage rappelant un vaste parking de béton brut. Vue imprenable sur la rue, grandes baies ouvertes en été, et un menu éclectique de bons cafés, thés, bières, cocktails, mais aussi des sandwichs et desserts.

Kunst Lounge – *Dongmeyeong-ro 4 - ✆ (062) 223 00 09 - www.kunst-lounge.com - tlj sf dim. 10h-0h. Kunst* comme l'art célébré à deux pas, dans l'ACC voisin. Espace agréable et *cosy*, vins, bières, cafés et thés de qualité, à accompagner de petites préparations bien faites, tout en profitant de l'animation du quartier.

Essayez aussi, par curiosité, le **Sound of Music**, dans le quartier de Art Street, une maison aux murs couverts d'écailles de bois, transformée en bar musical au décor aussi composite qu'étonnant. Pour les amateurs de lieux atypiques !

ACHATS

Marché de Daein – B2 - *Gyerim-dong - Daien Market (derrière la rue des Arts) - Métro Geumanam-ro 5ga Stn, sortie n° 3 ou bus n° 6, 37, 52, 54, 58, 70, 81, 170, 180, 184 et 518. Arrêt : Daein Sijang*. Une dizaine de restaurants sont ici rassemblés. À conseiller pour tous les amateurs de poissons crus (*sashimis*). Mais Daein, ce sont aussi à proximité de nombreux ateliers d'artistes.

Yangdong Market – 양동시장 – A2 - *238, Cheonbyeonjwa-ro, Seo-gu - M° Yangdong Market, ligne n° 1, sortie n° 1 - (062) 366 0884 - yangdongmarket.modoo.at - 3h-21h - fermé 1er et 3e dim. -* P. Ce marché ouvert depuis 1975 – le plus grand de la ville – est considéré comme le meilleur marché traditionnel de Corée. On y trouve tout au fil d'éventaires segmentés par produits.

Geumnam-no Underground – 금남로 지하상가 – L'immense galerie marchande du métro court entre les stations *Culture Complex* et *Geumnamno 4-ga*. Vêtements traditionnels ou dernier cri.

ACTIVITÉS

Base-ball - **Gwangju Kia Champion's Field** – 광주기아챔피언스필드 – *10, Seorim-ro, Buk-gu - 070 7686 8000 -* CC P *- ticket 8 000/40 000 ₩.* Allez encourager l'équipe professionnelle de base-ball des **Kia Tigers** *(www.tigers.co.kr)* dans le magnifique stade de Mudeung. Les matchs commencent généralement à 17h ou 18h30. Pour acheter des billets à l'avance en se faisant aider d'un Coréen : *www.ticketlink.co.kr - à partir de 7 000 ₩.*

ACHATS

Le quartier de Chungjang, entre la station de métro *Geumnamro 4-ga* et l'ACC, est LE quartier du shopping.

AGENDA

Kimchi Festival – 김치축제 **(octobre)**. Au World Cup Stadium Area ou au Jungoe Park Area - *(062) 613 36 41 - kimchi.gwangju.go.kr*. Rappelons que le *kimchi* était traditionnellement préparé en octobre, dans le but de conserver les légumes, mais aussi d'assurer une plus grande diversité alimentaire pour les longs mois d'hiver (*voir p. 449*). On pourra non seulement goûter toutes sortes de *kimchi*, mais élire aussi le meilleur *kimchi* du festival. Le tout est accompagné de jeux et de spectacles folkloriques avec entre autres des concerts de *samulnori* (percussions coréennes) et de *nongak* (musique paysanne).

Biennale d'art contemporain de Gwangju (sept.-nov.). Prochaine édition en 2018. *www.gwangjubiennale.org.*

Gwangju Design Biennale (sept.-à oct.). Prochaine édition en 2019. *Kim Dae-jung Convention Center - (062)-608-41 14 - www.gdb.or.kr.*

Im Bang-wool Korean Traditional Music Festival – En septembre au Gwangju Culture and Art Center - *(062) 521 07 31 - www.imbangul.or.kr.*

Mokpo 목포

240 555 habitants – province du Jeollanam-do

Située sur la route maritime entre la Chine et le Japon, Mokpo a rapidement pris rendez-vous avec l'histoire même si elle n'en porte guère de traces d'un point de vue architectural. Cette ville portuaire est l'endroit idéal pour acheter des ancres et des filets. On est donc bien loin des sites balnéaires qui sentent la crème solaire. Et c'est là la vraie force de Mokpo : une ville attachante à condition d'aimer les endroits qui entretiennent encore un commerce actif avec les océans. Elle est également la porte d'entrée du littoral méridional de la péninsule et de quelques îles du parc national maritime.

NOS ADRESSES PAGE 306
Hébergement, restauration, achats, activités, etc.

S'INFORMER

Office de tourisme – Au cœur de la gare ferroviaire - *(061) 270 85 99 - tour.mokpo.go.kr - 9h-18h*; autres offices de tourisme (mêmes horaires) au terminal de bus et à Gatbawi (à deux pas du Mokpo Natural History Museum).

SE REPÉRER

Carte de région A3 (p. 288-289) – La ville, située à 410 km au sud de Séoul, paraît un peu ingrate au premier abord mais elle est si étendue et morcelée que son front de mer est des plus variés : montagneux sur son flanc ouest avec le Yudalsan Park ; artisanal et industrieux autour du Ferry Terminal et du port Naehang ; muséographique sur son versant est autour de Gatbawi ; balnéaire à l'extrême est de part et d'autre de la place Pyeonghwa.

À NE PAS MANQUER

Le National Maritime Museum.
Le parc national Dadohae Haesang.

ORGANISER SON TEMPS

Compter une demi-journée pour explorer le Yudalsan Park et le marché aux poissons. Une autre demi-journée pour le quartier des musées (attention, les musées sont fermés le lundi). Deux jours pour explorer le parc national Dadohae Haesang.

Se promener

En marchant dans le centre historique de Mokpo – aux alentours de la gare routière – vous longez des axes piétonniers bordés de commerces, collectionnez les motels aux enseignes criardes et découvrez un marché traditionnel au coin d'une rue, ainsi que quelques édifices historiques reconstruits ou préservés. Ainsi l'ancien consulat du Japon datant de 1900 et qui abrite un petit musée d'histoire contemporaine *(tlj sf lun. 9h-18h - 2 000 ₩)*.

Mais l'attraction principale est le **marché aux poissons** ★. Un quartier entier *(le long de Haean-ro, à 10mn de marche à l'est de la gare)* est ainsi dédié à la vente des produits de la mer et aux équipements nécessaires aux pêcheurs (cordages, filets, bottes…). Un univers humide et fascinant qu'il faut découvrir le matin, pour le ballet des petits *combi* entre les bateaux et les stands, où les femmes écaillent et préparent la pêche du jour pour présenter de beaux étals.

★ YUDALSAN PARK 유달산 공원

À 20mn de marche de la gare ferroviaire, l'entrée du parc est gardée par une statue de l'amiral Yi - 9h-18h - gratuit.
Ce petit parc montagneux flanqué de falaises rocheuses et de pavillons offre de son sommet – **Ideug-bawi**, qui culmine à 228 m – un magnifique **point de vue★** sur la ville (maisons aux toits-terrasses bleus ou verts avec leurs jarres à *kimchi*, le port, les îles…). Quelques monuments commémoratifs sans autre intérêt que l'histoire qu'ils rappellent jalonnent le parcours : **Nojeokbong** évoque la ruse de l'amiral Yi (*voir encadré ci-contre*) ; un autre monument, parlant cette fois-ci, et baptisé les « larmes de Mokpo », entonne toutes les heures une célèbre chanson des années 1930 remémorant les souffrances du peuple coréen pendant la colonisation japonaise. Un second point de vue peut être obtenu du deuxième pic du parc, **Ideug-bawi**, que l'on trouve immanquablement en suivant la petite crête. Entre les deux sommets, un petit chemin court à l'ouest jusqu'à une petite plage impropre à la baignade.

★ GATBAWI DISTRICT : LE QUARTIER DES MUSÉES

À 4 km à l'est du centre de Mokpo. Prenez le bus n° 7. Du centre, un taxi coûte environ 4 000 ₩. Et n'espérez pas atteindre ce district en longeant le front de mer à pied ; très industrialisé, il est ici inexistant.
Le district de Gatbawi tient son nom de deux rochers ressemblant à deux personnes portant côte à côte des *satgat* (chapeaux traditionnels). Il abrite une petite dizaine de musées entourés de magnolias et de cerisiers. Ils sont pour la plupart peu intéressants, soit parce que les pièces exposées sont de piètre qualité (**Mokpo Ceramic Livingware Museum**, **Namnong Memorial Hall**), soit parce que l'absence d'informations en anglais rend la visite peu fructueuse (**Mokpo Museum of Literature**), soit encore parce que le thème du musée n'épouse pas vraiment la faune et la flore locales : **Mokpo Natural History Museum** *(tlj sf lun. 9h-18h (juil.-août : 19h w.-end et fêtes nationales) - 3 000 ₩ billet combiné avec le Mokpo Ceramic Livingware Museum).* Ce dernier ravira néanmoins les enfants avec ses dinosaures et sa présentation des papillons particulièrement originale.
Une exception cependant, qui à elle seule justifie ce détour : le très beau et passionnant National Maritime Museum.

★★ National Maritime Museum 국립해양문화재연구소

138 Namnong-ro - ✆ (061) 270 30 00 - www.seamuse.go.kr - tlj sf lun. 9h-18h (9h-19h de mars. à oct. durant w.-end et vacances) - gratuit.
Également connu sous le nom de **National Research Institute of Maritime Cultural Heritage**, ce musée se divise en quatre sections. Les deux premières exposent les objets provenant de navires ayant fait naufrage au large de Mokpo. Le premier vaisseau, le **Wando**, découvert en 1984, transportait pas moins de 30 000 céramiques en céladon, produites dans les régions de Gangjin, Buan et Haenam. Ces dernières dataient vraisemblablement de la fin du 11ᵉ et début du 12ᵉ s. Le *Wando* s'est abîmé alors qu'il livrait sa cargaison à Gaegyeong, la capitale de la dynastie Goryeo. Parmi les matériaux récupérés figurent nombre d'instruments de navigation et divers objets du quotidien. Une mine d'informations exceptionnelle sur la période Goryeo. Le second navire, le **Sinan**, est un vaisseau chinois qui a coulé au large de la côte de Sinan en 1323, alors qu'il faisait route vers le Japon. La coque en partie récupérée (34 m de long) est ici magistralement exposée. Les objets trouvés à son bord nous renseignent sur la nature des produits qui circulaient

L'AMIRAL YI SUN-SIN (1545-1598)

Aristocrate courageux, impitoyable envers l'ennemi mais d'une totale dévotion pour ses hommes, Yi Sun-sin est aux Coréens ce qu'est Du Guesclin aux Français : un héros national qui libéra la Corée du joug japonais pendant l'épuisante guerre Imjin qui dura de 1592 à 1598. Fin stratège, c'est lui qui inventa le bateau-tortue (*Kòbuk-Sòn*). Ce navire, en fait le premier cuirassé de haute mer de l'histoire navale coréenne, mit en déroute à plusieurs reprises la flotte japonaise. Rusé, Yi Sun-sin le prouvait encore à Mokpo où il réussit à braver la flotte ennemie, en entassant au sommet du mont Yudal d'énormes quantités de fagots de bois gardés par des civils déguisés en soldats. Les Japonais y devinèrent une cargaison colossale de munitions, peu propice au siège qu'ils pensaient tenir. L'amiral est mort au cours de la bataille victorieuse de No-Ryang qui mettait enfin un terme à la guerre Imjin.

Divers lieux racontent la vie de l'amiral à Jinju (Musée national), Namhae (monument, musée), Tongyeong (site de bataille, quartier général), Yeosu (reproduction du bateau-tortue), et Séoul (Gwanghwamun Square).

entre la Corée, la Chine et le Japon. En échange de céramique, de soie, de thé ou d'encens produits en Chine, la Corée exportait de l'*insam (*ginseng, *voir p. 363*), des éventails, de l'or et de l'argent. Le Japon exportait quant à lui épées et paravents en échange de bois de santal, d'épices et de médecine venant de Chine ou de coton, de chanvre, de fourrures de tigre souvent d'origine indienne mais commercialisées par la Corée. La troisième salle présente la vie quotidienne des pêcheurs locaux. L'accent est mis sur la période Joseon grâce entre autres à une encyclopédie de la vie maritime écrite en 1814 par Jeong Yak-jeon. On apprend ainsi que le poulpe ou abalone cru (*jeonbok-hoe*) servi avec un porridge de riz était déjà un plat très réputé. Enfin, une autre salle raconte de quelle manière les vaisseaux coréens ont évolué au fil de l'histoire.

En sortant du musée, par le front de mer, marchez une dizaine de minutes jusqu'aux deux **rochers Gatbawi**. Un caillebotis posé au-dessus de la mer permet d'en faire le tour. On peut prolonger la promenade et longer le front de mer sur la **partie balnéaire de Mokpo**. Dans ce quartier bétonné abondent les bars, restaurants et motels aux enseignes multicolores.

★★ DADOHAE HAESANG NATIONAL PARK 다도해해상국립공원 A4

Informations : english.knps.or.kr/(description, équipements, sentiers de randonnées) ou eng.shinan.go.kr (tourisme).

Ce parc national comprend quelque 1 700 îles dont certaines ne sont pas plus larges que trois rochers.

Si beaucoup de Coréens font l'aller-retour dans la journée à Heuksan-do ou Hong-do – les horaires des ferries le permettent – cela implique une visite sur place au pas de course. Tout est prévu pour, certes. Il est néanmoins conseillé de loger (au moins) une nuit à Heuksan-do pour profiter au mieux de ce que l'archipel peut offrir.

Jin-do 진도 A4

L'île **Jin** est la plus facile d'accès, car desservie par bus au départ de Mokpo *(durée 1h, départ ttes les 30mn)*. Elle est avant tout connue pour un étonnant phénomène naturel qui, une fois par an lors des grandes marées de mars, la relie à la péninsule. Ce phénomène baptisé le « miracle de Moïse » est une attraction très populaire. Des milliers de personnes empruntent cette laisse de terre – **Mysterious Sea Road** – qui surgit après le retrait des eaux. Un spectacle étonnant. Informations : *eng.jindo.go.kr*

★ Heuksan-do 흑산도 A4 en dir.

L'**île Heuksan**, la plus grande et plus peuplée, est reliée à Mokpo par ferry *(voir Nos adresses)*. Une route en fait le tour, desservant (en bus) les différents villages de pêcheurs, plages et des sites naturels littoraux spectaculaires. Mais l'île présente surtout l'avantage de pouvoir être découverte à vélo (location sur place) et surtout à pied. Tous les villages sont en effet reliés par des sentiers. Gravir son sommet, le **Sangnabong**★ (207 m), fait aussi partie des visites incontournables de l'île. *Comptez 9h de marche pour faire le tour de l'île. Les visiteurs débarquent à Yeri, le principal village de l'île. Aucun problème pour se loger :* minbak, yeogwan *et quelques grands hôtels sans surprise comme Heuksan Beach Hotel (☎ 061 246 0090).*

★★ Hong-do 홍도 A4 en dir.

Parmi les îles les plus belles et les plus populaires, on trouve **Hong-do**. *Les ferries (voir Nos adresses) arrivent à Hong-do par le village d'Ilgu qui possède plusieurs* minbak *(pensions de famille) et* yeogwan *(auberges). Comptez entre 30 000 et 50 000 ₩ la nuit. Droit d'entrée pour le parc : 2 600 ₩.*

L'île Rouge, tel est son surnom (6 km de long sur 2,5 de large), abonde de formations rocheuses extrêmement curieuses que l'on ne peut véritablement observer qu'à partir du bateau qui en fait le tour (*2h - deux départs quotidiens - 20 000 ₩*). À l'exception des villages et de la petite plage « Ppadol Beach » couverte de galets en quartzite, l'île est protégée et demeure pratiquement interdite aux déambulations pédestres.

NOS ADRESSES À MOKPO

ARRIVER/PARTIR

En bus

Pour Boseong *(entre 6h15 et 19h40 - ttes les h - 10 000 ₩ - 1h40)*. Pour Yeosu *(ttes les h - 3h50 - 13 000 ₩)*.

En train

De la gare en centre-ville, KTX et trains réguliers pour Gwangju-Songjeong *(1h - 4 300 ₩)* et tous les arrêts (Jeonju, Daejeon, Suwon…) jusqu'à Séoul.

En ferry

Les terminaux se trouvent, côte à côte, au sud du centre-ville, à 1 km de la gare ferroviaire.

Pour Jeju-do – Départs du **International Ferry Terminal**. Pour les ferries voitures : *4h30 de trajet - dép. 9h (tlj sf 3e lun. du mois) et 0h30 (tlj sf dim. et lun.) - à partir de 32 000 à 35 400 ₩ AS selon la saison)*. Plus rapide, le *Queen Star 2* démarre à 14h30 *(jours de départs variables selon la saison - 3h de trajet)*. *Comptez 38 000 ₩ AS.* Informations : *www.seaferry.co.kr*

Pour Heuksan-do et Hong-do – Départs du **New Coastal Ferry Terminal** pour rayonner dans l'archipel du parc national Dadohae Haesang. Dép. 7h50 et 13h - un ferry part pour Heuksan-do (*durée 2h ; 34 300 ₩ AS*) puis Hong-do (*durée 2h30 - 42 000 ₩*). De Hong-do, retour à 10h50 et 15h30 (*via Heuksan-do, 30mn plus tard*).

Les horaires des ferries (Jeju et les îles) peuvent changer, se rens. auprès de l'OT en amont.

TRANSPORTS URBAINS

En bus – Du Bus Terminal – assez distant du centre-ville – le bus n° 1 rejoint la gare ferroviaire et le Ferry Terminal *(ttes les 20mn - 15 à 20mn - 1 200 ₩)*. Les bus n° 2, 3, 7 et 150 passent par le centre et Yudalsan.

En taxi – Pas de problème pour en trouver. Comptez en moyenne 4 000 ₩ pour faire 4 km, soit la distance qui sépare le centre de Mokpo du Musée maritime.

HÉBERGEMENT

PREMIER PRIX

Daeyang Park Motel – 대양파크 모텔 – *17, Samhak-ro 18beon-gil - ✆ (061) 243 45 40 - ▤ CC P - wifi - 30 ch. 30 000/35 000 ₩*. À deux pas de la gare ferroviaire, une bonne adresse aux chambres propres et bien équipées. TV, ordinateurs et pléthore de produits savonneux.

BUDGET MOYEN

Mokpo Family Tourist Hotel – *28, 64beon-gil, Honam-ro - ✆ (061) 247 8585- ▤ - 30 ch. de 65 000 à 170 000 ₩*. Pratique car à deux pas de la gare ferroviaire *(suivre la rue en face puis deuxième à droite)*, cet hôtel comprend des chambres traditionnelles et occidentales ainsi que des appartements, tous vastes et correctement équipés. Café-restaurant **Tom N Toms** au rez-de-chaussée pour le petit-déjeuner.

Shangria Beach Hotel – 샹그리아비치관광호텔 – *79, Pyeonghwa-ro - ✆ (061) 285 01 00 - www.shangriahotel.co.kr - ▤ ✕ CC P - wifi - 72 ch. 158 000 ₩ - ☕ 12 000 ₩*. Situé sur la côte balnéaire de Mokpo, cet hôtel récent est l'un des meilleurs de la ville.

RESTAURATION

Les restaurants de poisson sont la spécialité de Mokpo. Ils sont légion sur le quai face au port en direction du New Coastal Ferry Terminal. Il suffit de choisir selon l'ambiance. Fraîcheur garantie et peu onéreuse.

PREMIER PRIX

Dokcheon – 독천식당 – *3-1, Honam-ro 64beon-gil - ✆ (061) 242 65 28 - tlj sf dernier dim. du mois 10h-21h30- 12 000/20 000 ₩*. Ce restaurant, bien qu'éloigné du port *(à 5mn à pied au nord de la gare)*, est le plus réputé pour déguster des préparations à base d'un produit phare de Mokpo : le poulpe *(nakji)*. En *bibimbap*, en soupe, cru, en friture…

UNE FOLIE

Youngran Raw Fish – 영란횟집 – *42-1, Beonhwa-ro - ✆ (061) 243 7311 - www.youngran.kr - 10h30-22h - fermé Chuseok et Nouvel an lunaire - CC P - sashimi 45 000 ₩, formule 150 000 ₩*. Dans des petites pièces tapissées de motifs désuets, on découvre l'une des meilleures cuisines de Mokpo. La spécialité est le poisson cru de saison sous toutes ses formes : soles, bars, tourteaux, sans oublier la fameuse spécialité locale, les *raw croaker*, poissons connus sous le nom scientifique de *Pseudosciaena crocea. Comptez 45 000 ₩ pour un sashimi de soles.*

PETITE PAUSE

Dans le centre-ville, voir **Tom N Toms** au **Mokpo Tourist Hotel**.

Pier Five – 망고플레이트 – *1145-5, Sang-dong - ✆ (061) 287 00 19 - 10h-0h*. Café moderne, tout en baies vitrées donnant sur le carrefour principal du quartier balnéaire. Bons cafés, pâtisseries et une petite exposition d'art contemporain.

De Mokpo 목포 à Boseong 보성

★

Province du Jeollanam-do

Entre les villes de Mokpo et Boseong, la route, relativement plaisante, est jalonnée de sites particulièrement uniques en Corée. Si le parc national Wolchulsan mérite un détour pour ses reliefs insolites, quoique communs à nombre de parcs nationaux, le musée de Gangjin satisfera les passionnés de céladons. Et l'un des plus beaux paysages est sculpté ici par la main de l'homme : les plantations de thé Daehan Dawon, à quelques kilomètres de Boseong, marquant les mémoires de façon indélébile.

NOS ADRESSES PAGE 311
Hébergement, restauration, achats, activités, etc.

S'INFORMER

Boseong Cultural Tourism Office – *(061) 850 52 24 ou (061) 852 2593 pour joindre directement la plantation de thé de Daehan - english.boseong.go.kr/*

SE REPÉRER

Carte de région AB3 (p. 288-289) – Située à 410 km au sud de Séoul, la ville de Mokpo est distante de 180 km de Yeosu.

À NE PAS MANQUER

La plantation de thé Daehan Dawon ; le pont suspendu de Wolchulsan.

ORGANISER SON TEMPS

On peut passer une journée au parc national de Wolchulsan et deux jours à Yulpo pour alterner les visites entre plage et plantations de thé. Comptez trois jours minimum pour le circuit complet.

AVEC LES ENFANTS

Le parc national de Wolchulsan ; la plantation de thé Daehan Dawon ; la plage de Yulpo.

Circuit conseillé Carte de région p. 288-289

★ WOLCHULSAN NATIONAL PARK 월출산국립공원 B3

De la gare routière de Mokpo, bus pour Yeongam (ttes les 30mn - 30mn - 4 400 ₩). Du Bus Terminal de Yeongam, bus ttes les 20mn - 10mn - 1 200 ₩, pour aller jusqu'à l'entrée principale du parc située à l'est : Cheonhwang-saji, (061) 473 52 10 - 6h-21h

Cheonhwang Information Center - 464-46, Gaesin-ri, Yeongam-eup - (061) 472 9201 - english.knps.or.kr.

Les visiteurs parcourent généralement le parc d'est en ouest ou d'ouest en est, de Cheonhwang-sa jusqu'au temple de Dogap (peu intéressant) qui flanque l'ouverture orientale du parc. Comptez environ 6h pour 8 km. Restaurants et *minbak* bordent les deux entrées du parc.

Ce parc « où la lune se lève », traduction de *Wolchul*, est avec une superficie de 42 km² le plus petit parc national de Corée. Hérissé de reliefs insolites dont le mont **Cheonwangbong** est le point culminant (809 m), il réserve malgré sa petitesse des escapades variées pleines de surprises, idéales pour une journée pédestre. Outre une belle statue de **Bouddha** de 8 m de haut taillée dans

Les reliefs insolites du parc national de Wolchulsan.
KTO

la roche, le promeneur pourra observer depuis le pont en acier suspendu à 50 m au-dessus du sol un magnifique **panorama★★** entre deux belles crêtes.

GANGJIN 강진 B3

Gangjin fut un important centre de production de **porcelaines céladons** entre le 10e et le 14e s., durant la période Goryeo (918-1392), considérée comme l'âge d'or de la céramique en Corée. Il suffit d'assister au Festival du céladon qui se tient chaque année à Gangjin (*voir Nos adresses*) pour découvrir l'engouement qu'il suscite aujourd'hui encore auprès des Coréens. Gangjin a produit 80 % des plus beaux céladons réalisés en Corée. Sur les 400 fours que comptait le pays, on en dénombrait 188 pour cette région (une quinzaine sont encore en activité). Pourquoi un tel nombre ? Les raisons sont de deux ordres : à deux pas de Mokpo, Gangjin était idéalement placé sur les routes du commerce entre la Chine et le Japon. Or, les céladons, contrairement à ce que l'on pourrait penser aujourd'hui, étaient destinés à des usages quotidiens. Ils se produisaient et s'exportaient en masse. La seconde raison tient au fait que les terres de Gangjin étaient propices à la production de cette porcelaine : bon climat, eau et bois de qualité et en abondance (le four doit atteindre 1 800°) et une matière première, l'argile, riche en oxyde de fer, condition *sine qua non* pour obtenir cette coloration (*voir encadré p. 310*). Une couleur très prisée pour sa ressemblance avec le jade, très recherché par les Chinois. Le jade était la pierre qui, traditionnellement, gardait l'énergie vitale des morts en obstruant leurs orifices. Inventeurs du céladon qu'ils produisaient dès le 5e s., les Chinois tenaient ainsi un succédané bien moins onéreux que la pierre de jade.

Situé à 18 km au sud de Gangjin. Prenez du Bus Terminal de Gangjin le bus local pour Maryang et descendez à l'arrêt du musée : Misan maeul (ttes les h - 30mn - 1 600 ₩).

★ Gangjin Celadon Museum 강진청자박물관

33, Cheongjachon-gil, Daegu-myeon, Gangjin-gun - ✆ (061) 430 37 55 - www.celadon.go.kr - 9h-18h (fermeture des guichets à 17h30) - 2 000 ₩.

5

CÉLADON : OXYDE DE FER ET RUBANS VERTS

Le céladon, « *cheongja* » en coréen, est un grès à couverte monochrome allant du vert au bleu-gris translucide. Cette couleur est obtenue par une cuisson à haute température (1 200-1 280 °C) en atmosphère réduite, c'est-à-dire avec très peu d'air dans le four, ce qui a pour effet de produire du monoxyde de carbone et du carbone. Ceux-ci étant avides d'oxygène, ils vont le chercher dans l'oxyde de fer contenu dans l'argile qui va prendre alors, selon sa teneur en fer, des couleurs bleues ou vertes. Rappelons que ce nom a été donné au 17e s. par les dames de la cour de Louis XIII en référence au berger nommé Céladon du célèbre roman *L'Astrée* écrit par Honoré d'Urfé en 1607. Céladon portait alors un costume toujours agrémenté de rubans verts…

Heureusement que la qualité des pièces d'époque Goryeo dont la renommée est universellement louée parle d'elle-même, car les explications en anglais sont peu loquaces. Un atelier de poterie et un four ancien datant du 12e s. (découvert dans les années 1960) font partie de la visite. Différentes échoppes proposent des céramiques de qualité.
Du Bus Terminal de Gangjin. Comptez 45mn (4 500 ₩) pour Boseong.

BOSEONG 보성 B3

Boseong est la porte d'entrée pour découvrir les fameuses plantations de thé vert entretenues par les ouvrières avec ce soin jaloux de manucure. Parmi ces jardins, celui de **Boseong Daehan Dawon**, la plus ancienne plantation (1939) et de loin la plus belle, forte de cinq millions de théiers qui semblent enturbanner le flanc de la colline. Si cette région représente aujourd'hui 40 % de la production de thé vert du pays, Boseong est aussi le lieu d'origine du *Seopyeonje*, une variante du *pansori*.
Nous vous conseillons de dormir à Yulpo (plutôt que Boseong) et de partir tôt le matin pour déambuler au milieu des théiers perlant de rosée.

★ Yulpo Beach 율포해수욕장

Du Bus Terminal de Boseong, prenez le bus pour Yulpo Beach (15mn - 1 000 ₩).
La petite station balnéaire de Yulpo s'étire le long du front de mer flanqué de restaurants de fruits de mer. La plage longe la route qui file sur votre gauche en entrant dans le village. Large d'une soixantaine de mètres, elle suit une forêt de pins sur près d'un kilomètre et demi. Elle est ouverte pendant les mois de juillet et d'août et généralement bondée – son complexe de piscines est prisé des familles.
En vous rendant à la plage, vous remarquerez sur votre droite un curieux bâtiment au jaune vif de bonbon acidulé. C'est le **Yulpo Nokchatang** ou Yulpo Seawater Green Tea Spa *(✆ (061) 853 45 66 - english.boseong.go.kr - 6h-20h - 6 000 ₩)*, établissement thermal dans lequel on peut prendre des bains au thé vert, particularité unique de Boseong ! Un peu plus loin sur votre gauche se trouve l'hôtel le plus luxueux de cette station balnéaire (*voir Nos adresses ci-contre*).
De Yulpo, prenez le bus à l'entrée du village (de 5h20 à 20h30 - ttes les 40/45mn - 1 200 ₩). Demandez au chauffeur de vous déposer à l'arrêt Daehan Dawon. La plantation se trouve à 200 m sur votre gauche en venant de Yulpo (passez sous le pont, traversez le parking puis suivez le magnifique mail de cryptomères japonais).

★★ Daehan Dawon Tea Plantation 대한다원농장

1288-1 Bongsan-ri, Boseong-eup, Boseong-gun - ✆ (061) 852 2593 ou (010) 3780 3455 (demandez M. Jang Yeongseop) - www.dhdawon.com- 9h-19h en été (18h en hiver) - 4 000 ₩.

Selon les sources historiques, le thé vert est cultivé en Corée depuis la période Silla. Il se développe avec la dynastie Goryeo (918-1392) sous l'influence des moines bouddhistes qui trouvent dans cette boisson l'adjuvant nécessaire à une meilleure concentration. Ce n'est qu'à partir de 1939 qu'on commençe à planter des théiers à Boseong. Les analyses faites peu avant avaient démontré la parfaite adaptabilité de la région à la plantation de théiers : 1 500 mm de pluviométrie annuelle, un sol poreux et perméable, un air frais avec une grande amplitude de températures quotidiennes, sans parler de cette bénéfique humidité apportée par les embruns marins. Daehan Dawon compte aujourd'hui 5,8 millions de théiers répartis sur plus d'un cinquième des 5,7 millions de m² qu'exploite la ferme, la plus grande de Corée.

Vous pouvez goûter dans le restaurant de la plantation le *jajangmyeon*, plat à base de nouilles au thé vert et sauce aux haricots noirs sans parler de l'incontournable *bibimbap* cuisiné bien sûr ici encore au thé vert *(comptez entre 5 000 et 8 000 ₩)*.

NOS ADRESSES ENTRE MOKPO ET YEOSU

ARRIVER/PARTIR

En bus – Mokpo-Gangjin (48 km) *(ttes les h - 50mn - 5 500 ₩)*. Gangjin-Boseong *(ttes les 30mn - 45mn - 4 500 ₩)*. Mokpo-Boseong - *(entre 6h40 et 19h40 - ttes les 40mn - 2h - 10 000 ₩)*. Gangjin-Yeosu *(ttes les 30mn - 2h40 - 14 800 ₩)*. Boseong-Suncheon *(ttes les 30mn - 1h - 6 500 ₩)*.

En train – 6/j. entre Boseong et Suncheon *(1h - 4 000 ₩)*.

HÉBERGEMENT

À Boseong Dabeach

POUR SE FAIRE PLAISIR

Boseong Dabeach – 보성다비치콘도 – *36, Chungui-ro, Dong-yul-ri, Hoecheon-myeon - à deux pas de la plage de Yulpo - ✆ (061) 850 1100 - www.dabeach.co.kr - [symboles] - wifi - 81 ch. 124 000 ₩ (sem.), 162 000 ₩ (w.-end) - ☕ 10 000 ₩.* Ces prix permettent de louer des appartements somptueux prévus pour quatre personnes. Spa, centre thermal… un complexe dédié au repos. À réserver longtemps à l'avance.

RESTAURATION

Restaurants de poissons en front de mer sur Yulpo.

AGENDA

Gangjin Celadon Festival – 강진청자축제 – *(juillet-août) – ✆ (061) 430 33 34 - www.gangjinfes.or.kr - 10h-21h30 (peut varier en fonction des jours).* Expérience unique pour s'initier au céladon. Le festival se tient généralement du 26 juillet au 3 août.

Yeosu 여수

★

238 232 habitants – province du Jeollanam-do

Ville industrielle côtière située au cœur du littoral sud de la Corée, carrefour maritime international tourné vers l'Asie du Nord-Est et l'océan Pacifique, Yeosu, « belles eaux » en coréen, ne vit que par et pour son environnement maritime. Répartie en 300 îles, elle ne manque ni de relief ni de caractère. Elle a accueilli l'Exposition internationale Yeosu 2012, s'ouvrant ainsi de nouveaux horizons. Son credo : « Pour des côtes et des océans vivants ». Un sujet sur lequel elle entend bien devenir l'une des grandes cités expertes de demain.

NOS ADRESSES PAGE 316
Hébergement, restauration, achats, activités, etc.

S'INFORMER

Offices de tourisme – *tour. yeosu.go.kr/en*. Répartis dans toute la ville *(10h-17h)*. Ainsi sur la place Yi Sun-sin ; à l'entrée de la zone pédestre d'Odong-do, au terminal des ferries et à la sortie de la gare ferroviaire *(✆ (061) 659 56 96)*.

SE REPÉRER

Carte de région C3 (p. 288-289) – À 460 km au sud-est de Séoul.

À NE PAS MANQUER

Le temple Hyangiram.

ORGANISER SON TEMPS

Le matin au temple Hyangiram ; l'après-midi à Yeosu.

AVEC LES ENFANTS

Aqua Planet et Big-O Show.

Se promener

LE CENTRE-VILLE

Le centre-historique de Yeosu se situe au fond d'une **baie** cernée par les reliefs et presque fermée par l'île Dolsan. Sur l'**esplanade Yi Sun-sin** trône une statue de l'amiral *(voir encadré p. 305)* et une reproduction de son bateau-tortue. De là partent vers l'ouest des rues piétonnes bordées de restaurants et d'échoppes où les produits de la mer ont la vedette, et ce jusqu'au terminal des ferries et le quartier des marchés. Vers l'est, le long du rivage aménagé en promenade jusqu'au quartier de l'Expo, les cafés et *guest houses* prennent peu à peu le dessus sur les maisons de pêcheurs, créant un quartier touristique. Juste au-dessus de la place Yi Sun-sin s'élève « le » monument historique de Yeosu : Jinnamgwan.

Jinnamgwan 진남관

À 10mn à pied au nord-est du Ferry Terminal - rénovation par phase de 2015 à 2019 (une partie du site pourra être cachée ou inaccessible lors de votre passage).
Au centre de la ville se dresse le plus grand édifice en bois de Corée. Sa structure de 75 m de long et de 14 m de haut est portée par 68 piliers. Construit en 1717, ce pavillon servait d'auberge à la marine coréenne. Relativement bien placé sur les hauteurs de la ville, le site abritait un siècle plus tôt les quartiers

généraux de l'amiral Yi Sun-sin (1545-1598) luttant alors contre les invasions japonaises (*voir encadré p. 305*). À sa mort, avec laquelle prit fin la guerre Imjin (1592-1598), le lieu changea de destination. Un immense pavillon fut érigé en 1599. Brûlé, il fut reconstruit en 1717. La statue en pierre qui fait face au pavillon (il en existe sept dans la ville) était un leurre destiné à tromper l'ennemi, stratagème auquel était rompu l'amiral Yi.
Juste en deça du pavillon (*sur votre gauche en redescendant*), un petit **musée** (*9h-17h en hiver, 18h en été - gratuit*) explique les tactiques navales qu'employa Yi pour venir à bout des soldats japonais. Peu d'informations en anglais malheureusement.
De Jinnamgwan, redescendez vers le port et prenez la direction du terminal des ferries *via* le **Dried Fishes Mall Street**, la « rue des poissons séchés ». Le marché aux poissons est à deux pas en direction du pont Dolsan *(comptez environ 15mn à pied).*

★ Yeosu Fish Market 여수어시장

Désormais installé dans des bâtiments modernes, son offre pléthorique est à l'image de ses eaux poissonneuses : parmi les poissons crus qui sont ici consommés, on trouve le scare à la chair délicate, la daurade, la sole assaisonnée au vinaigre de *makgeolli*, l'anguille marine crue, grillée ou en pot-au-feu comme le célèbre *hamo yubiki*, très prisé en été ; le tautogue noir, le bar, le *Mya japonica*, le *Pleuronichthys cornutus*, la rascasse, le tourteau mariné au soja servi avec du riz blanc, la soupe de crabes bleus, la traditionnelle grillade d'huîtres ou de *Hapalogenys mucronatus*, poissons des bas-fonds.
Le long de la rivière qui se jette ici dans les eaux du port, tout un quartier est consacré aux marchés : tissus, légumes, bottes de feuilles de moutarde de Dolsan, fruits et encore du poisson. C'est un plaisir de s'y perdre.

ODONG-DO ET YEOSU EXPO

Odong-do 오동도

Du centre-ville, comptez 25mn à pied. Sinon, prenez le bus nº 2, 52, 61, 68, 76, 333 ou 555 - tour.yeosu.go.kr.
Cette minuscule île attachée à la terre par une longue bande de bitume de 750 m de long *(possibilité de prendre un petit train, Camelia Train : mars.- oct. 9h-19h ; nov.-fév. 9h-17h - 7mn - 800 ₩)* est un lieu de villégiature très convoité des Coréens. Restaurants, cafés, magasins de souvenirs, fontaines d'eau, font le bonheur des (très nombreux) badauds. Un minuscule **jardin botanique** riche en camélias *(floraison en mars-avr.)* permet de troquer l'asphalte contre des chemins de senteurs plus enivrants. Au cœur de ce damier végétal, un **phare** *(entrée gratuite - ascenseur - 9h-18h)* permet d'**observer★** les environs portuaires et l'incroyable trafic maritime.
Le relief qui domine l'entrée de la voie d'accès à Odong-do, autrefois colonisé par quelques maisons prolongées de jardin, est désormais un parc, le **Jasan Park** (자산공원), d'où partent les télésièges vers Dolsan-do *(voir ci-contre)*. Un ascenseur permet d'accéder au guichet et point d'embarquement.

Yeosu Expo 엑스포해양공원

eng.expo2012.kr/. L'Exposition internationale de Yeosu de 2012 a donné lieu pendant trois mois (12 mai-12 août) à des débats d'experts sur le réchauffement climatique ou la protection des aires marines. Pour l'accueillir, un quartier entier est sorti de terre au nord du centre-ville, constitué d'imposants

pavillons coiffés de toits évoquant des vagues. Outre des congrès et salons, diverses attractions permettent de le faire vivre. L'**Expo Memorial Museum** *(9-18h, 19h en été - 3 000 ₩)* raconte à travers une exposition, petite mais bien faite et très interactive, l'aventure de l'Expo 2012 et les thèmes qui y furent traités. Au plus près de l'eau, une longue promenade mène à Odong-do avec, en point de mire, la voile (l'aileron de requin) de l'hôtel MVL.
En chemin, voyez le cercle du **Big-O Show** *(avr.-nov. tlj sf lun. 2 ou 3 shows par soirée - 23 000 ₩)*, un impressionnant spectacle nocturne eau-son-lumières durant lequel des images sont projetées sur un mur d'eau. Attraction phare enfin, l'aquarium, **Aqua Planet** *(www.aquaplanet.co.kr/yeosu/eng/- 10h-19h - 23 000 à 31 000 ₩ selon les options)* attire les familles avec ses aquariums thématiques regroupant 250 espèces dont deux bélugas, les vedettes du lieu.
La gare ferroviaire de Yeosu, terminal (notamment) des KTX venant de Séoul, se situe au nord du quartier Expo. Des vélos (bleus) sont en location à la sortie de la gare. L'impressionnante Expo Digital Gallery (allée couverte d'écrans LED au sein de Yeosu Expo) était à l'arrêt lors de la rédaction de ce guide. À suivre…

★ DOLSAN-DO 돌산도

Deux manières d'accéder à l'île de Dolsan qui fait face au centre-ville. Toutes deux permettent de profiter de très beaux panoramas sur la ville et les îles.
Vous pouvez emprunter les **télésièges** *(yeosucablecar.com - 9h-22h - AS 10 000 ₩ ; AR 13 000 ₩ à 20 000 ₩ selon la cabine)* au départ de Jasan Park *(voir plus haut p. 314)*. Traversant la mer sur 1,5 km, parallèlement au nouveau et impressionnant pont Yi Sun-sin, ils atteignent **Dolsan Park** *(les bus 100, 102, 109, 111 et 999 s'arrêtent son entrée)*.
Sinon, traversez à pied ou en bus le pont **Dolsandaegyo★★**, le « grand pont de Dolsan », magnifique ouvrage de 450 m de long pendu à plus de 60 m au-dessus du niveau de la mer. Une fois le pont franchi, vous remarquerez sur votre droite l'étonnante silhouette du bateau-tortue de l'amiral Yi (*voir encadré p. 305*).

Bateau-tortue de l'amiral Yi Sun-sin 이순신장군거북선

Bus n° 102, 105, 106, 109, 111, 113, 114, 115 ou 116 - 8h-18h - 1 500 ₩.
Cette réplique est celle du premier navire cuirassier coréen voguant sur les mers. Sans quille mais à fond plat, d'une trentaine de mètres de long sur une dizaine de large, le *Kòbuk-Sòn* avait un pont caparaçonné de planches recouvertes de plaques de fer aussi serrées que des écailles de tortue sur lesquelles étaient dressées des piques en rangs serrés dissuadant tout abordage. Le bateau était équipé de grands sabords (une vingtaine par côté) surmontés de meurtrières. Canons et fusils se relayaient sans relâche et ce, en tous points du navire, de la proue jusqu'à la poupe également armées. Le pont, fermé par une cuirasse bombée hérissée de piques, empêchait l'abordage tout en protégeant l'embarcation des projectiles. La tête de dragon qui ornait la proue ne se contentait pas d'animer « la bête », elle crachait une fumée soufrée pour asphyxier l'ennemi ! La flotte était complétée par les *panokseon*, des embarcations maniables idéales pour les manœuvres entre les îlots. L'intérieur est plutôt décevant. L'amiral Yi Sun-sin remporta à Yeosu une bataille navale décisive face à l'envahisseur japonais. Après cette défaite, le Japon abandonna provisoirement l'idée de conquérir la péninsule coréenne.
Possibilité de croisière à partir de ce site, pour rayonner autour des îles Daegyeongdo (1h-15 000 ₩).

7,5 km avant d'arriver au temple Hyangiram, le bus passe devant la belle plage de **Bangjukpo**. En chemin, on peut découvrir le **Dolsan Leaf Mustard Farming Union**, l'un des centres de production des célèbres feuilles de moutarde de Dolsan, une variété endémique de l'île – liée aux propriétés alcalifiantes de ses terres – et composante indissociable de tous les *kimchi* de Yeosu. *Possibilité de visiter le centre en contactant l'association du village de Daeyul au (061) 644 87 22.*

★★ Hyangiram 향일암

À 26 km du pont Dolsan. Bus n° 111 ou 113 de l'Express Bus Terminal (entre 3 à 10 bus/j en fonction des n° - 1h), de Jinnamgwan ou de Dolsan Bridge (40mn) - 1 200 ₩. Temple : ouv. tlj de l'aube à 20h - 2 000 ₩.

Hyangiram est l'un des quatre lieux de culte consacrés en Corée à la divinité Gwaneum, l'une des plus importantes divinités du bouddhisme Grand Véhicule. Guanyin pour les Chinois, Kannon pour les Japonais, elle est aussi connue sous son nom sanscrit : Avalokitesvara, « celui qui apporte la sauvegarde à ceux qui sont anxieux ». Divinité de la Miséricorde, Gwaneum est donc la personnification de la compassion.

La géographie de ce temple, construit par le moine bouddhiste Won-Hyo pendant la huitième année de la reine Seondeok de la dynastie Silla (659), ne relève pas du hasard. Si l'on observe bien le mont Geumo, on remarque qu'il a la forme d'une tortue s'apprêtant à plonger dans la mer. Ses rochers s'imbriquent d'ailleurs comme les écailles d'une carapace. Construire un temple sur un rocher n'est pas sans évoquer un jeu d'écriture ; plus précisément cet art divinatoire (chéloniomancie) qui consistait à sacrifier une tortue avant de brûler sa carapace pour en interpréter les craquelures. La tortue partageant avec l'univers la durée, c'est en fait l'univers que les Chinois interrogeaient, coutume à laquelle le royaume de Silla ne resta pas longtemps étranger. Le plus troublant, c'est que les édifices composant le temple (la salle de Bouddha, la tour de la cloche, le bureau du temple) ont entièrement brûlé en 2009.

À défaut d'en interpréter les fissures, on circulera dans un étroit défilé serpentant au milieu d'un magnifique chaos de rochers pour accéder une centaine de mètres plus haut au lieu de culte consacré à la déesse de la miséricorde. Le chaos se terminant par une impasse, revenez sur l'esplanade principale avant de vous engager sur votre gauche, à droite de la salle de Bouddha, pour suivre la sente aménagée conduisant au sommet (420 m) (*comptez 30mn*). Une belle **vue panoramique**★★ embrasse la pointe de la presqu'île particulièrement appréciée des Coréens au lever et au coucher du soleil. Vous découvrirez à l'est la baie de Yeosuman et à l'ouest, l'archipel des îles Daehoenggan…

NOS ADRESSES À YEOSU

ARRIVER/PARTIR

En bus

Express et Intercity Bus Terminal de Yuseo – À 4 km au nord de la zone portuaire. Pour Suncheon *(ttes les 30mn - 30mn - 4 500 ₩)* ; Mokpo *(ttes les h - 2h50 - 13 000 ₩)* ; Gwangju *(ttes les 40-60mn - 1h40 - 10 500 ₩)* ; Busan *(ttes les h - 3h - 16 000 ₩)* ; Séoul *(ttes les 2h - 4h - 30 700 ₩)*.

En train

Gare Yeosu Expo dans le quartier de l'Expo. Pour Suncheon *(22mn - 2 600 ₩)*. Pour Séoul, KTX *(3h30 - 48 600 ₩)* et trains réguliers *(5h - 27 000 ₩)*.

En ferry

Ferries pour les îles environnantes au départ du terminal en centre-ville. Pour Jeju *(tlj sf 2 dim./mois - 5h - infos : www.hanilexpress.co.kr - 40 000 à 47 000 ₩)* du terminal proche de la gare Yeosu Expo.

HÉBERGEMENT

PREMIER PRIX

Paulownia – *Yeosu-si, 139, Dongmun-ro - ✆ (061) 663 0808 - ▤ - 22 ch. - dortoir à partir de 20 000 ₩ ; ch. à partir de 50 000 ₩.* Situé à l'entrée de Yeosu Expo, cet établissement inauguré en 2016 est géré par une équipe jeune et souriante. La partie *hostel* se compose de petits dortoirs bien conçus, la *guest house* de chambres modernes et très confortables, au design minimaliste agréable. Vue sur le complexe Expo.

Sky Motel – 스카이모텔 – *5-5, Gyodongnam 1-gil - ✆ (061) 662 7780 - ▤ CC P - wifi - 29 ch. 80 000 ₩.* Les chambres un peu vieillottes sont correctement tenues. Attention, certaines sont mieux équipées que d'autres. Visitez d'abord.

BUDGET MOYEN

Benikea Yeosu – 베니키아호텔 여수 – *200-16 Hak-dong, Yeosu-si - ✆ (061) 662 0001 - benikeahotel.com - ▤ - 50 ch. à partir de 100 000 ₩* ☕. Situé dans le quartier du City Hall *(à 4 km à l'ouest du centre-ville)*, un hôtel moderne, fonctionnel et confortable. Certaines chambres offrent une vue sur la mer.

RESTAURATION

Au menu : les huîtres chaudes, les crabes, les anguilles et les *kimchi* de feuille de moutarde. Yeosu est aussi le lieu idéal pour manger du **poisson cru** : les principaux quartiers pour cela sont : Jonghwa-dong, Manseongni, Soho-dong et Dolsan Bridge.

BUDGET MOYEN

Hemingway Pension Coffee Shop – 헤밍웨이 팬션 커피숍 – *8, Namsan-ro - à gauche juste à l'entrée du Dolsan Bridge - ✆ (061) 643 5564 - 10h-22h - CC P - 10 000/13 000 ₩.* C'est moins la nourriture, correcte, que l'excellente vue sur le baie et le pont qui font de cette adresse un point de passage obligé. *Compter 10 000 ₩ pour un* cutlet *(escalope) ; 13 000 ₩ pour un steak.*

Gubaek Sikdang – 구백식당 – *18, Yeogaekseon terminal-gil, Yeosu-si - ✆ (061) 662 09 00 - 7h-20h - 15 000/25 000 ₩.* Proche du terminal des ferries, ce restaurant est prisé pour ses *seodae-hoe*, plats à base de lamelles de poisson cru marinées dans l'alcool de riz.

Autre adresse prisée pour ses produits de la mer, le tout proche **Gwangjang Miga** *(광장미가 – 795, Jungang-dong, Yeosu-si - ✆ (061) 66229 29 - tlj sf lun. 8h-21h - 10 000/20 000 ₩).*

Suncheon 순천 et ses alentours

194 031 habitants – province du Jeollanam-do

Si Suncheon ne présente guère d'intérêt touristique, la ville, surprenante par sa taille, peut être une confortable base arrière pour explorer une région assez riche en lieux cultuels et naturels de premier plan. Parmi ceux-ci, les magnifiques temples du parc de Jogyesan et le paysage aussi splendide que changeant de la baie de Suncheon.

NOS ADRESSES PAGE 322
Hébergement, restauration, achats, activités, etc.

S'INFORMER

Offices de tourisme – Gare de Suncheon : *(061) 749 31 07 - tour.suncheon.go.kr/- tlj sf dim. 9h-18h* - fournit de très bonnes cartes touristiques ; comptoir plus modeste au Bus Terminal : *(061) 749 38 39 - tlj sf dim. 9h-18h.*

SE REPÉRER

Carte de région C3 (p. 288-289) – Suncheon se trouve à 73 km au sud-est de Gwangju ; 145 km à l'est de Mokpo ; 213 km à l'ouest de Busan et 45 km au nord-ouest de Yeosu.

À NE PAS MANQUER

Les temples de Songgwang et de Seonam. La baie de Suncheon.

ORGANISER SON TEMPS

Comptez une journée pour le parc provincial de Jogyesan et une demi-journée pour la baie. Le Suncheon City Tour permet de visiter l'ensemble des sites en une journée.

AVEC LES ENFANTS

La baie de Suncheon. Le village folklorique de Nagan. Le Drama Set.

Découvrir Carte de région p. 288-289

La ville de Suncheon ne vous laissera peut-être pas un souvenir impérissable. Mais vous pourrez y passer quelques heures pour parcourir le vaste marché couvert *(entre la gare ferroviaire et routière, arrêt Aratjang)* et longer à pied ou à vélo la rivière bordée de cerisiers. Vous pourrez même la suivre, en pédalant, jusqu'à Suncheon Bay. L'office du tourisme vous indiquera les lieux de location.

★★★ SUNCHEON BAY 순천만 C3

Suncheon City Daedae-dong 162-2 - (061) 749 60 52 - www.suncheonbay.go.kr - tlj de 8h jusqu'au coucher du soleil - 8 000 ₩. Bus 66 ou 67 de la gare de Sucheon (35mn - 1 350 ₩), arrêt Suncheon Wetlands. En vélo le long d'une piste cyclable. Se rens. en fonction des saisons sur les observations et visites possibles.

Inscrite à l'inventaire de la convention de Ramsar depuis 2006 (dont l'objectif consiste à « élaborer et maintenir un réseau international de zones humides importantes pour la conservation de la diversité biologique mondiale »), la baie de Suncheon est une **zone humide préservée** au plus proche de son état original d'écosystème d'estuaire côtier.

Votre perception des lieux dépendra de la saison (couleur des roseaux, fleurs en été), de la météo, de l'horaire des marées ou encore de l'affluence touristique. Mais quoi qu'il en soit, la baie offre un **paysage unique en Corée** et la visite ne saurait donc vous décevoir. Les activités éco-touristiques tournent autour de l'**observation des oiseaux migrateurs**. Parmi eux, la grue moine, la spatule à tête noire, la mouette de Saunders, le canard sauvage et la bécassine, proche parente de la bécasse et véritable Trésor national. Tous trouvent refuge dans ce marais côtier et ses magnifiques champs de roseaux dorés (54 km^2) que l'on peut en partie traverser par un splendide **chemin★★★** sur pilotis *(2,3 km AR)*.

À marée basse, vous pourrez aussi regarder évoluer dans la vase des milliers (et des milliers…) de crabes de toutes tailles et des gobies. La plupart des visiteurs (que l'on vous souhaite peu nombreux pour apprécier le site) limitent leur découverte à ce chemin. Mais nous vous conseillons vivement de prolonger le plaisir en allant jusqu'au **Mont Yongsan Observatory** *(bien indiqué - 5,7 km AR de l'entrée, montée modérée)*. Ce relief ferme le versant est de la baie. Le sentier traverse l'odorante pinède qui le coiffe, agrémentée de quelques bosquets de camélias. Au bout vous attend un superbe **panorama★★★** sur l'ensemble de la baie, les chenaux, la rivière en forme de S, les roseaux qui odulent, les îles… Inoubliable au coucher du soleil.

Si vous n'avez pas le temps d'emprunter ce sentier, rendez-vous au **Suncheon Bay Eco-Museum** à l'entrée du site. Outre une exposition, un peu désuète mais néanmoins intéressante pour découvrir par exemple les espèces habitant la vase, vous pourrez bénéficier d'une vue sur le site. Non loin, l'attraction **Sounds of Nature**, logée dans un bâtiment en forme d'oreille, met l'accent sur les cris et chants des oiseaux de la baie.

Autre moyen de parcourir la baie et offrant une tout autre vision du site : le **bateau** touristique *(✆ (061) 749 60 83 - départ du ponton à l'entrée du sentier sur pilotis - 7 000 ₩ - horaires selon les marées)* pour une excursion d'une trentaine de minutes.

D'autres attractions en lien avec l'environnement ont été aménagées dans la baie de Suncheon. Ainsi, le beau et vaste jardin (très) paysagé du **Suncheon Bay National Garden** *(순천만국가정원 – www.scgardens.or.kr - mai-sept. : 8h-30-20h ; mars-avr. et oct. 19h ; nov.-fév. 18h - 8 000 ₩ - accès bus n° 66)*. Milieux divers, fleurs, architectures insolites… vous pourrez passer de longues heures à parcourir ce site hérité de l'International Garden Exposition 2013.

★★ JOGYESAN PROVINCIAL PARK 조계산도립공원 C3

Ce petit parc dont la montagne principale, le Janggunbong, culmine à 884 m, est surtout visité pour ses deux magnifiques temples. De nombreux chemins permettent de se rendre de l'un à l'autre. L'un des plus spectaculaires passe par le Janggunbong. Comptez environ 6h pour parcourir les 8,5 km qui séparent les deux temples. Un chapelet de petits restaurants en borde l'entrée.

★★★ Seonam-sa 선암사

À 28 km à l'ouest de Suncheon. Du Bus Terminal ou de la gare ferroviaire, bus n° 1 (6h-22h20 - ttes les 40mn - 50mn de trajet - 1 350 ₩) - www.seonamsa.net/- entrée du temple : 4h-22h - 2 000 ₩.

Niché au pied du Jogyesan, sur le versant est du Janggunbong, Seonam-sa aurait été construit au 9e s. par le prêtre Doseon. Son nom – « le rocher des cieux » – s'inspirerait d'un sommet sur lequel le dieu de la Montagne aurait joué au go. Le temple est depuis 1985 le siège de la secte bouddhique *taego*. Pour atteindre le temple, on doit d'abord franchir un cours d'eau. Pour les bouddhistes, cette frontière naturelle sépare le profane du sacré. L'ouvrage de pierre **Seungseongyo★★★** (1707) qui est arc-bouté en un demi-cercle parfait au-dessus des eaux ne nous fait pas seulement changer de rive mais aussi d'humeur. D'une parfaite harmonie avec son environnement, sa structure va jusqu'à refléter dans l'eau un cercle parfait propice à la contemplation,

L'automne sur la baie de Suncheon.
KTO

source de paix. C'est donc avec la meilleure disponibilité d'esprit qu'on s'apprête à pénétrer dans le temple. Le sens esthétique est aussi religieux. La tête de dragon ornant la partie centrale de l'arc servait à chasser les mauvais esprits. Ses yeux étant baissés, on peut imaginer que ces mauvaises forces se confondaient avec le tumulte des eaux. Parmi les autres curiosités, les lieux d'aisance du temple (*haeuso*) loués pour leur grande communion avec la nature et les quatre bassins en pierre **Seokjo★**. Reliés par des bambous, ils permettaient au temple de faire courir l'eau jusqu'aux cuisines à défaut d'avoir l'eau courante.

Nombre de films et de séries télévisées ont été tournés à Seonam-sa. Le réalisateur Joo Kyung-jung a par exemple utilisé le pont Seungseongyo et les bassins en pierre *(seokjo)* pour son film *Dong seung, le petit moine bouddhiste* (2002). On reconnaîtra aussi plusieurs lieux du temple dans le très beau film d'Im Kwon-taek, *Ivre de femmes et de peinture* (2002).

5

★★★ Songgwang-sa 송광사

À 48 km à l'ouest de Suncheon. Des abords du Bus Terminal ou de la gare ferroviaire : bus n° 111 (5h-22h10 - ttes les 40mn - 70mn de trajet - 1 350 ₩) - songgwangsa.org - entrée du temple : 6h-19h (hiver 7h-18h) - 3 000 ₩.

C'est sous l'influence du grand maître *seon* (zen bouddhiste coréen) Jinul (1158-1210) que Songgwang-sa prit son essor. Jinul venait de réconcilier les deux écoles bouddhiques alors dominantes. Les écoles des « Neuf Montagnes du Seon », importées par la dynastie chinoise des Tang, privilégiaient la méditation tandis que la tendance scolastique des écoles de doctrine Gyo, préférait l'étude des textes bouddhiques. En synthétisant ces deux approches, Jinul ouvrait une nouvelle voie sur le chemin de l'éveil tout en donnant au royaume de Goryeo (935-1390) l'espoir d'une harmonie nationale. Cette unité faisant école exigeait un nouveau lieu pour son apprentissage. En 1200, le maître s'installait dans le petit ermitage Gilsang-sa au pied de la montagne Songgwang qu'il rebaptisait Jogye du nom de la montagne méridionale de

LE TROISIÈME JOYAU ?
Pour les Coréens, Songgwang-sa est le troisième joyau du bouddhisme. Mais comment faut-il comprendre cette expression sachant que le premier trésor est Bouddha lui-même, le deuxième, le *dharma* (la doctrine bouddhique), et le troisième, la *sangha,* la communauté des moines. *Bul, Beob* et *Seung* en coréen. En fait, Bouddha est associé au temple Tongdo (province du Gyeongsang) pour ses reliques de Sakyamuni *(voir p. 269)* ; le temple Haein (Gyeongsang) au *dharma* pour ses 80 000 tablettes xylographiques du *Tripitaka Koreana (voir p. 225)* ; et Songgwang à la *sangha* pour son incroyable production de *guksa* ou maîtres nationaux.

Chine où avait enseigné Huineng (638-713), le sixième patriarche de l'école bouddhique du Dhyana et fondateur du Chan (zen en japonais) dont Jinul s'était inspiré. Gilsan devint Songgwang, « le monastère du pin large ». Quant à l'école de celui que l'on surnommait désormais **Bojo-guksa**, « le maître de l'illumination universelle », elle prit le nom de l'ordre Jogye. Depuis la mort du maître en 1210, l'ordre Jogye est la plus importante organisation bouddhique du pays. Après Jinul Bojo, quinze autres maîtres nationaux *(guksa)* atteignirent ce rang. Un nombre exceptionnel qui vaut aujourd'hui au temple l'appellation de troisième joyau du bouddhisme (*voir encadré ci-dessus*).
Bien que fondés au 9e s., la plupart des édifices cultuels ont été reconstruits au 17e s. Parmi les œuvres les plus remarquables et classées d'ailleurs Trésors nationaux figure le **Guksa-jeon★★★** (1369) où sont exposés les portraits des seize maîtres nationaux. Le musée **Seongbo★**, au milieu de l'enceinte du temple *(tlj sf lun. 9h-18h en été, 9h-17h en hiver - fermé les jours de pluie ou de neige)*, expose de très belles pièces, en particulier un **bulgam★★**, triptyque portatif en bois de statues bouddhistes. Les autres bâtiments sont fermés au public et abritent les salles de cours, d'étude, de méditation et de résidence des moines.

À voir aussi Carte de région p. 288-289

★ Nagan Folk Village (Naganeupseong) 낙안민속촌 C3

Du terminal de bus de Suncheon, traverser Suncheon 3-gil et marcher sur l'avenue Palmaro jusqu'à l'arrêt de bus. Bus n° 61, 63 ou 68 (ttes les h - 50mn - 1 200 ₩). Naganeupseong Folk Village - ✆ (061) 749 33 47 - www.suncheon.go.kr/nagan/ - déc. à janv. : 9h-17h ; fév.-avr. et nov. : 9h-18h ; mai-oct. : 8h30-18h30 ; une partie des attractions est fermée le lundi - 4 000 ₩.
Naganeupseong jouit d'un cadre unique. Entouré par les 1 400 m de remparts d'une ancienne forteresse de l'époque Joseon, il est l'un des rares villages fortifiés qui soient demeurés intacts. La fortification en terre construite au 14e s. a cédé la place, au 17e s. sous l'égide du général Im Gyeong-eop (1594-1646), à ce petit mur d'enceinte flanqué de pierres et percé de portes. Déclaré village folklorique, il accueille désormais les touristes curieux de comprendre les modes de vie d'autrefois. Travail de la paille, relève de la garde, chants, danses folkloriques, rien ne manque jusqu'au petit musée ethnographique.

★ Suncheon Drama Set 순천드라마세트장 C3

Jorye-dong - à env. 10mn par le bus 77 (ttes les 5mn), le bus 99 (ttes les 20mn) ou le bus 777 (ttes les 30mn) - ✆ (061) 749 40 03 - 9h-18h - 3 000 ₩. Possibilité de visiter aussi ce site via le Suncheon City Tour (voir Nos adresses).

Suncheon héberge l'un des plus grands décors de film de Corée (environ 200 maisons). Aussi appelé **Suncheon Open Film Location**, il a servi au tournage de plus de 700 films et séries télévisées. Le plateau d'une superficie de 5 ha environ comprend en fait trois villages représentant chacun une époque différente des années 1960 aux années 1980. On peut ainsi découvrir un quartier de Séoul des années 1980 ou un bidonville des années 1970 accroché au flanc d'une colline. Les décors se louent 800 000 ₩ la journée.

NOS ADRESSES À SUNCHEON ET ALENTOUR

ARRIVER/PARTIR

En train

Pour Séoul en KTX *(2h/30 000 ₩)* ou trains réguliers *(4h30 - 26 000 à 38 000 ₩)*. Ces trains desservent aussi Jeonju et Yeosu. Quelques trains pour Gwangju-Songjeong *(2h15 - 6 500/7 700 ₩)*.

En bus

Pour Gwangju *(1h30 - 7 000 ₩)*, Mokpo *(1h30 - 9 000 ₩)*, Yeosu *(30mn - 4 000 ₩)*.

VISITES

City Tour/Eco Tours – De nombreux tours sont organisés par la ville, excursion idéale et économique pour ceux qui ont peu de temps. Ils vous emmènent au Drama Set, temple Seonam, Nagan Folk Village, baie de Suncheon et temple Songgwang pour certains. *Départs devant la gare ferroviaire, au niveau de l'office du tourisme - 15 000 ₩ - réserv. conseillée le w.-end (auprès de l'office du tourisme).*

HÉBERGEMENT

Suncheon

PREMIER PRIX

Voir plus bas Baguni Hostel.

BUDGET MOYEN

Suncheon Royal Tourist Hotel – 순천로얄관광호텔 – *Jangcheon 4-gil - ✆ (061) 741 70 00 - ▤ - 53 ch. à partir de 80 000 ₩.* Situé à deux pas du terminal de bus, cet hôtel un peu rétro, mais correctement modernisé, compte de vastes chambres occidentales et coréennes. Accueil aimable.

Baguni Hostel – 바구니호스텔 – *4, Yeokjeon 2-gil - ✆ (061) 745 89 25 - bagunihostel.com - ▤ - 20 ch. - dortoirs 30 000 ₩ ; ch. à partir de 30 000 ₩ ☕.* Au bord de la rivière et à 5mn à pied de la gare ferroviaire, cet établissement surprend par son design de cocon pour *hipsters* : béton brut, grandes baies vitrées, dortoirs et chambres (bicolores : blanc et jaune) bien pensés et confortables. Une équipe dynamique vous y accueille. Vous y trouverez un café-bar-restaurant agréable (bois, béton) où prendre une bière artisanale, une salade ou un steak. Possibilité de louer des vélos.

Songgwang-sa

PREMIER PRIX

Songgwang-sa Temple Stay – 송광사 템플스테이 – *100, Songgwangsaan-gil, Songgwang-myeon - ✆ (061) 755 0107 - www.songgwangsa.org - ▤ à la nouvelle maison - ✕ 💳 P - wifi - 15 ch. individuelles et 3 ch. pour le groupe au maxi 100 pers. 60 000 ₩ (ch. occupée par 1 pers. + 10 000 ₩ à l'ancienne maison, + 20 000 ₩ à la nouvelle maison) - 3 repas inclus.* Le temple organise des retraites de méditation en anglais pendant l'été. On commence généralement le samedi de 18h

5

à 21h et le dimanche de 3h à 10h du matin. Pendant ces treize heures, on participe pleinement à la vie du temple, spirituellement et matériellement puisqu'on n'échappe pas non plus aux tâches quotidiennes. Une bonne occasion de se familiariser au son du *beopgo*, tambour rituel qui annonce la prière.

RESTAURATION

Suncheon

Pensez aux gargotes du vaste marché couvert (entre la gare ferroviaire et le terminal de bus) et au café-restaurant du Baguni Hostel *(voir Hébergement)*.

Cheonghae Korean Food – 청해한정식 – *31, Suncheonman-gil - il est recommandé de prendre un taxi. De la gare ferroviaire comptez 10mn et 4 800 ₩ - ✆ (061) 742 1717 - 11h30-22h - fermé Chuseok et Nouvel an lunaire - CC P - formule déj. 17 000/35 000 ₩, menu 35 000/100 000 ₩, carte 20 000/150 000 ₩*. Ce restaurant raffiné est une excellente surprise. Les poissons crus sont d'une fraîcheur irréprochable tout comme le service. Une aubaine.

Geumbin Hoegwan – 금빈회관 – *47-8 Jangcheon-dong - ✆ 011 603 00 00 ou (061) 7424 55 53 - 11h-21h (fermé 2 mar./mois) - 30 000/40 000 ₩*. Dans une petite rue au nord de Jangmyeong-ro, l'une des meilleures adresses de la ville pour goûter aux spécialités régionales.

Suncheon Bay

Vous ne mourrez pas de faim en visitant la baie ! Face à l'entrée du site, vous trouverez des cafés, un *convenience store*, un Lotteria… Mais surtout de vastes cantines prisées des familles, servant des fruits de mer typiques de la baie (coquillages, crabes de vase).

AGENDA

Reed Festival – 갈대축제 – Suncheon Bay. Chaque année, alors que les roseaux sont couleur d'or *(fin oct. - début nov.)* dans la baie de Suncheon.

Southern Province Food Cultural Festival – 남도음식 문화축제 – *Nagan Folk Village - ✆ (061) 380 31 54*. Chaque fin d'octobre, 22 villes viennent ici faire découvrir leur gastronomie pendant 5 jours.

Jeonju 전주

★★

658 369 habitants – province du Jeollabuk-do

Capitale de la province du Jeolla du Nord, grenier à riz de la péninsule, Jeonju marque aussi le commencement de l'une des plus grandes lignées de rois que le pays connut – la dynastie Joseon qui gouverna pendant plus de cinq siècles. S'il ne subsiste guère d'édifices témoignant de cette lignée royale, il demeure en revanche un village traditionnel exceptionnel : Jeonju Hanok Maeul. Ce village Hanok, le plus important du pays, vaut amplement le détour. Quartier touristique (très) prisé, il expose les activités traditionnelles de la ville comme la fabrication de papier, d'éventails, d'alcool, sans oublier sa gastronomie et son très goûteux « bibimbap » que l'on savourera ici derrière les murs d'une maison traditionnelle « hanok ». Pour autant, Jeonju ne vit pas sur l'exploitation exclusive de son passé. La ville accueille ainsi le plus éclectique des festivals cinématographiques coréens, tout en concentrant dans l'un de ses quartiers l'une des plus grandes densités de salles du pays.

NOS ADRESSES PAGE 329
Hébergement, restauration, achats, activités, etc.

S'INFORMER

Offices de tourisme – *9h-18h - tour.jeonju.go.kr.* Dans le village Hanok : à droite du Gyonggijeon *(✆ (063) 287 13 30)* et au bout de l'artère Taejo-ro *(✆ (063) 282 13 35).* Autre bureau sur l'esplanade de la gare ferroviaire *(✆ (063) 2841 69 49).*

SE REPÉRER

Carte de région B1 (p. 288-289) – Jeonju est à 233 km au sud de Séoul.

À NE PAS MANQUER

Le village Hanok ; le parc provincial de Maisan.

ORGANISER SON TEMPS

Une journée pour le village Hanok. Une autre journée au parc de Maisan.

AVEC LES ENFANTS

Le parc provincial de Maisan. Jaman Mural Village.

5

Se promener

★★★ JEONJU HANOK MAEUL 전주 한옥마을

Chaque office de tourisme vous livre un miniplan de ce quartier sur lequel il est très facile de se repérer pour trouver ces adresses. Entrée gratuite.

Situé au sud-est de la ville moderne de Jeonju, le village Hanok ne regroupe pas moins de **huit cents maisons traditionnelles** dont un grand nombre ont été transformées en maisons d'hôte *(voir Nos adresses).* Les autres abritent des commerces, restaurants, cafés et musées. Quelques-unes sont encore habitées. Restauré au fil des ans, de façon parfois un peu trop proprette, le village dégage une belle unité architecturale avec sa mer de toits irriguée de venelles.

La majorité des lieux étant désormais dédiée aux loisirs, il peut rapidement se transformer les fins de semaine en une enclave touristique assez insupportable. Le plus simple est alors de tout prendre « au second degré » et, pourquoi pas, de vous aussi louer des costumes traditionnels ? Sinon, évitez les axes principaux et préférez une visite en soirée, quand les derniers habitants du quartier prennent le frais devant leur *hanok*.

Le long de Taejo-ro

Les nombreuses curiosités que recèle ce village se trouvent de part et d'autre de **Taejo-ro**, l'artère centrale qui traverse le village Hanok et où l'on peut savourer, entre autres, de délicieuses *pondegi*, larves de vers à soie bouillies. Des quatre portes qui ceignent généralement une ville selon la classique géomancie chinoise ne demeure que la porte du Sud, **Pungnammun★★**, les trois autres ayant été emportées par les nouveaux plans de reconfiguration urbaine dès 1905. Restaurée en 1978, cette porte du 18e s., originellement construite au début de la période Joseon (14e s.) et classée Trésor national, est aujourd'hui la plus grande fierté de Jeonju.

Juste en face de la grande artère Paldal-ro se dresse, dans une belle robe de briques rouges, la **cathédrale Jeondong★**. Œuvre du missionnaire français François-Xavier Baudounet (1859-1915), elle est l'une des premières cathédrales construites en Corée (1914). Positionnée à l'entrée du village Hanok et de la grande artère Taejo-ro, l'édifice de style romano-byzantin rend hommage aux premiers catholiques martyrisés en Corée et plus particulièrement à Jeonju. En 1801, six catholiques furent décapités et leurs têtes exposées devant la porte **Pungnammun** pour dissuader ceux qui auraient encore voulu embrasser cette foi. Les vitraux de la cathédrale évoquent ces premiers martyrs.

Sur le trottoir opposé de Teajo-ro s'étend le **Gyonggijeon★** *(✆ (063) 284 23 37 - 9h-19h (nov.-fév. 18h) - 3 000 ₩ - visite guidée en anglais théoriquement à 11h et 14h)*, belle illustration architecturale du culte rendu aux ancêtres qu'imposait alors le confucianisme promu par la dynastie Joseon (1392-1910) et sous laquelle était d'ailleurs créée la première Académie nationale confucianiste (*Seonggyungwan)*. Dans le **Gyeonggijeon Hall★** (1410), on peut ainsi honorer une réplique du portrait royal de Taejo (Yi Seong-gye avant son couronnement), natif de Hamheung (Corée du Nord) et fondateur de la dynastie Joseon (*voir p. 416*) tandis que le **sanctuaire Jogyeong★** (1771) entretient pieusement la mémoire de son ancêtre, initiateur du patronyme qui augura la plus longue dynastie de l'histoire coréenne… Dans la partie nord de l'enceinte, un édifice moderne, le **Royal Portrait Museum,** présente le portrait original du roi Taejo ainsi que ceux de six autres rois de la dynastie Joeson.

LA MAISON « HANOK »

Elle est basée sur le principe architectural appelé *baesanimsu*, qui signifie littéralement que la maison idéale doit être construite dos à la montagne et face à la rivière. L'intérieur doit également respecter les quatre saisons avec une répartition spatiale propre à la division des sexes. Le *sarangchae*, pièce où vivent et travaillent les hommes est la partie la plus visible et la plus en lien avec l'extérieur. Le *anchae*, espace réservé à l'épouse, se situe au fond de la maison dans la partie la plus en retrait. Si hommes et femmes vivent séparément, ils partagent le même système de chauffage par le sol, le *ondol*. À l'inverse, le *maru* est une pièce au plancher de bois largement ouverte sur l'extérieur. Le *hanok* a su réunir et synthétiser deux architectures produites au départ pour deux géographies et climats opposés.

Jarres à *kimchi* dans la cour d'une maison du village Hanok.
KTO

Autres curiosités au sein du village

Difficile de recenser toutes les activités proposées. Nous indiquons ici quelques autres adresses intéressantes pour la beauté des maisons où elles sont abritées.

Le **Jeonju Hanji Center** 전주 한지박물관 *(avant-dernière ruelle partant côté gauche, au bout de Taeje-ro - ✆ (010) 8959 7757 - tlj sf lun. 9h-17h)*, situé dans une très belle *hanok*, exporte 80 % de sa production de papier traditionnel au Japon. Ce papier est fait à base d'écorces de mûrier.

Le **Traditional Wine Museum** 전주전통술박물관 *(✆ (063) 287 63 05 - tlj sf lun. 9h-18h)*, logé dans une très belle *hanok*, présente les vins traditionnels de la région du Honam. On distingue en règle générale cinq grandes familles de boissons alcoolisées : le *yakju*, liqueur pure raffinée de riz fermenté comme le *cheongju* appelé aussi vin clair auquel s'apparente le saké ; le *takju*, liqueur épaisse non raffinée de céréales fermentées. L'exemple type en est le *makgeolli*. La *soju*, liqueur distillée, peut être concoctée quant à elle à partir de riz, de pomme de terre, de blé, d'orge, de patate douce ou de tapioca (appelé *dangmil* en coréen). Enfin les vins de fruits comme l'*igangju*, liqueur composée de poire et de gingembre et les vins médicinaux à base de graines et de racines.

Pour avoir un joli **point de vue sur le village★** tout en reprenant un fil historique, on ira jusqu'au bout de l'artère Taejo-ro pour se rendre dans le pavillon **Omokdae** perché sur un petit promontoire. Le roi Taejo y avait donné un banquet pour célébrer une victoire sur des pirates japonais en 1380. De là, une passerelle permet d'enjamber l'avenue Girindae-ro et d'accéder au pavillon **Imokdae**, lié à l'histoire de Mokjo, un ancêtre de Taejo.

À quelques pas d'Imokdae, les maisons du **Jaman Mural Village** (자만 벽화마을) occupent un flanc de relief. En voie de paupérisation il y a peu, ce micro-quartier retrouve des couleurs ! Les murs des habitations ont été couverts de fresques aux thèmes variés (fleurs, Léon et Mathilda, Doraemon, les Beatles ou les héros du studio japonais Ghibli…) devant lesquelles les

LE BIBIMBAP DE JEONJU

Jeonju, une des capitales gastronomiques de la Corée (elle a aussi été désignée Ville créative de la gastronomie par l'Unesco en 2012), est célèbre pour son *bibimbap*. Une notoriété qu'elle tire de sa région, le Honam, l'une des plus fertiles de Corée. Ce terreau permet d'élaborer un *bibimbap* des plus complexes pouvant mixer plus d'une trentaine de produits différents selon les recettes. En voici une version, chaque cuisinier entretenant jalousement sa différence : au riz cuit dans le bouillon dégraissé d'une tête de veau bouillie ont été ajoutés de l'huile de sésame, de la sauce soja, du miel liquide, des germes de haricots *mung*, des graines de soja, du cresson, des fougères, des épinards, des carottes, du poireau, des courgettes, des racines de campanule chinoise, des champignons *pyogo*, des herbes potagères appelées *ssuk* en coréen (de la famille des chrysanthèmes), un œuf et bien sûr du bœuf, le tout assaisonné avec de la pâte de poivron rouge…

touristes se font photographier. Des cafés et quelques galeries colonisent peu à peu les lieux.

AUTRES QUARTIERS DE LA VILLE

★ Nambu Market et Seohak-dong 전주 남부시장

Juste à l'ouest du village, entre la porte Pungnammum et la rivière Jeonjucheon.
Ce marché qui fut l'un des plus grands durant la période Joseon se tient à son emplacement actuel depuis 1905. Les allées et ruelles couvertes – secondées par les stands installés le long de la rivière – offrent comme tous ses cousins coréens un **festival de couleurs**, d'odeurs et de découvertes. Fruits et légumes régionaux, racines étranges, plantes médicinales, ustensiles de cuisine, meubles et vêtements sont vendus par un millier de marchands pour qui ce labyrinthe n'a aucun secret. Si vous êtes de passage en fin de semaine, prévoyez un dîner tardif en joyeuse compagnie dans l'une des gargotes du marché.
En traversant par le pont au bout de Paldal-ro la rivière Jeonjucheon, aux berges aménagées pour la promenade, vous rejoindrez le quartier de **Seohak-dong** : tout de suite à gauche, quelques calmes rues bordées de cafés agréables, de galeries et animées par les étudiants de la proche université. Au bout de la rue, l'immense complexe du **National Intangible Heritage Center** *(95, Seohak-ro, Wansan-gu - www.nihc.go.kr - tlj sf lun. 9h30-17h30 - gratuit)* abrite une petite exposition ultra-moderne présentant les costumes, l'architecture, l'artisanat et la musique traditionnelle. Différentes performances de promotion culturelle y sont organisées.

Gosa Dong 고사동

À une dizaine de minutes à pied au nord de la porte Pungnammun.
Des nombreuses rues thématiques qui quadrillent le quartier commerçant de **Gosa Dong** (aussi appelé **Gaeksa**), **Film Street**, la « rue du cinéma », est la plus intéressante. Outre les multiples cinémas qui permettent de voir les films les plus récents *(en version originale ; 9 000 ₩ en moyenne)*, certains trottoirs très animés le soir sont estampillés par les noms d'acteurs coréens sur le modèle certes plus modeste du célèbre *Walk of Fame* d'Hollywood Boulevard. De Film Street, en circulant plein est, vous croiserez **Street of Youth**, la « rue de la jeunesse » appelée ici « *Street that is desired to walk* », une rue piétonne en partie couverte dédiée aux *addicts* du consumérisme. Dans la direction opposée *(plein sud)*, Street of Youth débouche sur **Jeonju Gaeksa** *(92 Chunggyeong-ro)*,

une maison du 15e s. grandement restaurée qui servait de maison d'hôte aux visiteurs importants. Symbole de l'autorité et de la puissance de la dynastie Joseon, elle est aujourd'hui le lieu de rendez-vous de la jeunesse branchée qui s'y retrouve avant de disparaître dans l'artère consumériste de la Street of Youth. Au-delà de Chunggyeong-ro en allant vers l'ouest, on remarquera une belle porte chinoise. C'est la porte d'entrée de **Chinatown**, le décevant et minuscule quartier chinois de Jeonju. Sa rue principale, flanquée de quelques (et bons) restaurants chinois, traverse le quartier de Jungang-dong où prend racine la **Wedding Street**, prisée par les futurs mariés aisés *(à visiter de préférence le samedi)*.

À l'est de Gosa Dong, au-delà de l'avenue Paldal-ro qui coupe la ville dans le sens nord-sud, se dresse le **Korea Traditional Culture Center** *(20, Hyeonmu1-gil, Wansan-gu - tlj sf lun. 9h-18h - gratuit)*, un complexe à l'architecture moderne, aérienne et colorée, où sont présentés divers traditions et artisanats coréens (petite exposition, spectacles, cours...). Son voisin, le **Hanji Industry Support Center** *(mêmes horaires)* vous invite à fabriquer du papier traditionnel.

À proximité Carte de région p. 288-289

★★★ MAISAN PROVINCIAL PARK 마이산 도립공원 C1

www.jinan.go.kr.

Comptez au minimum une demi-journée. Du Bus Terminal, prenez le bus pour Jinan (40 km à l'est de Jeonju - ttes les 10-30mn - 50mn de trajet - 4 600 ₩). Puis du Bus Terminal de Jinan, prenez un second bus pour le parc de Maisan, entrée nord (ttes les h - 10mn de trajet - 1 300 ₩). Le parc est ouvert toute l'année - mars-oct. : 9h-18h ; nov.-fév. : 9h-17h. Passé le lot habituel des différents commerces qui jalonnent l'entrée, on emprunte une volée de marches qui nous guident jusqu'au premier temple.

Maisan signifie « montagne en forme d'oreilles de cheval ». Le nom fait référence à cette paire de magnifiques pics composés de roches conglomérées (rares en Corée) au pied desquels on circule pour aller du temple **Unsu★** au temple **Tap★★**. Le pic de l'est, **Sutmaisan**, est le Maisan mâle (680 m) tandis que le Maisan femelle, **Ammaisan**, est légèrement plus grand (686 m). Une hiérarchie qui pourrait surprendre – la femelle plus grande que le mâle – mais le plus petit a l'opportunité de voir le soleil naissant tandis que le plus grand est seulement irisé par la lumière tombante. Dans l'enceinte du premier **temple Eunsu**, on observera surtout un magnifique **poirier★★** d'une hauteur de 18 m avec une circonférence de 3 m. Le **chemin★★** qui descend sur le temple **Tap** (*2 000 ₩*) niché au pied de l'oreille femelle, est de toute beauté. Environné d'étonnantes pagodes organisées comme des concrétions de pierres posées

LE 7E ART À L'HONNEUR

Les festivals de cinéma sont aujourd'hui très nombreux sur le territoire coréen. Fin avril se tient le festival **de Jeonju** (*www.jiff.or.kr*), incontournable pour les amoureux du cinéma d'art et d'essai, et très accessible. Il a en outre la qualité de promouvoir et de financer des projets originaux. Deux autres festivals ponctuent également l'été : mi-juillet, le **Pifan** (*www.pifan.com*), à Bucheon, est dédié aux films fantastiques du monde entier, et début août se déroule le **jeune festival de musique et cinéma de Jecheon** (*www.jimff.org*). Enfin, chaque année, le 1er jeudi d'octobre, s'inaugure à Busan, sur la plage de Haeundae, le **festival de Busan** *(www.biff.kr)*, important festival de cinéma en Asie (*voir aussi p. 262*).

les unes sur les autres et ce, sans ciment, l'univers minéral du temple Tap est pour le moins insolite. Il est l'œuvre d'un moine bouddhiste laïc, Yi Kab-ryong (1860-1957), sorte de Facteur Cheval coréen, qui construisit son rêve de pierre sur le principe du *Um Yang*, l'équivalent du yin-yang chinois et du *Paljindo*, mode de disposition des troupes cher au stratège chinois Zhu Geliang (181-234). Il en résulte un univers de formes aussi « auspicieux » que ces tas de pierres que les croyants composent comme gage d'un souhait exaucé ou à venir.

On peut poursuivre jusqu'au **lac de Tapyeongje★**, particulièrement couru lorsque les cerisiers sont en fleurs.

NOS ADRESSES À JEONJU

ARRIVER/PARTIR/SE DÉPLACER

En bus

Les deux terminaux se situent à 3 km au nord du centre-ville, côte à côte ou presque. Nombreux bus vers le centre-ville ; en taxi 3 800 ₩. Du moderne et coloré **Express Bus Terminal** *:* pour Gwangju *(ttes les 20-40mn - 1h20 - 6 600 ₩)*, Séoul *(ttes les 5-10mn - 2h40 - 12 800 ₩)*. De l'**Intercity Bus Terminal** : pour Gochang *(ttes les 5-20mn - 1h30 - 6 000 ₩)*.

En train

La gare se situe à 5 km au nord-est du centre-ville. Elle est desservie par le bus n° 79 ; en taxi, comptez 5 500 ₩. Pour Séoul : en KTX *(1h45 - 34 500 ₩)* ; en train régulier *(3h à 3h30 - 26 500/18 000 ₩)*. Trains vers Suncheon et Yeosu.

HÉBERGEMENT

Il faut rester une nuit dans une maison *hanok* même si le rapport qualité-prix est parfois sacrifié sur l'autel de la rentabilité. Les lieux d'hébergement sont bien indiqués. Mieux vaut visiter les chambres avant de s'engager. Évitez les week-ends. Sinon, il est impératif de réserver.

Au village Hanok

PREMIER PRIX

Yangsajae – 양사재 – *40, Omokdae-gil, Wansan-gu - ✆ (063) 282 4959 - www.yangsajae.kr - ▤ CC - wifi - 8 ch. à partir de 60 000 ₩* ☕. Chambres minuscules et confortables dans une belle maison qui a l'avantage d'être située au sud-est du village, au bout de l'Omokdae-gil, en dehors de la zone trop touristique. Anglais parlé.

BUDGET MOYEN

Seunggwangjae – 승광재 – *12-6, Choemyeonghui-gil, Wansan-gu - ✆ (063) 284 2323 - ▤ CC - wifi - 13 ch. 80 000/130 000 ₩ (sem.), 100 000/250 000 ₩ (w.-end)* ☕ *et 1 maison (salon + 2ch.) 500 000/600 000 ₩* ☕. Cette pension est tenue par Lee Seok, lointain descendant du roi Gojong, le 26e roi de la dynastie Joseon. Parlant anglais, il ne manquera pas de répondre à vos questions. Une adresse attachante.

Hakindang – 학인당 – *45, Hyanggyo-gil - ✆ (063) 284 9929 - www.from1908.kr - ▤ CC - wifi - 8 ch. 99 000/440 000 ₩ (sem.) et 110 000/440 000 ₩ (w.-end)* ☕. Si les chambres sont minuscules, l'ensemble du bâti, construit à la fin de la dynastie Joseon et organisé autour d'un beau jardin japonisant, consacre cette maison *hanok* comme l'un des plus belles de Jeonju. Possibilité de participer à des cérémonies de thé dans l'une des magnifiques pièces de cette résidence qui accueillit, entre autres, Kim Gu (1876-1949), l'une des figures historiques de l'indépendance de la Corée.

POUR SE FAIRE PLAISIR

Hotel Le Win – 호텔르윈 – *85, Girin-daero, Wansan-gu - (063) 232 7000 - hotellewin.com - - wifi - 166 ch. 120 000/169 400 ₩ - 14 000/20 000 ₩.* Surplombant le village Hanok (prendre impérativement une chambre donnant sur le village), ce grand hôtel est le plus luxueux de la ville. Prestation de qualité à deux pas du village traditionnel.

Quartier de Gosa Dong

PREMIER PRIX

Jeonju Tourist Hotel – 전주관광호텔 – *25, Gosadong, Wansan-gu - (063) 280 7700 - www.jeonjuhotel.co.kr - - wifi - 32 ch. 40 000 ₩ (sem.) et 80 000 ₩ (w.-end) - 5 000 ₩.* Ce très bon hôtel est d'un rapport qualité-prix excellent. Un peu éloigné du village Hanok *(20mn à pied)*, il est en revanche situé au cœur du quartier Gosa Dong, à deux pas de Film Street et de ses nombreux complexes. Idéal pour qui veut échapper à la frénésie touristique du village Hanok… et retrouver celle de Gosa Dong.

Malmani Guesthouse – *39-8, Gyeongwon-dong 3-ga, Wansan-gu - (063) 285 24 66 - dortoirs à partir de 25 000 ₩.* Petite pension moderne abritant des dortoirs basiques mais bien conçus. Laverie et cuisine commune. Quelques chambres sont également proposées. Pub-café agréable au rez-de-chaussée.

BUDGET MOYEN

Benikea Hansung Hotel – 베니키아 전주 한성호텔 – *43-3, Jeonjugaeksa 5-gil, Wansan-gu - (063) 228 00 14 - www.hansunghotel.kr - - 36 ch. à partir de 70 000 ₩.* L'établissement situé au cœur du quartier commerçant date de 1949, ce qui se ressent dans l'architecture des lieux. Mais la modernisation, quoique parfois étonnante, des chambres offre un bon rapport qualité-prix. Demandez celles à l'arrière, plus calmes.

POUR SE FAIRE PLAISIR

Ramada – *94 Jeonjugaeksa 5-gil, Wansan-gu - (063) 711 90 00 - www.ramadajeonju.com - - 326 ch. à partir de 150 000 ₩.* Une tour inaugurée en 2017, plantée au nord de Gosa Dong. Chambres sans surprise mais grandes, très confortables, et offrant une belle vue sur la ville depuis les étages supérieurs. Restaurant, bar, salle de fitness…

RESTAURATION

Désigné par l'Unesco comme *World City of Gastronomy*, Jeonju est l'une des capitales de la cuisine coréenne.

La plupart des restaurants sont ouverts entre 11h et 21h.

PREMIER PRIX

Unam Sikdang – *63, Pungnammun 2-gill, Wansan-gu (dans le Nambu Market) - 6h-18h - à partir de 5 000 ₩.* L'une des bonnes adresses du marché de Nambu pour déguster un *gukbap* (soupe au riz) parfumé. Le célébrissime voisin, **Jo Jeom-rye** 조점례 남문 피순대, avec son armée de serveurs en bleu et son enseigne montrant le visage d'une grand-mère, est également recommandé. Deux enseignes très prisées à l'heure du petit-déjeuner !

BUDGET MOYEN

Pungnamjeong – 풍남정 – *52, Taejo-ro, Wansan-gu - à deux pas de la cathédrale - (063) 285 7782 - 10h30-21h - fermé Chuseok et Nouvel an lunaire - - 10 000/12 000 ₩.* Simple, goûteux et bon marché, idéal pour découvrir les

5

spécialités de Jeonju comme la *kongnamulgukbap*, soupe de riz et de germes de sojas ou d'excellents *bibimbap (10 000 ₩)*. Café et eau en accès libre.

Hangookjib – 한국집 – *119, Eojin-gil, Wansan-gu - à l'angle des rues Paldal-ro et Chunggyeong-no - ✆ (063) 284 2224 - 9h30-16h, 17h-20h30 - fermé Chuseok et Nouvel an lunaire - CC P - 11 000/25 000 ₩*. Éviter la première salle pour manger dans le beau pavillon arrière surplombant le petit jardin japonais. Une adresse très prisée des familles.

Joktteokine – 족떡이네 - *64-8, Gyo-dong, Wansan-gu - ✆ (063) 285 01 98 - 10h30-20h30 - 10 000/20 000 ₩*. Situé dans le village Hanok, ce restaurant est spécialisé dans le *tteokgalbi*, des boulettes de bœuf mariné (et parfois de porc) aplaties et grillées. Une option qui ravira les amateurs de viande et de cuisine peu épicée.

☺ Un (tout petit) peu à l'écart de l'animation du Hanok Village, trois restaurants de cuisine locale, permettent de se restaurer à l'extérieur et presque au bord de la rivière. Vous les trouverez au bout de la rue parallèle à cette dernière, juste après le Jeonju Traditional Culture Center.

PETITE PAUSE

Les cafés ne manquent pas à Jeonju. Les chaînes présentes à travers tout le pays sont bien représentées à Gosa Dong. Pour des adresses plus calmes et *arty*, rendez-vous dans le quartier de Seohak-dong (ainsi au Seohak Art Space Café) au début de la rue. Pour satisfaires les petites faims, le village Hanok compte pléthore d'enseignes proposant des délices sucrés (beignets, glaces, gâteaux) ou salés (fritures, poulpe et saucisses épicées)…

Mom's Bread – 맘스브레드 - *100, Jeondongseongdang-gil Wansan-gu - 8h-23h - autour de 2 500 ₩*. Cette enseigne bien connue des touristes coréens régale ses clients avec des petits pains farcis, classiques (jambon-fromage, fraises) ou originaux (au *bibimbap*, à la crème à l'encre de seiche…).

EN SOIRÉE

Jeonju Hanbyuk Culture Center – 전주한벽문화관 – *20, Jeonjucheondong-ro, Wansan-gu - au sud-est du village Hanok, à côté du pont hanbyeokgyo - ✆ (063) 280 7000 - www.jt.or.kr - 9h-21h et les soirs de spectacle - fermé lun. -* P. Ce théâtre présente *- de mars à oct. tous les 2e et derniers merc. du mois 19h - programme auprès de l'office du tourisme -* des spectacles traditionnels coréens : *pansori*, danse, etc. Il est possible également de participer à différents ateliers : cérémonie du thé, nourriture coréenne…

AGENDA

Jeonju International Film Festival – 전주국제영화제 – **(de fin avril à début mai)** – L'un des plus dynamiques de Corée. Il se tient chaque année au Sori Art Center et dans Film Street : *www.jiff.or.kr*.

Jeonju Hanji Culture Festival – 전주한지문화축제 – **(début mai)** – Il se tient chaque année dans le village Hanok : *www.hanjihappenings.blogspot.fr*

Jeonju Bibimbap Festival – 전주비빔밥축제 – **(fin octobre)** – Idéal pour déguster les meilleurs *bibimbap* de Corée : *www.bibimbapfest.com*.

Le Maisan Provincial Park.
TOPIC PHOTO AGENCY IN/Topic Photo Agency/age fotostock

JEJU-DO
0
6 km
N
ILCHULBONG
Manjanggul
Sangumburi
Seongsan
★★★ Vaut le voyage
★★ Mérite un détour
★ Intéressant
À voir
Ville de départ du circuit
L'Est de l'île
L'Ouest de l'île
SE LOGER
Benikea Hotel Jeju 9
Check-inn Hotel 3
Four Season Pension 13
Lime Orange Ville 15
Ocean Suites Jeju Hotel 11
Ramada Plaza Jeju 17
Roomine 19
Seogwipo KAL Hotel 7
Sunrise Hotel 25
The Cloud Healing Hotel 5
Turning Point Pension 21
The Shilla Jeju 23
2000 m
600
400
200
0
Udo
Hagosudong
Haenyeo Museum
Gimnyeong Maze Park
Gujwa
Gimnyeong
Hamdeok
Jocheon
Sinyang
Seopjikoji
Seongsan
Pyoseon-myeon
Jeju Folk Village
Jeju World Natural Heritage Center
Geomun Oreum
Seongeup Folk Village
Namwon
Jeju Stone Park
Jeju Folklore and Natural History Museum
Jeju National Museum
Dongmun
Mysterious Road
JEJU-SI
Yongduam Rock
Arario Museum
Gwandeok-jeong
Iho
Halla Arboretum
Jeju Museum of Art
Gwaneumsa
HALLASAN NATIONAL PARK
Hallasan
1950
Seongpanak
Yeongsil
Eorimok
Donnaeko Campsite
Bus Terminal
Citrus Museum
Seogwipo
Jeongbang Waterfall
Cheonjiyeon Waterfall
World Cup Stadium
Beomsom
Cheonjeyeon Waterfalls
Yakcheon-sa
Jungmun
Africa Museum of Art
Jusang Jeollidae
ICC Jeju
Yeomiji Botanical Garden
Aewol
Hallim Park
Gwakji
Jeju Museum of Contemporary Art
Jeju Glass Castle
Yongmeori
Sanbangsan
395
104
Songaksan
Gapa-do
Mara-do
Hamo
Moseulpo
Jeju Sculpture Park
O'Sulloc Tea Museum
Spirited Garden
Biyang-do
Hyeopjae
Geumneung
Hangkyeong
Chagwi-do
1132
1136
1135
1139
1100
1117
1115
1116
1120
1119
1118
1112
1131
97
A
B
1
2

Jeju-do 6

Jeju-do 제주도

★★

661 190 habitants

Île paradisiaque pour les uns, devenue parc d'attractions pour les autres, Jeju-do est un morceau de Corée à part. Née de la furie des volcans, la terre noire de l'ancien royaume de Tamna prend des formes multiples et inattendues : cônes et cratères, colonnes basaltiques et tunnels de lave… Le climat subtropical la transforme en jardin coloré couvert de forêts humides, de mandariniers, de palmiers et d'azalées. Des hôtels luxueux se sont installés aux abords de plages de rêve (sable blanc, rochers noirs et eau turquoise). Des musées thématiques variés font revivre la culture insulaire faite de légendes et de vieillards de pierre. Des chemins de randonnées attirent les amateurs de tourisme vert… Malgré la pression touristique parfois pesante, que l'on soit sportif ou adepte du farniente, Jeju-do offre à chacun des raisons de s'émerveiller, de s'occuper et… de se régaler. Au menu : poissons frais, porridge aux ormeaux ou au potiron et barbecue de cochon noir.

NOS ADRESSES CI-CONTRE ET PAGE 348
Hébergement, restauration, achats, activités, etc.

S'INFORMER

Offices de tourisme – Nombreuses antennes dont : Aéroport de Jeju (A1) - *6h30-20h* ; terminal maritime - *8h-19h* ; Tap-dong (A1) - *9h-18h* ; Jungmun (A2) ; *entrée de la station - 9h-18h* ; Seogwipo (A2) - *parking de Cheonjiyeon Pokpo - 9h-18h*. Informations générales - *(064) 1330 - www.ijto.or.kr/english/ et www.visitjeju.net*.

SE REPÉRER

Carte de région (p. 332) – L'île de Jeju se situe à 85 km au sud de la péninsule. Longue de 73 km et large de 31 km, elle compte deux villes principales : Jeju-si sur la côte nord et Seogwipo sur la côte sud. Entre les deux, au centre de l'île, s'élève le volcan Hallasan (1 950 m).

SE GARER

Tous les sites touristiques comptent un parking, souvent payant.

À NE PAS MANQUER

Une randonnée autour du Hallasan et sur les sentiers balisés du Jeju Olle Trail sillonnant toute l'île ; parcourir les entrailles de la terre à Manjanggul ; contempler Ilchulbong ; goûter le porridge aux ormeaux et les grillades de porc noir.

ORGANISER SON TEMPS

L'île se visite toute l'année. Y passer au moins deux journées pour la découvrir. Mais quatre jours seraient l'idéal. L'été, et durant les vacances et les week-ends prolongés, Jeju est envahie par les touristes. Les prix grimpent. Réserver longtemps à l'avance devient une nécessité.

AVEC LES ENFANTS

Les activités et les parcs d'attractions sont innombrables… aquatiques, thématiques et autres. Vous aurez l'embarras du choix !

JEJU-DO PRATIQUE

ARRIVER/PARTIR

Avion

L'aéroport international de Jeju - *à 4 km à l'ouest du centre de Jeju-si (A1) - ✆ (064) 742 3011 ou 1661 2626 - www.airport.co.kr/jejueng/main.do* - pont aérien permanent de/vers les grandes villes du pays et vols pour le Japon, la Chine et Taïwan. Comparez les prix *(à partir de 45 000 ₩ AS)* à l'aéroport ou sur Internet entre les compagnies classiques et les *low cost (liste et coordonnées p. 479)*. Attention, le brouillard parfois épais peut entraîner des retards.
Le hall d'arrivée comprend **un office de tourisme**, une consigne et des distributeurs de billets.
Pour **rejoindre Tap-dong** *(rond-point Dongmun, entre la rivière et le marché)*, bus n° 100 ou 500 *(dir. University)* pour 1 200 ₩. Au retour, le 200 est le plus pratique. Le bus Limousine 600 dessert les grands hôtels de Jungmun et Seogwipo.

Bateau

Les **Jeju Ferry Terminal** et **International Ferry Terminal** se situent, à 1 km à l'est de Tap-dong (A1). On s'y rend en taxi ou en bus n° 92. Ils sont reliés quasi-quotidiennement à **Mokpo** *(✆ 758 4234 ou 061 243 1927 - www.seaferry.co.kr - 3h à 4h30 - à partir de 32 500 ₩)*, et **Wando** *(✆ 751 5050 ou 1688 2100 - www.hanilexpress.co.kr - 2h à 5h - à partir de 28 000 ₩)*. Plusieurs fois par semaine à **Yeosu Expo** *(5h - www.hanilexpress.co.kr - 33 500 ₩)*, **Busan** *(✆ 751 1901 - 12h - 50 000 ₩)*.
Voir aussi www.directferries.fr.

SE DÉPLACER SUR L'ÎLE

En bus

Des **gares routières** de Jeju-si *(A1 Seogwangno - ✆ (064) 753 1153)* et Seogwipo *(A2 près du World Cup Stadium - ✆ 739 4645)* partent des bus pour toute l'île. Le **1100 Road** *(n° 740 - de Jeju-si à Jungmun, via Eorimok et Yeongsil)* effectue le trajet 10 fois par jour. Le bus **5.16 Traversing Road Line** *(n° 781 - par la route 1131)* relie deux fois par heure Jeju-si à Seogwipo, via le City Hall de Jeju-si et Seongpanak, l'entrée est du parc Hallasan. Les bus **West Ilju Road** *(n° 702 - de Jeju-si à Seogwipo via Hallim et Jungmun)* et **East Ilju Road** *(n° 701 - de Jeju-si à Seogwipo via Seongsan)* font eux le tour de l'île. *Un fascicule détaillant les horaires est distribué à l'aéroport.*

En deux-roues

L'île se prête à la pratique du deux-roues, à pédale ou à moteur. Attention, sorti de la route côtière (250 km) secondée d'une piste cyclable, les pentes peuvent être raides. Les hôtels ont souvent un service de location. Sinon, à Jeju-si, voyez **Mr Lee** *(163 Seosa-ro, Jeju-si - ✆ 758 6640 - jejubike.co.kr - tlj sf dim.)* et, à Seogwipo, **Jeju Scooter & Free Zone** *(Seomun-ro 27, 29 Beon-gil - ✆ 010 319 5296 - jejusfz.co.kr)*. Les deux proposent des scooters et des vélos.

Location de voitures

Les agences de l'aéroport sont habituées à la location immédiate à la sortie de l'avion. À partir de 60 000 ₩/j. (assurance incluse). **Lotte/Hertz** *(✆ 1588 1230 - www.lotterentacar.net)* ou **Jeju Rent** *(✆ 747 4301)*. La conduite est plus aisée que sur le continent et les indications en anglais omniprésentes.

Se promener

JEJU-SI Plan de l'île p. 332 A1

Jeju-si (제주시), la capitale, une vraie grande ville de 400 000 habitants, possède tous les « ingrédients » attendus : animation, embouteillages, petits camions de vendeurs de légumes qui passent en soirée dans les rues résidentielles, temples de quartier couverts de lampions pour la fête de Bouddha, scooters distribuant des cartes publicitaires… Elle n'est pas une destination touristique en soi mais avec ses services, transports, hôtels et restaurants, elle est incontournable. Elle vit autour de trois pôles. **Tap-dong** est le quartier le plus agréable, en bord de mer, avec son remblai bordé d'hôtels, ses restaurants, son marché coloré et ses boutiques qui attirent la jeunesse. Plus haut, autour du City Hall, les administrations côtoient les bars, clubs et restaurants du quartier nocturne de **Shi-Cheong**. Enfin à l'ouest, non loin de l'aéroport, **Sinjeju** (New Jeju) regroupe des quartiers résidentiels : *mall*, restaurants huppés et grands hôtels répartis le long de rues en damier.

Les plus pressés pourront monter à bord des bus *hop-on hop-off* du Jeju Golden City Tour qui desservent les principales attractions *(8h-20h, ttes les h - 12 000 ₩)*. Parcours détaillé sur : *en.jejugoldenbus.com*.

Le front de mer (Tap-dong) et le centre-ville

Le **remblai** du quartier de **Tap-dong**, décoré façon « filet de pêche », ne donne pas accès à une plage mais constitue une agréable promenade. En fin de semaine, les enfants le transforment en aire de jeux pendant que les adultes terminent leurs repas de fruits de mer dans les restaurants de la jetée. Le passage fréquent des avions, que l'on pourrait presque toucher, ne distrait aucunement ce petit monde. Tôt le matin, les plongeurs-pêcheurs et leurs bouées orange ont les faveurs des photographes. Lorsqu'ils soufflent dans leur tuba, un son de flûte étrange déchire la brume. Dans ce quartier, des hôtels et des motels légèrement en retrait logent une clientèle familiale ou branchée selon les lieux. Une scène en plein air, en forme d'énorme coquillage, accueille des spectacles de danses traditionnelles *(principalement en été)*.

Des travaux en cours promettent un *relifting* du quartier. Car Tap-dong se modernise et se diversifie depuis quelques années. Un phare culturel en « quatre morceaux » y a récemment pris ses quartiers : l'Arario Museum.

★ **Arario Museum** – *(064) 720 8201 - www.arariomuseum.org- tlj sf lun. - 10h-19h - 12 000 ₩*. Impossible de manquer la façade rouge de ce musée dédié à l'art contemporain dont la partie principale a pris ses quartiers dans un ancien cinéma (**Tapdong Cinema**). Les espaces, sur six étages, sont bruts, avec béton, tuyaux et anciens carrelages apparents. Les volumes, réduits ou immenses, permettent d'exposer des œuvres de toutes tailles, choisies par le collectionneur Kim Chan-il *(voir aussi Arario in Space à Séoul - p. 51)* initiateur du projet. La famille de daims de Kohei Nawa, la barque de Subodh Gupta ou encore les peintures de Sigmar Polke vous marqueront durablement. Au côté de la collection permanente, des expositions temporaires sont présentées ici, et dans l'ancienne boutique de vélos *(***Tapdong Bikeshop** *- même ticket)* toute proche. Le projet comprend également deux anciens motels *(***Dongmun Motel I et II** *- Sanji-ro - mêmes horaires - 10 000 ₩)*, situés au bord de la rivière Sanjichun *(voir plus loin)*, rénovés et eux aussi habillés de rouge. L'atmosphère propre aux motels rétro a été conservée pour abriter des expositions dans un cadre unique.

HISTOIRE DE L'ÎLE NOIRE

Jeju-do émergea il y a 2 millions d'années à la suite d'éruptions volcaniques qui, siècle après siècle, modelèrent sa topographie. Le peuple de l'île serait né, selon la légende, lorsque trois demi-dieux – Yang, Go et Bu –, s'alliant à trois jeunes filles venues par la mer *(voir Samseonghyeol p. 338)*, créent le **royaume de Tamna**. On en sait très peu de choses jusqu'à son rattachement à la péninsule sous la dynastie Goryeo (10-11e s.). L'île, comme Taïwan et Okinawa, aurait fait partie de la vaste aire ethno-culturelle austronésienne qui s'étendait de l'Asie à l'Océanie. La mythologie du royaume de Tamna évoque l'existence d'un paradis blanc situé à l'est, comme toutes les mythologies océaniennes. Les statues de vieillards s'apparenteraient à des *tiki* polynésiens. Le dialecte local est très différent du coréen standard. L'île est rebaptisée Jeju en 1121. En 1273, les **Mongols** l'envahissent et y installent des élevages de chevaux. Leur départ livre les côtes aux **pirates japonais** – obligeant les îliens à peupler durablement l'intérieur des terres. La période Joseon (dès le 17e s.) voit l'afflux de réfugiés politiques et d'intellectuels venus de la péninsule, qui favorisent l'éducation des locaux. En 1917, l'occupant nippon trace la route littorale qui ramène les habitants sur la côte… où ils s'avèrent plus faciles à contrôler. Après l'indépendance (1946-1953), des soulèvements communistes sont réprimés par des milices pro-gouvernementales (avec l'aide des Américains ?). Cette traque qui fait 30 000 morts est un épisode souvent passé sous silence. L'île jouit aujourd'hui d'un statut spécial de **province autonome**. La culture insulaire survit, faite de légendes, de rapport étroit avec la pierre et de particularismes comme le matriarcat. L'agriculture et la pêche, les deux activités traditionnelles de Jeju, sont toujours vivaces mais le **tourisme** a, depuis 40 ans, semé hôtels et parcours de golf sur les côtes.

Si vous résidez dans le quartier, sacrifiez une petite heure (AR) à la promenade la plus populaire qui consiste à longer la mer jusqu'au Ramada, puis de continuer vers le **Yongduam Rock** *(A1 bien fléché)*. Vous passez un pont suspendu au-dessus du bassin encaissé de Yongyeon puis atteignez ce fameux rocher, vedette des prospectus touristiques et symbole de la ville car rappelant une tête de dragon.

Le centre-ville : autour de Dongmun Market et du City Hall

Du remblai, vous pouvez suivre la **rivière Sanjichun** dont les berges ont récemment été aménagées en promenade. Vous passerez à proximité des rouges annexes du musée Arario *(voir plus haut)* avant de rejoindre le très coloré **marché de Dongmun★** où l'*okdom-gu-i* (un poisson rose), les mandarines et les gros *hallabong* (oranges) sont les produits phares.

Proche du marché, l'avenue Jungang-no monte du front de mer et croise Gwangdeong-no (une avenue doublée d'une galerie souterraine) en dessinant le carrefour Dongmun. Ici les boutiques se multiplient pour former le quartier de Chiseongno. À l'ouest du carrefour, voyez le **Jeju-Mok Gwana** *(ou* Mokgwanaji *- Gwandeong-no - ✆ (064) 728 8665 - 9h-18h - 1 500 ₩)*, détruit par les occupants japonais avant d'être reconstruit il y a dix ans. Le bâtiment d'origine aurait abrité des installations administratives de la dynastie Joseon dès le 15e s. À l'intérieur du site, on verra Hongwhagak, le siège militaire, Yeonhuigak, le bureau du gouverneur ou encore Gyullimdang, où l'on jouait au jeu de go *(baduk)* et écoutait des poèmes. À l'entrée du Mokgwanaji, le **Gwandeokjeong**, un vaste pavillon de 1448, servait de lieu d'entraînement aux soldats.

Toujours en remontant Jungang-no, passé l'hôtel KAL, on atteint **Samseonghyeol** *(Samseongno - ✆ (064) 722 3315 - www.samsunghyeol.or.kr - 8h30-18h30 ; hiver 17h30 - 2 500 ₩ - brochure en anglais)*, un lieu sacré qui vit à l'ombre de beaux pins, camélias et camphriers où chantent les oiseaux. Il est né d'une curieuse **légende** autour de trois trous visibles au milieu d'une clairière. De là émergèrent trois demi-dieux qui fondèrent le royaume de Tamna *(voir l'encadré p. 337)*. Naquirent alors la culture et l'agriculture (les jeunes filles débarquèrent avec du bétail et cinq types de grains) propres à Jeju-do. Le premier temple honorant les tablettes de ces ancêtres de Jeju fut construit ici même au 16e s.

Juste à côté, le **Jeju Folklore and Natural History Museum** *(Samseongno - ✆ (064) 710 7708 - 8h30-18h30 (hiver 17h30) - 1 200 ₩ - explications en anglais)* s'organise en trois sections. On découvre la faune de Jeju, les mécanismes volcaniques (la formation de l'île, les tunnels de lave). La section folklorique, assez « statique » mais intéressante, présente des costumes, des reconstitutions de cérémonies et la conception de curieux chapeaux locaux. Enfin, la salle maritime comprend un impressionnant poisson-aviron baignant dans le formol. Dans le parc, on verra quelques-uns des rares **dolharubang** *(voir Jeju Stone Park p. 343)* d'origine.

En périphérie

Le **Jeju National Museum** *(A1 croisement routes 1132 et 97 - ✆ (064) 720 8000 - jeju.museum.go.kr/html/en/ - tlj sf lun. 9h-18h (w.-end et vac. 19h, 21h sam. mars-oct.) - accès par le bus n° 26, 38 ou 100)*. À l'est de la ville, dans un bâtiment rappelant les constructions traditionnelles à toit bombé, il présente une collection éclectique mais pas incontournable : estampes, vieux livres, poteries en céladon, mobilier et une petite section extérieure.

Créé en 1993 au sud de la ville, le **Halla Arboretum** *(A1 - suivre dir. rte 1139 - Jungmun - 9h-18h, 17h en hiver - gratuit)* s'étend à flanc de colline. On s'y promène sous les arbres et bambous, dans des jardins d'hibiscus ou de roses. Les locaux viennent y faire leur jogging en matinée, quand les allées ne sont pas encore envahies. Non loin, le **Jeju Museum of Art** *(A1 - suivre dir. rte 1139-Jungmun - ✆ (064) 710 4300 - jmoa.jeju.go.kr - tlj sf lun. 9h-18h, 20h en été - 1 000 ₩)* est un bel édifice de béton brut. Il présente avant tout des expositions temporaires et des œuvres du peintre Chang Ree-suok (inspiré par les gens, animaux et paysages de Jeju), dans un beau cadre naturel.

Découvrir Hallasan National Park Plan de l'île p. 332

★★★ Hallasan National Park 한라산 국립공원 AB1

✆ (064) 713 9950 - www.hallasan.go.kr.

Le parc compte quatre entrées accessibles en voiture et pour certaines en bus (voir Jeju-do pratique p. 335). Les entrées ouest, Eorimok (à 17 km de Jeju-si et 20 km de Seogwipo) et Yeongsil (6 km plus au sud), sont desservies par la belle ***route 1139*** *(«* ***route 1100*** *» - bus n° 740). À l'est, Seongpanak (16 km de Jeju-si et Seogwipo) est accessible par la route 1131 (bus n° 781). Enfin, pour rejoindre Gwaneumsa, à 7 km au sud de Jeju-si, prenez la route 1131 ou 1139 (direction Seogwipo) puis suivez la* ***route 1117*** *direction Gwaneumsa (pas de bus).*

Si les randonnées sur Hallasan ne comportent pas de grandes difficultés, il convient de se renseigner (✆ (064) 713 9950 ou (064) 1330) sur les horaires d'ouverture des chemins. Il arrive (rarement) que l'entrée soit refusée dès 10h pour s'assurer que les marcheurs puissent revenir à temps. Certains sentiers peuvent être fermés en cas de mauvais temps. Le climat humide et les pluies fortes et soudaines

Le parc national Hallasan.
TOPIC PHOTO AGENCY IN/age fotostock

rendent en effet la marche difficile. Emportez suffisamment d'eau et un bon équipement étanche même par beau temps.

Avec son cratère (Baeknokdam) culminant à **1 950 m** – le point le plus élevé du pays – le Hallasan domine Jeju-do. Sa silhouette bien dessinée correspond parfaitement à l'image que l'on se fait d'un **volcan**. Il fait de l'ombre aux 360 cônes (*oreums* en dialecte local) dits secondaires qui, avec les dizaines de kilomètres de tunnels de lave, les grottes et les curieuses formations minérales côtières, ont été inscrits au **Patrimoine mondial de l'Unesco** en 2007. Près de 2 000 espèces de plantes poussent sur ses flancs et dans ses vallées, dont des azalées et l'*Abies koreana*, un conifère endémique. Le relief change ainsi de couleur au fil des saisons, du blanc neige de l'hiver au rouge et or automnal.

Un tel spectacle géologique et végétal ne peut qu'attirer les randonneurs. Plusieurs chemins permettent d'apprécier la diversité de la flore et de la faune (5 000 espèces dont 4 361 insectes) le temps d'une journée. Il n'est pas possible d'y passer la nuit, les refuges existant sont réservés aux situations d'urgence. Les plus fréquentés des sentiers partent de **Eorimok** au nord-ouest. Ce point d'entrée est équipé d'un Visitor Center *(9h-17h - parking 1 800 ₩)*. La silhouette du point culminant coréen domine le parking. Le sentier du **Euseungsaengak** *(AS 1,3 km - 30mn)* permet aux moins sportifs de rejoindre le cratère Euseungsaeng en profitant de belles vues. D'Eorimok toujours, un chemin balisé de 4,7 km *(2h AS)* mène au cratère et au refuge de Witse Oreum à 1 700 m, *via* une belle forêt de chênes et des prés fleuris en avril et mai. Le dernier tronçon menant au sommet est fermé au public pour protéger la flore. Un autre chemin sur le flanc ouest part de **Yeongsil** vers le même refuge de Witse Oreum *(3,7 km pour 1h30 AS)* au pied des parois du sommet. Il offre des paysages plus spectaculaires tout en forêts humides et formations rocheuses. Ces deux chemins sont accessibles grâce au bus « 1100 Road » entre Jeju-si et Seogwipo et l'on peut donc sans mal monter par l'un et descendre par l'autre. Sur le flanc nord, le sentier de **Gwaneumsa** *(7,8 km pour 5h AS)* est le plus difficile et moins fréquenté (aucun bus ne le dessert). Il suit la belle vallée pentue de Tamna. Au sommet, la vue sur le lac au centre du cratère est superbe. Le chemin **Seongpanak** *(9,6 km pour 4h30 AS)*, moins difficile et très bien aménagé, aboutit lui aussi au sommet côté est, en traversant des champs d'azalées. Il permet de profiter du formidable panorama sur la partie orientale de l'île, hérissée de doux cônes volcaniques.

Circuits conseillés Plan de l'île p. 332

★★ L'EST DE L'ÎLE B1-2

Circuit de 100 à 130 km au départ de Jeju-si. Prenez la route 1132, direction Seongsan. Ce circuit zigzague entre les plages et des formations volcaniques classées au Patrimoine mondial de l'Unesco. Il peut être effectué en une ou deux journées en passant éventuellement la nuit autour de Seongsan.

Vous pouvez effectuer un premier arrêt à **Hamdeok Beach** *(tournez à gauche à ce nom, grand parking annoncé par une arche - ou accès bus n° 701 B1)*, une belle plage blonde fermée par une colline plongeant dans la mer turquoise. La ville est désormais assez éloignée pour qu'apparaissent les premières cultures entourées de murets noirs de pierre de lave. Un peu plus loin, **Gimnyeong Beach** (B1), plus petite, dont le sable blanc est coupé en deux par une coulée de rochers noirs qui semble flotter sur l'eau transparente.

Reprenez la route 1132 et tournez à « Manjanggul ».

★★ Manjanggul 만장굴 B1

Le bus n° 701 entre Jeju-si et Seongsan vous arrête à 2 km de l'entrée - ✆ (064) 783 4818 ou 710 7903 - 9h-18h (dernière entrée 17h) - 2 000 ₩ - parking gratuit. Attention, il fait sombre et frais à l'intérieur et le sol inégal très humide (surtout quand il a plu) est impropre à la marche avec talons… ou chevilles fragiles.

Le long de la route qui accède à ce **long tunnel de lave**, les arbres semblent se retirer pour vous laisser passer. On vous propose ici de vous enfoncer dans les **entrailles de la terre**. La marche aller-retour *(40mn)* offre la sensation unique de parcourir le corps vivant de notre planète. Le **tunnel** est long de 13,5 km (1 km est parcouru), d'un diamètre de 2 m à plus de 20 m, et serpente jusqu'à 30 m sous la surface. Il est né de l'éruption du volcan secondaire (dit parasite) de Geomun Oreum il y a 200 000 à 300 000 ans. Des explications en anglais soulignent des phénomènes particuliers (stalactites, « ampoules ») et les différents aspects et teintes des parois. Vous faites demi-tour face à une impressionnante **colonne de lave★★** de 8 m de haut, figée, qui à elle seule « explique » ce que l'on vient de traverser.

Gimnyeong Maze Park 김녕미로공원 *(✆ (064) 782 9266 - 8h30-18h ; 19h voire 22h en été - 3 500 ₩)* est un labyrinthe de cyprès situé 1 km avant Manjanggul où, quel que soit leur âge, les touristes s'amusent à se perdre.

Retrouvez la 1132 et tournez à gauche direction « Shore Road » pour suivre la côte au plus près. Plages, rochers et ports se succèdent. À marée basse, des dizaines de mains expertes fouillent la vase, le sable et les rochers à la recherche, peut-être, de vos futurs repas. Tournez à gauche à l'indication *Haenyeo Museum*.

Le **musée Haenyeo★** 해녀박물관 *(B1 - Sehwa - ✆ (064) 782 9898 - tlj sf 1er lun. du mois 9h-18h - 1 100 ₩)* raconte la vie des *haenyeo*, ces femmes-plongeuses symboles de l'île *(voir l'encadré ci-contre)*. Après avoir visionné un film de présentation, vous visitez quatre halls fournissant des explications en anglais sur leur histoire, leur travail, leur organisation en coopérative et leur équipement rudimentaire (filets, bouées, crochets).

LES SIRÈNES DE JEJU-DO

Tôt le matin, on voit encore des *haenyeo* (« femmes de la mer ») d'un certain âge plonger jusqu'à 20 m et rester 2mn en apnée à la recherche de coquillages. Leur histoire aurait débuté au 19e s., quand leurs maris leur demandèrent de plonger à leur place… pour contourner un pesant système de taxes. Malgré un équipement rudimentaire, ces femmes excellent rapidement dans ce dur métier, s'organisent en coopérative et prennent le contrôle du foyer familial (un comble sur une terre confucianiste !). Certaines d'entre elles migrent en saison, vendant leur savoir-faire sur la péninsule, au Japon et en Russie. La jeune génération n'embrasse plus cette difficile carrière. Si, dans les années 1940, l'île comptait 30 000 *haenyeo*, seules 2 800 plongent de nos jours. Elles demeurent néanmoins une source de fierté et un symbole pour les habitants de Jeju. Et en 2016, leur savoir-faire a été inscrit sur la Liste du patrimoine immatériel de l'Unesco.

Musée Haenyeo - voir page ci-contre.

Reprenez la route qui longe la côte, toujours en suivant la direction Seongsan. Dans les villages, les maisons se recroquevillent derrière des **murets noirs** pour se protéger du vent et des embruns. Le beau paysage côtier est noir, turquoise et blond – comme le sable, mais aussi les hautes herbes qui ondulent au vent. Un cône volcanique couvert de verdure bouche soudain l'horizon. Puis, après une vaste plage, la superbe silhouette d'Ilchulbong prend le relais, dominant la lagune et les maisons colorées du village.
Au carrefour suivez Seongsan.

★★★ Ilchulbong 일출봉 et Seongsan 성산 B1

De Jeju-si : bus n° 701 (bus côtier continuant vers Seogwipo) ou 701 par l'intérieur des terres. Arrêt : Seongsan et Seongsan Ilchulbong Peak Entrance.
La silhouette d'Ilchulbong, un **fabuleux volcan éteint**, une forteresse naturelle qui résiste aux vagues et aux vents violents est superbe quel que soit l'angle de vue. Ses flancs noirs plongent à pic dans les flots. Mais à l'ouest, il s'étale en une coulée verte, se divise en parois aux formes minérales étranges, couvertes d'une végétation luxuriante.

Un chemin de marches de bois *(✆ (064) 784 0959 ou 710 7923 - une heure avant le lever du soleil jusqu'au coucher du soleil - 2 000 ₩ ou gratuit durant des programmes promotionnels - 20mn environ pour monter)* donne accès au sommet qui domine à 182 m le cratère envahi par une forêt préservée. Des bords du « bol », la vue sur les alentours est magnifique : le village aux toits colorés, la lagune, les reliefs du centre de Jeju et U-do, l'îlot voisin. Le *must* pour les visiteurs est d'assister au lever du soleil depuis le sommet – et si possible la nuit du nouvel an. Mais quelle que soit l'heure de votre visite, et même si vous êtes rarement seul à grimper, vous ne pourrez être déçu.
Le **village de Seongsan**, il n'y a pas si longtemps un modeste hameau de pêcheurs, vit désormais des retombées touristiques d'Ilchulbong. Les hébergements, de plus en plus nombreux, permettent d'y passer la nuit. Des restaurants de fruits de mer vous attendent à tous les coins de rue… désormais concurrencés par des enseignes internationales (Starbucks, MacDo, Lotteria et autres) bien trop connues.

La **Route 1** du **Jeju Olle Trail** *(15 km - 4h)* permet de faire le tour du village et de ses curiosités : Ilchulbong, les falaises, le port et surtout la rive ouest de la lagune et ses paysages bucoliques (maisonnettes, champs, murets). Du parking d'Ilchulbong *(panneau marron à côté du Starbucks)* puis marquage rouge et bleu.

★ U-do 우도 B1

Au large de Seongsan, **U-do** (1 700 ha), évoque un animal nageant entre deux eaux en direction du sud. On peut se rendre sur l'île « des vaches » du port de Seongsan *(entre 8h et 17h, ttes les h voire 2/h le w.-end - 10-15mn - 5 500 ₩ AR)* puis la parcourir à vélo ou à pied. Un tracé – faisant partie du réseau **Olle Trail**, **Route 1-1★** *(voir Activités p. 352)* – en fait le tour sur 11,3 km *(comptez 3-4h)*. Vous y trouverez des paysages ruraux bucoliques – plantations d'ail et de colza découpées par des murets de pierre noire –, un littoral découpé et une belle plage. À éviter les week-ends de forte affluence quand les scooters et voiturettes congestionnent l'île.

De Seongsan à Seongeup Village

Quittez Seongsan en suivant la route côtière vers la plage de Sinyang.

Sinyang (B1) est une belle plage favorable aux vagues, aux bourrasques et donc aux *windsurfers*. On peut la longer, à pied, jusqu'à **la péninsule Seopjikoji** *(B1- à 5mn. en taxi de Seongsan)*, dont les beaux paysages littoraux (fleuris au printemps) ont été en grande partie privatisés pour accueillir divers équipements de loisirs. Parmi eux, l'immense et très bien conçu aquarium **Aqua Planet Jeju** *(www.aquaplanet.co.kr - 10h-19h, dernière entrée 17h50 - 39 800 ₩)*. Plus loin, après s'être acquitté d'un droit d'entrée *(9h-18h - 6 000 ₩)*, vous pourrez déambuler en nombreuse compagnie sur le reste de la péninsule ici appelée Phoenix Island, et rejoindre un cap spectaculaire prisé des touristes locaux. Il faut dire qu'une dizaine de séries et films très populaires ont été tournés ici ! Voyez aussi et surtout deux édifices dessinés par l'architecte japonais Tadao Ando. La galerie dédiée à la méditation, **Genius Loci★**, rend hommage aux constructions locales. Et, toute de béton brut et de verre, **The Glass House★** *(voir le restaurant Mint dans Nos adresses)* ouvre ses baies immenses sur la mer et Ilchulbong.

Si votre temps est compté, prenez directement la direction de Seongeup sans effectuer le crochet d'ailleurs très optionnel vers Jeju Folk Village.

De retour sur la route 1132, suivez « Pyoseon » puis « Jeju Folk Village ». De là, la route côtière serpente entre les élevages de poissons.

Le village de pêcheur de **Pyoseon-myeon** (B2), ses collines, son marché et ses restaurants, entoure une plage encore assez peu bétonnée et immense à marée basse. S'y trouve le **Jeju Folk Village** *(Pyoseon - ✆ (064) 787 4501 - 8h30-18h, 17h en hiver - 10 000 ₩)*. La visite vaut avant tout pour les quelques maisons vieilles de 200 à 300 ans déplacées ici. Elles permettent d'apprécier les différentes architectures entre villages côtiers ou de montagne, les demeures des aristocrates et celles des paysans. Vous trouverez des restaurants corrects sur place.

Revenez au carrefour et prenez la route 97 direction « Seongeup ».

★★ Seongeup Folk Village 성읍민속마을 B1

Accès en bus n°750 de Jeju-si et Pyoseon-myeon - seongeup.seogwipo.go.kr.

Si la visite de Jeju Folk Village vous a déplu, vous serez comblé par Seongeup, un **authentique village**. Ici contrairement au village précédent, on vit, dort, travaille, roule. Cela paraît d'ailleurs assez incroyable tant le style des maisons (près de 500 construites généralement au 19e s.) est particulier et renvoie à une époque depuis longtemps révolue. Les maisons de pierre noire, basses et coiffées de toits de chaume bombés et tenus par un maillage tressé, se dissimulent derrière des murets… noirs évidemment. Tous ces éléments architecturaux, si caractéristiques, ont pour unique but de se protéger du vent et de la pluie. Malgré quelques concessions faites au tourisme de

Le volcan Ilchulbong depuis le littoral de Seongsan.
Zoonar/N.Wongchum/ZOONAR GMBH LBRF/age fotostock

masse, il fait bon se promener dans les quelques rues. Vous remarquerez les *jeongnang* à l'entrée des maisons. Ce petit dispositif constitué de trois bâtons et de plaques trouées permet au visiteur de savoir, selon un code lié à la disposition des bâtons, si la personne est présente, absente ou sur le point de rentrer… Les habitations étaient autrefois flanquées du *dotongsi*, des toilettes en plein air entourées d'un muret et gardées par un cochon. L'ensemble du village est abrité sous d'immenses ormes multi-centenaires. Le plus ancien aurait 1 000 ans.

Prenez la route 1112, à gauche, direction « Sangumburi Crater ». Sur ce tronçon, le paysage change. La route traverse de grands haras aux pelouses impeccables. Les chevaux *jorangmal* y paissent depuis la période mongole. Des bosquets les protègent de la pluie. La pierre noire affleure par endroits. Quelques cônes volcaniques secondaires de 400-500 m de haut brisent la ligne d'horizon. Vous pourrez accéder à l'un d'entre eux, **Sangumburi★** *(B1 - rte 112 et bus n° 750 et 710 arrêt Sangumburi - ✆ (064) 783 9900 - 9h-18h - 6 000 ₩)*, annoncé par un parking paysagé. Une marche de quelques minutes dans une superbe végétation (plus de 400 espèces de plantes !) vous amène à un cratère de 2 km de circonférence.

Les passionnés de volcans pourront aller non loin, dans les beaux paysages (classés par l'Unesco) qui entourent le cratère de **Geomun Oreum** (456 m), pour visiter le **Jeju World Natural Heritage Center**. Cet édifice aux courbes audacieuses abrite une exposition consacrée aux richesses volcaniques de l'île classées par l'Unesco *(accès bus n° 720 et 710, arrêt Geomunoreum - ✆ (064) 710 6657 - wnhcenter.jeju.go.kr - 9h-18h - 3 000 ₩)*. C'est d'ici que partent les randonnées guidées vers Geomun Oreum. Pour pouvoir parcourir ses flancs et découvrir la superbe forêt qui occupe son cratère, vous devrez réserver votre excursion plusieurs jours (voire semaines) à l'avance sur le site Internet du Jeju World Natural Heritage Center.

Faites un aller-retour sur la voie rapide 1118 pour rejoindre **Jeju Stone Park★** *(B1 - bus n°730 - ✆ 710 7731 - tlj sf 1er lun. du mois - 9h-18h, dernière entrée*

17h - 5 000 ₩). Vous êtes invité à parcourir un beau paysage volcanique égayé par des arbres élégants. Des sculptures sont placées çà et là, mises en scène par cet environnement impressionnant. On verra ainsi les fameux « grands-pères », les **dolharubang**, des figures protectrices, symboles de fertilité devenues emblèmes de l'île. Le hall d'exposition, discret, présente les relations entre les habitants de l'île et la pierre. Le paysage volcanique de Jeju, sa roche, ses sculptures naturelles ou humaines sont à l'honneur, mais aussi la culture de la pierre à travers les âges en Corée.

Reprenez la route 1112 puis 1131 qui approchent les flancs du Hallasan. Elles traversent des pâturages hérissés d'arbres solitaires ou cernés par des bosquets, une forêt de pins serrés qui relèvent leur robe pour vous laisser passer, des buissons fleuris çà et là. Puis, Jeju-si et la mer apparaissent tout en bas. Vous regagnez la « capitale » après un crochet par **Mysterious Road** *(AR sur la route 1117 - A1)* où un phénomène optique fait descendre… tout ce qui grimpe la côte.

★ L'OUEST DE L'ÎLE A1-2

Circuit de 130 km environ à effectuer en deux jours en passant une nuit à Seogwipo, Jungmun ou Hallim. Quittez Jeju-si par la route 1139 (« route 1100 »), direction Jungmun.

La route s'élève et se noie très vite dans la forêt. Si vous voulez gravir le Hallasan ou juste vous promener à ses pieds, suivez *Eorimok* à gauche ou plus loin, *Yeongsigliam*. Après avoir fait le tour du relief, la route passe un col à 1 000 m puis descend vers la côte sud. Beau panorama sur les pentes qui se couvrent de plantations d'agrumes et la mer. Juste après l'intersection avec la route 1115, tournez au panneau invitant à rejoindre la route 1136 *(direction Seogwipo)* et suivez **World Cup Stadium** (A2). La présence très controversée de ce grand stade, au calme pays des agrumes, a de quoi étonner. La belle silhouette du stade lance ses flèches vers le ciel depuis la Coupe du monde 2002, lorsqu'elle vit passer notamment l'Allemagne, le Paraguay et le Brésil. Mais les gradins étaient plutôt vides… et le sont toujours lorsque joue Jeju United. La gare routière de Seogwipo et un vaste centre commercial se situent juste à côté du stade.

Seogwipo 서귀포 A2

Si les champs d'agrumes vous ont donné envie d'en savoir plus sur ces cultures, suivez la route 1132 (direction *Seongsan)* pour visiter le **Citrus Museum** *(B2, Sinhyo dong - ✆ (064) 767 3010 - 10h-17h - 3 000 ₩)* bientôt indiqué sur la gauche. Passé l'exposition un peu rétro, vous traversez une serre regroupant des agrumes de toute l'Asie. La variété de taille et de forme des fruits étonne – ainsi les « mains de Bouddha », une variété de citron munie de « doigts ».

Revenez vers Seogwipo par la côte. La **cascade de Jeongbang★** (**Jeongbang Waterfall**, B2) est une des plus belles de l'île car plongeant directement dans la mer depuis une falaise noire de 23 m de haut. Mais il faut souvent faire la queue pour la photo… *(8h30-18h - 2 000 ₩).*

Le **centre-ville de Seogwipo** (155 042 habitants), tout en hauteur, s'organise autour d'un marché couvert, de rues bordées de commerces et de services. Une allée piétonne descend vers le port, décorée des personnages de **Lee Jung-seop** (ou Lee Jung-seob, 1916-1956). Un **musée** *(87 Lee Seob-ro - ✆ (064) 760 3567 - www.seogwipo.go.kr - tlj sf lun. 9h-18h, juil.-sept. 20h - 1 000 ₩)* est consacré à cet artiste célèbre dans tout le pays et qui s'installa ici en 1951. On le découvre à travers des dessins, aquarelles et huiles. Si le style est éclectique, les œuvres sont marquées par des thèmes récurrents :

Falaise de Jusang Jeollidae.
MEzairi/iStock

les femmes plongeuses, le tireur à l'arc, le crabe. À l'extérieur, des maisons traditionnelles ont été reconstituées.

Les principales attractions se trouvent dans le bas de la ville. Un immense parking, près du port et de ses gargotes, est entouré de boutiques de souvenirs et d'un office de tourisme bien documenté. Le chemin vers la **cascade de Cheonjiyeon (Cheonjiyeon Waterfall** *- du lever du soleil à 21h10, dernière entrée - 2 000 ₩)* débute ici. Si Jeongbang était marine, Cheonjyang est « végétale ». Les 500 m de marche dans une végétation luxuriante et le long d'une rivière encaissée valent plus le détour que la chute d'eau elle-même, pourtant dit-on fréquentée par des anges. Autre attraction, le **sous-marin** *(✆ (064) 732 6060 - www.submarine.co.kr - 7h20-18h40 - 18/j - 55 000 ₩ + 1 000 ₩ d'admission au parc maritime)* dont le point de départ se situe près d'un joli pont menant à l'îlot de Munseom. Le voyage-plongée à 40 m de profondeur dure 30mn et permet d'apprécier les reliefs volcaniques sous-marins, les poissons et les coraux. Réservation conseillée.

Pour rallier Jungmun, montez Taepyeong-no, la rue du Sun Beach Hotel et tournez à gauche à Oedolgoe.

La curieuse formation rocheuse d'**Oedolgoe** se découvre après une agréable marche de 250 m sous les pins. Ce rocher vertical sur lequel butent les vagues évoque une grande botte oubliée par un géant près de la falaise. Le lieu est agréable tôt le matin, quand il n'y a personne. Un chemin y accède de Seogwipo *(Jeju Olle Trail Route 6 - 1,8 km)*. Au large, on aperçoit la belle silhouette de l'**île Beomsom** (A2) et son petit double.

Les marcheurs pourront poursuivre vers Weolpyeong *(Olle Trail Route 7 - 13,5 km - 5h de marche assez difficile)*.

Poursuivez la même route, qui rejoint brièvement la 1132, puis tournez tout de suite à gauche direction Beophwan, puis à gauche à nouveau pour passer au bas de l'énorme temple de **Yakcheon** (A2), construit dans les années 1990. Il est connu pour son bouddha géant et l'eau bienfaitrice qui y coulerait. Dans les villages ou quartiers traversés, de l'ail sèche parfois sur les trottoirs.

Toujours en route vers Jungmun, vous découvrez avec surprise une pâle copie de la mosquée malienne de Djenné. Elle renferme l'**Africa Museum of Art** *(✆ (064) 730 2430 - 10h-19h, 21h en été - 4 500 ₩)* qui présente des sculptures traditionnelles et des peintures contemporaines africaines. Un panneau indique bientôt **Jusang Jeollidae** *(A2 - 8h-coucher du soleil - 2 000 ₩ - parking 1 000 ₩)*, une falaise aux beaux piliers basaltiques qui résistent aux assauts de la mer.

Jungmun 중문 A2

La très massive silhouette de verre du **ICC Jeju** (centre de congrès) annonce Jungmun, **le paradis officiel des amoureux en lune de miel**, avec ses larges avenues bordées de hauts palmiers, ses hôtels de luxe immenses et ses attractions en tout genre. **Pacific Land** est un complexe présentant des spectacles de dauphins et d'otaries *(✆ (064) 738 2888 - 12 000 ₩ - horaires variables selon la saison)*, mais aussi un point de départ pour des tours en catamaran, *jetboat* ou yacht. Plus haut, une soucoupe volante à la James Bond abrite le **Yeomiji Botanical Garden** *(✆ (064) 735 1100 - www.yeomiji.or.kr - 9h-18h - 9 000 ₩)*. Parmi les cinq serres thématiques – eau, cactus, fleurs, jungle et fruits exotiques★ –, cette dernière est la plus intéressante. Elle permet de mettre un « visage » sur des arbres tels le cacaoyer, papayer, manguier, goyavier, arbre à noix de macadamias et arbre à pain au tronc orange. Non loin, la **cascade Cheonjeyeon (Cheonjeyeon Waterfalls** *- du lever au coucher du soleil - 2 500 ₩)* que l'on contemple d'un pont rouge se déverse dans une belle vallée encaissée, noyée dans la végétation.

Mais où est donc cette **plage** qui a motivé l'installation de tous ces équipements touristiques ? Le ruban de sable aux quatre couleurs s'avère peu facile d'accès malgré la beauté de son site, au pied de la falaise. Les parcs luxuriants et odorants des grands hôtels y prennent fin abruptement. En s'y promenant, on profite de la vue sur la côte découpée.

En sortant de Jungmun, prenez à gauche direction Daejeong.

Vers Hallim 한림가는길, option littorale A2-1

Suivez à gauche la direction de Sanbangsan. L'imposant relief rocheux de **Sanbangsan** (395 m) se profile bientôt, bombé, aux parois lisses et verticales. Il serait selon la légende un morceau du Hallasan envolé lors d'un typhon. Il domine la plage de Hwasun et une superbe côte très découpée appelée **Yongmeori.** Malheureusement, le site est gâché par une sorte de parc d'attractions réplique d'un vaisseau hollandais (le *Sperweer*) qui s'échoua à Gapa-do en 1653. Hendrik Hamel, l'un des marins survivants et prisonniers des Coréens, écrira à son retour l'un des premiers textes sur le pays vu par un Européen. On peut approcher les reliefs côtiers par un chemin à partir du **temple de Sanbanggul** *(✆ (064) 760 6321 - du lever au coucher du soleil - 2 500 ₩)* ou plus bas, 400 m plus loin. Le temple entoure une grotte boud-dhique dominant la mer.

Vous pouvez ensuite soit couper directement vers Hamo Beach, soit vous rendre à l'extrémité de la pointe sud de l'île – le cratère de **Songaksan** (104 m) – lieu de tournage de la série des années 2000 *All In* qui attire les touristes locaux. Les bons marcheurs s'isolent vite et profitent d'une vue à 360° sur les alentours. Le long de la côte, on aperçoit 19 grottes creusées à main nue par les occupants japonais pour dissimuler des armes dans les années 1940.

La route vers **Hamo** et sa plage se poursuit vers le port de **Moseulpo** (marché, restaurants *- accès par bus : de Jeju-si bus 750 et 755, de Seogwipo bus 702*) d'où partent les bateaux vers les calmes **îlots Gapa et Mara**, les deux plus méridionaux du pays. Ce titre vaut à ces bouts de terre plats un certain intérêt touristique *(✆ (064) 794 3500 - ferry : ttes les h de 10h à 16h, 30mn, 17 000 ₩*

AR pour Mara-do et 4/j., 15mn, 12 500 ₩ AR pour Gapa-do). Un sentier de 5 km *(Olle Trail Route 10-1)* permet de faire le tour de la première. On peut aussi y louer des vélos *(9h-16h - 5 000 ₩).*

Reprenez la route 1132 qui traverse des champs d'ail et de blé séparés par des murets. Après la pluie, là où la terre noire affleure, l'évaporation crée de beaux filets de brume rasant le sol sous l'effet du vent.

Prenez à gauche direction Chagwi-do pour un bref aller-retour vers un minuscule port de pêche, site d'un ancien habitat néolithique et « balcon » privilégié sur la belle silhouette de l'île **Chagwi** et les îlots alentour. Un petit bateau irrégulier dessert ce caillou peu habité où la pêche est la principale activité.

De retour sur la route 1132, tournez au panneau Hyeopjae Beach. La plage de **Geumneung** apparaît, une fine frange de sable blanc faisant ressortir l'eau transparente et les rochers noirs. De là, on aperçoit **Biyang-do**, île-cratère habitée et couverte de cultures en mosaïque. Vient ensuite **Hallim Park★** *(accès par bus : n° 702 - ✆ (064) 64 796 0001 - www.hallimpark.co.kr - 8h30-18h, 19h30 en été - 11 000 ₩),* un parc d'attractions annoncé comme un condensé de Jeju, avec ses allées de palmiers, ses fleurs (cerisier, lotus, tulipes), son petit village folklorique, ses restaurants traditionnels, son jardin subtropical et surtout ses deux authentiques tunnels de lave (dits *Hyeopjae* et *Ssangyong*) que l'on parcourt sur 500 m. Plus loin, la plage de **Hyeopjae** est tout aussi belle que sa voisine.

Vers Hallim 한림, option terrestre A2-1

De la route 1132, prenez la direction de **Jeju Sculpture Park** *(✆ (064) 794 9680 - 8h30-17h30, 20h en été - 4 500 ₩),* un vaste parc où se dressent près de 200 sculptures contemporaines d'artistes internationaux. En suivant la route 1121, vous atteindrez le **O'Sulloc Tea Museum** *(✆ (064) 794 5312 - 10h-17h - gratuit).* Il y a de grandes chances pour que le sachet de thé de votre chambre d'hôtel soit un Sulloc, premier producteur coréen de *nokcha* (thé vert). Vous découvrirez ici l'histoire du thé, une belle collection de tasses anciennes, tout en vous promenant dans les plantations. Suivez ensuite la direction de **Spirited Garden** *(A2, Hankyeong myeon - ✆ (064) 772 3701 - www.spiritedgarden.com - 8h-18h30, 19h en été - 10 000 ₩),* un petit parc très « maîtrisé » qui vaut le détour pour sa magnifique **collection de bonsaïs★** exposée en plein air. Chaque pièce est un (petit) chef-d'œuvre. Créé par M. Bum Young-sung sur une terre difficile, ce jardin compte également de beaux arbres remarquablement disposés. La mise en scène avec ses textes d'auto-congratulation laissera plus songeur…

La région alentour offre des paysages étranges faits de forêts, de cultures (ail, agrumes, patates douces) entourées de murets, de végétation luxuriante, d'arbres isolés et de cônes volcaniques boisés. Des chevaux paissent çà et là. Les arbres se font plus rares en approchant la côte, laissant la place aux cultures qui ne s'arrêtent qu'à la frange de rochers noirs battus par les vagues. Tourisme oblige, vous découvrirez aussi de nombreuses et diverses attractions aux alentours du Spirited Garden. Ainsi le **Jeju Glass Castle** *(rte 1121 - ✆ (064) 772 7777 - www.jejuglasscastle.com - 9h-19h, dernière entrée 18h - 11 000 ₩)* un parc d'attractions très coloré consacré au verre. On y déambule entre d'étonnantes sculptures de personnages, plantes, animaux, constructions, judicieusement mises en lumière. À voir aussi, les sculptures réparties çà et là dans l'agréable localité de Jeoji (**Jeoji Artists Village**) et, sur le même site, les expositions temporaires d'art contemporain coréen du **Jeju Museum of Contemporary Art** *(A1, ✆ (064) 710 7801 - tlj sf merc. 9h-17h - 9 000 ₩).* *Rejoignez Hallim par la route de gauche direction Geumneung (à 7 km).*

Retour vers Jeju-si

De Hallim, prenez la 1132 direction Jeju-si. Après quelques kilomètres, tournez à gauche vers Aewol pour attraper la route côtière jusqu'aux abords de Jeju-si. Le littoral est ici agréable, découpé, « animé » par quelques belles formations rocheuses. C'est une côte de villégiature comme en témoigne la présence de nombreuses pensions. Passé le petit port de Hagwi-ri, en contrebas, le retour à la capitale est annoncé par les embouteillages. Si vous devez rejoindre Tapdong, suivez plutôt **Iho Beach**. À partir de là et jusqu'au Yongduam Rock, vous longez une succession ininterrompue de restaurants.

NOS ADRESSES SUR JEJU-DO

INFORMATIONS UTILES

Poste – Poste centrale à Jeju-si - *Gwandeok-ro - lun.-vend. 9h-18h.* On trouve aussi des bureaux dans chaque localité.

Argent – Distributeurs et guichets de change à l'aéroport. Les banques se concentrent le long de Jungangno à Jeju-si et sur Jungjeongno à Seogwipo. La plupart des hôtels de luxe de l'île comptent un *Global ATM*.

HÉBERGEMENT

À Jeju-si A1 sur carte p. 332

BUDGET MOYEN

Check-inn Hotel – *1319-48 Geonip-dong - ✆ (064) 725 4063 - checkinnjeju.com - 47 ch. à partir de 60 000 et 80 000 ₩ selon le type de chambre.* Cet hôtel récent (2016) tenu par une équipe jeune et dynamique ringardise les enseignes du quartier de Tapdong. L'immeuble vert de gris rénové cache un hall à la déco « café hipster ». Les chambres au design scandinave sobre (le blanc domine) et moderne, s'avèrent confortables quoiqu'un peu petites. Lounge, restaurant.

POUR SE FAIRE PLAISIR

Ocean Suites Jeju Hotel – 오션스위츠 제주호텔 – *74, Tapdonghaean-ro - ✆ (064) 720 6000 - www. ocean suites.kr - 🅿 - wifi - 350 ch. 160 000 ₩ - ☕ 24 000 ₩.* Sur le remblai. Les vastes chambres aux tons reposants de ce grand vaisseau se fanent un peu. Mais le confort et la vue demeurent. Bon petit-déjeuner, bar panoramique…

UNE FOLIE

Ramada Plaza Jeju – 라마다프라자 제주호텔 – *66, Tapdong-ro, Jeju-si - ✆ (064) 729 8100 - www. ramadajeju.co.kr - 🅿 - wifi - 400 ch. 210 000/340 000 ₩ ☕.* Au bout du remblai, ce navire luxueux rassemble chambres confortables, restaurants, pâtisserie, boutiques, piscine, casino…

Sur la côte est

B1 sur carte p. 332

BUDGET MOYEN

Sunrise Hotel – 썬라이즈 *Seongsan-ri - ✆ (064) 782 6650 - 47 ch. à partir de 70 000 ₩ ☕.* Hôtel récent (2016) situé côté lagune. Les chambres vastes et modernes bénéficient de larges baies vitrées. Au rez-de-chaussée, un café-boulangerie permet de se restaurer ou de faire une pause.

POUR SE FAIRE PLAISIR

Roomine – 루마인팬션 – *2498, Haemajihaean-ro, Gujwa-eup, Jeju-si - ✆ (064) 782 5239 - 🅿 - wifi - 11 ch. (3 single room, 4 triple room, 4 quard room) 100 000/150 000 ₩.* À 2 km au nord de Seongsan par la route côtière, cette adresse isolée face à la plage regroupe un café et de superbes appartements. Décoration contemporaine, grand confort, immenses baies vitrées, terrasses…

Turning Point Pension– *1183-3 Sinsan-ri, Seongsan-eup - (064) 783 5545 - turningpointjeju.com - 8 ch. à partir de 230 000 ₩.* Face à la mer, près de Pyoseon Beach, des chambres en duplex, modernes, colorées et lumineuses. Piscine, barbecue…

UNE FOLIE

The Cloud Healing Hotel – 오신걸 환영합니다 – *269-37 Hando-ro, Seongsan-eup - (064) 783 8366 - www.cloudhotel.co.kr - 30 ch. de 300 000 à 550 000 ₩ selon le type de chambre et la saison.* Situé en haut de la falaise, entre Ilchulbong et le port (près de pylônes de télécommunication que l'on oublie vite), cet hôtel 5 étoiles compte de vastes chambres, duplex et suites pourvues d'immenses baies vitrées donnant sur la mer. Terrasses pour toutes, spa privé pour certaines… Café, restaurant, piscine et barbecue.

À Seogwipo et Jungmun

A2 sur carte p. 332

À l'est de Seogwipo (Topyeong), nombreuses pensions entre la mer et les orangers.

BUDGET MOYEN

Lime Orange Ville – 라임오렌지빌 – *332, Chilsimni-ro, Seogwipo-si - (064) 767 3888 - - wifi - 40 ch. 100 000 ₩ .* Ambiance et couleurs méditerranéennes pour des chambres agréables.

Four Season Pension – 포시즌팬션 – *3, Chilsimni-ro 285beon-gil, Seogwipo-si - (064) 732 5222 - - wifi - 14 ch. 150 000 ₩.* Petit ensemble d'appartements avec kitchenette, balcon et parking. Vue sur la mer.

UNE FOLIE

Seogwipo KAL Hotel – 서귀포칼호텔 – *242, Chilsimni-ro, Seogwipo-si - (064) 733 2001 - www.kalhotel.co.kr - - wifi payant - 225 ch. à partir de 230 000 ₩ - 28 000 ₩.* Dans une végétation luxuriante et dominant des jardins qui descendent vers la mer. Hall en marbre et garçons en blancs qui annoncent des chambres rétros mais très confortables. Piscines.

The Shilla Jeju – 제주신라호텔 – *75, Jungmungwangwang-ro 72beon-gil, Seogwipo-si - (064) 735 5114 - www.shilla.net - - wifi - 429 ch. 677 600 ₩ - 45 000 ₩.* Moderne, zen, luxueux, le Shilla Jeju est sans conteste un *must* en Corée. Jardins formidables.

Sur la côte ouest

Les pensions ne manquent pas, que ce soit sur la côte (Hallim, Aewol, Hangyeong) ou à l'intérieur des terres.

BUDGET MOYEN

Benikea Hotel Jeju – 베니키아 호텔 제주 – *554-6 Aewolhaean-ro, Aewol - (064) 799 3544 - 94 ch. à partir de 60 000 ₩ .* Hôtel classique, sans mauvaise surprise, situé au bord de la route littorale, à 2 km à l'est du village d'Aewol.

RESTAURATION

À Jeju-si

Une rue entre le marché et le remblai est consacrée au fameux **cochon noir** (appelé « cochon de fange » par les Coréens) de l'île qui se déguste en barbecue. Une autre spécialité est le **porridge aux ormeaux** (*abalone*

6

en anglais), proposé dans les enseignes de Tapdong-ro. Les amateurs de fruits de mer se rendront au bout du remblai. Enfin, **Shi-Cheong**, autour du City Hall compte nombre de restaurants, bars et discothèques.

PREMIER PRIX

Maeum Hanjul – *Dongmun Market, à 50 m sur la droite par l'entrée 2 - ✆ (064) 757 4748 - 8h30-20h - 3 500/9 000 ₩.* Petite cantine moderne située au cœur du marché qui propose une dizaine de spécialités locales à emporter ou consommer sur place. Ainsi de délicieux et riches *kimbap* (équivalent coréen du *maki* japonais) garni de légumes et de viande de porc noir marinée.

BUDGET MOYEN

Dombedon – 돔베돈 식당 – *25, Gwandeok-ro 15-gil, Jeju-si - ✆ (064) 753 0008 - 11h-0h - CC - 15 000/18 000 ₩.* L'adresse la plus connue pour déguster le fameux cochon noir. Intérieur de bois sombre, moderne et chaleureux.

Jeju Montrak – 제주몬트락 – *1388-3, Geonip-dong - ✆ (064) 757 2300 - 11h-0h - 10 000/20 000 ₩.* Immeuble transparent et salle surélevée, qui permet aux convives de regarder l'animation de Tap-dong, tout en dégustant leur barbecue de viande de cochon noir (entre autres). Décor moderne et élégant.

Haejin – 해진식당 – *22-1, Seobudu-gil, Jeju-si - ✆ (064) 722 4584 - 10h30-0h - fermé 6 juin - CC P - 30 000/50 000 ₩/pers.* Pour les amateurs de fruits de mer.

Man-Ok – 만옥 – *1, Jungang-ro 2-gil, Jeju-si - Shine park, 2e ét. - ✆ (064) 751 1443 - tlj sf dim. 11h30-22h - CC - 17 000/80 000 ₩.* Derrière l'hôtel Jeju-Seoul, cette adresse ouverte il y a 25 ans est réputée pour ses préparations d'anguilles *(17 000 ₩)*. Le poisson, d'une belle couleur caramel, se déguste dans un cadre agréable fait de dalles de pierres de lave.

Sur la côte est

PREMIER PRIX

Jeju Ttukbaegi – 제주뚝배기 – *Seongsan-ri 163-2 - ✆ (064) 782 1089 - 8h-20h - 7 000/20 000 ₩.* Situé au sud du parking d'Ilchulbong, en longeant la mer, ce restaurant permet de goûter, en toute simplicité, aux spécialités locales : soupe de fruits de mer, porridge aux ormeaux, poissons crus ou grillés.

UNE FOLIE

Mint – *Phoenix Island - ✆ (064) 731 7773 - www.phoenixisland.co.kr - 11h-21h - 40 000/55 000 ₩.* Le restaurant situé dans la partie supérieure de la **Glass House** *(voir p. 342)* dessinée par Tadao Ando permet de déguster une cuisine de qualité tout en profitant d'une vue superbe sur le littoral.

À Seogwipo

POUR SE FAIRE PLAISIR

Su-Hee Sikdang – 수희식당 – *377, Taepyeong-ro, Seogwipo-si - ✆ (064) 762 0777 - 8h-21h - CC P - fermé Chuseok et Nouvel an lunaire - 13 000/25 000 ₩/pers.* Cette adresse sert une cuisine traditionnelle très correcte, dans un cadre (malheureusement) de cantine scolaire. Au menu : porridge aux oursins, poissons frais grillés ou en ragoût…

Saesum Galbi – 새섬갈비 – *5, Cheonjiyeon-ro 41beon-gil, Seogwipo-si, sur la falaise dominant le parking de Cheonjiyeon - ✆ (064) 732 4001 - 11h-23h - fermé Chuseok et Nouvel an lunaire - CC P - 18 000/20 000 ₩.* Adresse la plus connue de l'île pour déguster un barbecue de cochon noir de Jeju.

À Jungmun

Outre les restaurants des hôtels de luxe, vous trouverez des adresses abordables près de l'office de tourisme.

POUR SE FAIRE PLAISIR

Shinlawon – 신라원 – *107, Cheonjeyeon-ro, Seogwipo-si - ✆ (064) 739 3395 - www.snname.com/shinlawon5032 - 9h30-22h -* CC P *- 10 000/30 000 ₩/pers.* Spécialisé dans les copieuses « tables pour deux » de grands classiques coréens, proposés au côté de plats aussi bon marché qu'excellents. Pour un cadre un peu plus raffiné et des tarifs plus élevés, voyez aussi **Jeju Mawon** - entre les hôtels Shilla et Hyatt (*✆ (064) 738 2000 - 11h-23h).*

Sur la côte ouest

En visitant le Hallim Park (*voir p. 347*), vous pourrez profiter du restaurant **Dolharubang (** 하르방) où sont servies en un même lieu toutes les spécialités de Jeju. Pour une tout autre gastronomie, voyez **Donato's Pizza** (*6 Hyeopjae 2-gil - ✆ (064) 796 1981 - 17h-21h*) qui, comme son nom l'indique, sert de très bonnes pizzas.

FAIRE UNE PAUSE

À Jeju-si

Pensez à l'agréable café du musée Arario (dernier étage - *voir p. 336*).

À Seongsan

Café Coji – *Seongsan-eup, Hando-ro 200 - ✆ (064) 784 1005 - cafecoji.alldaycafe.kr - 10h-22h.* Situé près du rond-point menant au port, cette adresse est idéale pour une pause en attendant le bus, ou à mi-parcours du Ojo Geo Trail. Bon café, pains garnis (sucrés ou salés) et pâtisserie vedette : le l mousse cake.

À Seogwipo

Architecture Café Utopia – *409-10 Taepyeong-ro - ✆ (064) 762 2597 - 10h-22h.* Les touristes se pressent dans ce café-bar-galerie, certes pour les boissons (cafés, bières) et les glaces, mais surtout pour l'incroyable architecture du lieu. Un peu cabane dans les arbres, terrain de jeu, bibliothèque… Inutile d'en révéler trop, pour que la surprise demeure intacte. Vous ne serez pas déçus !

Mango Holic – 망고홀릭 – *172-2, Beophwan-dong, Seogwipo-si - ✆ (064) 739 3339 - 10h-22h30.* Cette petite chaîne présente dans la plupart des sites touristiques de l'île est, comme son nom l'indique, spécialisée dans les boissons et desserts à base de mangue. Ce Mango Holic-ci se trouve sur la côte, au sud du World Cup Stadium.

À Hallim

Café Anthracite – 앤트러사이트커피 – *564 Hallim-ro - Hallim- ✆ (064) 796 7991 - www.anthracitecoffee.com - 10h-23h.* L'annexe de Jeju de cette micro-chaîne coréenne de torréfaction ne déroge pas à la règle : on y déguste d'excellents cafés, dans un environnement superbe : pierre de lave, toits d'atelier, et l'odeur des grains torréfiés.

ACHATS

Tourisme et shopping étant étroitement liés en Corée, à Jeju, les occasions de dépenser sont innombrables. Les **produits vedettes** sont les agrumes (dont les gros et sucrés *hallabong*), la liqueur de millet, les cacahuètes, les confitures de fleurs de cactus, le miel, les reproductions de *Dolharubang* (statues de pierre) et les vêtements traditionnels teints… au jus de kaki. Le tout à acheter au marché et dans les boutiques de Jeju-si et Seogwipo.

ACTIVITÉS

Les offices de tourisme vous orienteront vers les agences proposant randonnées, sports nautiques (à Seogwipo et Jungmun), labyrinthes, plongée, escalade, pêche, cueillette des agrumes et récolte des coquillages, karting, base-ball, concerts, équitation…
Le **golf** est particulièrement prisé des touristes qui viennent *driver* sur l'un des 18 parcours de l'île. Celui de Jungmun (*✆ (064) 738 1202 - www.jungmunbeachgolfclub.com*) est particulièrement réputé.

Randonnée

L'île est dotée d'un vaste circuit de chemins de grande **randonnée**. En plus de ceux, très connus, qui arpentent le mont Hallasan *(voir p. 338)*, un réseau de sentiers appelé **Jeju Olle Trail★★** permet de faire (presque) le tour de l'île sur 430 km au total. Il en existe 21, numérotés dans le sens des aiguilles d'une montre, au départ de la route 1 à Seongsan. Ce sont des sentiers (ou plutôt des tracés) accessibles à tous, que l'on emprunte sur une portion ou plusieurs, en traversant des paysages ruraux, littoraux et urbains. Vous faites ainsi le tour de la lagune de Seongsan, des îles de U-do ou Gapa-do, ou longez les curiosités naturelles du littoral de Seogwipo. Bien indiqués – par des flèches et rubans rouge et bleu – ils sont équipés de panneaux racontant les paysages traversés, les faits historiques etc. Demandez un plan-guide des Olle Trails à l'office du tourisme de l'aéroport.
www.jejuolle.org - call center : ✆ 064 762 2190.

AGENDA

L'île abrite de nombreux festivals, souvent liés à la nature et aux cultures (les azalées en mai, les mandarines en décembre…).
Le 1er janvier, on attend le premier lever de soleil sur Seongsan.
Festival Chilsibli (fin septembre) – Se tient à Seogwipo, avec parades, danses et feux d'artifice.
Tamna Cultural Festival (octobre) – Le parc de Shisan à Jeju-si fait revivre les traditions de l'ancien royaume de Tamna.

La cascade de Jeongbang.
M. Runkel / DanitaDelimont.com/age fotostock

Chungcheong-do

7

Les images bouddhiques monumentales sont une spécificité de la sculpture coréenne.
KTO

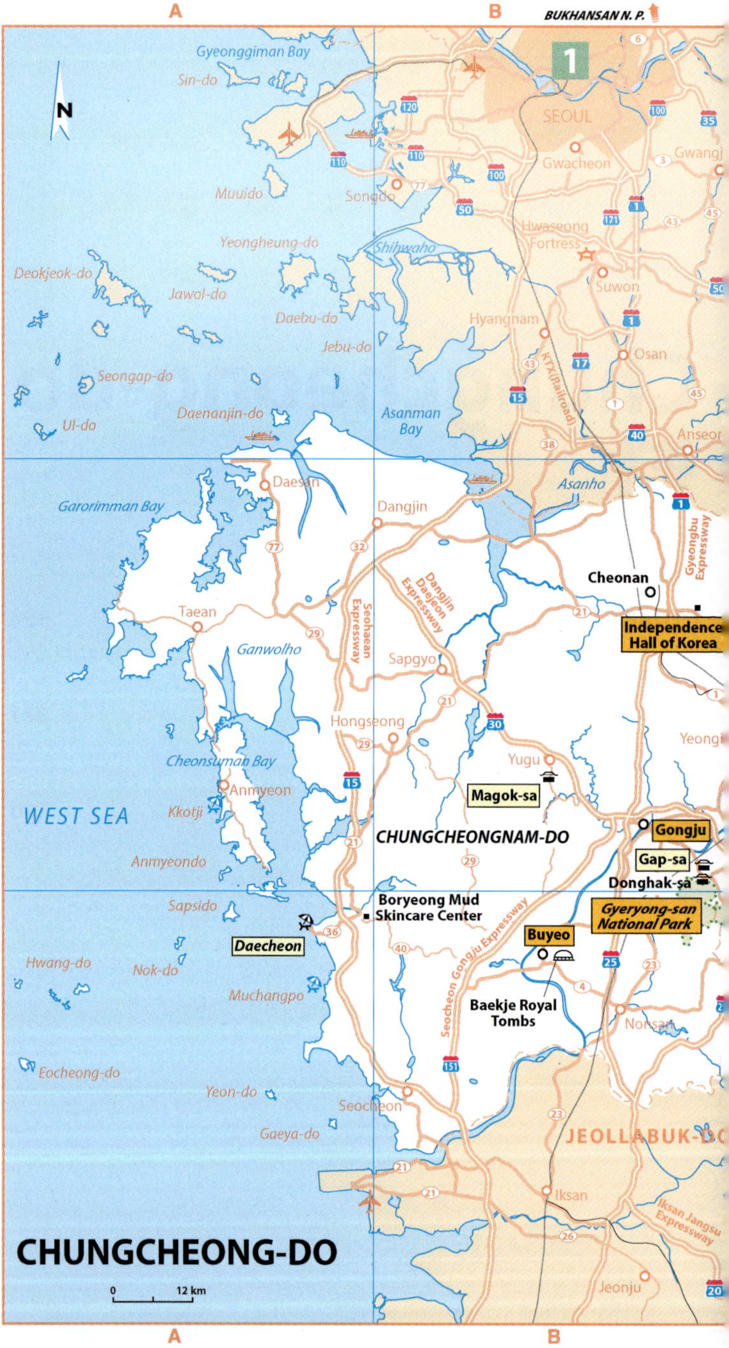
A
B
BUKHANSAN N. P.
1
2
3
N
Gyeonggiman Bay
Sin-do
Muuido
Songdo
SEOUL
Gwacheon
Gwangj
Yeongheung-do
Shihwaho
Hwaseong Fortress
Suwon
Deokjeok-do
Jawol-do
Daebu-do
Hyangnam
Jebu-do
Osan
KTX (Railroad)
Seongap-do
Daenanjin-do
Asanman Bay
Ul-do
Anseor
Asanho
Daesan
Garorimman Bay
Dangjin
Gyeongbu Expressway
Dangjin Daejeon Expressway
Seohaean Expressway
Cheonan
Taean
Independence Hall of Korea
Ganwolho
Sapgyo
Hongseong
Yeongi
Cheonsuman Bay
Yugu
Anmyeon
Magok-sa
WEST SEA
Kkotji
CHUNGCHEONGNAM-DO
Gongju
Anmyeondo
Gap-sa
Donghak-sa
Sapsido
Boryeong Mud Skincare Center
Gyeryong-san National Park
Daecheon
Seocheon Gongju Expressway
Buyeo
Hwang-do
Nok-do
Muchangpo
Baekje Royal Tombs
Nonsan
Eocheong-do
Yeon-do
Seocheon
Gaeya-do
JEOLLABUK-DO
Iksan
Iksan Jangsu Expressway
Jeonju
CHUNGCHEONG-DO
0
12 km
A
B

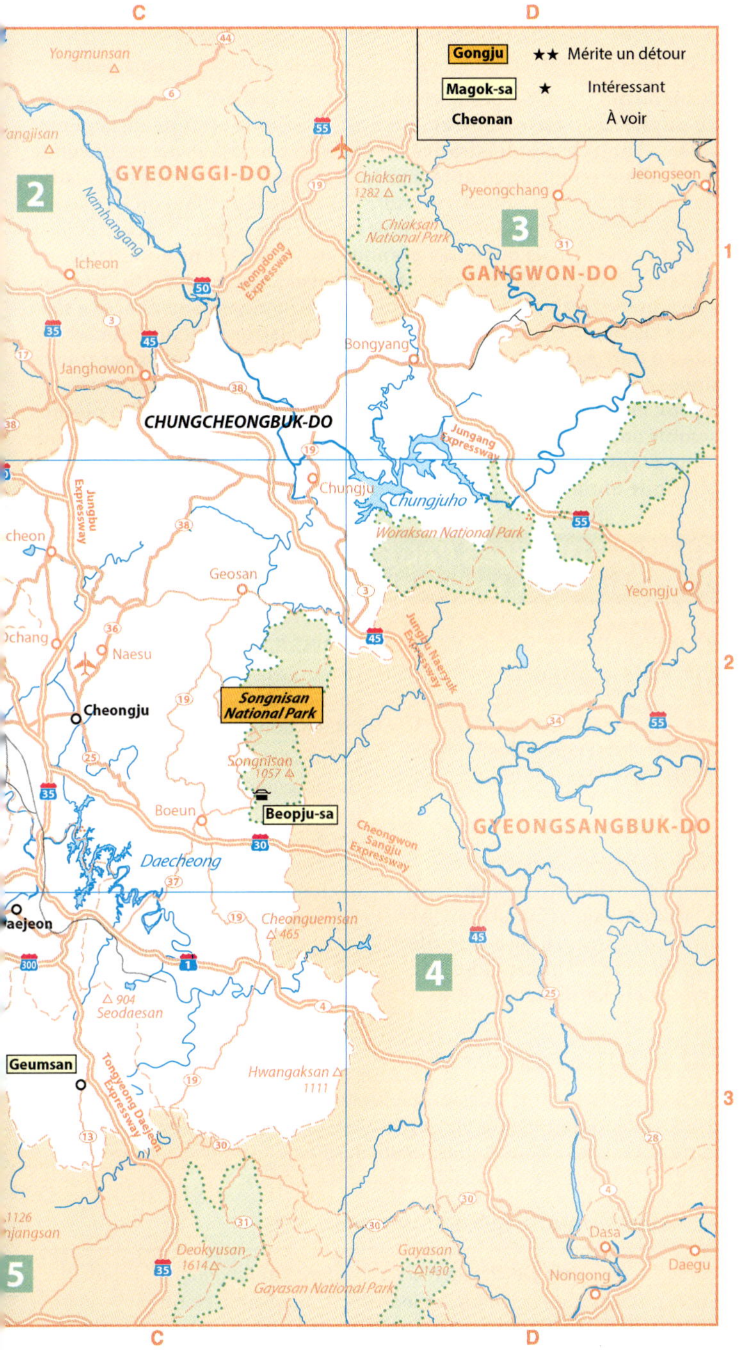
C
D
Gongju
★★ Mérite un détour
Magok-sa
★ Intéressant
Cheonan
À voir
Yongmunsan
Yangjisan
GYEONGGI-DO
2
Namhangang
Icheon
Yeongdong Expressway
Chiaksan 1282
Chiaksan National Park
Pyeongchang
Jeongseon
3
GANGWON-DO
1
Janghowon
Bongyang
CHUNGCHEONGBUK-DO
Jungang Expressway
Chungju
Chungjuho
Woraksan National Park
Jungbu Expressway
cheon
Geosan
Yeongju
Ochang
Naesu
Jungbu Naeryuk Expressway
2
Cheongju
Songnisan National Park
Songnisan 1057
Beopju-sa
Boeun
Cheongwon Sangju Expressway
GYEONGSANGBUK-DO
Daecheong
Daejeon
Cheonguemsan 465
4
904 Seodaesan
Geumsan
Tongyeong Daejeon Expressway
Hwangaksan 1111
3
1126
Deokyusan 1614
Gayasan 1430
Gayasan National Park
Dasa
Daegu
Nongong
5
C
D

Daejeon 대전

1 531 405 habitants – capitale administrative du Chungcheongnam-do

Daejeon qui signifie « grand champ » est aujourd'hui la cinquième ville du pays. Nœud ferroviaire et autoroutier incontournable de la péninsule, la capitale administrative du Chungcheongnam-do est devenue la banlieue scientifique et technologique de Séoul. Il suffit de visiter Daedeok Innopolis pour en prendre conscience. À 50mn en KTX d'une capitale congestionnée, son avenir est de plus en plus tracé. Daejeon héberge désormais quelques grandes administrations décentralisées de Séoul. À terme, elle devrait même côtoyer Sejong City, la future capitale administrative du gouvernement. Ville incroyablement active sans cesse tisonnée par une frénésie plus urbanistique qu'architecturale, elle ne doit pas nous faire oublier quelques-uns de ses atours touristiques : un quartier commerçant animé, un centre culturel paré de petits bijoux muséographiques ; une station thermale où le pas des piétons semble enfin assourdi par une torpeur estivale ; un parc national magnifique propice à de très belles randonnées et Geumsan, petite ville périphérique entièrement dédiée au commerce de l'insam.

NOS ADRESSES PAGE 367
Hébergement, restauration, achats, activités, etc.

S'INFORMER

Offices de tourisme – Daejeon Train Station - *(042) 221 1905 - 9h-18h.* Seo Daejeon Station - *(042) 523 1338 - 9h-18h.* Express Bus Terminal - *(042) 633 13 55 - 9h-18h. Infos : www.daejeon.go.kr*

SE REPÉRER

Carte de région C3 (p. 356-357) – Daejeon se situe au cœur du pays, à 140 km au sud de Séoul (*compter 50mn en KTX*) ; à 170 km au nord de Gwangju ; à 135 km au nord-est de Daegu ; 273 km de Busan.

À NE PAS MANQUER

Le musée Lee Ung-no ; le parc national de Gyeryong-san ; la production d'insam à Geumsan.

ORGANISER SON TEMPS

Une journée à Daejeon ; une fin d'après-midi à Yuseong ; une demi- journée à Geumsan. Une journée entière au parc national de Gyeryong-san.

AVEC LES ENFANTS

Skyroad ; O World *(voir Nos adresses)* ; le parc national de Gyeryong-san.

Se promener

Si l'on a peu de temps à passer sur Daejeon, la promenade ci-après alterne découvertes de musées, jardins, art de vivre coréen, parcs de loisirs et quelques étonnantes vues architecturales et urbanistiques au premier rang desquelles figure le très austère National Government Complex.

EUNHAENG-DONG 은행동 ET JUNG-DONG 중동

Comptez une soirée. Descendez à la station de métro Jungangno (sortie n° 1).
Sur la rive ouest de la rivière Daejeoncheon, Eunhaehg-dong est le quartier de la jeunesse de Daejeon, l'endroit idéal pour observer les tendances vestimentaires dans une débauche de décibels. Rien de très spectaculaire si ce

L'insam (le ginseng) est la spécialité de la ville de Geumsan, située à proximité de Daejeon.
KTO

n'est la mondialisation à l'œuvre dans ses offres consuméristes. Sous les structures tutélaires de grands magasins comme Milano 21, NC et Parco. Parmi les gargotes ou les cafés de chaînes locales et internationales, on découvrira la célèbre boulangerie cinquantenaire **Sungsimdang** et de bons et beaux restaurants étrangers *(voir Nos adresses)*.

En soirée, on ne manquera pas le spectacle offert par les 214 m d'écrans LED de la **Skyroad★**. La principale rue piétonne et commerçante du quartier est en effet coiffée d'une galerie bombée et couverte d'écrans sur lesquels on diffuse *(ttes les h : été 19h-22h, hiver 18h-21h)* aussi bien des publicités ou des clips que des événements sportifs. Impressionnant !

Au-delà de la rivière Daejeoncheon (aménagée pour la promenade) s'étend le quartier de Jung-dong, presque entièrement occupé par le **marché de Jungang**. Dans les allées, couvertes ou non, le fascinant et habituel spectacle des grands marchés coréens. Et au bout du labyrinthe coloré, la gare de Daejeon, tout juste rénovée et flanquée de deux hautes tours de verre abritant le siège national de Korail, la société nationale des chemins de fer.

★ DUNSAN-DONG : LE NOUVEAU CENTRE-VILLE 둔산동

Comptez une journée. Descendez à la station de métro : Government Complex, sortie n° 3. Direction plein nord. Environ 15mn à pied.

La vaste et plate étendue qu'encerclent les rivières Yudeongcheon et Gapcheon est occupée par une impressionnante forêt d'immeubles constituant le nouveau centre-ville. Il relie le quartier de Dong-gu (les gares, Eunhaeng-dong…) et Yuseong Spa, pour former la ville immense qu'est Daejeon aujourd'hui. Administrations, parcs, musées, logements, hôtels, restaurants, y ont été installés le long de larges avenues coupées au cordeau.

National Government Complex 대전정부청사

Ces quatre tours qui se font face dans une symétrie d'une grande froideur témoignent de la délocalisation qui commence à toucher certaines

L'INCROYABLE DESTIN DE SEJONG CITY

L'idée de faire sortir de terre une toute nouvelle capitale afin de décongestionner un Séoul surpeuplé et industriellement saturé est lancée par Roh Moo-hyun, le président de la Corée du Sud de 2003 à 2008. Mais, en octobre 2004, le projet est déclaré contraire à la Constitution par la Cour constitutionnelle, Roh doit trouver une alternative. C'est finalement la province méridionale du Chungcheong qui est choisie pour favoriser un développement économique régional plus équilibré. Si la nouvelle ville à laquelle on attribue le nom du roi Sejong (il inventa l'alphabet *hangeul*) ne peut devenir une capitale, elle sera à défaut la capitale administrative du gouvernement. Roh prévoit ainsi de transférer à Sejong City neuf ministères ainsi que la majorité des bureaux de l'exécutif. En 2007, l'ancien maire conservateur de Séoul, Lee Myung-bak, est à son tour élu à la présidence de la République. Le nouveau président qui avait soutenu le projet Sejong City pour séduire les électeurs du Chungcheong fait aussitôt volte-face et entend bien saper le projet de son prédécesseur. Les travaux ayant commencé, le président doit affronter des pressions de tous bords jusque dans son propre camp. Il tranche pour une solution médiane qui consiste à faire de Sejong City un nouveau pôle économique basé sur la recherche, l'éducation et l'industrie (Lee a aussi dirigé le groupe Hyundai Construction). Désavoué aux élections locales de juin 2010 (en conservant toutefois la majorité au Parlement), Lee doit finalement renouer avec le projet de Roh Moo-hyun. Sejong City sera bien le centre administratif de l'exécutif. La ville a été inaugurée en juillet 2012 et le transfert d'une partie des ministères et des agences publiques, qui s'étalera sur plusieurs années, est en cours. Et, preuve de son intégration au « paysage » coréen… un TV Drama (*Let's Eat 2*) y a été tourné en 2015 !
Accès : métro jusqu'à la station Banseok (terminus) puis bus n° 990 (ttes les 20mn, durée 25mn, 1 600 ₩).

administrations de Séoul. Ce projet vise à réduire la surconcentration de population et d'activité économique que connaît la capitale, l'une des régions métropolitaines les plus peuplées du monde (11 millions d'habitants *intra-muros* mais près de 50 % de la population coréenne avec le Grand Séoul - *voir p. 28*). Construit depuis 1997, le Daejeon Government Complex regroupe aujourd'hui les services des douanes coréennes, la propriété intellectuelle, l'Office national des statistiques, les Archives nationales… Cette délocalisation va atteindre son point d'orgue avec le très controversé projet de Sejong City (*voir encadré ci-dessus*).
À une quizaine de minutes de marche en direction du nord. Traversez l'avenue Dunsandae-ro. On croise le Daejeon Culture and Art Center (n'hésitez pas à demander le programme des concerts) avant de découvrir sur la droite le musée.

★ Daejeon Municipal Museum of Art 대전시립미술관

396 Mannyeon-dong, Seo-gu - ✆ (042) 602 32 00 - dmma.daejeon.go.kr/foreign/main.do - tlj sf lun. et j. fériés mars-oct. : 10h-19h (merc. 21h) ; nov.-fév. : 10h-18h (merc. 20h) - 500 ₩.

Ce musée municipal des Beaux-Arts de 8 000 m^2 présente depuis 1998 des expositions d'art contemporain consacrées essentiellement à des artistes coréens. Les expositions temporaires, généralement de qualité, prennent souvent des thèmes audacieux qui bousculent les registres traditionnels de la muséographie. Parmi les rares œuvres exposées en permanence, **Fractal**

Turtle Ship★★★ fascine le visiteur dès ses premiers pas dans le musée. Cette installation exécutée par le fondateur de l'art vidéo, **Paik Nam-jun** (1932-2006), agrège dans une volumétrie invraisemblable – près de 350 pièces – des postes de télévision, de radio, des phonographes, des grille-pain électriques, tout un bric-à-brac de nos modernités aliénantes. Ces mètres cubes qui éructent de lumières et de sons grésillants rendent en fait hommage à l'amiral Yi Sun-sin (*voir p. 305*) qui repoussa au 15e s. les forces navales japonaises grâce à son vaisseau en forme de tortue dont les sabords – ou les écailles – ont aujourd'hui la carapace noire des écrans de télévision.
À deux pas sur votre gauche en sortant du musée.

★★ Lee Ung-no Museum of Art 대전이응노미술관

99 Dunsandae-ro, Seo-gu - ✆ (042) 611 9800 - www.leeungnomuseum.or.kr - tlj sf lun. mars-oct. : 10h-19h (merc. 21h) ; nov.-fév. : 10h-18h (merc. 21h)- 500 ₩. Bus nº 606, 618 et 911. Application de visite gratuite à télécharger sur place.
Ce magnifique musée aux volumes très épurés, « la toiture est un plan horizontal formé de grandes poutres de béton blanc sur une façade en lamelles de bois naturel qui filtrent la lumière », explique son architecte français Laurent Beaudoin, a été conçu comme une promenade jalonnée par la lumière naturelle et les ombres du jardin qui courent autour des œuvres du peintre coréen : **Lee Ung-no** (1904-1989).
Après une formation de calligraphe auprès de grands maîtres coréens, c'est en tant qu'exilé politique fuyant la dictature de son pays que Lee découvre en Europe l'art non figuratif. S'installant à Paris dès 1958, il va rapidement se familiariser avec l'art informel, mouvance artistique qui embrasse toutes les tendances abstraites et gestuelles de l'après-guerre (1945-1960) comme l'abstraction lyrique, l'expressionnisme abstrait, le matiérisme, le tachisme, le dripping… Autant de pratiques picturales où l'aléatoire du geste, l'accident imprévu, la matière rebelle, conditionnent l'exécution artistique. Lee, lui, va s'efforcer de déconstruire les signes asiatiques pour se les rapproprier dans une gestuelle artistique très intériorisée. Ce chantre des « figures-écritures calligraphiques » mâtine l'art des matières et du trait avec l'inventivité plastique d'un Picasso ancré dans la profondeur abstraite d'un maître zen ; une œuvre dont la synthèse artistique aurait pour ferments Hartung, Soulages, Fautrier, Michaux, Pollock, Rothko, Tàpies, Klein… Un grand artiste qu'on a la chance de découvrir (en plus de belles expositions temporaires) dans ce cadre enfin taillé à sa mesure.
Prenez la direction nord sur quelques centaines de mètres.

DAEDEOK INNOPOLIS - LA SILICON VALLEY DE L'ASIE

Au nord de Daejeon s'étend la « Silicon Valley » de l'Asie. Terme un peu réducteur au regard des différentes recherches menées ici depuis les années 1970. Elles concernent en effet aussi bien les télécommunications, les nanotechnologies, les biotechnologies, la fusion nucléaire, que l'aéronautique, la robotique, la biologie, la chimie… Près de 8 000 chercheurs, cinq universités scientifiques dont le prestigieux KAIST (Korea Advanced Institute of Science and Technology), une soixantaine d'instituts de recherche nationaux et privés, une dizaine de sociétés publiques comme l'Institut coréen de la technologie aérospatiale (KIAT), plus d'un millier de sociétés investies dans les hautes technologies, forment le cœur de l'innovation scientifique et technologique de la Corée.

★ Hanbat arboretum 대전 한밭수목원

111 Dunsandae-ro Seo-gu - ✆ (042) 270 8452 - www.daejeon.go.kr - avr.-sept. : 6h-21h ; oct.-mars : 8h-19h - gratuit.

Chemins des senteurs, petits bois pour la méditation, promenade autour d'un petit étang, colline rocailleuse hérissée de cactus, jeux d'eau pour enfants, cultures expérimentales d'essences diverses, font de ce jardin artificiel de près de 400 000 m² (divisé en deux parties séparées par une esplanade d'accès à Expo Park) le lieu de prédilection des citadins. Un pavillon donne un joli point de vue circulaire sur la ville.

Expo Park

Au nord de l'arboretum, la **rivière Gapcheon** et ses berges servent d'habitat aux oiseaux migrateurs et forment des aires de pique-nique très prisées des Coréens. Une fois traversé le pont piétonnier **Expo Bridge** qui enjambe la rivière, on découvre les visions architecturales de l'Exposition universelle qui s'était tenue à Daejeon en 1993 et avait attiré 14 millions de visiteurs. Une trentaine de pavillons composent **Expo Park** *(tlj sf lun. 9h30-17h30 - 5 000 ₩)*, sur le thème de l'exposition d'alors : « Dans quelle sorte de monde voulez-vous vivre demain ? » Des artistes comme Christo ou Rauschenberg avaient prêté main-forte. Vingt-cinq ans plus tard, il est amusant de circuler au milieu du complexe *(à visiter de nuit de préférence pour les jeux de lumière)*. Attention néanmoins, la zone faisant l'objet d'un ambitieux programme de restructuration (destructions ou rénovations, nouvelles constructions, tramway…), Expo Park pourrait dans un futur proche offrir un paysage quelque peu différent. À suivre.

À deux pas à l'ouest se dresse le gigantesque **musée national des Sciences** *(www.science.go.kr - tlj sf lun. 9h30-17h50 - 2 000 ₩)*. Il héberge le plus grand planétarium du pays. La voûte céleste s'étend sur un dôme de 23 m. Et si vous voulez voir évoluer en temps réel de magnifiques corps célestes, avec toutefois l'incertitude des aléas climatiques, il faut se rendre *(à 15mn à pied environ au nord du musée national des Sciences)* au **Daejeon Observatory** *(7-13 Sinseong-dong - star.metro.daejeon.kr - tlj sf lun. 14h-22h)*, l'un des rares observatoires coréens accessibles au grand public *(télescope avec longueur de focale de 2 250 mm et planétarium)*. Au nord s'étend la fameuse cité technologique de **Daedeok Innopolis** *(voir encadré p. 361)*.

YUSEONG SPA 유성온천

Descendez à la station de métro Yuseong Spa.

Curieux contraste qu'affiche cette station thermale citée dans les chroniques historiques il y a plus d'un millier d'années. Annexée par la périphérie d'une ville qui ne cesse de s'agrandir, elle est désormais accessible au sortir d'une simple bouche de métro. Malgré une urbanisation décousue et une jungle de motels colorés – son développement touristique a commencé dès les années 1930 avec le développement ferroviaire –, Yuseong affiche presque une atmosphère nonchalante. Sa popularité, Yuseong la doit à la qualité de ses eaux thermales qui sourdraient d'un fond granitique issu de la plus vieille roche volcanique de la péninsule. Autant de particularités minérales qui donnent à cette eau des propriétés alcalines très prisées (kalium, sodium) pour soigner les irritations de la peau. Une petite promenade fleurie et ombragée permet de se tremper gratuitement les pieds le long d'un petit canal bouillonnant d'eaux thermales.

Insam : le ginseng coréen

UNE RACINE MÉDICAMENT

Le ginseng se dit *insam* en coréen, ce qui signifie « racine-homme », en raison de son allure anthropomorphique. Il est considéré par les Coréens comme une véritable panacée. Cultivée dès la dynastie du Baekje sous le règne du roi Muryeong, la plante était déjà exportée en Chine à la cour chinoise de Jian Kuan (l'actuelle Nankin) dominée alors par l'empereur Wu de la dynastie des Liang… Quelques siècles plus tard, importé en Occident par les marchands hollandais, l'*insam* coréen est même offert au roi de France, Louis XIV… avant d'acquérir la réputation qu'on lui connaît aujourd'hui. Quelle peut être la raison du succès d'une plante qui contient 75 % d'eau ? Sa forte concentration en saponine (5,2 %). Ce glucoside doué de propriétés moussantes combat la fatigue, le stress, l'artériosclérose, la tension artérielle, le diabète, etc.

LES DIFFÉRENTES VARIÉTÉS D'INSAM

On pense souvent que le ginseng rouge (*hongsam*) et le ginseng blanc (*baeksam*) sont deux variétés différentes. Il n'en est rien. Le ginseng rouge est un ginseng blanc qui a été cuit à la vapeur et séché. Un procédé destiné à éradiquer les maladies parasitaires qui peuvent affecter le ginseng blanc ou *susam* appelé encore *baeksam* quand il est seulement séché. Le *hongsam* est donc toujours obtenu à partir d'une sélection des meilleures racines : les rhizomes doivent être droits, bien développés, attachés solidement à la racine principale, sans tache ni peau trop lisse… et âgés d'au moins quatre ans. Le *hongsam* est lui même classé en plusieurs catégories (*cheonsam*, *jisam* et *yangsam*) selon sa qualité (âge, origine…) ; ce dont atteste le certificat délivré par les marchands scrupuleux. D'autant plus quand les prix atteignent plusieurs millions de wons… Parmi les très grandes marques, Cheong-Kwan-Jang, société nationale, en avait le monopole exclusif de 1899 à 1996.

L'INSAM DANS L'ASSIETTE

N'oubliez pas de goûter la spécialité locale : le **samgyetang**. Ce jeune poulet de la taille d'un coquelet est farci de riz glutineux, d'ail, de jujubes séchés, d'une châtaigne et de ginseng frais. Le tout est bouilli. Il ne reste plus qu'à servir ce plat très apprécié pendant la chaleur estivale (*voir Nos adresses*).

PUNGSUJIRI

Gyeryong-san est considérée comme l'une des trois plus importantes montagnes de Corée selon le *Pungsujiri*, « les lois naturelles du vent (*pung*) et de l'eau (*Su*) », l'équivalent du fameux *feng shui* chinois, ou science de la géomancie ; soit l'art de mettre en relation l'homme avec la terre mère. C'est ici que les dynasties régnantes tenaient des rituels destinés à apporter la paix et la prospérité au pays pendant les périodes du Silla unifié (676-935) et Joseon (1392-1910). Ces principes géomantiques figurent jusque dans le drapeau coréen (*voir encadré p. 420*).

À proximité Carte de région p. 356-357

Comptez une demi-journée.

★ Geumsan 금산 C3

Prenez le bus à Dongbu Bus Terminal (Daejeon Bus Terminal Complex). Ttes les 10mn - 6h-20h - 1h - 4 100 ₩.

Située à 40 km au sud de Daejeon, cette petite ville de 57 000 habitants n'a rien de très attractif à l'exception de sa production d'*insam* (ginseng) qui sous cet angle rend sa visite tout à fait passionnante. 80 % de la production d'insam circulent en effet par Geumsan. Il suffit de traverser le pont de Geumsan *(à 15mn à pied du Terminal Bus, direction sud-est)* pour tomber sur la célèbre **Insam Yakchoro**. Plus d'un millier de boutiques proposent tout type de racines ainsi qu'une très large variété de plantes médicinales. On remarquera aussitôt les innombrables bouteilles d'*insamju*, de l'alcool de riz contenant la précieuse racine. Cet alcool médicinal est l'un des souvenirs les plus populaires.

De part et d'autre de la rue, différents marchés se tiennent sous d'immenses hangars. Chacun a sa spécialité selon le type d'*insam* ou le marché visé. Le **Geumsan International Insam Market** traite 70 % de la production nationale d'*insam* blanc, soit quelque 6 t quotidiennes. Le **Geumsan Raw Insam Center** (centre de production de l'insam frais), qui représente 80 % de la production nationale, traite chaque jour plus de 130 t. Le **Geumsan Insam and Drugs Market** (le marché des herbes médicinales) propose au quotidien plus de 300 variétés de plantes. Au total, ce sont entre 50 000 et 60 000 t d'*insam* qui sont quotidiennement commercialisées totalisant un chiffre d'affaires annuel de 45 milliards de wons (30 millions d'euros). Pour en apprendre davantage, le **Geumsan Ginseng Museum** *(à 100 m sur votre droite au bout de l'Insam Yakcho-ro - ☎ (041) 754 9444 - tlj sf lun. et mar. 9h-18h, 17h en hiver)* propose une excellente exposition permanente sur cette racine miraculeuse tant d'un point de vue médical qu'historique et économique. Un hommage appuyé à cette plante qui fait aussi la fortune de Geumsan.

Il est vivement conseillé de visiter les marchés le 2, 7, 12, 17, 22 et 27 de chaque mois quand affluent des marchands de tout le pays. Ou encore lors du festival en septembre *(voir Nos adresses/Agenda)*. Attention les marchés sont fermés les 10, 20 et 30 de chaque mois. Infos : *www.geumsan.go.kr*

★★ Gyeryong-san National Park 계룡산 국립공원 B3

Situé à l'ouest de Daejeon, mieux vaut partir de Yuseong accessible en métro. Prenez ensuite le City Bus n° 107 pour Donghak-sa, (environ ttes les 20mn - 25mn - 1 400 ₩ (taxi autour de 20 000 ₩).

Ouvert depuis 1968, ce parc national d'une superficie de 64 km² s'étire entre les villes de Gongju au nord, Daejeon à l'est et Nonsan au sud.

Accessible de ces différentes villes et très bien aménagé pour des promenades journalières *(on peut par exemple de Daejeon gagner facilement le temple de Gap proche de Gongju)* à effectuer le long de neuf sentiers, le plus petit parc de la région de Chungcheong est le plus visité. Près de 1,5 million de visiteurs arpentent chaque année *Gyeryong-san,* nom inspiré par la forme de l'arête de cette petite chaîne de montagnes (le mont Gwaneum-bong culmine à 816 m) qui évoquerait un dragon *(ryong)* portant sur la tête une crête de coq *(gye)*.

L'office de tourisme (9h-18h) se situe à l'entrée du parc. Ouv. 2h av. le lever du soleil, fermé 2h apr. le coucher du soleil. Une brochure en anglais avec différents itinéraires vous sera remise. Informations : english.knps.or.kr

Avant d'accéder à cette entrée est du parc *(700 m en amont du parking où nous dépose le bus)*, on suit la rivière en partie masquée par les agréables terrasses d'une dizaine de restaurants (*10h-0h*) qui peuvent constituer une rafraîchissante halte au retour. (*Nourriture coréenne simple et traditionnelle autour de 5 000 ₩ pour un bibimbap.*)

Passé l'entrée, il faut compter environ 30mn pour gagner le temple **Donghak** *(8h-18h - 2 000 ₩)* qui aurait été construit en 724 par un prêtre bouddhiste sous le règne du roi Seongdeok de Silla. Détruit au 18e s., reconstruit au fil du temps, pas toujours de manière élégante quand le béton prend la main sur le bois, Donghak-sa est aujourd'hui l'un des centres d'études bouddhiques les plus connus car réservé aux nonnes de la grande secte Jogye. Cent cinquante nonnes y sont actuellement formées. Du temple, on rejoint Eunseon Pokpo *(1,2 km plus loin)*, la **cascade Eunseon** où nombre de touristes font généralement demi-tour. Après un nouveau kilomètre, on croise la jonction de trois chemins. Si vous prenez le chemin de gauche, un second croisement vous mènera, à l'ouest, au temple de **Sinwon** *(distant d'env. 1 km)* et à l'est (*chemin de droite*), au temple de Gap *(comptez 2,5 km, voir p. 384)*.

Le chemin de droite permet lui de prendre le **magnifique sentier des crêtes** qui circule sur environ 1,6 km entre **Gwaneum-bong** (816 m) et **Sambul-bong** (775 m). Deux cents mètres après Sambul-bong, un nouveau croisement permet de filer sur Gap-sa *(chemin de gauche, environ 4 km) via* Geum-jandi Hill puis de rejoindre l'ermitage de Shinheug *(environ 7 km de Donghak-sa jusqu'à Gap-sa)* ; ou de revenir *(chemin de droite)* par la pagode **Nam-mae** (500 m) jusqu'au pont de Mupoong situé en aval de l'entrée du parc (2,7 km). *Comptez entre une demi-journée et une journée pour des circuits de 7 à 14 km environ.*

CHEONGJU 청주 C2

Comptez une demi-journée.

On visite cette ville ordinaire de 650 000 habitants pour deux raisons principales. La première est liée à sa position géographique. Elle est en effet la porte d'entrée du **parc national de Songnisan** où se dresse le temple de Beopju. La seconde pourrait être exceptionnelle : si l'on y prend garde, on pourrait penser que la ville héberge le *Buljo jikji simche yojeol*, ou *Jikji*, le plus vieux livre réalisé à l'aide de caractères mobiles en métal connu au monde. Malheureusement, le *Jikji* est absent du musée *(voir encadré p. 366)*. À défaut, on découvrira, outre des détails techniques sur la fabrication du *Jikji*, de nombreux matériaux et explications (*en anglais*) sur l'histoire de l'imprimerie à travers le monde au **Early Printing Museum** *(866 Uncheong-dong, Sangdang-gu - ✆ (043) 269 0556 - jikjiworld.cheongju.go.kr - tlj sf lun. 9h-18h, nov.-fév. 17h - 800 ₩. Bus n° 831, arrêt en face de l'Express Bus Terminal).*

LE JIKJI

Publié en 1377, soit 78 ans avant la « Bible de 42 lignes » de Gutenberg, le premier livre imprimé en Europe à l'aide de caractères mobiles, le *Jikji*, fut imprimé en deux volumes. Le premier étant introuvable, reste le second conservé à la Bibliothèque nationale de France. À la fin du 19e s., il a été vendu à un voyageur français qui en a ensuite fait don à la BnF. La Corée introduit régulièrement une demande de restitution. Notons que l'Unesco a créé depuis 2004 le prix Unesco/Jikji, décerné tous les deux ans aux « institutions ou individus ayant contribué de manière significative à la préservation du patrimoine documentaire et à l'accès à ce patrimoine ».

★★ Songnisan National Park 속리산국립공원 ★ Beopju-sa 법주사

Comptez une journée pour visiter le temple et rayonner dans le parc. De l'Intercity Bus Terminal de Cheongju, prenez le bus pour le parc national (6h40-20h30 - 1h50 - 8 000 ₩). Le dernier bus à destination de Cheongju quitte Beopju-sa à 19h50. On peut se procurer brochures et cartes à l'office de tourisme (9h-18h) situé diagonalement sur le trottoir opposé à la sortie du Bus Terminal.

english.knps.or.kr.

Pour accéder au temple et jouir de l'un des parcs nationaux les plus populaires de Corée, il faut suivre cette route flanquée de restaurants et boutiques en tout genre sur environ 900 m.

Fondé en 553 sous le régime du roi Jinheung de la dynastie Silla le **temple Beopju★** *(www.beopjusa.org - 6h-18h - 4 000 ₩)* comprenait au départ plus d'une soixantaine d'édifices, une dizaine de monuments en pierre ainsi que soixante-dix ermitages. Mais le temple, à l'instar de nombreux sanctuaires coréens, fut détruit par les invasions militaires japonaises menées par Toyotomi Hideyoshi (1507 et 1592). Il ne resurgit qu'au 17e s. de ses ruines, sous l'influence du moine Byeokam. En approchant du temple cerné de pics et de pins, un **écrin naturel★★** magnifique, on aperçoit l'immense statue dorée de **Maitreya**, le Bouddha du futur. Cent soixante tonnes de bronze ont été utilisées pour ériger cette statue de 25 m de haut, qui tourne le dos à l'ouest, la direction de sa mort. Elle succède depuis 1990 à une représentation en ciment qui se lézardait. Plus discrète mais d'un équilibre parfait, la **pagode Palsangjeon★★**, à cinq étages, construite en 1624 – et Trésor national – est le seul exemple architectural qui subsiste de cette époque en Corée. Organisée autour d'un axe central, un pilier de 21 m de haut, la pagode abrite un millier de bouddhas dont la vie est commentée sur huit panneaux suspendus (*pal* signifiant huit en coréen). À proximité se dresse le **beomjonggak**, la tour du tambour. Aux côtés de l'immense tambour (le **beopgo**) chargé de délivrer les hommes de leur torpeur quotidienne se trouve le **beomjong**, la cloche monumentale. Les trois coups de bélier qu'elle reçoit régulièrement sont censés tirer les mortels de l'enfer. Pour les sauver des eaux, il faut compter en revanche sur les petits sons mats et légers des baguettes frappant la carpe en bois évidée (le **mogeo**). Reste l'**unpan**, gong en forme de nuage pour soulager ceux qui sont au ciel. À quelques pas, observez les deux très belles **lanternes en pierre★** d'époque Silla (720). La première est portée par deux lions ; la seconde est décorée par les quatre dieux-gardiens, ceux-là même que l'on retrouve sur l'imposante porte d'entrée **Cheonwangmun**. Rappelons que le dieu de l'Est porte une épée ; celui de l'Ouest une pagode ; celui du Sud un dragon et celui du Nord un luth coréen. En s'enfonçant plus encore dans la cour, on tombe sur l'impressionnant **Daeungbojeon★★**. Ce pavillon à deux niveaux (20 m de hauteur supportés par 300 piliers) reconstruit au 17e s. héberge d'immenses bouddhas (5,5 m de hauteur pour l'un d'eux, un record !) ; au centre : **Birojanabul**, le Bouddha Vairocana ou « Seigneur Omniscient » ; à droite **Seokgamoni**, le Bouddha Sâkyamuni ou Bouddha historique. Parmi les autres curiosités figure un immense bol en fer – **Cheolhwak★** – (d'époque Silla) d'un peu plus d'un mètre de hauteur et de près de trois mètres de diamètre et dans lequel la soupe était servie, dit-on, pour plus de 30 000 fidèles. Au-delà du temple, différents chemins serpentent jusqu'à de nombreux pics. Le plus populaire et le plus facile d'entre eux est le pic **Munjangdae** (1 033 m), accessible en 3h de marche sur environ 6 km *(comptez 2h au retour)*.

NOS ADRESSES À DAEJEON ET SES ENVIRONS

INFORMATIONS UTILES

Poste – Sur Inhyoro, en face du Bus Terminal de Dongdaejeon.

ARRIVER/PARTIR

En avion

L'aéroport le plus proche de Daejeon se trouve à Cheongju, à 40 km au nord de Daejeon (carte de région C2). Il dessert quasi exclusivement l'île de Jeju.

Cheongju International Airport – *✆ 1661 2626 - www.airport.co.kr/cheongjueng*. Trains de/vers la gare de Daejeon *(8/j - 50mn - 3 300/3 900 ₩)*. Bus Limousine entre 6h50 et 16h30 *(45mn - 3 700 ₩)* de/vers Dongbu Bus Terminal.

En train

La ville a deux gares : **Daejeon Station**, tout juste rénovée, sur la ligne du KTX filant jusqu'à Busan, et **Seodaejeon Station**, sur l'autre ligne du KTX desservant le sud-ouest (Gwangju, Mokpo).

Daejeon Station – *✆ (042) 253 71 50*. En KTX : pour Séoul *(1h - 50 trains/j - 23 800 ₩)*. Busan *(1h50 - 50 trains/j - 35 500 ₩)*. Avec le *Saemaeul*, pour Séoul *(1h40 - 16 000 ₩)*, pour Busan *(3h - 26 500 ₩)*. Avec le *Mugunghwa*, pour Séoul *(2h - 10 900 ₩)*.

Seodaejeon Station – *✆ (042) 524 0988*. En KTX ou ITX. Pour Séoul Yongsan *(1h - 19 900/23 400 ₩)*, Gwangju *(2h - 20 trains/j.)* Mokpo *(2h20 - 8 trains/j)*. Avec le *Saemaeul* comptez *1h40* pour Séoul et *3h* pour Mokpo.

En bus

Daejeon compte deux terminaux de bus auquel il faut ajouter les deux terminaux de Yuseong, extrêmement utiles pour toutes les destinations se trouvant à l'ouest de Daejeon.

Au nord-est de Daejeon, l'énorme et bardé de commerces **Daejeon Bus Terminal Complex** *(✆ 1577 2259 - www.djbusterminal.co.kr)* regroupe le **Dongbu Intercity Bus Terminal** et l'**Express Bus Terminal**. Départs pour Cheongju *(ttes les 10mn - 50mn - 3 800 ₩)* ; Beopju-sa *(11 bus - 1h40 - 7 100 ₩)* ; Busan *(ttes les 2h - 3h15 - 23 000 ₩)* ; Daegu *(ttes les 40mn - 2h10 - 13 500 ₩)* ; Jeonju *(ttes les 30mn - 1h30 - 7 000 ₩)* ; Gwangju *(ttes les 30mn - 3h - 16 000 ₩)* ; Séoul *(ttes les 15mn - 2h - 14 000 ₩)*. Et aussi Incheon Airport, Cheongju Airport…

Au sud : **Seobu Intercity Bus Terminal** – *Yucheon-dong - ✆ (042) 584 1616*. Buyeo *(ttes les 30mn - 1h20 - 7 100 ₩)*, Boryeong *(ttes les h - 3h - 10 500 ₩)*, Jeonju *(ttes les h - 90mn - 5 100 ₩)* Aussi : Gongju, Nonsan, Geumsan, etc.

À l'ouest : **Yuseong Intercity Bus Terminal** – *Jangdae-dong (métro Yuseong Spa, sortie n° 5 puis tout droit en direction de la station* *de métro Guam)* - ✆ *(042) 823 2240.* Gongju *(ttes les 40mn - 1h - 3 800 ₩)*, Geumsan *(ttes les 30mn - 50mn - 3 600 ₩)* ; Gap-sa *(40mn - 1 200 ₩)* ; Gyeryong-san *(bus n° 107 15mn- 1 400 ₩)*. Attention, une partie des bus ne partent pas du terminal mais y passent, arrêt sur le trottoir (devant le terminal).

Yuseong Kumho Express Bus Terminal – ✆ *(042) 823 03 86.* À 100 m au nord du précédent. Dessert exclusivement Séoul.

SE DÉPLACER DANS LA VILLE

En métro – Daejeon Express Transit Corporation - *www.djet.co.kr.* Daejeon est très étendue et congestionnée la plus grande partie du temps. Le métro, simple, peu cher et rapide est vraiment à privilégier. Seul bémol : une ligne unique qui file d'est en ouest : 23 km pour 22 stations, de Panam à Banseok. *Service de 5h30 à 0h15, 1 200 à 1 300 ₩.*

En bus – Peu cher (*autour de 1 200 ₩*), il est moins facile à prendre que le métro mais (avec le taxi) le complète efficacement. Du Daejeon Bus Terminal Complex on peut prendre le bus n° 2, 201, 501 ou 701 pour se rendre à Daejeon Train Station. Le 106 pour aller sur Yuseong (*comptez au moins 40mn*) ou le 102 jusqu'à Gyeryong-san (*1h environ*). Le bus 841 connecte la gare de Daejeon aux terminaux de bus de Daejeon (pas de Yuseong).

En taxi – Pas de problème pour trouver des taxis. La prise en charge commence à 2 500 ₩.

HÉBERGEMENT

☺ Le quartier de **Yuseong Spa**, plutôt plaisant, concentre nombre d'hébergement et offre l'avantage d'être proximité du parc national. Pour plus d'animation, direction Eunhaeng-dong.

Yuseong Spa

POUR SE FAIRE PLAISIR

Hotel Riviera Yuseong – 호텔리베라유성 – *7, Oncheonseo-ro, Yuseong-gu - M° Yoseong Spa, ligne n° 1, sortie n° 5 -* ✆ *(042) 823 2111 - www.hotelriviera.co.kr -* ▤ ✕ CC P ♿ *- wifi - 174 ch. à partir de 254 100 ₩ - ☕ 20 000 ₩.* Cet hôtel international haut de gamme situé à 5mn du Yuseong Intercity Bus Terminal possède l'un des plus beaux spas de Yuseong (*6h-21h - 16 000 ₩, 6 000 ₩ pour les résidents*). Plans et journaux en anglais (*Korea Times*) sont disponibles. Restaurants un peu chers à l'étage.

Daejeon

PREMIER PRIX

Benikea Daelim Tourist Hotel – 대림관광호텔 – *50, Daejong-ro 505beon-gil, Jung-gu - M° Jungang-ro, ligne n° 1, sortie n° 6 -* ✆ *(042) 251 9500 - www.daelimhotel.com -* ▤ ✕ CC P ♿ *- wifi - 44 ch. 55 000/90 000 ₩ ☕.* Cet hôtel récent propose de magnifiques chambres, soignées, propres, confortables, au style vaguement japonisant. Un rapport qualité-prix optimal à 1 km de la gare ferroviaire. Comme il est souvent complet, il vaut mieux réserver. Internet.

Beopju-sa

Il est possible de résider au sein du temple via le programme **Temple Stay**. Pour une nuit et deux jours (asister aux cérémonies, repas), comptez 70 000 ₩. Informations : ✆ *(043) 544 5656 - eng.templestay.com.*

POUR SE FAIRE PLAISIR

Lake Hills Songnisan Hotel – 레이크힐스 속리산호텔 – *305, Beopjusa-ro, Sokrisan-myeon - 28908 Boeun - sur la route menant au temple Beopju, à 10mn à* *pied du Bus Terminal Express - ✆ 043 542 5281 - www.lakehills.co.kr* - - *wifi - 132 ch. 85 000/120 000 ₩ - 15 000 ₩.* Cet hôtel ouvert depuis 1968 est l'hôtel luxueux de Songnisan. Si les chambres sont propres et grandes avec de belles vues sur la nature, assurant aux dormeurs de belles nuits réparatrices, on peut se sentir un peu perdu dans ce vaste établissement dénué d'âme à deux pas d'un village touristique déserté à la nuit tombée mais au pied d'un massif montagneux magnifique. Le meilleur rapport qualité-prix peut être obtenu en dehors des week-ends et des vacances coréennes ; la chambre tombe alors à 80 000 ₩. À ce prix là, c'est une aubaine !

RESTAURATION

Daejeon

PREMIER PRIX

Jungang Market– 중앙시장 – *52-1, Eunhaeng-dong, Jung-gu (métro Jungangno, sortie n° 1 puis 5mn à pied en traversant la rivière ; ou métro Daejeon Station sortie n° 1) - 9h-19h.* Profitez des nombreuses gargotes installées dans les allées du marché (*voir p. 359*) pour un repas sur le pouce, bon marché et pittoresque : *sundae*, *bindaetteok*, soupes...

Phantom Pan Pig– 팬텀팬피그 – *52-1, Eunhaeng-dong, Jung-gu (métro Jungangno, sortie n° 1) - ✆ (042) 254 3338 - 12h-22h - 10 000/20 000 ₩.* Situé dans la rue piétonne entre la Skyroad et la rivière Daejeoncheon, ce restaurant moderne attire la jeunesse locale, affamée par des heures de *shopping*. Au menu : barbecue et buffet.

BUDGET MOYEN

Flying Pan – 플라잉팬 – *480, Daejong-ro, Jung-gu - M° Jungang-ro, ligne n° 1, sortie n° 2 - ✆ (042) 220 4126 - www.sungsimdang.co.kr - 11h-22h* - - *carte 11 000/45 000 ₩, menu 21 000/45 000 ₩.* Dans un cadre élégant en brique et bois noir, on savoure une très bonne cuisine italienne en écoutant du Chopin. Pizzas, pâtes et viandes sont servies avec élégance. Vin au verre (*5 000 ₩*). Les tiramisu sont délicieux (*3 000 ₩*), pas étonnant puisqu'ils viennent de la patisserie Sung Sim Dang, propriétaire du Contrance *(voir plus bas)*.

POUR SE FAIRE PLAISIR

Rainbow – 무지개한정식 – *264, Bomun-ro, Jung-gu - M° Jung-gu Office, ligne n° 1, sortie n° 1 - ✆ (042) 255 8881 - 11h30-22h - fermé Chuseok et Nouvel an lunaire* - - *20 000/50 000 ₩.* Ce restaurant coréen sert exclusivement des *hanjeongsik*, suite de plats gastronomiques, une composition héritée des banquets servis jadis dans les demeures aristocratiques. Le menu à 30 000 ₩ décline une vingtaine de plats à partir de viande de bœuf accompagnée de légumes de saison.

Beopju-sa

BUDGET MOYEN

Lake Hills – 레이크 힐스 레스토랑 – *305, Beopjusa-ro, Sokrisan-myeon - 28908 Boeun - sur la route menant au temple Beopju, à 10mn à pied du Bus TerminalExpress - ✆ 043 542 5281 - www.lakehills.co.kr - 10 000/20 000 ₩.* Restauration rapide, bonne et simple (chinoise, occidentale) avec à toute heure un petit-déjeuner complet avec œufs et toasts. Terrasse agréable.

PETITE PAUSE

Contrance – 컨트란스 – *849, Galma -dong, Seo-gu, Daejeon - métro Galma, sortie n° 1 ou*

7

2 - ✆ 010 7142 3865 - 11h-23h - 10 000 ₩. Situé au sud de Galma Park, cette adresse est bien connue des amateurs de bon café. À accompagner au besoin de riches desserts comme un excellent *tiramisu* maison.

Sungsimdang – 성심당 – *15, Daejong-ro 480beon-gil, Jung-gu - M° Jungang-ro, ligne n° 1, sortie n° 2 - ✆ 1588 8069 - www.sungsimdang.co.kr - 8h-23h -* CC - P *guidé par le personnel - pain 1 000/5 000 ₩, assortiment 10 000/20 000 ₩.* On vient de très loin pour déguster toutes les pâtisseries, pains sucrés ou salés et sandwichs, que propose cette institution ouverte depuis 1956. Les cookies sont divins et le pain magnifique. À l'étage, la partie restaurant propose salades et tout type d'en-cas frais et de qualité.

BOIRE UN VERRE

À découvrir, le **makgeolli**, appelé également « l'alcool du peuple », le plus ancien des alcools coréens qui était à l'origine la boisson des paysans. Fabriqué à partir de riz fermenté, cet alcool de couleur laiteuse a un goût doux et amer à la fois. Sa teneur en alcool est faible et il est riche en nutriments.

Eunhaeng-dong est le quartier des bars, à portée de pas de la station de métro Jungang-no (*sortie n° 4*).

Mustang– 머스탱 *– 220, Daeheung-dong, Jung-gu- ✆ 010 6567 0803 - tlj sf lun. 17h20-2h - 10 000/20 000 ₩.* Parmi les innombrables bars et pubs du « quartier de nuit », celui-ci se distingue pour la qualité des bières servies et des pizzas qui (au besoin) les accompagnent.

ACTIVITÉS

Daejeon City Tour – *✆ (042) 253 6583 ou 221 1905 ou 252 7725 - www.daejeontour.or.kr ou www.daejeoncitytour.co.kr- tlj sf lun. - 4 000 ₩.* À bord d'un bus, visites guidées thématiques à travers la ville et ses environs.

O World – *✆ (042) 580 4820 - www.oworld.kr - lun.-vend. 9h30-18h, sam.-dim. 22h (horaires réduits en hiver) - ticket une journée 20 000 à 29 000 ₩.* Situé sur les flancs du mont Bomun, au sud de la ville, ce parc d'attractions comprend Joy Land (amusements en tous genres), Flower Land (jardins thématiques, labyrinthe, parc de sculptures) et surtout un zoo avec un safari sur près de 600 000 m^2. Accès par les bus n° 301, 311, 314, 315.

AGENDA

Festival du ginseng de Geumsan – Une dizaine de jours en septembre : expositions, spectacles, concours de danse et de chant, animations, etc. *www.insamfestival.co.kr*

Festival scientifique (octobre) – Ce grand festival scientifique a lieu pendant cinq jours à Expo Park.

Buyeo 부여

★★

23 483 habitants – Province de Chungcheongnam-do

Beaucoup plus petite que Gongju, Buyeo partage avec cette dernière le privilège d'avoir été l'une des capitales du prestigieux royaume de Baekje. C'est en 538 que la dynastie décide de transférer son pouvoir d'Ungjin (l'actuelle Gongju) à Sabi (Buyeo). Pendant 123 ans, six rois s'y succèdent. En 660, le royaume s'effondre en consolidant certaines de ses légendes dont la falaise du mont Buso porte l'un des plus tragiques échos. Pour tous les Coréens, la falaise est désormais un lieu de pèlerinage ; un lieu de mémoire aussi, surexploité par les séries télévisées. Qu'importe, fictions et histoires se confondent dans une même quête identitaire dont Buyeo se veut aujourd'hui le héraut : faire revivre cette civilisation Baekje dont les vestiges (Busosanseong, Jeongnimsa, les tombes royales et la forteresse) ont été classés en 2015 au Patrimoine mondial de l'humanité par l'Unesco.

NOS ADRESSES PAGE 378
Hébergement, restauration, achats, activités, etc.

S'INFORMER

Office de tourisme – À l'entrée principale de Busosanseong (porte Busosanmun) - *(041) 830 2523/7 - www.buyeo.go.kr - 9h-18h.* Personnel anglophone, brochures, plans.

SE REPÉRER

Carte de région B3 (p. 356-357) – À 195 km au sud de Séoul, à 35 km à l'ouest de Daejeon.

À NE PAS MANQUER

L'icône de la ville : le brûle-parfum présenté au Musée national.

ORGANISER SON TEMPS

Compter une journée à Buyeo. Une autre, voire deux à Daecheon.

AVEC LES ENFANTS

Baekje Cultural Land. Partir à la plage de Daecheon. Et pourquoi pas participer au Festival de boue, l'un des plus populaires de Corée en été.

Se promener

Peu étendue, la ville concentre ses sites touristiques les plus intéressants à portée de pas. Aux deux extrémités de l'artère principale (Sabi-ro), bornée au nord par la statue du roi Seong et au sud par celle du général Gyebaek, se trouvent respectivement le mont Buso et le musée national de Buyeo, les deux sites touristiques phares de la ville.

★ BUSOSANSEONG 부소산성

Comptez une demi-journée, de préférence l'après-midi pour jouir du coucher de soleil sur les hauteurs du mont Buso.

D'après la croyance coréenne, le mauvais vent souffle du nord (les ennemis viennent du Royaume de Koguryô, aujourd'hui de Corée du Nord). Pour conjurer ce sort, la **forteresse** a été construite sur le **mont Buso**, dominant la rive sud de cette barrière naturelle qu'est la rivière Baengmagang. Elle protégeait alors la partie arrière du jardin du palais édifié au pied de la montagne,

SUR LES TRACES DE L'ARCHITECTURE EN BOIS CORÉENNE
L'architecture des palais et des temples de Baekje nous est en fait connue grâce au temple Horyu-ji ou « temple de la loi florissante » situé au Japon, dans la région de Nara. Ce chef-d'œuvre de l'époque Asuka, qui regroupe les plus anciens bâtiments en bois du monde, a été construit en 607 sur ordre du prince régent Shotoku mais sous la direction de charpentiers coréens.

conformément aux rituels fixés par la géomancie. Le palais comprenait un certain nombre de pavillons orientés sur un axe sud-est.
À une quinzaine de minutes à pied à l'est de la statue du roi Seong. L'entrée principale (porte Busosamun) se situe au bout du parking, juste derrière l'office de tourisme - 9h-18h - 2 000 ₩.
Différents chemins arpentent ce petit parc forestier parsemé de pavillons, de temples et de sanctuaires qui, s'ils ne présentent guère d'intérêts architecturaux, sont d'abord des lieux de mémoire où les Coréens aiment rendre hommage aux esprits des défunts ayant participé à l'édification de cette histoire collective dont ils sont le plus fiers. Le sanctuaire **Samchung**, le premier et le plus imposant que l'on croise dans cette courte ascension, est dédié à la mémoire des héros locaux de la dynastie Baekje parmi lesquels figure le **général Gyebaek**, sujet national de toutes les fiertés. En effet, c'est derrière lui que la dynastie Baekje dirigée par son 31e et dernier monarque, Euija (641-660), part une fois de plus en guerre contre l'ennemi héréditaire. Cette fois, le brillant général ne se fait guère d'illusions : le royaume de Silla est épaulé par la très puissante dynastie chinoise des Tang (618-907). Gyebaek se sait condamné par un rapport de forces inégal – 5 000 soldats d'un côté, 50 000 de l'autre. Qu'importe, une seule chose l'inquiète : que vont devenir sa femme et ses enfants entre les mains de ses ennemis ? Il les tuera juste avant de mener ses hommes à l'ultime bataille de Hwangsanbeol (près de Nonsan). Le Baekje écrasé (660), c'est au tour du Goguryeo d'être conquis (668) avant que le Grand Silla (668-935) ne devienne maître de la péninsule coréenne dans sa totalité.
Aujourd'hui, rares sont les vestiges de cette forteresse bâtie il y a quelque 1 500 ans, si l'on fait exception des portions de murailles visibles à l'est de la ville notamment (le mur faisait au total 6,3 km) et, ici, des reliefs naturels comme cette falaise qui toise la Baengmagang et vers laquelle se précipitent en file indienne tous les écoliers coréens. Il est vrai que la **falaise Nakhwaam** qui signifie « là où les fleurs tombèrent » est autant présente dans les séries télévisées que dans les manuels scolaires. La légende conte que les 3 000 femmes qui vivaient alors à la Cour royale se seraient suicidées en sautant de la falaise avec leurs enfants pour ne pas tomber aux mains de ceux qui avaient défait le général Gyebaek. Un petit belvédère et point culminant du mont (106 m), le **pavillon Baekhwajeon**, donne une belle **vue panoramique★** sur la rivière et la rive opposée.
Pour observer la falaise, il faut descendre jusqu'au petit débarcadère et prendre le bateau. Le chemin pierreux serpente devant le temple **Goran**. Probablement construit pour honorer les âmes des femmes sacrifiées, le temple consacre aussi un ancien lieu de culte toujours très populaire. L'eau qui sourd d'une grotte béant à l'arrière du temple est censée rajeunir tous ceux qui en boivent.
Un escalier conduit ensuite au petit débarcadère ; de là, un bateau *(9h-18h - 20mn environ - 4 000 ₩ AS, 6 000 ₩ AR)* vous fera voguer jusqu'au port **Gudeurae** situé non pas sur la rive nord de la Baengmagang mais sur le flanc

Le pavillon Baekhwajeon.
KTO

ouest du mont Buso, passant ainsi au pied de cette falaise dont la terre rougeâtre, vous soufflera le capitaine, a été teintée par le sang de ces femmes suicidées.

Du **port Gudeurae**, on rejoint le **parc** du même nom, un espace verdoyant parsemé d'une centaine de sculptures dont les qualités artistiques ne sont pas inoubliables. Du parc, la route qui file vers le centre-ville est bordée de restaurants *(voir Nos adresses)*.

LE BOUDDHISME CORÉEN ENTRE CHINE ET JAPON

C'est par le biais de la Chine que le bouddhisme, né en Inde, pénètre la Corée au 4e s. S'il devient religion d'État en 372 dans le royaume le plus septentrional de la péninsule (le royaume de Goguryeo dont les souverains étaient fortement sinisés), il s'installe douze ans plus tard au Baekje, en relation quant à lui avec la cour de Nanjing, la capitale de la Chine du Sud. Sous le règne du roi Seong (523-554), qui établit en 538 sa capitale à Sabi (l'actuelle Buyeo), le bouddhisme prend pleinement son essor profitant de cette apogée que connaît alors la culture Baekje dont l'iconographie va influencer jusqu'aux artistes japonais. Une statue d'Amida, l'un des bouddhas les plus populaires du bouddhisme du Grand Véhicule, donnée en 552 par le royaume de Baekje à l'empereur japonais Kimmei (*elle se trouve aujourd'hui dans le temple Zenko-ji de Nagano*), serait ainsi la plus vieille représentation de Bouddha au Japon. Quant au célèbre Maitreya méditatif (fin 6e-début 7e s.), bouddha des temps futurs et chef-d'œuvre du patrimoine coréen exposé au musée national de Séoul, on en trouve une copie presque identique dans le temple Koryu-ji de Kyoto. Mais, si la première est en bronze doré, la seconde est sculptée dans le bois d'un pin rouge. Selon certains experts, elle aurait été taillée en Corée avant d'être transportée au Japon (époque Asuka 592-710) par l'un de ces nombreux réfugiés qui migrèrent dans l'archipel après la chute du royaume de Baekje.

À défaut de prendre le bateau ou passé 18h, on peut redescendre le mont Buso par le chemin le plus à l'ouest de la forteresse *(prenez à droite du temple Seobok)* et sortir *via* la porte Seomun qui jouxte le parking situé à deux pas de l'auberge de jeunesse Samjeong.

AU CENTRE DE LA VILLE

Le centre-ville moderne de Buyeo s'organise autour de l'avenue **Sabi-ro**. On y trouvera l'habituelle collection de motels, de services et un petit marché.

Jeongnimsa-ji 정림사지

36 jeongnimsaji-gil, Dongnam ri - ✆ (042) 602 3200 - www.jeongnimsaji.or.kr - oct.-mars : 10h-17h ; avr.-sept. : 9h-19h - 1 500 ₩.

La pagode en pierre à cinq étages (milieu du 6e s.) est le seul vestige de Baekje qui nous soit parvenu presque intact *(une autre pagode se trouve sur le site du temple de Mireuk à Iksan)*. Dans le musée attenant, une reproduction du temple Jeongnim à l'échelle 1/12 permet de mieux nous faire comprendre cette architecture religieuse. *A priori*, la pagode était dressée devant un temple en bois au milieu de la cour qui relie la salle des prières au portique d'entrée. Une galerie couverte formait l'enceinte rectangulaire du temple. Ces informations ont été obtenues à partir du temple Shitenno-ji construit à Osaka au Japon par des artistes coréens. Il est l'une des rares répliques (reconstruite en béton après les bombardements de 1945) qui nous donnent des informations sur la manière dont étaient conçus les temples bouddhiques coréens.

AU SUD DE LA VILLE

▶ *Comptez une demi-journée. Commencez par le Gungnamji tôt le matin.*

À une courte distance de la statue du général Gyebaek dans l'axe de la Sabi-ro, s'étend le **Gungnamji** *(24h/24 - gratuit)*, « l'étang du sud du palais », une étymologie qui rappelle tout simplement l'origine géographique du bassin creusé en 634 sur ordre du roi Mu (600-641), le 30e et avant-dernier monarque de la dynastie Baekje. Cet étang, d'un étonnant dénuement (un îlot en son centre et des saules pleureurs sur ses bords), est en réalité le premier bassin artificiel exécuté en Corée. Sa simplicité ne doit pas faire oublier les techniques de canalisation (l'eau est ici acheminée sur plus de 8 km), de drainage et d'évacuation des trop-pleins qui ont été employés. Pourquoi tant d'efforts pour un résultat *a priori* aussi peu visible ? Pour les Coréens, un bassin creusé dans la terre est le réceptacle de la beauté du ciel. Ainsi, à la différence des jardins chinois ou japonais, ce n'est pas la création de paysages artificiels qui est recherchée, mais la plus grande disponibilité de vide. Le vide étant l'espace où toute forme peut exister, rien de plus signifiant qu'un bassin d'eau reflétant les beautés célestes, à condition que la surface soit étale et que l'eau reste claire, d'où des techniques très sophistiquées d'entrée et de sortie d'eau. Dans

LOTUS ET PURETÉ

En choisissant le bouddhisme pour doctrine, la dynastie Baekje prenait pour image l'un de ses plus forts symboles : la fleur de lotus. Symbole de pureté par excellence, elle prend racine dans la fange pour s'épanouir à la lumière dans une blancheur immaculée. La fleur de lotus est le trône sur lequel se tient généralement assis Bouddha, association d'idée qui nous dit que le meilleur des hommes est également sans tache… tout comme les familles royales qui le prennent pour symbole.

LES SARIRAS DE BOUDDHA

Ces concrétions cristallines que l'on retrouve après une crémation dans les cendres du défunt témoignent d'une vie exemplaire. Celle de Bouddha fut exceptionnelle si l'on en juge par le nombre de *sariras* que son corps laissa derrière lui. Distribuées aux huit anciens royaumes de l'Inde, quelques *sariras* gagnèrent la Corée dès 546. L'un des premiers bénéficiaires fut le roi Chinhung de la dynastie Silla qui, après en avoir pris possession, se déposséda du monde en prenant aussitôt le froc bouddhiste.

cet esprit d'influence taoïste, le pavillon n'est jamais en bordure du bassin mais toujours au cœur d'un îlot (il représente ici *Bangjangseonsan*, l'une des montagnes célestes de la cosmologie chinoise), perdu non pas au milieu d'un étang mais flottant sur l'immensité du ciel.
Dans de petits bassins attenants, des centaines de fleurs de lotus sont cultivées. Elles sont à l'honneur chaque année au mois de juillet lors du festival de Seodong qui célèbre leurs floraisons (*se renseigner auprès de l'office de tourisme*).

★★ Buyeo National Museum 국립부여박물관

À 15mn à pied à l'est du Gungnamji - 16-1 Dongnam-ri - ✆ (041) 833 85 62 - buyeo.museum.go.kr/ - tlj sf lun. et j. fériés 9h-18h, sam.-dim. et vac. 9h-19h (d'avr.-oct. : 21h)- gratuit - cartels en anglais.

Le millier de pièces qui compose cette exposition est la meilleure introduction que l'on puisse avoir sur la culture du **royaume Baekje** (18 av. J.-C.-660 apr. J.-C.) appelé aussi « royaume perdu » par les historiens tant les documents historiques ou objets d'art qui ont survécu font défaut. La culture Baekje, qui surclassait par sa sophistication toutes les réalisations que l'on pouvait trouver dans les deux Royaumes concurrents, est alors à son apogée pendant la période Sabi (538-660). Cet épanouissement artistique sous patronage royal est insufflé par le nouveau répertoire de formes qu'exigent les cultes bouddhiques du Grand Véhicule (ou Mahâyâna), pour lequel les *bodhisattva* sont les figures récurrentes. Parmi elles, Avalokitesvara et Maitreya, respectivement Bouddhas de la Compassion et de l'Avenir, sont les plus représentées pour orner les **reliquaires de sariras**, objets d'art exécutés pour contenir les reliques de Bouddha ou celles d'un grand maître bouddhiste *(voir encadré ci-dessus)*.
Dagues, hallebardes et miroirs en bronze occupent les vitrines de la **salle 1**, consacrée à l'âge du bronze et à la toute première période de l'âge du fer précédant la civilisation Baekje. Dans la **salle 2**, entièrement dévolue à la période Sabi, on note un **urinoir★** (*hoja*) représenté sous la forme insolite d'un animal étêté. Le clou de cette exposition et symbole de Buyeo reste le **brûle-parfum★★★** en bronze doré (6e s.), fondu en bronze puis plaqué d'or. D'un poids de douze kilos *(62 cm de hauteur, 19 cm de diamètre)*, cette pièce se compose de trois parties : le piédestal aux allures de dragon, le récipient à encens en forme de fleur de lotus et le couvercle dont le dôme hérissé de 74 pics montagneux est sommé d'un *Bonghwang*, phénix aux ailes déployées. À cela il faut ajouter 17 figures humaines et une cinquantaine d'animaux dont certains, comme le cerf ou la grue, peuvent être observés entre les pétales de la fleur de lotus. Mais, ce qui frappe le plus est l'énergie que dégagent ces formes dans un équilibre d'une grande harmonie, à l'image de ce dragon stabilisé sur trois pattes en un cercle parfait tandis que la quatrième, dressée, semble insuffler à l'ensemble des sculptures gravées sa vibrante énergie. Cet équilibre repose aussi sur deux visions cosmologiques du monde, deux croyances religieuses que partageait le peuple de Sabi et que ses artistes

ont projeté sur le brûle-parfum : les pétales de lotus du récipient rappellant l'univers bouddhique ; l'imaginaire taoïste étant lui traduit par le couvercle sculpté et percé d'une douzaine de trous, ces montagnes peuplées d'êtres, ces immortels qui vivaient avec les dieux dans les monts Kunlun, un paradis grisé par les fumées d'encens quand il était utilisé.
La **salle 3** présente quelques belles statues de **bodhisattva** en bronze doré. Observez particulièrement le *bodhisattva* (*Trésor national n° 330*) baptisé le **sourire de Baekje★★★**. Son air méditatif d'une grande sérénité est emblématique de l'illumination souriante qui estampille l'iconographie de la majorité des statues de Baekje ; une expression originaire d'Inde qui transita sur la route de la Soie *via* l'Asie centrale jusqu'à la Chine et dont on retrouve le parcours géographique dans le drapé (appelé « plis mouillés ») tombant du vêtement ; un art caractéristique du Gandhâra (ancien royaume de l'Afghanistan) dit aussi « art gréco-bouddhique » pour son style artistique mêlant aux influences gréco-romaines celles du bouddhisme indien.
Au retour, arrêtez-vous au restaurant Baekje Hyang (Voir Nos adresses).

À proximité Carte de région p. 356-357

Les tombes royales de Baekje 백제왕릉 B3

À 3 km à l'est de Buyeo. Accès : bus n° 701, ttes les 15-20mn - 1 400 ₩ ; sinon comptez autour de 3 500 ₩ en taxi - (042) 602 32 00 - mars-oct. : 8h-18h ; nov.-fév. : 8h-17h - 1 000 ₩. Sept tombes royales datant de la période Sabi ont été ici découvertes. Toutes ayant été pillées, elles ne fournissent guère d'informations sur les défunts qui y reposaient. La pauvreté du petit musée le confirme. Seule la tombe n° 1 montre, après restauration, les quatre créatures célestes (dragon, tigre, phénix, tortue) qui avaient pour charge de protéger chacun des points cardinaux. Notons que c'est dans l'une de ces tombes qu'a été exhumé en 1993 le brûle-parfum, désormais visible au musée national de Buyeo.

Baekje Cultural Land 백제문화단지

À 6 km au nord de Buyeo. Accès : bus n° 403 et 404 ; en taxi 7 500 ₩ ; une piste cyclable qui débute dès la sortie de la ville (puis longe la rivière) permet d'y accéder à vélo - (041) 635 7740 - www.bhm.or.kr - tlj sf lun. 9h-18h (nov.-fév. 17h) - Baekje Cultural Land + musée 4 000 ₩ (musée seult 1 500 ₩).
À l'entrée du parc se trouve le **Baekje History & Culture Museum** (백제역사문화관) qui, à l'aide de reliques, maquettes, reconstitutions et films 3D, raconte le quotidien, les croyances, l'expansion commerciale et cuturelle des royaumes Baekje.
Le vaste **parc thématique** de Baekje Cultural Land est aménagé entre de belles collines couvertes de pins. Que vous aimiez ou pas ce type de **reconstitution spectaculaire** et à but autant pédagogique que ludique (et commercial), vous ne pourrez qu'être impressionné par l'ampleur et la qualité du projet. On déambule du temple Neung (Neung-sa) au palais Sabigung, des tombes royales à l'ancienne capitale fortifiée de Wyrieseong. Un village, construit autour de la maison du général Gyebaek (7e s.) se divise en plusieurs quartiers (la noblesse, la classe moyenne…) et ateliers (poterie, brasserie, forge…). La promenade, agréable quand le site n'est pas bondé et que l'on fait abstraction de la diffusion de musique plutôt incongrue, permet d'imaginer – façon Hollywood certes – le quotidien des habitants de la période Baekje, et de découvrir les différents architectures de l'époque.
Le parc thématique est complété par un superbe hôtel *(voir Nos adresses)* et, bien sûr, par un centre commercial *outlet* équipé de restaurants.

La plage de Daecheon.
KTO

Excursion Carte de région p. 356-357

★ Daecheon 대천해수욕장 A3

Comptez une journée. Du terminal des bus, rendez-vous à Boryeong (7h25-19h45 - 10/j. - 1h - 5 500 ₩) puis prenez un bus urbain n° 100 ou 101 du Bus Terminal de Boryeong (ou de la gare ferroviaire) pour la plage de Daecheon distante de seulement 3 km (ttes les 10mn - 15mn - 1 400 ₩). En taxi comptez 10 000 ₩. Sachez qu'il existe ausi des trains entre Boryeong (dont la gare se nomme Daecheon Station) et Séoul Yongsan (2h30 à 3h10 de trajet - 9 900 à 17 400 ₩).

Dans la gare ferroviaire de Boryeong - (041) 932 2023 - www.brcn.go.kr - 9h-18h. Vous trouverez aussi un kiosque d'informations sur la plage de Daecheon.

Avec 100 m de large à marée basse sur près de 4 km de long, la plus belle plage de la côte ouest a bien des atouts dans ses atours de sable blond. Sa rive est flanquée d'hôtels, cafés et restaurants à deux étages aux vitres transparentes comme celles des immenses aquariums qui empiètent sur le macadam. Parmi les spécialités gastronomiques locales, le *kkotgejjim*, crabe bleu à la vapeur mais aussi les bébés poulpes et les huîtres rôties.

Boryeong Mud Skincare Center – *(041) 931 4022 - brcn.go.kr - 8h-18h - 5 000 ₩ pour un bain de boue, 20 000 à 45 000 ₩ pour un massage corporel à base de boue.* Derrière les murs de ce bâtiment aux allures de *blockhaus*, la boue règne sous toutes ses formes, forte de ce germanium (élément chimique de la famille des cristallogènes aux multiples propriétés curatives) dont, paraît-il, elle regorge. On pourra sauter dans un bain de boue avant de plonger dans un bain chaud aromatique ou prendre une dernière suée dans un sauna… Division des sexes oblige, les hommes sont au premier étage, les femmes au second ; le tout à deux pas de la mer et de ses embruns fortifiants.

NOS ADRESSES À BUYEO ET SES ENVIRONS

ARRIVER/PARTIR

En bus – Intercity Bus Terminal - *Gua-ri 324-1 - (041) 835 3535.* Pour Daejeon (*6h55-21h30 - ttes les 20mn - 1h à 1h30 - 7 100 ₩*), pour Gongju (*ttes les 30mn - 45mn - 4 300 ₩*). Pour Jeonju : prenez d'abord la direction Nonsan (*ttes les 15mn - 40mn - 2 900 ₩*) puis Jeonju (*8h-19h35 - ttes les h en matinée - les 2h en apr.-midi - 1h30 - 5 600 ₩*).

HÉBERGEMENT

Buyeo

PREMIER PRIX

Samjung Buyeo Youth Town – 삼정부여유스타운 – *50, Naruteo-ro, Buyeo-eup - (041) 835 3101 - www.buyeoyh.co.kr - CC P - 65 ch. 58 000 ₩ (ch. pour 4 pers.).* Cette bâtisse imposante aux atours presque luxueux lovée dans un bel écrin verdoyant à deux pas de la rivière est bien une auberge de jeunesse. Les chambres, fonctionnelles, ont tout le confort désiré selon la gamme de prix choisie.

VIP Motel – VIP모텔 – *8, Sabi-ro 54beon-gil, Buyeo-eup - près du Guncheong Rotary. En sortant de l'Intercity Bus Terminal, prenez la Sabi-ro sur 300 m environ en direction de la statue du général Gyebaek (3 000 ₩ en taxi) - (041) 832 3700 - www.vip-motel.com - CC P - wifi - 30 ch. 45 000/50 000 ₩.* C'est sans hésitation l'hôtel le plus hospitalier de Buyeo, avec de belles chambres à la décoration sobre et raffinée, doté d'une gamme de confort semblable à celle des motels (eau chaude, frigo, TV). Le propriétaire se mettra en quatre pour faciliter votre séjour.

Baekje Cultural Land

UNE FOLIE

Lotte Buyeo Resort – 롯데부여리조트 – *400, Baekjemun-ro, Gyuam-myeon, Buyeo-gun - (041) 939 1000 - www.lottebuyeoresort.com - 322 ch. à partir de 280 000 ₩.* Imposant complexe dont l'architecture inspirée des forteresses coréennes est particulièrement réussie : une « muraille » enveloppante couleur ardoise, agrémentée de fenêtres multicolores. Jardins, vastes piscines, spas, et des chambres modernes aussi confortables qu'agréables à vivre.

Daecheon

PREMIER PRIX

Motel If – If 모텔 – *1, Haesuyokjang 2-gil - 33487 Boryeong - (041) 931 5353 - CC P - wifi - 20 ch. 80 000/100 000 ₩.* Motel fonctionnel très bien situé entre plage et restaurants de poisson. Chambres sans grand charme mais très fontionnelles avec ordinateur. Attention, les prix sont multipliés par trois pendant le Festival de la boue en juillet.

RESTAURATION

Buyeo

BUDGET MOYEN

Gudeurae Dolssambap - 구드래돌쌈밥 – *31, Naruteo-ro, Gua-ri, Buyeo-eup - (041) 836 9259 - 10h30-21h - fermé Chuseok et Nouvel an lunaire - CC P - 8 000/30 000 ₩.* Lieu très prisé pour ses délicieux *dolssambap* (riz chaud garni – selon le plat choisi – enveloppé avec des feuilles de laitue) avec un nombre généreux de *banchan* (petites assiettes garnies de légumes, de *kimchi*, de nouilles… que l'on picore en attendant le plat) et de *suyuk* (viande bouillie coupée en tranches). Menu en anglais.

Baengmagang Shikdang – 백마강 식당 - *153-1, Gyuam-ri, Gyuam-myeon - Sur votre droite à la sortie du pont Baekjaedaegyo - (041) 835 2752 - 8h-21h30 - fermé Chuseok et Nouvel an lunaire* - CC P - *15 000/28 000 ₩*. Ce restaurant spécialisé dans les fruits de mer propose le fameux *maeuntang*, anguilles grillées sorties tout droit de la rivière.

Seodong Hanu – *256, Seongwang-ro, Buyeo-eup - (041) 835 7585 - 10h-21h - 20 000 ₩*. Situé sur l'avenue longeant le parking à l'entrée de Busosanseong, ce restaurant attire les amateurs de viande de bœuf. Grillée, en soupe…

Baekje Cultural Land

Si la faim vous guette à la sortie du parc thématique, vous trouverez plusieurs restaurants (cuisine coréenne ou occidentale) à l'étage du centre commercial *Lotte Outlet*.

ACTIVITÉS

Buyeo City Tour – De mars à nov. (sam. et dim. + vend. en août), l'office du tourisme organise des visites guidées mettant en avant le patrimoine culturel et historique de Buyeo. Quatre circuits sont proposés, certains comprenant des démonstrations de musique traditionnelle. Inscription dès le jeudi auprès de l'office du tourisme ou au *(041) 830 2330 ou 830 2880 - de 5 000 ₩ à 12 000 ₩ selon le tour.*

En vélo le long de la rivière Geumgang – Une piste cyclable de 146 km de long *(compter 9h30 de trajet pour la totalité)* suit cette rivière qui, en traversant la zone de Buyeo, prend le nom de Baengmagang. Départ du lac de retenue de Daecheong (à l'est de la région) jusqu'à son estuaire à Gunsan, en passant par Gongju et Buyeo. Vous pouvez ainsi rejoindre ces deux sites en pédalant sur 25 km. Informez-vous auprès de l'office du tourisme pour des adresses de loueurs de vélos.

AGENDA

Festival de la boue (juillet) – À Boryeong (Boryeong Mud Festival) durant neuf jours, la station touristique connaît alors son pic de fréquentation. 1,5 million de personnes (dont la moitié sont des touristes et des expatriés anglo-saxons) vont se rouler dans la boue sans perdre la face pour autant. La boue est ici le meilleur des cosmétiques. On la vend sous forme de shampoing, savon, etc. Voir aussi *www.mudfestival.or.kr.*

Grand festival de Baekje (mi-sept.-mi-oct.) – Voir l'*Agenda* de *Nos adresses* de Gongju p. 387.

Gongju 공주

★★

114 870 habitants – Province de Chungcheongnam-do

On imagine mal que cette petite ville assoupie, coupée en deux par le fleuve Geum, fut l'une des grandes capitales de la dynastie Baekje. Gongju, qui s'appelait alors Ungjin, connut son apogée sous le règne de Muryeong (501-523). Mille cinq cents ans plus tard, c'est encore grâce à ce roi que la ville sortit de sa torpeur, au hasard de travaux de drainage effectués sur le site funéraire royal. En cette année 1971, on y découvrit la tombe inviolée du 25e monarque de la dynastie Baekje. La sépulture se révéla un trésor. Pas moins de 2 900 pièces furent exhumées. Cet inventaire archéologique exceptionnel a depuis marqué le destin de Gongju. Un patrimoine classé depuis 2015 par l'Unesco. Partout les musées déménagent, s'agrandissent. La forteresse reprend possession de ses pierres. Gongju se redresse, campée sur ce passé dont tout Coréen est fier et qui attire jusqu'aux Japonais soucieux de comprendre comment le royaume de Baekje forgea cette culture qui influença leur civilisation.

NOS ADRESSES PAGE 386
Hébergement, restauration, achats, activités, etc.

S'INFORMER

Offices de tourisme – *Rive sud de la rivière Geum, à deux pas de l'entrée de la forteresse Gongsanseong - ✆ (041) 856 7700 - www.gongju.go.kr et tour.gongju.go.kr - 9h-18h.* Autre bureau - *Passage menant à la tombe du roi Muryeong - ✆ (041) 840 2548 - 9h-18h.* Sur l'un ou l'autre des deux sites, il y a toujours quelqu'un qui parle anglais et avec lequel vous serez mis en relation. Aussi un petit comptoir à la gare routière. *Informations : ✆ 1330*

SE REPÉRER

Carte de région B2 (p. 356-357) – Gongju se situe à 135 km au sud de Séoul, à 40 km de Cheonan et à 40 km au nord-ouest de Daejeon. La rivière Geum coupe la ville en deux. Au sud de la rivière se trouve la partie ancienne et touristique où reposent les sépultures de la dynastie Baekje. Au nord, la ville récente avec toutes ses commodités modernes : gare routière, cafés, supérettes, banques, motels, *love hotels*…

À NE PAS MANQUER

Une balade au coucher de soleil sur les remparts de Gongsanseong ; les tombes royales ; le musée national de Gongju. Un dîner au Gomanaru.

ORGANISER SON TEMPS

Comptez 2 à 3 journées. La première pour visiter Gongju. Les autres pour les temples de Magok et de Gap.

AVEC LES ENFANTS

Assister à une répétition de *pansori* ou à la relève de la garde au pied de la forteresse ; participer au Festival culturel de Baekje en octobre.

La forteresse de Gongju s'étend sur près de 3 km.
KTO

Se promener

★ LA RIVE SUD

Comptez une journée. Rendez-vous sur la rive sud du fleuve Geum, juste à gauche du pont. On pénètre dans la forteresse par Geumseoru, la porte sud.

★ Gongsanseong 공산성

(041) 856 7700 - mars-oct. : 9h-18h ; nov.-fév. : 9h-17h - 1 200 ₩.

La forteresse, réduite aujourd'hui à une longue muraille, domine la rive sud du Geumgang, le troisième plus long fleuve de Corée. Une défense naturelle et position stratégique pour le roi Munju (475-477) contraint, face à la progression des armées du royaume du Nord, de déplacer sa capitale Hanseong *(approximativement l'actuelle Séoul)* plus dans le sud de la péninsule. En 475, la nouvelle capitale du Royaume de Baekje s'établit à Ungjin, région de Gongju. Pendant près de sept décennies, la forteresse va défendre la capitale contre la dynastie Goguryeo jusqu'à ce qu'en 538, le nouveau roi Seong (523-554), l'un des fils de Muryeong, décide à son tour de transférer le siège du royaume à Sabi, l'actuelle ville de Buyeo *(voir p. 371)*.

Originellement en terre, la muraille a été restaurée dans un appareillage de pierre telle qu'elle avait été rénovée pendant la période Joseon (1392-1910) sous les règnes des rois Seonjo et Injo. S'étirant sur près de 3 km, elle court sur la colline présentant, au gré de nombreux pavillons, quelques beaux **points de vue** sur le fleuve et Gongju. C'est là les principaux attraits de ces pavillons intégralement restaurés. À l'intérieur de l'enceinte, différentes promenades circulent au milieu des bois composant un parcours champêtre très couru, particulièrement au printemps quand les arbustes fleurissent.

Venez aussi assister à la **relève de la garde royale** paradant en habit d'époque devant la porte Geumseoru *(d'avr. à oct. sf juil. et août : sam.-dim. ttes les h entre 11h et 16h - environ 10mn)*.

★ Les tumuli Songsanri 송산리고분 et la tombe du roi Muryeong 무령왕릉

Prenez les bus n° 101 ou 125 (ttes les 15mn - 5mn - 1 400 ₩) ou 20mn à pied. En taxi, comptez 2 000 ₩. Muryeongwangneung - ☏ (041) 856 3151 - 9h-18h - 1 500 ₩. Audioguide en anglais, gratuit (application à télécharger).

La visite se fait en deux temps. On pénètre d'abord dans le **musée** (à ne pas confondre avec la petite exposition du Woongjin Baekje Museum - *gratuit* - semi-enterrée à l'entrée du site) où ont été reproduits grandeur nature quelques-uns des tombeaux royaux de la dynastie Baekje. Les sixième et septième tombeaux sont structurés tous deux par un tunnel débouchant sur la chambre funéraire pavée de briques, estampillée de lotus *(voir encadré p. 374)* et assortie pour la première d'un dessin mural représentant les dieux protecteurs des quatre points cardinaux : *Cheongnyong* le dragon bleu pour l'est, *Baekho* le tigre blanc pour l'ouest, *Jujak* le phénix pour le sud et *Hyunmu* la tortue noire pour le nord. Jouxtant l'arrière du musée, on découvre une colline verdoyante et fleurie, bosselée de tumuli, des tertres artificiels sous lesquels ont été construits les tombeaux *(inaccessibles aux visiteurs)*. Au total, sur une dizaine que compterait le site, sept tombes ont été pour l'heure exhumées. La dernière découverte et de loin la plus importante est celle du roi Muryeong (461-523). Selon les inscriptions figurant sur la pierre tombale, le roi aurait été inhumé deux ans après sa mort, le 12 août 525. Son épouse, placée sur son flanc droit, tête orientée vers le sud (Royaume de la Mort chez les hindouistes), aurait rejoint le roi en 529, soit trois ans après son trépas. Pas moins de 2 906 pièces sont répertoriées dont une douzaine ont été désignées comme Trésors nationaux (boucles d'oreilles, colliers, miroirs de bronze, oreillers de tête et de pied). Des reproductions de ces pièces sont visibles dans les vitrines attenantes aux tombeaux. Pour voir les originales, il faut se rendre au musée national de Gongju *(voir plus bas)*.

De la partie la plus haute du parc, vous profiterez d'une superbe **vue★** sur Gongju, la forteresse et le fleuve.

En sortant du site, prenez à droite, longez Gomanaru-gil en laissant le stade sur la gauche puis tournez à droite au niveau du Gongju Hanok Village.

★ Gongju National Museum 공주국립박물관

Jeongjisa-gil 30 - ☏ (041) 850 6300 - gongju.museum.go.kr - lun.-vend. 9h-18h, sam.-dim. 9h-19h (avr.-oct. sam. 21h et dernier merc. de chaque mois 21h) - gratuit - audioguide en anglais (gratuit). Prenez le bus n° 8. Terminal devant l'entrée. Ou, des tombes, marchez 10-15mn à travers le parc. Cette énorme bâtisse un peu

LES DÉFUNTS N'ONT PAS MAUVAIS ESPRIT

Paix, longévité, félicité, étaient le sort que tout sujet du royaume de Baekje entendait réserver à ses défunts. Encore fallait-il les tenir à distance des esprits malfaisants. Pour conjurer ces superstitions importées de Chine, des créatures surnaturelles étaient appelées en renfort sous forme de dessins ou d'objets placés aux côtés des morts. Dans ce panthéon bénéfique, les *dokkaebi* identifiables à leurs bras tendus sous des bouches grandes ouvertes criblées de dents pointues étaient au premier rang. L'autre créature mythologique était le *girin*, cousin du *qilin* chinois, animal chimérique connu en Occident sous le nom de licorne auquel on associait le dragon, le phénix, le tigre et la tortue. Cinq éléments symboliques dont les correspondances étaient essentielles à cette configuration géomantique apportant paix, longévité et félicité.

LE ROI MURYEONG

Muryeong (461-523) a 40 ans quand il doit en 501 succéder à son père assassiné : le roi Dongseong (479-501). Le 25e roi de la dynastie Baekje, connu aussi sous le nom de Buyeo, va gouverner pendant 23 ans. Pour cela, il fait preuve d'un grand sens tacticien. Il s'allie à la dynastie rivale de Silla pour neutraliser le troisième et grand Royaume du Nord qu'est alors la lignée Goguryeo. Cette stabilité fait prospérer le royaume qui, grâce à sa position géographique le long de la mer Jaune, va jouer un rôle de passeur entre la Chine et le Japon. Mais il va faire plus que cela. Car ce n'est pas la culture chinoise que le royaume va transmettre au Japon, mais une culture indo-chinoise transformée par les différentes aires géographiques et culturelles qu'elle a traversées. Le royaume de Baekje est l'ultime creuset dans lequel vont se fondre les nouvelles inspirations artistiques ; celles-là même qui vont impacter le Japon à l'époque Asuka (538-710).

austère a été ouverte en 2004 afin de réorganiser l'ensemble des collections consacrées à la culture de la dynastie Baekje après la découverte de la tombe du roi Muryeong. Aujourd'hui, ce sont plus de 20 000 objets dont 19 Trésors nationaux qui sont exposés au travers d'une belle présentation. Les salles de la première galerie sont exclusivement dédiées aux objets provenant de la tombe royale. Parmi ceux-ci, exécutés il y a 1 500 ans, boucles d'oreilles, diadèmes, **bracelets en argent**, **miroirs en bronze★★★**, illustrent le faste du royaume et la grande virtuosité de ses artistes influencés au départ par les Wei du Nord (386-535), dynastie turco-mongole de la Chine du Nord. Cette influence, on la retrouve dans la sculpture beaucoup plus insolite de cet animal en pierre appelé **Seoksu★★★**. Gardien protecteur de la tombe royale dans laquelle il fut retrouvé, il reflète aussi cette tradition funéraire importée de Chine. La seconde galerie égrène au fil de ses cinq salles tout ce qui témoigne de l'histoire et de la culture de la région du Chungcheongnam, à partir de l'ère paléolithique jusqu'à l'unification des Trois Royaumes. Parmi les pièces les plus remarquables, ces deux Trésors nationaux : un **Avalokitesvara★★★** en bronze doré (« Avalokitesvara » signifie en sanckrit le « Seigneur qui regarde d'en haut » et personnifie le dieu de la Miséricorde dans le bouddhisme Grand Véhicule) ou ce **bouddha assis en pierre★★**, exécuté pendant la période du Grand Silla (668-935) progressivement imprégné par ce bouddhisme qui se répandait en Corée depuis le 4e s.

Comptez 3 800 ₩ en taxi pour retourner à l'Intercity Terminal Bus.

★ LA RIVE NORD

Difficile d'accès en bus, la maison se situe à l'est de Gongju à environ 7 km du centre. Le plus simple est de visiter la maison dans le cadre du Gongju City Tour (voir Nos adresses). Le programme changeant souvent, il est impératif de se renseigner d'abord auprès de l'office de tourisme. Comptez 7 000 ₩ en taxi.

★ Park Dong-jin Pansori Training Center 박동진판소리전수관

(041) 856 7770 - www.parkdongjin.com - tlj sf lun. 9h-18h (déc.-fév. 17h) - gratuit. La visite ne vaut que si l'on peut assister à des démonstrations de pansori. *Généralement, les répétitions se tiennent le mardi à 11h et le week-end à 15h dans le cadre du Gongju City Tour.*

Attenant à la maison natale *(elle ne se visite pas)* de l'un des plus célèbres chanteurs de *pansori*, Park Dong-jin (1916-2003), le petit musée présente la vie et l'œuvre originale de ce chanteur très populaire qui renouvela en profondeur l'histoire du *pansori* moderne *(malheureusement peu d'explications en anglais)*. La popularité de Park Dong-jin repose essentiellement sur deux choses : une énergie hors du commun. Il pouvait rester plus de huit heures sur scène pour chanter intégralement la pièce de *pansori* choisie. Quand on sait que l'acteur chanteur de *pansori*, le *kwangdae*, qui a pour seul accessoire un éventail, doit conter, raconter, chanter, jouer, interpréter, mimer la gestuelle de tous les personnages qu'il incarne en alternant passages parlés et chantés au seul rythme du *gosu* qui frappe son tambour *(buk)*, on mesure la performance physique (il n'y a pas d'entracte dans le *pansori*, à l'exception des brèves exclamations ou onomatopées du *gosu*, qui en soulignant les performances du chanteur, lui permettent de reprendre son souffle). L'autre aspect de sa popularité tient au fait qu'en dépit de sa culture érudite, Park Dong-jin n'hésitait pas à raconter des histoires drôles parfois osées, voire salaces. S'il supprimait la pompe, sa technique de chant ne pouvait jamais être prise en défaut. Improviser des bons mots était aussi pour lui une manière de populariser son art, de se rapprocher du public tout en éprouvant sans cesse ses techniques respiratoires et vocales. Park Dong-jin appartient à la catégorie des *Aniri Gwangdae*, ces chanteurs de *pansori* qui privilégient la récitation *(aniri)* et le trait d'esprit *(jaedam)* sur le chant ou le bruit *(sori)* *(voir aussi encadré p. 296)*.

À proximité Carte de région p. 356-357

★ PÉRIPHÉRIE DE GONGJU

Comptez une demi-journée voire une journée si l'on veut suivre quelques chemins forestiers.

★ Magok-sa 마곡사 B2

À 25 km au nord-ouest de Gongju. Prenez le bus n° 707 (7h-20h50 - 45mn - 2 400 ₩ AR) au Local Bus Terminalsitué dans la partie sud de Gongju - (041) 481 6221 - www.magoksa.or.kr - du lever au coucher du soleil - 2 000 ₩.

Ce temple situé sur le versant sud du mont Taehwa aurait été construit en 643 sous le règne du roi Euija (641-660), le dernier monarque de la dynastie Baekje. Copieusement restauré depuis, le temple vaut davantage pour son environnement naturel que pour la patine de ses charpentes. Le site a d'ailleurs souvent été décrit comme symbolisant le *Taegueuk*, ce premier état de l'univers durant lequel le yin et le yang étaient en parfaite harmonie. Magok-sa appartient à la secte Jogye qui rassemble 90 % des bouddhistes coréens.

Du temple, trois chemins mènent jusqu'aux sommets environnants. Le plus long *(7 km - 3h30)* passe par Nabalbong (417 m) puis par Hwarinbong (423 m).

★ Gap-sa 갑사 B2

À 19 km au sud-est de Gongju. Prenez le bus n° 320 direction Gap-sa au Local Bus Terminal situé dans la partie sud de Gongju (7h-22h - 45mn - 2 200 ₩ AR) - (041) 857 8981 - 8h-18h - 2 000 ₩.

Accessible en 15mn de marche depuis l'entrée, le temple est moins prisé que l'écrin montagnard dans lequel il se dresse. Ce temple bouddhique fut pourtant l'un des plus importants à l'époque du Silla unifié. Témoigne de sa grandeur passée une magnifique cloche en bronze du 16e s. Aux divinités bouddhiques du temple principal font écho les divinités chamaniques (Chilseong, Sansin et Dokseong) du temple secondaire beaucoup plus modeste.

De Gap-sa, on peut grimper directement sur Sambulbong en croisant la cascade (*pokpo*) Yongmun et le petit ermitage Sinheungam (*3 km - 2h45*).
Pour aller sur Donghak-sa, voir Gyeryong-san National Park p. 364.

CHEONAN 천안 B2

Située à près de 100 km au sud de Séoul *(en 1h par le métro, ligne 1)*, accessible en une demi-heure depuis Gongju par le KTX *(Gyeongbu Line ou Honam Line, Station Cheonan)*, Cheonan *(www.cheonan.go.kr)* est une ville en pleine ascension. Attisée là aussi par une frénésie consumériste, la ville, passablement turbulente dès la nuit tombée, possède une excellente galerie d'art contemporain et le plus grand musée coréen dédié à l'indépendance de la Corée. C'est en effet à Cheonan qu'a pris naissance le mouvement de l'indépendance du 1er mars 1919. Cette manifestation se solda par une terrible répression qui fit plus de 7 000 victimes.

★ Arario Gallery 아라리오 갤러리

43, Mannam-ro, Dongnam-gu, à la sortie du Bus Terminal - ✆ (041) 551 5100 - www.arariogallery.co.kr - 11h-19h (fermé un jour par mois, voir le site pour le calendrier) - 3 000 ₩.
Cette galerie internationale (*présente aussi à Séoul, Jeju et Shanghai*) est à l'angle du carrefour le plus passant de Cheonan. L'immense buste d'un homme écorché signé Damien Hirst trône dans son cube de verre à quelques mètres de la sculpture humoristique du Français Arman (*Un million de miles*, 1989) symbolisant discrètement la fonction de cette place menant au *Cheonan Express Bus Terminal*. Si vous levez la tête, vous découvrirez un homme assis sur un banc tandis qu'une femme progresse sur une échelle à quelques mètres au-dessus de la rue. Au-delà de ce packaging bien pensé, la galerie présente des artistes coréens de tout premier plan comme Lee Hyung-koo ou Won Seoung-won. Café-restaurant au rez-de-chaussée.
Devant le Cheonan Express Terminal Bus, prenez le City Bus n° 400 (env. 35mn - 1 200 ₩). En taxi : 20mn, 13 000 ₩.

★★ Independence Hall of Korea 독립기념관

230 Namhwa-ri, Mokcheon-eup - ✆ (041) 560 0114 - global.i815.or.kr/en - mars-oct. : 9h30-18h ; nov.-fév. : 9h30-17h - gratuit.
Cet immense musée a été construit pour témoigner de l'une des périodes les plus dures qu'ait connues la Corée à ce jour : l'**occupation japonaise de 1910 à 1945**. Trente-cinq années de colonisation, d'acculturation pendant lesquelles les Coréens ont dû oublier jusqu'à leur langue, leur nationalité, leur identité dans un pays qui n'était plus qu'une ressource économique que les occupants japonais exploitaient au maximum. On estime ainsi que plus de 200 000 Coréennes ont été kidnappées pour servir de « femmes de réconfort », c'est-à-dire d'esclaves sexuelles à l'armée japonaise. C'est l'ensemble de cette histoire qui est expliqué (*en anglais*), parfois mis en scène de façon excessive (scènes de tortures) ou pour le moins surprenante (le visiteur est invité à un *ball-trap* pour tirer sur des soldats japonais). Au fil de ce parcours chronologique et multimédia, on traverse sept bâtiments, chacun organisé autour d'une période historique précise. Les bâtiments 4 et 5 consacrés respectivement au « Cri de la nation » et à la « restauration de la souveraineté nationale » sont particulièrement bien documentés. Et si Séoul et Tokyo ont établi des relations diplomatiques dès 1965, celles-ci sont toujours difficiles. Ce n'est qu'en 2010 que les autorités japonaises se sont officiellement excusées sur la tragédie des femmes de réconfort…

NOS ADRESSES À GONGJU ET SES ENVIRONS

ARRIVER/PARTIR

En bus

Intercity & Express Bus Terminal – Ils sont regroupés dans la partie moderne de Gongju au nord de la rivière *(✆ (041) 855 2319)*. Pour Boryeong *(ttes les 30-40mn - 1h45mn - 7 700 ₩)*, Buyeo *(ttes les 30mn - 45mn - 4 400 ₩)*, Cheonan *(ttes les 20mn - 1h - 5 500 ₩)*, Daejeon *(6h40-22h - ttes les 20mn - 1h - 4 500 ₩)*, Séoul *(6h-23h05 - ttes les 20/30mn - 1h45 - 9 000 ₩)*. Le **Local Bus Terminal** situé sur la rive sud dessert Magok-sa, Gap-sa, Tancheon (auberge de jeunesse), etc.

En train

À bonne distance au sud de la ville, la gare **Gongju KTX** *(accès bus n° 200 - 30 à 50mn - 1 400 ₩)* est desservie par la ligne Honam et donc reliée à Séoul Yongsan *(15/j - 1h04 - 23 800 à 25 100 ₩)*, Gwangju-Songjeong et Mokpo.

TRANSPORT

De part et d'autre de la rivière, la majorité des sites se visite à pied. Du Terminal, comptez 15mn à pour traverser le pont ou 2 000 ₩ en taxi. Autre option : des bicyclettes (vertes) en libre service se louent à l'entrée principale du Terminal *(bike.gongju.go.kr)*.

VISITES

Happy Gongju City Tour – *Offices de tourisme de Gongju - de mi-mars à fin nov., sam. et 2e et 4e dim. du mois- 10h-18h - dép. parking de la tombe du roi Muryeong - 6 000 ₩.*

HÉBERGEMENT

Gongju

PREMIER PRIX

Gongju Youth Hostel – 공주 유스호스텔 – *8-1, Samgeori 1-gil, Tancheon-myeon - du Bus Terminal, prenez le bus n° 220 en direction de Tancheon-myeon Sojaeji - l'auberge de jeunesse est à 5mn à pied de l'arrêt - ✆ (041) 852 1212 - www.gongjuyh.com - 109 ch. 71 500 ₩ (ch. au maxi 10 pers. prix pour 1-4 pers.)*. Relativement excentrée, elle se trouve à une quinzaine de kilomètres au sud de la rivière Geumgang.

BUDGET MOYEN

Kumkang Tour Hotel – 금강관광호텔 – *16-11, Jeonmak 2-gil - ✆ (041) 852 1071 - www.hotel-kumkang.com - 57 ch. 55 000/60 000 ₩*. Situé à 300 m environ à l'ouest de l'Intercity Bus Terminal, sur la rive nord de la rivière Geum, cet hôtel moderne est la meilleure adresse de Gongju. Chambres propres et bien équipées (frigo, Internet, TV). Le petit-déjeuner compris se résume à une collation.

POUR SE FAIRE PLAISIR

Gongju Hanok Village – 한옥스테이]공주한옥마을 – *12, Gwangwangdanji-gil- ✆ (041) 840 8900 - hanok.gongju.go.kr - 57 ch. à partir de 100 000 ₩*. Situé à quelques pas du Gongju National Museum, ce village « traditionnel » (une reconstitution datant de 2010) allie confort et découverte. Dans un grand jardin, les maisons de toutes tailles sont réparties pour accueillir les groupes et les voyageurs individuels (idéal pour les famille). Chauffage au feu de bois, nuits sur *ondol*, restaurant, initiation à la préparation du thé ou des spécialités à base de châtaignes.... Petit bémol, la forte affluence en haute saison.

Magok-sa

Vous pouvez passer la nuit au sein du temple *via* le programme

Temple Stay. Pour une nuit et deux jours (cérémonies, repas), comptez 50 000 ₩. Infos et réserv. : ✆ *(041) 841 6221 ou 010 8717 6639 - eng.templestay.com.*

PREMIER PRIX

Magok Motel – 마곡모텔 – *855, Magoksa-ro, Sagok-myeon - ✆ (041) 841 0047 - www.magokmotel.com* - *25 ch. 40 000/50 000 ₩.* Ce motel porche du temple propose des chambres bien entretenues, un spa et une *hot-line* en anglais.

Cheonan

POUR SE FAIRE PLAISIR

Cheonan Metro Tourist Hotel – 천안메트로관광호텔 – *241-11, Daeheung-ro, Dongnam-gu - ✆ (041) 622 8211 - www.hotelmetro.co.kr* - *- wifi - 50 ch. 80 000/130 000 ₩*. Visible sur votre gauche en sortant de la gare, l'hôtel est généralement pris d'assaut par les hommes d'affaires. Chambres confortables (connexion Internet), service Limousine pour l'aéroport. Le personnel parle anglais.

RESTAURATION

Gongju

BUDGET MOYEN

Gomanaru Dolssambap – 고마나루돌쌈밥 – *5-9, Baengmigoeul-gil - En face du Gongsanseong - ✆ (041) 857 9999* Dans un cadre rustique, on savoure en tailleur l'une des cuisines les plus réputées de Gongju. Les spécialités privilégient les cultures du terroir comme le *Ssambap* (riz et viande enveloppés dans des feuilles de salade), les *dolsotbibimbap* (riz, légumes, œufs servis dans une marmite en fonte), le canard fumé ou encore les *bul-gogi*, viande de bœuf marinée puis jetée sur le gril… accompagnée de légumes et de fleurs sauvages.

Magok-sa

BUDGET MOYEN

Taehwa Sikdang – 태화식당 – *10, Magoksangga-gil, Unam-ri, Sagok-myeon - face au terminal des bus - ✆ (041) 841 8020 - 8h30-20h30* - *- 8 000/15 000 ₩*. C'est la cantine préférée des randonneurs. Ambiance garantie le dimanche. Plats coréens traditionnels copieux, bons et pas chers.

ACTIVITÉS

En vélo le long de la rivière Geumgang, voir p. 379.

AGENDA

Compétition de pansori – *(juillet)* la plus grande compétition de *pansori* du pays.

Grand festival de Baekje (mi-sept.-mi-oct.) – Co-organisé par les deux anciennes capitales, Buyeo et Gongju, ce festival annuel fait revivre la gloire de la dynastie Baekje. Reconstitution de scènes historiques comme la bataille de *Hwangsanbeol* (un millier d'acteurs), parades illustrant le faste de la dynastie, jeux d'époque, etc., le tout dispersé sur de nombreux sites. *www.baekje.org/html/en/*

Festival des châtaignes (de fin sept. à début oct.) – Avec 12 % de la production nationale, Gongju est le 1er producteur de châtaignes du pays. Son festival est très couru des Coréens qui participent à la récolte *(env. 10 000 ₩ les 3 kg ramassés)*, apprennent à cuisiner l'un de ces nombreux plats comme le *bammukchaebap* (riz et légumes mixés servis avec une confiture de châtaigne), le *bampajeon* (gâteau aux châtaignes) accompagné d'une rasade de *bammakgeoli* (liqueur de châtaignes).

님 오신날
오신날

COMPRENDRE LA CORÉE DU SUD

Festival des lanternes de Séoul.
A. Pistolesi/hemis.fr

Avant-propos

Rassemblez ce que vous connaissez de la Corée. Division, guerre, régimes autoritaires, Jeux olympiques de 1988 et 2018, une Coupe du monde de football en 2002, et puis le « made in Korea » des années 1970 et 1980, remplacé par le savoir-faire technologique des Samsung, LG (Lucky Goldstar) ou Hyundai… Mais encore ? Un peuple de travailleurs, une société qui vit sous pression et exprime son mal-être dans des films superbes et violents… Les plus informés citeront le kimchi, le taekwondo, une patineuse ou un footballeur, ou peut-être un titre de K-pop coréenne, nouvelle industrie culturelle destinée au marché mondialisé via des refrains simplistes et entêtants. Au-delà de ces quelques bribes informatives, vous réaliserez que ce savoir fragmentaire est loin de faire un pays. C'est alors que commencera pour vous un vrai voyage, non pas une translation dans l'espace, mais un exercice de décentrement où vos préjugés (ou votre absence de préjugés !) seront mis à mal. Pour cela, la Corée, méconnue et à découvrir, fascine ceux qui y vont. Certes, les amateurs d'exotisme facile seront déçus par l'hyper-modernité de Séoul et le développement du pays. Mais si vous vous donnez la peine de dépasser les apparences vous découvrirez l'inattendu : un pays.

La Corée est une vieille nation qui a lutté et lutte encore pour maintenir son indépendance et confirmer son identité. C'est aussi par son histoire récente, faite d'impulsions frénétiques et souvent douloureuses, un pays jeune qui cherche à oublier, à tirer revanche du passé, prêt à tous les sacrifices du présent pour se créer un avenir, quitte parfois à y perdre son âme… Vieille terre de géomanciens et de chamans, que les esprits n'ont pas encore abandonnée, la Corée recèle une énergie communicative. Vous ne pourrez qu'être sensible au dynamisme de ce peuple chaleureux, qui sera certainement votre premier sésame. Les Coréens sont bien sûr complexes et ne sont pas que ce sourire accueillant qui vous séduira de prime abord. Il y a bien des dysfonctionnements cachés au cœur de cette société qui a pu se développer si vite qu'elle a multiplié son PIB par 35 en 50 ans… Elle paye bien sûr le prix social de la vitesse à laquelle elle est passée d'un pays pauvre à la sortie de la guerre, un des plus démunis de la planète, à un des « dragons » asiatiques qui inquiètent les grandes puissances. Il faut modérer le tableau parfois trop idéaliste qui nous est présenté de ce « modèle » de réussite et d'excellence.

Mais déjà, le voyage vous emporte plus loin que vous ne l'auriez pensé, vers un pays et ses tensions vives, sa belle épaisseur.

Ainsi, au-delà des clichés de l'orientalisme contemporain qui fantasme sur une Asie du Nord à la fois voulue comme miroir et comme repoussoir, vous commencez à sentir que sur cette

Jaman Mural Village, à Jeonju (Jeolla-do).
F. Soreau/age fotostock

petite péninsule, il y a le terrain propice à ces clichés (suivisme du néo-confucianisme, sociétés vouées au travail et à la cause commune, mal-être contemporain, hyper-matérialisme, fascination technologique, nationalismes, etc.), mais aussi à bien autre chose. Quelque chose qui se fait et se défait en permanence, comme si la Corée du Sud contemporaine avait vocation de laboratoire de notre monde moderne, de ses excès, et qui sait, de ses vertus.

Longtemps fermée aux étrangers, dévalorisée par son voisinage auprès des géants chinois et japonais, malmenée par l'histoire, la Corée redécouvre son potentiel touristique. Il faut visiter Séoul – et aussi savoir quitter Séoul : la province, de mieux en mieux équipée, mise en valeur, offre une infinité de voyages. Culturel, historique, sportif, écologique, le patrimoine est riche et varié : saviez-vous que la péninsule compte plus de la moitié des mégalithes du monde ? Auriez-vous pensé y skier ou faire du thermalisme ? Et vous pouvez aussi y croiser des empreintes de dinosaure, escalader des volcans éteints, méditer dans des temples centenaires, séjourner dans de petits villages pris dans le temps, et plus encore.

C'est donc à différents « voyages » que le « pays du matin calme » vous invite. L'excursion hors des sentiers battus par les tours-opérateurs se mérite, certes. Mais la surprise et le plaisir y sont à la hauteur de l'effort. Je vous souhaite de vous y perdre un peu et que l'excursion soit délicieuse…

La Corée du Sud aujourd'hui

Le « miracle du Han », ainsi que l'on nomme l'incroyable réussite économique et commerciale de la Corée du Sud depuis les années 1970, n'a pas fini de fasciner l'Occident, tout comme les avancées du « dragon » coréen l'inquiètent. Ce succès grandissant, confirmé par la Korean Wave, ou vague des produits culturels coréens qui a balayé l'Asie depuis les années 2000, repose sur un modèle gagnant unique qui ne peut être compris indépendamment des spécificités de la société coréenne. Derrière les images de « dynamisme » et d'excellence, il ne faut pas négliger les complexités de cette société façonnée par l'idéologie néo-confucianiste et la poigne des régimes militaires qui se sont succédé au 20e s. Elle est à la fois battante et victime d'un mal-être profond qui, entre autres sape son avenir en termes démographiques. Derrière le miracle, des individus payent parfois cher le prix du sacrifice. Car la Corée est une terre de contrastes, aussi matérialiste que religieuse, avec des ressorts parfois très sectaires comme l'Église de l'unification plus connue sous le nom de secte Moon et que dirigeait Sun Myung Moon, décédé en 2012. Pas moins de 30 000 fidèles en larmes étaient présents aux obsèques de ce gourou très controversé… Si la Corée du Sud tire certainement son incroyable réussite de ces contradictions, gageons qu'elle y trouvera aussi la clé pour répondre aux défis de l'avenir.

La société coréenne

La Corée est une société fascinante à découvrir et observer, prise entre un héritage culturel ancien et une furieuse envie de prendre sa revanche sur une histoire douloureuse. Cet héritage mais aussi ce déchirement sont à considérer si l'on veut comprendre autant les forces que les dysfonctionnements qui la façonnent.

L'HÉRITAGE NÉO-CONFUCIANISTE

S'il est un élément que vous ne pourrez pas ignorer en Corée, c'est bien celui de l'héritage néo-confucianiste. Cette idéologie, telle que définie en Chine dès le 12e s., fut adoptée par le royaume de Joseon (1392-1910) non sans de nombreuses résistances. Il fallut des siècles pour que la société coréenne devienne « confucianiste ».
D'ailleurs, l'a-t-elle jamais été aussi totalement qu'on veut bien le croire ? Il semblerait plutôt que l'entrée dans la modernité, la chute de la monarchie et de l'ancienne aristocratie, la colonisation japonaise aient accéléré l'occidentalisation de ces valeurs et pratiques dites confucianistes. C'est peut-être en fait le 20e s. qui aura été le plus systématiquement néo-confucianiste en Corée, surtout avec les régimes militaires qui se

succédèrent des années 1960 aux années 1980 en cultivant ce qui pouvait être utile dans ces valeurs conservatrices et régulatrices. Le néo-confucianisme regroupe en effet un ensemble de prescriptions d'ordre éthique visant à réglementer les rapports entre individus pour le bon fonctionnement de la société, en particulier dans l'optique de la consolidation du pouvoir en place. L'harmonie à atteindre constitue l'archétype dominant, une harmonie dynamique entre les contraires. Au niveau liturgique, les rites sont là pour confirmer les liens entre les hommes et le ciel, les vivants et les morts. Au niveau humain, des règles de base sont aujourd'hui encore au fondement de la psyché confucéenne locale.

Une société hiérarchisée

Le *samgang oryun* (trois liens et cinq relations cardinales) résume les relations de base à respecter : allégeance du sujet au souverain, respect des enfants envers leurs parents, de l'épouse à son mari ; relations de loyauté et justice envers le roi, de piété filiale et de soin envers les parents, de séparation des devoirs entre homme et femme, d'ordre entre aîné et cadet, de confiance entre amis. Au sommet domine la figure patriarcale : roi, président, père, aîné, patron, etc. L'individu est défini constamment par rapport à ces relations de subordination et de respect. Seuls les « amis » (personnes du même âge, en général de la même promotion) peuvent envisager des rapports d'égalité. L'âge est la clé de cette hiérarchie, et non pas (seulement) la fonction ou la position réelle. L'ensemble aide à asseoir l'autorité, gage d'un certain « conformisme » social. Les aspects négatifs sont la promotion par l'ancienneté plus que par le talent, l'absence de communication entre générations, l'étouffement de la créativité, etc.

Séparation homme/femme

L'homme et la femme, tels le yin et le yang, sont complémentaires mais essentiellement différents. Dans les textes, il est recommandé qu'ils soient maintenus « séparés ». Il y a au fond une certaine dépréciation du « féminin », élément yin nécessaire, mais négatif et potentiellement dangereux. On dit la société coréenne très machiste. Les chiffres hélas le confirment. Parmi 21 pays de l'OCDE, la Corée détient le triste record du plus grand écart de salaire entre sexes, les femmes gagnant en moyenne 38 % de moins que leurs homologues masculins. Pour les tâches ménagères, les hommes aident les femmes 30mn par semaine en moyenne quand, en Europe, ils y passent 2h30. La proportion de femmes actives est de 50 % quand la moyenne de l'OCDE oscille entre 60 et 70 %, etc. Cela crée deux mondes aujourd'hui encore à réconcilier…

Un monde de titres et fonctions

Tout cela explique une dimension souvent opaque aux yeux des Occidentaux, celle des titres donnés aux individus. Le nom propre n'est guère utilisé qu'en rapport d'infériorité (parents, aînés) ou d'égalité (amis du même âge). Dans tous les autres cas, on utilise les titres indiquant le rapport qu'entretient la personne avec son entourage : oncle (*ajeossi*), tante (*ajuma*), grand frère, grande sœur, cadet, puîné, ou marquant sa fonction sociale : directeur, étudiant, professeur, etc. Cela confirme l'importance de la hiérarchie dans la société, puisque la langue elle-même la requiert et qu'il est difficile de s'adresser à quelqu'un en ignorant ces éléments. Dans le couple, par exemple, les époux ne s'appellent jamais par leurs prénoms mais se donnent du « chéri », ou sont appelés par des formules comme « père de X » suivi du nom du premier enfant. Cela montre à quel point le lien social est essentiel dans la définition de l'individu et permet de comprendre la place d'une institution comme le mariage.

Importance du mariage...

Élément traditionnel hérité de l'ancien temps, le mariage donne à la femme une place dans la société. Mais, avant d'être l'union de deux êtres libres qui souhaitent créer un foyer, il est surtout un pacte entre deux familles. Aujourd'hui encore, il est l'un des rites obligés du passage à l'âge adulte. Non marié, l'individu est vite stigmatisé, tel un paria ou un anormal. Avec l'augmentation de l'âge du mariage due à la vie moderne, la course au conjoint parmi les trentenaires tourne à l'obsession. On a donc toujours recours à des entremetteurs, des *meetings* ou rencontres arrangées, même si désormais le modèle rêvé est celui du mariage d'amour... Et dans les campagnes, la pénurie de candidates pousse les hommes à recourir au mariage international (souvent avec des femmes d'Asie du Sud-Est). Ce clivage entre injonction sociale et aspiration personnelle explique en partie pourquoi, comme partout, le nombre de divorces est de plus en plus élevé en Corée, d'autant que les hommes et les femmes ne pouvant vivre ensemble avant d'être mariés, la désillusion est d'autant plus forte après...

Et l'envers du décor

Un des effets secondaires de l'échec du mariage est à chercher la nuit dans les alcôves, un secret parmi les plus cachés du pays. Dans la configuration encore prévalente où le couple est un pacte visant à construire une famille, l'épouse est surtout vue comme une mère. Une fois son rôle rempli, les hommes ont alors souvent recours à des professionnelles pour la galanterie. Les rues de Séoul, à qui sait lire le coréen, sont émaillées de ces commerces borgnes, officiellement interdits par la loi, mais avec pignon sur rue : salons de massage (*anma*), karaokés avec hôtesses (*dallanjujeom*), business clubs (*room salons*), etc. On en dénombre officiellement 45 000 dans le pays, mais certainement bien plus dans les faits. La plupart des motels, les *love hotels* (*yeogwan*) servent à abriter les amours des jeunes couples non encore mariés, mais aussi les relations extraconjugales. Beaucoup, sans être en rien des maisons closes, facilitent l'accès à des prostituées joignables par téléphone. Signe des temps, ces services sont aussi disponibles pour les femmes. Selon différentes études, l'argent lié au commerce du sexe représenterait entre 4 et 6 % du PIB, des chiffres à manier avec prudence tant cette industrie prospère est opaque.

La condition féminine

Elle n'est pas très reluisante à l'aune d'un confucianisme qui nourrit toujours une profonde discriminination envers les femmes. L'épouse doit obéir à son mari. Et depuis la crise économique de la fin des années 1990, les femmes beaucoup plus touchées que les hommes se doivent de prendre un mari à défaut de trouver un emploi (58 % des 20-29 ans arrêtent de travailler lorsqu'elles se marient). Ce phénomène, qui s'est accru ces dernières décennies, voit fleurir nombre d'hôtesses de bar, les *nagayo girls*. La compétition est dure pour survivre (emploi ou mari). On ne compte plus le nombre de jeunes filles recourant à la chirurgie.

MAL-ÊTRE AU PAYS DU MATIN CALME

Ces différents éléments qui garantissent la cohésion du peuple

Rituel confucianiste dans le sanctuaire Jongmyo à Séoul.
M. Verin/Photononstop

coréen sont donc probablement à la source des dysfonctionnements que l'on enregistre de plus en plus et qui ternissent le regard sur l'avenir. La société coréenne reste incroyablement sûre dans son ensemble et quiconque visite Séoul sera surpris par le niveau de sécurité élevé par rapport à d'autres mégalopoles. Cependant, les chiffres sont parfois trompeurs, comme le prouvent les récentes affaires de pédophilie dans le monde : cela dépend aussi beaucoup du regard porté par la société sur les « crimes ». Disons que le vrai souci coréen ne se situe pas pour l'heure, comme ailleurs, dans l'inquiétude sécuritaire. Le mal est plus intérieur.

Tristes records

Depuis quelques années, la Corée du Sud enregistre de tristes records dont elle se passerait bien… Elle affiche le taux de **suicide** le plus élevé de l'OCDE avec 25 cas pour 100 000 habitants en 2015, soit 40 suicides par jour environ, la quatrième cause de mortalité après le cancer, les maladies mentales et les maladies cardiaques… Un phénomène qui a envahi jusqu'au petit écran quand, en 2014, une candidate s'est suicidée sur le tournage d'une émission de téléréalité… Record aussi partagé pour les tentatives de suicide, qui concerneraient 1 % de la population selon une étude récente… Parmi les suicidés célèbres, on pensera à l'ancien président de la République Roh Moo-hyun, au directeur du groupe Hyundai-Asan et fils du fondateur de Hyundai, Chung Mong-hun. Mais cette vague touche toutes les classes et tranches d'âge avec une prévalence auprès des 45-54 ans… Les raisons sont multiples et complexes : pression sociale dans une société très compétitive où l'échec, en particulier scolaire, est redouté car il rejaillit sur la famille ; importance du regard de l'autre ; difficulté à communiquer sur soi et ses difficultés ; mais aussi faiblesse de la prise en charge médicale des troubles psychologiques, faiblesse aussi de la protection sociale, etc. Dans un pays qui à la

différence du Japon ne peut pas vraiment invoquer une tradition tel le *seppuku* ou suicide rituel, ces chiffres inquiétants doivent être pris pour les symptômes d'un mal social à identifier et soigner.
Autre symptôme inquiétant et plus sournois : le rapport ambigu des Coréens à **l'alcool**. Aucune soirée ne peut s'imaginer sans *soju*, cet alcool distillé particulièrement traître que l'on boit cul sec dans des petits verres… Les villes coréennes, même en province, sont très animées la nuit, et comme on se reçoit peu à domicile et que l'on passe beaucoup de temps en groupe (collègues, réunions d'affaires, clubs, associations, etc.), le nombre de débits de boissons est très important. Le nombre de « fantômes » ivres morts à la tombée de la nuit l'est tout autant… Certains chiffres affirment que la Corée serait le deuxième pays le plus alcoolique après la Russie. Quels que soient les records détenus, il n'en reste pas moins que ce mal a un coût social indéniable. D'autant qu'il est rarement diagnostiqué comme tel, les Coréens (mâles) ayant tendance à être plutôt fiers de leur « culture de l'alcool ». C'est en tout cas une soupape importante dans une société où les pressions de tout ordre sont énormes, et les moyens de les alléger rares.

Une société « holiste » confrontée à l'individualisme

C'est que la société coréenne évolue, mais plus vite que les mentalités. Les valeurs coréennes qui fondent la sociabilité sont héritées d'un passé où elles avaient tout leur sens et leur efficacité, mais en ce début du 21e s., elles sont en compétition avec les tendances « mondialisées » typiques des sociétés post-industrielles. Foncièrement, la société coréenne peut être considérée comme « holiste », selon la terminologie de l'anthropologue Louis Dumont : privilégiant la valeur du tout social plutôt que de l'individu. Néanmoins, avec les nouveaux modèles occidentaux que sont la compétition et la société de consommation qui privilégient l'individu comme valeur suprême, cette société holiste vacille sur ses bases. Le groupe est toujours important et moteur. Il est souvent requis comme valeur affective pour mobiliser les citoyens et travailleurs, en particulier dans l'optique nationale quand le groupe est présenté comme en danger. Mais dans la vie quotidienne et intime, surtout pour les enfants gâtés des dernières générations, c'est le culte du moi et de l'intérêt personnel qui comme ailleurs prévaut. Il y a certainement dans cette confrontation entre le « nous » (« notre pays », « notre compagnie », « notre femme », disent les Coréens où nous utiliserions le pronom au singulier : mon, ma) et le « moi » une dichotomie anxiogène. On voudrait vivre libre et insouciant comme dans les sitcoms mais on est toujours sous le pouvoir du *nunchi*, le regard des autres qui juge et régule.
Dans une récente étude de Samsung, les Coréens seraient les plus stressés au travail dans l'OCDE, et aussi les plus insatisfaits (respectivement 87,8 % et 74,4 % de réponses dans ce sens). Une des raisons invoquées serait la tendance à croire que tous les conflits peuvent être résolus par une soirée de travail arrosée…
En réalité, nombreux sont les employés qui refusent de plus en plus cette culture de l'alcool dans le monde professionnel. Parmi eux, les femmes sont les premières à s'en plaindre. Face à une vie professionnelle souvent oppressante, très prenante en temps (2 100h/an en moyenne,

contre 1 400-1 500 en France), les individus ont une vie privée souvent réduite à la portion congrue. Certes, les fonctionnaires et employés des grands groupes ont désormais une semaine de cinq jours, mais le temps libre réel n'est que de quelques heures volées au week-end (en augmentation cependant), et les Coréens sont les habitants de l'OCDE qui dorment le moins… À la maison, la course continue, car il faut s'occuper de l'éducation des enfants, payer leurs cours privés, parfois prendre un deuxième travail pour couvrir ces frais… Les obligations familiales, religieuses, relationnelles en tout genre laissent peu de place au plaisir ou au repos, surtout dans les grandes villes congestionnées. Dans une telle configuration, il n'est pas étonnant que les Coréens aient un tempérament de feu une fois la nuit venue…

Société du vite-vite : refus de la mémoire et de la profondeur historique

Un des premiers clichés qu'apprennent, et non sans fondement, les étrangers en Corée se résume dans l'expression *ppalli ppalli*, vite-vite, dont les Coréens eux-mêmes usent pour se moquer de leur penchant pour la précipitation. Lors d'une première visite, cette « efficacité » ou rapidité et disponibilité de tout et tous à tout moment fascinent et séduisent. Mais le vite-vite a un coût social, humain et finalement économique indéniable. Cette tendance moderne surprend les observateurs, pour qui la Corée du passé était au contraire un monde de lenteur, parfois caricaturé par un farniente à l'orientale, si ce n'est par une certaine paresse comme le remarquait avec morgue Jack London de passage comme reporter. Cela a bien changé. Les Coréens sont entrés dans le monde de la vitesse, et aussi de la fuite en avant. La Corée contemporaine se caractérise par un certain déni du passé. Les lourds héritages de la colonisation, de la guerre et des régimes militaires ont à peine été revisités par la mémoire collective. Le passé n'est acceptable que dans la construction de l'identité nationale, folklorisé ou idéalisé. Mais il dérange et déchire dans sa dimension historique et critique. Est-ce que cette fuite en avant du *ppalli-ppalli* (« on court, on court, mais on ne sait pas vers où », disait un auteur sud-coréen) ne serait pas un moyen d'éviter un devoir de mémoire douloureux ? Ce refus de la profondeur historique est sensible, presque lisible dans les villes elles-mêmes. Le rapport à l'ancien, la manière de « rénover » l'antique par du neuf, la muséification et la folklorisation commerciale du moindre élément patrimonial : partout se voit l'ambition de recréer un passé, propre et moderne, « horizontal » et inoffensif. Cette société qui oublie et fonce tête baissée dans la course aux chiffres et succès économique n'est-elle pas aussi une société qui refoule et se construit sur la frustration ?

Le revers de la médaille

De nombreux accidents sont venus tout récemment ébranler le pays illustrant à la fois incompétence et insouciance, deux réalités auxquelles la Corée ne nous avait pas habitués. En février 2014, l'effondrement du toit d'un auditorium fit une dizaine de victimes et une centaine de blessés à Gyeongju, dans le sud du pays. L'enquête pointa des défauts structurels et lacunes en matière de contrôle ; en octobre 2014, ce fut au tour d'une grille de ventilation de chuter sous le poids des spectateurs lors d'un concert. Là encore, l'absence totale de sécurité fut mis en cause. L'accident le plus grave reste toutefois le naufrage du ferry *Sewol*, le 16 avril 2014. Cette tragédie qui fit plus de 300 morts et disparus (essentiellement des lycéens) incarne à elle seule les différents maux qui rongent aujourd'hui la société coréenne prise dans les rouages de la cupidité. L'entreprise propriétaire du ferry avait privilégié la rentabilité sur toutes autres considérations. Le commandant du ferry est accusé d'homicide par négligence aggravée pour avoir quitté le navire alors qu'il coulait sans se soucier de ses passagers (il a été condamné à 36 ans de prison). L'équipage a été jugé incompétent (n'ayant pas reçu les formations de sécurité réglementaire) ; les services de secours défaillants, ne maîtrisant pas le matériel dont ils disposaient… Cette cascade d'irresponsabilités a fortement secoué les Coréens qui réalisent que leur pays est aujourd'hui, en termes de décès par accident, le premier pays de l'OCDE ; ultime paradoxe d'un régime qui a trop misé sur la dérégulation pour être plus compétitif. La gestion catastrophique de l'ensemble a provoqué la démission du Premier ministre (Chung Hong-won).

À partir de 2015, le « revers de la médaille » coréen prend la forme d'un incroyable scandale politico-financier (sur fond de chamanisme !), entraînant soulèvement populaire, grand déballage médiatique, démissions, destitution, élections… *(voir p. 421)*.

ENTRÉE DANS LA SOCIÉTÉ DES LOISIRS

Comme tous les pays développés, la Corée entre lentement dans une société des loisirs. Le temps libre devient une préoccupation montante, comme le prouvent les revendications et le passage récent à la semaine de cinq jours. L'étude des passe-temps est aussi révélatrice. Si la TV, les jeux vidéo et la navigation sur Smartphone restent majoritaires, s'y ajoutent les arts de la scène, la visite d'expos, de musées. Les week-ends sont de plus en plus l'occasion de sorties à la campagne, comme le prouve le succès des « pensions » ou hôtels de petite taille offrant dans un cadre rural une expérience proche de la maison secondaire. Les sports comme le vélo, le rafting, le ski sont en progression. Les voyages à l'étranger attirent aussi de plus en plus de monde, et pas nécessairement en groupe organisé. Cet attrait pour d'autres styles de vie, plus à l'écoute de l'individu et dédiés au bien-être, apparaît dans les nombreux sujets des médias sur le *bien-être*. Certains datent cette transition de la fin des années 1990, quand le pays est passé d'une approche économique quantitative à une approche qualitative. D'un point de vue sociologique, cela correspondrait à la crise de 1997 dite du FMI qui aurait fait réfléchir les vieilles générations sur le bien-fondé

DES UNIVERSITÉS PRESTIGIEUSES

La Corée du Sud s'est dotée d'un puissant système d'enseignement supérieur. Les trois universités les plus prestigieuses du pays sont : l'université nationale de Séoul, l'université Koryo et l'université Yonsei. Autres établissements très renommés : l'université Hanguk des études étrangères, l'université féminine de Ewha, les universités Hongik et Sogang. Toutes ces universités se trouvent à Séoul qui en comprend au total plus de trente. En province sont basés deux grands instituts : le KAIST (Korean Advanced Institute for Science and Technology) et le POSTECH (Pohang University of Science and Technology).

Les « danji », typiques de l'urbanisme coréen des 50 dernières années.
J. Arnold/hemis.fr

de leur sacrifice. Une certaine remise en cause du modèle des décennies 1970 et 1980 aurait été effectuée. Il y a à parier que cette transformation des mentalités, irrémédiable, sera une révolution lente mais définitive.

Éducation

Nous avons déjà amplement noté l'importance de l'héritage néo-confucianiste. Il conditionne aussi le haut niveau de scolarisation et de formation, l'accent mis sur la recherche, de nombreux atouts pour l'économie, dont le ministère porte le nom de ministère de l'Économie et de la Connaissance…
Avec 82 % des lycéens intégrant une université, 53 % de la population entre 25 et 34 ans ont suivi des études supérieures, un taux bien au-dessus de celui de l'OCDE dont la moyenne est autour de 40 %. De même, 70 % des actifs participeraient à des programmes de formation continue… On a cependant vu que ce rôle exagéré de l'éducation, amplifié par un système privilégiant les cours particuliers dans des instituts privés, conduit bien des familles à des sacrifices très lourds. Les dépenses 2008 dans ce domaine atteignaient 14 milliards de dollars, environ 1,12 million de wons par foyer, chiffre trois fois plus élevé qu'en 2000. Un poids qui grève la consommation des ménages, leur endettement, jusqu'à leur désir d'enfant. La haute compétitivité scolaire n'est pas non plus sans lien avec suicides et états de stress anormalement élevés. Cette « fièvre de l'éducation » est donc tout aussi bien un frein au développement socio-économique, mais, si tout le monde s'en plaint, personne n'ose se rebeller de peur d'en faire pâtir ses enfants…

Population

La Corée du Sud compte 51,6 millions d'habitants (dont 11,8 % de plus de 65 ans) en 2016, pour une densité de population très élevée de 495 hab./km^2.

Mais contrairement aux idées reçues, c'est un pays qui doit sa croissance démographique à l'afflux d'étrangers uniquement. Taux de fécondité très faible et vieillissement de la population sont les deux plus grands défis qui à moyen terme pourraient être un frein à la croissance économique.
Plus de chiffres et statistiques sur *kostat.go.kr.*

LE DÉFI DÉMOGRAPHIQUE

La Corée du Sud aime les records, mais certainement pas celui-ci : avec le taux de fécondité le plus bas de l'OCDE (de 6,2 en 1960 la Corée est passée à 1,1 en 2005, 1,25 en 2015, la moyenne étant à 2,4), la population coréenne va décroître et vieillir si elle ne trouve pas des solutions : elle diminuera dès 2018 et on prévoit le plus fort taux de seniors selon l'OCDE en 2050 (38,2 % de la population !). À terme, cela veut dire une chute terrible de la consommation, une main-d'œuvre déficitaire et aussi une baisse de l'emploi (3 bébés en moins équivalent à 1 emploi en moins). La croissance des années 2040 pourrait ainsi tomber à 1,53 % par rapport aux 5 % actuels. La Corée du Sud moderne s'est construite sur l'idéologie de l'unicité ethnique et du « sang pur ». Ce dogme qui est de moins en moins vrai va devoir être totalement remis en cause : déjà, le pays s'ouvre à l'immigration, par le biais du mariage mixte. Les étrangers représentent investissements et apports de devises, main-d'œuvre, et désormais une solution aux problèmes de natalité. L'estimation de la population en 2009 a ainsi bénéficié d'un afflux d'étrangers qui a permis la croissance relative observée. Mais, pour certains spécialistes, l'immigration n'est qu'un pis-aller et non une solution. On constate d'ailleurs une augmentation des incidents xénophobes, et un afflux soudain poserait des problèmes d'intégration dans une société qui se définit encore par la pureté ethnique. Il faut donc relancer la natalité et un plan a été mis en place pour aider les jeunes parents, découragés par le manque de crèches, le coût exorbitant de l'éducation, etc. Par ailleurs, il apparaît nécessaire de permettre aux couples de retrouver le désir, élément essentiel pour la reproduction. Le président Lee avait proposé pour cela une opération « bureaux fermés » après 17h le vendredi soir… Cela peut faire sourire, mais il est évident que les éléments anxiogènes relevés plus haut sont un frein à la natalité. Et la Corée a besoin d'investir dans une politique familiale : elle ne consacre que 0,4 % de son PIB pour dynamiser la natalité, contre 3,8 % pour la France.
En outre, en tant que société traditionnellement patrilinéaire valorisant les garçons, la Corée a connu le problème du déséquilibre filles-garçons qui s'est un peu résorbé, grâce à l'interdiction officielle de l'annonce du sexe du fœtus et l'évolution des mentalités. Les femmes représentent 49,92 % de la population. Mais, si la proportion des sexes s'est rééquilibrée pour le premier enfant, on constate toujours une forte disparité en faveur des garçons pour les deuxième et troisième naissances, phénomène confirmé par un fort taux d'avortement des femmes mariées (26 % en 2008). Il faut aussi noter que l'espérance de vie en 2015 est de 85,5 ans pour les femmes et 78,8 pour les hommes. La Corée du Sud avait ainsi enregistré entre 1960 et 2006 une augmentation de ces âges de 26,7 ans, la plus spectaculaire progression de l'OCDE.

EXODE RURAL ET RÉGIONALISME

Sociologiquement, les Coréens pâtissent d'une forte densité de population dans les zones hautement urbanisées, un environnement reconnu comme peu favorable à une haute natalité. La Région capitale accueille 46 % de la population sur 12 % du territoire national… C'est le résultat d'un fort exode rural qui continue, la chute de population de Séoul intra-muros correspondant au développement de villes nouvelles en banlieue. On compte aussi beaucoup de villes de plus d'un million d'habitants pour un si petit pays, par ailleurs composé à 70 % de montagnes difficilement habitables, ce qui ajoute au problème de répartition démographique. Même si on constate une renaissance lente des campagnes, les Coréens continuent à privilégier les villes, signes de modernité. Alors que dans les années 1980, les moins de 60 ans représentaient 80 % de la population rurale, désormais ils ne sont plus que 50 %…
En outre, après la guerre, les régions ont été développées de manière inégale. Le Gyeongsang-do (sud-est) a fourni au pays plusieurs présidents influents et fut privilégié pendant quelques décennies. Le passage du président Kim Dae-jung issu du Jeolla-do (sud-ouest) a rééquilibré la mise et désormais, surtout après la décentralisation opérée en 1995, les régions sont entrées en compétition pour attirer investisseurs (avec de nombreuses zones économiques libres par exemple) et visiteurs. Cela a favorisé la mise en valeur des patrimoines locaux relayée par des festivals, des biennales, des expositions internationales, des événements de tout genre qui ne sont pas sans rajouter à l'attrait nouveau qu'exercent les campagnes sur une société de plus en plus tournée vers le loisir.

DIASPORA/IMMIGRATION

On ne peut pas clore ce chapitre sans évoquer l'importante diaspora coréenne : Chine, Japon, États-Unis, Canada, ex-pays du bloc soviétique, Europe, Australie, Amérique du Sud… pas moins de 7,1 millions de Coréens sont installés à l'étranger. Certains sont contraints par la misère ou des raisons politiques, mais ils gardent en général une forte identité ethnique et forment des *Korea Town*, comme à Los Angeles, où ils vivent relativement en autarcie. Le désir de quitter la Corée est encore très présent, malgré le patriotisme affectif de rigueur, comme l'ont montré des sondages récents. Il n'est pas rare qu'une épouse et ses enfants partent vivre à l'étranger, parfois changeant de nationalité, laissant le mari travaillant seul au pays, pour l'éducation des enfants… Ces Coréens de deuxième ou troisième génération, ajoutés aux milliers d'adoptés qui tentent le retour aux racines, sont souvent accueillis à bras ouverts quand ils viennent de pays dits développés, car ils apportent une mentalité étrangère tout en restant « du même sang ». Ils viennent grossir les rangs de l'immigration, même si les travailleurs immigrés d'autres nationalités sont surtout recherchés pour faire les travaux que les Coréens ne veulent plus faire. Et il faudra désormais compter avec un nouveau type de diaspora, dans l'autre sens, avec tous les enfants de couples mixtes, de plus en plus nombreux dans les campagnes où le manque d'épouses amène beaucoup de ruraux à utiliser les services d'agences matrimoniales proposant des jeunes femmes vietnamiennes, philippines, chinoises, etc. Il ne faudrait pas sous-estimer la révolution en profondeur que tout cela opérera dans les mentalités pour une nation qui a longtemps retenu le critère « racial » comme élément identitaire…

Économie

Doit-on encore présenter le « dragon » coréen, le fameux « miracle du fleuve Han » qui vit un des pays les plus pauvres du monde à la fin de la guerre de 1950-1953 entrer en compétition un demi-siècle plus tard avec les puissances du G8 ? On connaît de mieux en mieux les produits de la Corée du Sud. Il reste cependant de nombreux défis sur la route de l'avenir, notamment au regard de la situation énergétique et démographique.

LE « MADE IN KOREA » DES ANNÉES 1970-1980

La Corée s'est reconstruite grâce aux investissements étrangers (états-uniens en particulier), mais aussi grâce à un fort dirigisme gouvernemental. Le « made in Korea » des années 1970-1980 était celui des produits de grande consommation à forte compétitivité au niveau du prix. Avec le temps, l'accent a été mis sur la qualité et sur les produits à forte valeur ajoutée, comme l'électronique et l'informatique. De pays en voie de développement, la Corée est passée au rang de pays industriel, ce qu'on appelle un « challenger ». En 38 ans, elle a multiplié son PIB par 243… Sa croissance était de 4 % en 2013, 2,7 % en 2016.

LES CLÉS DU SUCCÈS

La Corée occupe une place de premier rang dans de nombreux domaines : électronique (circuits intégrés, écrans numériques), téléphonie, mais aussi construction navale (2e rang), BTP, automobile (5e rang), acier, raffinerie, etc. Derrière ce succès se trouvent quelques géants : Samsung, Hyundai, LG, SK, Daewoo, POSCO, etc., des conglomérats contrôlés par des familles puissantes. Aujourd'hui, même si sa politique de diversification et de délocalisation mondiale a dû être revue à la baisse avec la crise de 1997, la Corée reste un acteur majeur, voire incontournable dans certains secteurs. Elle est par exemple leader en production de biens et services dans le domaine de l'énergie (plate-formes off-shore, pétroliers, etc.). Le monde est devenu pour les *chaebol* (conglomérats nationaux) non seulement un vaste marché, mais aussi un terrain de prospection pour acquérir terres arables et sources d'énergie.
La clé de ce succès ? D'abord, une forte volonté politique, qui se donne les moyens en octroyant des subventions, des aides à la recherche et au développement, des exonérations fiscales, etc. Puis l'utilisation d'un savoir-faire technique importé (États-Unis, Japon, Europe) puis vite intégré pour être coréanisé… Autre facteur, la très forte motivation pour battre ses concurrents japonais et chinois et devenir numéro un mondial dans tous les domaines, comme s'il y avait une revanche à prendre… Produire plus vite et moins cher, une « excellence opérationnelle » qui, par exemple, a permis à la Corée grâce à son consortium, emmené par le groupe public d'électricité Kepco, d'emporter en 2009 le marché des centrales nucléaires aux Émirats arabes unis face à des consortiums du G8, un camouflet historique (une perte de 15 milliards d'euros). Le pays

a ensuite remporté un marché jordanien à des prix tellement bas (100 millions d'euros) qu'il est désormais affublé du surnom de « constructeur nucléaire *low-cost* ». Mêmes objectifs concernant l'exportation de trains à grande vitesse et de rames de métro sur le marché international : l'Asie du Sud-Est étant une « cible » privilégiée.

DES OMBRES AU TABLEAU

Si le marché intérieur permet de lancer les produits et de les tester tout en les rentabilisant avant de les exporter sur le marché mondial, la faiblesse de la demande intérieure est aujourd'hui un vrai souci. « En cause, souligne l'OCDE dans son rapport de juin 2014, le niveau élevé d'endettement des ménages (160 % de leur revenu disponible), la stagnation de la productivité dans le secteur des services et les difficultés auxquelles sont confrontées les PME face aux grands conglomérats surpuissants alors même qu'elles pourraient développer des activités de pointe non couvertes par les *chaebol*.
Autre défi, celui des inégalités (surtout de revenus) qui nuisent à la cohésion sociale. Elles se sont progressivement creusées en raison de la mondialisation, du progrès technique, du vieillissement et de la faiblesse des budgets sociaux. Ces différents facteurs poussent la Corée à se tourner vers une industrie plus créative (les dépenses de recherche-développement étaient les plus élevées de la zone OCDE en 2014, soit 4,3 % du PIB) tout en augmentant et en répartissant mieux les dépenses sociales publiques (les travailleurs non réguliers représentant un tiers des actifs occupés). Si « les ressources sont limitées, la créativité est illimitée ! » clament les slogans.

LES DÉFIS DE LA MONDIALISATION

La Corée est aujourd'hui la 6e puissance exportatrice et la 11e économie du monde (1 450 milliards de dollars en 2016). Cependant, elle doit affronter la concurrence de plus en plus forte des géants chinois et indiens. Pour l'instant, elle leur vend ses produits manufacturés à valeur ajoutée technologique, ses produits culturels : feuilletons télévisés (*drama*), films, chanteurs pop, gastronomie, etc. C'est la fameuse *hallyu* (*voir p. 444*) ou Korean Wave. Mais quelle sera la position de la Corée de demain ? Elle est certes à moins de 3h d'avion d'un marché de 1,5 milliard d'individus représentant 20 % du PIB mondial. Mais gardera-t-elle son attrait commercial quand la Chine et l'Inde l'auront rattrapée sur le terrain qualitatif ? Bousculé par les producteurs chinois Huawei, Lenovo ou Xiaomi, Samsung, numéro un mondial des Smartphones, se repositionne déjà sur une gamme moins chère et donc plus accessible aux consommateurs des pays émergents... Mais pour l'heure, les questions énergétiques et démographiques sont autrement plus pressantes.

QUESTION ÉNERGÉTIQUE ET CROISSANCE VERTE

Les économies d'énergie sont également un enjeu majeur pour la Corée du Sud dépendante de l'étranger pour 97 % de ses besoins énergétiques. Le pays consomme autant d'énergie que la France, dont 50 % pour son industrie, soit le 5e plus grand importateur de pétrole au monde, le 4e de gaz, etc. Cette dépendance très forte à l'énergie fossile a amené le gouvernement à promouvoir les économies d'énergie. La Corée

s'est ainsi engagé dans un projet de conversion de ses réseaux électriques aux *Smart grids*, réseaux intelligents utilisant les nouvelles technologies de l'information et de la communication pour optimiser la production, la distribution et la consommation d'électricité. Une première expérience grandeur nature (la plus grande au monde avec 2 000 foyers connectés à ces réseaux « intelligents ») s'est achevée en 2013 sur l'île de Jeju. L'heure est au bilan avant de généraliser cette approche avant-gardiste.
La Corée entend aussi faire des technologies vertes de nouveaux moteurs de croissance. Un pari lancé en août 2008 par l'ancien président Lee Myung-bak (2008-2013). Ce *Green New Deal*, ce fameux projet de « croissance verte à faible intensité de carbone » s'est révélé contreproductif à l'image de sa réalisation phare : l'aménagement des quatre principaux fleuves du pays (Nak-dong, Han, Keum et Yeong-san) reposant sur la construction de 16 barrages ! Une catastrophe écologique sur fond de corruption. Son successeur, la présidente Park Geun-hye, avait parié quant à elle sur un plan d'« économie créative » associant étroitement la technologie, l'industrie et la culture. Si la croissance verte n'est pas restée longtemps au cœur de sa dynamique économique, la présidente prétendait tout de même réduire les émission de gaz à effet de serre de 30 % d'ici 2020... puis 2030, et apporter un soutien actif aux pays en développement confrontés aux changements climatiques.
L'élection en 2017 du président Moon Jae-in *(voir p. 421)* devrait, si les promesses de campagne sont tenues, apporter des changements majeurs en matière de politique énergétique. Alors que dans les années 2000, Lee Myung-bak s'était fixé comme objectif de faire passer la Corée du cinquième au troisième rang mondial des puissances nucléaires d'ici à 2030, Moon Jae-in entend stopper toute construction de nouveaux réacteurs (même chose pour les centrales à charbon). Et ce, en développant les énergies renouvelables qui ne représentent aujourd'hui que 1,1 % de la production. La tâche est ardue ! Le pays possède 23 centrales produisant 30 % de son électricité. Un chiffre qui frôle les 40 % pour les centrales à charbon. L'objectif est d'atteindre 20 % d'énergie verte en 2030, en misant notamment sur l'éolien. Autre ambition : réduire le taux d'émission de CO_2 du pays (7e rang mondial). Parmi les mesures envisagées, la promotion des véhicules électriques (0,3 % seulement du parc automobile actuel). Les constructeurs locaux ont ainsi été invités à rattraper leur retard dans ce domaine.
Il s'agit là de projets. Pour les faits, tout reste à faire.

Shopping dans les rues de Séoul.
Zoonar/WWW.JACKMALIP/Zoonar GmbH RM/age fotostock

제
화
Kumkang
랜드로바
금강제화
www.kumkang.com

Religions et écoles de pensée

On a souvent décrit la Corée comme une terre des esprits, et les Coréens comme un peuple spirituel. Les religions et autres écoles de sagesse occupent, aujourd'hui encore, une place essentielle dans l'histoire et la société coréenne. Si environ la moitié de la population est agnostique, l'autre moitié est très pratiquante. Et bien des fidèles peuvent suivre plusieurs voies à la fois, ou en changer, rendant difficiles les statistiques dans ce domaine.

Bouddhisme

Le bouddhisme est arrivé de Chine à la fin du 4e s. de notre ère. Adopté alors par la royauté et les élites, il va se démocratiser durant la dynastie Silla sous l'impulsion de grands maîtres coréens comme **Wonhyo** (617-686), qui promut un bouddhisme populaire.
Sous Goryeo, le bouddhisme, toujours religion d'État, prend une importance capitale avec des monastères riches et influents. Durant cette période est gravé le fameux canon de textes bouddhiques *Tripitaka* conservé au temple Haein *(voir p. 225)*. Sous le royaume de Joseon, les excès de pouvoir des moines vont nourrir la colère des néo-confucianistes qui vont peu à peu prendre le pouvoir et réussir à imposer leur doctrine comme idéologie d'État. Le bouddhisme va alors devenir *persona non grata* à la cour et sera même banni de Séoul. Les temples et les moines chercheront refuge dans les montagnes et ne perdront jamais leur ancrage rural, aussi retrouveront-ils dès le 20e s. une influence relative. Le bouddhisme restera cependant absent des grands combats politiques de ce siècle ; il n'y a, par exemple, que 2 bouddhistes parmi les 33 signataires de la déclaration d'indépendance du 1er mars 1919. Cela tend à s'inverser à partir des années 1980, mais les bouddhistes restent à la traîne en comparaison des chrétiens. Le nombre de fidèles n'en reste pas moins exponentiel durant ce siècle. En 1962, on en dénombrait 700 000, un nombre qui n'a cessé d'augmenter pour rivaliser avec celui des chrétiens et atteindre 10,7 millions de fidèles en 2005, voire bien plus selon les sources.
Ce chiffre énorme est dû en partie à la pratique chrétienne de s'identifier à une religion. On peut aussi avancer que le bouddhisme fut longtemps rattaché au passé et au retard des campagnes. Le bouddhisme a en effet la grande majorité de ses temples en zone rurale (933 temples au total pour 58 seulement à Séoul), et à Séoul le nombre de chrétiens dépasse celui des bouddhistes du double, alors que ces religions s'équilibrent en province. Mais, avec les succès

La Yeouido Full Gospel Church à Séoul.
P. Deloche/Godong/Photononstop

croissants de la Corée sur la scène internationale, le bouddhisme n'est plus un stigma honteux et semble pouvoir désormais s'afficher.

Un Coréen sur quatre se dit maintenant bouddhiste mais ces fidèles, moins diplômés, deux fois plus ruraux que les chrétiens, sont aussi beaucoup moins pratiquants et impliqués.

Le bouddhisme coréen, **mahayaniste** (Grand Véhicule), comprend différentes sectes. L'ordre principal appelé **Jogye**, fondé par le moine Jinul (1158-1210) sous Goryeo, propose une voie moyenne entre la voie doctrinaire préconisant l'étude et le zen (*seon* en coréen) arrivé à la fin de Silla et favorisant la méditation et « l'illumination soudaine ».

Une forme autochtone de bouddhisme, le Won, plutôt syncrétique, a vu le jour en 1924 et compterait 6800 fidèles en 2005.

Christianisme

Le christianisme a une histoire récente mais unique en Corée : c'est le seul pays à s'être **auto-évangélisé**. Les missionnaires (français) ne sont arrivés au début du 19e s. que sur la demande des premiers convertis coréens qui avaient découvert cette religion au 18e s. en Chine. Associé à la science et à la technologie occidentale, le christianisme a bénéficié de cette image de « modernité », mais y a aussi trouvé la cause des grandes persécutions du 19e s. perpétrées par les partis conservateurs effrayés par la menace que représentait cette idéologie étrangère. Selon les derniers recensements, près de 30 % des Sud-Coréens se déclaraient chrétiens. Si la majorité est protestante, la communauté catholique est celle qui croît le plus vite.

CATHOLICISME

Le catholicisme est arrivé en Corée en 1784. Cette introduction fut suivie de très nombreux martyrs : plus de 10000 victimes en un siècle, le premier de la liste étant Paul Yun Ji-Chung *(voir Jeoldusan à Séoul,*

p. 141). Pour fuir les persécutions, il s'est surtout implanté dans les campagnes, même si la cathédrale de Myeong-dong dans la capitale est un exemple du rôle historique qu'a joué le catholicisme dans l'histoire moderne du pays. Il s'est ensuite laissé distancier par le protestantisme, bien plus présent en zone urbaine et dans le mouvement pour l'indépendance des années 1920-1930, mais a su regagner un rôle lors de la lutte pour la démocratie des années 1970-1980.
L'église catholique compte actuellement 5,3 millions de fidèles, soit un peu plus de 10 % de la population, ce qui en fait la troisième nation catholique d'Asie en pourcentage après les Philippines et le Timor-Oriental. Avec plus de 4 000 prêtres (et 15 000 religieux) et une plus forte implantation urbaine à partir des années 1980, le catholicisme est toujours dynamique, comme l'a prouvé la récente visite du pape François en 2014, un événement que les Sud-Coréens attendaient depuis 25 ans. Aux 103 martyrs canonisés par Jean-Paul II en 1984 (dont 10 prêtres français) viennent désormais s'ajouter les 125 autres martyrs béatifiés par le pape François. La Corée est ainsi le pays hors Europe de l'Ouest qui compte le plus grand nombre de saints. La religion catholique est aussi très influente politiquement, et ce malgré son faible poids démographique : « 20 % des parlementaires se disent catholiques et sur les six présidents élus depuis les premières élections libres en 1987, trois étaient des chrétiens pratiquants, dont un, Kim Dae-jung, était catholique. Deux autres, Roh Moo-hyun et la présidente actuelle, Park Geun-hye, sont baptisés mais non-pratiquants. » (*La Croix, 13 août 2014*). »

PROTESTANTISME ET SES NOMBREUSES SECTES

Il est difficile de passer en revue toutes les sectes protestantes implantées en Corée. Arrivée après les catholiques dans le pays, en 1884 seulement, lorsque les premiers traités commerciaux eurent été signés, la religion réformée a su séduire les Coréens en s'associant étroitement à la science occidentale et à la notion de progrès. Les pasteurs ont très vite construit écoles et universités, mais aussi dispensaires et hôpitaux, se rendant populaires, principalement auprès de la bourgeoisie urbaine. Impliqués dans la politique et dans le mouvement d'indépendance (sur 33 signataires de la déclaration du 1er mars 1919, 16 étaient protestants), ils ont gagné en influence, passant de 100 000 fidèles en 1910 à 8,6 millions en 2005 et 95 600 pasteurs en 2009. Le mouvement s'est cependant beaucoup fragmenté. Les presbytériens, qui représentent 60 % des protestants coréens, étaient divisés en 1991 en pas moins de 74 sectes différentes. Cette concurrence n'est cependant pas étrangère à l'ardeur prosélyte de ces églises et à l'accroissement exponentiel du nombre de fidèles. Certains temples sont des méga-églises comprenant des dizaines de milliers de fidèles, drainant des fortunes et influençant fortement le monde politique, éducatif et économique, comme par exemple l'église du Plein Évangile (*Full Gospel Church*) à Yeouido (*voir photo p. 407*) qui comprendrait 4,5 millions de fidèles, la plus grande paroisse du monde ! La confession des présidents de la République, et même de leurs épouses, a un rôle non négligeable dans l'histoire de la péninsule au 20e s.

Religions indigènes

Croyances autochtones

La Corée a aussi ses propres formes religieuses, dont certaines sont d'une vitalité impressionnante. Un ensemble de croyances et superstitions indigènes constituent une trace de la **première religion animiste** de la péninsule. Il s'agit d'un ensemble de rituels dédiés à des dieux ou esprits, la plupart du foyer : dieu des ancêtres, du maître de maison, du feu, du site de la maison, de la richesse, de la porte, du village, etc. Ces rituels étaient pratiqués en partie par les femmes pour les dieux du village, comme celui du *seonangdang*, souvent associé à un arbre vénéré par la communauté tout entière. Ces cultes ont quasiment disparu avec la modernisation, quoique dans certaines demeures rurales, vous pourrez voir un papier blanc accroché à une poutre ou une jarre remplie de riz sur une étagère avec un bol d'eau à ses côtés, traces humbles de ces cultes anciens.

CHAMANISME

En Corée, le chamanisme est très certainement venu avec les pasteurs nomades des steppes et reste encore très dynamique. Il présente les caractéristiques du chamanisme sédentaire des sociétés agricoles, forme d'**animisme** centrée autour de la personne charismatique du **chaman** qui fait l'intermédiaire entre les esprits et les hommes, dans des rituels appelés *kut* pendant lesquels, en général, il entre en transe. Le chamanisme du nord de la péninsule est plus spectaculaire avec musique et chants, « descente » des esprits, sacrifices, etc. Il a pris le pas après la guerre de Corée et le mouvement de population ayant suivi la partition, sur le chamanisme du Sud, pratiqué assis, sans chant, sans extase. Maintenant encore, nombreux sont les Coréens qui consultent un ou une chamane (c'est en effet une religion surtout féminine dans la Corée contemporaine). La *mudang* ou le *baksu*, selon le sexe, officie, moyennant rémunération, des exorcismes codifiés pour apaiser les esprits chagrins, exaucer les souhaits, bénir un nouvel édifice ou la création d'une entreprise, protéger un navire et des pêcheurs partant en mer, etc. La plupart sont aussi des devins et certains pratiquent parfois la géomancie (*pungsu jiri*) d'influence taoïste. Cette dernière est encore requise pour choisir un terrain, construire un édifice, etc. Certains augures sont spécialisés dans cette discipline et ont leur bureau de consultation, comme un architecte ou un agent immobilier. On recensait environ 600 000 chamans dans les années 2000. On reconnaît les « temples » chamanistes (ils ont recours à la terminologie bouddhiste, religion à laquelle ils ont beaucoup emprunté, et aussi donné) à leur *svastika* sur les enseignes, ou sur les drapeaux au faîte de mâts de bambou.

CHEONDOGYO

Religion autochtone fondée en 1860 par Choe Che-u, elle était originellement appelée *donghak* (« enseignement oriental »), par opposition à l'enseignement occidental, c'est-à-dire le christianisme. C'est cependant une **religion syncrétiste**, mélangeant monothéisme chrétien et bouddhisme, valeurs confucianistes et concepts taoïstes. Son but social est évident et elle fut associée aux révoltes paysannes des années 1890 et aussi au mouvement nationaliste d'indépendance au début du 20e s. Après la forte répression des autorités japonaises, elle cessa ses activités politiques, mais continue son œuvre religieuse auprès de ses 2 200 fidèles.

SECTE MOON

C'est sous le nom de son fondateur charismatique, le révérend Moon Seong-myeong, qu'est connue cette fameuse secte dont le nom officiel est Église de l'unification (« Association du Saint-Esprit pour l'unification de la chrétienté mondiale »). Fondée en 1954, cette secte véhicule, selon la Mission interministérielle de vigilance et de lutte contre les dérives sectaires (Miviludes) « un message apocalyptique en prédisant l'inéluctabilité et la nécessité d'une Troisième Guerre mondiale », dont le but serait « la destruction finale du communisme et l'avènement de la souveraineté divine »... On connaît les cérémonies de mariage de groupes dans des stades, et aussi les scandales divers qui ont touché cette secte très puissante financièrement, comptant pas moins de 3 millions d'adeptes dans 194 pays. La secte prospère surtout aux États-Unis où résidait le révérend Moon depuis 1972. Il est décédé (*voir p. 392*) en 2012 à Gapyeong, à une soixantaine de kilomètres à l'est de Séoul. Il avait 92 ans.

Écoles de pensée

CONFUCIANISME

Les principes du confucianisme ont déjà été présentés plus haut (*voir p. 392*). Éthique visant à régler les rapport sociaux, cette école de pensée est aussi considérée comme un outil de contrôle social visant l'auto-régulation et la justification du pouvoir. Ce n'est pas en soi une religion, même si traditionnellement des cultes sont rendus en l'honneur des sages fondateurs. Dans la Corée contemporaine, elle ne subsiste plus que comme idéologie prescrivant des comportements, des valeurs et des rituels dans le cadre du culte aux ancêtres, et encore ce dernier ne concerne-t-il presque plus que les chrétiens pratiquants. Par souci de tradition, des cérémonies régulières sont cependant toujours observées dans la plupart des grands sanctuaires par l'État et des organisations confucianistes (Jongmyo et son rituel inscrit au Patrimoine de l'Unesco, par exemple, Munmyo à l'université Seonggyungwan, certaines académies confucianistes privées ou *seowon*, écoles locales appelées *hyanggyo*...).

TAOÏSME

Le taoïsme n'est pas non plus en soi une religion organisée, même si dans le monde sinisé on trouve des sanctuaires dédiés à ses dieux où sont rendus des cultes. École de pensée puisant au fondement de la philosophie chinoise, elle prescrit surtout une éthique qui n'est pas sans rappeler le bouddhisme sous certains aspects. Elle a évolué avec le temps en un taoïsme populaire qui incorpora une dimension magique et des superstitions visant à assurer l'immortalité, prise dans son sens littéral. C'est ainsi qu'elle a influencé le *feng shui*, la médecine, les arts, le bouddhisme lui-même, des pans entiers de la culture chinoise, et qu'elle a pénétré en Corée. Son influence est profonde bien qu'intangible dans des éléments aussi divers que la géomancie, les arts décoratifs, la diététique et la gastronomie, l'art des jardins, etc. À cet égard, le taoïsme aura réalisé une qualité du Tao d'être partout et nulle part à la fois !

Histoire

Les premières traces de l'occupation humaine de la péninsule coréenne remontent au paléolithique ancien. Cette occupation est constante au cours des siècles. Un ancêtre mythologique, Tangun, né de l'union du fils du dieu du Ciel et d'une ourse, aurait fondé le premier État coréen en 2333 av. J.-C. Tout au long de son histoire, en raison de sa position géographique, la péninsule subit les contrecoups de l'évolution politique de la région et constitue l'enjeu des rivalités des puissances voisines. Elle est le théâtre de nombreuses migrations et soumise à de fréquentes invasions. Le processus de son « unification », initié par le royaume du Grand Silla, reste en suspens comme l'indiquent les événements récents.

Les grandes étapes

LES TEMPS PRÉHISTORIQUES

Des bifaces, hachereaux, pics et tranchoirs ont été retrouvés dans des strates qui peuvent être plus anciennes que 700 000 ans av. J.-C. Ce type d'industrie persiste jusque vers 100 000 ans av. J.-C., lorsque apparaissent des pièces plus petites. Lors du paléolithique moyen, l'utilisation des outils sur éclat est fréquente. Le paléolithique supérieur, à partir de 30 000 ans av. J.-C., se caractérise par un débitage de lames et lamelles, une exploitation de matières premières et l'apparition d'un outillage en os. C'est probablement aux alentours du néolithique, au 3e millénaire av. J.-C., que des groupes toungouses répandus en Mandchourie et Sibérie supplantent plus ou moins la population paléoasiatique de la péninsule. Au néolithique, les populations qui fabriquent une poterie de type primitif et celles qui fabriquent, à partir de 4000 av. J.-C., la poterie à décor en dents de peigne semblent avoir appartenu à des clans vivant de cueillette, de chasse et de pêche.

ÉTATS-CITÉS ET CONFÉDÉRATION DE ROYAUMES

Utilisation du bronze et formation des États-cités

Les tribus **Dongyi**, barbares de l'Est, ainsi nommées dans les annales chinoises, occupent un territoire qui s'étend de la rivière Huai, la péninsule du Shandong et le sud de la Mandchourie jusqu'au golfe de Bohai et à la péninsule coréenne. Elles subissent l'influence des civilisations chinoise et scytho-sibérienne, ce qui leur permet de développer leur propre âge du bronze. Lors de leur migration vers l'est, elles absorbent ou repoussent des tribus qui possèdent les techniques de fabrication de la poterie à décor en dents de peigne et forment le cœur de la culture de poterie sans décor. Leur société est basée sur l'agriculture. Elles continuent à utiliser des outils en pierre alors que le bronze est réservé aux armes, aux vases sacrificiels et aux ornements.
Ces pratiques suggèrent l'existence d'une structure sociale double dans laquelle ceux qui possèdent les armes en bronze s'approprient la production agricole des peuples

néolithiques. Pour se distinguer de leurs subordonnés et affirmer leur pouvoir, les membres d'une tribu supérieure se proclament « fils du ciel » et construisent d'imposants dolmens et des tombes à cercueil en pierre. Avec cette évolution des relations sociales, une certaine forme de pouvoir politique commence à se créer dans la péninsule coréenne.

Le Joseon ancien et les commanderies chinoises

Les tribus qui atteignent le bassin du fleuve Daedong se mêlent aux indigènes et forment le Joseon ancien qui domine le territoire compris entre le fleuve Liao en Mandchourie du Sud et le fleuve Daedong dans le centre-nord de la péninsule coréenne du 4e s. av. J.-C. à la fin du 3e s. av. J.-C. Contemporain des royaumes combattants de Chine, le Joseon ancien peut rivaliser avec certains de ces États. L'utilisation du fer se propage au nord de l'Asie pendant les 4e et 3e s. av. J.-C., atteignant la péninsule coréenne. Les ustensiles de fer sont introduits par le Nord suivant le cours des fleuves Yalou, Cheongcheon et Daedong. Le fer remplace rapidement le bronze dans le Joseon ancien, les groupes de réfugiés qui l'apportent du Nord s'intégrant dans la classe dirigeante locale. Cette culture mixte du fer et du bronze du nord-ouest de la péninsule se propage vers le Sud par terre et par mer. Les méthodes d'inhumation changent. Les dolmens sont remplacés par deux nouveaux types de sépultures : les tombes en fosse et les tombes à cercueil en jarre. L'empire Qin (221-206 av. J.-C.) puis la dynastie des Han (206 av. J.-C. - 220 apr. J.-C.) se succèdent en Chine.

Celle-ci doit maîtriser des révoltes dans les États du Nord dont les réfugiés se répandent dans le territoire du Joseon ancien. L'un d'eux, **Wiman**, du royaume de Yan, usurpe le trône en 190 av. J.-C. Afin de contrôler les Xiongnu, tribus nomades des steppes de l'Asie du Nord, Wudi (140-86 av. J.-C.), empereur chinois des Han, soumet le nord de la péninsule coréenne, puis profite des querelles entre le Joseon ancien et les tribus du Sud pour envahir la péninsule. Les Han organisent le territoire conquis en commanderies : Lelang (Nangnang), Zhenfan, Lintun et Xuantu. Jusqu'en 313 apr. J.-C., date de sa conquête par Goguryeo, Lelang, situé selon certains historiens aux alentours de la ville actuelle de Pyongyang, est le centre de la culture et de l'influence chinoise dans la péninsule.

FORMATION D'UNE CONFÉDÉRATION DE ROYAUMES

Le Buyeo

Le groupe de tribus connues sous le nom de **Buyeo** occupe de vastes plaines fertiles le long du fleuve Sungari dans le nord de la Mandchourie. Ce sont les Ye et les Maek qui auraient fondé ce pays. Au 1er s. apr. J.-C., Buyeo devient une puissance tribale considérable rivalisant avec les tribus du **Goguryeo** au sud. Jusqu'à la chute des Han, Buyeo est protégé par son voisin chinois. Ensuite, les attaques des tribus Xianbei du Nord l'affaiblissent et en 494 apr. J.-C., les familles dirigeantes immigrent volontairement au Goguryeo. Buyeo disparaît alors. Comme dans le Joseon ancien, l'unité de base de la société du Buyeo est le clan. Les clans sont regroupés en tribus de taille et pouvoir différents, et de façon ultime, en raison de la stimulation de la culture du métal, de la pression chinoise et des groupes voisins, en ligue tribale. Alors que le Joseon ancien et les autres groupes tribaux de la péninsule vivent surtout de l'agriculture, le peuple de Buyeo dépend de l'élevage.

Détail de l'architecture du palais Changdeok à Séoul.
sdstockphoto/iStock

La formation de Goguryeo

Les tribus du **Goguryeo** vivent dans les vallées montagneuses du bassin de la rivière Hun (Tung-chia ou Tongga) jusqu'au nord du cours moyen du fleuve Yalou. C'est l'une des voies principales par lesquelles les cultures du bronze, puis du fer ont pénétré dans la péninsule. Le fondateur légendaire du Goguryeo, Chumong, est le chef de l'une des tribus du Buyeo arrivées dans le Sud. Goguryeo est en conflit récurrent avec les Chinois. Son armée, puissante, est composée d'une force de cavalerie considérable, aussi les Han ne parviendront ni à le soumettre ni à le conquérir. Pauvre en ressources alimentaires vitales sur son territoire montagneux, le royaume dépend en partie de ses conquêtes pour les nécessités journalières.

Les tribus de l'Est et du Sud

La côte est dominée par deux tribus de culture proche du Goguryeo : au nord, la tribu **Okjeo**, et plus au sud, les **Ye** de l'Est. Elles seront absorbées par les royaumes qui se forment à partir des anciennes ligues tribales. Les tribus situées au sud du fleuve Han sont les dernières à entrer en contact avec la culture du métal qui se propage à partir du continent. Elles construisent les dolmens du type du Sud. Elles reçoivent périodiquement de nouvelles populations venant du nord. Ainsi, lorsque **Wiman** usurpe le trône du Joseon ancien en 190 av. J.-C., le roi Jun s'enfuit au sud et se déclare roi Han (différent de la dynastie chinoise Han). Ces migrations vont se poursuivre après la conquête du Joseon ancien par les Han de Chine, les populations voulant échapper au pouvoir chinois. Du 4e s. av. J.-C. au 3e s. apr. J.-C., les tribus du sud du fleuve Han se rassemblent en ligues tribales, les **Samhan** ou Trois Han : Mahan le long de la côte occidentale, Jinhan, à l'est du fleuve Nakdong, et Byeonhan, à l'ouest du Nakdong.

L'ÉPOQUE DES TROIS ROYAUMES

Selon les textes anciens, l'époque historique commence aux environs du 1er s. av. J.-C. par la période dite des « Trois Royaumes », époque de formation des États. Les découvertes archéologiques de la fin du 20e s. repoussent cette datation de quelques siècles. La péninsule coréenne est alors occupée par quatre et non trois entités politiques distinctes. Trois royaumes : le Goguryeo, situé dans le nord, autour du fleuve Yalou (Amnok) ; le Baekje, dans le sud-ouest, dans le bassin du fleuve Keum ; le Silla ancien, dans le sud-est. Et une confédération, Gaya dans le sud.

Le Goguryeo (37 av. J.-C.-668 apr. J.-C.)

La population du royaume se compose de cinq clans. Le chef du clan royal construit le temple pour les ancêtres et rend le culte aux esprits protecteurs du territoire et à ceux des grains. L'histoire du Goguryeo est faite d'incessantes luttes engagées entre l'autorité royale et les aristocrates. Au début du 1er s. apr. J.-C., l'État adopte le titre chinois de *wang* pour ses dirigeants. Le confucianisme a une certaine place dans la société. Quant au bouddhisme, introduit dès 372 par le moine chinois (Shun-tao), il connaît très vite une certaine ferveur parmi la population. Le taoïsme commence à se propager. À sa mort, un noble est inhumé sous un vaste tumulus en terre ou dans une tombe à entassement de pierres.

Le Baekje (18 av. J.-C.- 660 apr. J.-C.)

La formation des ligues tribales Samhan semble être redevable pour beaucoup aux réfugiés du Nord. Une des tribus du Buyeo, Baekje, s'enfuit du Goguryeo, s'établit dans le bassin du Han et unifie les tribus de Mahan en étendant son pouvoir vers le sud pour donner naissance au royaume de Baekje. Pour contrôler l'expansion du Goguryeo, dès 372, Baekje lie des contacts avec les dynasties chinoises. La capitale, Hanseong (sud de Séoul actuel), est cependant détruite en 475. Elle est déplacée au sud, à Ungjin (Gongju), dans la province du Chungcheong-do du Sud. En 537, elle sera installée non loin, dans le site plus favorable de la plaine de Sabi (Buyeo). Les échanges commerciaux et culturels avec les dynasties du sud de la Chine permettent au Baekje d'accéder à une civilisation raffinée. Si le Goguryeo entretient ses contacts avec la Chine par les voies terrestres, Baekje doit compter sur les voies maritimes. Le bouddhisme est introduit en 384 par l'intermédiaire d'un moine d'Asie centrale arrivant de Chine du Sud, Malanant'a. Son implantation est plus rapide et importante qu'au Goguryeo, qui lui préfère le taoïsme.

Le Silla ancien (57 av. J.-C.-668 apr. J.-C.)

La plus puissante des tribus du Jinhan est **Saro**, dont le territoire est situé dans la plaine de Gyeongju. Selon la tradition, le chef de l'un des six clans qui le composent, Hyeokgeose, de la famille Bak, en devient le premier souverain. Saro développe des relations fédératives avec les autres États-cités fortifiés et s'étend. Peu à peu, conjointement à son expansion territoriale, **Saro** se transforme en royaume. La société du Silla ancien est divisée en de nombreux rangs dont les « os sacrés » (membres du clan royal pendant presque tout le Silla ancien) et les « os véritables », les gens du commun et ceux assujettis à l'esclavage. Des discriminations sont appliquées à chacun des rangs en ce qui concerne les habitations, l'utilisation des métaux précieux, les vêtements, les sépultures. Parmi les enfants de la noblesse sont choisis des *hwarang*, « fleurs-adolescents », qui mènent une existence à part. Ils pratiquent chant et musique tout en étant soumis à une discipline militaire stricte et à une éducation d'inspiration confucéenne, bouddhique et taoïste. Certains d'entre eux s'illustrent, tel le général **Kim Yu-sin** (595-673), qui contribue à l'unification d'une grande partie de la péninsule par le Silla au milieu du 7e s. Le royaume constitue l'un des points orientaux ultimes de la route de la Soie. Aux 6e et 7e s., la culture du Silla ancien connaît une transformation radicale sous l'influence de la Chine. La pratique du bouddhisme, introduit par des moines du Goguryeo (Mukhoja au milieu du 5e s., Ado à la fin du 5e s.), n'est officiellement autorisée qu'en 527 et devient la religion protectrice du royaume. Le culte aux ancêtres est aussi pratiqué.

La confédération de Gaya (42-532 apr. J.-C.)

Six tribus, les plus puissantes du Byeonhan, occupent la région à l'ouest du fleuve Nakdong. La tribu Geumgwan Gaya ou Bon Gaya (près de Gimhae) et la tribu Dae Gaya (région de Boryeong) sont à la base de l'organisation des tribus en ligue clanique. Avant que le Gaya ne se transforme en un véritable État, il est absorbé en 562 par son voisin, le royaume de Silla.

LE GRAND SILLA (668-935) ET LE BARHAE (698-925)

Souvent dénommé le Silla unifié, ce royaume n'a en fait pas atteint les frontières septentrionales de l'ancien royaume de Goguryeo lors du processus d'unification de la péninsule. Il occupe l'ensemble du territoire de la péninsule au sud d'une ligne s'étendant du fleuve Daedong à la baie de Wonsan. À l'extrême nord, des réfugiés du Goguryeo s'installent sur les vestiges manchous du royaume et établissent le Barhae (Bohai). Le Silla et le Barhae entrant plusieurs fois en conflit, le Silla construit une muraille défensive à sa frontière nord. Barhae est anéanti en 925 par les Khithans, peuple de l'extrême nord de la Chine. Le Grand Silla qui doit gérer un territoire et une population plus importants que par le passé réorganise l'administration territoriale (678-687). Si les relations des Trois Royaumes avec leur voisin chinois étaient principalement conflictuelles, le Grand Silla et Barhae établissent des relations diplomatiques paisibles avec la Chine des Tang (618-907). Menés dans le cadre du système tributaire chinois, des échanges économiques et culturels importants s'effectuent principalement par voie maritime. Le Grand Silla envoie des ambassades à la cour impériale qui confère le titre de « roi » aux souverains du royaume. Ces ambassades apportent du ginseng, des étoffes en soie, des peaux de phoque, de l'or, de l'argent, des chevaux. Le plan de la capitale suit le modèle de Chang'an (Xian actuelle) sous les Sui (581-618) et les Tang. Des ambassades ont aussi lieu avec l'archipel japonais. Au Silla, à la culture des céréales s'ajoute, à partir de 828, celle du thé, dont les graines viennent de Chine. Au début du 9e s., les révoltes de la population dues aux taxes et corvées et les troubles causés par les aristocrates amènent la ruine du royaume après plus de dix siècles d'existence. L'un des nobles insurgés, **Wang Geon** (877-943), devient roi du pays de Taebong en 918, qui sera le Goryeo.

LE GORYEO (918-1392)

C'est du nom du royaume de Goryeo, qui se prononce « Koryô », que dérive le nom de Corée utilisé hors d'Asie pour désigner la péninsule.

En 919, Wang Geon établit la capitale Songdo (Gaeseong au nord de Séoul). En 936, il a sous son contrôle la quasi-totalité de la péninsule et décide de bâtir sur des sites auspicieux des monastères bouddhiques pour remercier Bouddha de sa protection et se conformer aux institutions des Tang. Après la chute de ces derniers en 907, et malgré les attaques des Khitans, dynastie Liao (907-1125), ce sont les Mongols qui dominent le royaume de 1231 à 1368. La capitale est alors transférée dans l'île de Ganghwa. En 1270, le roi du Goryeo se soumet officiellement au khan Kubilai. Les Coréens apprennent alors à fabriquer l'alcool fort *soju*, les raviolis *mandu*, le vin et le pâté de soja *dubu* et connaissent le sucre et le poivre. Certaines îles japonaises envoient des cadeaux au Goryeo, alors que celui-ci ravage l'île de Kyushu. Si cette époque est profondément marquée par le bouddhisme, le confucianisme sert de base à l'administration du pays. Les gens du Goryeo contractent souvent des mariages endogamiques. Le divorce et le remariage se pratiquent couramment. Vers la fin de l'époque, les biens familiaux sont partagés à parts égales entre les frères et les sœurs. L'accumulation des richesses par les nobles et l'accroissement de leur pouvoir, les faveurs excessives accordées aux moines bouddhistes aux ambitions démesurées, les discriminations entre fonctionnaires civils et militaires, affaiblissent l'autorité royale. Les militaires réussissent à imposer la dictature. En 1392, le général **Yi Seong-gye** prend le pouvoir et fonde une nouvelle dynastie.

LE JOSEON (1392-1910)

La **dynastie des Yi** prend comme nom de royaume Joseon, « fraîcheur matinale ». Afin de stabiliser son pouvoir, le fondateur s'appuie sur 55 vassaux qui occupent une place prépondérante dans le Conseil royal responsable des décisions importantes des affaires de l'État, de caractère civil et militaire. En 1394, il transfère la capitale à Hanyang (Séoul). Il entoure la ville d'une muraille de 17 km comprenant huit portes dont la grande porte du Sud, Namdaemun, et la grande porte de l'Est, Dongdaemun. La ville est divisée en cinq arrondissements de 52 quartiers dans lesquels sont érigés le palais et les bâtiments gouvernementaux. Les monarques du Joseon désirent installer une société confucéenne idéale, calquée sur le modèle néo-confucéen chinois, et écarter l'influence du bouddhisme qui a dominé le Goryeo. Les fils de familles nobles, *yangban*, sont formés selon l'idéologie confucéenne afin d'occuper un poste dans le gouvernement. La société de cette époque est rigoureusement hiérarchisée. Le souci principal des *yangban* est de maintenir l'homogénéité consanguine, même à l'égard d'une branche familiale de même origine. Leur vie quotidienne est conditionnée par les principes confucéens qui visent au maintien de l'ordre dans la société. Ils sont basés sur des rites, cérémonies qui marquent le passage de l'enfance à l'âge adulte, le mariage, les funérailles et les rites aux ancêtres. Les membres de la famille doivent obéir au fils aîné, les femmes à leurs parents avant leur mariage, à leur mari, et après le décès de celui-ci, à leur fils. Elles ne sont dotées officiellement d'un prénom qu'au début du 20e s. Pour rendre leur administration plus efficace, les confucéens inventent l'alphabet coréen, le *hangeul*, composé de onze voyelles et de dix-sept consonnes, en 1443, sous le règne du roi Sejong. Il est rendu

PRÉCIEUSES ARCHIVES

Fortement imprégnée d'idéologie confucéenne, la dynastie des Yi (1392-1910) attachait une très grande importance aux rites et cérémonies marquant les grands moments de l'année et de la vie de la cour. Ces protocoles royaux furent donc consignés minutieusement, parfois à l'aide d'illustrations, dans des manuscrits entreposés dans la bibliothèque royale Oegyujanggak, sur l'île de Gangwha, à l'ouest de Séoul. Deux cent quatre-vingt dix-sept de ces manuscrits furent emportés par les Français lors de l'expédition du contre-amiral Roze en 1866 et remis en dépôt à la Bibliothèque nationale à Paris. Les Coréens, considérant ces documents comme un témoignage essentiel de leur histoire (ils sont inscrits au registre de la Mémoire du monde de l'Unesco), en ont demandé pendant des années la restitution au gouvernement français. En novembre 2010, en marge du sommet du G20 à Séoul, les présidents Nicolas Sarkozy et Lee Myung-bak ont mis fin à ce long différend : la France installe les manuscrits en Corée sous la forme d'un prêt renouvelé automatiquement tous les cinq ans.

public en 1446. En 1592, le shogun japonais Toyotomi Hideyoshi (1536-1598) décide d'envahir la Chine. 150 000 hommes de l'archipel japonais débarquent à Busan. Ils occupent Séoul, puis Gaeseong et Pyongyang. L'amiral de la flotte coréenne **Yi Sun-sin** (1545-1598) (*voir encadré p. 305*) fait construire des bateaux-tortues recouverts de plaques en fer hérissées de piques et armés de canons. La marine japonaise perd 160 navires. La Chine intervient et le Japon doit se résigner en 1598. Les Japonais introduisent en Corée la fabrication des fusils, l'art du maniement du sabre, le tabac, le piment et la courgette. Les prisonniers coréens au Japon améliorent les techniques de fabrication de la poterie et de l'imprimerie. Les Chinois transmettent à la Corée les techniques européennes de fabrication des canons et des méthodes d'entraînement militaire. La Corée subit ensuite deux invasions manchoues. Le gouvernement, incapable de les prévoir, doit se soumettre en 1637. Les Coréens, tributaires de la Chine, apprennent l'existence de l'Europe par l'intermédiaire de Pékin, à la fin du 16e s. Ils découvrent le catholicisme, *seohak*, la doctrine de l'Ouest. Dès le début du 19e s., les nations occidentales essayent d'entrer en contact avec la Corée. Les massacres de catholiques en 1839, puis en 1866 (dont neuf missionnaires français) par le régent **Daewongun**, déclenchent une riposte navale française sur l'île de Ganghwa (embouchure du fleuve Han) en 1866. À cette occasion, les Français emportent avec eux de précieux manuscrits décrivant les rituels de la dynastie coréenne *(voir encadré ci-dessus)*.

Ce sont les Japonais qui signent les premiers, sous la menace, un traité avec la Corée en 1876, puis les États-Unis et les puissances européennes (1886, France) suivront. De nombreux conseillers étrangers sont recrutés afin d'aider la Corée à se moderniser (monnaie, électrification, postes, mines, agriculture, droit, architecture). Contre l'occidentalisation naît le *donghak*, la doctrine de l'Est.

LA COLONISATION JAPONAISE (1910-1945) ET LA GUERRE DE CORÉE (1950-1953)

La Corée devient l'enjeu de rivalités entre la Russie, la Chine et le Japon qui conduisent en 1894 aux hostilités sino-japonaises, puis russo-japonaises en 1904, d'où le Japon sort vainqueur. La dynastie des Yi, incapable de résister, s'efface progressivement devant les Japonais qui annexent le pays (protectorat en 1905 puis annexion en 1910). La Corée devient une province japonaise jusqu'en 1945. Un gouverneur-général possède l'ensemble des pouvoirs législatif, exécutif et judiciaire. La résistance qui s'intensifie prend diverses formes : mission secrète à La Haye en 1907, groupes de résistance armée coréens en Mandchourie, gouvernement coréen provisoire formé à Shanghai. De la politique dite « éclairée » du début, le Japon institue un régime de plus en plus répressif.

LA LIBÉRATION, LA PARTITION DE 1945 ET LA FIN DU 20e S.

Lorsqu'en 1945 le Japon se rend, deux types d'administration s'établissent. Les Soviétiques installent au nord les hommes qu'ils ont formés (Comité provisoire de la Corée du Nord dirigé par Kim Il-sung) et les Américains contrôlent le sud. Le 38e parallèle devient une quasi-frontière. Devant le refus d'élections par le Nord et les Soviétiques, celles-ci n'ont lieu que dans le Sud le 10 mai 1948 et entérinent la division.
Une assemblée élue élabore une constitution et déclare la formation de la **République de Corée** dont le premier président est **Rhee Syngman** (Lee Sung-man, 1875-1965). En septembre 1949, le Nord proclame la **République populaire démocratique de Corée** dont le président est **Kim Il-sung**.
Les Nord-Coréens, pensant parvenir à prendre le pouvoir sans difficultés, lancent une attaque surprise à l'aube du 25 juin 1950. C'est le début de la guerre de Corée.
Pour le détail de ce conflit, voir le texte La guerre de Corée p. 180.
Dès 1952, le gouvernement despotique de Rhee Syngman s'accentue et manœuvre afin de permettre une troisième réélection. Des émeutes éclatent en 1960 et font de nombreuses victimes. Malgré l'application de la loi martiale, le président doit démissionner. En juillet 1960, avec l'élection du président Yun Bo-seon (1897-1990) naît la IIe République qui est renversée un an plus tard par un putsch conduit par un officier, **Park Chung-hee** (1917-1979). En juin 1961 est créée la police secrète KCIA (Korean Central Intelligence Agency) au pouvoir important.
Une nouvelle constitution donne des pouvoirs étendus au président et Park Chung-hee se fait élire en décembre 1963. Aidé d'un régime autoritaire, fondé sur un anticommunisme très fort, son but est de redresser l'économie du pays. Réélu en 1965, 1971 et 1978, il prend des mesures à caractère despotique et doit affronter une opposition croissante et des émeutes. Il est assassiné en 1979.
Le nouveau président est mis à l'écart par des militaires menés par Chun Do-hwan qui a participé au rétablissement de l'ordre lors des émeutes de Gwangju en 1980 (200 morts). C'est la Ve République. Sa gestion autoritaire du pays et des scandales financiers provoque de violentes manifestations.
Chun désigne alors **Roh Tae-woo** comme candidat officiel devant lui succéder. Ce dernier accepte le mode d'élection au suffrage universel réclamé par l'opposition. Roh, élu, doit mener une politique de démocratisation, accélérée avec l'organisation des Jeux olympiques de 1988 qui permet une ouverture vers les pays du bloc soviétique.
En 1990, des accords commerciaux sont signés entre la Corée du Sud et l'URSS et les échanges avec la

Panmunjeom dans la DMZ séparant les deux Corées depuis 1953.
axel2001/iStock

Chine augmentent. Le processus de démocratisation de la République de Corée se renforce avec les élections des présidents Kim Young-sam. en 1992, Kim Dae-jung en 1997 et Roh Moo-hyun en 2002. Dans le Nord, à la fin de la guerre de Corée, la RPDC reçoit l'aide des pays socialistes pour reconstruire son économie. Le président Kim Il-sung (1912-1994) lance le mouvement du *djoutché* qui s'appuie sur l'indépendance politique, l'autosuffisance économique et l'autodéfense pour faire avancer son pays sur la voie du socialisme de façon indépendante. Selon la situation internationale, Pyongyang se rapproche soit de Moscou, soit de Pékin pour, au cours des années 1980, se tourner vers l'allié le plus fiable, la Chine. Progressivement est instaurée une dynastie avec comme successeur **Kim Jong-il**.

DE 2000 À NOS JOURS : NOUVEAUX VISAGES

En juin 2000 se déroule le sommet historique du président Kim Dae-jung avec Kim Jong-il à Pyongyang, qui confirme la politique d'ouverture du Sud envers le Nord, dite du « rayon de soleil » (*sunshine policy*) et se poursuit avec le président Roh Moo-hyun (2003-2008) – il se suicide en 2009 suite à des affaires de corruption – pour s'achever avec l'élection en décembre 2007 de **Lee Myung-bak**, candidat de l'opposition conservatrice et chef de file du Grand parti national (GNP). L'ancien président de Hyundai, puis maire de Séoul – au bilan plus que mitigé surtout au regard de son projet phare sur la croissance verte (*voir p. 404*) entâché lui aussi de corruption, ne peut se représenter une nouvelle fois. L'élection de 2012 voit donc s'opposer **Park Geun-hye**, 60 ans, représentante du parti conservateur *Saenuri* (Nouvelle frontière) et le candidat de l'opposition Moon Jae-in. Ironie de l'histoire, cet avocat progressiste s'était opposé au coup d'État du dictateur Park Chung-hee, père de sa rivale. À l'issue d'un scrutin très serré, c'est finalement **Park Geun-hye** qui l'emporte. Elle devient ainsi la première femme élue

UN DRAPEAU TOUT EN SYMBOLES

Sur le fond blanc et au centre du drapeau se détache un cercle, symbole de paix, appelé *taegeuk*, aux couleurs rouge et bleu s'interpénétrant de manière harmonieuse. La partie haute et rouge, appelée Yang, est l'élément masculin (le soleil, le feu….), tandis que la partie basse et bleue, appelée Eum est l'équivalent du yin chinois, l'élément féminin. Quatre trigrammes (*Kwe*) estampillent les quatre coins du drapeau de façon opposée et complémentaire. Aux trois barres pleines symbolisant le ciel (*kun*) correspondent trois barres brisées représentant la terre (*Kon*). À l'eau (*kam*), représentée par deux barres brisées et une pleine, répond le feu (*Yi*), sous la forme de deux barres pleines et d'une barre brisée.

démocratiquement à la présidence. Au Nord, après le décès de Kim Jong-il le 17 décembre 2011 des suites d'une crise cardiaque, son fils **Kim Jong-un** (1983) prend le pouvoir. Il devient le chef suprême de la République populaire et démocratique de Corée (RPDC), prenant même en juillet 2012 le titre de « Maréchal de la République populaire démocratique de Corée » comme son grand-père (1948- 1994) puis son père (1994-2011). Un héritage dont il ne se démarque pas : répressions, tortures, camps de déportations, famines sont toujours au cœur du sytème politique nord-coréen. Fait nouveau cependant, pour la première fois de son histoire, la Commission des droits de l'homme de l'Organisation des Nations unies vote en novembre 2014 une résolution proposant de traduire la Corée du Nord devant la Cour pénale internationale (CPI) pour les exactions du régime. Des exactions qui peuvent constituer, selon l'ONU, des crimes contre l'humanité.

DES ANNÉES… MOUVEMENTÉES

Plan d'économie « créative », croissance dans le vert. Mais aussi des relations avec le Nord au point mort et une dangereuse dérive autoritaire se traduisant par une régression de la liberté de la presse, la destitution d'élus de l'opposition ou encore la répression des mouvements syndicaux. Tel est le bilan (raccourci) des deux premières années de présidence de **Park Geun-hye**.

En avril 2015, elle accepte la démission de son… cinquième Premier ministre en deux ans. Accusé dans une affaire de corruption, il n'avait pris son poste que deux mois auparavant. Cette instabilité « chronique » et une série de propositions de **lois impopulaires** (concernant notamment une dérégulation du marché du travail, plus favorable encore aux entreprises) entraînent la perte de la majorité parlementaire du parti présidentiel lors des élections législatives d'avril 2016.

La même année, les révélations d'**évasion fiscale** pratiquée à grande échelle par les pontes des *chaebol* se multiplient. La présidente et son parti sont accusés de fermer les yeux et, pire, de recevoir de fortes sommes de ces groupes industriels. Des relations malsaines entre élites économique et politique qui dégoûtent les Coréens plus qu'elles ne les surprennent.

Mais ce sont des révélations inattendues qui entraîneront la **destitution de Park Geun-hye**. Elles concernent l'influence exercée par sa confidente **Choi Soon-sil** (depuis les années 1970), fille d'un prédicateur religieux chamane et évangéliste. Influence telle, notamment spirituelle, qu'elle aurait guidé la politique de la présidente. Et entraîné le détournement d'énormes sommes d'argent, versées par une cinquantaine de grandes entreprises, vers les fondations de Choi et de ses proches.

Une enquête pour **corruption et trafic d'influence** est ouverte en octobre et la popularité de Park Geun-hye frôle les abysses. Durant deux mois, des centaines de milliers de personnes manifestent, chaque samedi, chandelles à la main, bravant le froid, dans les grandes villes du pays. Une « révolution des bougies » qui contribue à la destitution de la présidente par l'Assemblée nationale le 9 décembre. Elle est officiellement entérinée le 10 mars 2017 et entraîne l'arrestation de l'ex-présidente, son emprisonnement et un procès (ultra-médiatisé) qui se conclut par une inculpation pour corruption. Autre conséquence : la tenue d'élections présidentielles anticipées.

Sentiment d'injustice face à la classe politique et aux *chaebol* impitoyables et corrompus, rancœurs accumulées… le besoin de changement(s) est énorme.

Le mardi 9 mai 2017, élu avec près de 40 % des voix, le candidat du principal parti d'opposition (centre-gauche), **Moon Jae-in** (1953), devient président. Originaire d'une famille modeste du sud du pays, cet avocat qui s'était montré en première ligne des manifestations est reconnu pour son action en faveur des droits de l'homme et son intégrité. Les Coréens en attendent beaucoup et espèrent que les promesses électorales seront tenues : plus de justice sociale, réduction du taux de chômage et des inégalités, assainissement de la vie politique, fin des ingérences, rééquilibrage des relations internationales et (ré)ouverture du dialogue avec le Nord.

Mais, pendant que la Corée du Sud se débat dans ses scandales de politique intérieure, à Pyongyang, **Kim Jong-un** salue avec de multiples tirs de missiles en mer du Japon, les élections de Donald Trump puis de Moon Jae-in, ainsi que le déploiement sur le sol coréen du très controversé système américain anti-missiles THAAD (approuvé par Park Geun-hye). Des **démonstrations de force** récurrentes qui font monter la tension dans la région où, depuis des décennies, les intérêts des parties concernées divergent. Une provocation qui ne facilite pas la tâche du nouveau président. Que faire du programme THAAD ? Comment gérer les relations avec la Chine (économiquement si importante pour la Corée) qui y est farouchement opposée, sans mettre à mal celles entretenues avec le protecteur historique que sont les États-Unis ? Comment entamer (enfin) un dégel diplomatique avec le Japon ? Cela tout en répondant aux attentes de changement des Coréens… **Les défis à relever sont multiples**.

Dans un premier temps, pour redorer l'image du pays ternie par les scandales politiques et économiques (l'échec du Samsung Galaxy Note 7), les Coréens comptent sur les **Jeux olympiques d'hiver** organisés à Pyeongchang en 2018.

Les relations franco-coréennes

La Corée est l'un des trois « tigres » de l'Asie de l'Est avec la Chine et le Japon. La France est parmi les premiers États de l'Europe occidentale.

A priori, deux mondes éloignés – 8 969 kilomètres séparent Séoul de Paris – et dont les contacts pourraient se borner à des relations diplomatiques. Et pourtant, depuis très longtemps, la Corée et la France entretiennent des **relations étroites**, **permanentes** et **originales**.

LES DÉBUTS DE LA COOPÉRATION

Les Français abordent la Corée pour la première fois en 1787 lorsque le comte de La Pérouse, au cours d'une de ses expéditions, effectue des relevés géographiques sur les côtes coréennes.
Moins d'un siècle plus tard, des missionnaires français arrivent en Corée, y apportent les éléments de la civilisation française, mais s'intéressent aussi à la mise en valeur de la civilisation coréenne sous tous ses aspects.
En 1847, les relations entre les deux pays commencent à s'institutionnaliser par l'échange de diplomates.
Mais, c'est en **1886** que les deux États nouent des relations durables par un **traité** qui crée des représentations diplomatiques et une coopération dans les domaines économique, institutionnel et culturel.
Ce caractère très particulier de relations réciproques marquées par la volonté de coopération se traduisent par nombre d'initiatives des deux côtés. Ainsi, en 1900, la Corée est présente à l'Exposition universelle de Paris.
Cependant, la lutte entre le Japon et la Chine pour la domination de la Corée aboutit à l'annexion de cette dernière par le Japon. La France maintient cependant son soutien à la Corée et accueille, en 1920, le gouvernement coréen en exil, que ce soit à Paris ou dans sa légation de Shangai.
Après la Seconde Guerre mondiale, la Corée retrouve son indépendance, mais les traités (Yalta), et arrangements divers, conduisent à la division en deux États : la Corée du Sud et la Corée du Nord. L'avenir des deux Corées devient alors incertain en raison de l'antagonisme qui oppose bientôt les deux États artificiellement créés, antagonisme qu'exacerbe la mise en place des blocs.

LA GUERRE DE CORÉE : UN ENGAGEMENT DÉCISIF

En 1950, la Corée du Nord envahit la Corée du Sud et, pour la première fois dans l'histoire de l'organisation internationale, l'ONU décide de s'opposer à cette invasion.
Pour faire face à l'invasion du Nord, bientôt soutenue par la Chine communiste, des troupes levées dans les États membres des Nations unies viennent renforcer l'armée sud-coréenne et l'armée américaine.
La France décide de prendre part aux opérations militaires menées pour défendre la Corée du Sud (*pour le détail de l'engagement français voir p. 182*).

LES RELATIONS ACTUELLES

Depuis la fin du conflit, les relations actuelles des deux pays sont restées étroites dans le domaine de la défense. La France apporte notamment à la Corée du Sud une aide pour la formation de ses cadres militaires. L'évolution la plus significative étant celle des **relations économiques**.
Dans le contexte de l'après-guerre, la Corée du Sud doit bâtir un système économique tenant compte de sa situation spécifique, la division, à même de favoriser son redressement. Pour cela, elle doit faire un choix de développement original et ne peut adopter celui des Chinois, ni celui des Japonais.
C'est donc tout naturellement vers les deux puissances de l'Occident, et plus particulièrement l'Europe, qu'elle se tourne. En Europe, elle choisit la France, qui est

actuellement son **4e partenaire financier et économique**.

Toutes les entreprises françaises ont une implantation en Corée. Cette coopération, très active, est soulignée par la vigueur et l'existence d'une chambre de commerce française en Corée, qui compte plus de 170 membres.

De même, la Corée exporte vers la France une bonne partie de ses **technologies**. Souvent, des projets sont réalisés en partenariat entre les entreprises des deux pays.

On notera, par exemple, le TGV qui circule en Corée depuis 2004. On rappellera, également, l'alliance entre Renault et Samsung et celle entre Korea Aerospace, KAI (Industries), et les fabricants aéronautiques français (comme Eurocopter).

En Asie, la Corée du Sud est le 3e partenaire commercial de la France.

L'échange entre les chercheurs et les techniciens français et coréens est important.

Pour l'avenir, l'intention des deux pays est de construire de vrais partenariats et d'aller plus loin, en particulier dans les domaines de la croissance verte, de la biotechnologie et des nanotechnologies.

Un Institut Pasteur a été créé en Corée en 2004 et la Corée participe pleinement au projet ITER, certes international mais dont le siège est en France.

Quatre mille six cents étudiants poursuivent régulièrement des études en France. Sept mille Coréens apprennent le français en Corée.

Dans bien des problèmes internationaux, les deux pays adoptent des positions semblables. Développement économique, échanges culturels, échanges de formations et de recherches constituent donc l'essentiel des relations franco-coréennes mais ne doivent pas faire oublier la vigueur, la profondeur des **relations culturelles** qui sont instituées à partir de l'amitié qui s'est forgée entre les peuples.

Les artistes coréens en France sont nombreux dans le domaine de la musique et de l'art pictural. Beaucoup vivent en France – comme le chef d'orchestre Chung Myung-whun, le pianiste Paik Kun-woo, l'actrice Yoon Jeong-hee ou le peintre et calligraphe Bang Hai-ja – et beaucoup apportent aux différents établissements culturels français, la qualité et la spécificité de leur talent. En **2015-2016** ont été célébrées des **années France-Corée**, qui ont débuté par une Année de la Corée en France de septembre 2015 à août 2016 et se sont poursuivies par une Année de la France en Corée de janvier à décembre 2016. L'accent a été mis en particulier sur la création contemporaine et les jeunes générations.

Art et architecture

L'art et l'architecture de la péninsule coréenne au cours des temps ont été fortement influencés par la culture chinoise, mais aussi par les autres pays asiatiques. Cependant, les occupants de ce territoire, qui correspond à peu près aux deux Corées actuelles, ont su développer et maintenir leur propre style dans l'ensemble des domaines de l'histoire de l'art et de l'architecture. Ce style se définit par sa vitalité, sa spontanéité et un manque d'intérêt évident pour la perfection technique. Le célèbre historien de l'art coréen Ko Yu-seop (1904-1944) caractérise l'art coréen par « sa technique sans technique », « son ébauche sans ébauche », « son asymétrie » et « son manque de prétention ».

Architecture

PRINCIPES DE BASE

Les formes architecturales coréennes traditionnelles, pour la plupart, appartiennent à la **tradition chinoise**. L'élément de base, rectangulaire, ouvert au sud, se constitue d'une plate-forme maçonnée, *gidan*, sur laquelle sont dressées de puissantes colonnes en bois qui s'appuient sur des bases en pierre. Le toit est posé sur ces colonnes par l'intermédiaire d'un système de poutres. Les parties entre les colonnes, entrecolonnements, sont comblées par des parois en bois ou torchis. Ces murs ne sont pas porteurs. Portes et fenêtres sont constituées d'un treillis en bois recouvert de papier blanc opaque. Une ou plusieurs marches permettent d'accéder à la terrasse. L'avant-toit se prolonge au-delà des murs pour former une véranda qui court tout autour du bâtiment. Pour supporter ces avant-toits un système a été développé en Chine, puis adopté en Corée et au Japon avec de légères variations. Chaque colonne supporte des consoles, qui peuvent être combinées dans des assemblages plus ou moins complexes selon les époques, pour prendre un effet plus décoratif que fonctionnel. Le toit recouvert de chaume est réservé à l'architecture domestique. Dès que le bâtiment prend quelque importance, il est recouvert de tuiles, convexes (« mâles ») et concaves (« femelles ») qui permettent l'écoulement de l'eau de pluie. Les tuiles de rive sont souvent décorées. Les arêtes peuvent être recouvertes d'un enduit blanc et terminées par une antéfixe. Les palais, depuis le 15e s., portent aux arêtes d'angle une file de grotesques, animaux plus ou moins mythiques, parfois humanisés. Dans les bâtiments importants, à l'extérieur, lisière de la toiture, à l'intérieur, charpente et plafond, un décor peint de protection recouvre le bois et le torchis, appelé *dancheong*, « rouge et vert ». Ce décor se compose de motifs et d'entrelacs stylisés. Des peintures murales du panthéon bouddhique complètent souvent ce décor des murs extérieurs des pavillons bouddhiques.
Les bâtiments confucéens sont presque dépourvus de couleurs, les monuments funéraires

Un exemple de monastère bouddhique : Haein-sa.
KTO

bénéficient de peu de couleurs et les maisons privées n'en ont aucune.
La taille des bâtiments dépend du nombre d'entrecolonnements (*kan*). L'utilisation du bois limite la taille des bâtiments et des intérieurs. Aussi, salles (*dang* ou *jeon*) des temples et palais sont essentiellement destinées à abriter les images du culte et les autels ou le trône et ses accessoires.
Dans tout complexe architectural de taille, une série de pavillons, érigés à l'intérieur d'une cour plus ou moins fermée par des allées couvertes, est disposée selon un axe. Ce plan général est suivi dans les palais et les monastères bouddhiques.
Du fait de la fragilité des constructions, seules la terrasse et les bases des colonnes des bâtiments les plus anciens subsistent. Dans le cas contraire, le bâtiment a été plusieurs fois reconstruit au cours de l'histoire. Aussi, pour les périodes anciennes, les seules structures architecturales pérennes sont les sépultures en pierre ou en brique.

L'ARCHITECTURE DE DÉFENSE

Elle ne diffère pas de l'architecture civile. Elle est représentée par les forteresses construites dans les montagnes et les fortifications des chefs-lieux de préfecture ou de province. Constituée à l'origine de terre, elle utilise la pierre à partir du 15e s. Les enceintes rectangulaires ou rondes sont percées de quatre portes principales avec un passage voûté en plein cintre surmonté d'un pavillon. À Séoul, seules deux des huit portes ont été épargnées par le développement de la ville.

L'ARCHITECTURE PALATIALE

Des palais grandioses sont édifiés dès le début du Joseon, lors du transfert de la capitale de Gaegyeong (Gaeseong) à Hanyang (Séoul) dont Gyeongbokgung, Changdeokgung et Gyeongungung. Selon la disposition chinoise, le palais principal, Gyeongbokgung, entouré d'une enceinte, est édifié à l'intérieur de la muraille fortifiée de la ville, au nord, suivant les principes de la géomancie. Lorsque le roi tient de larges assemblées, les corps des fonctionnaires et des militaires se rassemblent devant le bâtiment de la salle du trône. Chacun se tient à côté d'une pierre où est gravé son rang dans la cour faisant face au bâtiment où le roi est assis. Ces palais, victimes d'incendies, reconstruits et modifiés selon les besoins, subissent de nouvelles destructions au 20e s. et sont depuis quelques années restaurés.

L'ARCHITECTURE BOUDDHIQUE

La disposition des édifices des monastères bouddhiques, *sa*, des Trois Royaumes est stricte. Les différentes structures d'un monastère suivent le principe d'axialité et de symétrie : en partant du sud, une ou deux portes successives, la pagode, la salle de culte principale, la salle d'étude, *gangdang*. Dans les monastères, en plus du pavillon principal, une autre structure détermine le plan de l'ensemble du complexe, la pagode, *tap*, forme que prend le stupa en Extrême-Orient, qui peut être en bois ou en pierre et de plus ou moins grande taille. C'est un monument construit pour recevoir des reliques, *sari*, déposées dans ses fondations ou dans l'un de ses étages. L'ensemble du monastère est dessiné pour la vénération de ces reliques, autour desquelles on effectue des processions dans le sens des aiguilles d'une montre. La pagode se dresse devant la salle de culte principale, *geumdang*, qui abrite les images cultuelles les plus importantes. Certains monastères en possèdent plusieurs. Les invasions mongoles du 13e s., puis les campagnes japonaises de la fin du 16e s. sont la cause de la destruction de nombreuses pagodes en bois. Dans le cas de la pagode en bois à neuf étages du site du monastère de Hwangnyong de Gyeongju, érigée en 645, les bases des colonnes permettent de penser que ces premières pagodes ressemblaient à la pagode du Horyu-ji à Nara (Japon). Nombreuses sont les pagodes en pierre, *seoktap*, qui subsistent. Les plus anciennes remontent au 7e s. Du royaume de Baekje : Mireuk-sa (638) à Iksan et Jeongnim-sa à Buyeo. Du Silla : Bunhwang-sa (634), Gameun-sa (682) à Gyeongju. Le type classique est représenté par les pagodes de Gameun-sa. Sur une base, *gidan*, carrée se dressent trois étages constitués de dalles en pierre. Le sommet s'achève par un parasol ou dais. Certaines pagodes en pierre imitent les pagodes chinoises en brique (Bunhwang-sa). D'autres prennent des aspects plus complexes (Bulguk-sa). Au Goryeo, minutieusement sculptées, elles prennent de nouvelles formes très élégantes : heptagonale ou octogonale. Elles constituent souvent le seul vestige de la présence d'un monastère disparu. Aucun monastère bouddhique citadin des périodes anciennes, construit en plaine, n'a survécu aux guerres. Du fait du développement de l'ordre Jogye, l'école du bouddhisme de la méditation *seon* (*chan* en chinois, *zen* en japonais), introduite par Jinul, les monastères sont situés le plus souvent dans des vallées reculées de montagne. La disposition des bâtiments doit tenir compte du terrain et l'ordonnancement strict des édifices des Trois Royaumes n'est plus observé. On accède au monastère par plusieurs portes, souvent trois, la troisième pouvant abriter une salle de lecture. Elle ferme au sud la cour au milieu de laquelle se dressent une pagode ainsi qu'une lanterne en pierre devant la salle de culte principale. Celle-ci contient souvent le Bouddha Sakyamuni. De chaque côté de la cour sont disposées les salles destinées aux moines et au culte secondaire. Il peut aussi y avoir une salle destinée aux prières pour les défunts et, isolé, un petit temple dédié au dieu de la Montagne, *sansin*. Le pavillon des instruments de musique abrite une cloche en bronze, un poisson en bois, une plaque sonore en bronze en forme de nuage, et autres instruments que l'on frappe lors des rites. À l'écart, sur une terrasse, sont placés les *budo*, petits stupas qui contiennent les restes de moines illustres.

CONSTRUCTIONS CONFUCÉENNES

Le confucianisme est à l'origine de complexes architecturaux qui réunissent des fonctions d'enseignement et cultuelle en l'honneur de Confucius et des sages confucéens. Le temple dédié à Confucius, Munmyo, temple de la Littérature, correspond à l'université, *Seonggyungwan*, dans la capitale (Gaegyeong, puis Séoul), et, en province, à l'école locale publique, *hyanggyo*. Le *seodang*, « salle des livres », école élémentaire dépourvue de temple (communale ou privée), est présent à l'époque du Joseon dans tous les villages sous la forme d'une maison ordinaire. Le *hyanggyo* présente deux bâtiments selon un axe principal, l'un destiné à l'enseignement, l'autre abrite les tablettes des sages confucéens que l'on honore. De chaque côté de cet axe, on retrouve les bâtiments secondaires. Pour la protection de la dynastie des Yi, de nombreux sanctuaires sont érigés afin de célébrer les rites solennels, dont Jongmyo à Séoul pour le rite aux ancêtres royaux.

L'HABITAT ARISTOCRATIQUE

La séparation stricte des hommes et des femmes divise l'espace des maisons avec un bâtiment réservé aux hommes (*sarangchae*) et un aux femmes (*anchae*). Certaines pièces sont chauffées par un hypocauste (*ondol*), d'autres comportent un parquet (*maru*), comme dans les maisons modestes (*voir aussi encadré p. 325*).

L'ARCHITECTURE FUNÉRAIRE

Elle est essentiellement une architecture en pierre. À l'exception des sépultures en fosse, à l'âge du bronze apparaissent les dolmens, puis au Goguryeo et au Baekje, les tombes à salle en pierre. Les cercueils peuvent être en bois ou en jarre. Rares exceptions, quelques tombes en brique de Gongju et surtout, les grands tumuli de la plaine de Gyeongju : d'imposants coffrages en bois recouverts de pierres et de terre (Cheonmachong, la tombe du Cheval céleste) du 4e au 6e s. au mobilier funéraire riche : couronnes en or d'inspiration chamane, ceinture et parure en or, bronze doré et argent. Aux époques Grand Silla, Goryeo et Joseon sont construites des salles en pierre recouvertes d'un tumulus installées selon les principes de la géomancie.

Sculpture

LA SCULPTURE BOUDDHIQUE

L'époque des Trois Royaumes (1er s. av. J.-C.-668)

Si la sculpture bouddhique et funéraire a ses origines en Chine, elle possède très vite ses caractéristiques propres dans la péninsule. C'est avec l'introduction du bouddhisme (dès 372 au Goguryeo, plus tard dans les autres royaumes) que la qualité artistique va atteindre son plus haut niveau. La première phase de son développement est très importante pour la transmission de l'influence chinoise au Japon. Les sculptures bouddhiques remplissent diverses fonctions qui affectent leur format, matériau et type iconographique. Des statuettes en bronze ou poterie trônent sur les autels domestiques des grandes familles (culte familial) ou sont déposées dans les pagodes (offrandes votives). De plus grandes statues en pierre, bois, céramique, bronze, puis aussi en fer à partir des 9e et 10e s., sont placées dans les temples, pavillons ou grottes, et sont l'objet de rituels monastiques et publics. La plus ancienne sculpture en bronze, du Goguryeo, datée 539, est encore très influencée par la sculpture chinoise de la fin des Wei du Nord et des Wei de l'Ouest du début du 6e s., avec une tête et des mains relativement grandes, le vêtement flottant sur les côtés, la position des mains croisées sur la poitrine et le dos légèrement penché en avant dans une attitude de méditation. Au Baekje, l'influence des États chinois des Jin de l'Est (317-420) et des Liang (907-923) se fait sentir. Les gracieuses statues en bronze doré du Bouddha de l'avenir, Mireuk bosal ou Maitreya, assis pensivement, une jambe croisée, comme un bodhisattva sur son trône, sont des exemples de la culture raffinée du royaume. La douceur et l'humanité qui émanent des statues sont à l'origine de l'expression « sourire du Baekje ».

De monumentales images bouddhiques gravées ou sculptées dans les régions montagneuses éloignées des centres urbains constituent une caractéristique de la sculpture bouddhique coréenne qui la distingue du Japon. Cette tradition de sculpture sur roche s'étend de l'Inde, au travers de l'Asie centrale, jusqu'en Chine et finalement en Corée. Ces images peuvent être en ronde-bosse sculptée à partir de gros blocs de pierre abrités par un pavillon ou gravés sur une paroi rocheuse. Elles sont nombreuses dans le sud de Gyeongju, capitale du Silla, dispersées dans Namsan (mont du Sud). On peut y discerner des particularités inconnues en Chine et au Japon, dont une tendance nette au traitement en deux dimensions, en particulier le bas du corps, et à l'abstraction, du fait de l'utilisation du granit (Gyeongju, mais aussi la triade de Seosan, seconde moitié du 7e s., Baekje).

Le Grand Silla (668-935)

Après l'unification, la sculpture bouddhique atteint un niveau jamais dépassé dans la péninsule. La rotonde de Seokguram, sanctuaire de la seconde moitié du 8e s., aménagé dans le flanc du mont Toham, près de Gyeongju (*voir p. 248*), orienté en direction de la mer de l'Est, abrite un chef-d'œuvre de la sculpture coréenne : une statue de Bouddha en pierre, très influencée par l'art des Tang. Le bouddha est assis en position de prise de la terre à témoin, entouré d'un panthéon de divinités bouddhiques. Au pied de cette montagne, datant de la même époque, se dresse le monastère de Bulguk (*voir p. 246*).

Au 8e s., les rois Seongdeok (702-737) et Gyeongdeok (742-764) se consacrent au patronage des monastères. De grandes cloches sont fondues : celle du monastère Hwangnyong, « Emille » du monastère Bongdeok (musée national de Gyeongju) (*voir p. 243*).

Le Goryeo (918-1392)

À l'époque Goryeo, les statues de Bouddha, à la technique médiocre, se caractérisent par leur taille énorme, perdent de leur vitalité et présentent une monotonie dans l'expression. Elles sont raides et formelles, caractéristiques qui s'amplifient sous le Joseon. Ceci est lié au déclin de la créativité intellectuelle de la religion bouddhique, qui subit de plus en plus les contraintes du confucianisme. Si l'influence des Song (960-1279), des Liao (916-1125) et Jin (1115-1234) de Chine se fait sentir, les visages

Les images bouddhiques monumentales sont une spécificité de la sculpture coréenne.
KTO

des bouddhas, aux yeux mi-clos, presque horizontaux, et pommettes hautes, se « coréanisent » et tendent à devenir bi-dimentionnels. Aux 10e et 11e s., les formes se maniérisent. Aux 13e et 14e s., sous la vassalité mongole, la Corée connaît une poussée de l'art lamaïste, répandu en Chine et au Tibet.

Le Joseon (1392-1910)

La sculpture des périodes tardives présente de grandes proportions, est formelle et sans expression. Lors des invasions japonaises de la fin du 16e s., les œuvres d'art transportables sont emportées au Japon. Durant cette période, qui met l'accent sur le confucianisme, la sculpture bouddhique ne peut retrouver sa gloire passée.

LA SCULPTURE FUNÉRAIRE

Le deuxième des grands arts plastiques coréens est la sculpture funéraire. L'une des premières rondes-bosses est un cochon ailé à corne de daim et aux lèvres colorées en rouge, gardien du couloir d'accès du tombeau du roi Muryeong du Baekje (523). Puis, dès l'époque du Grand Silla, des statues de fonctionnaires, de militaires et d'animaux-gardiens imposantes sont façonnées, influencées par des modèles chinois. Elles sont disposées de chaque côté d'allées funéraires qui conduisent aux tumuli de rois ou de nobles. En outre, autour du tumulus sont dressées des dalles sculptées des douze animaux du zodiaque lunaire, qui symbolisent les douze doubles heures du jour et les directions de la boussole (Gyeongju, Gwaereung, *voir dessin p. 433*).

Peinture

PÉRIODE PROTO-HISTORIQUE

La partie méridionale de la côte orientale de la péninsule présente plusieurs sites de **pétroglyphes** datant de la préhistoire. L'un des plus célèbres est le site de **Bangudae**, au bord d'un affluent du fleuve Taehwa qui se jette dans la mer de l'Est, au niveau de la ville d'Ulsan (Daegok-ri, Ennyang-myeon, Gyeongsang du sud). La roche gravée présente environ deux cents dessins sur une surface de deux mètres de haut et huit mètres de large. Sont représentés des baleines, tortues, phoques et autres animaux marins, ainsi que des tigres, cervidés, bovins, chèvres, porcs et léopards. Il y a aussi quelques images de personnes et de leurs outils. Ces dessins ont été gravés au cours d'une assez longue période et se superposent parfois. Une baleine harponnée symbolise les activités humaines de l'époque.

LE GOGURYEO (37 AV. J.-C.-668 APR. J.-C.)

Dès l'époque de la commanderie de Lelang (Nangnang), fondée en 108 av. J.-C., une tradition picturale existe dans la péninsule coréenne. Le panier laqué décoré de personnages associés à la piété filiale, découvert dans une sépulture au sud de Pyongyang et conservé en Corée du Nord, montre la qualité des productions. Lors de la chute de la colonie chinoise en 313 apr. J.-C., ses traditions et ses artisans sont absorbés par le royaume de Goguryeo. Des Trois Royaumes, c'est celui qui présente le plus de peintures. Les tombes à peintures murales sont situées près des capitales du royaume, actuellement Dong-gu et Pyongyang. Datées du 3e au 7e s., elles possèdent plusieurs salles funéraires en pierre ornées de peintures sur les parois et les plafonds. Des scènes de la vie du défunt, les animaux-gardiens des quatre directions et les corps célestes sont d'origine chinoise. Dans les tombes tardives, de nouveaux éléments de décor apparaissent : des paysages, des lotus, des rinceaux. Cette tradition de peintures murales est transmise à l'archipel japonais.

LE BAEKJE (18 AV. J.-C.-660 APR. J.-C.).

Au Baekje, sur le site de la capitale Sabi (Buyeo), de nombreuses tuiles et briques au décor raffiné ont été découvertes (musée national de Buyeo). De véritables paysages avec des montagnes, différentes variétés d'arbres, des rivières, des fleurs de lotus, des phénix, des masques de monstre, attestent de l'habileté des artisans du royaume. Ce sont les plus beaux exemples de représentations de paysages anciens en Asie de l'Est. Ils nous donnent une idée des peintures sur matériaux fragiles qui ont disparu.

LE SILLA ANCIEN ET GRAND SILLA (57 AV. J.-C.-935 APR. J.-C.)

Du Silla ancien subsistent des peintures sur bois de bouleau représentant des oiseaux, des cavaliers, des chevaux célestes (reproduction au musée national de Gyeongju, *voir p. 243*). Du Grand Silla, un fragment enluminé du *sutra* Avatamsaka peint en or et argent sur papier violet, daté de 754-755, montre la grande qualité de la peinture de l'époque. Celle-ci est aussi suggérée par les briques et tuiles richement ornées et les plaques figuratives bouddhiques qui abondent sur les sites de la capitale (palais d'Anapji, monastère de Hwangnyong, au Musée national de Gyeongju).

LE GORYEO (918-1392)

Pendant le Goryeo, le bouddhisme, patronné par la maison royale et l'aristocratie, favorise la production de peintures et d'objets d'art. Les peintures aux couleurs riches et délicates sont utilisées au cours des rites, des anniversaires de la mort des rois et reines. L'utilisation abondante d'or et d'effets de transparence donne une délicatesse et une luminosité rares. La dextérité des scribes et illustrateurs pour la fabrication des *sutras* est appréciée en Chine et au Japon. Quant à la peinture séculaire, il en reste peu d'exemples bien que les textes historiques mentionnent des peintres d'exception, précisant que les Coréens vont en Chine acheter des œuvres et qu'ils produisent des éventails peints en or et argent. À la fin du Goryeo, des membres de la famille royale coréenne qui vivent dans le Pékin mongol des Yuan collectionnent des peintures qu'ils rapportent à Gaegyeong.

LE JOSEON (1392-1910)

Avec l'adoption du confucianisme comme doctrine officielle pendant le Joseon, bien que le bouddhisme reste populaire, la peinture bouddhique n'est plus soutenue pour la confection d'œuvres élaborées et coûteuses représentant des divinités bouddhiques. Les bonnes relations entre le Joseon et la cour des Ming favorisent les échanges. Les Coréens connaissent la peinture chinoise ; mieux la peinture de cour de la tradition académique des Song du Sud que celle des peintres érudits de l'école Wu. Puis, les maîtres du paysage coréen du 16ᵉ s. développent leurs propres versions de la peinture de paysage classique, gardant dans leurs compositions les éléments lointains et limitant l'attention sur le premier plan comme dans la peinture Ming. Les artistes coréens travaillent aussi à la manière de l'école chinoise Zhe : des lavis d'encre épais, un pinceau vigoureux, des compositions de silhouettes de falaises ou rochers (Kang Heui-an, 1419-1464 ; Yi Gyeong-yun, 1545-?). Shin Saimdang (1501-1554), calligraphe et coloriste délicate, spécialiste d'art floral, se rattache à l'école confucéenne de Yi. Elle est l'incarnation de la mère coréenne idéale (*voir p. 208*). Au 18ᵉ s., lorsque la peinture chinoise commence à perdre de son élan, la renaissance intellectuelle et culturelle en Corée conduit à de nouveaux développements purement coréens. Le premier est l'apparition du « paysage réel » (*jingyeong sansu*) dont le pionnier est Jeong Seon (1676-1759) avec ses scènes des monts du Diamant. Il est suivi par Gang Se-hwang (1713-1791) avec son album des vues de l'ancienne capitale du Goryeo, Songdo. Au 18ᵉ s., un autre genre au goût typiquement coréen est la peinture de scènes de la vie quotidienne, représentée par deux artistes : Sin Yun-bok (moitié 18ᵉ s.) et Kim Hong-do (1745-apr. 1814). Les œuvres de Kim Du-ryang (1696-1763) offrent un autre exemple d'observation directe qui semble puiser son origine dans l'école de pensée des sciences pratiques *sirhak*. Connu pour ses paysages, il fait aussi des peintures d'animaux très réalistes, dans lesquelles on note une influence occidentale (races étrangères, clair-obscur). L'apparition de ces nouvelles formes dans la peinture du 18ᵉ s. donne de l'inspiration pour d'autres inventions au 19ᵉ s. Kim Jeong-heui (Chusa ou Wandang, 1786-1857), bien qu'inspiré par ses contacts avec les érudits et les calligraphes chinois, va au-delà dans l'intensité des sentiments et l'originalité de la forme. C'est une figure importante de la scène littéraire de la fin du Joseon, à la fois intellectuellement et esthétiquement. Ses élèves tels que Hong Se-seop continuent à être inventifs et innovateurs (musée national de Corée, Leeum Museum, musée de la Korea University à Séoul).

Céramique

À l'époque néolithique, vers 4000-1000 av. J.-C., est produite une poterie à décor en dents de peigne. Cette technique proviendrait de la

Mandchourie du Nord-Est pour se répandre dans le nord-ouest de la péninsule coréenne, puis lentement au sud. Au cours de ce processus, une poterie à décor géométrique incisé et imprimé apparaît (Amsadong sur le fleuve Han, près de Séoul). La poterie à décor en dents de peigne est suivie vers le 10e s. av. J.-C. par une poterie sans décor. Plus tard, le Gaya développe les céramiques couleur « coquille d'œuf » du Baekje et construit les premiers fours en tunnel sur la pente des collines qui permettent d'atteindre des températures de cuisson de 1 000 °C ou supérieures. Le Gaya est à l'origine des formes typiques de la céramique du Silla : vases sur pied haut, verres en forme de corne.

LES CÉLADONS : CHEONGJA

La céramique coréenne est à son zénith au cours du Goryeo. À côté d'un grès gris foncé cuit à haute température, d'usage ordinaire, dès la fin de la période du Grand Silla, les Coréens fabriquent des céladons (*cheongja*) : un grès à couverte vert-bleu. Cette tradition, originaire de Chine, fait naître une technique qui émerveille même les Chinois. Les plus belles pièces datent de la première moitié du 12e s. Les coloris du céladon varient du vert olive au bleu jade. Objets quotidiens (nobles) ou liturgiques (bouddhisme), les formes sont très variées : vase *meiping* (en forme de bouteille ventrue au col resserré), jarre, coupe, assiette, oreiller, brûle-parfum, *kundika* (bouteille à col étroit pour l'eau). Les motifs sont incisés, moulés, incrustés, peints à l'aide d'oxyde de fer ou de cuivre sous couverte. Ils représentent des animaux réels ou imaginaires comme le singe, la tortue, la grue, le lion, le poisson, le lapin, le phénix, le dragon ; des plantes comme le raisin, le lotus, le grenadier, le bambou, le melon ; des figures d'ermites ou d'enfants. Typiquement coréens sont les grues volant parmi des nuages et les canards nageant sous un saule pleureur.

LA CÉRAMIQUE BUNCHEONG

Depuis le 15e s. les maîtres de thé japonais et leurs élèves sont fascinés par la céramique coréenne, en particulier la céramique *buncheong*. Dans les années 1590, le général japonais Toyotomi Hideyoshi capture des centaines de potiers coréens qui s'installent dans l'archipel. Le *buncheong* est produit aux 15e et 16e s. au cours de la première moitié du Joseon. Le corps des pièces reçoit un léger revêtement d'engobe (argile délayée) avant d'être peint ou décoré par *sgraffiatto*, puis enrobé d'une couverte de consistance proche des céladons.

LA PORCELAINE BLANCHE

La céramique du Joseon reflète le changement de goût par rapport au style de vie luxueux du Goryeo. Bien que les techniques du *buncheong* préservent les traditions de fabrication du céladon pendant une courte période, l'éthique confucéenne exige des céramiques plus simples. La préférée de la période est la porcelaine blanche sans décor, déjà fabriquée sous le Goryeo. Elle est utilisée pour les cérémonies de la cour et dans la vie quotidienne par toutes les classes. Des échanges sont courants entre le Joseon et la cour Ming : la Corée reçoit des « bleu-et-blanc » qu'elle reproduit avec du cobalt acheté à grand prix en Chine. Le décor en brun sous couverte à l'oxyde de fer est utilisé à partir du 15e s., et le rouge sous couverte, technique inventée par les potiers coréens du Goryeo, renaît au 17e s. Au 18e s., des vases blancs de qualité sont encore produits.

ABC d'architecture

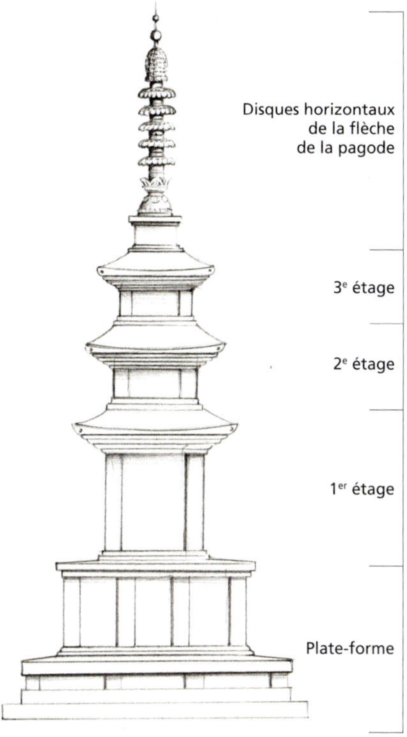

Pagode bouddhique en pierre

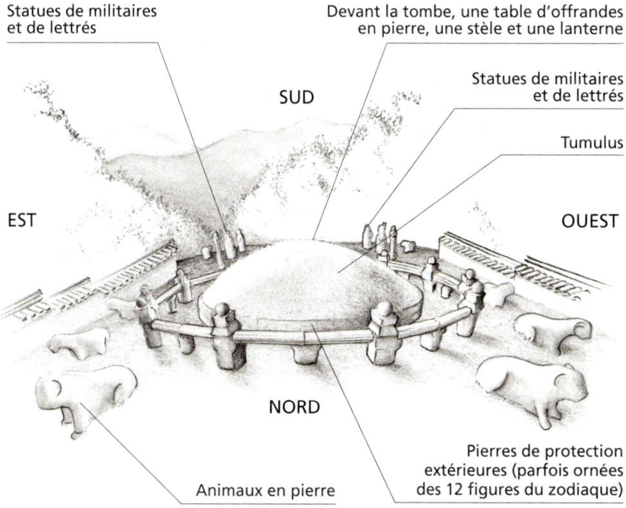

Tombe royale ou de la noblesse du Joseon
(vue du nord en direction du sud)

H. Choimet/MICHELIN

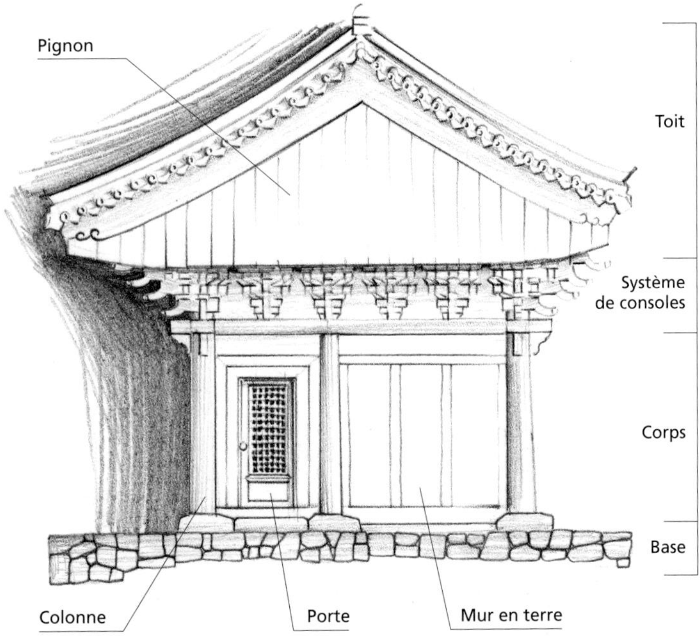

Vue latérale d'une salle de monastère bouddhique

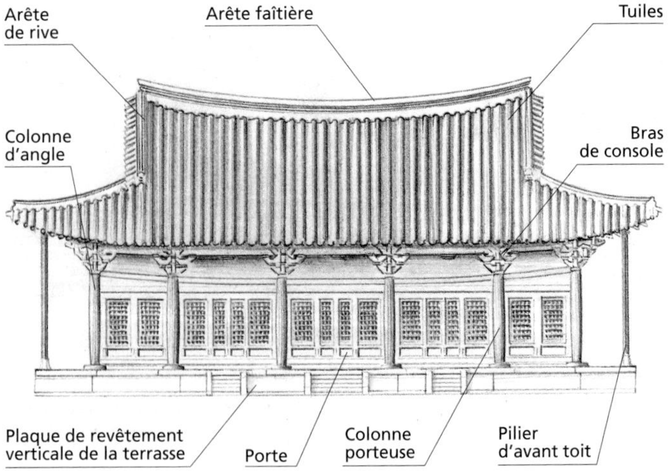

Façade d'une salle de culte principale de monastère bouddhique

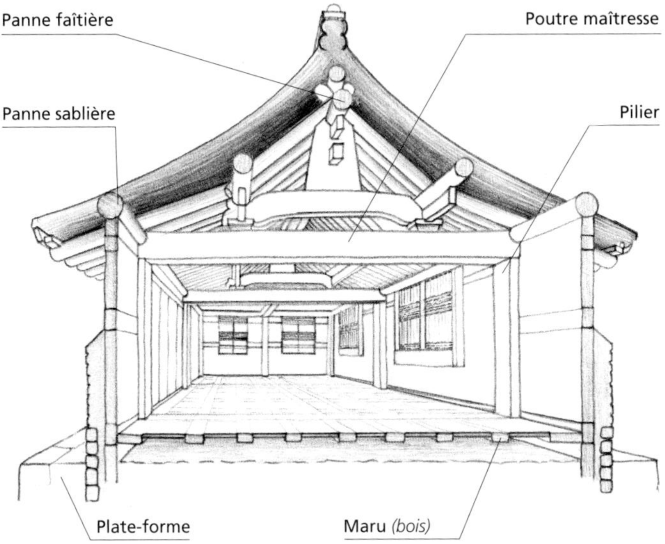

Intérieur d'un bâtiment coréen traditionnel
(style à console en forme d'aile)

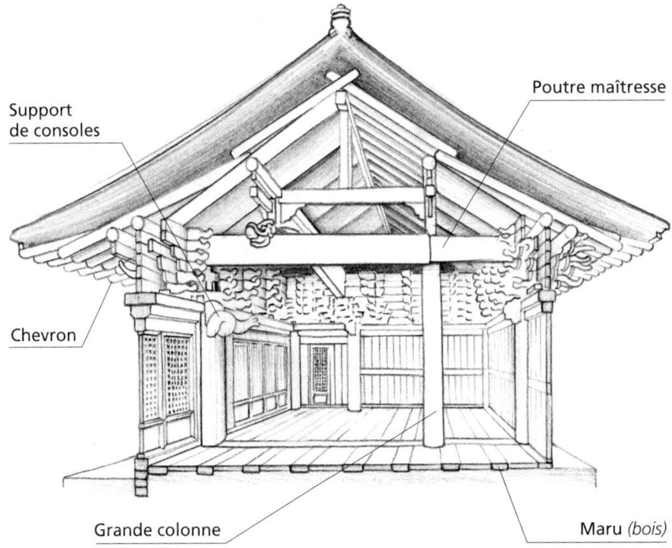

H. Choimet/MICHELIN

Intérieur d'un bâtiment coréen traditionnel
(style à consoles multiples)

Arts de la scène

Pour être multiples, les arts de la scène traditionnels reposent sur un terreau commun, le chamanisme qui, au fil du temps, s'est nourri de multiples ferments. Bouddhisme, taoïsme, confucianisme, ont également façonné ces arts et ce, de différentes manières, selon la sphère dans laquelle ils étaient appelés à se produire : rigueur et lenteur pour la cour, libératoire et conjuratoire pour le peuple.

Une racine commune

Danse, théâtre, musique, chants, ces différents arts traditionnels partagent une origine commune : le **chamanisme** ; pratique cultuelle dans laquelle le chaman ou *mudang*, à la fois prêtre, sorcier, magicien, devin, sert d'intermédiaire entre les hommes et les esprits. Nulle surprise donc si les *kut*, rites qui permettent au chaman de s'immiscer dans le domaine des esprits pour intercéder en faveur des mortels, sont à l'origine de ces arts de la scène invitant les spectateurs à croiser de nouveaux mondes.
Le *salpuri* était un rituel d'exorcisme pratiqué au début de chaque année pour chasser les mauvais esprits (*sal* en coréen). La danseuse, toute de blanc vêtue, se meut au travers de mouvements circulaires d'une grande lenteur qui soulignent cette peine indicible (*han*) caractéristique de l'esprit coréen. Elle tente d'apaiser l'âme du mort en la guidant au ciel avec un long foulard blanc. Rythme et respiration se synchronisent à merveille pour que le danseur soit en harmonie totale avec le Ciel et la Terre dont il est le médiateur. La danseuse connaîtra ensuite l'extase (*shinmyung*), pôle inversé du *han*, éléments yin et yang de cette philosophie taoïste consubstantielle de toutes expressions artistiques coréennes. C'est dire si les arts coréens, qui peuvent aussi se nourrir d'influences religieuses, à l'image de la populaire danse *seungmu*, sont des plus syncrétiques.

Les danses

Partie prenante d'une grande majorité d'expressions cultuelles, la danse coréenne se décline en de nombreux genres : les **danses de cour**, les **danses folkloriques** et les **danses masquées** ; une déclinaison inscrite dans l'étymologie même du mot danse (*muyong*) : *mu*, traduisant l'aspect spirituel, moral, policé ; *yong*, le côté divertissant, satirique et grivois. Au premier, interprété essentiellement par les mains et la partie supérieure du corps, correspond une gestuelle retenue, stylisée, indexée sur le souffle, codifiée par le confucianisme ; au second, monopole des membres inférieurs, un mouvement spontané, extraverti, débauché par l'imaginaire d'une communauté appelant un meilleur destin. Ainsi, aux danses de cour solennelles, majestueuses, élégantes et artistiques (56 danses de cour royale originelles subsistent au Centre national pour les arts du spectacle traditionnel coréen, *voir p. 43*) répondent les danses

Danse des masques.
TOPIC PHOTO AGENCY IN/age fotostock

folkloriques populaires, festives, libérées dans leurs formes bien que ritualisées par ces cycles agraires que conditionnent les saisons. Enregistrée au Patrimoine mondial de l'Unesco, la *cheoyongmu*, seule danse de cour masquée, narre l'histoire de Cheoyong qui, par ses chants et danses, réussit à chasser les esprits du mal, responsables de la maladie de sa femme. En revanche, la *ganggangsullae* est une danse populaire où les jeunes femmes font la farandole. Un cercle qui fait écho à la cyclicité des choses chère aux philosophies orientales. Dans les danses masquées *talchum* (de *tal,* masque), les acteurs expriment, sous l'anonymat des masques, les frustrations et rancœurs vécues au quotidien. Le personnage populaire de Malddugi, modeste servant qui se moque avec une grande dérision de l'hypocrisie des maîtres (possédants, clergé), a été repris jusque dans les campus universitaires des années 1980 pour dénoncer les dictateurs à l'œuvre. Ces danses des masques qui mêlent à la fois comédie, chant, récital sont le plus souvent jouées par des troupes itinérantes. Enfin, le *namsadang-nori* est une extraordinaire synthèse des arts de la scène (acrobaties, marionnettes, funambulisme, jonglage) et de cet état d'esprit qui, entre deux numéros, caractérise le peuple coréen : railler les puissants tout en apaisant les esprits. Formidable soupape socio-cosmique.

CÔTÉ MUSIQUE

Les instruments coréens sont par tradition divisés en huit sons selon les matériaux qui les composent : peau, soie, bambou, métal, terre, courge, pierre, bois. Parmi les plus populaires : le *janggu* ou tambour-sablier en peau, le *gayageum*, cithare à douze cordes, le *haegeum*, violon à deux cordes, le *daegeum*, flûte traversière, le *kkwaenggwari*, gong, le *bak*, clapet, le *pyeongyeong*, carillon en pierre, sans oublier bien sûr la voix, l'instrument à cordes favori du *pansori,* art majeur *(voir p. 296)* inscrit au Patrimoine culturel immatériel de l'humanité par l'Unesco.

Littérature, cinéma et télévision

La littérature et le cinéma figurent parmi les clefs de lecture les plus importantes pour décrypter la Corée d'aujourd'hui. Si l'image règne sans partage dans notre sphère globalisée, le cinéma coréen est aujourd'hui l'un des domaines artistiques les plus en vue et récompensés à l'étranger. Original, profond, parfois loufoque et déconcertant, il puise une grande partie de sa richesse dans sa littérature qui interroge avec force la guerre fratricide, les années sous dictature ou l'essor économique du pays. Sans doute moins porteuses de cette dimension critique, les séries télévisées coréennes battent quant à elles des records d'audience en Asie depuis le début des années 2000.

Littérature

C'est au monde chinois que la littérature coréenne, longtemps dépourvue d'écriture propre, emprunte ses idéogrammes et l'opposition entre une littérature pour lettrés et une littérature ou expression populaire, c'est-à-dire paysanne. Elle nous est parvenue par bribes, car guerres, censures, réécritures, nous ont largement coupés des originaux.

LA LITTÉRATURE CLASSIQUE

Textes fondateurs

Le premier millénaire de notre ère s'appuie d'une part sur les canons bouddhistes et d'autre part sur les classiques confucianistes, dont l'enseignement est renforcé par un système de concours qui définira une aristocratie de lettrés, à la fois fonctionnaires et auteurs.

L'essentiel de ce que nous savons de ce premier millénaire doit attendre la rédaction de l'*Histoire des Trois Royaumes (Samguk sagi)*, par le confucianiste **Kim Pushik** (1075-1151), largement une compilation d'histoires aujourd'hui disparues, obéissant aux règles historiographiques en vogue depuis l'historien chinois Sima Qian. Avec les *Antiquités des Trois Royaumes (Samguk yusa)*, attribuées au bonze **Iryeon** (1206-1289), nous trouvons à la fois les récits fondateurs, les sources historiques et les racines littéraires du pays.

Les noms des bonzes **Wonhyo** (617-686) et **Uisang** (625-702) émergent avec force lors de la formulation des enseignements de la Terre Pure et de la Guirlande de Fleurs, aidant à définir un bouddhisme autochtone et à l'unifier. Ce mouvement provoque des voyages vers « l'ouest », comme l'*Histoire d'un voyage dans les cinq régions*, rédigée par **Hyecho** vers 719.

La littérature, dans un sens plus moderne, commence avec le poète confucianiste **Choe Chiwon** (857-915). Ses œuvres baignent dans un lyrisme convaincant et une désolation devant la déliquescence de la dynastie Silla.

Avec l'émergence de la dynastie Goryeo (918-1392), pour beaucoup l'âge d'or de la culture coréenne malgré les troubles et invasions, les chefs-d'œuvre vont se succéder. L'esprit polyvalent de **Yi Kyubo** (1168-1241) va définir les formes et le vocabulaire de la littérature coréenne, tant par ses *Petits essais de critique* que par ses longs poèmes narratifs, comme les *Exploits du roi Tongmyông*.

La dynastie Joseon

En 1392, la dynastie Joseon donne ses principaux traits à ce que nous considérons aujourd'hui comme la Corée et opte résolument pour le confucianisme et le sinocentrisme.
Un des premiers monarques, **Sejong** (1418-1450), va modifier radicalement le paysage intellectuel en promulguant un alphabet autochtone, les *Sons corrects à enseigner au peuple*.
Pour en démontrer l'efficacité, le roi écrit ou fait écrire une biographie et des stances au Bouddha, réunis sous le titre *Chants de la Lune reflétée dans mille fleuves*, puis *Le Chant des dragons s'envolant vers le ciel*, poème justificateur de la nouvelle dynastie, issue d'un coup d'État.
Depuis, malgré le mépris des élites pour cet alphabet « populaire », les lettrés vont hésiter entre la transcription en chinois, officielle et respectée, et le support du nouvel alphabet, réprimé, mais utilisé pour tout ce qui sort des normes : écrits privés, chansons, poèmes de courtisanes.
Kim Shiseup (1435-1493), poète et homme de cour, reste dans l'histoire pour les cinq brefs récits des *Nouvelles histoires de Kûmo*, ode à la fiction et au merveilleux taoïste. Aussi paradoxale, **Hwang Chini** (1522-1565), courtisane (*kisaeng*) à laquelle la postérité attribue de remarquables poèmes à chanter (*shijo*) avant d'en faire une héroïne de romans et de films. Ces *shijo*, poèmes en trois vers, seront illustrés par **Chong Cheol** (1536-1593), un haut fonctionnaire qui utilise ses fréquents exils pour composer des *kasa*, poèmes narratifs longs, comme *Le Chant de Kwandong*.

Naissance de la fiction

Au même moment, **Heo Kyun** (1559-1618) imagine *L'Histoire de Hong Kiltong*, un Robin des Bois local, pour la première fois écrite en coréen. Sa sœur **Nanseol Heon** est une étonnante poétesse, que l'on peut presque qualifier de féministe. Avec **Yun Seondo** (1587-1671), la poésie atteint des sommets de lyrisme, en particulier dans son *Chant des cinq amis*. **Kim Manjung** (1637-1692) formalise ce que sera la fiction romanesque des siècles à venir. *Le Rêve de neuf nuages* et *Vers le Sud* explorent tous les espaces entre histoire et imagination.
Pak Chiwon (1737-1805) reste attaché au *Sirhak*, *l'école pratique*, un mouvement qui n'est pas sans évoquer nos encyclopédistes et s'intéresse à la technique, aux nouveautés, reconsidérant les relations avec la Chine.
Kim Sakkat (1807-1863) est un cas à part. Pourchassé après la rébellion de son grand-père, ce poète génial va parcourir le pays, se vengeant de la société avec des poèmes à double entente, lyriques ou obscènes selon qu'ils sont lus à la chinoise ou en coréen.
L'âge classique s'achève avec un genre d'origine populaire et chamanique, le *pansori*, forme narrative chantée par une seule personne et d'une longueur inouïe.

LA LITTÉRATURE MODERNE

Le tournant

La littérature moderne voit le jour quand, sous le coup de l'irruption des puissances occidentales, les lettrés-intellectuels se posent la question de la nation. **Yu Kiljun**, **Shin Chaeho** et **Yun Chiho**, entre autres, explorent le monde nouveau, voyageant, interrogeant les savoirs occidentaux, créant écoles et revues.

Cette question est aussi celle de la langue. Font figure d'aînés, **Choe Namseon** (1890-1957) en poésie, **Yi Kwangsu** (1892-1945) en prose et **Yi Injik** (1862-1916) pour le théâtre. Influencés par le social darwinisme diffusé dans tout l'Extrême-Orient par le Chinois Liang Qichao, ces trois auteurs proposent des solutions que tous vont reprendre malgré leur engagement collaborateur.

C'est l'époque des publications, des écoles, des revues, des droits des femmes, comme au Japon quelques décennies auparavant. Dans les revues s'exprime la nouvelle poésie coréenne, enfin affranchie de la musique.

Kim Dongin (1900-1951) représente l'autre branche de la prose, réaliste mais rejetant le moralisme. Avec *Les Pommes de terre*, le naturalisme trouve son chef-d'œuvre. Au même moment, *Azalées* du lyrique **Kim Sowol** (1902-1934) et *Ton silence* du bonze **Han Yong-un** (1879-1944) dégrossissent le coréen écrit, tout en donnant à la poésie le pouvoir d'exprimer l'esprit national.

Yi Sanghwa (1910-1943), probablement le premier, exprime la douleur et le ressentiment de beaucoup en se demandant *Quand le printemps reviendra-t-il sur ses champs dérobés ?*

Avec les années 1930, la littérature se ramifie et s'enrichit, le plus souvent en épousant les conflits idéologiques. Pour la première fois, bien que pour peu de temps, un véritable roman prend forme. **Hyun Jingeon** (1900-1943) avec *Une société qui pousse à boire* et **Yom Sangseop** (1897-1963) avec *Trois générations* parviennent à unir la tendance naturaliste, l'esprit critique et les techniques modernes.

Le principal rameau est celui de la **KAPF**, l'association des artistes prolétariens. Parmi eux, **Kim Tong-hwan** (1901-au Nord), auteur du premier long poème narratif moderne *La Nuit de la frontière*, ou **Kim Kirim** (1908-au Nord), dont le nom évoque le modernisme. Signalons encore **Jeong Jiyong** (1903-au Nord).

C'est le moment où **Chae Mansik** (1904-1950), avec *La Vie ready-made* et *Sous le ciel, la paix* retient toutes ces leçons pour peindre le paysage de l'époque coloniale avec un humour qui restera rare dans les lettres coréennes.

Seo Jeongju (1915-2000) et avant lui **Yi Sang** (1910-1937) auront fait figure d'exceptions, le premier par un lyrisme a-historique qui le mène à la collaboration avec le militarisme japonais, le second (*Les Ailes*, etc.) par un individualisme

YI MUN-YOL (né en 1948)

Il est sans doute un des écrivains sud-coréens les plus connus. Ses textes réalistes, cultivant l'ambiguïté, ont toujours rencontré un fort succès dès le premier, *Chant sous une forteresse*. Il traite de sa vie difficile, en raison du passage de son père au nord dans *Le Poète*, et aborde souvent la question de la dictature et de ses effets : *Notre héros défiguré*, *Nos jeunes années*. Souvent embarrassé par une tendance à l'encyclopédie (*Le Fils de l'homme*), il excelle lorsqu'il manie l'humour (*Pour l'empereur*). Son œuvre phare, *L'Oiseau aux ailes d'or*, est une merveille stylistique qu'André Velter a qualifiée de « décisif, lumineux et de résonance infinie ». Il publie aujourd'hui des romans fleuves et des bandes dessinées, avec un moindre succès.

YI CHONG-JUN (1939-2008)
Originaire de la province du Jeolla du Sud, baignant dans le chamanisme et le *pansori*, Yi Chong-jun a consacré toute sa vie à la littérature et à ses racines. Auteur d'une œuvre considérable, souvent récompensée, il se démarque de la veine réaliste et sentimentale qui marque la littérature coréenne. Une bonne partie de ses textes, comme *Les Gens du Sud*, sont consacrés à la fois à son pays natal et aux mystères de la création. Les autres sont souvent allégoriques, comme son chef-d'œuvre *Ce paradis qui est le vôtre*, une fable qui se passe dans l'île des lépreux, dont les pensionnaires tentent de s'échapper à la nage, même lorsque le nouveau directeur les autorise à sortir.

moderniste aujourd'hui encore stupéfiant.

DEUX LITTÉRATURES CORÉENNES ?

Avec la division héritée de la colonisation japonaise et de la guerre civile (1950-1953), deux États distincts s'opposent et avec eux deux vies littéraires notablement différentes, même si réalisme, engagement et moralisme continuent à régner des deux côtés de la frontière.

Corée du Sud

Hwang Sun-won (1915-2000) reprend la veine sociale, mais d'un point de vue unanimiste que contredit l'environnement politique. **Yi Hocheol** (né en 1932), venu du nord, évoque ses origines et les désastres de la division, tandis que **Pak Kyongni** (1926-2008) avec son interminable best-seller *La Terre* fait figure d'écrivain national, dans la veine du roman historique fleuve.
La Place de **Choe In-hun** (né en 1936) est en 1961 un véritable coup de tonnerre. Profitant d'un bref intermède démocratique, il répartit les responsabilités entre Nord et Sud, plaidant pour une Corée unifiée.
Kim Seongok (né en 1941) est le premier prosateur véritablement moderne, imposant un ton et un humour s'émancipant radicalement de la pédagogie romanesque, en particulier dans *Séoul hiver 64*.
Yi Chong-jun (1939-2008) et **Hwang Ji-u** (né en 1952) sont, en prose et en poésie, les écrivains représentatifs de la province martyre du Jeolla, le premier par la réactivation de la mémoire et des formes culturelles traditionnelles, comme le *pansori*, le second par ses combats pour la démocratie.
Kim Ji-ha (né en 1941) avec *Les Cinq Voleurs*, **Ko Un** (né en 1933) et **Shin Kyong-nim** (né en 1935) marquent tout autant la poésie, imprimant à celle-ci un ton fortement militant qu'explique largement la répression permanente exercée de 1953 à 1987 contre les écrivains. Ce sont les héritiers de **Kim Suyoung** (1921-1968), qui, avec *Le Nouveau Chœur de la ville et des citoyens*, imprime les canons de la poésie engagée.
La Petite Balle lancée par un nain de **Cho Seheui** (né en 1942) est le best-seller absolu de la littérature moderne. Ce recueil de nouvelles plaide pour les victimes du développement industriel à tout prix, tandis que **Pak Wan-seo** (1931-2011) démontre que la littérature féminine est égale en intérêt à celle des hommes. **Yi Mun-yol** (né en 1948) obtient un tel succès dans les années 1960-1970 qu'on parle même de « syndrome Yi Mun-yol », et **Choi In-ho** (1945-2013) prouve que la littérature populaire vaut les autres.
Une jeune génération réussit à s'imposer, malgré les diktats du confucianisme, avec **Pak Min-gyu**,

Cheon Myong-gwan ou **Han Kang**, qui n'hésitent pas à établir des passerelles avec le cinéma et la chanson. Citons encore **Kim Young-ha** pour son regard froid et lucide sur la société coréenne.

Corée du Nord

Les premiers écrivains modernes sont issus de la **Korea Artista Proleta Federacio (KAPF)**, avec, naturellement, leurs problématiques d'avant-guerre. Certains paient dramatiquement le prix de la division. **Im Hwa** (1908-1953), par exemple, immense poète et premier historien de la littérature, est la première victime des purges, ainsi que **Yi Taejun**.

Les lettres nordistes suivent la politique de l'État-parti. La mise en forme du *djoutché*, version Kim Il-sung d'un concept forgé dans les années 1910-1920, s'impose, sans modifier en profondeur les tendances d'avant-guerre. La personne de Kim Il-sung règne sur la fiction, avec la réémergence du roman historique fleuve.

Han Sorya (1900-1976), issu de la KAPF, est le premier écrivain marquant. Son œuvre très militante suit sa carrière, gouvernementale, puis sa destitution, et enfin sa réhabilitation, un peu à la façon des lettrés d'autrefois. En 1946, il publie *Les Villageois*. *Anna,* de **Li Chunjin** (1948), témoigne des liens d'alors avec l'URSS, *Un vieil ami à moi*, de **Yun Sicheol** (1951), souligne l'alliance avec les Chinois, et *Le Fleuve Tuman*, de **Li Kiyong** (1954), illustre la fonction mémorielle des lettres.

Avec les années 1980, on constate une primauté des personnages scientifiques et techniciens. L'ambiance générale et le contexte politique sont résolument optimistes, car tous les « égoïstes » sont réformables.

À la fois littéraire et musical, on trouve l'opéra révolutionnaire, dont *La Jeune Bouquetière* est le modèle toujours représenté.

Hong Sok-jung, avec *Une fleur rouge* ou *Hwang Chini*, imprime à la scène littéraire une liberté de ton assez surprenante, tandis qu'une œuvre majeure comme *Des amis* de **Paek Nam-nyong** (1988) expose les attendus d'un divorce entre une cantatrice et son mari au statut trop « modeste » pour elle, s'autorisant des critiques appuyées.

Sélection de livres traduits en français p. 484.

Cinéma et télévision

Si le cinéma d'auteur sud-coréen s'exporte bien et rafle nombre de récompenses parmi les plus prestigieuses, ce sont avant tout les feuilletons télévisés qui rencontrent un énorme succès populaire dans la péninsule mais aussi à l'étranger.

LES DÉBUTS

La première projection publique d'un film en Corée date de 1903. Le premier vrai film coréen date lui de 1923, et sera suivi de réalisations souvent basées sur des histoires traditionnelles qui continuent à être reprises aujourd'hui. Le plus célèbre est *Arirang* (1926) qui dénonce l'impérialisme japonais. Suite à ce film, les lois sur la censure deviennent de plus en plus dures, jusqu'à l'interdiction de l'utilisation de la langue coréenne au cinéma en 1942.

En 1935, la première version de *La Légende de Chun Hyang* (retracée par **Im Kwon-taek** pour la 12e ou 13e fois en 2000 et présentée à Cannes en compétition officielle) est le premier film sonore de l'histoire du cinéma coréen.

L'ÂGE D'OR

En 1953, grâce au président Rhee Syngman qui exempte de taxes cette industrie, le cinéma reprend

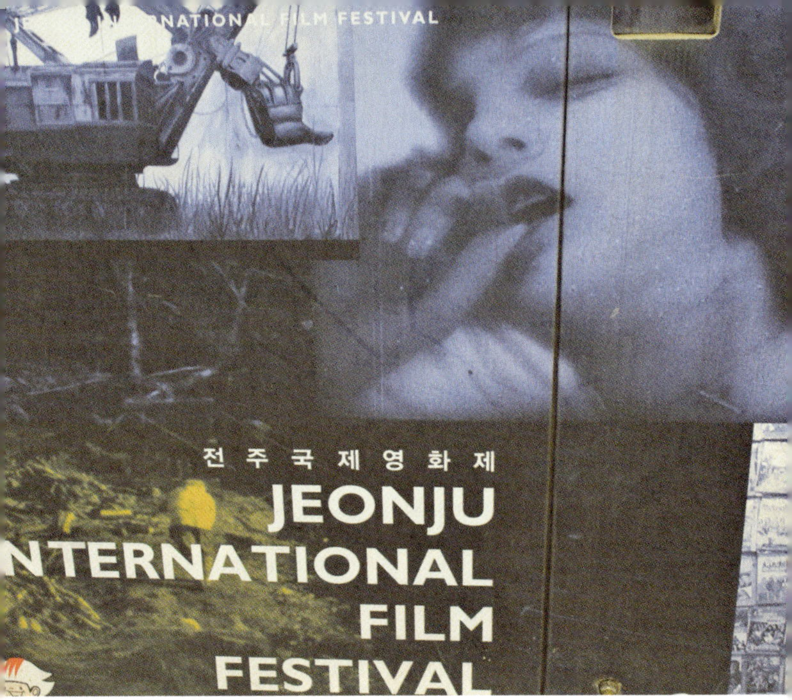

Affiche du festival international du film de Jeonju.
Ph. Pataud/MICHELIN

son essor, lançant l'âge d'or du cinéma coréen. L'un des réalisateurs phares de cette époque est **Yoo Hyun-mok**, dont les films les plus connus sont *Obaltan* (1961), ainsi que le chef-d'œuvre surréaliste *Empty Dream* (1965). Les autres films de référence de l'époque sont *Housemaid* (1960) de **Kim Ki-young** dont le remake par **Im Sang-soo** a été présenté à Cannes en 2010, et *My Mother And Her Guest* (1961) de **Shin Sang-ok**. Le réalisateur **Im Kwon-taek**, qui a plus de cent films à son actif, a commencé également à cette époque mais se révélera plus tard avec entre autres *Mandala* (1980).

APPARITION D'UN CINÉMA D'AUTEUR

L'Europe, et plus particulièrement la France à travers la Nouvelle Vague, a beaucoup influencé le cinéma d'auteur coréen, puisque presque toute la génération des années 1950-1960 a découvert le cinéma par la salle du Centre culturel français de l'époque, qui proposait des films non importés en Corée. Les réalisateurs **Hong Sang-soo** et **Park Chan-wook** en font partie, et on reconnaîtra l'influence de Melville et Delon dans le film d'action *Bittersweet life* de **Kim Li-woon** (2005).

LA « VAGUE CORÉENNE »

Après une période sombre liée à la censure, l'installation de la démocratie à la fin des années 1990 marque la relance du cinéma coréen. D'abord **Kang Je-gyu** avec *Shiri* (1999), puis le réalisateur **Park Chan-wook**, chouchou des box-offices, symbole du nouveau cinéma coréen, avec *JSA* en 2000 (*voir p. 178*), puis *Old Boy* (2003), et **Kim Ki-duk** – le réalisateur qui a le plus exporté de films en Europe, avec *Printemps, été, hiver, automne et… printemps* (2003), *Pietà* (2012), Lion d'or au 69e festival de Venise. Depuis le début des années 1990, les *chaebol* commencent à s'intéresser au cinéma. *Marriage Story* (1992), de Kim Ui-seok soutenu par Samsung, est le premier véritable succès de cette nouvelle industrie culturelle. La « vague coréenne », ou *hallyu*, phénomène de développement ultra-rapide de la production et de l'exportation de films et programmes coréens irrigue les années 2000. Le nombre d'écrans augmente en proportion : un peu moins de 600 en 2000 ; près de 1 500 en 2005. D'autres *chaebol* apparaissent comme Orion, Lotte, CJ, mais aussi des sociétés de capital-risque et des fonds d'investissements étatiques sous l'égide d'un nouvel acteur : le Korean Film Council (KOFIC). En quelques années, la plupart des pays asiatiques, à commencer par le Japon, mais aussi les pays sud-américains et est-européens, vont se passionner pour les films coréens et surtout les séries télévisées coréennes.

Parmi les **séries** les plus connues : *Mon cœur en automne* (2000), *Winter Sonata* (2002, *voir p. 193*), *Le joyau du palais* (2003), *All in* (2004), *Palais royal* (2006), *Kkotpoda namja* (2009), *Unexpected You* (2012), *Misaeng* (2014), *Oh my Ghostess* (2015), *Signal* (2016) ou encore la série des *Reply* : *Reply 1997* (2012), *Reply 1994* (2013) et *Reply 1988* (2016).

Sur grand écran, nombre de **blockbusters coréen**s ont attiré plus de 10 millions de spectateurs dans un pays de 50,5 millions d'habitants : à lui seul *Chiri* (1999) de Kang Je-kyu fascine plus de 6 millions de spectateurs ; *Friends* (2001) de Kwak Kyung-taek attire 8,1 millions de spectateurs ; *Silmido* de Kang Woo-suk (2003), plus de 10 millions, etc. Citons également *Frères de sang* de Kang Je-gyu (2004), *Le roi et le clown* de Lee Jun-ik (2005), *Haeundae* de Yun Jae-gyun (2009, *voir p. 266*), *Memories of Murders* (2003) de Bong Joon-ho, mais aussi *The Host* (2006) 13 millions de spectateurs ! Sans oublier, bien sûr, la première grosse production en langue anglaise de ce réalisateur : *Snowpiercer* (2013), tirée de la célèbre bande dessinée française Le *Transperceneige* créée dans les années 1980 par Jacques Lob et Jean-Marc Rochette. Elle a dépassé le million de spectateurs en seulement deux jours !

Durant les années 2010, le mouvement s'intensifie même. Les zombies qui peuplent le *Train to Busan* (2016) de Yeon Sang-ho ont effrayé 11 millions de personnes. Le thriller *Veteran* (2014) de Ryoo Seung-wan et le drame *Ode to my Father* (2014) attirent chacun autour de 14 millions de spectateurs. Et, avec près de 18 millions d'entrées, le drame historique *The Admiral : Roaring Currents* (2014 - *L'Amiral*, en français) de Kim Han-min, inspiré des exploits militaires de l'amiral Yi Sun-sin, bat tous les records !

Les **festivals de cinéma** ont aussi connu un boom depuis les années 2000 *(voir p. 327)*. Le Festival international du film de Busan (BIFF), le premier de Corée, est lancé en 1996 afin de faire connaître de nouveaux réalisateurs asiatiques *(voir p. 262)*. Suit en 1997 le Festival international du film fantastique de Puchon (Pifan) puis en 2000 le Festival du film international de Jeonju (JIFF) principalement dédié aux films indépendants.

En outre, depuis la *hallyu*, les plateaux de tournage de films et séries télévisées coréens sont devenus des endroits touristiques qui se visitent et sont en général indiqués. La plupart sont en dehors de Séoul, comme par exemple Hallyu-world dans le Gyeonggi-do, Suncheon Drama Set à Suncheon (*voir p. 321*) ou le Andong Folk Village *(voir p. 230)*.

Sélection de films disponibles en français p. 489.

Art de vivre

La Corée est un pays « jeune » eu égard à son développement économique et à son occidentalisation, mais c'est aussi, derrière les apparences, un pays de haute culture et de traditions. Sous la monarchie, les élites aristocratiques représentées par les deux ordres « nobles » appelés « yangban » menaient des vies dédiées aux fonctions publiques (le commerce leur était interdit), au « loisir studieux » comparable à l'« otium » des Romains, aux lettres et aux arts inspirés de la tradition chinoise. Avec le temps et l'émergence dès le 18e s. d'une bourgeoisie urbaine qui s'enrichit, leur mode de vie et leurs pratiques seront adoptés par les classes moyennes et aisées de la société, mêlant ainsi traditions populaires locales à des usages plus raffinés appartenant à la sphère d'influence chinoise. Aujourd'hui, l'art de vivre à la coréenne repose sur ces deux piliers, rustique et aristocratique, qu'il redécouvre et réinvente en permanence pour offrir une gastronomie, un artisanat et des divertissements de qualité.

Les bains

UN PLAISIR PARTAGÉ

Le plaisir des bains est une des expériences à tenter en Corée. Il reste encore dans presque tous les quartiers des « bains-douches » appelés *mogyoktang* et qui furent, il y a peu encore, un lieu de sociabilité incontournable. L'hygiène corporelle et la propreté extérieure étant très importantes dans la péninsule, les **bains publics** étaient un endroit fort fréquenté quand l'usage des salles de bains privées n'était pas encore répandu. Toutefois, même quand toutes les maisons furent équipées d'une pièce d'eau, l'habitude resta d'aller au *mogyoktang*, car cette pratique va bien au-delà de la simple toilette. Les femmes papotent et se racontent les ragots du quartier tout en se faisant une beauté ; du côté homme, plus silencieux, on se remet d'une journée de travail ou d'une nuit arrosée dans un des bains brûlants. Et dans les vestiaires, on joue au go, on regarde la télévision, on se fait coiffer… Enfin, le bain est aussi l'endroit où l'on se rend en famille. Les enfants, allant indifféremment avec le père ou la mère, sont recrutés pour frotter le dos de leurs aînés avec une petite serviette fluorescente façon gant de crin éliminant les peaux mortes. Le temps du bain reste donc un moment très spécial. Là, nu comme un ver, on se retrouve avec soi et son corps, dans un univers d'eau et de vapeur très apaisant. Les Coréens ont un rapport très décomplexé et naturel au corps, et il n'y a rien de malsain ni d'équivoque dans cette institution. Malheureusement, la société évoluant vers plus d'individualisme, les usages du corps aussi changent : les bains chauds ont tendance à disparaître, remplacés cependant par de grands centres appelés *jjimjilbang*.

DES BAINS POUR TOUS LES GOÛTS

Dans les *jjimjilbang*, il a des bains et saunas mais bien plus encore. On trouve ainsi, dans des espaces mixtes où l'on porte tee-shirt et bermuda, des « fours » enduits de lœss aux températures incroyables, des salles chauffées aux thèmes variés : jade, améthyste, oxygène, charbon… et même des igloos tapissés de glace pour les amateurs d'extrême ! On peut également se restaurer, se faire masser, épiler, maquiller, jouer sur Internet, voir un film, et bien sûr et surtout, se rouler paresseusement à même le sol chauffé. Cette formule plus ludique, plus complète, permet d'aller en groupe des nuits ou des journées entières se reposer tout en s'amusant, sans que la famille ou le couple soient séparés comme dans un bain traditionnel. On en propose à Séoul, où il y en a plusieurs par arrondissement. En province, on préférera la version **station thermale**, ou *oncheon*. Comme le bain public, cette tradition a surtout été démocratisée par l'occupant japonais, friand de ce genre de plaisir. Cependant, certaines sources d'eau chaude sont connues et appréciées pour leurs vertus médicinales depuis des siècles. Une station comme Onyang était même visitée par les rois de Joseon. On trouve de telles sources dans toute la Corée, mais la Green Belt (autour et dans Séoul) interdit leur développement dans la Région capitale. En province, il existe des sources situées face à la mer comme à Haeundae ou Busan, des complexes géants comme à Bugok, d'autres proposant thermes et piscines extérieures comme à Seorak Waterpia, d'autres encore développées par des chaînes d'hôtel façon thalassothérapie (Hilton Namhae, Jeju-do)…

Voir p. 472 la liste des oncheon *et spas recommandés.*

LE BAIN MODE D'EMPLOI

Quelle que soit la formule choisie, voici comment l'on procède à l'heure du bain. Après avoir acquitté l'entrée (quelques milliers de wons seulement pour un simple *mogyoktang*), on pénètre dans les vestiaires de son sexe où on ôte ses chaussures, que l'on met dans un casier. On reçoit en général une seconde clé pour le vestiaire lui-même, où on se déshabille totalement. On peut prendre une serviette pour s'essuyer voire une pour le *peeling* (rouge en général). On entre alors dans la partie des bains où on commence impérativement par se doucher puis on pénètre dans les bassins, en allant des moins chauds aux plus chauds. Certains sont en extérieur, ce qui se révèle très agréable sous la neige l'hiver. Enfin, on file dans un sauna, humide de préférence, avant de plonger, pour ceux qui ont le cœur solide, dans un bain d'eau glacée ! Et l'on recommence, *ad libitum*… Sur place, des espaces repos permettent de faire la sieste et on peut aussi se faire desquamer le corps, ce qui s'appelle *ttaemiri*, et coûte en général autour de 10 000 ₩. Attention, c'est un peeling musclé ! En sortant, vous avez tous les accessoires pour vous repoudrer, coiffer, etc. Si vous êtes dans une source thermale, essayez de garder l'eau du dernier bain sur la peau sans vous rincer pour bénéficier des minéraux et autres éléments miracles… Dans les *jjimjilbang* et parties mixtes, on porte un bermuda et un tee-shirt prêtés gracieusement. S'il y a une piscine, on doit mettre un maillot et comme ils sont loués assez cher, il est recommandé d'apporter le sien. Certains établissements obligent aussi le port du bonnet de bain.

La gastronomie

La gastronomie coréenne est méconnue en Occident, mais certains critiques ont déjà reconnu son potentiel et parient sur son succès à venir. Peu grasse et très équilibrée, elle est aussi riche en

Exemple de repas « complet » traditionnel.
KTO

protéines végétales, en aliments fermentés, fibres, etc. Elle pourrait donc devenir tendance et vous devriez profiter de votre séjour sur place pour essayer de découvrir sa palette de saveurs. Certes, elle est surprenante et associe des **goûts méconnus** ou peu populaires en Europe comme l'amer, avec des épices (mais les plats sont souvent plus rouges que vraiment forts) et des odeurs inattendues. Ainsi, s'il faut un certain temps pour s'habituer à certains mots et pénétrer cet univers gastronomique, il serait regrettable de ne s'en tenir qu'à l'éternel *bulgogi* ou *bibimbap* qu'on vous servira immanquablement, persuadé qu'en tant qu'étranger, votre palais sensible ne saurait aller plus loin. Nous vous recommandons donc d'essayer assez vite un de ces repas « complets » traditionnels (*hanjeongsik, baekban*) où la table est couverte de mille petits plats qui vous permettront de rentrer dans ce monde de saveurs, couleurs et textures uniques. Sur une telle table, vous trouverez toujours quelque chose à votre goût !

LA TABLE ORIGINELLE

Le repas coréen puise son essence et son symbole dans le meuble sur lequel il fut servi pendant des siècles : la petite table basse (*soban*) individuelle que l'on apportait toute dressée aux hommes (les femmes et enfants, comme les personnes les plus humbles, mangeant le plus souvent sur une table commune). Le *hansang charim,* ou plateau à service unique, ferait office de structure de base de ce repas. De quoi est-il composé ? Immanquablement de riz, blanc

PLUIE D'ÉTOILES

Attestant de l'excellence de la gastronomie séoulite, la deuxième édition du **Guide Michelin Séoul** en 2018 compte au total 175 restaurants dont 24 étoilés et 48 restaurants Bib Gourmand. Tous les types de cuisine sont représentés, de la cuisine royale coréenne aux cuisines française, chinoise, japonaise ou encore italienne.
guide.michelin.co.kr/en/

(*bap*) si possible, parfois mêlé d'orge (*bori*) quand on n'avait pas assez de riz blanc ou, comme maintenant, pour des raisons diététiques. Le riz peut être remplacé par une autre céréale comme un plat de nouilles de blé ou de sarrasin. Une soupe (claire, *guk* ; façon potage, *tang* ; épaisse comme un ragoût, *jjigae*), très souvent à base de pâte de haricot fermenté *doenjang*, l'équivalent coréen du *miso* japonais. Avec ces quelques notes, associées aux différents condiments et assaisonnements, vous pouvez commencer à jouer la gamme des *banchan* ou plats secondaires qui composent le reste de la table.

LE MONDE INFINI DES BANCHAN

Une loi tacite, fondée sur la théorie très ancienne et taoïste des *ohaeng*, ou « harmonie des cinq éléments », appelle à varier les couleurs, ingrédients, textures, saveurs pour avoir devant soi un équilibre aussi bon que beau. Les plantes potagères blanchies, sautées, saumurées, ou simplement assaisonnées crues comme une salade sont la base : épinards, pousses de soja, tiges d'ail, feuilles de shiso ou d'aster, courgettes, la liste des *namul* (plats d'accompagnement) est longue et s'enrichit des plantes sauvages ou rudérales que l'on ramasse la saison venue autour de la maison ou dans la montagne. Pissenlit, pourpier, orpin, pétasite, bourse-à-pasteur, armoise, bette sont toujours à l'honneur avec leurs saveurs uniques. Les *banchan* comprennent aussi nombre de racines et rhizomes (platycodon, *doraji*, codonopsis, *deodeok*, lotus, ginseng, etc). Que serait cependant un repas sans au moins un poisson ou de la viande grillée ou braisée ? Les possibilités sont donc infinies et dépendent de l'inventivité de la maîtresse de maison comme de la saison : galette façon crêpe à la ciboule et fruits de mer (*pajeon*) ou au haricot mungo (*bindaetteok*), légumes panés à l'œuf (*jeon*), raviolis frits ou à la vapeur (*mandu*), feuilles d'algues ou *gim*… Sans oublier les *jangajji*, pickles de légumes, racines ou fruits fermentés dans de la sauce soja, de la sauce de piment rouge ou du *doenjang*. Avec les *kimchi*, ils composent la sous-classe des *mitbanchan* ou plats secondaires qui se conservent longtemps, idéaux autrefois pour passer le cap très difficile de l'hiver. En effet, pour pallier le climat qui ne permet pas, tout au moins dans le centre et le nord du pays, de cultiver pendant la saison froide, ces produits sont récoltés et transformés dès le printemps précédent.

LE KIMCHI

Roi des *banchan* et du repas de base, le *kimchi* est aussi représentatif de la cuisine nationale que peut l'être la baguette en France. Mais de même que l'on ne peut imaginer se nourrir

CONDIMENTS ET ASSAISONNEMENTS

Caractéristique essentielle de la cuisine coréenne, les *jang* sont des produits élaborés à partir de graines de soja fermentées (*doenjang*), mais aussi de sauce soja (*ganjang*) ou de pâte de piment rouge (*gochujang*) mélangée avec de la poudre de *doenjang* séchée et du malt. Vous retrouvez ces trois versions des *jang* partout. Ils sont à la base des sauces condimentaires, des pickles et conserves, et sont une source capitale de protéines végétales et d'antioxydants. Autres condiments et assaisonnements incontournables : l'ail bien sûr, la ciboule chinoise, l'huile et la graine de sésame, la poudre de piment rouge, etc.

VIANDE DE CHIEN, LA POMME DE DISCORDE

Pour une raison que seuls les médias doivent connaître, la France est devenue, par l'entremise de Brigitte Bardot, le symbole de la mauvaise conscience des Coréens qui aiment la viande de chien. Cette viande, appréciée depuis toujours, de même qu'en Chine ou au Viêt-Nam, est surtout consommée en été lors des fortes chaleurs, en tant que tonique. Cela remonte à l'époque où les paysans ne pouvaient s'offrir beaucoup de viande et avaient besoin de protéines et lipides animaux après les efforts des semailles. La viande consommée étant une race spécifique réservée à la boucherie, il n'y a aucun risque que l'on vous serve de la viande de chien pour une autre viande. En revanche, si vous commandez une *bosintang*, une *yeongyangtang* ou une *sacheoltang*, sachez qu'il s'agit de soupes de chien ! Malgré la volonté des autorités de « masquer » cette tradition, elle reste vivace et anime nombre de débats. Les consommateurs souhaiteraient un dispositif réglementaire pour assurer l'hygiène plutôt qu'une politique de l'autruche ; les amis des animaux s'offusquent des conditions d'élevage et parfois d'abattage ; les aficionados clament leur droit à la différence culturelle. Bref, un sujet sensible sur lequel personne ne s'entend…

exclusivement de pain, le *kimchi* n'est pas un « plat » en soi. Il s'agit d'un accompagnement composé d'un légume fermenté. La plupart du temps, le produit est plongé dans une saumure pour retirer l'eau de constitution et lancer une première fermentation ou décomposition des fibres. Puis, il est mélangé à des condiments comme l'ail, la poudre de piment rouge, la ciboule, l'oignon et enfin les saumures de crevettes (*jeot ou saeujeot)* ou le nuoc-mâm d'anchois (*myeolchi aekjeot)*, deux sauces très fortes qui lancent la deuxième fermentation. Après quelques semaines, le légume est riche en protéines animales, calcium, vitamines et aussi acide lactique. C'est donc un produit complet qui peut se conserver des mois, une méthode de conservation traditionnelle idéale comme complément alimentaire. Dans le passé, on enterrait les pots à *kimchi* (surtout celui d'hiver appelé *gimjang*) ou on les entreposait dans la cour de la maison, dans un espace consacré aux *jang* appelé *jangdokdae*. Désormais, on a tendance à utiliser des réfrigérateurs spéciaux. Les *kimchi* varient selon les saisons, produits et régions : épicés et rouges selon certaines recettes, « blancs » de façon plus traditionnelle (le piment rouge est arrivé d'Amérique du Sud *via* le Japon au début du 17e s. seulement). Certains sont même liquides, comme le *mulkimchi*. Les légumes les plus utilisés pour sa préparation sont désormais le chou chinois (*baechu*), qui est presque devenu synonyme de *kimchi*, puis le *daikon* ou radis blanc géant (dans le *kkakdugi* par exemple), le concombre, etc.

AU RESTAURANT

Parmi les différentes formes de « repas » coréens, la plus simple, voire celle de base de la cuisine « bourgeoise », est le *baekban*, signifiant « riz blanc », qui reprend la structure évoquée plus haut : riz, soupe, *banchan*. La même formule mais démultipliée, composée d'une kyrielle de *banchan* remplissant une immense table commune, est la version moderne du repas venue de la région méridionale du Jeolla, célèbre pour sa gastronomie relevée et riche en fruits de mer. Ces tables sont

appelées *hanjeongsik*, un nom qui désigne également ces repas pantagruéliques servis plats après plats, interminablement, le tout couronné par le « repas » lui-même (*siksa*), c'est-à-dire le riz, sa soupe et ses petits *banchan*.
Aujourd'hui, avec la modernisation et la démocratisation de la société, le repas s'est rassemblé autour d'une table devenue commune et n'est plus qu'exceptionnellement servi individuellement.
C'est même devenu une caractéristique de la table coréenne contemporaine que de partager *banchan*, soupe et plats uniques (*ilpum yori*) au centre, à tel point que dans de nombreux restaurants, il est difficile, voire impossible, de manger seul.
C'est notamment le cas dans les nombreux établissements spécialisés dans un plat unique comme la viande grillée, le poulet sauté, la pieuvre en ragoût, la casserole de champignons, la soupe de poisson, etc., qui sont plutôt faits pour être cuits directement sur la table et pour être partagés par les convives. Cela s'explique aussi par l'évolution des habitudes : les Coréens mangent de plus en plus souvent hors de chez eux et multiplient les *hoesik* ou repas d'entreprise. Un des plats les plus célèbres de ces agapes partagées est bien sûr le barbecue dit coréen, côtes de bœuf ou de porc (*galbi*) assaisonnées ou non, viande de bœuf marinée dans une sauce soja légèrement sucrée (*bulgogi*), etc. On grille sa viande sur les braises ou la plancha au milieu de la table et on déguste les petits morceaux enrobés d'une feuille de salade, avec un peu de sauce, de l'oignon ou de la ciboule. C'est convivial, et très pratique pour les palais délicats qui auraient du mal à s'habituer à la gastronomie locale ! Il faut néanmoins rappeler que cette « tradition » ne s'est vraiment répandue qu'après la guerre, dans les années 1950, et qu'auparavant la viande de bœuf et même de porc était l'apanage des classes aristocratiques…

LES INCONTOURNABLES

Enfin, on ne saurait terminer cette présentation sommaire sans parler de quelques plats uniques très connus, quasi incontournables. Le *bibimbap* tout d'abord est presque devenu, à l'instar du *kimchi*, un des produits phares de la gastronomie coréenne, surtout depuis qu'il est servi sur la Korean Air Line. Il se compose de riz mélangé à de la sauce pimentée, d'un peu d'huile de sésame et de différents *namul* assaisonnés : épinards, germes de soja, courgettes, concombres, racines de platycodon (campanule indigène), et pourquoi pas viande hachée, œuf au plat ou bœuf cru pour les carnivores. Ce plat complet et équilibré serait d'origine paysanne… voire royale, selon les spécialistes ! La soupe de bœuf est, elle, indéniablement d'origine royale, comme la *seolleongtang*, consommé très clair que l'on mélange avec son bol de riz. Roborative, on l'avale pour son bouillon et non pour la viande, étique. Vous préférerez peut-être le délicieux *samgyetang*, une soupe de coquelet farci de riz gluant, ginseng, jujubes, pignons, et servie avec de la ciboule hachée (*voir p. 363*). Très reconstituante, on la servait traditionnellement pendant les chaleurs estivales.

GASTRONOMIE ET SANTÉ

En Corée, un vieux dicton énonce : « La nourriture, c'est comme un médicament. » Dans le pays, on est toutefois passé de la prévention naturelle visant à un régime alimentaire sain et équilibré à certaines extrémités qui renversent

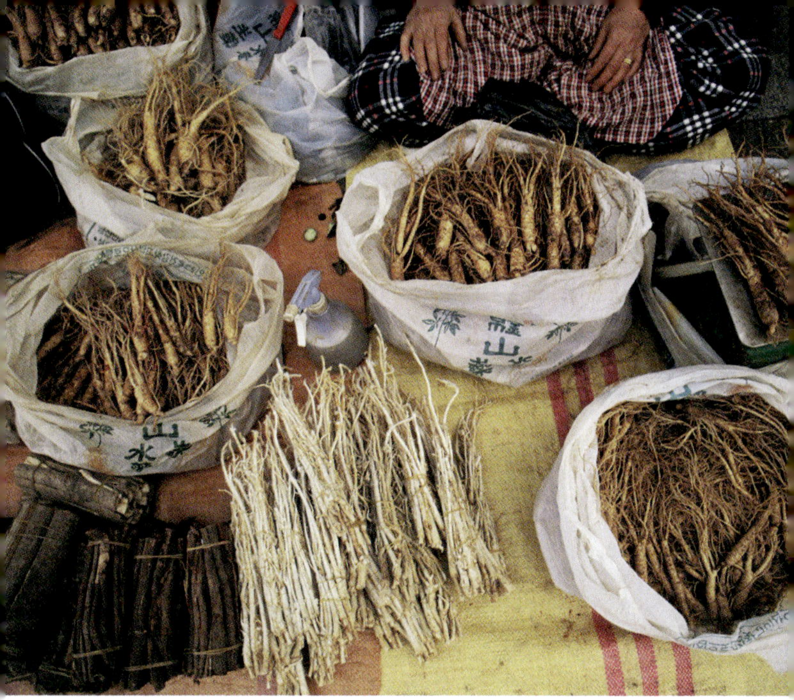

Marché aux plantes médicinales (Namdaemun, Séoul).
S. Vidler/Mauritius/Photononstop

la proposition et cherchent dans la nourriture un traitement à tous les maux. Un mouvement qui va bien sûr de pair avec la mode du bio, du *slow-food*, du bien-être ou du *well-being*, etc. Ainsi, des articles de presse, relayés par quelques pseudo-scientifiques, ont prétendu que le *doenjang* guérissait du cancer ou que le *kimchi* permettait de prévenir et de guérir le SRAS, des articles qui trouvent un écho inquiétant auprès d'une opinion publique trop crédule. Si cela peut faire sourire, cela n'enlève en rien aux qualités de base, bien réelles celles-là, de l'alimentation coréenne… pourvu que l'on consomme raisonnablement car, comme toutes les autres, la cuisine coréenne a ses points faibles : excès de fibres, de produits fermentés, de produits saumurés… Il faut donc respecter le principe de la variété. Alors, pour sûr, les mille plantes sauvages et autres simples utilisés comme aliments et prisés par la phytothérapie locale auront un effet favorable sur votre organisme…

Voir aussi Lexique gastronomique p. 503.

La santé

LA MÉDECINE TRADITIONNELLE

Les principes de la médecine traditionnelle coréenne puisent leurs racines dans la Chine classique. On y retrouve une conception holiste de l'individu et la recherche d'un équilibre global où la maladie est un symptôme et non le but ultime de la pratique. Le corps est considéré comme parcouru de flux d'énergie qui peuvent être bloqués ou au contraire stimulés sur des méridiens spécifiques. Cela fonde l'acupuncture, la moxibustion (thérapeutique apparentée à l'acupuncture utilisant une source de chaleur douce au lieu des aiguilles), aussi pratiquées en Corée, mais également l'acupressure (*jiap*), une variante de l'acupuncture pratiquée par la pression des doigts, comme un massage. Une autre spécificité proprement coréenne est la conception des « types », assez proche de l'ancienne médecine hippocratique des humeurs, qui

PHARMACOPÉE ET PLANTES MÉDICINALES
La Corée a développé une tradition autochtone de médecine dont la pharmacopée, fondée sur les racines, baies et plantes des montagnes (sans oublier les bois de cerf, crapauds, scolopendres, etc.). Les plantes médicinales (*yakcho*) servent à produire des potions aux parfums uniques et envoûtants (*hanyak*)… et aux tarifs parfois exorbitants.

associe les individus à un type ou profil psycho-physiologique inné. Dans les cliniques traditionnelles, dont certaines sont extrêmement modernes et équipées d'un matériel high-tech, on définira votre type en prenant votre pouls. On vous prescrira ensuite un traitement, la plupart du temps des pochettes de potions amères à ingurgiter sur une longue période. Il est recommandé aux personnes souffrant de diabète, problèmes de foie, etc., d'éviter ce type d'endroit. Et dans tous les cas, il faut choisir avec soin l'établissement traitant car, évidemment, il y a aussi des charlatans.

LE DÉVELOPPEMENT DU TOURISME MÉDICAL

Le tourisme médical a tendance à fleurir en Corée. Le feuilleton historique coréen *Dae Jang-geum*, qui fut un hit en Asie, sur le médecin royal du 16e s. qui compila le grand livre de médecine *Dongeuibogam*, a sûrement aidé à ce phénomène. Mais ce n'est pas tant la médecine traditionnelle qui attire les touristes-patients que la médecine occidentale. Avec des équipements ultramodernes, des techniques récentes et des prix attractifs, beaucoup cherchent à développer ce nouveau type de tourisme, en particulier dans les domaines de la chirurgie plastique, discipline où excellent les médecins grâce au marché local… Cependant, des études montrent que, paradoxalement, c'est surtout la médecine générale (*check-up*), les traitements à long terme et les opérations chirurgicales internes qui attirent désormais le gros des touristes dans ce secteur. Ils étaient 60 201 en 2009 à choisir la Corée plutôt que la Thaïlande ou Singapour pour se faire soigner, deux destinations également très prisées pour ce genre de services. Si la Corée reste encore loin de ces deux géants où il existe un vrai marketing soutenu par l'État, elle voit cette niche se développer exponentiellement (de 80 000 patients étrangers attendus en 2010, elle en accueilli 178 519 en 2015), une rente en devises non négligeable.

Le taekwondo et autres sports

Le **taekwondo** est le sport coréen « national » le plus connu à l'étranger, reconnu comme discipline olympique depuis l'an 2000. Cette pratique reste pourtant assez récente, puisqu'elle a été développée dans sa forme actuelle au 20e s. par le général Choi Hong-hi. Créée officiellement en 1955, elle s'appuie sur les bases traditionnelles d'arts martiaux autochtones comme le *taekkyeon*, dont les origines remonteraient aux Trois Royaumes. Art martial très esthétique mais aussi très violent, le taekwondo utilise les jambes pour des coups de pied (*tae*, frapper du pied), les bras et poings pour l'attaque et surtout la défense (*kwon*, frapper du poing). Il est largement pratiqué en Corée, aussi bien par les filles que les garçons, et il est très bien implanté

Le hanbok, l'habit traditionnel coréen.
KTO

à l'étranger puisqu'il serait l'un des arts martiaux les plus pratiqués au monde (entre 30 et 70 millions de personnes selon les sources). À Séoul, il est possible d'assister à des démonstrations (*voir p. 113*). Les autres sports traditionnels incluent **la lutte** (*ssireum*), un art entre la lutte mongole et le sumo japonais, et le **tir à l'arc**, discipline où les Coréens excellent. Ils se sont aussi illustrés en 2002 au **football** lors de la Coupe du monde qu'ils ont accueillie, ou en 2010 avec Kim Yu-na, en **patinage artistique**. Enfin, le **base-ball** est très répandu tandis que **ski** et **cyclisme** se développent de plus en plus. Le sport est par ailleurs une vitrine de choix pour le pays qui multiplie l'**organisation de grands événements** : Jeux olympqiues de 1988, Coupe du monde de football 2002 (conjointement avec le Japon), Championnat du monde d'athlétisme 2011 à Daegu, Jeux olympiques d'hiver de 2018 à Pyeongcheang, ainsi que des Universiades en 1997, 2003 et 2015.

L'artisanat

La Corée possède des traditions artisanales séculaires dont certaines ont fait la réputation du pays bien au-delà de ses frontières. Néanmoins, avec la modernisation forcenée du 20e s., l'industrialisation et le désintérêt pour tout ce qui pouvait rappeler une Corée « sous-développée », bien de ces traditions ont failli disparaître. Certaines ont été sauvées *in extremis* grâce à un dernier praticien et à présent, l'institution des **Trésors nationaux vivants** protège les artistes ou artisans et leurs savoir-faire uniques *(voir encadré p. 454)*. Avec l'opulence et la confiance en soi retrouvée, mais aussi le besoin de référence identitaire face à la mondialisation, ces traditions sont désormais entretenues, développées, réinventées en permanence, allant dans des directions aussi diverses que la « folklorisation » un peu kitch et artificielle ou la réactivation inspirée. Enfin, il faut noter que depuis la libération, on a pris l'habitude d'accoler le préfixe

PATRIMOINE CULTUREL IMMATÉRIEL

Le sigle coréen *muhyeong munhwajae* désigne un patrimoine immatériel (intangible, en anglais). Il est parfois traduit à tort « Trésor national vivant » en français, car l'appellation première en coréen était « patrimoine humain » (*ingan munhwajae*). Il désigne donc d'abord une technique, un savoir-faire ou un art, et non une personne. Bien entendu, il est attribué à des individus qui ont reçu ce patrimoine par héritage ou apprentissage et le sauvegardent, d'où l'idée trompeuse que ce sont eux les « trésors ». Ces patrimoines très variés, depuis la danse de cour *(voir p. 437)* jusqu'à l'artisanat le plus humble, sont au nombre de 362 (en 2008) dans tout le pays. Les catégories les plus représentées sont la musique et l'artisanat. À l'exception de la cuisine de cour, il n'y a qu'un « détenteur » du patrimoine par catégorie. Il forme des disciples dont le meilleur prendra sa suite à sa mort.

han- qui signifie (sud-)coréen à ces traditions : *hanji*, *hanbok*, *hanok*, *hanjeongsik*, etc.

LE PAPIER

Le papier coréen ou *hanji* a été reconnu comme très résistant, fin et d'une bonne qualité d'absorption depuis longtemps au Japon comme en Chine. Au début du 20e s., Victor Segalen l'importait même pour imprimer ses éditions de luxe. Il est confectionné avec de la pulpe de mûrier à papier, qui est ensuite broyée, macérée et filtrée. D'autres formes de papier existent, comme le papier fait de bourres de tissu, à la manière du feutre, papier épais qui servait, une fois huilé, à couvrir le sol des habitations ou les habits de pluie.

LA CÉRAMIQUE

Cet art millénaire a été porté à son zénith par les artisans de la dynastie Goryeo (918-1392) avec les fameux céladons (*voir encadré p. 310*). Les artisans et leurs recettes secrètes auraient été perdus lors des invasions mongoles et aussi à la chute de la dynastie, puis plus tard lors des invasions japonaises de 1592. Certaines familles de potiers se sont installées de force au Japon où leurs descendants perpétuent leur tradition, qui a enrichi la céramique japonaise. Les fours n'ont cependant jamais cessé de fonctionner et les potiers et céramistes modernes essayent, parfois avec beaucoup de bonheur, de retrouver la perfection passée, tant pour le design que pour la réalisation. Certaines pièces relèvent plus de l'art que de l'artisanat, et les prix suivront cette distinction.

LE HANBOK

L'habit coréen traditionnel n'est guère plus porté que lors des fêtes et des défilés de mode internationaux. Il a été modernisé, mais sans grand succès en vérité, comme vous le constaterez dans les rues. Les tissus traditionnels de soie colorée ou de ramie légère aux tons pastel sont cependant magnifiques. Les *pojagi* ou patchworks faits de dizaines de pièces différentes agencées comme une toile de Mondrian servent à envelopper des marchandises et sont encore fabriqués, bien que rarement, à la main. L'habit coréen était aussi réputé pour ses broderies et sa passementerie, comme les pendants appelés *maedeup*.

On peut citer également la vaisselle en laiton, les instruments de musique, sans omettre les masques ou les sceaux. Une visite au National Folk Museum ou dans la rue commerçante d'Insadong, tous les deux à Séoul, pourra donner une bonne idée de la production locale.

Nature

D'une superficie cinq fois inférieure à la France, la Corée du Sud se présente comme un pays aux multiples facettes. Tout au long de l'année, son paysage enchante visiteurs et amoureux de la nature. Les deux tiers de la péninsule ont certes un relief montagneux, mais l'ensemble reste très varié, provoquant une abondance de sensations qui distinguent la Corée des autres pays asiatiques. Avec quatre saisons particulièrement marquées, la nature se modifie au point qu'un même lieu peut présenter quatre visages différents et si originaux qu'on a l'impression d'y retourner à chaque fois pour la première fois. Pays à découvrir, à redécouvrir sans cesse à chaque saison, la Corée du Sud, presqu'île de terre entourée de mers aux noms évocateurs, ne cessera de vous surprendre.

Au fil des saisons…

LE PRINTEMPS – POM

Selon les régions, le printemps est plus ou moins tardif, dès début mars dans le Sud mais pas avant la mi-avril dans le Nord-Est. À Boseong, à l'extrémité sud de la péninsule, les champs de thé vert accueillent près de trois millions de visiteurs chaque année *(voir photo p. 457)*. Première région productrice de Corée du Sud, ses collines peu fertiles en céréales ont adopté le vert clair des fleurs de théiers. Et, pour rompre la monotonie de l'alignement des arbustes, les plantations ont été bordées de cèdres. Dès les premières feuilles, des grappes de femmes coiffées d'un linge blanc déposent leur cueillette dans les paniers d'osier. Un peu plus au sud, sur l'île de Namhae, littéralement « l'île aux trésors », le printemps est tout aussi précoce. Dès l'arrivée, le regard est happé par un immense pont rouge, le plus grand pont suspendu d'Asie reliant la péninsule à l'île. Les champs sont recouverts de pousses d'ail qui atteignent déjà 50 cm en avril. Dans le village de Daraengi, construit à flanc de montagne, on peut admirer des strates superposées d'une largeur de quelques mètres sur une pente à 45°. La scène rappelle les nids d'hirondelles construits dans le creux des falaises. La douce brise printanière, exceptionnellement couplée avec le flux des vagues, ajoute à la quiétude de l'espace. À chaque coin et recoin de villages, on croise ainsi le jaune d'or des champs de colza, les perles blanches de routes tapissées par les pétales des cerisiers en fleurs, le vert tendre des rizières en terrasses et, en fond, les reflets bleu azur de la mer.
Au nord de la province de Jeolla du Sud, la luxuriante bambouseraie de Damyang est le berceau du bambou. Au cœur d'une forêt d'arbres centenaires, les routes bordées de métaséquoias font partie des plus beaux chemins de la péninsule. En ce mois de mai où les journées sont déjà chaudes, nombreux sont ceux qui viennent au Festival du bambou pour emprunter des sentiers aux

noms poétiques comme « le sentier Porte-Bonheur » ou « le sentier des Lettrés ».

L'ÉTÉ – YEOREUM

L'été survient dès le début du mois de juin dans la plupart des régions. Il se caractérise par une chaleur lourde et humide suivie par une saison des pluies qui débute fin juin et se prolonge jusqu'à la fin du mois de juillet. La moiteur écrasante d'août retombe finalement en septembre où le temps redevient tout à fait agréable pour la fête des moissons (*chuseok*).
Pour affronter ces chaleurs, les Coréens affluent en masse sur les plages qui entourent tout le pourtour de la péninsule. Celle de Haeundae à Busan est la plus connue. La côte ouest est également riche en plages où l'on peut se baigner sans danger. Les marées y sont très grandes. La mer Jaune fait donc la joie de tous autant pour les baignades que pour les parties de pêche aux crustacés. La ville de Boryeong, dans la province de Chungcheong du Sud, présente depuis 1998 son Festival de la boue (*voir p. 379*). Il se tient au mois de juillet sur une plage de sable de 4 km où, à marée basse, une étendue de boue fait son apparition. On y ramasse aussi toutes sortes de crustacés, crabes, huîtres, clovisses, poulpes, conques, etc.
La côte est se distingue quant à elle par sa mer bleu azur beaucoup plus profonde et fraîche. Au nord-est, la plage de Gyeongpo, à proximité de la ville de Gangneung, est la plus grande station balnéaire de toute la côte. La large pinède qui borde sa plage de sable blanc permet de profiter de la fraîcheur des pins et autres résineux. Au sud de Gangneung se trouvent les hautes terres de Taebaek. Cette région, connue pour ses vastes étendues de fleurs sauvages, abrite des grottes profondes qui offrent un peu de fraîcheur pendant les chaleurs étouffantes de l'été.

L'AUTOMNE – GAEUL

L'automne est sans nul doute la saison où la nature s'embrase multipliant les paysages enchanteurs. Au nord-est de Séoul, l'île de Nami en forme de demi-lune flotte au milieu du lac de Cheongpyeong. Au point du jour, la brume de l'aurore se disperse de la surface de l'eau pour se perdre dans des sentiers bordés d'arbres : ginkgos majestueux et dorés, métaséquoias, sapins, cyprès du Japon, etc.
À Seoraksan, au nord-est du pays, les couleurs d'automne magnifient le paysage. Troisième montagne du pays derrière le mont Halla (île de Jeju) et le Jirisan (au sud-est), elle change de couleur à chaque saison. Ses rochers ou parois rocheuses s'harmonisent avec la teinte des feuillages des *dangdanpung*, variété d'érables, et le tout crée un paysage éblouissant. À côté du pic des Sept-Frères (*Chilhyeongje*), Deungseondae offre une vue panoramique telle une toile égayée ici et là de taches rouges éclaboussant la montagne et les rochers.

L'HIVER – GYEOUL

L'hiver arrive aussi brutalement que l'été mais, malgré le froid qui s'installe et dure jusqu'à la mi-mars, le ciel reste le plus souvent bleu et dégagé. La neige tombe en revanche abondamment sur l'ensemble du territoire à l'exception de la côte sud et de l'île de Jeju. Elle fait le bonheur des skieurs qui profitent des nombreuses stations. Le froid reste néanmoins mordant, malgré des montagnes peu élevées (altitude moyenne d'environ 1 000 m).

Champs de thé dans le Jeolla-do (Sud-Ouest).
KTO

À Chuncheon, surnommée « ville du brouillard », on peut s'embarquer pour une petite croisière sur le lac Soyang et transpercer la brume dans la brise froide de l'hiver. Recouverts d'une neige aux reflets cristallins, les saules et roseaux ondoyant sur les berges du lac offrent un spectacle unique. Sur l'autre rive, le temple millénaire de Cheongpyeong, niché dans le ventre de la montagne Obong, semble une apparition venue d'un autre monde. Et puis, quoi de plus majestueux qu'une chute d'eau gelée d'une hauteur de 50 m. Gugok, la chute aux neuf paliers, est une véritable attraction mais aussi un authentique défi pour ceux qui veulent s'essayer à l'escalade sur glace.

Quelle surprise également, en suivant ces routes qui traversent les reliefs abrupts du mont Naeseorak, de découvrir d'innombrables rangées de râteliers chargés de lieus et de merlans. Empêchant le brouillard de pénétrer, le vent froid souffle sans discontinuer dans la vallée où la température moyenne est de -10° pendant près de deux mois.

La saison froide est aussi propice à de nombreux festivals : pêche à mains nues ou pêche sous glace à travers une couche épaisse de 50 cm. Pour l'occasion, des centaines de pêcheurs amateurs circulent autour de milliers de trous.

ORGANISER SON VOYAGE

Téléphérique vers Namsan.
TOPIC PHOTO AGENCY IN/age fotostock

Types de séjour

LA CORÉE CULTURELLE	
Musées et lieux incontournables	**Séoul :** Gyeongbok Palace, promenades à Bukchon, National Museum of Korea (Itaewon), porte de Dongdaemun (Dongdaemun). **DMZ** *(p. 172)*. **Gyeongju :** Daereung-won, Geyongju National Museum, Bulguk-sa *(p. 246)*. **Busan :** l'architecture du BIFF *(p. 258)*. **Gwangju :** Gwangju National Museum, May 18th National Cemetery, Gochang Dolmen Museum *(p. 290)*. **À voir aussi :** National Maritime Museum de **Mokpo** *(p. 304)*, Jeonju Hanok Maeul *(p. 324)*, Lee Ung-no Museum of Art *(**Daejeon,** p. 361)*, Buyeo National Museum *(p. 375)*, Independance Hall of Korea à Cheonan *(p. 385)*.
Arts contemporains	**Séoul :** Galeries d'art (Arario, Lux Gallery, etc.), National Museum of Modern & Contemporary Art (trois sites), Arario Museum in Space (quartier de Gyeongbokgung-Bukchon), galeries d'art à Insadong, Seoul Museum of Art (Cheonggyecheon-City Hall), Leeum Samsung Museum of Art (Itaewon), Dongdaemun Design Plaza (Dongdaemun), Arko Art Centre (Hyehwa) *(p. 125)*. **Busan :** Busan Museum of Art *(p. 266)*. **Cheonan :** Arario Gallery *(p. 385)*. **Gwangju** : Asia Culture Center *(p. 291)*. **Île de Jeju** : Arario Museum *(p. 336)*.
Festivals d'art contemporain	Biennale de la photographie à **Daegu** *(p. 222)*. Biennale d'art contemporain de **Gwangju** *(p. 294)*. Biennale d'art contemporain de **Busan** *(p. 267)*. Prochaines éditions en 2018.
LA CORÉE NATURE	
Parcs et nature	Namsan Park et sa vue panoramique *(quartier de Jung-gu,* **Séoul,** *p. 95)*. Parc national de Seoraksan *(Gangwon-sa, p. 197)*. Jirisan National Park *(**Gwangju,** p. 298)*. Daehan Dawon Tea Plantation *(**Boseong,** p. 311)*. Jogyesan Provincial Park *(**Suncheon,** p. 320)*. Maisan Provincial Park *(**Jeonju,** p. 328)*. Hallasan National Park *(**Jeju-do**, p. 338)*. Gyeryong-san National Park *(**Daejeon,** p. 364)*. Daereung-won *(**Gyeongju,** p. 238)*.
Mer	Plage de Naksan *(**Gangwon-sa,** p. 206)*. Parc maritime de Hallyeo *(p. 280)*. Dadohae Haesang National Park *(**Mokpo,** p. 305)*. De Mokpo à Yeosu : Yulpo Beach, Hyangiram *(**Dolsan-do,** p. 315)*. Les plages de Haeundae et de Gwangalli *(**Busan,** p. 266)*. Ilchulbong *(**Jeju-do,** p. 341)*. La plage de Daecheon *(p. 377)* avec son festival de la boue, l'un des plus populaires de Corée (**Buyeo**).
Marché aux poissons et activités portuaires	**Séoul :** Noryangjin Market *(p. 144)*. **Busan :** Jagalchi Market *(p. 259)*. **Yeosu :** Yeosu Fish Market *(p. 314)*. **Mokpo :** Fish Market *(p. 303)*. **Ulsan** *(p. 252)* pour son chantier naval.
LA CORÉE RELIGIEUSE	
Sites remarquables	Myeong-dong Catholic Cathedral, **Séoul** *(p. 94)*. Temple Naksan *(p. 206)*. Temples Jikji et Haein *(**Daegu,** p. 224)* ; Daerung-won, tombes de Nodong ri et Noseo-ri, temples Bulguk et Seokguram *(**Gyeongju,** p. 237)*. Temple Tongdo *(**Busan,** p. 269)*. Temples Unju et Hwaeom *(**Gwangju,** p. 294 et 298)*. Temple Hyangiram *(**Yeosu,** p. 316)*. Temple Beopju *(**Daejeon,** p. 366)*. Temples Magok et Gap *(**Gongju,** p. 384)*.

Aller en Corée

Nom officiel : République de Corée
Capitale : Séoul
Superficie : 99 897 km^2
Population : 51,6 millions d'habitants
Monnaie : le won coréen
Langue officielle : coréen (*hangeul*)

En avion

LIGNES RÉGULIÈRES

Vols quotidiens pour Séoul au départ des grands aéroports européens. Le vol direct entre Paris et Séoul (aéroport d'**Incheon**) dure environ 11h (8 959 km). Le prix d'un billet AR Paris-Séoul oscille entre 600 et 1 500 € selon les périodes.

Vols directs

Air France – Esplanade des Invalides - 75007 Paris - ✆ 36 54 - www.airfrance.fr. 1 vols/j.
Korean Air – 9 bd de la Madeleine - 75001 Paris - ✆ 01 42 97 30 80 ou 0800 916 000- www.koreanair.com. 1 vols/j en partenariat avec Air France.
Asiana Airlines – 29 r. du Colisée - 75008 Paris - ✆ 01 81 80 09 40 - eu.flyasiana.com.

Vols avec escale

Cathay Pacific - ✆ 0805 542 941 - www.cathaypacific.com. 1 vol/j. vers Séoul *via* Hong-Kong.
China Eastern – ✆ 01 44 86 03 00 - fr.ceair.com. Vols quotidiens *via* Shanghai.
Emirates Airlines – 69 bd Haussmann - 75008 Paris - ✆ 01 57 32 49 99 - www.emirates.com. De Paris, Nice, Lyon ou Bruxelles, vols *via* Dubaï.
Finnair – ✆ 0821 025 111 - www.finnair.com. De Paris et Bruxelles, vol pour Séoul *via* Helsinki.
KLM – ✆ 09 69 36 86 05 - www.klm.com. De Paris, de province et de Bruxelles, 1 vol/j *via* Amsterdam.
Lufthansa – ✆ 0892 231 690 - www.lufthansa.com. Escale à Francfort. 1 vol/j de Francfort.
Thai Airways – ✆ 01 55 68 80 70 - www.thaiairways.com. De Paris et Bruxelles *via* Bangkok.

CENTRALES DE RÉSERVATION

Bourse des vols – ✆ 0899 650 649 - www.bourse-des-vols.com.
Ebookers – www.ebookers.fr.
Easyvoyage – ✆ 0899 199 879 - www.easyvoyage.com.
Go Voyages – ✆ 0899 27 10 65 - www.govoyages.com.
Illicotravel – www.illicotravel.com.
Kelkoo – voyages.kelkoo.fr/.
Lastminute – ✆ 0892 68 61 00 - www.fr.lastminute.com.
Look Voyages – ✆ 01 45 15 15 15 - www.look-voyages.fr.
Nouvelles Frontières/TUI – ✆ 0825 000 825 - www.tui.fr.
Prix des voyages – www.prixdesvoyages.com.
Voyager moins cher – www.voyagermoinscher.com.
Voyageons autrement – www.voyageons-autrement.com.

Avant de partir

Météo

L'automne et le printemps sont les saisons idéales pour un voyage en Corée. Si les journées sont ensoleillées, les températures oscillent entre 11 et 26 °C, et mieux vaut prévoir des vêtements chauds.

Le **printemps**, de mars à mai, voit éclore les fleurs d'azalée, de forsythia et de cerisier. De nombreux festivals animent cette période propice aux sorties dans les parcs nationaux.

L'**été** est très chaud et humide. Si vous partez à ce moment-là, évitez la **saison des pluies** qui court de début juillet à fin août. Vous croiserez peut-être la route d'un typhon qui aura réussi à atteindre la péninsule.

En **automne**, qui s'étend de septembre à novembre, un temps sec permet de profiter d'un beau ciel bleu. Les arbres se parent alors de couleurs fauves. Promenades et excursions sont conseillées à cette période.

En **hiver**, les vents glacials de Sibérie balaient la Corée du Sud, pouvant abaisser les températures très en-dessous de zéro. En revanche, c'est à cette saison que vous serez le plus sensible aux charmes de l'*ondol* (chauffage par le sol) et des *oncheon* (bains thermaux). Un temps très sec rend les paysages enneigés féeriques.

Adresses utiles

OFFICES DE TOURISME

L'Office national du tourisme coréen (KTO) possède 31 bureaux à l'étranger, répartis en Amérique, Europe, Océanie et Asie. Sites Internet : english.visitkorea.or.kr (en anglais, le plus complet) ou french.visitkorea.or.kr (en français).

France et Belgique - Tour Montparnasse (4e étage) - 75015 Paris - ✆ 01 45 38 71 23.

Canada - 25 Adelaide St. E - Suite 1101 - Toronto - ✆ (416) 348-9056.

SERVICE CULTUREL

Centre culturel coréen à Paris – 2, av. d'Iéna - 75016 Paris - ✆ 01 47 20 84 15 ou 01 47 20 83 86 - www.coree-culture.org. Nombreuses activités culturelles, dont des cours de coréen. Le centre édite depuis 1981 la revue *Culture coréenne* présentant les multiples facettes de la Corée. Ce sont aujourd'hui des centaines d'articles accessibles *via* le site Internet.

Centre culturel coréen à Bruxelles – R. de la Régence 4 - 1000 Bruxelles - ✆ 02 274 29 80 - brussels.korean-culture.org.

REPRÉSENTATIONS DIPLOMATIQUES

En France

Ambassade et consulat – 125 rue de Grenelle - 75007 Paris - fra.mofa.go.kr - ✆ 01 47 53 01 01 - lun.-vend. 9h30-12h30, 14h-18h. Service des visas : 9h30-12h.

Consulats honoraires – **Lille** - 125 rue Royale - 59000 - ✆ 03 20 06 39 79 ; **Lyon** - Le Clos des Tilleuls - 94 C av. Pasteur - 69370 Saint-Didier au Mont-d'Or - ✆ 04 72 57 76 69 ; **Nantes** - ✆ 02 40 43 73 78 ; **Marseille** - ✆ 04 91 90 90 11 ; **Tahiti** - 18 Résidence Taapuna, Puna Auia - ✆ 00 689 53 40 96.

En Belgique

Ambassade – Chaussée de la Hulpe 173-175 - 1170 Bruxelles - ✆ (0)2 675 57 77 - bel.mofa.go.kr

En Suisse

Ambassade – Kalcheggweg 38 - P.O.Box 28 - 3006 Berne - ✆ 41 31 356-2444 - che-berne.mofa.go.kr

Au Canada

Ambassade – 150 Boteler Street - Ottawa - ✆ (613) 244-5010 - can-ottawa.mofa.go.kr

Consulat au Québec – 1250, bd René-Lévesque Ouest, Suite 3600 - Montreal - ✆ (514) 845-2555 - can-montreal.mofa.go.kr.

VOYAGISTES

Les agences proposent des vols secs AR mais aussi des options de voyage en groupe ou encore des circuits individuels sur mesure.

Adéo – 68 bd Diderot - 75012 Paris - ✆ 01 43 72 80 20 - www.adeo-voyages.com

Akaïna – 4 rue Gabriel-Péri - 38000 Grenoble - ✆ 04 76 86 30 26 - www.akaina.fr

Ariane Tours – 5 square Dunois - 75013 Paris - ✆ 01 45 86 88 66 - www.ariane-tours.com

Arts et Vie – 39 r. des Favorites- 75015 Paris - ✆ 01 44 19 02 02 - www.artsetvie.com

Asia – 1 rue Dante - 75005 Paris - ✆ 01 44 41 50 10 - www.asia.fr

Aurige – 103 av. du Bac - 94210 La Varenne-St-Hilaire - ✆ 09 52 00 25 25 - www.aurige.fr

Cap Corée – capcoree.fr

Clio – 34 rue du Hameau - 75015 Paris - ✆ 01 53 68 82 82 - www.clio.fr

Culture au cœur – 4 av. Gambetta - 81000 Albi - ✆ 05 63 43 28 42 - www.cultureaucoeur.com

Explorator– 23 rue Danielle Casanova - 75001 Paris - ✆ 01 53 45 85 85 - www.explo.com

Ikhar – ✆ 01 43 06 73 13 - www.ikhar.com

Intermèdes/Orients – 10 rue de Mézières - 75006 Paris - ✆ 01 45 61 90 90 - www.intermedes.com et www.orients.com

La route de la Corée – 34 rue Robert Giraudineau - 94300 Vincennes - ✆ 01 43 74 96 67 - routedelacoree.com

Nostalasie – 19 rue Damesne - 75013 Paris - ✆ 01 43 13 29 29 - www.ann.fr

Terres d'Aventure – Plusieurs agences en France - ✆ 01 70 82 90 00 - www.terdav.com

Via Nostra – 36 route de Narbonne - 31400 Toulouse - ✆ 05 61 55 24 80 - www.vianostra.fr

Voyageurs du Monde – 53 rue St-Anne - 75002 Paris - ✆ 01 42 86 16 00. Pour retrouver la liste de toutes les agences en France : www.voyageursdumonde.fr/voyage-sur-mesure

Formalités

PIÈCES D'IDENTITÉ ET VISA

Un **passeport** valide au moins 6 mois après la date du retour est obligatoire pour entrer en Corée du Sud. Les citoyens français, belges, luxembourgeois et suisses n'ont pas besoin de demander un visa pour un séjour touristique d'une durée de 1 à 90 jours. Un visa de séjour temporaire, valable 90 jours, est automatiquement délivré à leur arrivée en Corée du Sud.

DOUANES

Vous pouvez importer sans payer de taxes 1 litre de boissons alcoolisées (à condition d'être âgé de plus de 19 ans), 200 cigarettes, 60 ml de parfum et des biens achetés hors Corée du Sud (souvenirs compris) pour une valeur de 600 $ maximum.

Attention, certains médicaments couramment prescrits en Europe ne sont pas autorisés.

Pour toutes les questions relatives à l'importation de biens, voir : www.customs.go.kr (en anglais).

VACCINATION

Aucun certificat de vaccination n'est requis.

Se loger

NOTRE SÉLECTION

Retrouvez notre sélection d'hébergement dans « Nos adresses à », situées à la fin du descriptif de chaque chapitre.

Pour repérer facilement les adresses sur nos plans de ville, nous leur avons attribué des pastilles numérotées. Sinon, dans chaque encadré, les adresses sont classées en quatre catégories de prix pour répondre à toutes les attentes (*voir le tableau p. 465*).

Les catégories proposées sont fonction des prix moyens pour une chambre **double standard** en **haute saison**.

LES TYPES D'HÉBERGEMENT

Dans les établissements n'acceptant pas la carte de crédit, il est possible qu'on vous demande de payer le jour même de votre arrivée. Dans ce cas, vous pouvez demander à visiter la chambre avant de régler. Dans les adresses plus modestes, les personnes au sommeil léger prévoieront des protections auditives.

Les hôtels

Le classement hôtelier coréen comprend cinq catégories – de 1 à 5 étoiles – établi sur des critères de qualité, de taille, de services et d'installations.

Les chambres peuvent être occidentales ou traditionnelles, c'est-à-dire disposant d'un système de chauffage par le sol (*ondol*).

Pour les villes touristiques, le prix peut varier selon les saisons, la haute saison correspondant aux mois d'avril-mai, de juillet-août, et à l'hiver selon la situation géographique des villes. En général, pour une chambre double, il faut compter à partir de 200 000 ₩ pour un 5 étoiles Grand Luxe (accès aux diverses installations compris) ; 150 000 et 250 000 ₩ pour 5 étoiles Luxe ; 100 000 et 150 000 ₩ pour un 4 étoiles ; 60 000 et 100 000 ₩ pour un 3 étoiles et entre 40 000 et 60 000 ₩ pour un 2 étoiles.

Prévoir aussi 10 % de TVA pas toujours inclus lors de la réservation ainsi que d'éventuels frais de services (autour de 10 %) pour les hôtels de luxe. Par ailleurs, le petit-déjeuner n'est en général pas compris.

Sites de réservation : www.khrc.com, www.benikea.com

Motels et love hotels

Les motels offrent le plus souvent le meilleur rapport qualité-prix (entre 40 000 et 60 000 ₩ la nuit, 70 000/90 000 ₩ pour Séoul), mais beaucoup sont en fait des *love hotels* identifiables à leur architecture insolite (château, maison baroque recouverte de peintures criantes, etc.). Les chambres, généralement bien tenues, parfois originales ou très excentriques (lits en forme de cœur par exemple), sont très bien équipées (ordinateur avec connexion Internet, poste de télévision doté d'écrans immenses). Un rapport qualité-prix imbattable, sauf le week-end où le prix des chambres peut être multiplié par 2 ou 3. Autre bémol : une grande majorité des gérants ne parlent pas l'anglais même si nombre d'entre eux sont de plus en plus habitués à recevoir une clientèle étrangère de passage.

NOS CATÉGORIES DE PRIX				
	Hébergement		Restauration	
	Séoul	Hors Séoul	Séoul	Hors Séoul
Premier prix	Entre 60 000 et 90 000 ₩ (de 50 à 75 €)	de 50 000 à 70 000 ₩ (de 40 à 60 €)	moins de 15 000 ₩ (moins de 13 €)	moins de 10 000 ₩ (moins de 8 €)
Budget moyen	de 100 000 à 160 000 ₩ (de 80 à 130 €)	de 70 000 à 120 000 ₩ (de 60 à 100 €)	de 15 000 à 40 000 ₩ (de 13 à 33 €)	de 10 000 à 20 000 ₩ (de 8 à 16 €)
Pour se faire plaisir	de 160 000 à 250 000 ₩ (de 130 à 200 €)	de 120 000 à 200 000 ₩ (de 100 à 165 €)	de 40 000 à 80 000 ₩ (de 33 à 65 €)	de 20 000 à 40 000 ₩ (de 16 à 33 €)
Une folie	plus de 250 000 ₩ (plus de 200 €)	plus de 200 000 ₩ (plus de 165 €)	plus de 80 000 ₩ (plus de 65 €)	plus de 40 000 ₩ (plus de 33 €)

Dans ce guide, vous trouverez des motels plus classiques dotés des mêmes prestations mais accueillant les étrangers sans toutefois (majoritairement) parler la langue de Shakespeare.

Yeogwan

Plus désuets et plus petits que les motels, même si parfois la frontière est ténue, les *yeogwan* appelés aussi *jang, yeoinsuk,* voire motel en coréen, sont des établissements moins chers et nettement moins bien équipés qu'un motel. Les propriétaires ne parlent généralement pas l'anglais. Comptez de 30 000 à 50 000 ₩ la nuit, voire moins pour les *yeoinsuk* (10 000 à 20 000 ₩), les plus minimalistes. Il se peut cependant que les tarifs augmentent lors d'événements particuliers (festivals, etc.).

Minbak, pensions et chambres chez l'habitant

Ces **chambres d'hôte** se trouvent traditionnellement à proximité des plages, parcs nationaux, et leur prix peut considérablement augmenter en cas de forte demande pendant la haute saison. C'est un bon moyen de dormir chez l'habitant et de s'initier ainsi à la vie coréenne. Il existe de nombreuses formules : chambre dans un appartement ; pièce attenante à une maison. Généralement, elles ne disposent pas de salle de bains privée. Les prix sont comparables à ceux d'un *yeogwan*. En général, elles ne prennent pas les cartes de crédit. Les *pensions* offrent elles en général plus de confort.

Le site de l'office du tourisme détaille le programme **Koreastay** et **Homestay Korea** (www.homestaykorea.com).

Vous pouvez aussi consulter le site d'échange d'appartements www.airbnb.fr. Mais informez-vous des dernières régulations locales concernant ce type d'hébergement.

Hanok

Il est conseillé de passer au moins une nuit dans ces **maisons traditionnelles** où les pièces ne prennent de fonction spécifique qu'à partir du moment où elles sont meublées. La chambre à coucher peut ainsi devenir la salle à manger. L'autre particularité est le système de chauffage par le sol ou *ondol*. Comptez entre 50 000 et 150 000 ₩ par nuit, petit-déjeuner inclus ou pas avec différentes activités (cérémonie du thé par exemple). Demander dans les offices de tourisme la brochure *Hanok Stay* qui recense ces maisons traditionnelles ainsi que les villages hanok.

Vous trouverez principalement ces adresses dans les villages et quartiers traditionnels : à Séoul (quartiers de Bukchon - *voir p. 50*), Jeonju (dans le village hanok - *voir p. 329*) ou Hahoe (près de Andong - *voir p. 235*). Recherche d'adresses par région sur : english.visitkorea.or.kr (en anglais).

Séjour dans un temple (Temple Stay)

Les ordres bouddhistes proposent des séjours dans leurs temples, pour partager le quotidien des moines. La journée commence entre 3h30 et 4h30 du matin pour la cérémonie *dharma* destinée à apaiser l'esprit. On apprend en règle générale quelques postures et techniques de méditation *seon* (zen), la cérémonie du thé *dado*. Un jour passé au temple inclut également trois repas végétariens (le *barugongyang* composé de quatre bols est le menu monastique par excellence), et la participation aux tâches quotidiennes (elles se résument le plus souvent au nettoyage). Une visite est prévue pour se familiariser avec l'architecture du temple. Certains proposent également des services de traduction en anglais. Comptez entre 35 000 et 60 000 ₩/pers.

eng.templestay.com

Auberges de jeunesse

Modernes, bien équipées, parfois très bien placées, les 52 auberges qui quadrillent la Corée sont une excellente source de contacts et d'informations. Les auberges en province sont souvent adaptées aux groupes scolaires et donc vastes et un peu impersonnelles. Dans la capitale, au côté des auberges officielles, vous trouverez nombre d'adresses privées pour *backpackers*.

Les prix par personne se situent autour de 10 000 ₩ pour un lit en dortoir et entre 40 000 et 160 000 ₩ pour une chambre privée selon le nombre de lits, le type de prestation. Réductions si vous êtes détenteur d'une carte internationale des auberges de jeunesse (voir www.fuaj.org). Il est conseillé de réserver à l'avance.

Liste détaillée sur le site french.visitkorea.or.kr/fre, rubrique *Hébergement* ou www.hihostels.com/fr. Voir aussi l'association des auberges de jeunesse de Corée, **Hostelling International Korea** : www.kyha.or.kr/ (en anglais).

Campings et refuges

Gratuits ou payants (5 000 ₩), on les trouve généralement aux alentours des parcs naturels et des plages. Sur les campements, de l'eau potable est toujours disponible. En revanche, s'il arrive que de la nourriture soit en vente sur place, il est préférable d'apporter la sienne. Si vous comptez passer la nuit dans les refuges des parcs de Seoraksan et Jirisan (8 000 ₩), pensez à réserver à l'avance en haute saison.

Liste et réservation sur Korea National Park : english.knps.or.kr/ (aller dans Experience - Campsites ou Shelters).

Se restaurer

Retrouvez notre sélection de restaurants dans « Nos adresses à… », à la fin du descriptif de chaque site dans la partie « Découvrir la Corée ». Comme pour « Se loger », ils sont classés par catégories de prix (*voir tableau p. 465*).

Voir Restauration p.474.

Sur place de A à Z

Achats

HORAIRES D'OUVERTURE

Les grands magasins ouvrent en général leurs portes de 10h30 à 19h30/20h ; les autres magasins jusqu'à 22h. Les supérettes de quartier sont ouvertes 24h/24, 7j/7. Les marchés traditionnels, comme Dongdaemun ou Namdaemun à Séoul, fonctionnent toute la nuit.

SOLDES

Dans les grands magasins, les soldes se tiennent en janvier, avril, juillet, octobre et décembre.

TAXES

Au moment de l'achat, vous pouvez vous faire rembourser la TVA sur les articles achetés dans des boutiques présentant le logo « Tax free shopping ».

Ambassades et consulats

POUR LA FRANCE

Ambassade/Section consulaire – 43-12 Seosomun-ro, Seodaemun-gu, Séoul - M° Chungjeongno, lignes n° 2 et 5, sortie n° 3 - ✆ (02) 3149 4300 - www.ambafrance-kr.org - lun.-vend. 9h-12h, 14h-17h (vend. 16h) - apr.-midi sur RV uniquement. En dehors des horaires d'ouverture et en cas de situation d'urgence, vous pouvez appeler au (02) 3149 4405.

Institut français – 13 F, Woori Building, 42 Chilpae-ro, Jung-gu, Séoul - ✆ (02) 317 8500 - www.institutfrancais-seoul.com.

POUR LE CANADA

Ambassade/Section consulaire – 21 Jeongdong-gil, Jung-gu, Séoul - M° Seodaemun, ligne n° 5, sortie n° 5 - ✆ (02) 3783 6000 - www.canadainternational.gc.ca/korea-coree - lun.-vend. 8h30-11h45, 12h45-17h. En cas d'urgence hors horaires de bureau ✆ 613 996 8885.

Consulat à Busan – A/s Dongsung Chemical Co. Ltd., 99 Sinsan-ro, Saha-gu, Busan - ✆ (051) 204 5581.

POUR LA BELGIQUE

Ambassade/Section consulaire – Itaewon-ro 45-gil 23, Séoul - M° Itaewon, ligne n° 6, sortie n° 2 - ✆ (02) 749 0381 - republicofkorea.diplomatie.belgium.be - lun.-vend. 9h-12h30, 14h-17h. En cas d'urgence hors horaires de bureau ✆ (010) 389 603 81.

POUR LE LUXEMBOURG

Consul honoraire – M. Hong Young-Yeoul, #475-9 Pyeongchang-dong, Jongro-ku, Séoul - ✆ (02) 316 61 01 - lun.-vend. 8h30-18h.

POUR LA SUISSE

Ambassade/Section consulaire – 20-16, Daesagwan-ro 11 gil, Yongsan-gu, Séoul - ✆ (02) 739 9511 - www.eda.admin.ch/seoul - lun.-vend. 9h-12h.

Argent

BUDGET

Le coût de la vie n'est pas trop élevé comparativement à la France. On peut raisonnablement trouver – sauf à Séoul – une **chambre** confortable et bien équipée (motels surtout hors w.-end) pour 50 000 ₩ (soit environ 40 € pour 2 pers., voir les adresses dans nos catégories de prix « Premier prix » et « Budget moyen ») ; un bon **déjeuner** pour 10 000 ₩ (8 €) et un dîner pour 20 000 ₩ environ (16 € ; voir les adresses dans nos catégories de prix « Budget moyen » et « Pour se faire plaisir »). Multiplier par 1,5 voire 2 pour Séoul. En revanche, les cafés et viennoiseries restent très chers, quasiment la moitié du prix d'un repas. Une somme à ajouter à votre budget hôtel où les petits-déjeuners sont rarement compris. Les **transports publics** sont peu chers et les taxis bon marché. Il n'est pas rare de traverser une ville de taille moyenne pour moins de 10 000 ₩. Les **visites** de musées sont aussi peu onéreuses quand elles ne sont pas gratuites. Au total, on peut prévoir un budget minimal par personne et par jour (hors la visite de Séoul beaucoup plus chère) de 100 000/150 000 ₩/pers., soit 80/125 €. Pour Séoul, prévoir un budget de 200 000 ₩ par personne et par jour (si l'on prend un hotel modeste), soit 165 € environ.

MONNAIE

La monnaie coréenne est le won. Les pièces de monnaie actuellement en circulation sont de 10, 50, 100 et 500 ₩. Les billets existent en coupures de 1 000, 5 000, 10 000 et 50 000 ₩. Au moment de la rédaction de ce guide, 1 € équivaut à 1 200 ₩, mais pour se tenir au courant : le convertisseur universel de devises vous donnera le cours en temps réel : www.xe.com/fr/

CHANGE ET BANQUES

Vous pouvez changer des devises aisément dans toutes les grandes banques, ainsi que dans les officines licenciées (dans les quartiers Itaewon et Namdaemun à Séoul notamment). Les banques sont généralement ouvertes du lundi au vendredi de 9h30 à 16h. Dans les petites villes, les officines de change n'acceptent parfois que les dollars américains ou les yens japonais.

Distributeurs automatiques

Les cartes de crédit internationales vous permettront de retirer dans les guichets automatiques bancaires qui disposent, en général, du logo « Global » ou, parfois, « Master Card/Visa ». Ils sont en service de 7h à 23h. Il est possible, en principe, de sélectionner la langue. Attention, le montant de retrait journalier possible peut s'avérer assez bas. Si jamais vous aviez des problèmes avec une Visa, l'ultime recours est le distributeur d'une Citibank. Comptez environ 7 € de commission pour un retrait de 100 €. Les commissions sont en revanche nettement moins élevées chez un commerçant ou si vous effectuez votre retrait pendant les horaires d'ouverture de la banque.
Certaines supérettes, ouvertes 24h/24, sont équipées de distributeurs disposant du logo « Global ».

Cartes de crédit

Elles sont acceptées dans la quasi-totalité des hôtels, restaurants et magasins. Il vous faudra par contre vous munir d'argent liquide dans les marchés traditionnels, les restaurants et les motels de basse catégorie. En règle générale, dès que vous vous éloignez des grandes villes, pensez toujours à avoir du liquide sur vous.

Le Korea Pass
Lancée en 2010 par l'Office du tourisme coréen (KTO), mais gérée depuis 2013 par Lotte, cette carte prépayée (valeur 50 000, 100 000, 300 000 ou 500 000 ₩) permet d'effectuer des achats dans les magasins affiliés (notamment le réseau Lotte, 7-Eleven), de bénéficier d'avantages promotionnels et de réductions. L'option « Transport » permet de l'utiliser dans une partie des transports en commun du pays. Le pass s'achète dans les aéroports et les commerces partenaires.
www.lottecard.co.kr/app/html/koreapass

Cartes rechargeables
Très pratiques, les cartes **T-Money** – et dans une moindre mesure **Cashbee** – valables dans tout le pays, vous éviteront d'acheter un ticket à chaque trajet dans les transports urbains (tout en vous « protégeant » de l'impatience des chauffeurs…). Elles permettent également de payer des achats, et sont acceptées dans certains restaurants et lieux de visites. On les trouve et les recharge dans les stations de métro et les *convenience stores*. Informations, tarifs et autres facilités offertes sur : eng.t-money.co.kr et www.cashbee.co.kr

Contrefaçon

La contrefaçon des marques de luxe est un problème non négligeable en Corée. Sachez qu'il est strictement interdit d'introduire ces contrefaçons sur le territoire français et que ce délit est passible d'une très forte amende calculée en fonction du nombre d'objets détenus.

Décalage horaire

Vu de France, le décalage avec la Corée du Sud est de + 7h en été et de + 8h en hiver. Ainsi, quand il est 12h en France, il est 19h l'été, 20h l'hiver. Lorsqu'il est 6h du matin à Montréal, il est 19h à Séoul, soit 13h de décalage.

Électricité

Comme en France, le courant est de 220 V avec des prises de courant identiques.

Handicap

Les installations adaptées aux personnes à mobilité réduite sont très variables d'un lieu à un autre. L'aéroport d'Incheon est ainsi parfaitement équipé, de même que les stations de métro de Séoul accessibles par ascenseur. Les musées et sites touristiques proposent souvent des accès et des toilettes aménagés, ainsi que des tarifs réduits pour les personnes concernées. Pour trouver des chambres équipées, il faudra le plus souvent s'adresser aux hôtels de catégorie supérieure.
Quelques informations sur : english.visitkorea.or.kr/enu/GK/GK_EN_2_5_2.jsp

Internet

Dans le pays le plus connecté au monde, l'accès à Internet est aisé et souvent gratuit. Ainsi dans les cafés, gares, offices du tourisme, aéroports, lieux d'hébergement, sites touristiques et dans la rue. Les Internet cafés sont légion et ouverts 24h/24. Comptez 2 000 ₩/h. Certains d'entre eux disposent de boissons gratuites, d'autres vendent des soupes de nouilles instantanées et autres snacks. Les motels sont presque toujours équipés d'un ordinateur avec connexion Internet.
Les compagnies de téléphonie locales proposent des clés USB en location pour vous permettre de rester connecté. Voir : pocketwifikorea.com

Pour surfer sur votre Smartphone, vous pouvez également acheter une carte SIM coréenne comprenant un forfait Internet. *Voir Téléphone p. 478.*

Jours fériés et fêtes

Les jours fériés officiels, bureaux et banques sont fermés. Seuls les musées restent en général ouverts. Attention, pour les fêtes de **Seollal** et **Chuseok**, les deux fêtes traditionnelles les plus importantes, il est recommandé de ne pas se déplacer car des millions de Coréens sont sur les routes. Mieux vaut alors réserver.

1er janvier – Le nouvel an est célébré les deux premiers jours de l'année.

Janvier/février (1er jour du premier mois lunaire) – Cette fête traditionnelle, **Seollal**, est l'une des plus importantes de Corée. Elle est connue sous le nom du Jour du nouvel an lunaire, de *Seol* signifiant le début de la nouvelle année. Ce jour-là, on prépare le *tteokguk* (soupe de gâteaux de riz). Elle est suivie de **Daeboreum**, destinée à fêter le 1er jour de pleine lune. C'est aussi l'occasion de pratiquer des rites voués à se protéger des catastrophes et du mauvais œil. On prépare l'*ogokbap* (un riz cuit bouilli aux cinq grains) puis on se souhaite une année remplie de bonheur et santé.

1er mars – Jour du mouvement d'indépendance du 1er mars 1919 contre l'occupation japonaise. Lecture de la déclaration au parc Tapgol à Séoul.

Avril – Ce jour (non férié) des « plats froids », **Hansik**, tombe le 105e jour après le solstice d'hiver, soit courant avril. Cette fête, autrefois importante, correspondait à une journée dédiée aux morts lors de laquelle on nettoyait les tombes avant de manger un repas froid.

Courant mai – Le 8e jour du 4e mois lunaire est célébré l'**anniversaire de Bouddha**. Cette fête donne lieu à de magnifiques processions aux lampions associées à des rites solennels dans les temples bouddhiques. Ne manquez surtout pas celle de Séoul.

5 mai – Le jour des enfants. On les emmène au parc, au zoo, au cinéma… Quant au **Dano**, 5 mai du calendrier lunaire, il célèbre les semailles et est l'occasion de festivals et cérémonies chamaniques importants (surtout à Gangneung - *voir p. 207*).

8 mai – Le jour des parents (non férié).

6 juin – Jour commémoratif des morts au champ d'honneur. Cérémonies au cimetière national de Séoul.

17 juillet – Jour de la Constitution (non férié).

15 août – Jour de la Libération. Commémoration de la fin de l'occupation japonaise en 1945 et de la mise en place du gouvernement de la République de Corée en 1948.

Septembre/octobre – Le 15e jour du 8e mois lunaire, c'est la fête des moissons : **Chuseok** ou *Hangawi*. Reflet du passé agraire de la société coréenne, il est d'usage de revenir dans son pays natal ou dans celui de son clan. Lors de cette grande fête familiale, on offre une cérémonie aux ancêtres et on se rend sur les tombes pour y faire des offrandes. Le *songpyeon*, gâteau de riz fourré d'haricots, de châtaignes, de jujubes ou de graines de sésame sucrées cuit à la vapeur avec des aiguilles de pin, est offert aux ancêtres.

3 octobre – Jour de la Fondation de la nation. Anniversaire de la fondation de la Corée en 2333 av. J.-C. par le légendaire dieu-roi Tangun.

9 octobre – Journée du *Hangeul* (alphabet coréen) commémorant sa date de création, proclamée le

9 octobre 1446 dans le document *Hunmin Jeongeum* (non férié).

25 décembre – Noël. Fête nationale célébrée comme en Occident.

Notons que l'année scolaire et universitaire commence début mars.

Loisirs et sports

SPORTS

Si le **base-ball** (eng.koreabaseball.com) et le **football** (www.kfa.or.kr/eng et eng.kleague.com/eng) sont les sports les plus suivis, un voyage en Corée permet de découvrir des disciplines typiquement locales.

Taekwondo

Le taekwondo, art martial coréen mondialement connu, est une source de fierté nationale. Les jeunes Coréens l'apprennent et le pratiquent aujourd'hui lors de leurs 21 mois de service militaire (*voir aussi p. 452*).

Ssireum

Le *ssireum* est un sport national de lutte ancestrale. Il se pratique dans un cercle de sable fin où les adversaires se saisissent le *satba*, pièce de vêtement qui sert de culotte avec ceinture, et tentent de se faire tomber. Le combat se termine lorsqu'un des combattants touche le sol avec tout ou une partie de son corps autre que ses pieds. Dans le passé, le vainqueur des tournois recevait un bœuf en guise de prix, symbole de sa force. Aujourd'hui, on peut encore admirer des tournois de *ssireum*, surtout lors du nouvel an lunaire et de la fête de *Chuseok*.

LOISIRS

Karaoké

Activité incontournable en Corée, le karaoké peut se pratiquer dans une salle commune ou, tel le *noraebang*, dans des cabines privées (le *dallanjujeom* en est une variante, agrémenté en général d'hôtesses…). Il y en a littéralement partout, du plus simple au plus luxueux. À noter que le *noraebang* ne sert pas d'alcool.

Randonnées

Les 21 parcs nationaux sont propices à de très belles randonnées. Soigneusement balisés, très bien aménagés (cordes pour les parties délicates), ils sont les poumons verts de la Corée, scrupuleusement protégés par le gouvernement. Les plus belles saisons pour les visiter sont évidemment l'automne, lorsque les arbres se parent de couleurs fauves, et le printemps, pour la floraison des azalées, forsythias et cerisiers.

Plus d'informations : english.knps.or.kr et www.hikekorea.com

Thermalisme

Les sources thermales sont en majorité exploitées par plusieurs établissements. Cependant, quand on en a les moyens, il est préférable de tenter l'expérience dans les bains luxueux des grands hôtels (*voir aussi Comprendre la Corée du Sud p. 445*). En voici une liste :

Bugok – Immense complexe non loin de Daegu, Gyeongsangnam-do, Hawaii Bugok.

Busan – Plusieurs centres de thermalisme dans la ville.

Sur la plage de Haeundae, bains face à la mer dans l'hôtel Paradise, www.paradisegroup.co.kr. Dans le quartier thermal de Dongnae, les immenses bains Heoshimcheong de l'hôtel Nongshim - www.hotelnongshim.com. Voyez aussi le vaste complexe de 22 spas de Spa Land - www.shinsegae.com

Deoksan – Une station dans le Chungcheongnam-do, Deoksan Spa Castle - www.resom.co.kr

Icheon – La station la plus proche de Séoul, dans le Gyeonggi-do, Miranda Hotel, Spa Plus - www.mirandahotel.com/new/SPA/eng / fac/fac01.asp

Namhae – Dans le Jeolla du sud, un beau *resort* de luxe alliant spa et golf face à la mer, Hilton Namhae - ✆ (055) 860 0555 - www.hiltonnamhae.com

Onyang-Asan – dans le Chungcheongnam-do : ville d'Onyang, bains « historiques », Onyang Tourist Hotel - www.onyanghotel.co.kr. Asan, à 10 km : Asan Spavis avec piscines extérieures - www.spavis.co.kr (en coréen) ou Asan Oncheon Hotel - www.asanonchon.co.kr (en coréen).

Osaek – Dans les montagnes Seorak, une belle vallée alliant source chaude et gazeuse : Greenyard Hotel - www.greenyardhotel.com (en coréen).

Seoraksan – Dans le Gangwon-do, entre mer et montagne, deux grands *resorts* avec jeux aquatiques : Daemyung Resort Hotel - www.daemyungresort.com et Seorak Waterpia dans le Hanhwa Resort - www.seorakwaterpia.co.kr (en coréen).

Séoul – **Dragon Hill Spa** – 40-712 Hangangno 3-ga, Yongsan-gu - M° Yongsan, ligne n° 1, sortie n° 1 - www.dragonhillspa.com - tlj 24h/24 - 12-14 000 ₩. Gigantesque centre de bains chauds ou glacés et de saunas sur 6 étages et 2 sous-sols. Complexe qui comprend également une piscine sur le toit, un practice de golf et de nombreuses salles de soins particuliers, comme celles de l'énergie naturelle du jade, des cristaux de sel ou encore l'espace grand froid façon igloo…

Yuseong – Autres bains anciens près de Daejeon : Hotel Spapia - ✆ 82 42 1330 - www.hotelspapia.com/english

Médias

JOURNAUX

70 % du marché de la presse coréenne est réparti entre trois journaux : le *Chosun Ilbo*, le *JoongAng Ilbo* et le *Dong-A Ilbo*. Bien que le nombre d'abonnés soit en baisse en raison de l'essor des journaux gratuits et des quotidiens en ligne, ces trois périodiques totalisent près de 7 millions de tirages quotidiens. Considérés comme plutôt « conservateurs », ces journaux n'hésitent pas à critiquer la politique du gouvernement.

Les deux quotidiens de langue anglaise sont le *Korea Times* (www.koreatimes.co.kr) et le *Korea Herald* (www.koreaherald.com). On les trouve assez facilement dans tous les grands hôtels, parfois dans certaines grandes librairies. On ne trouve la presse étrangère que rarement et dans les grands hôtels.

PROGRAMMES TÉLÉVISÉS

La chaîne coréenne *Arirang* diffuse des documentaires sur la Corée en anglais et un bulletin d'information quotidien. De nombreuses autres chaînes, hertziennes ou câblées (comme OCM), diffusent des films en version originale ou sous-titrée.

Offices de tourisme

Les nombreuses antennes du KTO (Office national du tourisme coréen) quadrillent le territoire. Le KTO propose également un site internet très complet : french.visitkorea.or.kr. Dans ce guide, vous trouverez les coordonnées des antennes au début de chaque description de site dans la partie « Découvrir la Corée ».

Poids et mesures

La Corée utilise le système métrique international.

Poste

Le pays bénéficie d'un très bon réseau postal. Les postes indiquées par un logo rouge sont ouvertes de 9h à 18h en semaine (17h l'hiver) et jusqu'à 13h le samedi. Le délai d'acheminement vers l'Europe varie de 7 à 10 jours. Comptez 660 ₩ pour

l'envoi d'une carte postale. Plus d'informations et de tarifs sur eng.koreapost.go.kr
Les bureaux des transitaires internationaux comme Federal Express, United Parcels ou DHL constituent une alternative à la poste coréenne pour l'envoi de colis.

Pourboires

Á l'exception des services offerts dans les hôtels de grand luxe, aucun pourboire n'est attendu en Corée (taxis, restaurants…).

Restauration

La majorité des restaurants ouvrent de 10h à 22h, mais dans les grandes villes, vous trouverez toujours des gargotes ou des chaînes de restaurants ouverts 24h/24.
Le riz et la soupe se mangent à la cuillère; les plats avec des baguettes en acier inoxydable. À savoir, il est très impoli de tenir son bol de riz à la main ainsi que de se moucher à table.

Santé

MALADIES

Le bon niveau d'hygiène qui prévaut en Corée rend plutôt faible le risque de contracter des maladies. Mieux vaut cependant se tenir informé d'éventuelles épidémies (voir www.who.int/csr/don/fr et www.diplomatie.gouv.fr), et se munir de médicaments contre la tourista, qui touche 10 à 20 % des touristes (souvent la conséquence de plats très épicés), et d'une petite trousse à pharmacie de base, car il peut être difficile de trouver les équivalents des médicaments occidentaux en Corée du Sud. Attention, l'anglais est très rarement parlé dans les pharmacies. N'oubliez pas non plus d'emporter les ordonnances en cas de contrôle des douanes à l'aéroport.

SERVICES MÉDICAUX

Le pays dispose d'hôpitaux de bonne qualité (au moins dans les grandes villes) mais ils sont onéreux. Il est donc recommandé d'avoir une assurance couvrant les soins médicaux à l'étranger en cas de problème. De plus, l'anglais n'est pas toujours parlé.
Coordonnées d'hôpitaux sur le site : english.visitkorea.or.kr dans la partie Travel Basis/Emergency Situations

URGENCES

Médecins parlant anglais – ✆ 1339 depuis un téléphone fixe ou indicatif de région + 1339 depuis un mobile. Ce service dispose de médecins parlant anglais et vous aide dans toutes les situations d'urgence de santé.
Autre numéro utile, celui de la **Korea Travel Hotline** (✆ 1330) qui offre une assistance 24h/24 aux voyageurs étrangers, quel que soit le problème rencontré (urgence, traduction, plainte…).
Bureau de traduction des services de police et de secours – ✆ 1566 0112 - lun.-vend. 8h-23h, w.-end 9h-18h. En cas d'accident, ce service vous permet de joindre un officier de police ou un traducteur et d'obtenir immédiatement de l'aide en anglais et même en français.
Sachez enfin que les autorités coréennes proposent une application mobile gratuite (**Emergency Ready App**) qui permet de s'informer, de contacter les urgences. Elle se télécharge sur les plateformes Android et iOS.

EAU POTABLE

L'eau du robinet est potable mais il est conseillé d'acheter de

LISBONNE DANS LA POCHE
SE RESTAURER
FAIRE UNE PAUSE
SHOPPING
SORTIR
SÉVILLE
LISBONNE
BRUXELLES
PORTO
LES GRANDES VILLES FORMAT POCKET
LISBONNE . BRUXELLES . PORTO . BERLIN . AMSTERDAM . LONDRES .
NEW YORK . VENISE . ROME . BARCELONE . PARIS . MARSEILLE.
SÉVILLE . MADRID . FLORENCE . MILAN
MICHELIN
Une meilleure façon d'avancer
Largo do Carmo
Museu da Farmácia
SANTA CATARINA

l'eau minérale, que l'on trouve partout.

Sécurité

La Corée est l'un des trois pays les plus sûrs du monde.

Souvenirs

ALCOOLS ET THÉS

Parmi les alcools traditionnels faits généralement à base de vin de riz, on trouve l'inévitable *makgeolli*. En plus raffiné, vous pourrez goûter du vin de millet (*munbaeju*).

Pour les thés, le choix ne manque pas : thés populaires ou *insamcha*, thé au ginseng, *nokcha*, thé vert et particulièrement celui de Boseong *(voir p. 310)*. Mais aussi le *yujacha*, thé au citron, le *saenggangcha*, thé à la cannelle, le *yulmucha*, thé aux larmes de Job, l'*oksusucha*, thé au blé grillé, le *daechucha*, thé au jujube, ou le très stimulant thé tonique *ssanghwacha*.

ANTIQUITÉS

Il est interdit de sortir des objets (céramiques, calligraphies…) de plus de 50 ans. En cas de doute, on peut vérifier auprès de *The Art and Antique Assessment Office* - ✆ (032) 740 29 21. N'espérez pas trouver de très belles antiquités à des prix attractifs. Si tel était le cas, il y a de fortes chances pour que l'objet soit une contrefaçon… vendue par conséquent relativement chère. On peut sinon acquérir de bonnes copies à des prix raisonnables.

ARTISANAT

L'artisanat coréen a été sauvegardé grâce entre autres à ses « Trésors nationaux vivants ». Sélectionnés par un comité d'experts, le Bureau des biens culturels, ces artisans de renom ont pour mission de conserver et d'enseigner les techniques traditionnelles : la broderie, le travail du bois, la céramique, le papier traditionnel, les objets en nacre et en bois laqué, les cerfs-volants et éventails, etc. *Voir aussi p. 453.*

ARTS CONTEMPORAINS

Occultés par la Chine et le Japon, les arts contemporains coréens sont encore peu connus sur la scène internationale et c'est bien dommage. Outre d'être de formidables décrypteurs de la société, ils témoignent de modes d'expression artistiques originaux et solides. Parmi ceux-ci, la photographie contemporaine peut être un excellent investissement. Si certains photographes, vivant à l'étranger, sont déjà largement consacrés à l'instar de Kim Atta ou de Koo Bohnchang, d'autres intéresseront à coup sûr les collectionneurs. Kim Jae-Kyeong, par exemple, témoigne avec un grand humanisme de l'effroyable urbanisation qui, jour après jour, broie l'identité et l'âme de Séoul. Autres talents : Lee Gap-chul, dont la série en noir et blanc portant sur le chamanisme est remarquable ; lire : *La Corée du Sud décryptée par ses photographes contemporains* - www.philippepataudcélérier.com/?p=22

Galeries d'arts contemporains

Photographie

Gallery K.o.n.g – 157-78 Samcheong-dong, Jongno-gu, Séoul - ✆ (02) 738 7776 - www.gallerykong.com.

Now – 3F Seongji Bldg, 192-13 Gwanhun-dong, Jongno-gu, Séoul - ✆ (02) 725 6999 - gallery-now.com.

Art contemporain général

Voir Séoul p. 58, p. 82 et p. 151.

PRODUITS ALIMENTAIRES

Symbole mondialement connu de la Corée, le *kimchi* (*voir p. 449*) est un plat d'accompagnement à base de légumes fermentés assaisonnés de poudre de piment. On compte aujourd'hui plus de 160 variétés de *kimchi*. On peut aussi rapporter des algues séchées grillées, des fruits de mer saumurés, la fameuse pâte de soja (*gochujang*), ou plus sucrées les belles boîtes de *hangwa*, confiseries traditionnelles à base de miel.

GINSENG OU INSAM

Le ginseng, *insam* en Corée (*voir p. 363*), est une plante médicinale. Entre autres bienfaits, on lui attribue le pouvoir de calmer l'esprit et de fortifier les organes. Comme la racine de mandragore, la racine de ginseng présente parfois une forme humaine, ce qui accroîtrait les vertus curatives de ladite plante. On en trouve de différentes sortes : naturel, séché, pelé ou encore cuit à la vapeur, plus ou moins efficace sur une personne selon son tempérament.

CÉRAMIQUE

Art ancestral qui prend ses racines autour de 6000 av. J.-C. dans la péninsule, la céramique coréenne est réputée pour sa finesse et son élégance et contribue largement à la renommée de la Corée en Asie. *Voir Nos adresses à Séoul p. 61, 76, 113.*

Spectacles

DANSES TRADITIONNELLES

Samulnori

Littéralement « quatre instruments », le *samulnori* est un ensemble de quatre musiciens jouant chacun d'une percussion différente et dansant en même temps tandis que les longs rubans blancs de leurs chapeaux voltigent autour d'eux.

Salpuri

À l'origine, le *salpuri* est une danse chamanique destinée à chasser les esprits. *Voir aussi p. 436.*

Talchum

Le *talchum* était au départ un spectacle donné par des troupes itinérantes. Cette danse des masques mêle à la fois comédie, chant et récital en un spectacle souvent satirique vis-à-vis de la noblesse. Les masques déterminent l'identité des personnages traditionnels que sont le noble, la grand-mère, le moine, le singe, la concubine, la servante ou encore le chaman.

Buchaechum

Cette danse traditionnelle donnée lors de cérémonies met en scène un groupe de danseuses vêtues de costumes colorés ou *hanbok*, qui manient des éventails et figurent au travers d'une chorégraphie complexe fleurs, vagues et papillons.

OPÉRA

Pansori

Cet opéra coréen implique un chanteur et un tambour, interprétant des chants anciens transmis oralement depuis le 19e s. (*voir aussi Art de la Scène p. 436 et p. 296*).

Changgeuk

Le *changgeuk* est une variante plus récente du *pansori*, joué comme une pièce de théâtre et impliquant parfois une trentaine d'acteurs et un orchestre d'une cinquantaine de musiciens.

Substances illicites

La possession, l'usage ou le trafic de drogues sont formellement prohibés et les sanctions très rigoureuses en Corée du Sud. La loi s'applique à tous, y compris aux étrangers.

Tabac

Il est interdit de fumer dans les lieux publics (administrations, bars, restaurants, cafés, bibliothèques, transports, passages souterrains, hôtels, etc.).

Taxi

Nombreux, ils sont un moyen peu onéreux de se déplacer en ville. Ils sont libres quand la lumière sur le toit est allumée. Le tarif de base pour 2 km en taxi ordinaire *(Ilban)* est de 2 800 ₩ puis 100 ₩ tous les 144 m. Pour un taxi de luxe (*Mobeom* – plus grands et de couleur noir), le tarif de base pour 3 km est de 4 500 ₩. Les taxis ordinaires (de couleur blanche, orange ou argenté) appliquent un tarif de nuit (de 24h à 4h) avec un supplément d'environ 20 % sur le tarif de base en journée. Les taxis de luxe et les taxis jumbo (pouvant accueillir au maximum 9 passagers) n'appliquent pas de tarif de nuit.

Voir aussi p. 40.

Téléphone

APPEL VERS LA CORÉE

Pour téléphoner en Corée depuis la France, la Belgique, le Luxembourg ou la Suisse, composez le 00 + 82 (indicatif de la Corée du Sud + indicatif de la région sans le 0 initial + numéro du correspondant.

SUR PLACE

Pour téléphoner vers la France, composez le ✆ 001 33 ou le 002 33 ou le 00 700 33 (moins cher), puis le numéro de téléphone français en supprimant le 0.

Numéros locaux

Pour téléphoner dans la même zone ou la même ville, il faut simplement composer le numéro de téléphone. Pour une zone différente, il faut d'abord composer l'indicatif régional puis le numéro de téléphone de votre correspondant. Pour Séoul l'indicatif est le (02), Incheon (032), Daejeon (042), Busan (051), Daegu (053), Ulsan (052), etc.

Téléphones mobiles

Les sociétés de téléphonie sont présentes dans la majorité des aéroports. Vous pourrez à leurs guichets avoir des informations sur le *roaming* en Corée, louer un Smartphone (si le vôtre n'est pas compatible avec le réseau local) ou encore acquérir une carte SIM coréenne. Ces dernières, une option moins onéreuse, peuvent être achetées également dans les *convenience stores* du pays (voir ainsi krsim.net).

Vous trouverez toutes les informations (tarifs, location, points de vente,…) sur les sites des compagnies : **SK Telecom** (sktroaming.com), **KT** (roaming.kt.com), **LG U⁺** (www.uplus.co.kr)

Sachez que les numéros coréens de téléphones mobiles débutent par 01 et que, quel que soit l'endroit d'où vous appelez avec un mobile, vous devez composer l'indicatif local.

Cabines publiques

Vous trouverez des **cabines téléphoniques** le long des grandes rues, dans les gares, stations de métro et sites touristiques. Elles permettent d'appeler en Corée et à l'étranger et fonctionnent à l'aide de pièces, de votre carte T-Money ou Cashbee (à Séoul), et/ou de cartes prépayées (en vente dans les *convenience stores*).

Des cartes prépayées internationales à 15 000 ₩ vous permettront de téléphoner 5h, parfois bien plus, à l'étranger, à partir de n'importe quel téléphone.

Numéros d'assistance au quotidien

Ligne d'assistance Info Tourisme – Si vous avez besoin d'assistance en anglais, d'informations touristiques, composez le **1330** et un opérateur bilingue vous donnera tous les détails sur les sites touristiques, les transports, les restaurants, etc. ✆ 1330 depuis un fixe et indicatif de région suivi de 1330 depuis un portable - tlj 24h/24. En liaison également avec le centre d'urgence coréen du 119.

Transports

VOLS INTÉRIEURS

Le territoire était il y a encore peu d'années desservi par seulement deux compagnies aériennes : Korean Air et Asiana Airlines. Aujourd'hui, les compagnies se sont multipliées et, concurrence oblige, les tarifs sont raisonnables (surtout du lundi au jeudi). Si la plupart des vols durent moins d'une heure de/vers la quinzaine d'aéroports du pays, les fréquences étant moins élevées, il est en règle générale beaucoup plus pratique de prendre le TGV coréen (KTX).

Air Busan – en.airbusan.com. Compagnie *low cost* basée à Gimpo, Jeju, Daegu et Busan. Dessertes intérieures et internationales (Japon et autres pays voisins).

Asiana Airlines – ✆ (02) 1588 8000 - flyasiana.com. Opère de/vers 10 aéroports coréens.

Eastar Jet – www.eastarjet.com. Compagnie *low cost* desservant Seoul Gimpo, Incheon, Jeju, Gunsan et Cheongju (ainsi que des pays voisins).

T'Way – ✆ (011) 1688 8686 - www.twayair.com. Compagnie *low cost* desservant la Corée et les pays voisins.

Jeju Air – ✆ (02) 1599 1500 - www.jejuair.net. Compagnie *low cost* desservant Seoul Gimpo, Incheon, Jeju, Busan, Daegu et Cheongju (ainsi que des pays voisins).

Korean Air – ✆ (02) 1588 2001 - www.koreanair.com. Opère de/vers 13 aéroports coréens.

Jin Air – www.jinair.com. Compagnie *low cost* opérant surtout des vols vers les destinations vacances des pays alentour.

EN TRAIN

La Corée dispose d'un très bon, quoique peu étendu, réseau ferroviaire géré par **Korail** (www.letskorail.com).

Il existe plusieurs types de trains. Le **KTX**, le plus rapide (300 km/h), est l'équivalent du TGV. Il relie Séoul à Daejon (59mn) où il se dédouble pour desservir notamment Daegu et Busan (en 3h) à l'est, Gwangju et Mokpo (en 3h20) à l'ouest. Fin 2017, une nouvelle ligne a été inaugurée entre l'aéroport international d'Incheon, la capitale et Gangneung, à l'occasion des Jeux olympiques d'hiver de Pyeongcheang. D'autres sont en construction. Les tarifs sont environ 40 % supérieurs à ceux des autres trains. À titre d'exemple, comptez 50 000 ₩ à 60 000 ₩ pour relier Séoul à Busan.

Le super express, le **Saemaeul**, bien que moins rapide, est moins cher d'environ 30 %. L'express est appelé le **Mugunghwa**. Moins cher que le Saemaeul, il dessert davantage de gares. On peut y voyager debout.

Selon le type de train, la gare desservie peut être différente au sein des grandes villes. Bien se renseigner sur la gare d'arrivée.

Tarifs et réservations

Comme en France, la grille de tarifs est assez complexe. Le type de train, la classe choisie, l'âge du passager, la date (et l'heure) de départ, celle de la réservation et bien sûr la distance parcourue déterminent le tarif. De nombreuses réductions sont proposées. Ainsi, un ticket « debout » (*Ipseokpyo*) - qui permet d'occuper un siège non réservé réduit le coût.

Il est conseillé de réserver son billet à l'avance, surtout pour un départ en soirée ou le week-end. Vous pouvez réserver jusqu'à deux mois avant le départ dans les gares (guichet ou bornes le plus souvent en anglais) ou en ligne sur le site www.letskorail.com

Le KoRail Pass

Réservé aux visiteurs étrangers prévoyant de passer moins de six mois en Corée, le KoRail Pass permet de voyager « gratuitement » dans tous les trains administrés par **Korail** (y compris le KTX sf le métro), sans limitation de fréquence ou de région (seule exception : vous ne pourrez pas réserver de sièges normaux durant les périodes de pointe mais parfois, des places « debout » sont disponibles).

1 j : 81 000 ₩ ; 3 j : 113 000 ₩ ; 5 j : 168 000 ₩ ; 7 j : 195 000 ₩ (4-12 ans de 40 000 à 97 000 ₩). Calculez bien vos besoin pour vous assurer de la rentabilité du pass.

Achat du e-ticket KoRail Pass sur le site Internet Korail (www.letskorail.com) ou du bon KoRail Pass auprès des distributeurs étrangers ou dans un un KoRail Travel Centre, à échanger dans les gares en Corée.

Le Happy Rail Pass

Destiné aux étrangers habitant en Corée depuis plus de six mois. Ce pass permet de prendre les trains de toutes les catégories gérées par Korail pour des voyages allant de deux (95 000 ₩) à cinq jours (179 900 ₩).

Rens., tarifs et achat sur www.letskorail.com.

EN BUS

Ce moyen de locomotion est en tout point remarquable. Les bus sont fiables, fréquents, plutôt ponctuels, confortables et peu chers. Le seul bémol est l'entrée des villes aux heures de pointe… l'attente peut être… très longue !

Les **bus Intercity** desservent tout le pays en s'arrêtant fréquemment. Les billets peuvent être réservés aux guichets ou parfois via des bornes (avec traductions en anglais) dans les gares routières. Les **bus Express longue distance**, plus confortables, plus rapides, et plus chers, desservent toute la Corée avec une voie réservée sur les autoroutes.

Attention, ces deux types de bus ne partent et n'arrivent pas forcément au même endroit d'une ville. Pour les longs trajets, ils font un ou deux arrêts d'une quinzaine de minutes dans les stations-service. Si vous descendez, retenez bien la place où est garé votre bus afin de le retrouver parmi les nombreux autres bus identiques.

Les sites **www.kobus.co.kr** ou www.bustago.or.kr vous permettent d'organiser votre voyage.

EN BATEAU

Un réseau conséquent de ferries dessert les nombreuses îles de la côte ainsi que les îles plus éloignées de Ulleung et Jeju. De nombreuses villes possèdent des embarcadères, mais les ports principaux sont Incheon, Mokpo, Wando, Yeosu, Busan, Pohang, Donghae et Sokcho. Vous retrouverez des informations plus précises par destination dans la partie « Découvrir la Corée » et sur english.visitkorea.or.kr

TRANSPORTS URBAINS

Les villes coréennes sont sillonnées par un vaste réseau de ligne de **bus** et, pour les plus grandes, de métro. Ces transports sont bien organisés et peu onéreux. Le **métro**, où l'affichage est bilingue, est toutefois bien plus pratique pour le visiteur étranger. Rens. au début de *Nos adresses* dans la partie *Découvrir La Corée du Sud*.

Si vous comptez emprunter fréquemment ces transports, il est vivement conseillé d'acquérir une **carte rechargeable** – **T-Money Card** ou **Cashbee** – valables dans tout le pays et qui vous éviteront d'acheter un ticket à chaque trajet. Achat et recharge dans les stations de métro et les *convenience stores*.

Rens. et tarifs sur : eng.t-money.co.kr et www.cashbee.co.kr

EN VOITURE

Voir ci-après.

Toilettes

Toutes les curiosités touristiques et autres infrastructures de transport possèdent des toilettes publiques propres et généralement gratuites. Elles sont de deux types : asiatiques, cuvettes à la turque au-dessus desquelles on s'accroupit de face, et européennes. Conservez des mouchoirs sur vous, car peu de toilettes publiques sont équipées en papier toilette. Il est également possible d'utiliser les toilettes des magasins, restaurants, hôtels, etc.

Voiture

L'efficacité des transports en commun rend la location d'une voiture superflue en ville. En revanche, pour les longs voyages ou sur l'île de Jeju, elle peut se révéler utile.

Faites plutôt le trajet en train jusqu'à la région que vous souhaitez visiter et ne louez une voiture qu'une fois sur place.

RÉSEAU ROUTIER ET CONDUITE

En Corée, on conduit à droite. Soyez vigilant, les conducteurs coréens n'hésitent pas à accélérer bien au-delà de la vitesse permise dès qu'aucun radar (ils sont nombreux) n'est en vue, et à klaxonner ceux qui rouleraient conformément à la limitation de vitesse… Une telle attitude rend la conduite peu agréable (hormis à Jeju et sur les routes rurales) et explique le nombre dramatique d'accidents en Corée. Il faut donc rester prudent sur les routes et notamment en dehors des agglomérations. Sachez également que les embouteillages sont fréquents et que se garer en ville peut être un vrai défi.

PERMIS DE CONDUIRE

Attention, pour conduire une voiture en Corée, il vous faudra posséder un permis international (à présenter avec votre permis national), être âgé de plus de 21 ans, disposer d'un passeport en cours de validité et être titulaire du permis de conduire depuis plus d'un an.

LOCATION

On trouve des agences de location dans les aéroports, aux alentours des gares principales et en ville. Les plus présentes sont Kumho Rent-a-Car et Avis Rent-a-Car. Prévoyez de payer, en plus du prix de la voiture, une assurance. Et mieux vaut ne pas hésiter à s'assurer autant que possible.

Comptez entre 55 000 et 65 000 ₩ (45 à 55 €) par jour, assurance incluse pour une voiture première gamme. N'hésitez pas à comparer les tarifs entre les compagnies, car les écarts peuvent être importants.

En famille

En Corée, les enfants de moins de 4 ans ne payent pas le train et ceux de 4-13 ans bénéficient de 50 % de réduction. Le métro et le bus sont gratuits pour les moins de 7 ans. Voir aussi « Découvrir », pictogramme .

SITES OU ACTIVITÉS À FAIRE EN FAMILLE			
Chapitre du guide	**Nature**	**Visites**	**Loisirs**
Gyeongbokgung Bukchon (Séoul)		Spectacle de la relève de la garde	Palais Gyeongbok et son musée folklorique
Gwanghwamun-Jongno (Séoul)		Palais Changgyeong avec son large parc	Spectacle Jump et son approche des arts martiaux
Cheonggyecheon-City Hall (Séoul)	Coulée verte de la rivière Cheonggye		Patin à glace ou jeux d'eau sur la place de Gwanghwamun ; spectacle Nanta
Jung-gu (Séoul)			Village folklorique de Namsangol
Itaewon (Séoul)		Shopping de jeux vidéo au Yongsan Electronic Market ; N Seoul Tower	Bains traditionnels du Dragon Hill spa
Gangnam-gu (Séoul)		Aquarium	
Mapo et Yeouido (Séoul)	Croisière sur la rivière Han ; balade dans un des parcs	Panorama du haut de la Tour 63 Square	
Seodaemun (Séoul)		Musée de l'Agriculture	
Sud-ouest de Hangang (Séoul)			Les piscines du bord du fleuve Han ; Banpo Bridge Rainbow Fountain
Songpa-gu - Jamsil (Séoul)		Musée folklorique du Lotte World	Parc d'attractions Lotte World
Suwon (Gyeonggi-do)		Le côté « château fort » de Hwaseong	Korea Folk Village ; parc d'attractions d'Everland
Seoraksan (Gangwon-do)	Téléphérique vers Gwongeum		
Sokcho (Gangwon-do)	Plages de Sokcho et Naksan	Destroyer de l'Unification Park	
Gyeongju (Gyeongsang-do)	Promenades à vélo		Parcs d'attractions du lac Bomun
Busan (Gyeongsang-do)	Les plages ; téléphérique de Dongnae	Aquarium d'Haeundae ; marché de Jagalchi	
Jinju (Gyeongsang-do)	Parc national d'Hallyeo ; mont Mireuk en télécabine		

SITES OU ACTIVITÉS À FAIRE EN FAMILLE			
Chapitre du guide	**Nature**	**Visites**	**Loisirs**
Gwangju (Jeolla-do)		Gochang Dolmen Museum	
Mokpo (Jeolla-do)	Parc national Dadohae Haesang		
De Mokpo à Yeosu (Jeolla-do)	Parc national de Wolchulsan ; plage de Yulpo	Plantations de thé de Boseong	
Yeosu (Jeolla-do)	Marché aux poissons	Balade au temple Hyangiram	Aqua Planet
Suncheon (Jeolla-do)	Baie de Suncheon		
Jeonju (Jeolla-do)	Parc provincial de Maisan	Village folklorique de Nagan	Drama Set
Jeju-do	Activités aquatiques		Nombreux parcs d'attractions, Aqua Planet
Daejeon (Chungcheong-do)	Parc national de Gyeryong-san		Thermes de Yuseong
Buyeo (Chungcheong-do)	Plage de Daecheon	Baekje Cultural Land	Festival de la boue
Gongju (Chungcheong-do)		Relève de la garde au pied de la forteresse	Assister à une répétition de *pansori* ; festival culturel de Baekje en octobre

Mémo

Agenda

Les fêtes nationales et jours fériés sont présentés p. 471.
Voir aussi la section *Festivals* du site de l'office du tourisme (english.visitkorea.or.kr) pour les dates exactes et d'autres événements.

JANVIER

Taebaeksan Snow Festival – À Taebaek. *Voir p. 215.*

AVRIL

Festival des gâteaux et boissons traditionnels – À Gyeongju (*voir p. 257*).

Festival international du film de Jeonju – (*Voir p. 331*).

Festival du papillon – À Hampyeong (Jeolla-do), de fin avril à début mai.

Festival des lanternes de lotus de Séoul – (*Voir p. 89*). Fin avril ou début mai.

Biennale de la Céramique à Gyeonggi – Années impaires, fin avril ou début mai.

MAI

Festival du papier traditionnel de Jeonju – Début mai.

Festival du bambou de Damyang – (*Voir p. 295*).

Festival des herbes médicinales de Daegu – (*Voir p. 228*).

JUIN ET JUILLET

Dano Festival à Gangneung – (*Voir p. 210*).
Festival de la boue de Boryeong – (*Voir p. 379*).

AOÛT

Festival de la culture du céladon de Gangjin – (*Voir p. 311*).

SEPTEMBRE

Festival du ginseng de Geumsan – (*voir p. 370*).
Biennale d'art contemporain de Gwangju – Durant l'automne. Prochaine édition en 2018 (*voir p. 302*).
Biennale de la photographie à Daegu – Prochaine édition en 2018 (*voir p. 222*).
Biennale d'art contemporain à Busan – Prochaine édition en 2018 (*voir p. 267*).
Festival international de la danse du masque à Andong – (*Voir p. 236*).
Festival Seogwipo Chilsimni de l'île de Jeju – (*Voir p. 352*). De fin septembre à début octobre.

OCTOBRE

Festival de la forteresse Moyang de Gochang – (*Voir p. 296*).
Festival Jagalchi de Busan – (*Voir p. 277*).
Grand festival de Baekje de Buyeo et de Gongju – La première quinzaine d'octobre se tient ce grand festival organisé conjointement par les villes de **Buyeo** et de **Gongju** (*voir p. 387*).
Festival gastronomique de Namdo – Près de Suncheon. (*Voir p. 323*).
Festival du bibimbap de Jeonju – (*Voir p. 331*).
Festival International du film de Busan – (*Voir p. 266*).

NOVEMBRE

Festival du kimchi de Gwangju – (*Voir p. 302*).

Bibliographie

REVUES

Culture coréenne, revue du centre culturel coréen de Paris.
Koreana, arts et culture de Corée, revue de la Korea Foundation.
Les Cahiers de la Corée - voir www.ateliierdescahiers.com
Tan'gun, revue internationale du Centre d'études indépendantes sur la Corée.
On peut consulter la collection *Archive ouverte du Centre de recherches sur la Corée* (AOCRC) - voir tel.archives-ouvertes.fr/AOCRC

OUVRAGES GÉNÉRAUX

BALAIZE Claude, *La Péninsule coréenne*, Nathan, 1993.
BIDET Éric, *La Corée, deux systèmes, un pays*, Le Monde-Marabout, 1998. Présentation raisonnée d'articles du journal.
CHO Dong-il et BOUCHEZ Daniel, *Histoire de la littérature coréenne*, Fayard, 2002. Jusqu'en 1919.
COURANT Maurice, *Bibliographie coréenne*, Paris, 1894.
DAYEZ-BURGEON Pascal, *Les Coréens*, Tallandier, 2011. *La Dynastie rouge*, Perrin, 2014.
DELISSEN Alain, *L'Asie orientale et méridionale aux XIXe et XXe siècles*, Nouvelle Clio, PUF, 1999.
DUFOUR Anthony, *Vivre la Corée*, Hikari éditions, 2014.
FABRE André, *Histoire de la Corée*, L'Asiathèque, 2000. Bien plus qu'une histoire, une présentation culturelle générale.
FALLETTI Sébastien, *Corée du Sud, le goût du miracle*, Névicata, 2016.

GUIDE BRADT, *North Korea*, Bradt 2003. Ce guide unique rédigé par Robert Willoughby est en anglais.
MAURUS Patrick, *Histoire de la littérature coréenne*, Ellipses, 2005. Survol de l'ensemble des lettres coréennes.
MORILLOT Juliette, *La Corée : chamanes, montagnes et gratte-ciel*, Autrement, 1998. Écrit avec une plume alerte et documentée, très bon ouvrage.
OPPETIT Robert, *La Corée des origines au Djoutché*, Le Sycomore, 1980. Sympathiquement partisan.
PEZEU-MASSABUAU, *La Corée*, Que sais-je ? PUF, 1981.

HISTOIRE, ÉCONOMIE, POLITIQUE

CHAPONNIÈRE Jean-Raphaël, *La République de Corée, un nouveau pays industriel*, La Documentation française, 1982.
HAMEL Hendrik, *Relation du naufrage d'un vaisseau hollandais sur la côte de l'île de Quelpaerts*, Paris 1670, L'Harmattan 1985. Fascinant récit de captivité, autrefois édité par l'abbé Prévost.
LANZARROTTI Mario, *La Corée du Sud : une sortie du sous-développement*, IEDES-PUF, 1992.
LEE Joonsun, *Le Village clanique en Corée du Sud et son rôle dans la vie rurale*, Centre d'études coréennes, Collège de France, 1992. Une de ces questions essentielles difficilement accessibles aux voyageurs.
LONDON Jack, *La Corée en feu*, 10/18. Recueil U.G.E. Paris. Correspondance de presse pendant la guerre russo-japonaise de 1905.

SOCIÉTÉ ET RELIGIONS

GELÉZEAU Valérie, *Séoul, ville géante, cités radieuses*, CNRS éditions, 2003. Un des rares ouvrages concrets consacrés à la Corée d'aujourd'hui.
GUILLEMOZ Alexandre, *La Chamane à l'éventail*, Imago, 2010. Récit de vie d'une *mudang* coréenne. *Les Algues, les anciens, les dieux*, Léopard d'Or, 1983. Pour un regard rétrospectif sur une Corée presque disparue.
JOINAU Benjamin, *Séoul l'invention d'une cité*, Autrement, 2006.
LEVEAU Arnaud, *Géopolitique de la Corée*, Argos, 2014.
LI Ogg, *La Mythologie coréenne*, Léopard d'Or, 1995.
MAURUS Patrick, *La Corée dans ses fables*, Actes Sud, 2010. Enquête sur la fable nationale d'un « pays émergent » qui s'invente peut-être encore plus vite qu'il n'émerge.

LITTÉRATURE

L'essentiel des auteurs coréens est publié depuis 1989 par les éditions Actes Sud, Philippe Picquier et Zulma. Parmi les grands classiques de la littérature coréenne qui n'ont existé dans un premier temps que sous des formes orales (*pansori*), citons :

Le Chant de la fidèle Chunhyang, Zulma, 2008. La fiction coréenne par excellence (version discutable).
La Chanteuse de pansori, Actes Sud, 1997.
Histoire de Byon Gangsoé, Zulma, 2009, petit bréviaire d'insolences.
Anonyme/collectif : *Anthologie de nouvelles coréennes contemporaines*, Philippe Picquier, 1995.
Histoire de Dame Pak, L'Asiathèque, 1982.
L'Oiseau de Molgyewol, Le Méridien, 1988.
Une femme à la recherche d'une illusion, Eibel-Fanlac, 1980.
CHAE Mansik (1904-1950), *Sous le Ciel, la paix*, Actes Sud, 2003. Occupation japonaise, humour et critique de la collaboration. Tous les Coréens connaissent l'ouvrage.
CHO Seheui (1942), *La Petite Balle lancée par un nain*, Actes Sud, 1999. *Ce n'est pas la faute de Dieu*, L'Harmattan, 2004. Le

modèle du roman engagé, une dénonciation acérée des drames de l'industrialisation.
CHOE Jae-hoon, *Sept yeux de chats*, Philippe Picquier, 2017.
CHOE Yun (1953), *Là-bas sans bruit tombe un pétale*, 1991, Actes Sud. *Il surveille son père*, 1993, Actes Sud. *Avec cette neige, grise et sale*, 1995, Unesco/Actes Sud.
EUN Hee-kyung, *Secrets*, Philippe Picquier, 2014.
HWANG Sok-yong (1943), auteur incontournable pour comprendre l'histoire contemporaine de la Corée. Prochain prix Nobel ? *Monsieur Han (*2002*)* décrit la vie d'un médecin pendant la guerre de Corée. *L'Invité* (2004) s'interroge, de façon originale, sur la façon dont les Coréens sont parvenus à se haïr avec une telle sauvagerie pendant la guerre de Corée ; sans prendre position ni d'un côté ni de l'autre. *Le Vieux Jardin* (2005) fait revivre les événements de Gwangju sur un matériau quasi autobiographique. *Shim Chong, fille vendue* (2010) décrit l'itinéraire d'une fille vendue dans le milieu interlope de l'Asie. Un récit romanesque fauché par un réalisme documentaire. Suivent *Princesse Bari* (2013) et *Toutes les choses de notre vie* (2016).
KIM Man-Jung (1637-1689), *Le Songe des neuf nuages*, Maisonneuve et Larose, 2004. Un grand classique.
KIM Yi-seol, *Bienvenue*, 2013, Philippe Picquier. Une douloureuse recherche d'une vie meilleure.
KIM Young-ha (1968), *La Mort à demi-mots*, 2002. *Fleur noire*, et *L'Empire des Lumières*, 2009, *Quiz Show*, 2012, *J'entends ta voix* et *Ma Mémoire assassine*, 2015. Philippe Picquier. Un représentant de la jeune génération.
KYUN Heo (1569-1618), *L'Histoire de Hong Kiltong*, Connaissance de l'Orient, Gallimard, 1999. Le modèle des romans d'aventure, probablement écrit pour la première fois en coréen.
LEE Seung-U (1959), *L'Envers de la vie,* Zulma, 2000. A reçu le prix Daesan (équivalent coréen du Goncourt) pour cet ouvrage. Un auteur très influencé par la littérature occidentale.
LI Mirok (1899-1950), *Liberté sous clef*. Quinze nouvelles, Léopard d'Or, 1981. *Une enfance en Corée*, Philippe Picquier, 1994. La Corée traditionnelle vue par un enfant.
OH Jung-hi (1947), *L'Âme du vent*, 1991. *Le Chant du pèlerin*, 1992, *La Pierre tombale*, 2004. Philippe Picquier. La romancière des femmes urbaines.
PARK Hyun-wook, *Comment ma femme s'est mariée*, 2017. Philippe Picquier. Une comédie qui mêle amour et football.
PARK Kyongni, *La Terre*, Belfond, 1994. Une tentative de faire tenir toute l'histoire moderne dans un seul roman fleuve.
PARK Wanso (1931), *Les Piquets de ma mère*, Actes Sud, 2005. Les rapports entre femmes comme garantie de la survie de la Corée.
SEJONG, *Le Chant de la lune se reflétant dans mille fleuves*, Autres Temps, 2008. La dernière traduction d'André Fabre.
SHIN Kyong-sook, *La Chambre solitaire*, Philippe Picquier, 2008. La dure réalité de la vie urbaine pour une jeune fille venue de la campagne.
SHIN Kyong-nim, *Le Rêve d'un homme abattu*, Connaissance de l'Orient, Gallima
YI Chong-jun (1939-2008). Publié par Actes Sud. Auteur d'une grande modernité et chantre de la région du Jeolla. *L'Île d'Iô*, 1991. *Le Prophète*, 1991. *Ce paradis qui est le vôtre*, 1993. *Les Gens du Sud*, 2007. *Les Portes du Temps,* 2010.
YI Mun-yol (1948). Publié par Actes Sud, l'un des auteurs les plus lus et récompensés de Corée. *L'Oiseau aux ailes d'or*, 1990. *L'Hiver cette année-là*, 1990. *Notre héros défiguré*, 1990. *Chant sous une*

forteresse, 1991. *Le Poète*, 1992, probablement son œuvre la plus puissante. *Le Fils de l'homme*, 1995. *Pour l'empereur*, 1998. *L'Île anonyme*, 2003.
Pour le théâtre sud-coréen, on se reportera à RAPIN Cathy et IM Hye-gyong, *Théâtre coréen d'hier et d'aujourd'hui*, Éditions de l'Amandier, 2006.

Littérature de Corée du Nord

BAEK Nam-nyong, *Des amis*, Actes Sud, 2011. Un regard critique sur la société à travers un divorce.
BANDI, *Dénonciation*, Philippe Picquier, 2016. Récit d'un auteur nord-coréen, parvenu clandestinement au Sud.
KO Kun, *Le Bus*, revue *Neige d'Août*, 2010. Un trajet de bus comme microcosme.

RÉCITS DE VOYAGE, SOUVENIRS

COLLECTIF : *Voyageurs au pays du matin calme ; récit de voyage 1788-1938*, avec entre autres : La Pérouse, Pierre Loti, Jack London, Paul Claudel… Omnibus, 2006. Une bonne introduction sur les premiers regards portés sur la Corée.
DEMICK Barbara, *Vies ordinaires en Corée du Nord*, Albin Michel, 2010.
LIM Chui-woo, *Je veux aller dans cette île*, L'Asiathèque, 2013. Souvenirs d'enfance dans l'île de Wan-do.
MARKER Chris, *Coréennes*, Paris, Seuil, 1959. Texte et photos remarquables. Par Coréenne, il faut entendre des scènes tirées d'un quotidien qui ne connaît pas de frontière. Mais introuvable.
MAURUS Patrick, *Les Bouddhas de l'avenir*, Actes Sud, 1993. Un voyage à travers les récits glanés sur la route. *Passeport pour Séoul*, Actes Sud, 2002. Voyage et anthologie d'œuvres littéraires sur Séoul par l'un des meilleurs spécialistes.
PROST Martine, *Scènes de vie en Corée*, L'Asiathèque, 2011. Style alerte et fond très documenté.

JEUNESSE

GWAK Jae-gu, traduit du coréen par Lim Yeong-hee et Françoise Nagel, *Chikou, le pionnier de la grande prairie*, Philippe Picquier Jeunesse, 2010. À partir de neuf ans. L'histoire d'un petit moineau à la poursuite de son rêve.
HA Jae Kyoung, *Retour à la forêt*, Éditions Sarbacane, 2009. À partir de cinq ans. Le dernier voyage d'un éléphant de cirque, très émouvant.
KIM Helen, *La longue Saison des pluies*, École des Loisirs, 2001. À partir de douze ans.
KIM Hyang-keum et CHOI Sook-hee, *Une terre coréenne*, Flammarion, Chan-ok. 2010. À partir de sept ans. Un album sensible et superbement illustré sur l'élaboration des premières cartes géographiques en Corée.
KIM Jin-kyeong, *L'École des chats*, Philippe Picquier. 2007. De nombreux volumes, qui racontent des histoires de chats et d'école où l'on s'amuse.
LEE Jin-kyoung et GUIBERTEAU Sophie, *Le Papillon du cœur*, Chan Ok, Flammarion 2010.
LEE Hyun-kyeong, *Yuni et Amélie*, Flammarion, 2007. À partir de trois ans.
LEE Suzy, *La Vague* (2009) et *Ombre* (2010), deux superbes albums publiés par Kaléidoscope.
LIM Yeong-hee et PARK Chul-meen, *Le Lièvre et le roi-dragon*, Flammarion, 2010. À partir de cinq ans. Conte traditionnel de Corée.
SHIN Sejung, *Princesse Prout*, Flammarion, 2010. À partir de cinq ans.
YOO Eun-sil – Illustrations Marianne Nicolas – *Si j'étais Fifi Brindacier*, Philippe Picquier Jeunesse, 2010. À partir de onze ans. Yi Bieub, jeune Coréenne, s'enferme dans les aventures de Fifi Brindacier…

BANDE DESSINÉE ET MANHWA

BYUN Byung-jun, *Cours, Bong-gu*, Kana, 2005. La BD coréenne la plus connue en France.

DELISLE Guy, *Pyongyang,* L'Association, 2002. Anecdotes et récit de voyages sur l'un des pays les plus fermés du monde.
HONG Yeon-sik, *Histoire d'un couple* (Ego comme X, 2009) et *Le Goût du kimchi* (Sarbacane, 2017), qui racontent l'histoire d'un couple, de leurs familles, du fossé entre les générations, entre Séoul et la campagne. Très beau récit autobiographique.
KIM Dong-hwa, *Histoire Couleur Terre*, Casterman, 2007. En 3 tomes, le quotidien d'une mère et sa fille dans la Corée rurale. *La Bicyclette rouge*, Paquet, 2006. En 4 tomes, anecdotes de la Corée rurale.
KIM Su-bak, *Le Parfum des hommes*, Atrabile, 2014. Une jeune fille affronte la société Samsung, responsable de sa leucémie.
OH Yeong-jin, *Ramdam à tous les étages*, FLBL, 2013. La vie dans un immeuble coréen.
JANG Deok-hyun, *L'Homme de la mer*, Pika, 2017. La rencontre d'une jeune fille et d'un homme *haenyo*.
PARK Tae-ok et CHOI Ho-cheol, *L'Étincelle*. Vertige Graphic, 2008. trois tomes. Illustration Jeon Tae-il. L'histoire de cet enfant puis de ce jeune homme qui, devenu ouvrier dans le textile, s'immola par le feu, en brûlant avec lui le livre du droit du travail, pour dénoncer les carences de la législation coréenne. Un héros national.
PARK Yoon-sun, *En Corée*, Misma, 2017. Traditions et tranches de vie autour du thème de la mort.
SZTANKE Michael et CHABERT Alexis, *La Faute, une vie en Corée du Nord*, Éditions Delcourt, 2014. L'inéluctable chute d'un cadre du ministère des Affaires étrangères dans un pays éprouvé par des années de totalitarisme.
YOHAN, *Dix-huit et vingt ans,* Clair de Lune, 2010. Tranches de vie de la jeunesse coréenne.

Si les *manwha* vous intéressent, vous trouverez des **webtoons** (bande-dessinées à lire sur Smartphone) sur le site Delitoon (www.delitoon.com). Ainsi *Dokgo*, de Seun Hoon-baek, qui traite du douloureux problème du harcèlement à l'école.

ARTS, CINÉMA, PHOTO

CAMBON Pierre, *L'Art coréen au musée Guimet*, réunion des musées nationaux, 2001.
GOMBEAUD Adrien *et alii*, *Kim Ki-duk*, Éditions Dis Voir, 2006. Le chef de file du nouveau cinéma sud-coréen.
GOMBEAUD Adrien, *Séoul Cinéma*, L'Harmattan, 2006. Une étude appuyée sur une bonne connaissance du pays.
LEE Mee-jeong et VEILLON Frédéric, *Le Pansori, un art lyrique coréen*, Centre de recherche sur la Corée, Maisonneuve et Larose, 2002.
MACOUIN Francis, *La Corée du Chosôn*, Les Belles-Lettres, 2009.
MICHAUD Jean-Claude, *Corée de jade*, Chêne/Hachette, 1981.
MORILLOT Juliette (textes), VÉRIN Marc (photos), *La Corée, terre des esprits*, Hermé, 2003. Un voyage en images.
Séoul National Museum of contemporary art, *La Photographie contemporaine coréenne*, 1948-2008, 2008.

Filmographie

La majorité des films cités ci-dessous sont disponibles en DVD. Si le cinéma coréen vous passionne, pensez également au Festival du film coréen de Paris : www.ffcp-cinema.com.

BONG Joon-ho, *Memories of Murder*, 2003. Tiré d'une histoire vraie, ce polar a lancé Bong Joon-ho. La traque d'un tueur en série dans la Corée en plein essor économique. *The Host*,

2006. Un monstre naît par la faute des militaires américains dans l'immense rivière qui traverse Séoul ; critique hilarante de la société coréenne en filigrane. Gros succès en Corée. *Mother*, 2009. Intrigue policière au cœur d'une chronique sociale structurée autour de l'amour fusionnel porté par une mère à son fils, déficient mental accusé de meurtre. *Snowpiercer*, 2013 (*voir p. 444*). Suit *Okja* en 2017, présenté au Festival de Cannes.

HONG Sang-soo, *La femme est l'avenir de l'homme*, 2004. Scènes de la vie quotidienne modelées par la non-communication entre hommes et femmes. *Les Femmes de mes amis* (2009), *Hahaha* (2010), consacrent un regard introspectif d'une mordante ironie. On parle, on couche. Le Rohmer du cinéma coréen sauf que les personnages de Hong boivent nettement plus. *In Another Country*, 2012, sélectionné à Cannes. Isabelle Huppert est ici au centre de trois histoires qui questionnent le poids des destins face aux fantômes qui les habitent.

IM Kwon-taek, l'un des plus grands metteurs en scène coréens avec entre autres : *Le Chant de la fidèle Chunhyang*, 2000, ou *Ivre de femmes et de peinture*, 2001. Ce chef-d'œuvre (prix de la mise en scène à Cannes) retrace la vie de Jang Seung-eup, un maître coréen du 19e s. Un peintre ivrogne aux pulsions fulgurantes. *Hanji* (2012) est son 101e film. Une réflexion sur ce qui fait l'essence d'un savoir faire – le papier *hanji* et sa place dans la culture coréenne – et le sens d'une tradition.

IM Sang-soo, *The President's Last Bang*, 2005. Polar racontant de manière romancée et esthétisante les circonstances de l'assassinat du président Park Chung-hee. *The Housemaid*, 2010, est une analyse au vitriol de la société coréenne. Un remake de celui réalisé par Kim Ki-young en 1960. *L'Ivresse de l'argent*, 2012, est une nouvelle charge contre ces richissimes familles dont la réussite tient trop souvent au mensonge, au mépris, à la corruption et à l'exploitation.

JEONG Jun-hwan, *Save the Green Planet*, 2003. Film écologique et décalé dont le héros se met en tête de dévoiler au monde que les grands patrons sont en fait des extraterrestres. *Hwayi : a Monster Boy*, 2013 est un film d'action, noir et violent, qui permet au metteur en scène de revenir enfin sous les feux de la rampe après le cuisant échec de *Save the Green Planet*.

JEON Soo-il, *La Petite Fille de la terre noire* (*With The Girl of Black Soil*), 2007. Film primé à Venise, représentatif du réalisme coréen, raconte le passage à l'âge adulte d'une jeune fille née dans un environnement hostile. *El Condor Pasa*, 2013, brosse le portrait intime d'un prêtre catholique confronté à la mort d'une jeune étudiante qu'il aimait.

JIN Jang, *Man on High Heels*, 2016. Un policier endurci qui veut devenir une femme. Une collègue amoureuse. Action, romantisme, questionnement.

JO Beom-jin, *Aachi & Ssipak*, 2006. Animation en 2D déjantée, vulgaire et parodique de la société coréenne, qui est devenue une référence de la créativité « underground » coréenne. Déconseillée aux mineurs.

JULY Jung, *A Girl At My Door*, 2014. Une jeune commissaire est confrontée lors d'une enquête, à la Corée profonde.

KANG Je-gyu, *Frères de sang*, 2004. Évocation de la guerre de Corée au travers du destin de deux frères. *Far Away : Les Soldats de l'espoir*, 2011, est l'histoire vraie d'un Coréen enrôlé par les Japonais, puis par les Allemands, qui se retrouve sur la plage du débarquement en Normandie le jour du D-Day.

KIM Jee-woon, *A Bittersweet Life*, 2004. Un polar de multiples inspirations, de Melville à Tarantino, significatif de la nouvelle vague coréenne. *Le Bon, la brute et le cinglé*, 2008. « Western *kimchi* » : hommage coréen spectaculaire à Sergio Leone qui retrace une épopée asiatique en Mongolie. Dans *J'ai rencontré le diable*, 2012, un agent secret recherche le meurtrier de sa fille. *Le Dernier Rempart*, 2013, est un film d'action au cœur de l'Arizona avec Arnold Schwarzenegger.

KIM Ki-duk, *Locataires*, 2004. Le film qui a connu le plus grand succès à l'international, une histoire d'amour et de solitude dans la modernité silencieuse de Séoul. *Printemps, été, automne, hiver et printemps*, 2003. Film bouddhiste et poétique qui met en scène la rédemption d'un homme dans une Corée symbolique d'une Asie fantasmée par l'Occident. *Amen*, (2011), *Pieta* (2012), *Moebius* (2013) ou l'histoire d'une famille en pleine crise suite aux frasques d'un mari adultérin. Dans un registre formel, cru et laconique, très controversé.

KIM Moon-saeng, *Wonderful Days*, 2004. Fable poétique futuriste d'un monde dévasté par la guerre et la pollution, qu'un homme veut changer pour montrer le ciel à une femme…

KIM Seong-hoon, *Tunnel*, 2016. Un long-métrage qui bouscule les codes des films catastrophe.

KWAK Kyung-taek, *Friend*, 2001. Quatre amis qui ont grandi dans la Corée des années 1970 se retrouvent à l'aube du nouveau siècle, et s'aperçoivent qu'ils ont pris des chemins différents. *Friend 2 : The Great Legacy* (2013). Suite un peu essoufflée.

LEE Chang-dong, *Oasis*, 2002. Évocation d'un amour fou entre un délinquant simple d'esprit et une jeune fille handicapée par une paralysie cérébrale. *Secret Sunshine*, 2007. Calvaire d'une veuve dont le fils est kidnappé et assassiné. *Poetry*, 2010, une grand-mère s'enfonce dans la maladie d'Alzheimer tout en suivant des cours de poésie. Prix du scénario Cannes 2010.

LEE Jung-hyang, *Jiburo, sur le chemin de la maison*, 2002. Belle histoire d'un petit garçon urbain déposé chez sa grand-mère à la campagne. A ému les foules.

LEE Myung-se, *Duelist*, 2005. Un film d'arts martiaux au visuel impressionnant, qui prend le contre-pied du genre avec dérision.

NA Hong-jin, *The Strangers*, 2016. Thriller horrifique dans la campagne coréenne. Suspense, rumeur, chamanisme…

PARK Chan-wook, *JSA*, 2000. Film phare de la nouvelle vague coréenne, sur l'amitié virile qui lie des soldats du Sud et du Nord de la Corée à la frontière, la Joint Security Area. *Old Boy*, 2003. Primé à Cannes, œuvre culte tirée d'un manga japonais. *Lady Vengeance*, 2005, clôt sa « trilogie de la vengeance ». Avec *Thirst, ceci est mon sang*, 2009, primé à Cannes (prix du jury), Park surenchérit sur un délire gore. En 2016 sort *Mademoiselle*, un formidable thriller psychologique et érotique se déroulant dans les années 1930.

ROH Gyeong-tae, après *Le Dernier Repas* (2008), poème visuel d'une langueur déroutante, *Land of Scarecrows* (2010) décrit la vie de trois personnages poursuivant chacun leur rêve. De longs plans fixes d'une noirceur contagieuse.

RYOO Seung-wan, *Arahan*, 2004. Comédie où de vieillissants détenteurs d'arts martiaux légendaires qui cherchent des successeurs dans la jeunesse moderne.

YANG Ik-joon, *Breathless*, 2009. La rencontre entre un recouvreur de dettes hyper-violent et une lycéenne.

YEON Sang-ho, *Seoul Station* et *Dernier train pour Busan*, 2016. Le premier est un dessin-animé, le second, un film, en est la suite. Quand une horde de zombies déchaînés envahit un train KTX. De l'action, mais aussi un brûlot politique qui a eu un vif succès.

Les pneus s'usent plus vite sur les petits trajets en ville...

VRAI !

La fréquence des freinages et des accélérations en ville use davantage vos pneus ! Dans les embouteillages, armez-vous de patience et conduisez en douceur.

La pression des pneus agit uniquement sur la sécurité...

FAUX !

Au-delà de la tenue de route et de la consommation de carburant, une sous pression de 0,5 Bar diminue de 8 000 km la durée de vie de vos pneus. Pensez à vérifier la pression environ une fois par mois, surtout avant un départ en vacances ou un long trajet.

Si vous êtes confrontés à des **conditions hivernales occasionnelles**, allant de la pluie soudaine, aux chutes de neige ou au verglas, vous pouvez opter pour **un seul type de pneu.**
?
VRAI !
Le pneu révolutionnaire ***MICHELIN CrossClimate*** vous garantit mobilité et praticité quels que soient les aléas climatiques. C'est le tout premier pneu été avec une certification hiver !

Équiper ma voiture avec **2 pneus hiver** me garantit une sécurité maximum...
?
FAUX !
En hiver, en dessous de 7°C notamment, pour une meilleure tenue de route, vos quatre pneus doivent être identiques et changés en même temps.
2 PNEUS HIVER SEULEMENT = la tenue de route de votre véhicule n'est pas optimale.
4 PNEUS HIVER = c'est le choix d'une **meilleure sécurité** dans les virages, en descente et en cas de freinage.
Si vous êtes régulièrement confrontés à la pluie, à la neige ou au verglas, optez pour un pneu de la gamme ***MICHELIN Alpin***. Cette gamme vous offre confort et précision de conduite pour affronter les obstacles de l'hiver.
MICHELIN

MICHELIN S'ENGAGE

MICHELIN EST LE **N°1 MONDIAL DES PNEUS ÉCONOMES EN ÉNERGIE** POUR LES VÉHICULES LÉGERS.

POUR **SENSIBILISER LES PLUS JEUNES À LA SÉCURITÉ ROUTIÈRE,** MÊME EN DEUX-ROUES : DES ACTIONS DE TERRAIN ONT ÉTÉ ORGANISÉES DANS **16 PAYS** EN 2015.

QUIZZ

1 POURQUOI BIBENDUM, LE BONHOMME MICHELIN, EST BLANC ALORS QUE LE PNEU EST NOIR ?

Le personnage de Bibendum a été imaginé à partir d'une pile de pneus, en 1898, à une époque où le pneu était fabriqué avec du caoutchouc naturel, du coton et du soufre et où il est donc de couleur claire. Ce n'est qu'après la Première guerre mondiale que sa composition se complexifie et qu'apparaît le noir de carbone. Mais Bibendum, lui, restera blanc !

2 SAVEZ-VOUS DEPUIS QUAND LE GUIDE MICHELIN ACCOMPAGNE LES VOYAGEURS ?

Depuis 1900, il était dit alors que cet ouvrage paraissait avec le siècle, et qu'il durerait autant que lui. Et il fait encore référence aujourd'hui, avec de nouvelles éditions et la sélection sur le site MICHELIN Restaurants dans quelques pays.

3 DE QUAND DATE « BIB GOURMAND » DANS LE GUIDE MICHELIN ?

Cette appellation apparaît en 1997 mais dès 1954 le Guide MICHELIN signale les « repas soignés à prix modérés ». Aujourd'hui, on le retrouve sur le site et dans l'application mobile MICHELIN Restaurants.

MICHELIN

Notes

INDEX GÉNÉRAL

Gyeongju : villes, curiosités et régions touristiques.
Yi Sun-sin : noms historiques ou termes faisant l'objet d'une explication.
Les sites isolés (temples, parcs naturels, grottes…) sont répertoriés à leur propre nom.

A

B

C

D

E

INDEX GÉNÉRAL

K

L

M

N

O

T

LEXIQUE GÉNÉRAL

Ajumma – Femme d'un certain âge. On la trouve souvent tenant les stands des marchés.

Anchae – Bâtiment réservé aux femmes dans les maisons aristocratiques, dans lequel seuls les hommes de la famille peuvent pénétrer. L'*anbang* en est la pièce principale.

Bodhisattva – Dans le bouddhisme, êtres promis à l'éveil mais renonçant au nirvana afin de sauver les êtres vivant encore sur terre.

Cheongja – Céladon, un grès à couverte « vert-bleu ».

Dang – Salle (bâtiment) des monastères et palais, moins solennelle et de moindre dignité que le *jeon*.

Dancheong – « Rouge et vert », décor peint de motifs et d'entrelacs stylisés qui protège le bois et le torchis à l'extérieur, lisière de la toiture, à l'intérieur, charpente et plafond, des bâtiments importants.

Do – Province ; île.

Dong – Quartier.

Donghak – Doctrine de l'Est, basée sur le syncrétisme du confucianisme, du bouddhisme et du chamanisme contre l'occidentalisation, créée en 1860. Préconise une politique xénophobe contre les Japonais et les Occidentaux.

Gangdang – Salle d'étude d'un monastère bouddhique.

Geumdang – « Salle d'or », salle de culte principale d'un monastère bouddhique.

Gidan – Plate-forme maçonnée.

Gisaeng – Dans la culture coréenne traditionnelle, les *gisaeng* (prononcer « ki seng ») sont des chanteuses et des danseuses, un peu chamanes et un peu courtisanes, qui incarnent l'inverse de l'idéal confucéen de la femme, soumise quand elle est jeune, fidèle une fois mariée et dévouée pour ses fils jusqu'à la mort.

Gu – Arrondissement.

Gung – Palais.

Haetae – Animaux protecteurs mythiques.

Hallyu – Vague culturelle coréenne de diffusion vers l'étranger.

Hanbok – Costume traditionnel.

Hanok – Maison traditionnelle.

Hyanggyo – École confucéenne locale qui comprend un temple consacré à Confucius et ses disciples.

Iljumun – Une des trois portes sous laquelle on passe en entrant dans un temple bouddhiste. Ses colonnes sont alignées sur une seule rangée, si bien que lorsque l'on se place de côté, on ne voit qu'un pilier, ce qui amènerait celui qui les regarde à s'interroger sur ce qui fait l'unité de l'âme.

Jangseung – Totems de bois mâles ou femelles supposés chasser les mauvais esprits, une tradition sans doute née au 10e s.

Jeon – Grande salle (bâtiment, salle du trône ou salle de culte majeure) dans les temples et palais.

Jjimjilbang – Sauna coréen.

Jingyeong sansu – « Paysage réel », style de peinture coréenne dont le pionnier est Jeong Seon (1676-1759) avec ses scènes des monts du Diamant.

Kan (ou gan) – Entrecolonnement.

Maru – Pièce, sans chauffage, dont le sol est constitué d'un plancher surélevé, principalement utilisée l'été.

Minbak – Chambres d'hôte.

Mun – Porte.

Myeon – District.

Oncheon – Station thermale.

Ondol – Hypocauste, circulation sous le sol d'une pièce de la fumée et de l'air chaud provenant d'un foyer extérieur en contrebas. Des pierres recouvertes d'un papier

huilé forment le plancher et diffusent la chaleur. On s'assied pour lire et manger, se couche directement sur ce sol recouvert de nattes et de coussins. Ce système de chauffage remonterait au néolithique.
Pojangmacha – Stands mobiles installés dans les rues tous les soirs, voire toute la nuit.
Pansori – Opéra coréen.
Sa – Monastère bouddhique.
Samulnori – Ensemble de quatre musiciens jouant chacun d'une percussion différente.
San – Montagne.
Sansin – Dieu de la montagne.
Sarangchae – Bâtiment réservé aux hommes dans les maisons aristocratiques, avec parfois plusieurs *sarangbang*.
Sari – Reliques du Bouddha ou d'un moine.
Seodang – « Salle des livres », école élémentaire confucéenne, communale ou privée, dépourvue de temple.
Seohak – Doctrine de l'Ouest, catholicisme.
Seoktap – Pagode en pierre.
Si – Ville.
Ssireum – Sport de lutte ancestral.
Tap – Pagode ou stupa.
Yangban – Noble à l'époque du royaume de Joseon.
Yoegwan – Motel de basse catégorie.

LEXIQUE GASTRONOMIQUE

Banchan – Petites assiettes garnies de légumes, *kimchi*, nouilles et autres que l'on picore en attendant le plat principal.
Bibimbap – Il se compose de riz mélangé à de la sauce pimentée, d'un peu d'huile de sésame et de différents *namul* assaisonnés – épinards, germes de soja, courgettes, concombres, racines de platycodon (campanule indigène) –, et, selon les recettes, de viande hachée, œuf au plat ou bœuf cru.
Bindaetteok – Galettes au haricot *mungo*.
Bokkeumbap – Riz frit (souvent au *kimchi*).
Bosintang – Soupe traditionnelle à base de viande de chien et de légumes.
Bossam (suyuk) – Poitrine de porc braisée et servie en fine tranches avec feuilles de salade, sauce aux crevettes et parfois des huîtres.
Bulgogi – Viande de bœuf marinée dans une sauce soja légèrement sucrée.
Dalkgalbi – Poulet sauté sur une *plancha* avec sauce pimentée, chou, patate douce, ciboule, etc.
Dalktoritang – Ragoût épicé de poulet aux pommes de terre.
Doenjang – Graines de soja fermentées.
Dolssam jeongshik – Menu traditionnel à base de viande, de riz et d'haricots rouges gratinés dans un pot en terre.
Galbitang – Soupe de côtes de bœuf.
Dolssambap – Riz chaud garni – selon le plat choisi – enveloppé avec des feuilles de laitue.
Gamjatang – Soupe de vertèbres de bœuf ou porc avec pommes de terre et *shiso*.
Dotorimuk – Gelée de glands.
Galbi – Bœuf grillé.
Galbijjim – Ragoût de plats de côtes au soja légèrement sucré (bœuf ou porc).
Ganjang – Sauce soja.
Gimbap – Rouleau de riz, omelette, radis, etc., enveloppé dans une feuille d'algue, consommé comme en-cas.
Kimchi – Choux blanc ou tout légume fermenté.
Kimchi jjigae – Ragoût de *kimchi* de chou.

Gyeongju bbang – Douceur locale fourrée de pâte de haricots.
Gochujang – Pâte de piment rouge.
Haejangguk – Soupe surtout consommée contre la gueule de bois, à base de tripes et de sang de bœuf.
Haemultang – Soupe de fruits de mer épicée.
Hangwa – Confiseries traditionnelles à base de miel.
Hanjeongsik – Table-banquet, soit un repas composé d'innombrables petites préparations.
Hoe – Poisson cru.
Injeolmi – Gâteaux de riz.
Japchae – Nouilles de riz sautées aux légumes et bœuf.
Insam – Ginseng.
Jang – Condiments.
Jangajji – Pickles de légumes, racines ou fruits fermentés dans de la sauce soja, de la sauce de piment rouge ou du *doenjang.*
Jokbal – Jarret de porc laqué au soja.
Kalguksu – Nouilles épaisses généralement cuites dans un bouillon avec courgettes et palourdes.
Mandu – Raviolis frits, farcis à la viande ou à la vapeur.
Naengmyeon – Nouilles froides, parfois de sarrasin, servies avec poire, moutarde, vinaigre et œuf dur dans un bouillon froid ou dans une sauce épicée.
Nakji bokkeum – Sauté de pieuvre épicé.
Namul – Plats d'accompagnement.
Pajeon – Galettes façon crêpes à la ciboule et fruits de mer.
Pondegi– Larves de ver à soie bouillies.
Ramyeon – Nouilles instantanées, équivalent des *ramen* japonaises. En-cas très populaire.
Samgyetang – Soupe de coquelet farci de riz gluant, ginseng, jujubes, pignons, et servie avec de la ciboule hachée.
Seolleongtang – Soupes.
Ssambap – Vaste assortiment de petites garnitures que l'on saisit dans des feuilles de salade ou avec du riz et qui constitue un repas.
Sikhye – Boisson sucrée et froide de riz fermenté.
Sundae – Boudin coréen, souvent farci de nouilles de riz translucides.
Tteokbokki – Gâteaux de riz oblongs sautés dans la pâte de piment rouge. Snack de rue très populaire.
Suyuk – Viande bouillie coupée en tranches.
Twigim – Fritures.

CARTES ET PLANS

CARTE GÉNÉRALE

Premier rabat de couverture

CARTES DES RÉGIONS

PLANS DE VILLE

PLANS DE MONUMENTS ET SITES

PLAN DE TRANSPORTS

LÉGENDE DES CARTES ET PLANS

Curiosités et repères

- Itinéraire décrit, départ de la visite
- Église
- Mosquée
- Synagogue
- Monastère - Phare
- Fontaine
- Point de vue
- Château - Ruine ou site archéologique
- Barrage - Grotte
- Monument mégalithique
- Tour génoise - Moulin
- Temple - Vestiges gréco-romains
- Temple : bouddhique - hindou
- Autre lieu d'intérêt, sommet
- Distillerie
- Palais, villa, habitation
- Cimetière : chrétien - musulman - israélite
- Oliveraie - Orangeraie
- Mangrove
- Auberge de jeunesse
- Gravure rupestre
- Pierre runique
- Église en bois
- Église en bois debout
- Parc ou réserve national
- Bastide

Sports et loisirs

- Piscine : de plein air - couverte
- Plage - Stade
- Port de plaisance - Voile
- Plongée - Surf
- Refuge - Promenade à pied
- Randonnée équestre
- Golf - Base de loisirs
- Parc d'attractions
- Parc animalier, zoo
- Parc floral, arboretum
- Parc ornithologique, réserve d'oiseaux
- Planche à voile, kitesurf
- Pêche en mer ou sportive
- Canyoning, rafting
- Aire de camping - Auberge
- Arènes
- Base de loisirs, base nautique ou canoë-kayak
- Canoë-kayak
- Promenade en bateau

Informations pratiques

- Information touristique
- Parking - Parking - relais
- Gare : ferroviaire - routière
- Voie ferrée
- Ligne de tramway
- Départ de fiacre
- Métro - RER
- Station de métro (Calgary, ...) (Montréal)
- Téléphérique, télécabine
- Funiculaire, voie à crémaillère
- Chemin de fer touristique
- Transport de voitures et passagers
- Transport de passagers
- File d'attente
- Observatoire
- Station-service - Magasin
- Poste - Téléphone
- Internet
- H Hôtel de ville
- B Banque, bureau de change
- J POL Palais de justice - Police
- GNR Gendarmerie
- T M Théâtre - Musée
- U Université
- Musée de plein air
- Hôpital
- Marché couvert
- Aéroport
- Parador, Pousada (Établissement hôtelier géré par l'État)
- A Chambre d'agriculture
- D Conseil provincial
- G Gouvernement du district, Délégation du Gouvernement Police cantonale
- L Gouvernement provincial (Landhaus)
- P Chef-lieu de province
- Station thermale
- Source thermale

Axes routiers, voirie

- Autoroute ou assimilée
- Échangeur : complet - partiel
- Route
- Rue piétonne
- Escalier - Sentier, piste

Topographie, limites

- Volcan actif - Récif corallien
- Marais - Désert
- Frontière - Parc naturel

Comprendre les symboles utilisés dans le guide

LES ÉTOILES

★★★ **Vaut le voyage** ★★ **Mérite un détour** ★ **Intéressant**

HÔTELS ET RESTAURANTS

9 ch.	Nombre de chambres		Wi-Fi
7,5 €	Prix du petit-déjeuner en sus		Piscine
50 €	Prix de la chambre double, petit-déjeuner compris	CC	Paiement par cartes de crédit
bc	Menu boisson comprise		Carte de crédit non acceptée
	Air conditionné dans les chambres	P	Parking réservé à la clientèle
	Restaurant dans l'hôtel	Tram	Station de tramway la plus proche
	Établissement servant de l'alcool (à l'étranger)	M	Station de métro la plus proche

SYMBOLES DANS LE TEXTE

	À faire en famille		Organisme de tourisme
	Pour approfondir		Astuce, conseil
	Promenade à pied		Adresse coup de cœur
	Randonnée à vélo	A2 B	Repère sur le plan
	Facilité d'accès pour les handicapés		

NOTE AU LECTEUR

Michelin a apporté le plus grand soin à la rédaction de ce guide et à sa vérification. Toutefois, les informations pratiques (formalités administratives, prix, adresses, numéros de téléphone, adresses Internet, etc.) doivent être considérées comme des indications du fait de l'évolution constante de ces données.

Il n'est pas totalement exclu que certaines d'entre elles ne soient plus, à la date de parution du guide, tout à fait exactes ou exhaustives. N'hésitez pas à nous signaler toute omission ou inexactitude que vous pourriez constater, ainsi qu'à nous faire part de vos avis et suggestions sur les adresses contenues dans ce guide.

Avant d'entamer toute démarche, formalités administratives ou douanières notamment, vous êtes invité à vous renseigner auprès des organismes officiels. Ces informations ne sauraient, de ce fait, engager notre responsabilité.

Collection sous la direction de Philippe Orain

Responsable d'édition et rédactrice en chef du guide : Catherine Guégan

Secrétaire d'édition : Alexandra Forterre

Rédaction : Comprendre la Corée : Benjamin Joinau (Avant-propos, La Corée aujourd'hui, Religion et écoles de pensée, Art de vivre) ; Élisabeth Chabanol, maître de conférences, responsable du Centre EFEO de Séoul (Histoire, Art et architecture) ; colonel Alain Nass, expert Corée et Asie, diplômé de Paris 1 Sorbonne-Histoire et RI et des Langues orientales-Coréen (La guerre de Corée) ; Patrick Beaudouin, président du Groupe d'amitié France-Corée du Sud de l'Assemblée nationale, député du Val-de-Marne, maire de Saint-Mandé (Les relations franco-coréennes) ; Philippe Pataud-Célérier, journaliste (Arts de la scène) ; Patrick Maurus, traducteur, professeur section coréenne Inalco (Littérature) ; Nicolas Piccato, producteur (Cinéma) ; Xavier Liaudet, professeur (Nature). Découvrir la Corée : Benjamin Joinau, Pierre Ory, enseignant (Séoul) ; Marie-Hélène Fabre Faustino, architecte et urbaniste, directrice des études à l'École spéciale d'architecture (urbanisme capitale) ; Philippe Pataud-Célérier (Jeolla-do, Chuncheong-do) ; François Sichet, auteur (Gyeonggi-do, Gangwon-do, Jeju-do et Gyeongsang-do). Mise à jour : Philippe Pataud-Célérier, Niky Guillon, François Sichet

Remerciements : Jung-Eun Kim

Ont contribué à ce guide : Thierry Lemasson, Laurence Sénéchal, Andreea-Karina Gruia (**Cartographie**), Véronique Aissani, Carole Diascorn (**Couverture**), Maria Gaspar, Marie Simonet, Sophie Roques, Pierre-Olivier Signe (**Iconographie**), Bénédicte Lathes, Isabelle Foucault, Marion Desvignes-Canonne, Na-Rae Song (**Données objectives**), Bogdan Gheorghiu, Cristian Catona, Hervé Dubois, Pascal Grougon (**Prépresse**), Dominique Auclair (**Pilotage**), Capucine Jahan (**Relecture**)

Données cartographiques © les contributeurs d'OpenStreetMap : www.openstreetmap.org sous licence ODbL 1.0 :opendatacommons.org/licenses/odbl/

Conception graphique
Christelle Le Déan, Sandro Borel (maquette intérieure)
Laurent Muller (couverture)

Régie publicitaire et partenariats
business-solutions@tp.michelin.com
Le contenu des pages de publicité insérées dans ce guide n'engage que la responsabilité des annonceurs.

Contacts
Michelin
Guides Touristiques
27 cours de l'Ile Seguin, 92100 Boulogne Billancourt
Service consommateurs : tourisme@tp.michelin.com

Parution 2018

Michelin Travel Partner
Société par actions simplifiée au capital de 11 288 880 EUR
27 Cours de l'Ile Seguin -
92100 Boulogne Billancourt (France)
R.C.S. Nanterre 433 677 721

Dépôt légal : 01-2018 – ISSN 0293-9436
Compograveur : Michelin Travel Partner, Boulogne-Billancourt
Imprimeur : Chirat, St-Just-la-Pendue - N° 201712.0117
Imprimé en France : 01-2018
Sur du papier issu de forêts gérées durablement